考之前代，北方奄有中夏，必行汉法，可以长久。

（元）许衡

《鲁斋遗书》卷七

《时务五事·立国规摹》

中國法制通史

【第六卷】

元

总主编　张晋藩

本卷主编　韩玉林

本卷副主编　霍存福　李淑娥

中国法制出版社
CHINA LEGAL PUBLISHING HOUSE

撰稿人（以撰写章节为序）

韩玉林　绪言、第一章
李淑娥　第二章、第六章
王宝来　第三章
霍存福　第四章、第五章
尹序亭　第六章

CONTENTS

目录

绪 言

中国封建社会历经两千余年的岁月和无数次的改朝换代，封建专制主义的政治制度和法制，始终沿着螺旋上升的轨迹向前运转。

《唐律》是历代封建法典之集大成者，它继承了《法经》《九章律》《魏律》《晋律》《北齐律》《开皇律》的所有立法成果，影响及于中外。元朝是中国历史上一个由蒙古贵族建立和统治的封建王朝，它具有代表性的法典是《大元通制》，内容基本上遵循《唐律》，承袭了唐以来被列为基本律文的五刑、五服、十恶、八议等，借以维护封建统治秩序。这同忽必烈推行汉法一样，表现了蒙古游牧民族在征服中原后必然要适应发展程度较高的中原汉族封建文明的历史趋势。显而易见，元朝法典的基本精神，与前朝一脉相承，这是由元朝政权的阶级本质决定的。

但是，必须看到，元朝的法制确实有其“与众不同”之处，探讨这些特点，是我们了解元朝法制全貌的关键。第一，在法典中增加了蒙古传统的法律内容，如刑制等；在法律适用上，南北异制、“蒙古色目人各依本俗”，具有多元性。第二，在法典中增加了划分民族等级，实行民族歧视和民族压迫的内容，具有很强的民族性。第三，在法典中增加了反映元代社会现实生活的内容，如投下、驱口等，具有很强的实际性或称针对性。元朝法制的这些特点，在本书各章中均有充分反映。

元朝法制史，是一片未被全面开垦的研究领域，过去，有些学者曾从不同角度和不同侧面对其进行过十分有益的探索与挖掘，但此前尚无一部全面系统的元朝法制史专著面世，应引以为憾。我们在前人研究成果的基础上，附加拙见，编写了这部中国法制通史元朝卷。我们遵循的编写原则是：实事求是、客观公正地揭示元朝法制的真实面貌。目的是为这一研究领域添砖加瓦。但受资料和编者水平的限制，疏漏、谬误之处在所难免。敬请学界同人指正。

第一章　元朝法制概述

第一节　蒙古汗国的法律

一、11—13 世纪蒙古社会经济的发展、阶级的产生和蒙古汗国的建立

11—12 世纪时，蒙古高原上的部落大致可以分为森林狩猎部落和草原游牧部落两类。草原游牧部落是蒙古高原的主体，它大体上处于原始社会的末期，正在向阶级社会过渡。

这个时期，由于游牧经济的发展，蒙古各部已拥有大量剩余牲畜和畜牧业产品（肉、乳、皮、毛等），可作为商品与其他部落和民族进行交换。日益经常化的交换是私有制的“产婆”。游牧经济的发展，首先冲破了氏族公有制，牲畜和其他财产已成为个体家庭私有。在私有制的基础上，富裕家庭的财产日益增长，他们被称为“伯颜”（富人），其牲畜多到数不胜数；而穷人则不得不用自己的子女去换取食物，给富人充当奴仆。

这些草原部落原来的社会基本组织是“斡孛黑”——父系氏族。到了 12 世纪，这样的氏族社会结构发生了剧烈的变化。据《契丹国志》记载，漠北各部均“以部族内最富豪者为首领”。氏族中的强者成了“那颜”（老爷、官人）——草原上的世袭贵族，他们控制了本氏族。在他们手下，有本族的“兀鲁黑”（氏族成员）和他族归附的“兀鲁黑”，有“额闶迭纳·孛

斡勒”（门户奴隶），有“孛斡勒”（奴隶）。“兀鲁黑”构成“哈阑”——平民。哈阑占有一些牲畜，但是对那颜有人身隶属关系，受那颜的直接统治，向那颜提供无偿劳动。额闷迭纳 · 孛斡勒主要是为其主人从事家务劳动。孛斡勒主要是为其主人从事游牧劳动和参与战争。

这里，主人“管理”百姓的关系，早已取代了氏族成员间的平等关系。于是，社会分成了统治阶级（贵族）和被统治阶级（平民和奴隶）。

这个时候，草原上的氏族、部落之间经常发生战争。战争是那颜扩大权力和财富的手段。在战争中，氏族、部落不断产生新的分化与结合，逐渐使原来氏族的血缘关系被地缘关系所取代。当时，蒙古高原上的部落都有“忽邻勒塔”（部落议事会），在会议上选出自己部落的首领——“罕”。各部落之间常常以“安答”（结义、契交）的形式结成联盟。

在战争当中成长起来的铁木真（后来名震世界的成吉思汗），从 1189 年开始，直至 1205 年，先后战胜了各个部落，统一了蒙古高原上的主要游牧部落。

1206 年，铁木真召集了“忽里台”。原为部落议事会的“忽里台”，此时已变为议决国家事务的会议。在这次大会上，铁木真接受了“成吉思汗”的称号。此时的“汗”已由原来的部落或部落联盟的首领，演变为“君主”“皇帝”，蒙古汗国正式成立。

在这次大会上，成吉思汗确立了千户制，即每十户设 1 个十户长，每百户设 1 个百户长，每千户设 1 个千户长。这样编组的千户，既是军事单位，又是行政管理和社会经济活动的单位。在千户长之上，成吉思汗还任命了右翼、左翼和中军万户长。中军万户长管辖“怯薛”（亲卫军）。“怯薛”的职责是保卫大汗金帐和跟随大汗出征，平时分四队轮番入值，因此总称“四怯薛”，由“四杰”博尔术、博尔忽、木华黎、赤老温四家子弟任四怯薛之长。怯薛是蒙古汗国国家机器的最重要的组成部分。此外，成吉思汗还任命了“古儿 · 札鲁花赤”（总断事官）和“别乞”。前者负责科断“盗贼诈伪的事”和“分家财的事”，后者掌管萨满教事务。

千户长、怯薛、总断事官和别乞，都是蒙古汗国建立初期的国家机器。蒙古汗国的建立，标志着蒙古高原的各个部落从野蛮进入了文明，从原始社会进入了奴隶社会。

二、从习惯逐渐演变为法律

（一）调整古代蒙古人社会规范的习惯

如前所述，11—13 世纪是蒙古民族大分化、大动荡的时代，畜牧业有了很大的发展，出现了剩余产品，人们在生产、分配、交换等方面都出现了新的变革。恩格斯说："在社会发展某个很早的阶段，产生了这样的一种需要：把每天重复着的生产、分配和交换产品的行为用一个共同规则概括起来，设法使个人服从生产和交换的一般条件。这个规则首先表现为习惯，后来，便成了法律。"[①] 恩格斯的这段精辟论述，完全符合 11—13 世纪蒙古社会发展的一般规律。蒙古民族也和其他兄弟民族一样，自古以来就有自己独特的习惯，他们处理社会内部可能发生的一切冲突，"一切问题，都由当事人自己解决，在大多数情况下，历来的习惯就把一切调整好了"。[②] 古代蒙古人是靠习惯维持秩序的，习惯是调整古代蒙古人的社会规范。这些习惯主要有：

1. 记住自己祖先来源的习惯，他们都清楚明白自己的谱系。
2. 为了维系以血缘关系为基础的氏族，严禁实行族外婚。
3. 每个氏族都有自己的祭祀仪式，而且只准本氏族的成员参加。
4. 每个氏族都有自己的武装集团，每个成员都有保卫本氏族的责任。
5. 每个氏族都有固定的游牧范围。

---

① 《马克思恩格斯选集》第 2 卷，第 538 页。

② 《马克思恩格斯选集》第 4 卷，第 92—93 页。

6. 幼子被称为“灶君”或“家主”，父亲的主要遗产归幼子继承，等等。

但是，随着社会生产力的发展、私有制的形成、阶级的出现，原来调整人们之间关系的习惯，已经不能适应新的社会关系了。于是“新的法律规范已逐渐渗入氏族的习俗”。[1] 原来那些对全体氏族成员一视同仁的习惯，逐渐渗入了阶级内容，打上了阶级烙印。奴隶主阶级把那些渗入阶级内容的习惯认可为法，并以国家强制力作后盾，要求全体社会成员普遍遵循，用以确立有利于奴隶主阶级的社会关系和社会秩序。蒙古汗国时期的法律，就是从古代蒙古人的习惯逐渐演变，形成具有阶级性质的行为之后产生的。

（二）《大札撒》

1204年以前，蒙古人尚无文字，凡公布法令、遣使往来，皆刻指以记之。1204年俘获塔塔统阿，成吉思汗深感文字之重要，“遂命教太子诸王以畏兀儿字书国言”。[2] 蒙古人早就有许多古代相传下来的“约孙”（元代通常译为“体例”），它包含了长期历史过程中形成的种种社会习惯或行为规范。成吉思汗曾对巴阿邻氏族的兀孙老人说：“蒙古体例里，以别乞官为重。兀孙，你是巴阿邻为长的子孙，你可做别乞；做别乞时，骑白马着白衣，坐在众人上面，拣选个好年月议论了，教敬重者。”[3]

随着社会划分出阶级，又出现了反映贵族压迫奴隶和属民的“体例”：“人的身子有头呵好，衣裳有领呵好”，“老百姓应受头领的管束”。[4] 奴隶不许离开主人的门户，坏了主人的事情；平民不能背叛自己的“正主”。这样一些维护贵族特权的规矩被认为是正常的社会秩序。

12世纪是蒙古社会发生巨大变化的时代，氏族贵族的统治秩序，在战

① 《马克思恩格斯选集》第4卷，第117页。

② 《元史》卷124，《塔塔统阿传》。

③ 札奇斯钦：《蒙古秘史新译并注释》卷9，第216节，联经出版事业公司1979年，第327页。

④ 札奇斯钦：《蒙古秘史新译并注释》卷1，第33、35节，第27、28页。

争中已陷于崩溃。在这种情况下，成吉思汗已经意识到，必须用极严厉的“札撒”（法令）来整顿秩序，使人们各安其位。1203 年成吉思汗召集大会，制定了札撒。因无文字，所谓制定札撒只是比较系统地宣布号令而已。1219 年，成吉思汗又召集了一次大会，“重新确定了训言、札撒和古来的体例”。① 他命令将这些札撒和训言写在纸上，名曰“大札撒”，编成后传旨颁行。建元以后，札撒已不能适应统治的需要，但大聚会时诵读《大札撒》的仪式仍奉行不辍，以表示遵行祖制。

《大札撒》虽然失传，但在中外各种史籍中记载有它的一部分条款，尚可了解它的若干内容。例如，札撒规定：那颜们除君主外不得投托他人，违者处死。擅离其职守者处死。构乱皇室，挑拨是非，助此反彼者亦处死。《元典章》卷 1《至元改元诏》载：不鲁花等辈，“搆祸我家，照依成吉思皇帝扎撒已正典刑讫”。凡发现及收留逃奴而不交还其主者，处死。盗人马畜者，除归还原马外，另赔偿同样的马九匹，如不能赔偿，即以其子孙作抵，如无子孙，则将本人处死。② 其犯寇者，杀之，没其妻子畜产以入受寇之家。③ 等等。

此外，还有一些保护游牧经济和社会秩序的条款，如“禁草生而㸑地者，遗火而爇草者，诛其家；拾遗者，履阈者，箠马之面目者，相与淫奔者，诛其身”④。说谎诈骗者，以幻术惑人者死，等等。

另外，一些蒙古民族的习惯和迷信禁忌也被订入札撒，如宰畜而食需缚其足，剖其胸，以手紧抓其心直至畜死，方可食其肉，如效回族之宰畜者将置于极刑；禁便溺于水中或灰烬之上，禁洗涤衣服，等等。

处罚犯人的刑罚，一是处死；二是流放或罚充敢死士遣赴阵前效力，

① 《史集》，俄译本第 1 卷第 2 册，第 197 页。

② 《元典章》卷 49，《刑部》11，《诸盗·强窃盗贼通例》。

③ 《黑鞑事略》。

④ 《黑鞑事略》。

三四次后免罪；三是籍没家户人口。

《大札撒》的主要原则是维护汗、汗室和蒙古贵族阶级的权益。

除《大札撒》外，成吉思汗还颁布过《条画五章》。1206年，成吉思汗称帝后不久，接受金降将郭宝玉“建国之初，宜颁新令”的建议，颁布了《条画五章》，“如出军不得妄杀；刑狱惟重罪处死，其余杂犯量情笞决”。[①] 内容十分简单。

三、蒙古汗国法律的本质和特点

从成吉思汗建立蒙古汗国到忽必烈建立元朝以前，法律尚处在草创阶段，还没有形成系统的法典，在实践中习惯法占据着统治地位。这个时期的法律是为适应奴隶制经济基础而制定的，是奴隶主阶级用来维护本阶级的经济和政治统治，调整本阶级内部关系，对广大奴隶实行阶级专政的工具。它的这一本质，充分地体现于下述各点：

（一）汗权高于一切

蒙古汗国在很大程度上还保留着氏族公社的某些遗迹，它经过与各民族长期的相互残杀，民族关系十分紧张，因此，不可能产生自愿联合，必须建立一个权力高度集中统一的政府，而汗权高于一切，正是蒙古汗国奴隶主阶级专制统治高度集权的表现。“汗”这一称号就是权力的最高象征，他是全国的最高统治者，独揽立法、司法、军事、行政和宗教等一切大权，他的“扎儿里黑”（圣旨）、“乌古列伦”（话语）和“比利格”（箴言）就是法律。一切人都要对他表示绝对服从。分封和赏赐，各级奴隶主的升降黜免，完全由他一人专断。他对属下的臣民握有生杀予夺之大权。

① 《元史》卷149，《郭宝玉传》。

（二）严格维护奴隶主阶级的私有权

牲畜是游牧民族赖以生存的主要生产资料和生活资料，因而蒙古汗国的法律特别严格地维护以牲畜和奴隶为主的私有财产。对“盗贼”的惩治是极为严厉的，“如有盗贼诈伪之事，你惩戒着，可杀的杀，可罚的罚”。①如果奴隶违背主人的意志，“便将他脚筋挑了，心肝割了”，“性命断了”。②对盗马者及隐匿逃奴者，均从严惩治。

（三）严明的军律

成吉思汗的一生，几乎都是在戎马生涯中度过的。他的继承者把他的大业继续向前推进，终于建立了统一的元朝，其版图“北逾阴山，西极流沙，东尽辽左，南越海表”。③这些武功，主要是靠军队取得的。军队是对内镇压和对外扩张掠夺的主要力量。蒙古汗国法律规定，一切能执兵器的男子，都有服兵役的义务，“家有男子，十五以上，七十以下，无众寡，尽佥为兵，十人为一牌，设牌头，上马则备战斗，下马则屯聚牧养”。④出征时，“只是羊马随行，不用运饷”，⑤“食羊尽则射兔、鹿、野豕为食，故屯数十万之师，不举烟火”。⑥行动迅捷，战斗力很强。

军队实行下级绝对服从上级的纪律，所有将士均应是“聆训之人”。万户长、千户长及百户长，必须使自己的部属保持完整秩序并随时准备，无论何时，一当敕令及诏旨到来，不分昼夜，立即起程。“凡诸临敌不用令者，虽贵必诛。”⑦

① 札奇斯钦:《蒙古秘史新译并注释》卷8，第203节，第305页。

② 札奇斯钦:《蒙古秘史新译并注释》卷4，第137节，第169—170页。

③《元史》卷58《地理志》1。

④《元史》卷98《兵志》1。

⑤《黑鞑事略》。

⑥《蒙鞑备录》。

⑦《蒙鞑备录》。

（四）残酷的刑罚

蒙古汗国的刑罚制度和其他奴隶制国家的刑罚制度一样，极为野蛮和残酷。因为，只有通过野蛮、残酷的刑罚制度，才能够维护奴隶主阶级的绝对统治。

蒙古汗国的法律对杀人者、通奸者（不论有无妻室）、鸡奸者、从事商业而三次破产者、在战争中拾得衣物或兵械而不归还其主者、以巫蛊之术害人者、在决斗中偏助一方者、在水中或灰中溺尿者、未得许可擅与俘虏衣服或食物者、发现逃亡之奴隶或逃跑之俘虏而不将其带回其所有人处者、在战争中退却者等，均要处以死刑。

此外，还有流刑、徒刑和挑脚筋等身体刑。“宿卫时躲避不来者，别选人补充，将那人发去远处。”[①] 违背“札撒”三次者，要将其流放至遥远的巴勒真忽勒主儿之地。当他从那里归来后，能悔悟固佳，设其不能改过，当系以镣铐，投之狱中。

四、循用金律

法是上层建筑，它必须同产生它的经济基础相适应。成吉思汗制定的法律，是蒙古奴隶社会经济基础的产物，它不能适用于被蒙古贵族征服的中原地区。所以，早在窝阔台灭金后不久，便开始在中原地区沿用金朝的《泰和律》，直至至元八年（1271 年）年底。

《金史 · 刑法志》在谈到《泰和律》时说：泰和元年（1201 年）“十二月，所修律成，凡有十二篇：一曰名例，二曰卫禁，三曰职制，四曰户婚，五曰厩库，六曰擅兴，七曰贼盗，八曰斗讼，九曰诈伪，十曰杂律，十一曰捕亡，十二曰断狱。实唐律也，但加赎铜皆倍之，增徒至四年、五年为七，

① 札奇斯钦：《蒙古秘史新译并注释》卷 9，第 224 节，第 335 页。

削不宜于时者四十七条，增时用之制百四十九条，因而略有所损益者二百八十有二条，余百二十六条皆从其旧；又加以分其一为二，分其一为四者六条，凡五百六十三条，为三十卷，附注以明其事，疏义以释其疑，名曰《泰和律义》”。并有《律令》二十卷、《新定敕条》三卷和《六部格式》三十卷。泰和二年（1202年）五月颁行。

从《泰和律》的篇目来看，与《唐律》别无二致，只不过是条目有所增损而已。“增时用之制”，即增加适用于当时的某些条款，“从其旧”，即实行汉族传统的法律规定。

至元八年（1271年）以前，凡治理北方的汉人刑名之事，大体参用《泰和律》以定罪，再按一定的折代关系量刑。《元典章》卷39载录的《五刑训义》是我们了解金制与元制之间的对应折代关系的重要文献。它们之间的折代关系是：金制笞刑为10至50五等（每等加10）；杖刑为60至100五等（每等加10）。元制将笞10减为7，20至30减为17，40至50减为27；将杖刑60至70减为笞37，80至90减为笞47，100减为笞57。57以下金制应属于杖刑，现在改为折代杖刑的笞刑。[①] 这样，剩下的杖刑只有四等了，于是又往上加一等，即杖107。由于金代的杖刑被减省为笞刑，所以元初的杖刑实际上又成为金代徒刑的减省和折代。它们之间的对应关系是：元制把金制徒1年、1年半折代为杖67，徒2年、2年半，折代为杖77，徒3年，折代为杖87，徒4年折代为杖97，徒5年折代为杖107。

不过，元以杖刑折代金之徒刑，并不等于说把徒刑完全取消了。在《元典章》中仍有对聚众闹事者、私藏军器者处以徒刑的记载。

“循用金律”的结果是，巩固了蒙古贵族在中原地区的统治，并加速了元朝封建化的进程。

---

① 《五刑训义》没有明确规定57以下究竟是属于笞刑还是杖刑。直到大德九年（1305年）才明文规定：57以下用笞，67以上用杖。见《元典章》卷40，《刑部》2，《刑狱·狱具·诸衙门笞、杖等第》。

第二节 元朝法制的指导思想和法典编纂

蒙古汗国建立以后，成吉思汗及其后代用了60多年的时间，占领了原属金和西夏的北方领土，并巩固和扩大了其在汉族地区的统治，加速了封建化的进程。1260年3月，忽必烈在开平召集“忽邻勒塔”，即大汗位，建元中统。1271年，忽必烈正式建国号“大元”。

忽必烈确立了元朝法制的指导思想，并开始编纂法典。

一、元朝法制的指导思想

元朝法制的指导思想，寓于忽必烈的建国思想中。忽必烈的建国思想是“祖述变通”四个字。所谓“祖述”，就是保留蒙古旧制；所谓“变通”，就是吸收中原传统王朝的统治办法，加强文治。

早在1244年，忽必烈在“潜邸”就延请藩府旧臣及四方文学之士，问以治道。郝经提出了“主政议”，其主张有三：第一，应当以“国之成法”（蒙古旧制）为基础；第二，“援唐宋之故典，参辽金之遗制”（吸收中原传统王朝的统治办法）；第三，“缘饰以文，附会汉法”（加强文治）。忽必烈接受了郝经的建议，形成了“祖述变通”的建国思想。这一点，在忽必烈于中统元年（1260年）四五月间颁布的《即位诏》和《建元诏》中得到了印证。他在《建元诏》中申明：要“稽列圣之洪规，讲前代之定制”。[①] 这就是说，忽必烈建立的元朝，既不完全抛弃蒙古汗国的旧制，也不完全照抄中原传统王朝的整套成法，而是要把元朝的统治制度建成为一个蒙古旧制与中原汉族封建制度相混于一的结合体。忽必烈的建国思想贯穿于元朝

① 《元史》卷4,《世祖纪》1。

的一系列典章制度（包括法律制度）之中。

二、元朝的法典编纂

（一）禁行《泰和律》，制定《至元新格》

忽必烈即位（1260年）以后，仍然循用金朝的《泰和律》，与此同时，大臣姚枢、史天泽、刘肃、耶律铸等陆续议定了一些新的条格。至元八年（1271年）年底，忽必烈颁布了当时尚书省奏定的条画。在颁布条画的同时，忽必烈下诏："泰和律令不用，休依着那者。"①

忽必烈禁行金《泰和律》的原因有二：

其一，这项决定与建"大元"国号出于同时，是元朝正统化进程中的一个必然步骤。因为，作为一个大一统的元王朝，不可能长期直接沿用前代的旧律。正在力图加强自身力量的忽必烈，深深感到有禁行《泰和律》和制定本朝法律之必要。但实际上，有元一代始终没有编成类似唐代和金代那样形式完备的法典。断狱量刑基本上是以陆续颁发的文书为依据，这些文书，一部分以诏制的形式，绝大部分以条格和断例的形式颁行全国，都是一些因时立制、临事制宜的单行法规。

其二，《泰和律》对于处罚某些频繁发生的犯罪行为（在当时主要是指窃、盗罪），显得软弱无力，不能适应元朝统治的需要。

禁行金律以后，元王朝主要依靠单行法实行统治，但在立法中参引金律之事，仍不乏其例。

历代法律体系的建立，多以产生一部比较完整的法典为标志。从至元八年（1271年）禁行金律开始，经过20年的时间，直至至元二十八年（1291年），元王朝才颁布了它的第一部法典——《至元新格》。《元史·刑法志》

① 《元典章》卷18，《户部》4，《婚姻·官民婚·牧民官娶部民》。

说："及世祖平宋，疆界混一，由是简除繁苛，始定新律，颁之有司，号曰《至元新格》。"《元史·世祖本纪》也说："二十八年……五月……何荣祖以公规、治民、御盗、理财等十事，辑为一书，名曰《至元新格》，命刻版颁行，使百司遵守。"《至元新格》全文已佚，但我们还可从《通制条格》和《元典章》中看到它的96条内容。元人徐元瑞所撰《吏学指南》在解释"格"的时候，曾列出十章：公规、选格、治民、理财、赋役、课程、仓库、造作、防盗、察狱。可以认为，这十章就是《至元新格》的"十事"。"公规，谓官府常守之制也。选格，谓铨量人才之限也。治民，谓抚养兆民，平理诉讼也。理财，谓关防钱谷，主平物价也。赋役，谓征催钱粮，均当差役也。课程，谓整治盐酒麴税之类也。仓库，谨于出纳，收贮如法也。造作，谓监督工程，确其物料也。防盗，谓禁弭奸宄也。察狱，谓推鞫囚徒也。"①

元朝花了20年的时间才颁布了它的第一部法典《至元新格》，其原因主要是：

第一，需要在较长的时间内制定一些新的法规，用以补充、替代原来那些不健全或不适用的法规，而这些新法规本身也需要在司法实践中进一步修改、调整，使其逐渐趋于完善和稳定。一句话，需要时间。

第二，南北异制，难以划一。所谓"南"，大体上是指淮水以南，原南宋统治地区；所谓"北"，则是指淮水以北，原金朝统治地区。一般说来，北方因循的蒙古旧制多于南方；南方基本上实行宋的旧制。关于这个问题，胡祗遹说得很清楚："法之不立，其原在于南不能从北，北不能从南。然则何时而定乎？莫若南自南而北自北，则法自立矣。以南从北则不可，以北从南则尤不可。南方事繁，事繁则法繁；北方事简，事简则法简。以繁从简，则不能为治；以简从繁，则人厌苦之。设或南北相关者，各从其从重者定。假若婚姻，男重而女轻，男主而女宾，有事则各从其夫家之法论；北人尚

① 杨讷点校：《吏学指南》，浙江古籍出版社1986年版，第53—54页。

续亲，南人尚归宗之类是也。”[1]就是说，南方执行的是传统的封建法律，北方执行的是蒙古法，情况不同，难以划一。元初的法律，主要是为听断中原地区居民的刑名公事制定的。蒙古军人“自行相犯，婚姻、良贱、债负、斗殴、词讼、和奸、杂犯，不系官兵捕捉者”，多由蒙古官员“按本俗法归断”，凡“干碍人命重刑、利害公事、强切（窃）盗贼、印造伪钞之类”，[2]蒙古官员必须参与裁判。在这种情况下，把蒙古法和汉法纳入一部统一的法典之中，显然是困难的。这是长期不能制定出一部法典的一个重要原因。

至元二十八年（1291年）颁行的《至元新格》，其特点是，“虽宏法大纲，不数千言”。在许多情况下犹如无法，造成了治理上的严重混乱。这就是它无法把蒙古法与汉法“兼容并蓄”的原因。因此，《至元新格》的成书和颁行，并没有从根本上解决元代法无定制的问题。

（二）制定《风宪宏纲》和《大元通制》

由于《至元新格》内容简要，不能适应需要，因而不断有人建议再修订一部较为完整的法典。

成宗即位以后，命何荣祖更定律令。何荣祖择取三百八十条，名曰《大德律令》。律成，诏“元老大臣聚听之”。结果被斥为“讹舛甚多”，[3]未能正式颁行。

仁宗时，“以格例条画有关于风纪者，类集成书”，[4]称为《风宪宏纲》。这是一部关于纲纪、吏治的法典。

元朝的法律体系，主要是由以条格和断例形式颁降的单行法构成的。这种立法形式有一个很大的弱点，即随着岁增月积，颁降的格例越来越多，必然出现繁杂重出、罪同罚异的情况，这就为各级官吏任情挟私、高下其

---

① （元）胡祗遹:《紫山大全集》卷21《论治法》。

② 《元典章》卷39,《刑部》1,《刑制·刑名》。

③ 《元史》卷168,《何荣祖传》。

④ 《元史》卷102,《刑法志》1。

手开了方便之门。

为了消除上述弊端，元朝政府采取了两种措施：第一，将历年所颁降的条例重加“分拣”“斟酌”，厘定“等第”，形成新的法律文字，作为“通例”公布（如大德六年的“强窃盗贼通例”、大德七年的“赃罪条例十二章”等）；第二，召集老臣从以往颁发的法律文书中选出“可著为令者，类集折衷，以示所司”，[①] 以期从整体上对国家的政体法程作某种程度的统一或协调。元朝统治者的这种努力，表现在颁定《大元通制》上。

英宗时，至治三年（1323 年）以《风宪宏纲》为基础，制定了一部重要法典——《大元通制》。这是一部有关国家政制法程各部类单行法的汇编集。制定《大元通制》的目的，如前所述，意在督责各级官吏遵循国家的政制法程，改变政令不一、罪同罚异的混乱现象。

《元史 · 英宗本纪》说：“格例成定，凡二千五百三十九条，内断例七百一十七，条格千一百五十一，诏赦九十四，令类五百七十七，名曰《大元通制》，颁行天下。”

《元史 · 刑法志》说：“至英宗时，复命宰执儒臣取前书而加损益焉，书成，号曰《大元通制》。其书之大纲有三：一曰诏制，二曰条格，三曰断例。凡诏制为条九十有四，条格为条一千一百五十有一，断例为条七百十有七，大概纂集世祖以来法制事例而已。”

孛术鲁翀在《大元通制序》中说：“……其宏纲有三：曰制诏，曰条格，曰断例。经纬乎格例之间，非外远职守所急，亦汇辑之，名曰别类。”[②]

元纪所说的“诏赦”，元志所说的“诏制”，和元纪所说的“令类”，均欠贴切，孛术鲁翀所言“制诏”和“别类”，较为妥当。

关于条格的概貌，我们可以从元人沈仲纬所撰《刑统赋疏》的有关论述中找到线索，并得知：条格共有 27 个条目：祭祀、户令、学令、选举、

① （元）孛术鲁翀：《大元通制序》。见黄时鉴点校：《通制条格》，浙江古籍出版社 1986 年版，第 1 页。

② （元）孛术鲁翀：《大元通制序》。见《通制条格》，第 1 页。

宫卫、军防、仪制、衣服、公式、禄令、仓库、厩牧、关市、捕亡、赏令、医药、田令、赋役、假宁、狱官、杂令、僧道、营缮、河防、服制、站赤和榷货。现存的《通制条格》与之相比，缺的是祭祀、宫卫、公式、狱官、河防、服制、站赤和榷货。“条格”的基本内容与唐、金法典体系中的“令”相同，但也包括了原来的“格”和“式”的内容。“条格”实际上是把唐以来的“令”“格”“式”混合在一起了。

至于“断例”，《刑统赋疏》说：“断例即《唐律》十二篇名令提出狱官入条格，卫禁、职制、户婚、厩库、擅兴、贼盗、斗讼、诈伪、杂律、捕亡、断狱。”那么，“断例”究竟是多少篇呢？既然将“名令提出狱官入条格”，剩下的就只有11篇了。黄时鉴先生认为，应当对原文作如下标点：“断例，即《唐律》十二篇：名（令）[例]，提出狱官入条格。”意思是说，只是“名例”中的“狱官”提出而编入了条格，“名例”仍然是“断例”的首篇。[①] 这是很有道理的。因为，“名例”在一部法典中起着“明发众篇之多义，补其章条之不足”[②] 的作用，是不可缺少的。《唐律疏议》说：“汉作九章，散而未统。魏朝始集罪例，号为刑名。晋贾充增律二十篇，以刑名、法例，揭为篇冠。至北齐赵郡王睿等，奏上齐律十二篇，并曰名例，后循而未改。”既然名例在法典中占有如此重要的地位，相沿成习，那么，参酌唐、金律制定的《大元通制》，保留其他大体相同的篇目，而唯独删去“名例”，这是不可思议的。事实上，名例仍然是《大元通制》的首要组成部分。

就编纂的体例来说，《大元通制》的“制诏”相当于宋的敕或金的敕条。“断例”则具有两种含义，一是“断案通例”或“科断通例”，也就是“划一之法”——律；二是“断案事例”或“科断事例”。至于“条格”，如前所述，即与唐、金的“令”相同，但也包含“格”和“式”的内容。

《大元通制》的编纂体例是从唐、宋、金诸朝的法典体例演变而来的。

---

① 黄时鉴:《大元通制考辨》，载《中国社会科学》1987年第2期。

② 《晋书》卷30,《刑法志》。

从中国法制编纂史的角度来看，《大元通制》的一大特点是，“其于古律，暗用而明不用，名废而实不废”。[①]

《大元通制》的编成，标志着元代的法典基本上已经定型化了。以《大元通制》为代表的元代法典，从1323年起至1368年元亡，前后执行了四十余年。现存的《通制条格》，是我们研究元朝法制史的极有价值的资料。

（三）编纂《大元圣政国朝典章》(《元典章》)

大致在编纂《大元通制》的同时，元朝政府还编纂了一部《大元圣政国朝典章》(以下简称《元典章》)。前集约刊布于延祐七年（1320年），新集约刊布于至治三年（1323年）。它并非元朝政府正式颁行的专门法典，而是仿照《唐六典》编纂的元朝制度法令的大全，它汇集了至元以来直至英宗至治三年有关政治、经济、军事、法律以及圣旨、条画等诸多方面的东西。它虽然不是专门法典，却包括了许多法典的内容，同《通制条格》一样，是我们研究元朝法制史的极有价值的资料。

《元典章》总共60卷，分诏令、圣政、朝纲、台纲、吏部、户部、礼部、兵部、刑部、工部等10大类，下分373目，目下列有条格。

“诏令”计35篇，如“皇帝登宝位诏”“建国都诏”“建国号诏”“立皇太子诏”“至大改元诏”等。其中，世祖忽必烈时期颁布的诏令有12篇，占1/3以上。

“圣政”计2卷32目。主要是关于提高统治效能，加强专政作用方面的内容。设中书省“辅弼朕躬，总理庶政”。中书省下设吏、户、礼、兵、刑、工六部和从属于六部的院、寺、监、府等。地方设立行中书省。行中书省下设路、州（府）、县，各设长官曰达鲁花赤。

“朝纲”计1卷2目。主要内容是明确中央与地方之间的职权范围，实行上总宏纲下分庶务的分工负责制。

---

① （元）吴澄:《大元（通制）条例纲目后序》，见《草庐吴文正公全集》卷19。

“台纲”计2卷6目。主要是规定御史台、行御史台、肃政廉访司的职权。

“吏部”计8卷53目。主要内容是：第一，关于官吏的等级品第。内外文武官员按九个品级分等，每个品级又分正品和从品两级，共十八级。第二，关于官吏的选拔原则。选拔官吏的原则主要包括出身门第原则、民族差别原则、亲属回避原则和考试升迁原则。第三，关于官吏的职守及黜陟。

“户部”计13卷75目。主要内容是：第一，关于户役赋税问题。第二，关于田宅买卖问题。第三，关于禄廪钞法问题。第四，关于婚姻继承问题。

“礼部”计6卷23目。主要内容是：第一，关于礼仪祭祀问题。第二，关于学校科举问题。第三，关于释道孝节问题。

“兵部”计5卷39目。主要内容是：第一，关于军人问题。第二，关于军器问题。第三，关于驿站、递铺问题。

“刑部”计19卷133目。主要内容是：第一，关于刑法制度问题。首先，关于刑种问题，以笞、杖、徒、流、死为五刑。此外，尚有赎刑和罚金。其次，关于罪名问题，有“诸恶罪”“诸杀罪”“诸殴罪”“诸奸罪”“诸赃罪”“诸盗罪”“诈伪罪”等。第二，关于狱政制度问题。包括狱具、察狱、系狱、鞫狱、断狱和提牢等。第三，关于诉讼制度问题。包括书状的成立、告诉禁例、调解、代诉、审讯、自首、诬告、上诉和越诉等。

“工部”计3卷7目。主要内容是：第一，有关生活器物的制作问题。第二，有关土木建造问题。第三，有关役使问题。

（四）编制《经世大典》和《至正条格》

至顺二年（1331年），元朝政府又编制了一部《经世大典》。凡880卷，篇目凡10；君事4篇（帝号、帝训、帝制、帝系）；臣事6篇（治典、赋典、礼典、政典、宪典、工典）。它是沿袭《元典章》的体例编订的，其内容有许多方面与《元典章》和《大元通制》相同，但也有一些新增的内容。它是一部律令式的法典，其中《宪典》具有刑法典的性质。《宪典》凡22篇，曰名例、卫禁、职制、祭令、学规、军律、户婚、食货、大恶、奸非、盗贼、诈伪、诉讼、斗殴、杀伤、禁令、杂犯、捕亡、恤刑、平反、赦宥、狱空。元史的编者，抄录了《宪典》的前20篇，写成《刑法志》，因为赦宥和狱空不属于刑事法规，所以未被抄录。

《经世大典》原书今已遗失，流传至今的，除在元志中的外，只有保留在《永乐大典》残卷中的一小部分、著录于《国朝文类》的各篇序言和其他少数零碎材料，以及清代从《永乐大典》中抄出的《大元毡罽工物记》《大元海运记》《大元马政记》《大元仓库记》和《大元官制杂记》等。

《经世大典》的编制，近取《大元通制》和《元典章》，远效周礼之六官，仿唐六典之制。难怪"文宗，取其所撰《宪典》读之"而发出"此岂非唐律乎"[①]的感叹。

至正六年（1346年）四月颁布了《至正条格》。其性质与《大元通制》同。关于这部法典的编订情况，《元史·刑法志》没有记载，内容不得其详。《四库全书总目》说，这部法典分27目，有"诏制"150条，"条格"1700条，"断例"1059条。似是对《大元通制》的修改和补充。关于这部法典的名称，参与编纂的朵尔直班曾经提出过异议。他说："是书上有祖宗制诰，安得独称今日年号（指至正）。又律中条格乃其一门耳，安可独以为书名。"但是"时相不能从，唯除制诰而已"。[②]按照他的说法，这部法典只有条格和断例两部分颁行天下。

第三节 元朝法律的主要特点

法律作为统治阶级意志的集中体现，必然具有鲜明的阶级性，元朝的法律也不例外，它是维护封建地主阶级利益的工具。除了这个共性之外，

① 《元史》卷181，《揭傒斯传》。
② 《元史》卷139，《朵尔直班传》。

元朝的法律还具有如下特点。

一、划分民族等级，具有极强的民族性

元朝的法律处处都反映出蒙古人中心主义，带有十分浓厚的民族压迫的色彩。

民族等级的划分，早在蒙古汗国时期就已存在。世祖建元之初，又将各族人民划分为四等，即蒙古人、色目人、汉人、南人。不过，从现存的法律资料来看，四个民族等级的划分，直到大德年间（1297—1307年）才正式确定下来。这在《大元通制》和《元典章》中都有充分的反映。

蒙古人包括成吉思汗统一蒙古高原过程中组成蒙古民族共同体的各个部落。色目人包括畏兀儿、唐兀、吐蕃、哈剌鲁、康里、钦察、阿速等各民族的人。汉人指原来在金朝统治下的汉族和汉化的女真、契丹等民族，并包括云南、四川的汉族。南人指忽必烈灭南宋时仍在南宋统治下的汉族，但不包括在此以前基本上已归服蒙古的四川人。

在四个民族等级中，蒙古人居首，色目人次之，汉人又次之，南人最劣。而在若干场合，则大略分为二级，即蒙古人、色目人为一级，汉人、南人为一级。四个等级的民族在法律地位上是截然不同的。这里仅从官制、军务、刑法和言行四个方面，分别加以叙述。

（一）官制方面

1. 从中枢到地方的各级官吏，“其长则蒙古人为之，而汉人、南人贰焉”。[①] 元代中枢之官署，以中书省、枢密院、御史台最为重要，分别掌理政务、兵柄、黜陟之权。中书省之最高长官中书令，以太子领其虚衔，而实权则归之左右二丞相。左、右二丞相基本由蒙古人担任。枢密院之长官

① 《元史》卷85，《百官志》1。

为枢密院使，也由太子领其虚衔，而握实权者，则为同知枢密院事、枢密院副使等官。通元一代，任此职者，除四名色目人外，皆为蒙古人。御史台之长官为御史大夫，此职亦由蒙古人专任。地方上的路、府、州、县以及万户、千户、百户等官署，皆置达鲁花赤为上官，原则上只限于蒙古人。此外，一般较高级的行政人员、管辖军政和武器的官吏，也由蒙古人或色目人专任。

2. 入仕途径与官吏迁转之难易，也因四级等差而有所不同。元朝的入仕途径有四：一由“怯薛”，二由科举，三由承荫，四由吏员。

由“怯薛”入仕者，既易且众，但此项权利，除蒙古人、色目人外，汉人和南人则基本无缘享有。《元史·舆服志》说：“今后汉人、高丽、南人等投充怯薛，并在禁限。”《元史·刑法志》说：“诸汉人、南人投充宿卫士，总宿卫官辄收纳之，并坐罪。”

科举分为二途：一由科目，二由学校。其考试科目，色目人同于蒙古人，南人同于汉人。前者应试仅考两场，后者则考三场。《通制条格·学令·科举》规定：“一、考试程式：蒙古色目人，第一场经问五条（《大学》《论语》《孟子》《中庸》内设问，义理精明、文辞典雅为中选，用朱氏《章句集注》）。第二场策一道（以时务出题，限五百字以上）。汉人、南人，第一场明经：经疑二问（《大学》《论语》《孟子》《中庸》内出题，并用朱氏《章句集注》，复以己意结之，限三百字以上）。经义一道（各治一经，《诗》以朱氏为主，《尚书》以蔡氏为主，《周易》以程氏、朱氏为主，以上三经兼用古注疏，《春秋》许用三传及胡氏传，《礼记》用古注疏，限五百字以上，不拘格律）。第二场古赋诏诰章表内科一道（古赋诏诰用古体、章表参用古体四六）。第三场策一道（经史时务内出题，时务不矜浮藻，惟务直述，限一千字以上）。”可见，不仅场次多少不同，就是各场内容也有多少难易、字数多少等差别。还规定：“蒙古、色目人愿试汉人、南人科目，中选者加一等注授。”至于学校，则设有国子学。国子学的生员多有入仕的机会，但其中民族等差也极为悬殊。“试蒙古生之法宜从宽，色目生宜稍加密，汉人生则全科场之制。”[①]

承荫之制亦有等差。《元典章》：“至元七年六月，尚书省准中书省咨……总管府达鲁花赤应合承袭之人，于下州达鲁花赤内叙用，散府诸州达鲁花赤应继之人，于县达鲁花赤内叙用……除蒙古、回回[②]、畏吾儿、乃蛮、唐兀等达鲁花赤应继之人，依准前项所拟闻奏，所据契丹、女真、汉儿达鲁花赤应继之人，拟同管民官体例承荫叙用。”

由吏员升迁，是元代入仕要途之一，但“凡南人皆不得为廉访司书吏”。[③]延祐元年，江西行省咨：“且如根脚系江南入仕超升之人俱经回降”。[④]

（二）军务方面

中统三年（1262 年）以来，即有“禁民间私藏军器”之令。[⑤]《元史·刑法志》亦有“诸汉人持兵器者禁之，汉人为军者不禁”之文。至元十六年（1279 年）又令：“除侧近有的武卫军外，别个汉军每出军，把军器者，回来，将军器每置库纳者。”[⑥]这就是说，除武卫军之外的汉军，平时亦不准执军器。至元二十一年（1284 年），“中书省奏：在先钦奉圣旨，汉儿人休执把弓箭者，军人、打捕户这的每执把者……火鲁火孙奏将来：除军人外，打捕户每弓箭休教执把呵，怎生？商量来。奏呵，奉圣旨：教罢了者，钦此。”[⑦]至元二十一年（1284 年）十一月，中书省南京等路宣慰司呈：“……随处庙宇，往往有诸人供献鞭、简、枪、刀、弓、箭等真军器，并旌旗、锣鼓、斧钺、仪仗……刑部议得：今后民间若有必合使用供神器物，经官

① 《元史》卷 81,《选举志》1。

② 因引用历史文献，或为旧时固定称谓，“回回”这一称谓不便改动，本卷全书同。

③ 《典章新集·吏部》。

④ 《通制条格》卷 6,《选举》。

⑤ 《元史》卷 5,《世祖纪》2。

⑥ 《元典章》卷 35,《兵部》2,《军器·禁断军器弓箭》。

⑦ 《通制条格》卷 27,《杂令·禁约军器》。

给据，听以土木纸綵假物代之，以寓事神之意，如有违犯之人，捉拿断罪。都省准拟。”[①] 至元二十三年（1286 年），“议得：新附弓手，若有已前置到器仗，责令各处簿尉巡检，尽数拘收，置库收贮。遇有盗贼生发，斟酌缓急，逐旋关拨，追捕事毕，却行还库。仍令本处达鲁花赤提调施行”。[②] 至元二十四年（1287 年），“刑部议得：急递铺兵铁尺手枪，既系汉儿人氏，拟合拘收。都省准呈”。[③]

（三）刑罚方面

1. 科刑轻重不同。同样是盗窃，元代通例规定，“窃盗初犯刺左臂，再犯刺右臂，三犯刺项，强盗初犯刺项”，[④] 其蒙古人有犯，及妇人犯者，不在刺字之例。[⑤] 如果“诸审囚官强愎自用，辄将蒙古人刺字者，杖七十七，除名，将已刺字去之”。“诸色目人犯盗，免刺科断”。[⑥] 同样是杀人伤人，汉人、南人犯者，死，并征烧埋银五十两给苦主；但蒙古人殴死汉人者，只“断罚出征，并征烧埋银”。[⑦] 同样是斗殴，对汉人则“严加禁约”，[⑧] 对蒙古人则不加禁制，“蒙古人殴打汉儿人，不得还报，指立证见于所在官司陈诉；如有违犯之人，严加断罪”。[⑨]

2. 司法机关的设置与处罚的宽严不同。元代特设宗正府置断事官，以掌“诸王、驸马、投下蒙古、色目人等应犯一切公事，及汉人奸盗诈

① 《通制条格》卷 27，《杂令 · 供神军器》。
② 《元典章》卷 35，《兵部》2，《军器》。
③ 《元典章》卷 35，《兵部》2，《军器》。
④ 《元典章》卷 49，《刑部》10，《诸盗一 · 强窃盗贼通例》。
⑤ 《元史》卷 104，《刑法志》3。
⑥ 《元史》卷 104，《刑法志》3。
⑦ 《元史》卷 104，《刑法志》3。
⑧ 《通制条格》卷 27，《杂令 · 汉人殴蒙古人》。
⑨ 《通制条格》卷 28，《杂令 · 蒙古人殴汉人》。

伪”[①]等事。致和元年（1328年），又以上都、大都所属蒙古人并怯薛、军站、色目与汉人相犯者，归宗正府处断，其余路、府、州、县，汉人、蒙古、色目词讼，悉归有司刑部掌管。“蒙古人居官犯法，论罪既定，必择蒙古官断之，行杖亦如之。”[②]

3.服刑时的待遇不同。汉人入狱，“昼则带镣居役，夜则入囚牢房”，甚至囚粮也要“亲属供给”；而“诸正蒙古人，除犯死罪，监禁依常法，有司毋得拷掠，仍日给饮食”。[③]

（四）言行方面

元朝的法律，不仅对军器的使用严加限制，就是对汉人围猎、演习武艺、聚众祈神、划棹龙船、立集买卖和言行等也有所禁制。《元史·刑法志·禁令》载：“诸僧道伪造经文犯上惑众，为首者斩，为从者各以轻重论刑”；“诸阴阳家天文图谶应禁之书，敢私藏者，罪之”；“诸妄言禁书者，徒”；“诸妄言星变灾祥，杖一百七”；“诸写匿名文书，所言重者处死，轻者流，没其妻子与捕获人充赏，事主自获者不赏”；“诸写匿名文字讦人私罪，不涉官事者，杖七十七”；等等。依这些条文考察，元朝统治者采取严酷的手段来禁止汉人不利于其统治的言论行动和文书的出现与传播。

为了保证军务方面和言行方面的禁令的有效实行，元朝统治者还设立了一个严密的监视网：“诸县所属村疃，凡五十家立为一社，不以是何诸色人等，并行入社，令社众推举年高、通晓农事、有兼丁者，立为社长。如一村五十家以上只为一社，增至伯（百）家者另设社长一员。如不及五十家者，与附近村分相并为一社。若地远人稀不能相并者，斟酌各处地面，各村自为一社者听。或三村或五村并为一社，仍于酌中村内选立社长。”

① 《元史》卷87，《百官志》3。
② 《元史》卷102，《刑法志》1。
③ 《元史》卷103，《刑法志》2。

每社均设一个由蒙古人充任的“提点官”。[①] 提点官是每社的最高权力者，生杀予夺唯其所欲。

元朝统治的实质是蒙古贵族及其他各族封建地主对各族劳动人民的压迫。但同时，元朝统治者又以蒙古族为国族，极力维护蒙古贵族的特权；并以归附、征服的先后，民族的不同以及生产方式的不同，把各民族划分成等级，从多方面实行严重的民族压迫。元朝之前的辽、金朝，其后的清朝，都是少数民族统治汉地的，但没有像元朝那样制定以自我为中心的法律。其原因主要是，当时的蒙古族是一个能骑善射、彪悍无比的民族，它在依靠数量有限的兵力消灭金朝的统治之后，经过长达四十年的蒙宋战争，终于由忽必烈完成了全国的统一。其兵力所及，东至日本，南至安南，西南至缅甸，并从海上出征爪哇，西至地跨亚洲大部分和欧洲一部分的广大地区，养成了穷兵黩武、骄横于世和高人一等的民族习性。忽必烈既是一个剥削阶级的代表人物，又是一个少数民族统治者，他不可能用与其他民族平等联合的办法来统治全国，而只能实行民族压迫的政策。这种政策反映在法律上，就具有极强的民族性，充满民族压迫的色彩。民族等级的划分，造成了严重的民族之间的隔阂，引起了被压迫民族的强烈不满和反抗情绪。民族矛盾和阶级矛盾交织在一起，使元代的社会矛盾显得极为复杂和尖锐。

二、保留某些蒙古旧制，内容上具有多元性

蒙古旧制，包括蒙古法和蒙古惯例两个方面。

（一）保留某些蒙古法的成分

按照“成吉思皇帝降生，日出至没，尽收诸国，各依风俗”[②] 的原则，

---

① 《通制条格》卷16,《田令·农桑》。

② 《元典章》卷57,《刑部》19,《诸禁·禁宰杀·禁回回抹杀羊做速纳》。

元朝法典的最主要部分（施于汉族的部分），基本上是金的《泰和律》，或者说是对历代中原王朝传统法典的继承和发展。它集中反映在：至元八年（1271 年）废《泰和律》前，在元朝政府颁布的断例中经常出现援引“旧例”的情况和至元八年废《泰和律》之后仍然参酌“旧例”制定新律令的情况。此外，元朝法典中还包含着蒙古法和回族法的成分，分别施用于蒙古人和回族人。回族人之间的民事诉讼和轻罪，往往由元朝政府任命的回族法官哈的大师依回族法归断。哈的大师的职责是依据宗教法律断决教徒的案件。元廷允许色目人各依本俗处理本族事务，并在伊斯兰教徒聚居的地方设置哈的，朝廷设置“回回哈的司”作为管理伊斯兰教徒案件的机构。至大四年（1311 年），仁宗下令撤销“回回哈的司”，回族人所有刑名、户婚、钱粮、词讼均由官府衙门断决。但不久又恢复了该机构，只令其“如旧祈福”，而不准其管词讼。[①]

蒙古法大体上是由部落时代沿用下来的若干习惯法以及自成吉思汗起陆续颁发的《札撒》构成的。蒙古人进入汉地及江南以后，生活环境和生活方式都发生了重大变化，这必然引起其意识形态的某些变化。因此，《札撒》的效能也不可能一成不变、一概照用。比如，《札撒》禁止蒙古人洗濯身上的衣服，直至它们完全坏损；禁止人们说某物是不洁净的，而应当认为所有的东西都是洁净的，不存在洁净与否的区别。这些习惯法已无必要继续推行了。但在元朝的代表性法典《大元通制》中，我们仍然可以看到《札撒》的影响。

“各依本俗法”是产生法典内容多元性的根本原因。在统一的元朝境内，实行“各依本俗法”的原则，在中国是史无前例的。它与唐律规定的“化外人同类自相犯者，各依本俗法”，是完全不同的。唐律所说的“化外人”，是指“蕃夷之国，别立君长者”。[②]

---

① 《元史》卷 24，《仁宗纪》1。

② 刘俊文点校：《唐律疏议》卷 6，《名例 · 化外人相犯》，中华书局 1983 年版，第 133 页。

元朝法典中保留的某些蒙古法成分，在下述四个方面可以见其概貌。

1. 军事方面。一是军队的编制采取蒙古的十进制，“他们把全部人马编成 10 人一小队，派其中 1 人为其余 9 人之长；又从每 10 个十夫长中任命 1 人为‘百夫长’，这 100 人都归他指挥。每千人和每万人的情况相同，万人之上置一长官，称为‘土绵长’。”[①] 二是对军官的考核提出 5 个要求，即“治军有法，守镇无虞，甲仗完备，差役均平，军无逃窜。”[②]

2. 婚姻方面。元朝法典关于婚姻问题采用“各从本俗”的原则。蒙古人婚姻从本俗，所以对汉族的禁令，蒙古人可以例外。比如，汉族禁止“有妻更娶妻者”，但由于《札撒》允许“一夫多妻”，所以“蒙古人不在此限”。反之，汉族从本俗，也就不允许汉族采用蒙古习俗。又如，蒙古人实行“父兄弟婚”制，即允许子收父妾、弟收兄妻或兄收弟妻（此制后来为法律所禁止）。至于“递相婚姻者”，以男方习俗为主，但“蒙古人不在此例”，即蒙古女子与他族人通婚仍可适用蒙古习俗。

3. 宗教方面。《札撒》规定：一、对于各种宗教，不舍此取彼，不尊此抑彼，一视同仁，不分彼此；二、免征托钵僧、诵古兰经者、法官、医师、学者、献身祈祷与隐遁生活者的税租和差役。《大元通制》的条文，都是把“僧、道、也里可温、答失蛮”并列。关于租税和差役，《通制条格 · 僧道》规定：“其僧道种田作营运者，依例出纳地税商税，其余杂泛科差并行免放。”

4. 刑法方面。蒙古国时期，笞、杖刑大体上是沿用金制，自 10 下至 100 下，每等加 10，凡十等。忽必烈即位建元后，为了体现“用刑宽恕”的意旨，沿用蒙古旧制各减免 3 下，即所谓“天饶他一下，地饶他一下，我饶他一下”。[③] 元代笞、杖均以 7 为尾数，乃成定制。

---

① ［伊朗］志费尼：《世界征服者史》，何高济译，中国人民大学出版社 2012 年版，第 32—33 页。

② 《通制条格》卷 7，《军防 · 军官课最》。

③ （明）叶子奇：《草木子》卷 3 下，《杂制篇》。

蒙古法对偷盗牛马羊畜之人处以盗一赔九之罚；屠宰牲口时，要将牲口四肢缚住，剖开胸腹，用手按住牲口心脏至其死去。这些蒙古法原仅适用于蒙古人，后又将其推行于汉族和其他民族。

（二）保留某些蒙古惯例

蒙古惯例较多，择其要者分述于下：

1. 投下封邑制。“投下”源于辽之“头下”，是元朝诸王、驸马、勋臣所属的人户。成吉思汗建蒙古国，将被征服的民众分赐给诸弟、诸子、驸马、功臣，作为各自的私属，形成若干投下。从太宗开始，曾几次在中原括户，并将人户按州县分封，每五户向领主纳丝一斤。平定江南后，又将江南各县人民分赐给各个贵族，令其向领主纳钞。凡属某领主所有的人户，通称某投下或某位下，由领主世袭继承。投下制度在至元八年（1271 年）三月颁行的《户口条画》中有充分的反映。这个《户口条画》全文载入了《通制条格》卷二。它规定，投下属户基本上以乙未（1235 年）和壬子（1252 年）户籍为准，以后擅自招收的户计一律改正为编籍民户；此后投下不得擅行文字招收户计；各投下分到的民户向投下缴纳五户丝。以后管民官纵令诸人招收人户，要解任断罪。可见，元朝的法律虽然对投下制度的存在有所限制，但仍然确认这一制度。

2. 驱口制度。蒙古汗国以攻城略地、掠夺人口做奴隶为其基本国策。这一点，对忽必烈建立的元朝，也产生了深远的影响。建元后，掳掠人口为“家奴”的事例仍屡见不鲜。载入《通制条格》的《户口条画》对驱口制度作了详细规定，对驱口的占有限制在乙未、壬子二年括编户籍时的范围之内；并且承认在一定条件下的驱口放良，甚至驱口将重驱（奴隶的奴隶）放良。《通制条格·户令·户例》：“……若驱口宅外另居，自行置到重驱，元置人出放为良者，并从为良，本主底使长不得争理。”这是对驱口限制的一面；同时，也说明元代确仍存在一定数量的驱口，它是被法律所确认的。蓄奴制度在中国历史上，几乎与封建社会相始终，但像元朝这样盛行，是前所未有的。

3. 站赤制度。在唐、宋、金的法典中，都只有关于驿马的个别条文，而在《通制条格》中，则专门列有“站赤”的篇目（内容无存）。“站赤”为蒙古语音译，意为掌驿站者。元代文献中，通常指驿站或站官。元代遍置驿站，东连高丽，东北至奴儿干，北达吉利吉思，西连伊利汗国和钦察汗国，西南抵乌思藏，南接安南、缅甸。陆站用马、牛、车、驴，水站用船。辽东设有狗站。大站置驿令，小站置提调。签民为站户，承当站役，交通枢纽之地置脱脱禾孙以检查乘驿人员。

4. 约会制度。元代的社会构成十分复杂，存在着民族、宗教和户计等多种社会区分，一旦案件涉及不同的民族、宗教和户计，有关官员必须“约会”，以共同审理。《元史 · 刑法志》说：“诸有司事关蒙古军者，与管军官约会问。诸管军官、奥鲁官及盐运司、打捕鹰坊军匠、各投下管领诸色人等，但犯强窃盗贼、伪造宝钞、略卖人口、发冢放火、犯奸及诸死罪，并从有司归问。”事涉俗人与和尚，则需要管民官与“和尚的头儿”进行约会，等等。

5. 达鲁花赤制度。达鲁花赤意为掌印官，原为诸王、贵戚、斡鲁朵在其分地的代理人。忽必烈灭宋统一全国之后，继承了这一制度，并将其推广，在中央及地方政权机构中，遍设达鲁花赤。达鲁花赤的设置，与诸官以蒙古人为长之制相符。《元史 · 百官志》称：“世祖……定内外之官，……官有常职，位有常员，其长则蒙古人为之，而汉人、南人贰焉。于是一代之制始备，百年之间，子孙有所凭藉矣。”清人赵翼说：“故一代之制，未有汉人、南人为正官者。”①

6. 斡脱制度。斡脱制度即官商制度。从成吉思汗时起，“斡脱每的勾当”就开始活跃起来，到蒙哥二年（1252 年）还设立了专门机构，命大臣专管斡脱事。建元后，斡脱凭借蒙古统治者的支持，操纵了元代的商业，并享

① 《廿二史札记》卷 30，《元制百官皆蒙古人为之长》。

有各种特权，成为“元时之官商”。[①] 元朝政府设有“斡脱所”“斡脱局”“斡脱总管府”等官府。斡脱制度是一种阻碍商业发展、对整个社会经济起着破坏作用的制度。

7. 科差制度。科差制度是蒙古汗国的旧制。科差之名有二，一为科丝，二为包银，以户为单位进行征摊。这一制度在《至元新格》中有明文规定。

8. 军事长官世袭制。蒙古汗国的典兵之官（万户长、千户长、百户长）都是世袭的。到忽必烈时代，“郡邑镇戍士卒，皆更相易置，……既平江南，以兵戍列城，其长军之官，皆世守不易”。[②]

此外，民族等级制度也是蒙古惯例之一，前面已经论及，不再赘述。

三、承袭唐以来封建法律的基本精神，具有承袭性

承袭唐代以来封建法律的基本精神，以适应蒙汉各族地主阶级的统治需要，是元朝法律的又一特点。

首先，确认五刑、十恶和八议制度。《唐律疏议·名例》中的五刑、十恶和八议，几乎完全被《大元通制》所采用，并增加了“五服”。有如《经世大典·宪典总序》所说：“名例者，古律旧文也，五刑、五服、十恶、八议咸在焉。政有沿革，法有变更，是数者之目，弗可改也。”用五刑、五服、十恶、八议来镇压对封建统治的反抗，维护封建统治阶级的根本利益和封建宗法社会的秩序，是适合蒙汉各族封建地主阶级统治的共同需要的。

其次，援引“旧例”律文。元朝统治的中心地区是汉族地区，它所统治的人口绝大多数是汉族人民。从这个前提出发，再加上“各依本俗法”的原则，可以确认，元朝法典的最主要部分乃是对中原历代封建王朝传统法典体例的承袭和发展。因此，元代法律文书中时常提到的“旧例”，是

① 翁独健：《斡脱杂考》，载《燕京学报》第29期。

② 《元史》卷99，《兵志》2。

一个值得重视的问题。

至元八年（1271年）以前元廷公布的断例中经常出现“旧例”。这些“旧例”除极少部分系指蒙古或元廷颁布的成法外，绝大多数是援引唐以来的法典律文，特别是金的《泰和律》律文，并把它作为司法断狱量刑的直接依据。如《元典章·户部·父母在许令支析》引“唐律：祖父母、父母不得令子孙分另别籍”，同时又引“旧例：女真人，其祖父母、父母在日支析及令子孙别籍者听”。《元典章·刑部·船边作戏渰死》：“旧例：戏杀伤人者，减斗杀伤二等，谓以力共戏而致死伤者。虽和以刃，若乘高履危，及入水中，以故烧伤者，准减一等。”又《元典章·刑部·走马撞死人》：“旧例：于城内街上及人众中，无故走马者，笞五；以故杀伤人者，减斗杀伤一等。”这里说的“旧例”显系指金律而言。建元之初，有关刑狱之事，除重刑结案申部上报外，一般案件则许有司“酌古准今”，“就便量情断遣”。[①] 即对《泰和律》的规定作相应减省折代，并以此作为各地量刑处断的依据。

至元八年（1271年）废《泰和律》后，在有关立法文书中，仍有援引“旧例”律文的情况出现。但这仅仅是在制定新律令时参考“旧例”中所体现的传统法度，而不是以“旧例”作为处理公事的直接法律依据。

四、按照元代社会的实际情况制定的某些新的条文，具有很强的针对性

中国传统的封建法典，自汉代以后，基本上是由儒者或受到儒学教育的官吏编制的，所以在法典中充分反映了儒家的精神，以适应封建统治阶级的需要。但也不可否认，其中确有一些难以实行或根本无法实行的条文，以及由于时间的推移而与社会现实分离的条文，这些条文实际上已经成为

① 《元典章》卷4，《朝纲》1，《庶务·体例酌古准今》。

“具文”。元朝的统治者觉得有必要按照社会实际，制定一些切实可行的条文。这一点在《元史·刑法志》“户婚门”中反映得最为突出。

唐律关于婚姻问题有21条规定，其中，只在婚姻与聘财一处规定了财产问题。而《元史·刑法志》提到的关于婚姻问题的四十条规定中，约有半数是关于财产问题的规定，如“诸男女婚姻，媒氏违例多索聘财，及多取媒利者，谕众决谴”；“诸男女既定婚，其女犯奸事觉，夫家欲弃，则追还聘财，不弃则减半成婚”；“诸遭父母丧，忘哀拜灵成婚者，杖八十七，离之，有官者罢之，仍没其聘财，妇人不坐”；“诸服内定婚，各减服内成亲罪二等，仍离之，聘财没官”；“诸有女纳婿，复逐婿，纳他人为婿者，杖六十七，后婿同其罪，女归前夫，聘财没官”；“诸受财以妻转嫁者，杖六十七，追还聘财；娶者不知情，不坐，妇人归宗”；“诸受财强嫁所监临妻，以枉法论，杖七十七，除名，追财没官，妻还前夫”；等等。不仅关于财产问题的规定有异于唐律，而且律文亦与唐律有别。

此外，关于僧道犯罪，《元史·刑法志》在职制、户婚、奸非、盗贼、诈伪、杀伤、禁令等门类中共载有20条律文。如“诸僧人但犯奸盗诈伪，致伤人命及诸重罪，有司归问”；“诸各寺院税粮，除前宋所有常住及世祖所赐田土免纳税粮外，已后诸人布施并己力典买者，依例纳粮”。[①]“诸河西僧人有妻子者，当差发、税粮、铺马、次舍与庶民同”；“诸僧道悖教娶妻者，杖六十七，离之，僧道还俗为民，聘财没官”。[②]“诸僧尼道士女冠犯奸，断后并勒还俗”；“诸强奸人幼女者处死，虽和同强，女不坐。凡称幼女，止十岁以下”；[③]“诸僧道为盗，同常盗，刺断，征倍赃，还俗充警迹人”。[④]

① 《元史》卷102，《刑法志》1。
② 《元史》卷103，《刑法志》2。
③ 《元史》卷104，《刑法志》3。
④ 《元史》卷104，《刑法志》3。

结合《通制条格》和《元典章》的记载来看，这些条文的主要立法目的，是遏制僧道假威恃宠，跋扈跳梁。僧道在元代确实受到过朝廷的优遇，但不能因此得出元朝法律保护僧侣特权的结论。

《元史·刑法志》在职制、禁令、诈伪、盗贼、杀伤各门中，还记载了一些极为实际的条文，如“诸民间失火，镇守军官坐视不救，而反纵军人剽掠者，从台宪官纠之”；“诸因争，以头触人，与人俱仆，肘抵其心，邂逅致死者，杖一百七，全征烧埋银”；“诸两家之子，昏暮奔还，中路相迎撞仆于地，因伤致死者，不坐；仍征钞五十两给苦主”。《通制条格》有些条文甚至达到了入细入微的程度，就连“娼女妊孕”“支请衣装”“自造酒牌”“一产三男”“捕虎”“假医”“禁捕秃鹙”“禁捕天鹅”“捕白花蛇”“野火”[①]等细微之事，也都有明文规定。

不能否认，元代的法典与历史上各代王朝的传统法典相比较，它的某些具有针对性的条文，是值得肯定的。

在江南地区，长期以来就存在典雇妻室的陋习，但各代法律均无禁治之文，而《通制条格》则明文规定：“江淮薄俗，公然受价将妻典与他人，如同夫妇。今后拟合禁治，不许典雇”。对于“非理行孝”，“合依旧例，诸为祖父母、父母、伯叔姑、兄姊、舅姑割肝剜眼、割臂脔胸之类，并行禁断”。为了严肃吏治，严禁差使人宿娼，“不畏公法官吏人等每因差使去处，公明轮差娼妓寝宿，今后监察御史、按察司严行纠察，如有违犯之人，取问明白，申台呈省。其应付娼妓官吏，与宿娼之人一体坐罪，仍送刑部标籍过名”。为了整饬军纪，避免军人借势取借钱财，“……军人并诸人不得私下取借，财主亦不得出放债负。如有违犯，取放钱人一体究治。本管头目有失觉察者，亦行取招断罪”。等等。这些规定都是唐、宋法律中所

① 《通制条格》卷4《户令·娼女妊孕》；卷13《禄令·支请衣装》；卷14《仓库·酒牌侵钞》；卷17《赋役·一产三男》；卷20《赏令·捕虎》；卷21《医药·假医》；卷27《杂令·禁捕秃鹙》《杂令·禁捕天鹅》《杂令·捕白花蛇》；卷28《杂令·野火》。

没有的。

同唐律相对比，上述一些条文，无论从内容或文字来说都是新的，带有很强的针对性，既实际而又具体。这一点同元朝法典缺乏一般法典所具有的系统而划一的形式和蒙古人的“务实”思想有直接关系。

第四节　对元朝法制的评价

元朝的大统一在中国历史上具有重大的意义，我们对元朝的法制应予实事求是的、恰如其分的评价。

一、在恢复和发展农业生产方面发挥了积极的作用

元朝统一的意义是：首先，结束了我国历史上较长时期的分裂割据局面，使中国统一的历史发展主流，在此后六百年中起了主导作用。其次，促进了国内各族人民之间经济、文化的交流和边疆地区的开发，进一步促进了我国统一的多民族国家的巩固和发展。再次，为我国科学技术的发展提供了良好的条件。最后，大大加强了中外文化交流和中外交往。

以《大元通制》为代表的元朝法典是与元代的经济基础相适应的。元朝统一全国以后，封建剥削制度发生了实质性的变化。封建统治者占有大量的生产资料，特别是占有大量土地。他们通过土地占有对广大劳动人民进行经济的、超经济的剥削，并依靠政治的、法律的手段保证这种剥削的进行和实现。而恢复和发展农业生产则是强化封建地主阶级专政的客观实际需要。蒙古统治者在用武力统一全国的过程中，给各地的农业生产造成了十分严重的破坏。元初，以忽必烈为首的统治者，比较重视农业生产，实行了一系列有利于农业发展的政策和法律措施。这是符合历史发展规律的，如恩格斯所说：“在长期的征服中，比较野蛮的征服者，在绝大多数

的情况下，都不得不适应征服后存在的比较高的‘经济情况’。”[①] 因而，统一在客观上是具有进步意义的。它在法律上的反映是：忽必烈于中统二年（1261 年）设劝农司，并对官吏发布诏书，“今后有能安集百姓、招诱逃户、比之上年增添户口、差发办集，各道宣抚司关部申省，别加迁赏；如不能安集百姓、招诱逃户、比之上年户口减损，差发不办，定加罪黜”。[②] 关于恢复和发展农业生产问题，在《通制条格 · 农桑》中也有很多具体规定。诸如：“自大都随路州县城郭周围，并河渠两岸，急递铺道店侧畔，各随地宜，官民栽植榆柳槐树，令本处正官提点本地分人护长成树”；“每丁周岁须要创栽桑枣二十株或附宅栽种地桑二十株，早供蚁蚕食用”；“随路皆有水利，有渠已开而水利未尽其地者，有全未曾开种并创可挑撅者。委本处正官一员，选知水利人员一同相视，中间别无违碍，许民量力开引”；“本社内遇有病患凶丧之家不能种莳者，仰令社众各备粮饭器具并力耕种，锄治收刈，俱要依时办集，无致荒废。其养蚕者亦如之”；“本社内若有勤务农桑、增置家产、孝友之人，从社长保举官司，体究得实，申覆上司，量加优恤”；等等。

上述规定，在元朝初期，对恢复和发展农业生产起到了积极作用。中统三年（1262 年）时，蒙古政权所辖土地大体与金朝相当，有 147.6146 万户，以 1 户 5 口计，有人口 700 多万，与金泰和七年（1207 年）的 768.4438 万户，1581.6079 万人相比，[③] 相差很远。到至元二十八年（1291 年），全国有 1343.0322 万户，人口 5984.8964 人。至元三十年（1293 年），户数达到 1400.2760。估计元代人口最多的年代在顺帝初期，当超过 8000 万以上，与金和南宋最高数的总和差不多。

元代农业生产总的来说，是有所前进的。当然，各个地区的发展是不

① 《马克思恩格斯选集》第 3 卷，第 222 页。

② 《元典章》卷 19，《户部》5，《田宅 · 荒田 · 荒闲田地给还招收逃户》。

③ 《金史》卷 46，《食货志》1。

平衡的。从时间上讲，元朝前期较好，中后期有衰敝的趋势。一般地说，南方多数地区一直保持着原来的发展趋势。黄河流域地区（陕西、山西、河北、山东、河南等）农业生产虽曾遭受了严重的破坏，但到了至元十年（1273年），“民间垦辟种艺之业，增前数倍”，[①]农业生产得到了恢复和发展。其他地区也都有不同程度的恢复和发展。

二、缺乏系统划一的形式，难以完全贯彻执行

立法是见诸文字的，要把立法付之实施，有一个从文字变为行动的问题。中国历代封建王朝没有一个是把立法百分之百、不折不扣地付诸实施的。元朝也不例外，其原因如下：

（一）有例可援，无法可守

元朝始终没有编制出类似唐、金那样形式完备的法典，所以，除了皇帝常常根据需要随时发布各种书面的“敕令”和口头的“谕旨”干涉法律的贯彻执行之外，元朝法律形式本身在执行上也存在很大的问题。元朝的法典主要是由断例和条格这样一些单行法规组成的。断例是“因事立法，断一事而为一例者也”，有很大的随意性。条格是“画一之法也”，有相对的稳定性。这在执行中就出现了许多弊端，诉讼双方都要援引有利于自己的条例，结果弄得是非难辨，无所可否。法律的贯彻执行也就无从说起了。

（二）各自管领，不相统摄

元朝与前代王朝一样，皇帝独揽行政、立法、司法和军事大权。司法机关没有独立的审判权，凡民间词讼、军中犯法和职官犯罪，都要由皇帝作出最后裁决。中央政府虽设有刑部“掌天下刑名法律之政令”，又设有

① （元）王磐:《农桑辑要》序。

御史台“掌纠察百官善恶政治得失”，使二者相互牵制，但也不过是皇帝的附庸而已。至于地方政府，路府州县各级均无专门的司法机关，司法直接由行政长官掌握，更无独立性可言。尤其应当指出的是，元朝政府“衙门纷杂，事不归一，十羊九牧”的情况十分严重，正宫位下自立中正院，匠人自隶金玉府，校尉自归拱卫司，军人自属枢密院，诸王位下自有宗正府内史府，僧则宣政院，道则道教所，又有宣徽院、徽政院、都护府等。它们都“家自为政，人自为国”，“各自管领，不相统摄”，给执法带来很大困难。如果案件牵涉几个衙门，则需要“约会”在一起共同审理，这往往是难以做到的。

（三）前后不一，轻重任意

《元史·武宗纪二》说：“累朝格例，前后不一，执法之吏，轻重任意。”郑介夫上书说：“今者号令不常，有同儿戏。或一年二年，前后不同；或纶音初降，随即泯没。遂致民间有一紧二慢三休之谣，上无道揆，下无法守，不闻如是可以立国者。”[①]法律缺乏稳定性，自然就难以贯彻执行。这点与唐律相比，就大为逊色了，唐律具有很强的稳定性，法立之后，不轻易更改，以为永式。法律执行得如何，在一定程度上取决于法律的稳定性。

（四）刑讯逼供，冤狱丛生

元朝法律规定，非强盗不加酷刑，法外用刑者有罪。那么，实际情况又是如何呢？《新元史·刑法志》记载了许多鞫狱违例，滥施酷刑获取口供，制造冤案的事例。世祖时，刑部侍郎王仪“独号惨刻，自创用绳索法，能以一索缚囚，令其遍身痛苦，若复稍重，四肢断裂”。“有司不据科条，辄因暴怒，滥用刑辟，将有罪之人褫去衣服，笞背考讯，往往致伤人命”。成宗时，“府州司县官失其人，奉法不虔，受成文吏，舞弄出入，以资渔猎，

① 《元史纪事本末·律令之定》。

愚民冒法，小有词诉，根连株累，动至千百，罪无轻重，即入监禁，百端扰害，不可胜言”。仁宗时，“侥幸之徒，不计事理虚实，欲图升进，往往锻炼成狱，反害无辜”。英宗时，“奸臣舞文法以害正人”。铁木迭儿窃踞相位，屡兴大狱，把御史中丞杨朵儿只、平章萧拜住、上都留守贺伯颜等置于死地。

上述情况，主要是由元政权的本质和法典缺乏系统划一的形式两个原因造成的。

三、推行阶级压迫和民族压迫政策，最终导致社会矛盾的激化

元朝建立以后，各族人民的反抗斗争就此起彼伏，一直没有间断。忽必烈去世后的三十多年时间里，社会矛盾日益尖锐，阶级矛盾和民族矛盾交织在一起，爆发了各族人民的武装起义。元末，阶级矛盾和民族矛盾已经达到白热化的程度，农民大起义就是这种矛盾激化后的必然产物。

红巾军起义爆发后，社会上流传着一首小令《醉太平》：“堂堂大元，奸佞专权，开河变钞祸根源，惹红巾万千。官法滥，刑法重，黎民怨。人吃人，钞买钞，何曾见？贼做官，官做贼，混愚贤，哀哉可怜！”把元末的社会情势，说得相当真切。推行阶级压迫和民族压迫政策的元王朝，只能自食“哀哉可怜”的恶果。

本章对元朝法制的概述，只能起到“素描”作用，对元朝法制的全面、详细的论述，请见本书以下各章。

第二章　元朝的行政法律规范

第一节　行政体制

一、皇帝制度

1260年忽必烈即汗位时，宣布仿照中原传统王朝的“仪文制度，遵用汉法”，实行皇帝制度，颁布了“皇帝登宝位诏”[①]。但元朝的皇帝制度，虽遵依汉法，援用唐宋旧制，但在皇帝产生的方式及其皇权的实施等方面，仍有许多特殊规定。

（一）皇帝制度的建立

元朝是中国的少数民族蒙古族建立的王朝，在中国历史上的蒙古民族，只是到了1206年成吉思汗统一蒙古草原上的各个部族之后，才形成了一个民族共同体。这是一个具有统一的语言、相同的生活习惯却或集中或分散居住于广阔地域内的社会群体。这个社会群体当时自称为“也客·蒙古·兀鲁思”，其蒙译汉语之意为“大蒙古国”。史书上虽然称法不同，诸如“大蒙古国”“大蒙古兀鲁思”“蒙古国”等，但据历史考察，它绝不是什么“异邦”，也不是任何其他王朝的属部，而是自立于中华民族之林的

① 《元典章》卷1，《诏令》1，《登宝位诏》。

优秀民族之一。

元朝的行政法律制度，是从成吉思汗所建的大蒙古帝国沿袭而来的。大蒙古国的最高首领“汗”是通过蒙古贵族组成的忽里台（诸王大会、大朝会）大会推选出来的。第一任大汗是成吉思汗，他操纵着全国的军事、行政、法律等大权。

1. 建元前的汗位之争

忽必烈创立帝制前，蒙古族的“祖宗”“先辈”们所“肇造”的“区宇”其“大恢土宇，舆图之广，历古所无”[①]。因此，时人称之为大蒙古兀鲁思，其下统辖着由受分封的各支宗王掌管的各小兀鲁思。大蒙古兀鲁思的大汗，被蒙古贵族、各支宗王和全体民众奉为共主，被视为拥有最大权威的统治者。因此，在蒙古统治集团内部的人，特别是大汗的后裔，把夺取汗位继承权放到至关重要的地位。

早在成吉思汗鼎盛时期，他对汗位继承人应具备的资格、选拔的办法等“事宜”进行过原则性的构想。到了他的晚年，便明确提出了确立汗位继承者的三个主要条件。一是要严格按照蒙古习惯法的惯例选拔；二是要选拔那些具备治理国家的才干和本领的人；三是要选拔那些得到统治集团的信任和拥护的人。据《蒙古秘史》记载，1219年蒙古西征之前，成吉思汗依据这三个条件，正式与诸子商谈由谁来继承大汗之位等问题。他根据蒙古社会“长子有优先权利”继承父亲王位的惯例，提议由长子术赤作为继承汗位的第一人选。但是，出乎他意料的是，这项提议立即引起诸子之间争夺汗位的论战。尤其是察合台，坚决反对由术赤继承汗位。他引用大蒙古国自古以来，一贯奉行选拔“有根脚”的“正蒙古人”担任“官人每”的习惯法，抓住术赤的出身问题尚存争议的把柄，攻击他是“蔑儿乞种带来的”。因此，极力反对“委付”这样一位不属于“正蒙古人”血统的人继承大汗之位。由于察合台与术赤之间的严重分歧，成吉思汗只得另行选

① 《元典章》卷1，《诏令》1，《建国号诏》。

择他人，最后指定有“雄才大略，足智多谋”的窝阔台为汗位继承人。[①]

1227年成吉思汗死后，其诸子慑于蒙古习惯法的威力和大汗生前的威望，只得接受耶律楚材等重臣和亲贵们的告诫，遵照成吉思汗生前预立窝阔台为汗位继承人的“圣旨”，于1229年秋天，由担任监国的拖雷召集东道诸王、西道诸王和那颜、亲贵们参加的忽里台大会，共同推举窝阔台为大蒙古兀鲁思的第二任大汗。[②]至此，成吉思汗诸子之间，围绕汗位继承权的争执始得平息，但这并不标志着汗位之争已终止。

1241年窝阔台死后，大蒙古国的汗位争夺战，出现了一些新的、更加复杂的局面。窝阔台在位期间，也曾仿照成吉思汗生前预立汗位继承人的办法，亲自指定他的孙子失烈门（窝阔台第三子阔出之子）为汗位继承人。但窝阔台死后，其皇后脱列哥那违背遗诏，选立其子贵由为大汗。[③]可惜，贵由在位仅3年，就突然死去。其皇后斡兀立海迷失，由拔都等亲王做主，依据“在先体例”临朝摄政达两年之久，企图把汗位把持在窝阔台系手中。但经过争权夺利的角逐，拖雷系明显占了上风，夺得了汗位继承权。1251年6月，蒙哥继承汗位。从此，汗位继承权便从窝阔台系转移到拖雷系。[④]

2. 忽必烈建立元朝帝制

蒙哥即位后，为了巩固拖雷系初建政权的根基，除加强对漠南汉地的控制外，还进一步加强对大理国、荆襄地区、川蜀地区的控制。[⑤]随着大蒙古国统辖区域的不断向南扩展，蒙哥为首的统治集团，渐渐感到只靠蒙古汗国原有的“法度”和“体例”，已不能有效地经营和控制广大的南方农业地区。因此，他们认识到只有改变蒙古贵族原有的统治方式和“旧有法度”，使其适应汉地封建经济发展的需要，才能有效地经营和控制广大

---

① 韩儒林:《成吉思汗》，江苏人民出版社1982年版，第74页。

② 《元史》卷2，《太宗纪》。

③ 参阅周良霄:《忽必烈》，吉林教育出版社1986年版，第5页。

④ 参见《元史》卷115，《睿宗传》;《元史》卷2，《太宗纪》。

⑤ 《元史》卷3，《宪宗纪》。

的农业地区；只有采用先进的统治手段，才能真正对其所统辖的大片汉地行使统治权。于是，蒙哥汗便决定先派忽必烈，代表蒙古汗国到“漠南汉地”主管那里的“军国庶事”。[①]

忽必烈是拖雷的次子，蒙哥汗的弟弟。他从青少年时代开始就热心学习汉族的典籍，探讨古代的礼仪制度，尤其注重求索历代封建帝王的治国之道。[②]后来他在漠北“潜邸”时，积极主动地广泛结交汉族地主阶级知识分子，经常与他们共同探讨汉唐盛世之治道、封建帝王的统治经验等具体问题，经常向他们索求治理国家的良策，虚心地“问以治道”。[③]并开始酝酿治理蒙古汗国的“治国之道”。

忽必烈接受蒙哥的委派到达漠南汉地后，广泛招募汉族官吏和有识之士参与管理事务；他还从蒙古贵族的长远利益出发，运用封建地主阶级的统治方式，推行“重农桑、宽赋税、省徭役”等政策；并在中原地区严厉打击“帝自一方”的世侯割据势力，强化了手中的权力。忽必烈的革新活动，虽然深受中原汉地民众和汉族官僚地主阶级的欢迎，却招致了蒙古守旧派——以阿里不哥为首的漠北诸王的敌视和反对。

1259 年 7 月，蒙哥汗病死，汗位之争达到了白热化程度。以阿里不哥为首的守旧势力，打着维护蒙古“本朝旧俗”的旗号，直奔哈剌和林，抢先自立为蒙古大汗。[④]

忽必烈获悉消息后，作出针锋相对的夺取权位的对策，他采纳了郝经的“断然班师”[⑤]的决策，于 1259 年年底迅速北归，1260 年 4 月，在蒙古东道诸王和西道诸王的大力支持，以及大批汉族官僚和地主阶级知识分子的辅佐之下登上皇位。

① 《元史》卷 4,《世祖纪》1。
② 《元史》卷 4,《世祖纪》1;《元朝名臣事略》卷 12 之 1。
③ 《元史》卷 4,《世祖纪》1;《元朝名臣事略》卷 12 之 1。
④ 《元史》卷 4,《世祖纪》1。
⑤ （元）郝经:《班师议》，见《陵川集》卷 32。

忽必烈的即位，完全仿照中国传统封建王朝皇帝登宝位的做法，颁布了即位诏书，登基成为元朝第一位皇帝。与此同时，他又仿行汉制开始建元纪岁，宣布1260年为中统元年。

忽必烈的即位，是蒙古统治集团内部新生势力战胜守旧势力的结果。这标志着成吉思汗所创立的大蒙古国汗位继承制度的结束，也标志着历代封建王朝的皇帝制度在元朝得到了确立和延续。

（二）皇帝产生的方式

元世祖忽必烈及其后继的各位皇帝，都仿行汉制颁布立储诏谕。但是，终元之世一直没有形成固定的嫡长子继承皇位的制度，也没有形成其他的“永为定制”的“体例”和法规。因此，其皇位继承制度就比较特殊，新君产生的办法也就比较复杂。

1. 先君预立产生

大蒙古国之汗位的延续，由于没有固定的嫡长子继承制度，也没有其他赖以遵循的法制和法规。所以，通常采用先朝大汗生前指定嫡子继位的办法。忽必烈诏书云：“太祖皇帝遗训：嫡子中有能继统者，豫选定之，是拥立太宗为帝。”清人赵翼以为“是太宗以嫡子嗣服，本太祖有命。故太祖崩后，太宗虽统兵在万里外，而母弟图类（旧名拖雷）监国，几及一年。俟太宗归即位。宗亲将相，皆无异言。”[①] 他相信成吉思汗确实建立过指定嫡子继位制。元朝首任皇帝忽必烈即位后，虽然仿行汉制颁布《立后建储诏》，但是仍没有建立起固定的嫡长子继承制度。不过，忽必烈似有立嫡长继位的倾向。因长子先死，故立次子真金为皇太子；又因真金死，立其皇孙为皇太子。立皇太子诏云：“自（太祖立太宗）后因不显立冢嫡，遂启争端。今以尔为皇太子，特赐册命。”[②]

① （清）赵翼：《廿二史札记》卷29，《元诸帝多由大臣拥立》。

② （清）赵翼：《廿二史札记》卷29，《元诸帝多由大臣拥立》。

在元朝时期，先朝之君留下预立法定继位人的遗诏，其死后，如果朝廷当局和皇室成员能够切实遵照遗诏拥立新君，那么新皇帝便可及时奉诏即位、掌握皇权、执掌朝政，促使行政体制正常运转。不过一旦皇帝预立继位人后出现特殊情况，或朝廷当局不能够遵依遗诏立新君，那么就会形成一些“随时宜而定”的新制度。例如，至元十年（1273年）三月，元世祖忽必烈颁发《立后建储诏》，正式立次子（长子先死）真金为皇太子，授玉册和皇太子宝。尽管这位皇储立志尊崇儒术、推进汉制，惩贪罢冗改革时弊[①]，但他却在42岁时先于父皇而死。面对皇储病故的突然事件，忽必烈只得“随时宜”采取新措施。他仿照正统封建王朝的立储制度，再度颁布诏书，指定皇孙铁穆耳（真金第三子）为新皇太子和世祖皇帝的指定继位人。

然而，当世祖皇帝死后，其皇室成员和诸后王之间，在是否应该执行忽必烈的遗诏等原则问题上产生了严重的分歧。公开对峙的双方竟是甘麻剌（真金长子）与铁穆耳兄弟。双方为争权夺位闹得朝廷秩序混乱，机制不能正常运转。于是伯颜和玉昔帖木儿等先朝皇帝的忠臣，极力主张恪守世祖皇帝的遗诏“圣训”，坚持拥戴被先朝皇帝预立的铁穆耳继承皇位。至元三十一年（1294年）四月铁穆耳在上都即皇帝位，是为元成宗。至此，空悬3个多月的皇位，经过一场政治风波后才得以延续。从而使先君预立产生新皇帝成为元朝的一项新制度。

终元之世，先君预立皇太子，却未必是长子，也未必是亲子。如，忽必烈立次子、皇孙为皇太子，仁宗立长子英宗为皇太子，泰定帝立幼子天顺帝为皇太子，文宗立子为皇太子，顺帝立子为皇太子；而武宗立弟仁宗为皇太子，明宗立弟文宗为皇太子。清人赵翼说：“元代立皇太子皆不吉。”[②]其实除真金和文宗子阿剌忒纳答剌早死外，英宗即位后被弑，泰定帝阿速

① 参见周良霄：《忽必烈》，吉林教育出版社1986年版，第176—177、186—189页。

② （清）赵翼：《廿二史札记》卷30，《金元二代立皇太子皆不吉》。

吉八登极后被废，正是元廷皇帝产生方式的复杂性所致。

2. 遵照“蒙古体例”产生

早在大蒙古国时期，社会上广泛采用幼子守家产的习惯法。当时人们把幼子称为“斡赤斤”——汉语意为家主或火炉的主人。这说明幼子在家庭中的地位与诸兄弟有所不同。

蒙古大汗和贵族等多妻者，以其正妻所生诸子中最幼者为“火炉的主人”，牧民百姓则以其原配妇人所生诸子中最幼者为“家主”。不论是贵族还是牧民，按照习惯法的规定，幼子的各位兄长成年后，均可从父母的家产中分得一份财产，另立门户各创其业，而幼子绝不可与父母“别籍异财”，分家另过。他有义务经营管理与父母共同使用的财产，有权利在父亲死后继承其全部财产。

蒙古汗国的大汗和贵族，把幼子继承父亲家产的习惯法，运用到权位的继承方面，便产生了“父亲之位置传于幼子”的“札撒”（法律）与“约孙”（礼仪制度）。[①]

元朝皇帝就是把这一幼子有权继承父亲权位的“札撒”，与封建王朝的嫡长子继承皇位的“立储”制巧妙地结合起来，形成一套独特的拥立皇帝的制度。

正因为元朝皇帝产生的办法较特殊，所以出现了皇帝诏立之皇储，不以嫡子长幼为序，也不论叔侄尊卑之辈分的奇特现象。例如，元泰定帝也孙铁木儿就是册立其幼子阿速吉八为皇太子的。[②]也孙铁木儿死后，阿速吉八便在右丞相塔失铁木儿、左丞相倒剌沙等权臣的拥戴下登极，史称幼主。再如，元朝的皇位更迭，轮到元成宗铁穆耳立皇储时，他先是依法册封其嫡子德寿为皇太子，但是德寿未待即位先病死，而铁穆耳又无子孙可续立，于是皇帝与朝廷当局重新议立皇储，最后决定从皇侄海山与爱育黎

① ［英］道森：《出使蒙古记》，吕浦译，中国社会科学出版社 1983 年版，第 202 页。

② 《元史》卷 29，《泰定帝纪》1。

拔力八达兄弟两人中物色一人为皇位继承人。经过一番争权夺位的较量后，皇侄海山及其支持者——右丞相哈剌哈孙为首的一方获胜。这样，海山便以皇侄的身份获得了继承皇叔之帝位的合法权利。大德十一年（1307 年）五月，海山即帝位于上都，改元至大，是为元武宗。①

元武宗依据元世祖所创建的“立后建储”制度，也颁发了立储诏谕。他采纳了先朝权臣的建议，把在争夺皇位的斗争中观点和立场一致的胞弟爱育黎拔力八达册封为皇太子。②这就在元朝皇帝制度史上开创了兄弟相许，“兄终弟及”的先例。

至大四年（1311 年）正月武宗死后，爱育黎拔力八达这位曾经极力支持兄长争夺和继承皇位、粉碎和“平定内难”有功的皇弟，便顺利地继承了皇位。改元皇庆，是为元仁宗。③

3. 通过政变产生

元朝新皇帝即位，不论是通过先皇帝遗诏预立，还是依据蒙古汗国“在先体例”和习惯法产生，都要经历一场皇族成员和权臣们参与的争夺皇位的混战。甚至发生废弃遗诏另立、弑君篡位的严重事件。

元泰定帝也孙铁木儿，这位受封的晋王，就是借助于宫廷政变之力即皇帝位的。此次政变与英宗“新政”④有直接关系。

元英宗硕德八剌倡导的“行汉法”“一新政治”（或“一新机务”）的各项措施一经出台，便遭到元朝统治集团内部，一部分坚持反对立场者的抵制。当时的御史大夫铁失，就是一员反对“新政”的骨干。他仗着持守旧观点的太皇太后答己的支持，与守旧的权臣铁木迭儿结成同党，坚决抵制各项新措施。特别是英宗有关打击贪赃不法的规定实施后，严厉地惩治

① 《元史》卷 136，《阿沙不花传》。

② 《元史》卷 22，《武宗纪》1；《元史》卷 24，《仁宗纪》1。

③ 《元史》卷 22，《武宗纪》1；《元史》卷 24，《仁宗纪》1。

④ 《元史》卷 136，《拜住传》；《元史》卷 175，《张珪传》；《元史》卷 28，《英宗纪》2。

了铁失等人的不法行为。于是，铁失更加猛烈地抨击“新政”，并策划推翻英宗另立新君。[①]

答己和铁木迭儿在至治二年（1322年）八月和九月，相继病故，这虽减少了英宗推行“新政”的阻力，但是他们的党羽铁失却仍坚持反对英宗的立场，并纠集守旧势力伺机发动宫廷政变。1323年秋，铁失率领阿速卫兵，利用英宗自上都南返到达距上都30里的南坡驻营的时机，亲自带领十几名壮勇亲信，闯入英宗行帐，亲手刺死英宗。这次以铁失为首的守旧势力制造的弑君政变，史称“南坡之变”。

铁失等守旧大臣，在答己和铁木迭儿死后，便拉拢晋王也孙铁木儿作为自己的新靠山。在铁失等人积极策划下，也孙铁木儿于至治三年（1323年）九月在怯绿连河即帝位，改年号为泰定，是为元泰定帝。[②]

此外，当时还有由权臣镇压“后宫”之乱后拥立新君的方式。

早在大蒙古国时期，就曾有过大汗死后由“哈敦”（大汗后、大汗妃）摄政的惯例。元朝确立帝制后，仍沿用此制。元成宗铁穆耳无嗣继位，所以在他晚年时，皇后卜鲁罕“居中用事”，形成后宫干预朝政的局面。大德十一年（1307年）元成宗死后，“左丞相阿忽台等潜谋”推举卜鲁罕皇后“垂帘听政”，并策划拥立安西王阿难答继承皇位。[③]

皇侄海山与爱育黎拔力八达兄弟，得知左丞相阿忽台等人欲立阿难答的密谋后，便在右丞相哈剌哈孙等人的支持下，抢在阿难答等一伙密谋发难登极的三月三日之前一天，出击镇压。当时由皇侄爱育黎拔力八达亲自率兵攻入大都，并带领部分亲信闯入内宫，捉获左丞相阿忽台及安西王阿难答等一伙。当即揭露了这伙抢权夺位者的阴谋，并“责以乱

① 《元史》卷175，《张珪传》；《元史》卷28，《英宗纪》2。

② 《元史》卷29，《泰定帝纪》1。

③ 参见《元史》卷136，《哈剌哈孙传》；蔡美彪等：《中国通史》第7册，人民出版社1983年版，第219页。

祖宗家法”，皆杀之，他们的党羽也被“鞫问”服罪，皆“伏诛”。[①] 皇后卜鲁罕由于是这起“后宫之乱”的支持者，故被“赐死”。其余参与这起拥立阿难答夺取皇位的诸王，也都被押送到上都“赐死”。至此，卜鲁罕皇后和阿忽台左丞相所发动的夺权斗争以彻底失败而告终。

右丞相哈剌哈孙等人，站在维护皇统的立场上，一贯积极支持由皇侄继承皇位。经过群臣共议，大德十一年（1307 年）拥海山即皇帝位。并改元至大，是为元武宗。

武宗遵依“先朝皇帝”的“建后立储”之制，颁诏预立其“平定内难”有功的皇弟，爱育黎拔力八达为皇太子，这样皇弟便成了皇兄的合法继承人。

4.“忽里台”选举产生

元朝的各位皇帝即位，不论是通过上述哪一种形式登极，也不论是采取什么样的手段加冕，均须经过忽里台大会选举的程序。这是因为，按照蒙元社会“在先体例”和惯例，只有在忽里台大会上得到蒙古王公贵族拥护的人，才被认为是合法的皇帝。因此，元王朝每当新皇帝“登宝位”时，专门召开的忽里台大会，便起着非常重要的作用。不过这种忽里台大会制度，虽然作为元朝的一项重要制度被确定下来，但它却对召集会议者应具备的资格、参加会议者拥有的权利和义务等重大问题，没有严格的限制和规定，以至于出现一些混乱现象。

1259 年 7 月蒙哥病故，阿里不哥先于忽必烈获悉蒙哥的死讯后，便与守旧的西北藩王密谋抢权夺位。他迅速地把自己在漠北的支持者召集到和林，并于 1260 年春擅自举行忽里台选汗大会。他在会前并未征询蒙哥汗廷的意见，在会上又不执行“祖宗”选汗体例的有关规定，仅仅凭借着强权和压力自立为汗。[②]

① 参见《元史》卷 136,《哈剌哈孙传》, 卷 24;《仁宗纪》1; 蔡美彪等:《中国通史》第 7 册，第 220 页。

② 《元史》卷 4,《世祖纪》1;（元）郝经:《班师议》,《陵川集》卷 32。

忽必烈在奉蒙哥之命治理漠南汉地期间，由于采取一系列的有力措施，运用先进的“汉法”“汉制”，联络和重用广大汉族官僚及其知识分子，所以他在政治和经济方面的实力不断得到加强。加之成吉思汗生前对他的偏爱，蒙哥汗在位时对他的器重，使他在蒙古贵族和汉族官僚中，享有较高的声誉，得到很多人的支持。

忽必烈在蒙古统治集团内部的矛盾斗争中，在各支宗王之间的争权夺利的角逐中，居于明显的优势地位。正因如此，当阿里不哥自立为汗时，忽必烈也采取针锋相对的手段，于1260年4月在开平府召开了忽里台选汗大会，在与会的东道诸王和西道诸王的支持下，宣布即位，被蒙古贵族尊之为薛禅汗，成为元王朝的第一任皇帝。[①]此后，元朝各位皇帝即位，一律采用忽里台大会形式。

总体而言，元代皇帝产生诸方式中，“一二大臣定议，卒归于应立之人”的大臣拥立是居重要地位的。赵翼曾曰：“元诸帝多由大臣拥立。”如，宪宗、成宗、武宗、仁宗、泰定帝、明宗、文宗等，“皆大臣所立。”不同之处在于，“开国之初，风气淳古，宗亲将帅，推戴咸出于至公，故无悖常乱纪之事。”至“特克实（即铁失）之弑立（杀英宗立泰定帝），雅克特穆尔（即燕铁木儿）之废立（废天顺帝立文宗），则全是权臣肆意妄行。大柄在手，莫敢谁何，遂任意易置。”[②]

（三）皇帝权力

元朝是以蒙古贵族为首，联合汉族和其他各族地主阶级参政的封建阶级政权。它是中国历史上继宋之后又一个专制主义中央集权制的王朝，是中国历代封建“正统”王朝的延续。所以，其皇帝权力仍与历代封建专制帝王一样，既垄断朝廷的军政大权，又总揽全国的一切法律大权。不过，

① 《元史》卷4，《世祖纪》1。

② （清）赵翼：《廿二史札记》卷29，《元诸帝多由大臣拥立》。

元朝皇帝并没有机械地搬用唐宋等王朝的“成规”与“定制”，因而其皇帝所拥有的权力也就具有一些特点。

1. 皇帝拥有统领全军的最高统帅权

军队是蒙元社会巩固政权、维护君权的柱石，是蒙古贵族“那颜”阶级南征北讨、所向披靡的主要力量，也是对内镇压和对外扩张掠夺的得力工具。如果说成吉思汗靠武力建立了“历古所无”的大蒙古国，那么元世祖忽必烈也是靠着“蒙古军”为骨干的强大武装力量，建立起“唐宋幅员之广咸不逮元”[①]的军事封建专制统治的大元王朝。因此，元朝以皇帝为首的蒙古统治者，为维护大元皇统万世一系，尤其重视对军事武装力量和武器装备的控制。

（1）皇帝亲自控制的护卫军系统

元朝确立帝制后，仍沿用成吉思汗建立的怯薛制与侍卫制，但进行了一些必要的“变通”。

怯薛制（或怯薛军制），简单讲是指成吉思汗的护卫军轮番入值之制。它规定怯薛歹（护卫士），在四怯薛长（由成吉思汗的“四杰”担任）的指挥下，按照严格的纪律要求，分成四队轮番入值，每番值勤三昼夜始得更换。其主要任务是保卫大汗和大斡耳朵（宫帐）的绝对安全。这些怯薛歹及其怯薛长都是各级世袭那颜阶级，是“有根脚”的人，尤其是四怯薛长都是有“大根脚”世袭“汗廷”要职者。这些人逐渐获取参予政事之权，甚至有些人拥有协助大汗处理军政要事的权力。

怯薛制延续到元朝发生了重要的变化。第一，元初设置的中央最高行政机构中书省的职权，取代了大蒙古国时怯薛歹协助大汗行使行政权的职能。但由于怯薛歹是在皇帝左右执事的贴身护卫士，因而深得皇帝信任和重用。他们在皇帝直接控制下，有资格参与起草和传达诏旨，有权隔越朝臣密奏，甚至有权弹劾丞相。这样，他们虽不再像从前那样直接行使中央

① 《元史·地理志》。

行政权，但作为皇帝的近身护卫士，仍可以干预朝政。[1] 第二，元朝法律保护怯薛歹和四怯薛长在朝中享有的特权。如《通制条格》中规定："怯薛歹蒙古人员"如果因向"府州司县村坊道店人民"摊派食宿相争，进而导致"蒙古人殴打汉儿人，不得还报……如有违犯之人，严行断罪"。[2] 再如《元典章》中规定：凡是"大根脚"出身的怯薛长，如果被委派出任外官则直接被定级为一品官。他们还有资格被选送到枢密院参与机要工作。第三，元朝定都大都后，仍保留蒙古"本朝旧俗"斡耳朵宫帐制，于是元朝各位皇帝及其后妃的斡耳朵都有自己的怯薛歹护卫士。由于怯薛歹都是大蒙古国的万户、千户、百户那颜的世袭子孙，所以他们是一个在蒙古族中占有特殊优越地位并享有各种特权的集团。他们后来大都被元朝皇帝委以重任，或被任命为军政要员，或充当皇帝的"耳目之臣"，世世代代为维护皇帝至高无上的权威效力。

侍卫亲军是元朝用于保卫京城及其京畿腹里之地的常备武装力量。其侍卫士不同于成吉思汗时归属四怯薛长指挥的"汗廷"侍卫士。他们是大元朝廷从各路"管军万户"和"诸道兵"中征调出的一部分强壮骁勇之士，他们是被派遣赴京城专门承担保卫城防任务的兵士。

忽必烈即帝位后，就征调精兵强将着手组建侍卫亲军，到至元元年（1264 年）组编成左、右两翼，后经十多年的改编和扩充，到至元十六年（1279 年）发展成拥有左、右、中、前、后共五卫的侍卫亲军大军，按常规每卫有一万名侍卫士，其首领通常称之为侍卫亲军都指挥使。[3]

自从元初的汉族官僚李璮、王文统反叛朝廷的罪行败露后，元廷对汉族官僚尤其对汉族军将的防范日渐加强[4]，措施之一是在戍守京城的侍卫亲

---

① 参阅蔡美彪等：《中国通史》第 7 册，第 100 页。

② 《通制条格》卷 28《杂令 · 蒙古人殴汉人》。

③ （元）王磐：《董文炳神道碑》，《畿辅通志》卷 171。

④ 《元史》卷 206，《李璮传》。

军队伍中，充实进由色目人组成的卫队。先后增设了以河西军（西夏军）组成的唐兀卫亲军、钦察军组成的钦察卫亲军、西域亲军、阿速卫亲军、康里卫亲军等。[①] 到元朝末年侍卫亲军总数，由元世祖时期的12卫扩充到30余卫。

元朝皇帝效法成吉思汗的做法，规定侍卫亲军既要担负戍守京城的任务，又要兼顾京畿附近地区的屯田耕作；又规定侍卫亲军遇有战事时要做到召之能战，平时无战事时则分军屯戍；还规定侍卫亲军应负责皇帝赴驻夏地上都时的宿卫警戒任务，同时还担任皇帝出巡时的侍从警卫任务。

（2）皇帝直接控制作战部队

元朝的主要兵种有蒙古军、探马赤军、汉军、新附军4种。其军队编制系统是：中央设置最高军事机构枢密院，这是仿照历代封建王朝之制而设立的，其下属机构依次为管蒙古军都万户府、管蒙古军万户府、千户所、百户所等，这是在“变通”成吉思汗以来之“祖述”的基础上形成的。元朝各位皇帝都是通过枢密院及其下属各级军事组织，行使其对内镇压对外掠夺的职能。元朝皇帝一贯注重用武力消除妨碍皇帝专权的社会势力。

第一，进行打击世侯割据势力、加强皇帝权力的战争。

地方世袭诸侯割据一方各自为政的局面，历来是皇帝推行集权统治的一大障碍，忽必烈中统元年即帝位不久，便坚决镇压了“专制山东”的李璮反朝廷之叛乱，并制定了一系列防止世侯专擅的法律措施。首先，规定官员不准在“自己地面里做官”[②]，禁止本人为官，其兄弟子侄同列一官署的现象。其次，规定“军官休做民官”，“管军官休管民者，管民官休管军者”[③]，要求地方政权机构，严格执行军民分治的制度。再次，在行政管理

① 《元史》卷28，《英宗纪》2；《元史》卷207，《铁失传》。

② 《元典章》卷8，《吏部》2，《选格·自己地面休做官》。

③ 《元典章》卷8，《吏部》2，《选格·军官休做民官》。

制度方面，罢除地方世侯的世袭制度，取消汉人官僚的封邑，实行官吏的迁转之法和易将之制。最后，加强蒙古军将士对“汉儿军”的监督，同时在地方各级政权中一律安排蒙古人担任达鲁花赤，履行监督之职。这些措施的实施，严厉地打击了各地汉族地主阶级的武装割据势力，有效地加强了皇帝的专制统治权。

第二，镇压诸王叛乱，加强皇帝对边陲地区的控制权。

中统年间，忽必烈战胜阿里不哥，依法保住皇位后，蒙古贵族内部反对皇权的斗争并没有就此终止。以窝阔台之孙海都为首的西北宗王和以乃颜为首的东北宗王，仍不断举兵进攻朝廷，侵犯皇权。这场打了 30 多年的对抗战，依然是大蒙古国各支宗王之间，汗位争夺战的延续；依然是一部分坚持“本朝旧俗”的守旧的蒙古宗王，与另一部分坚持“遵用汉法”的蒙古贵族之间，固有矛盾的再现。

对诸王的叛乱，忽必烈为首的元朝统治集团，一方面采取坚决镇压的策略，另一方面采取严加防范的措施。首先，加强西北地区的防御设施。海都是窝阔台之孙，对拖雷系夺得大蒙古国汗位继承权的现实，一直不服并寻机报复。他先是支持阿里不哥反抗忽必烈，后于至元六年（1269 年），公开以窝阔台系诸王首领的身份，联合西北地区守旧的蒙古各系宗王，打着恪守“本朝（蒙古）旧俗”，反对忽必烈“遵用汉法”[①]的旗号，举兵骚扰元廷在西北地区的军政设施。为此，忽必烈派太子真金驻兵称海（今蒙古人民共和国科布多东南）；派断事官刘好礼镇守吉利吉思、谦谦州等处，以加强对西北叛王的防御。但是，至元十一年（1274 年），元朝大举伐宋时，海都又乘虚攻掠，并向岭北进犯。此时，忽必烈一方面派强兵平叛，另一方面加强边防镇戍的兵力，先是派皇子北平王那木罕率诸王镇守西北，后又派元将刘国杰率领侍卫军万人，到达和林附近屯守。[②]同时，又在畏兀

① 《元史》卷 125，《高智耀传》。

② 参见（元）阎复：《刘氏先茔碑》，《静轩集》卷 5。

儿设置提刑按察司[①]，加强对别十八里和彰八里（今新疆昌吉）军站的管理，并于至元十七年（1280 年），在别十八里、哈剌火州设置北庭都护府，后又在别十八里等处增设宣慰司、元帅府等军政机构，从而加强了皇帝对西北地区的控制权。其次，加强漠北地区的防御设施，建立岭北行省。漠北的和林城原为大蒙古国的都城，中统元年（1260 年），忽必烈在开平府即位后，标志着开平府已取代了和林城的国都地位。不过，随着统治中心的南移，元朝最终定都于中原之燕京（大都）。尽管如此，忽必烈却一直重视对漠北地区的政治控制和军事镇守，以便抵御守旧的蒙古宗王对该地区的骚扰和进犯。先是派王子那木罕，长期镇守漠北。当至元二十五年（1288 年），海都东侵占据和林时，忽必烈毅然统帅大军亲征，打败海都收复了和林。并委任伯颜为知枢密事，留守和林，设防漠北。海山即帝位后，在前代诸帝管辖和林的基础上，特设置和林行中书省。皇庆元年（1312 年），更名为岭北行中书省。[②]从此，元朝皇帝完全控制了这一地区。最后，加强东北地区的防御设施，建立辽阳行省。成吉思汗诸弟的份地集中在今东北全境以东以北之地，史称东道诸王。乃颜继承其父之份地，占有辽东大部分地区，由于西北诸宗王屡犯元廷北部边陲，且日渐向东进犯，忽必烈深感加强东北地区御防设施的必要，故于至元二十三年（1286 年），罢山北辽东道宣慰司，置东京等处行中书省于辽阳，这就直接触犯了东道诸王，尤其是恃强专擅的乃颜等人的利益。此后，乃颜利用海都东犯元廷之机，联合东道诸王后裔举兵叛乱，忽必烈率领蒙汉诸军将亲征乃颜等叛王。乃颜兵败后被忽必烈处死，元廷将东道诸王辖地，分置于附近诸行省治下，从而进一步强化了皇帝对该地区的控制权。[③]

第三，镇压人民“犯上作乱”，维护皇帝至高无上的权力。

---

① 《元史》卷 10，《世祖纪》7。

② 《元史》卷 58，《地理志》，《元文类》卷 25，《四部丛刊》本。

③ 《元史》卷 4—7，《世祖纪》1—4。

以忽必烈为首的统治集团，在大元王朝建立后不久，不顾多年战乱所造成的经济残破局面，不断进行对内对外的战争。忽必烈及其后继者，为平息守旧的蒙古宗王叛乱，在中国北部从西北到东北的广阔战场上，打了近 30 年的拉锯战。同时，他们为了征服和掠夺邻国，还多次对高丽、日本、安南等国用兵侵扰。这些战争，不仅加重了各族人民的经济负担，而且也给人民群众带来了深重的灾难。于是，不堪忍受残酷剥削和战争蹂躏的各族人民，不顾元律所规定的“谋反处死”的禁令，纷纷举行以推翻皇帝专制统治为目的的起义。仅在至元和大德年间，就先后爆发了以钟明亮为首的畲民起义；田万顷、孟再师、鲁万丑等领导的苗族和土家族人民的起义；蛇节和宋隆济领导的彝族、苗族、仡佬族人民起义。这些被诬之为“草贼”的起义军，活跃在福建、广东、江西、湖南、云南、贵州等中国南部的广阔地区，他们的反抗活动，直接威胁到皇帝的专制统治。[①] 元廷多次派军镇压，但均难以压服制胜，更难以全部消灭。为了尽快镇压起义军和预防“草贼生发”，皇帝一再重申“禁断军器弓箭”“禁治社众习学枪棒”的诏令。首先，皇帝“圣旨”要求各级军政机关和社会基层组织，严格禁止民间私藏、私造兵器，尤其明确规定：“汉儿蛮子每弓箭军器，休交拿者”[②]，严禁汉人持把军器。同时还规定：对于“汉儿蛮子官人每根底”，休叫他们看守和提调军器库[③]。其次，皇帝“圣旨”明确指出：为确保皇宫安全和维护皇帝权威，“大都里旧城里有的百姓每，不拣是谁休造弹弓者，也休拿弹弓者”[④]。最后，皇帝“圣旨”再三强调，严格限制民间的神社祭祀活动，严厉禁止和取缔民众集聚一起，操练武术和学习枪棒等集体活动，防百姓集

① 参见《元文类》卷 41，《经世大典序录 · 政典 · 招捕》，《四部丛刊》本。黄溍：《刘公神道碑》，《金华黄先生文集》卷 25，《四部丛刊》本。

② 《元典章》卷 35，《兵部》2，《军器 · 拘收 · 禁断军器弓箭》。

③ 《元典章》卷 35，《兵部》2，《军器 · 拘收 · 达鲁花赤提调军器库》。

④ 《元典章》卷 35，《兵部》2，《军器 · 拘收 · 禁治弓箭弹弓》。

众“犯上作乱”[①]，以期巩固皇权。

此外，以皇帝为首的蒙古贵族统治集团还效仿其“先朝大汗”的做法，“迭兴”武功，侵略掠夺周邻一些小国家。

忽必烈即位后，为迫使高丽王朝君臣屈从于元朝，称臣纳币，不断遣将率师入侵高丽；他还下令大造海船，训练水上之师，越海入侵日本，强令其与元廷“互通”；另外他还对安南、缅国、占城、爪哇等国发动侵略掠夺之战，以期从政治上控制这些小国之君，达到掠夺其财富的目的。

2. 皇帝全面掌握国家的行政大权

忽必烈即位后，就宣布要扭转“先朝”大汗“文治多缺”的局面，为此他着手建立适合蒙古贵族统治需要的行政机构；组织制定一套“革故鼎新”的官制官规，以确保皇帝操纵国家中枢机关，全面行使行政大权。

（1）皇权建立之初的行政建制

1260 年，忽必烈即蒙古大汗之位，号称薛禅汗。与此同时他宣布采用汉制称皇帝，并颁布了《皇帝登宝位诏书》，是为元世祖。

忽必烈在即位诏书里明确宣布：“爰当临御之始，宜新弘远之规。祖述变通，正在今日。”[②] 这里所谓的“祖述变通”，就是变革从成吉思汗以来的“本朝旧序”中，那些不适应新条件、新政局的陈规旧制，使蒙古贵族原先的统治机构、行政体制能大致与中原的封建经济基础相适应。因此，忽必烈即位后便着手创制各项制度。

第一，建立都省制。忽必烈即帝位后改变了大蒙古国统治者所推行的“裂土分民”，分封世袭的旧俗，实行“内立都省，以总宏纲；外设总司，以平庶政”[③] 的先进制度。按照这种制度规定，皇帝直接控制全国最高的行政机构中书省及其长官，从而能够有效地行使其专制统治权。忽必烈授权

① 《元典章》卷 57，《刑部》19，《诸禁·禁聚众·住罢集场聚众等事》。

② 《元史》卷 4，《世祖纪》1。

③ 《元史》卷 4，《世祖纪》1。

中书省，总管朝廷内外百司之政；并为之设置平章政事、中书令、左右丞等官职，使元初行政建制初具规模。[①]

第二，仿“汉制”建元纪岁。忽必烈即帝位后，仿照封建王朝的“仪文制度”，颁布了《中统建元诏》，确定1260年为中统元年。自成吉思汗建立大蒙古国以来，蒙古诸汗一直采用十二生肖纪年排时序的办法，从未建立过任何年号。忽必烈废除蒙古旧俗，“遵用汉法”建元纪岁，标志着新一代封建王朝的开始。

第三，建立“大元”王朝。成吉思汗的统治中心位于蒙古汗国的“根本之地”怯绿连河，位置过于偏东，窝阔台汗建都哈剌和林，作为大蒙古国的政治经济中心；忽必烈于1256年主管漠南汉地时曾经营建开平府，使其成为称汗建国的基地，但忽必烈已把中原汉地作为他的统治中心，开平府显得偏北不适合作为国家的都城。便于中统四年（1263年）五月，加号开平为上都，只作驻夏之地。又于中统五年（1264年）八月颁布《建国都诏》，令燕京“可称中都路”，为升格为国都做准备。[②]

忽必烈称帝建元后虽建年号“中统”，但仍没有另立国名。一直到至元八年（1271年）十一月，才正式建国号为“大元”，“盖取《易经》‘乾元’之义”[③]。“大元”国号的建立，标志着忽必烈所采取的“祖述变通”“附会汉法”等重大决策的成功，“大元”皇帝忽必烈的“皇统”已经正式确立。此后，元世祖便积极致力于统一全国的事业。他在即位10多年后，统治地位已经逐渐巩固，北方领土已被全部控制，便下达诏令，在云南、四川等地区先后设置行省建制，这就为大元朝廷推行集权统治、大元皇帝行使专制权力，提供了可靠保障。[④]到了至元十六年（1279年），元世祖忽必烈

① 《元史》卷4，《世祖纪》1。
② 《元典章》卷1，《诏令》1，《建国都诏》。
③ 《元史》卷4，《世祖纪》1。
④ 蔡美彪等：《中国通史》第7册，第106页。

运用手中的军政大权，消灭了偏居一隅的南宋政权，完成了统一全中国的大业。从而结束了全国分裂割据的局面，建立起空前统一的多民族国家。其版图："北逾阴山，西极流沙，东尽辽左，南越海表……汉、唐极盛之际，有不及焉"[①]，即所谓"舆图之广，历古所无"[②]。从此，基本上奠定了中华民族的版图。

（2）皇权控制下的各级官吏

元朝皇帝与历代封建王朝的皇帝一样，是全国最高的行政官，他们全面掌握各级官吏的赏罚黜陟大权，甚至完全控制各级官吏的人身财产权。不过元朝皇帝在行使其任免官吏权时还具有自己的特色。

第一，元朝皇帝深知"政贵得人"的道理，他们认为朝廷只要能招徕有才干的人"参与政事"，就不必过于顾及对方的社会地位的高低和民族区分的等级。正因如此，元初首任中书省平章政事的王文统和中书左丞张文谦都是身居"三等人"地位的汉族官吏，中书左丞相是契丹人耶律铸（耶律楚材子）；王文统因乱臣李璮事发被诛后，元世祖便在中书宰执中增加了身居"二等人"地位的色目人。任命回族人阿合马为平章政事，任命色目人阿里别为右丞[③]；至元十年（1274年）又任命回族人赛典赤·赡思丁为云南行省平章政事[④]。

世祖皇帝为笼络各族官僚辅佐其实行专制集权统治，在至元二十四年（1287年）复立尚书省时，任命畏兀儿人桑哥为尚书省右丞相，蒙古人铁木儿及阿鲁浑撒里为平章政事，汉人叶李为右丞。[⑤]

世祖忽必烈为了对外宣扬其大元皇帝的无上权威，甚至把意大利人马可·波罗留在朝廷担任官职十多年。世祖皇帝曾多次派遣马可·波罗

① 《元史·地理志》。

② 《元典章》卷1，《诏令》1，《建国号诏》。

③ 《元史》卷4，《世祖纪》1。

④ 《元史》卷8，《世祖纪》5。

⑤ 参阅蔡美彪等：《中国通史》第7册，第130页。

代表朝廷出使各地。据中国学者杨志玖考证，马可 · 波罗在元朝“所干的差使多半是盐税事务，他在扬州所担任的职位，也应当是有关盐务的官员”[①]。

世祖皇帝控制官吏的制度，一直被其后继者们所沿用。到了成宗皇帝铁穆耳统治时，曾于大德元年（1297 年），任命来自叙利亚的怯里马赤（译员、译人）爱薛为平章政事。[②]

第二，元朝皇帝直接掌握各级官吏的黜陟和生杀大权。世祖皇帝时由于对内对外屡屡用兵，财力耗费甚大，为解决财经拮据状况，世祖曾几次更换罢免理财大臣。至元二十一年（1284 年）十一月，忽必烈任命卢世荣为中书右丞专掌理财裕国事项。当忽必烈获悉御史中丞崔彧反对卢世荣担任该职时，便罢免了崔彧之职。

卢世荣出任朝廷理财大臣后，颇有“裁抑权势”的决心，但是上任理财不过 3 个月，便遭到朝中“权势”之臣的反对，并告劾其犯有“越权专擅”“紊乱选法”等罪行，世祖不仅下令罢免卢世荣的职权，而且还令其承受入狱监禁的刑罚。[③]

仁宗当朝执政时，由于统治集团内部的矛盾和斗争，曾多次对中枢机关的大臣行使黜陟大权。仅丞相铁木迭儿就屡遭仁宗的斥罢，以致结下不解之仇。[④]

仁宗出于自身权力的需要，即位后，在下令罢除尚书省的同时，全部罢免和惩治了武宗时尚书省的大臣。仅被诛杀的就有丞相脱虎脱、三宝奴，平章乐实、右丞保八、参政王罴等，左丞忙哥铁木儿虽幸免于死，却受到

---

① 杨志玖:《元史三论》，人民出版社 1985 年版，第 111 页；冯承钧译:《马可 · 波罗行记》，中华书局 1954 年版，第 4 页。

② 参阅翁独健:《〈新元史〉、〈蒙兀儿史记〉爱薛传订误》,《史学年报》第 3 卷，第 3 期；韩儒林:《爱薛之再探讨》，载《穹庐集》，上海人民出版社 1982 年版，第 100—116 页。

③《元史》卷 13,《世祖纪》10。

④《元史》卷 24—26,《仁宗纪》1—3。

杖流海南的惩罚。[①]

（3）皇帝有“以意出入增减”人罪的特权

元世祖确立帝制之初，为突出蒙古贵族的特权地位，为推行民族压迫和“分而治之”的政策，在法律上把居住在大元王朝版图之内的全体百姓分成高下四等。蒙古人为第一等，色目人（包括西夏、回族、西域人）为第二等，汉人（原来全国统治下的汉人和契丹、女真人）为第三等，南人（南宋统治下的汉人和西南地区的各族百姓）为第四等。作为蒙古贵族和各族地主阶级利益的总代表的皇帝则居于这四等人之上，处于至高无上的地位。

元朝流传于世的法典中，保存最多的“律文”可以概括为两个方面，一是由皇帝“圣旨”“口谕”编纂而成的“诏制”“条格”等；二是由皇帝亲自裁断或由皇帝指使大宗正府、刑部等审判机关“断了者”的“断例”。由此可见元朝皇帝独揽立法、司法大权的严峻现实。

元世祖即位后虽诏谕称：“讲前代之定制”，援唐宋之故典[②]，“变通”大蒙古国的“祖述”，但是，在司法实践中，经常是“帝临时裁决，往往以意出入增减，不尽用格例也”[③]。这种状况终元之世一直相沿不改。

第一，皇帝有权动用严刑峻法，也有权以“可怜呵”为由减轻刑罚。至元十九年（1282 年）三月，当元世祖在上都惊悉王著等人在大都杀死阿合马的消息后，立即下令将参与其事的王著和高和尚等处死，并杀了枢密副使张易。而且在盛怒之下竟法外用刑，将这些人“皆醢之”；事后元世祖才查清阿合马确属罪行严重、为追论其罪，皇帝竟“临时裁断”，将已死的阿合马处以“剖棺戮尸”的酷刑，并醢其二子，将其第三子杀戮并剥皮

① 《元史》卷 24，《仁宗纪》1。

② 《历代名臣奏议》。

③ 《新元史》卷 102，《刑法志》上。

示众。[①] 与此同时，元朝皇帝为表示“宽仁”与“可怜呵”也往往对罪囚任意赐予恩赦，尤其对待蒙古人和僧侣们更是倍加“可怜呵”，并予以“朕释之”。[②]

第二，皇帝任意使用其独创的刑罚手段。元朝初期援用唐宋之制，笞杖之数从 10 下至 100 下，皆用成数，但自元世祖建元后，特别是到了元成宗大德中期以后，皇帝为表示用刑宽恕，将笞杖旧制 10 减为 7，所减 3 下是指“天饶他一下，地饶他一下，我饶他一下”[③]。这种独树一帜的手段，虽使其笞刑的最低等级定为 7 下，却将杖刑的最高等级较之历代杖刑的最高等级增加了 7 下，达到了杖 107 下，无疑是加重了刑罚。

元朝从至元年间开始使用由世祖皇帝创制的“敲了者”或“敲了”的刑罚名称。据《元典章》刑部所载世祖至元年间的“断例”中，皇帝多次亲自下令将“故杀”罪囚“敲了者”[④]；又下令将犯有“逃军罪”的“为首的敲了”[⑤]。到了元仁宗延祐年间新定的刑罚种类，将“敲”刑仍排列在重于杖 107 下的等级。[⑥]

（4）皇权控制下的相权

元朝皇帝与“右丞相”等朝廷最高级行政官僚之间，以权力为中心形成了错综复杂的关系。有一部分丞相尚能忠于职守，辅佐皇帝全面行使权力；而另一部分丞相则恃权专擅、架空皇权，甚至操纵皇帝的废立大权。

第一，元朝皇帝所“委付”的丞相这类要职，基本上由蒙古贵族充任。他们大都为巩固大元王朝的统治和维护皇帝专制独裁权力而尽忠效力。在

① 丘汉平编著:《历代刑法志》下册，群众出版社 1962 年翻印版，第 458 页。

② 如《元典章》卷 39,《刑部》1,《刑制・刑法・犯法度人有司决断》《做罪过的不疏放》等例。

③ （明）叶子奇:《草木子》卷 3 下,《杂制篇》。

④ 《元典章》卷 42,《刑部》4,《诸杀・故杀・倚势抹死县尹》。

⑤ 《元典章》卷 34,《兵部》1,《军役・逃亡・处断逃军等例（又）》。

⑥ 《元典章》卷 49,《刑部》11,《诸盗・强窃盗・处断盗贼断例》。

元世祖至元年间，曾两度出任中书省右丞相的安童就是积极辅佐和支持忽必烈推行“汉法”的权臣，为元初皇权统治的确立作出了重大贡献[①]；元英宗至治初被“委付”中书省左丞相的拜住，由于竭尽全力维护皇帝权威，坚决抵制并击败铁木迭儿等守旧势力的谋危皇权的罪行而被升任为中书省右丞相，此后他冒死协助英宗继续消灭守旧势力的残余，坚决推行“英宗新政”的各项措施，最后君臣同死于“南坡之变”。[②]

第二，有元一代，位居左右丞相职的权臣，除掣肘皇权，制造过擅行废立君主和“权臣拥君”等政治事变外，还曾制造过无视皇权，贪暴专横，架空皇帝等严重事件。

元世祖至元二十四年（1287 年）十月，任命桑哥为尚书省右丞相，执掌为朝廷搜括财富的理财大权。由于世祖皇帝过于强调尚书省的重大作用，也由于桑哥本人包藏获取更大权势的野心，结果在他执政理财的四年中，干了很多无视皇权和法律的事。桑哥身为尚书省右丞相，却不顾有关法律的限制，隔越中书省，独揽用人大权，他还违背尚书省的宗旨经营自家私产。元世祖在群臣上疏弹劾桑哥“紊乱政事”的情况下，命令逮捕桑哥予以监禁。[③]

元顺帝当朝执政期间，伯颜历任中书省右丞相，并兼任多项军政要职。元顺帝仿照元英宗之制不设中书左丞相，因此伯颜以右丞相独专相权，特别是在他击败阴谋废立皇帝的左丞相唐其势后，倍受皇帝尊崇，被“委付”为“大丞相”，从此他的权势日益扩大，以至于左右皇帝的大政方针。在他的策划下顺帝只得下诏停止科举取士，并使当时对汉人的禁令更严于前代诸帝之制；他还未经顺帝允许擅自对王朝功臣彻彻秃（蒙哥后王）处以死刑，更有甚者，他竟敢违背元世祖以来“遵用汉法”的原则，极力排斥

① 《元史》卷 4，《世祖纪》1。

② 《元史》卷 136，《拜住传》，《金华集》卷 24，《拜住神道碑》。

③ 《元史》卷 14，《世祖纪》11。

汉族忠臣。他这些架空皇帝、无视皇权的罪行，招致朝野上下、蒙汉官僚的强烈反对，终被皇帝罢免了相权驱逐出京城。[①]

二、中央行政机构

元朝是以蒙古贵族为首，联合各族地主阶级组建的军事封建专制政权。这就决定了其中央行政机构的设置，必然要在突出蒙古贵族的主导地位的前提下，本着“祖述变通”和“附会汉法”的原则进行组建。

（一）元朝中央四大行政机关

蒙元社会，在大蒙古国时期，基本上实行军政合一的建制，元世祖中统建元后才开始参照古今成规，采用行政、军事、监察、宗教四大统治权分立之制，因而设置了中书省、枢密院、御史台、宣政院等机构各司其职。

1. 中书省

“中书政本也”，用元成宗的话说它“辅弼朕躬，总理庶政”[②]，是元朝设在中央的最高行政机关。忽必烈建元以前蒙古大汗控制下的中枢政务官，主要是执掌验文视印手续的必阇赤（文书、秘书）和记录案由的札鲁忽赤（断事官）。大断事官（也可 · 札鲁忽赤）和大必阇赤（也可 · 必阇赤）地位最高，职权最大。特别是大断事官是大蒙古国的最高行政官，相当于中原官制的丞相，[③] 窝阔台及贵由汗时期，仿照中原官制迎合汉人习惯称必阇赤机构为中书省。

元世祖中统元年（1260 年）曾诏谕，中央机关只设一都省（元代中书

① 《元史》卷 38—47，《顺帝纪》卷 1—10。

② 《元典章》卷 2，《圣政》1，《振朝纲（三）》。

③ 参阅韩儒林：《成吉思汗》，第 33 页。

省）“以总宏纲”[①]，这是有别于唐宋相沿已久的三省制的新建制。实行几年后，当朝廷“议正三省”时，汉族官僚高鸣向世祖力陈唐宋三省制“不如一省便”，他认为古今情况各异，“方今天下大于古，而事益繁，取决一省犹曰有壅，况三省乎”[②]？世祖采纳了高鸣的建议，以中书省代替三省确立了中书省一省制。其职守是总揽全国政务，即“内外大小事务并听中书省区处”，凡是涉及“选法、钱粮、刑名、造作、军站民匠户口”和“军民站、金场银冶、茶盐铁户课程、宝钞……差役等事毋得隔越中书省辄便闻奏”，违者论罪。[③]即使是枢密院和宗正府等机构奏事也要与中书共议事后方得奏闻。

中书省最高长官为中书令，自从世祖以皇太子真金“守中书令”[④]之职后，终元之世“惟皇太子立，必兼中书令”[⑤]，故常为虚衔。

中书令下设右左丞相各1员，“佐天子理万机”[⑥]，由于元代尚右，以右为上有异于汉制，故右丞相多“委付”蒙古人担任。其下设平章政事2员、4员或5员不等，其职“掌机务，贰丞相，凡军国重事，无不由之”。[⑦]其下设左右丞各一员“副宰相裁成庶务，号左右辖”[⑧]，“其职亚于右、左丞”者为参议大政的参知政事，设2员。这些中书省官员的具体工作，实际上是分掌宰相的职权，故统称之为宰执，他们共同办公和议事的场所，仿唐宋之制也称为“政事堂”。凡涉及朝廷大政军国重事，经诸宰执共同讨论提出方案后，上奏皇帝裁决。

---

① 《元史》卷4，《世祖纪》1。

② 《元史》卷160，《高鸣传》。

③ 《元典章》卷2，《圣政》1，《振朝纲（四）》。

④ 《元史》卷5，《世祖纪》2。

⑤ （元）陶宗仪：《南村辍耕录》卷22，第269页。

⑥ 参见柯劭忞：《新元史》卷55，《百官志》1；《蒙兀儿史记》卷48，《镇海传》。

⑦ 《元史·百官志》。

⑧ 《元史·百官志》。

此外，中书省繁杂的文牍由所设右司、左司的郎中、员外郎、都事等官执掌，在此还特设蒙古必阇赤以掌蒙文案牍。

2. 枢密院

枢密院是元朝设在中央的最高军事机关。

大蒙古国时期，大汗通过各兀鲁思的汗及“千户制”的各级那颜直接行使军权，所以没有专门设置总领全军的机构。忽必烈确立帝制后，仿行唐宋之制于中统四年（1263 年）设置枢密院，专掌全国兵马机密军务。在皇帝直接统领下，具体行使对内对外用兵、“委付”各级军将、调遣各种军队等职权。

枢密院是元朝皇帝亲自操纵的军事机要机构，其最高长官为枢密使，由皇太子兼任；下设知院 6 人、同知 4 人、副使 2 人及佥书枢密事、同佥书、院判等名额不定的属官。其主要官员尤其正职官员必须“委付”蒙古贵族军将担任。

元朝皇帝对军事机密控制得极严，不仅军机重务汉人不得与闻，即便是蒙古贵族军将也“不合交多人每（们）知道”；“天下军马总数目，皇帝知道，院官（指枢密院官）里头为头儿的蒙古官人知道；外处行省里头军马数目，为头的蒙古省官每（们）知道”[①]。为防止军事机密的泄露，也为突出保护蒙古军将的特权，元廷还在最高军事机构中本着“军府之狱讼”单独审理的原则，设立“军管军”“军治军”的断事官，专门负责审判有关军事犯罪案件，即所谓“军官犯罪，行省咨枢密院议拟，毋擅决遣”。[②]

3. 御史台

忽必烈确立皇帝制度后仿照唐宋旧制，于至元五年（1268 年）设置了御史台。御史台是设在中央的最高监察机构。

① 《永乐大典》卷 2608，《宪台通纪 · 照刷枢密院文卷》，中华书局影印本。
② 《元史》卷 26，《仁宗纪》3。

元朝的御史台地位很高，被视为“天子耳目”之司。其职掌主要是“纠察百官善恶，政治得失”[①]，并负责纠劾“百官奸邪贪秽不职者”[②]的贪赃枉法行为。

元之御史台也叫内台或中台（相对于其派出地方的行台而言），最高长官为御史大夫，副长官为御史中丞，各置1员使其相互制约，便于提高监督效能。其属官有侍御史、治书侍御史等，协助御史大夫总理一切监察事务。

元之御史大夫一职本着“非国姓不以授”[③]的原则，自第一任御史大夫塔察儿以后，70多年内一律由蒙古贵族担任该职。只是到了元顺帝至正六年（1346年）才拜授一位赐予蒙古姓氏的汉官贺惟一为御史大夫。

元朝御史台下设的办事机构与唐宋三院制略殊，只设殿中司（改殿院之制）和察院，将旧制台院之职权并入察院。[④]殿中司仅设殿中侍御史2人统领纠察朝廷百官礼仪秩序等事务；察院职权较之唐宋察院要大，其所设监察御史人数也多达32人，其职掌“司耳目之寄，任刺举之事”。[⑤]此外还设有御史、经历、都事、照磨、书吏等若干人。

4. 宣政院

宣政院是元朝掌管全国佛教事务并统辖吐蕃地区的中央机构。元世祖至元元年（1264年）始设总制院，一直沿用20多年。至元二十五年（1288年）担任尚书右丞相兼总制院使的桑哥“奏改为宣政院”，朝廷准桑哥所奏，用唐朝皇帝召见吐蕃使臣时的宣政殿殿名作为院名，以示“崇异”和有典据。[⑥]

---

① 《元史·百官志》。

② 《元史》卷163，《张雄飞传》。

③ 《元史》卷140，《太平传》。

④ 参阅蔡美彪等:《中国通史》第7册，第105页。

⑤ 《元史·百官志》。

⑥ 《元史》卷205，《桑哥传》。

宣政院的职官，最初由国师八思巴领院事并负责全国佛教事宜。后来八思巴虽加号为“帝师”，以帝师身份统领该院事务，而掌握实际权力的是名为院使的职官，由朝廷大臣和僧人充任其职。其余从属职官的配备，宣政院有权自行议授。

宣政院在元朝享有很多特权，因此其所司之职较为特殊，其职掌的范围也较广。最初虽规定它“掌释教僧徒及吐蕃之境而隶治之”[①]，但据桑哥上奏所讲，其“所统西蕃诸宣慰司，军民财谷，事体甚重”[②]。以至于“自河以西直抵吐蕃……其军旅、选格、刑赏、金谷之司，悉隶宣政院属，所以控制边陲屏翰畿甸也”[③]。可见宣政院的职权已包揽了行政、司法、军事、宗教等各方面。因此元朝人常把吐蕃之地作为一个单独的大行政区对待。

宣政院受“崇异”的地位和特殊权力还表现在它的选官用人权等方面。该院在元朝居一品衙门的高位，具有“得自选官”的特权。于是该院便根据自身特殊需要，本着“军民通摄，僧俗并用”的原则，自行铨授官吏和处理所掌大小机务时，可不必通过中书省认可，得直接上奏皇帝获取谕批恩准。[④]总之，宣政院既是管理全国佛教事务的机关，又是直接执掌吐蕃地区行政权力和军事权力的机关，所以其地位与中书省、枢密院、御史台不相上下，共同构成元朝四大中央机构。

5. 尚书省

元世祖于至元三年（1266年）设制国用使司，主掌“通漕运，谨出纳，充府库，实仓廪”[⑤]等财赋收支事项，实际就是总管全国财政。因此曾一度成为与中书省、枢密院、御史台并立的中央行政机构。至元七年（1270年）

---

① 《元史》卷87，《百官志》3。
② 《元史》卷205，《桑哥传》。
③ （元）朱德闰：《行宣政院副使送行诗序》，《存复斋文集》卷4。
④ 参见韩儒林主编：《元朝史》下册，第647页。
⑤ （元）苏天爵：《元文类》卷14；（元）陈祐：《三本书》，《四部丛刊》影印本。

罢制国用使司，改立尚书省，专理财政，其下设行尚书省，并将原中书六部改为尚书六部。当时虽仍保留中书省建制，但实际的行政大权已归于尚书省。两年后又罢尚书省，将其职权归并于中书省，重新恢复中书六部。此后虽然仍存在着恢复和分立尚书省之举，但是中书省一省制基本上成为定制。

尚书省与中书省的职权虽时合时分几经变动，但尚书省始终以总管全国财政为其执事宗旨。朝廷也一直把尚书省官员作为搜刮财赋的骨干。

尚书省的职官不设令和丞相，只设平章及其副职。元朝最先出任平章尚书省事的大臣是阿合马，他因贪赃枉法罪被诛后，尚书省也被罢去。① 世祖至元年间后期为解决朝廷财经入不敷出的局面，于至元二十四年（1287 年）重新恢复尚书省建制，任命桑哥为总理财政的平章政事。桑哥执政理财 4 年间也犯下了奸贪误国大罪，终被处死，世祖复罢尚书省，将其职权归并于中书省。延至武宗即位初的至大二年（1309 年），为解决“财用不给”的现状，力排非议重新组建尚书省。确定，凡属旧事从中书，而新政从尚书。其职官设置也与前不同，设尚书省右丞相、左丞相、平章政事等官员；其所“委付”的官员也较前大有增加，竟多达 64 员。②

（二）元朝中央系统的执行机构——六部

元朝在中书省、枢密院、御史台、宣政院等四大系统下均设有辅助性行政机构，主要有六部与宗正府。

1. 六部

忽必烈于中统元年（1260 年）于都省（即中书省）初置左三部（吏、户、礼）、右三部（兵、刑、工），至元元年（1264 年）分为吏礼、户、兵刑、工四部，至元七年（1270 年）始“遵依汉法”在尚书省下分设吏、户、

---

① 参阅《元史》卷 7，《世祖纪》4。

② 参见蔡美彪等：《中国通史》第 7 册，第 222 页。

礼、兵、刑、工六部，各部均设最高长官尚书及其副职侍郎等官职。六部及其职官均本着“各司其职”的原则，分别管理全国范围内各项行政事务。元朝的六部在职权范围的划分，官吏的“委付”和配备等方面虽基本仿照“汉制”，但在突出蒙古贵族的地位和权力方面，也颇具特色。

（1）吏部

吏部设尚书3人，侍郎2人，郎中和员外郎各2人。

元朝吏部的职权范围总的来讲是“掌天下官吏选授之政令”①。具体负责四个方面的工作：第一，负责“职官铨综之典”②，即负责掌管全国各级职官的选拔和任免等工作，并议拟有关的法律，以便加强管理。据《元典章》吏部所载，吏部在拟定选拔职官的格例时，突出强调蒙古贵族应享有的特权。规定各级职官的正职“须要选用正蒙古人员充任”③。第二，负责“吏员调补之格”④。元制吏员是官府中地位较低的具体办事人员，吏部有责任依法掌握全国各级机关中从事各项具体工作的吏员的“调补”和“出职”等工作。⑤第三，负责掌握全国的“勋封爵邑之制”⑥。蒙元社会一直通行着一种“封赐”和“上蒙古尊号”之制。吏部既负责这类“勋封爵邑之制”，也负责对官吏的惩治罚俸之法。⑦第四，负责掌握全国百官的“考课殿最之法”⑧。元朝官场多有贪赃枉法的案例发生，朝廷为有效地控制各级官吏，提高行政机关的职能，仿照“汉制”由吏部按法定期开展考课官吏政绩的工作。

① 《元史》卷85，《百官志》1。
② 《元史》卷85，《百官志》1。
③ 《元典章》卷8，《吏部》2，《军官·投下达鲁花赤迁转》。
④ 《元史》卷85，《百官志》1。
⑤ 许凡：《元代吏制研究》，劳动人事出版社1987年版。
⑥ 《元史》卷85，《百官志》1。
⑦ 参见《元典章》卷11，《吏部》5，《职制·封赠》系列案例等。
⑧ 《元史》卷85，《百官志》1。

（2）户部

户部设尚书3人，侍郎和郎中各2人，员外郎3人。

元朝户部的职权范围是："掌天下户口、钱粮、田土之政令"[①]。具体掌管的工作是，"凡贡赋出纳之经，金币转通之法，府藏委积之实，物货贵贱之直，敛散准驳之宜，悉以任之"。[②]户部除掌管如此繁重的"理财""管物""管民户"的事宜外，还要掌管以下有关"条画""则例"等法律制度的实施：第一，依据有关格例，掌管诸色衙门和各级官吏的禄廪，执行各项"俸例""分例"等。第二，掌管全国的婚姻、继承方面的法规和军户、民户、别籍异财户等方面的户籍制度。第三，负责管理涉及各地僧侣寺观和各类教徒经济利益的法律事项。[③]

（3）礼部

礼部设尚书3人，侍郎、郎中和员外郎各2人。

元朝礼部的职权范围是："掌天下礼乐、祭祀、朝会、燕享、贡举之政令。"[④]具体掌管的工作是："凡仪制损益之文，符印简册之信，神人封谥之法，忠孝贞义之褒，送迎聘好之节，文学僧道之事，婚姻继续之辨，音艺膳供之物，悉以任之。"[⑤]此外，还掌管以下各项"条画""格例"的执行：第一，掌管圣旨和诏敕的"迎接体例"，突出蒙古贵族的习惯和礼节。[⑥]第二，严格依法掌管"文武品从服带""诸色人等服色""贵贱服色等第"等禁令，突出尊重蒙古贵族和怯薛军的习俗，并保证他们享有"不在此限"的特权。[⑦]第三，掌握"嫁娶禁约""婚姻礼制"及各族百姓的"丧事体

---

① 《元史》卷85，《百官志》1。

② 《元史》卷85，《百官志》1。

③ 以上内容参阅《元典章》卷15—18，《户部》1—13。

④ 《元史》卷85，《百官志》1。

⑤ 《元史》卷85，《百官志》1。

⑥ 详参《元典章》卷28，《礼部》1，《礼制·朝贺》《进表》《迎送》等相关案例。

⑦ 详参《元典章》卷29，《礼部》2，《礼制·服色》等相关案例。

例”。[①] 第四，掌握“崇奉儒教事理”“蒙古色目诸色人等”科举程式和“整治学校”体例等法规。第五，依据有关格例管理全国各类宗教僧侣，为他们豁免差役，并赋予司法特权。

（4）兵部

兵部设尚书3人，侍郎、郎中和员外郎各2人。

元朝兵部的职权范围是：“掌天下郡邑邮驿屯牧之政令”[②]，具体掌管的工作是：“凡城池废置之故，山川险易之图，兵站屯田之籍，远方归化之人，官私刍牧之地，驼马、牛羊、鹰隼、羽毛、皮革之征，驿乘、邮运、祗应、公廨、皂隶之制，悉以任之。”[③] 此外，还根据有关“条画”和“格例”，掌管以下工作：第一，掌管军人出征、逃亡、复业等“体例”。第二，严格执行管理武器的“格例”和禁令，突出蒙古贵族的特权和作用。第三，负责管理军马战车等军用物资，确保军需品的供给[④]。

（5）刑部

刑部设尚书3人，侍郎、郎中、员外郎各2人。

元朝刑部的职权范围是：“掌天下刑名法律之政令”[⑤]，具体掌管的工作是：“凡大辟之按覆，系囚之详谳，孥收产没之籍，捕获功赏之式，冤讼疑罪之辨，狱具之制度，律令之拟议，悉以任之。”[⑥] 此外还掌管以下工作：第一，掌管蒙古人员相犯重罪有司约会的“立会裁判”制度。第二，负责“刑狱依式”，“禁止惨刻酷刑”。[⑦] 第三，负责惩治“采生祭鬼”、支解生人等

① 详参《元典章》卷30，《礼部》3，《礼制·婚礼》等相关案例。
② 《元史》卷85，《百官志》1。
③ 《元史》卷85，《百官志》1。
④ 详参《元典章》卷36，《兵部》3，《驿站·站赤》《给驿》《铺马》等相关案例。
⑤ 《元史》卷85，《百官志》1。
⑥ 《元史》卷85，《百官志》1。
⑦ 《元典章》卷40，《刑部》2，《刑狱·狱具·禁止惨刻酷刑》。

迷信犯罪行为，严厉禁断“割股卧冰”等愚昧过分之“孝道”行为。[①]

（6）工部

工部设尚书3人，侍郎、郎中、员外郎各2人。

元朝工部的职权范围是：“掌天下营造百工之政令。”[②]具体掌管的工作是“凡城池之修浚，土木之缮葺，材物之给受，工匠之程式，铨注局院司匠之官，悉以任之。”[③]此外，还负责检查和禁止丝织业中存在的违禁事例，如执掌“禁织龙凤缎疋”“禁织佛像缎子”“禁军民缎疋服色等第”等事务。

2. 宗正府（见第六章司法制度）

3. “扎鲁忽赤”

蒙元社会设有“扎鲁忽赤”（断事官），主掌司法兼管行政。蒙古统治者崇尚大（也可）字，故在“也可·蒙古·兀鲁思”（大蒙古国）时期，将审断重大案件的断事官称之为“也可·扎鲁忽赤”，当时的大断事官是集行政权与司法权于一身的十分显赫的官职。由于他分掌的那部分行政权与传统的中原封建王朝的丞相之职很相似，所以窝阔台时期的汉族臣民，把当时担任中州断事官的失吉忽秃忽称之为忽秃忽丞相或“胡丞相”。[④]

三、地方行政机构

（一）行中书省、行枢密院、行御史台

元朝在中央设中书省、枢密院、御史台及宣政院，在地方上则分别设置。派出机构包括：行中书省、行枢密院、行御史台及行宣政院。

---

① 《元典章》卷33，《礼部》6，《礼杂·行孝·禁卧冰行孝》。

② 《元史》卷85，《百官志》1。

③ 《元史》卷85，《百官志》1。

④ 参见（元）王恽：《秋涧集》卷49，《南鄘王氏家传》；（元）马祖常：《萨法礼氏碑铭》，《石田集》卷14。

1. 行中书省

大蒙古国时期，本着“分地分民”、军政合一的原则建立“千户制”系统，当时在被占领地区除实行“千户制”各级封号外，还附会被征服之地原有的行政建制，建立了燕、云等处若干“行省”。但这仅仅是临时创立的封号而已，未成定制。

忽必烈建立帝制后，诏谕“建都省（即中书省）以总宏纲，置行省以分庶务”[①]，从而确立了行中书省（简称“行省”或“省”）作为中书省派出机构的地位。

元朝行中书省设在路级行政机关之上，其职掌的工作是：“掌国庶务、统郡县、镇边鄙，与都省为表里”，“凡钱粮、兵甲、屯种、漕运、军国重事，无不领之”[②]，因其所统辖地域限制，实际上成为地方最高一级行政机关。

元之中书省作为中央最高行政机关设在大都（今北京），因此京畿之地不仅不另行设置行省机构，而且河北、山东、山西等“腹里”之地，也直接由中书省统辖掌管；元之宣政院作为中央最高一级主管全国少数民族和宗教事务的机构，为适应吐蕃地区的特殊需要，承担了统领吐蕃地区一切事务的责任，包揽了这一地区的事务。因此也不另设行省建制。

除这两大行政区域外，元廷把辖区内的其余地区划分为 11 个行省，即岭北、辽阳、河南、陕西、四川、甘肃、云南、江浙、江西、湖广、征东。这些行省中岭北、辽阳、云南、征东四个行省的情况比较特殊。

（1）岭北行省

忽必烈建立帝制后，以漠北为根据地的守旧的西北诸藩王一直抵制和反对元廷的统治，元世祖为在这一地区全面行使皇权，曾派皇子和亲信大臣镇守和林，并于至元九年（1272 年）设立和林转运司[③]，约 10 年后又改

① 《元典章》卷 4,《朝纲》1,《政纪 · 外省不许泛滥咨禀》。

② 《元史》卷 91,《百官志》7。

③ 《元史》卷 58,《地理志》1;《元史》卷 5,《世祖纪》2。

置和林宣慰司都元帅府，作为中书省的派出机构[①]，为控制漠北之地的军民政务起了积极的作用。元武宗即位后，于大德十一年（1307年）罢和林宣慰司，置和林等处行中书省，治和林城。后于仁宗皇庆元年（1312年），改和林行省为岭北行省，和林路改名为和宁路。总之，岭北行省所统辖地区包括大漠以北以西广大地区，所以也称之为“岭北等处行中书省”，其治所在和林（和宁）。

岭北行省辖境内仍保留着“千户制”的行政组织，因此除和宁路与称海宣慰司两处由朝廷命官管治外，其他各地基本由“千户制”的各级那颜管辖，因此不设州县以下行政建制。[②]

（2）辽阳行省

元世祖确立帝制后，其皇权统治受到来自西北和东北两个方面蒙古藩王的夹击。至元二十三年（1286年），东北守旧的藩王乃颜乘元军重兵防御西境之机，图谋起兵反元。为免遭东西夹击之苦，元廷遂设立东京（今辽宁省辽阳市）等处行中书省，用以作为防御乃颜谋反的指挥中心。不过未及半年便撤销了，直到至元二十八年（1291年）以后，辽东地区的行省建置才确定下来。

辽阳行省的辖境囊括整个东北地区，东临大海，东南与高丽接壤；西抵大宁路一带；从南到北与“腹里”地区的上都路及岭北行省相邻。[③]元廷在这一地区除实行行省统辖诸路的制度外，还在乃颜等叛王封地内实行特殊的万户府建置，从而加强了中央的控制。

（3）云南行省

元世祖即位后，为加强对云南大理等处的控制，先后派亲信大臣担任

① 《元史》卷169，《刘哈剌八都鲁传》。

② 《中国大百科全书·中国历史·元史》，中国大百科全书出版社1985年版，第56—58页。

③ 以上参阅《高丽史》卷30，《忠烈王世家》3；《元史》卷5、6、8、13，《世祖纪》2、3、5；《永乐大典》卷19422。

大理国总管和都元帅，还将皇子忽哥赤封为云南王统摄五城之地[①]，为在该地区全面行使皇权，又于至元十一年（1274年）设置云南行省，委任中书省平章政事赛典赤·赡思丁“为云南行省平章政事”[②]，建省治于中庆（今云南昆明）。

至元八年（1271年）皇子忽哥赤死于云南王之位，其后，世祖又令皇孙继承其位继续统治云南地区。终元之世虽几次变更云南王的人选，但统治权始终把持在蒙古贵族和皇室后裔手中。

云南行省辖境除包括今云南全境外，还统辖邻近四川和广西部分地区，其西境和南端可达今之缅甸、泰国和老挝的边境地段。[③]

（4）征东行省

忽必烈即帝位后与高丽国关系甚密，常“以恩谕之”。为沟通两国之间的联系，至元十七年（1280年）在高丽设置了驿站。至元二十年（1283年）元廷为凭借高丽攻打日本，设置了“征东行省”。不过其职官和机构等建制均较特殊。其行省丞相由高丽国王兼任，并有权自行设置官衙和属臣，元廷除派一蒙古军将与高丽王共领行省事外，不再过多干涉其政务[④]，这与其他作为中央直辖行政区划的行省性质不同。

成宗于大德二年（1298年）曾经一度罢废征东行省建制，但第二年又予以恢复。此时派往高丽充任行省平章之蒙古官员因用“中国之法治之”，并且因过于干涉高丽国的政务而招致反对，成宗只得在大德五年（1301年）再次宣布撤销该地的行省建置。[⑤] 到了元英宗至治元年（1321年），元廷又

① 《元史》卷6，《世祖纪》3。

② 《元史》卷91，《百官志》7；《元史》卷166，《信苴日传》。

③ 《中国大百科全书·中国历史·元史》，中国大百科全书出版社1985年版，第121页。

④ 参见《元史》卷208，《高丽传》；《高丽史》卷24、25，《高宗世家》《元宗世家》；《元史》卷11—17，《世祖纪》8—14。

⑤ 蔡美彪等：《中国通史》第7册，第154—155页；《元史》卷91，《百官志》7。

恢复其征东行省建置，“以高丽王兼领丞相得自奏选官属”。[①]

元朝行中书省的职官设置，除了特殊情况外，一般均设丞相 1 员，平章政事 2 员为主管官；设左右丞各 1 员，参知政事 2 员为属官。[②]

2. 行枢密院

忽必烈确立帝制后，于中统四年（1263 年）在中央设置枢密院，掌管全国兵马军事要务。并在地方设置行枢密院（简称行院）作为中央的派出机关，其总任务是“督军事”[③]，具体管理各地军需的兵马车船等物资，掌握战时的军将功过赏罚等事项[④]；并严格按照谕旨所示执行枢密院的“省谕军人条画二十三款”。[⑤]

行枢密院虽作为枢密院的派出机关设在地方一级，但是其设置情况往往取决于征伐战争和镇戍某地的需要。因此，存在着或设或罢的情况。在元世祖征伐南宋及其后来的整饬南方的镇戍设施时，曾设置过江西、湖广等行枢密院，即“蛮子田地里有的行枢密院”。[⑥] 不过，行枢密院的设置多为临时临事所需而设，所以，每当临时任务完成后便被罢废，将其职守“悉并归行省”。[⑦]

3. 行御史台

大蒙古国时期仿照宋金官制曾设置过所谓的燕京行台，但这只不过是临时借用的官衙称号而已，并非定制。

元世祖于至元五年（1268 年）建御史台后，定都于大都。于是，原在上都的官衙便成为皇帝巡幸时随从御史台官员的理事官邸，故称之为上都

---

① 《元史》卷 91，《百官志》7。

② 林咏荣：《中国法制史》，永裕印刷厂 1976 年，第 181 页。

③ 林咏荣：《中国法制史》，永裕印刷厂 1976 年，第 178 页。

④ 详见《元典章》卷 34—36，《兵部》1—3 的相关案例。

⑤ 《元典章》卷 34，《兵部》1，《军役・正军・省谕军人条画（二十三款）》。

⑥ 《元典章》卷 38，《兵部》5，《捕猎・飞放・禁治飞放》。

⑦ 《元史》卷 86，《百官志》2。

分台，以后便发展成行御史台[①]。

行御史台简称行台（也称外台），是御史台（内台、中台）设在地方一级的派出机关。

行御史台的职权范围较广，但主要的是“掌弹劾”“司黜陟”。具体职守是按照“行御史台所有合行条画”及其他有关规定全面行使纠察之权：第一，要依据条画“弹劾行中书省、宣慰司及以下诸司官吏奸邪非违”行为。第二，纠察诸“正官”、管军官、诸色官的失职和违纪行为。第三，纠察并协助平反冤错案件，制止“私置牢狱”的违法行为。第四，负责“保举为治有方”的官员，纠察贪暴及不胜任者。元廷对御史台系统的监察官要求很严，责令这些官员在执行督察权时必须做到正人先正己。因此，对各级御史也规定了奖惩制度，对他们在履行纠举违失的职责时有功者予以奖赏和擢升；不称职者则予以免官处分，严重失职者还要受到刑罚惩治。[②]

行御史台除不设殿中司外，台、察两院的设置与御史台相同，其职官的编制和品秩由御史大夫而下“设官品秩同内台”[③]，只是监察御史的人数略有差异。

元朝行御史台先后设有四处，即至元十四年（1277年）七月元世祖诏立的“江南行御史台”，其台署先在扬州路（治今扬州），后移于建康路（治今南京），其后便定署于此[④]；至元十九年初（1282年）元世祖诏立的“河西行御史台”，主管畏兀儿部民及当地民众，台署治永昌[⑤]；至元二十七年（1290年）元廷于云南设置“云南诸路行御史台”，台署设于中庆路（今昆

① （元）许有壬：《上都分台题名记》，《至正集》卷36，清宣统三年石印本。

② 以上内容见《元典章》卷5，《台纲》1。

③ （清）沈家本：《历代刑法考》第4册，中华书局1985年版，第2002页。

④ 《永乐大典》卷2610，《南台备要》“立行台”“立行台于扬州”“行台再移建康”。

⑤ 《元史》卷12，《世祖纪》9。

明）；成宗大德元年（1297 年）四月“移云南行台于京兆，为陕西行台”[①]，陕西行御史台便定署于奉元路（治今西安）。

由于河西行御史台于至元二十年（1283 年）省罢，而云南行御史台又改迁至京兆，所以元朝御史台直辖的行御史台只剩下江南行台（简称南台）和陕西行台（简称西台）。

“江南诸道行御史台”，“以监临东南诸省，统制各道宪司，而总诸内台”[②]，其所统辖的地区有 10 道：江东建康道、江西湖东道、浙东海右道、江南湖北道、岭北湖南道、岭南广西道、海北广东道、海北海南道、福建闽海道等；陕西行御史台管辖四道：即陕西汉中道、河西陇北道、西蜀四川道、云南诸路道等；其余称之为内 8 道者由中央之御史台直接统辖，即山东东西道、河东山西道、燕南河北道、江北河南道、山南江北道、淮西江北道、江北淮东道、山北辽东道等，全国合计为 22 道。元廷就是通过御史台为中心和两个行台为主干的一套监察机构网络行使其监察权的。

（二）路、府、州、县、乡村里社

元朝的行政区划和机构设置曾实行过两种办法：一是在蒙古汗国时期，地方最高行政机构为行中书省，其下辖区划分称之为路（府）、州、县（郡）三级，县以下最基层的社会组织是乡、村、里、社；二是在建元后将全部疆域划分为 11 个行中书省，仍为地方最高行政机构，其下统辖的单位是路、府、州、县（郡）四级制，县以下最基层的社会组织仍为乡、村、里、社。这种建制终元之世再无大的变更。

1. 路

早在蒙古汗国时期就存在路一级的建制。据《元史・耶律楚材传》记载：“太祖（成吉思汗）之世……（耶律楚材）乃奏立燕京等十路征收课

① 《经世大典・御史台》,《宪台通纪》“整治事理”。

② （清）沈家本:《历代刑法考》第 4 册，第 2002 页。

税使”[①]，至太宗窝阔台时期仅燕京行台（行尚书省）所统辖的路级设置就有20余处。[②]元朝建立后仍延用路级建制并逐渐使其成为定制。元世祖即位初，“路”与“道”的称谓常通用，至元以后，虽路的设置趋于制度化，但仍存在着“路”与“道”通用的现象。

自中统元年始，路作为一级行政单位必须受制于行省和监司之下。它一方面要接受其上一级行政单位行省的“统辖”，另一方面还要服从朝廷的监督，即所谓“设监司以督诸路”。[③]每一路下又设若干府和州，其隶属关系腹里地区与其它地区有所不同。据《元史·地理志》记载：“大率以路领州、领县，而腹里或有以路领府、府领州”者，不过由于元朝存在着“南北异制”的情况，所以路下所属的府与州“又有不隶路而直隶省者”。[④]于是就形成了非腹里地区的路、州、县三级制，腹里地区的路、府、州、县四级制的行政区划和隶属关系。

元朝路的设置除大都、上都、和林等重镇自成一路外，其余绝大多数的路都隶属于行省。各行省所统辖的路数多少不等。据不完全统计，至大二年（1309年）“云南行省以所定路、府、州、县来上，上路二、下路十一”[⑤]，可见当时云南行省所管辖的路，仅上路和下路就多达13个。再看福建行省所管辖的路的数量，仅在局部的“连山负海”的地段就有“八路、一州、四十八县”之多。[⑥]正因为各行省所管辖的路数多达十几个，所以据《元史·地理志》的统计，“元代共有路一百八十五个”。[⑦]

各路常设专职官员有掌握实权处于最高职位的达鲁花赤。其职“专治

① 《元史》卷146，《耶律楚材传》。
② （金）元好问：《刘德柔（敏）先茔神道碑》，《遗山集》卷28。
③ 《元史》卷155，《史天泽传》。
④ 《元史》卷58，《地理志》1。
⑤ 《元史》卷18，《成宗纪》1。
⑥ 《秋涧先生大全文集》卷92。
⑦ 《元史》卷58，《地理志》1。

路政”，主要掌管印信、总辖本路各项大政要务、完全操纵本路的“镇守”和“监视”大权。各路低于达鲁花赤一职者是各路所设总管府的长官——总管，其属吏有同知、推官、判官、弓手等。据至元二年（1265年）的法律规定，达鲁花赤一职必须由蒙古人充任，“汉人充总管，回回人充同知，永为定制”①，并于至元二十四年（1287年）规定：各路“推官专管刑狱，不管其余一切府事，并不签押，亦无余事差占，凡遇刑名词讼推官先行穷问，须要狱成与其余府官再行审责”②，正因为推官“以审刑狱”，所以“上路（设）二员，中路设一员”。③同时还规定：各路“判官”与同知等属吏合作，共同“分任供需之事”，完成“供亿物色之务”。④元世祖即位伊始便诏令诸路“设置巡捕弓手，防禁捕捉盗贼”⑤是其主要职责。各路这些常设官员的名额大略为“达鲁花赤二员，都总管一员，副达鲁花赤二员，同知二员，治中二员，判官二员，推官二员，经历二员，知事二员，提控案牍四员，照磨兼管勾一员，令史九十有五人，译史二人，回回令史一人，通事、知印各二人，奏差二十一人”⑥。

各路除设置上述那些专职官员外，往往还要指派某些高品级的官员兼任他职。如元世祖至元年间规定：达鲁花赤在“不妨本职”的前提下兼理管民官、管军官、奥鲁官、站赤官和盐茶专卖官等多项职务⑦，还规定各路长次官亦可“兼管诸军奥鲁”⑧，提调私茶、发卖食盐等职。正因为各路所设官员职务很杂，所以各路所行使的职权也很复杂。其主要职权有司法权、

① 《元史》卷6，《世祖纪》3。
② 《元典章》卷40，《刑部》2，《刑狱·鞫狱·推官专管刑狱》。
③ 《元史》卷14，《世祖纪》11。
④ 《元史》卷90，《百官志》6；《元史》卷91，《百官志》7。
⑤ 《元典章》卷51，《刑部》13，《防盗·设置巡防弓手》。
⑥ 《元史》卷90，《百官志》6。
⑦ 参见《元典章》，《户部》8，《刑部》2，《朝纲》1，《台纲》2，《兵部》3等相关案例。
⑧ 《元史》卷16，《世祖纪》13。

统军权、考选人才权、纠弹官吏权及总揽各项经济大权。如至元二十九年（1292 年）规定：为防止各路“鞫问罪囚，盈狱淹禁不决”，以至于延误“迟慢”和“误著（着）”决断罪囚的期限，必须把这类案件“合断的交随路官人每（们）断了者”；大德七年（1303 年）又重申这一法律规定：“重刑各路追勘一切完备”之后，随即要由“本路抄连元牒依式结案”。[①]再如各路都拥有统军权，法律规定，诸路“万户府以统军”，“总管府统军司”同样也拥有统军权。[②]再如各路还必须负责保申推举“有德行才能可以从政者”出任官职，同时有权清理“职官污滥罪犯”者和“赃污不称职”者，并视其情节轻重予以惩处，轻者本路自行处理，重者逐级向上申报。[③]

2. 府

府是元朝的地方一级行政机关，设置在“路”之下“州”之上。府与上下级行政机关之间的隶属关系“大率……以路领府、府领州”[④]，不过在云南和腹里地区府制情况较复杂，对上级行政机关来说，有隶属于路的、有隶属于宣慰司的、也有直隶于行省或中书省的；对下级行政机关来说，有统领州县的，也有不统领州县的。[⑤]正因如此，元朝设置的地方行政机构中，府的数量远没有路、州、县多，据至元三十年（1293 年）的统计仅有 43 个。[⑥]

各府的常设专职长官有：负责各府要务并总监府事的达鲁花赤，其下是负责各府具体行政事务的长官知府（或府尹）、同知、府判、推官、司狱等。各府管辖和执掌的事务主要有：“决断词讼”，“劝课农桑”，平衡盐、茶、粜价钱，兼理奥鲁、站赤、军民事务等。其中以司狱断讼为要务。为

① 《元典章》卷 40，《刑部》2，《断狱 · 随路决断罪囚》。
② 《元典章》卷 5，《台纲》1，《内台 · 设立宪台格例》。
③ 《元典章》卷 6，《台纲》2，《体察 · 察司体察等例》。
④ 《元史》卷 58，《地理志》1。
⑤ 参见《元史》卷 125，《赛典赤赡思丁传》；《元史》卷 58，《地理志》1。
⑥ 《元史》卷 17，《世祖纪》14。

此各府“设司狱官，仰各常切录问罪囚，若有淹延枉禁，随即申报所属”。[①]据中统建元诏令规定：“犯刑至死者”如果仅仅依据“州府审问狱成便行断决，则死者不可复生断者不可复续，案牍繁冗，须臾决判万一差误，人命至重悔将何及”，所以责令各府“但有死刑仰所在官司推勘得实，见事情始末及断定招款”逐级向上申报[②]；又据至元十二年（1275 年）圣旨责令：各府决杖“犯罪之人”的权限，凡“八十七以下，令散府州郡断决”。[③]各府除有权“决杖罪囚”外，还有权设置牢房，并依据“罪囚分别轻重”的条画规定：“牢房须要分别轻重异处，不得参杂”。还规定：“妇人仍与男子别所，虽有已盖房舍，若窄隘不能分拣即仰别行添盖”。[④]

3. 州

州也是元朝的地方一级行政机构，设置在府之下县之上。其隶属关系有三种情况：一是腹里地区的“府领州”；二是非腹里地区的“以路领州”；三是较特殊地区的“州又有不隶路而直隶省者”。[⑤]元制把州按所辖区的户数分为上、中、下三等，如元贞元年（1295 年）规定：“以户为差，户至四万五万者为下州，五万至十万者为中州”，如果户数达不到法定标准时就要降等级。[⑥]据《元史·地理志》记载，元朝的州数达到 359 个。[⑦]

诸州所设官吏中最有权威者当属达鲁花赤，执掌监控、镇守大权；其下为执掌具体州务的长官——知州，其属吏有同知、州判、司狱、提控案牍、都目等，并于仁宗延祐六年（1319 年）奉圣旨在“上州中州里委付著

---

① 黄时鉴辑点：《元代法律资料辑存》，《至元杂令》，浙江古籍出版社 1988 年版，第 44 页。
② 《秋涧先生大全文集》卷 87。
③ 《元代法律资料辑存》，《至元杂令》，第 45 页。
④ 《元典章》卷 40，《刑部》2，《刑狱·系狱·罪囚分别轻重》。
⑤ 《元史》卷 58，《地理志》1。
⑥ 《元史》卷 18，《成宗纪》1。
⑦ 《元史》卷 58，《地理志》1。

（着）蒙古儒学阴阳教授，有依那例上州中州里教委付医学教授者”。[①]

各州所司之职主要是管民、管奥鲁、管站赤，并负责捕盗、断狱、提调私盐私茶等。例如《元典章》吏部规定，诸州官有权“掌管军民差役一切事务，责任非轻”[②]，其管民官遇有军站户计、差役争执时，须“勾唤元主并驱户一同对证”解决。[③] 再如《元典章》规定：“州判兼管捕盗，除额设一员去处虽与管民官通行署事，若许余事差占恐妨巡警。”所以州判设2员，并轮番兼管捕盗事宜[④]，同时各州衙门有权断决87以下杖罪。[⑤] 此外，各州长官还有权“提调禁治私盐罪，如禁治不严致有私盐犯界盐货生发，初犯笞四十，再犯杖八十，三犯已上开具呈省闻奏定罪”。[⑥]

元律除惩治渎职的州官外，还奖赏勤于公务者，例如，州官捕获私盐犯或“犯界盐货”则受到奖赏，不是“于没官物内一半充赏”，便是减轻州官所犯之罪过。再如，州官“如能用心将民户拘刷尽数到官，迁官给赏”。[⑦]

4. 县

县是元朝地方行政管理体制中最基层的一级机构。县设在州之下，直接受州衙的统领。县级区划亦按所辖区的户数分为上、中、下三等。据《元史・地理志》的统计，元朝约有“县一千一百二十七”个。[⑧] 各县最有权威的长官仍是达鲁花赤，“掌印信，总一县之治”；其下负责具体县务的长官是县尹，其属吏上、中县略有不同。上县设县丞、主簿、县尉等，中县不设县丞，由县尹直接领导主簿和县尉。[⑨] 县尹也称之为县宰，是直接处

① 《典章新集・吏部・医官》。
② 《元代法律资料辑存》,《至元新格・公规》, 第10—13页。
③ 《通制条格》卷2,《户令・户例》。
④ 《元典章》卷51,《刑部》13,《诸盗三・捕盗・州判兼管捕盗》。
⑤ 《元代法律资料辑存》,《至元新格・察狱》, 第32—34页。
⑥ 《元典章》卷22,《户部》8,《课程》《恢办课程条画》。
⑦ 《秋涧先生大全文集》卷88。
⑧ 《元史》卷58,《地理志》1。
⑨ 《通制条格》卷13,《禄令・俸禄职田》。

理基层民众事务的六品官，品级虽不高，但是日常事务很繁重，正所谓：“亲民莫近于县宰”。因此，元朝很注重县宰的选择：“县宰宜择，县宰正，民自安矣。”[①]

县衙门的职责既具体又复杂，其执掌的公务主要是管民、管奥鲁、管站赤、负责劝课农桑、科差杂役、拘刷户计、“约会”断狱、亲躬学校教育等，即所谓“县尹品秩虽下，所任至重，民之休戚系焉”，所以必须“选差循良廉干之人以充县尹，给俸公田专一抚字吾民，布宣新政”。[②]

县官任职期间最繁忙的常务工作当属“农桑户计”和“息盗简讼”。例如元朝各地诸县根据南北耕作季节的不同，分别定有“劝农日”，届时各县尹督促和责令各社长惩戒本社内“游荡好闲、不务生业”者。为此还要尽心竭力地拘刷各类户计，以便招徕更多的民户从事农桑之业。[③]县官不仅劝课农桑，还要科敛差发。早在中统元年（1260 年），世祖下达有关科敛差发的诏谕时就责令各级官吏“应科敛差发，斟酌民力，务要均平”。据此，中书省发布“科放差发文”，要求各级官衙“一次尽数科讫，府科于州，州科于县，县科于民，并同此例分作三限送纳”。[④]再如，县尹参与断理狱讼。据《元典章》载，除“世祖皇帝、完泽笃皇帝，曲律皇帝圣旨里，军民相犯呵除重罪过外”外，“其余家财、田土、斗打、相争（等）轻罪过”，县令必须与“军官一同约会著（着）归问者”。[⑤]至于“科断罪囚”，元制规定：“路、府、州、县合与决的勾当，自下而上必要结绝了”。要求县衙门必须依法理断，依据“圣旨体例五十七（以下）司县断决”，假如各“县理断不当”，则允许当事人逐级向上“陈告”。[⑥]

① 《元史》卷 157，《刘秉忠传》。

② 《元典章》卷 2，《圣政》1，《饬官吏》。

③ 参见《元代法律资料辑存》，《至元新格·治民》，《秋涧先生大全文集》卷 88。

④ 《元典章》卷 3，《圣政》2，《均赋役》。

⑤ 《元典章》卷 54，《刑部》16，《违错·县官擅断军事》。

⑥ 《元典章》卷 4，《朝纲》1，《政纪·省部减繁格例》。

元朝自中统年间便开始严格考核县尹的政绩，分别予以奖惩。其考核的办法是，“以五事考较为升殿，户口增、田野辟、词讼简、盗贼息、赋役平，五事备者为上选，内三事成者为中选，五事俱不举者黜”。[①]不仅如此，对县令的违法行为也要依法查办。如《元典章》中明文规定了“县官擅断官事”条画；皇庆元年（1312 年）江浙行省通州路某县县尹于泽因犯有“不行约会”擅断官事之罪，被判处“笞四十七下”，其属吏县尉“张礼（被笞）三十七下”。[②]再如《元典章》“官吏检尸违错”条画中规定：龙兴路新建县吏王汝椿“检尸违错，罢役不叙”。[③]

5. 乡村里社

元朝最基层的社会组织一般统称之为乡、村、里、社。域关地区居民一般划分为隅、坊、里、乡都等基本单位；广大农村和畜牧业地区，一般划分为乡、村、里、社。据《通制条格》记载：“诸县所属村疃，凡伍拾家立为壹社，不以是何诸色人等，并行入社”；“如壹村伍拾家以上只为壹社，增至伯家者另设社长壹员。如不及伍拾家者，与附近村分相并为壹社。若地远人稀不能相并者，斟酌各处地面，各村自为壹社者听。或叁村或伍村并为壹社，仍于酌中村内选立社长”。[④]这里须注意的是，“蒙古军人自来不曾与汉儿民户一同入社……将本管蒙古军人另行为社”。[⑤]

上述最基本的社会组织，均由民众推举德高有才学的人充当负责人。其村之头目称为村主首；其里之头目叫里正；其坊之头目叫坊正；其社之头目叫社长。[⑥]

主首和里正之职主要是科差税赋，督办基层各项具体事宜。据《至元

① 《元典章》卷 2，《圣政》1，《饬官吏》。
② 《元典章》卷 54，《刑部》16，《违错 · 县官擅断官事》。
③ 《元典章》卷 54，《刑部》16，《违错 · 官吏检尸违错》。
④ 《通制条格》卷 16，《田令 · 农桑》。
⑤ 《元典章》卷 23，《户部》9，《农桑 · 立社 · 蒙古军人立社》。
⑥ 《通制条格》卷 16，《田令 · 立社巷长》。

新格辑存》记载："诸村主首，使佐里正催督差税，禁止违法。"元廷一再重申："凡催差办集，自有里正、主首"，务必切实负其责任。[①] 经常依据元初所定律令监督查办，正如《至元新格》中所定：主首、里正对"其坊村人户邻居之家，照依旧例以相检察，勿造非违"。[②]

各社长的日常工作比较繁杂，主要掌管以下各项事宜：（1）劝课农桑，世祖曾明令："诸社长本为劝农而设"。为使社长用心劝课，至元年间，皇帝"累降条画"指出："近年以来多以差科干扰（社长劝农），大失元立社长之意"，为纠正和扭转这一偏差，责令社长除劝农外"不管余事"，其具体工作是："专劝课，凡农事未喻者，教之，人力不勤者，督之，必使农尽其功，地尽其力"；假如发现"社内有游荡好闲、不务生业、累劝不改者，社长须得对众举明，量行惩戒"。[③]（2）管理义仓，早在至元年间有关"治民"的条画就规定："每社立义仓社长主之"，并指出："诸义仓本使百姓丰年贮蓄，歉岁食用，此已验良法。其社长照依元行，当复修举。官司敢有拘检烦扰者，从肃政廉访司纠弹。"[④]（3）治民"理讼"，《至元新格》规定：诸社长有责任禁治本社内违"刑宪"事理。如果本社有人"假托灵异、妄造妖言、佯修善事、夜聚明散，并凡官司已行禁治事理，社长每季须一诫谕，使民知恐，毋陷刑宪"[⑤]；假如本社内有人挑起讼事，社长要依据有关"听讼"条格理断，凡是"论诉婚姻、家财、田宅、债负，若不系违法重事，并听社长以理谕解，免使妨废农务，烦紊官司"。[⑥]（4）负责教育，元世祖发布圣旨："每社设立学校一所，择通晓经书者为学师"，社长督促"学师"们教育子弟，"务要各知孝悌忠信，敦本抑末"，假如"本社若有勤务农桑、

① 《元代法律资料辑存》，《至元新格·治民》，第16—18页。
② 《元代法律资料辑存》，《至元新格·治民》，第16—18页。
③ 《元代法律资料辑存》，《至元新格·治民》，第16—18页。
④ 《元代法律资料辑存》，《至元新格·治民》，第16—18页。
⑤ 《元代法律资料辑存》，《至元新格·治民》，第16—18页。
⑥ 《元代法律资料辑存》，《至元新格·治民》，第16—18页。

增置家产、孝友之人，从社长保申官司”。[①] 社长有权“叮咛教训”本社内那些“不务本业、游手好闲、不遵父母兄长教令、凶徒恶党之人”，教训仍不改时，则“籍记姓名，候提点官到日对社长审问是实，于门首大字粉壁书写”其劣迹，假如“本人知耻改过，从社长保明申官，毁去粉壁”。[②] 总之，社长要经常“照依累降圣旨条画，宣明教导”本社人，使他们“各安本业”，同时还要“觉察凶恶游惰”，达到“盗息民安”。[③]

元廷对社长管理得很严格。首先，圣旨条画规定：社长必须选择那些称职者，“其社长若年小德薄，不为众人信服，即听询举深知农事高年纯谨之人易换”。[④] 其次，要求社长除了“劝课农桑、诫饬游荡、防察奸非，不管余事”[⑤]，假如上级行政机关“将社长差占别管余事，违者，当该官吏断罪”。[⑥] 最后，元廷要求诸社长各尽职守，“如是有失觉察，致有人户违犯者，验轻重将社长责罚”。[⑦]

（三）宣慰司、宣抚司、安抚司、招讨司、肃政廉访司、儒学提举司

1. 宣慰司

元朝所辖地域极广，因此在某些边远地区设置了宣慰司或宣慰使司都元帅府。分统若干路、府、州、县，用以沟通中央与地方的军政联系，并负责所辖地区内的军事要务和民政事务。据《元典章》记载，各路宣慰司，除临战率军出征外，还要严格管理军器，元廷指令：“河南等路宣慰司，严

① 《元典章》卷23，《户部》9，《田制 · 农桑》。
② 《元典章》卷23，《户部》9，《田制 · 农桑》。
③ 《通制条格》卷16，《田令 · 立社巷长》。
④ 《元代法律资料辑存》，《至元新格 · 治民》，第16—18页。
⑤ 《元典章》卷23，《户部》9，《田制 · 农桑》。
⑥ 《元典章》卷23，《户部》9，《田制 · 农桑》。
⑦ 《通制条格》卷16，《田令 · 立社巷长》。

切禁约汉军人等，不许悬带弓箭军器。”[①] 还规定，各宣慰司还要按规定，如期征收上缴税粮，如果“宣慰司首领官人吏违慢，亦行断罪”。[②]

元朝宣慰司的设置，主要集中在吐蕃、云南等边陲之地。

元廷在吐蕃之地，设有由总制院（后改为宣政院）所统辖的“西蕃诸宣慰司”[③]，这是当地最高一级行政机构。元将吐蕃地区划分为3个道，均设置宣慰司。其一，为吐蕃等处宣慰使司都元帅府，简称吐蕃宣慰司；其二，为吐蕃等路宣慰使司都元帅府；其三，为乌思、藏、纳里速古鲁孙等三路宣慰使司都元帅府，简称乌思藏宣慰司。[④]

各宣慰司“有边陲军旅之事，则兼都元帅府，其次则止为元帅府。其在远服，又有招讨、安抚、宣抚等使”[⑤]，还有少数“千户制”各级组织和因地制宜地设置的路、府、州、县等各级机构。根据吐蕃之地的特殊需要，宣慰使和“千户制”各级官员，均由宣政院或帝师荐举，由皇帝直接任命，其职掌涉及“军民财谷”之事，无不领之。

元世祖为加强对西北诸藩王的防范，于至元十九年（1282年），将和林转运司，改设为和林宣慰司都元帅府[⑥]，第二年又设置别十八里、和州等处宣慰司；元廷为控制东北地区乃颜等藩王，也曾设置过山北辽东道宣慰司，后以辽阳行省取而代之。[⑦]

元世祖即位后，将大蒙古国时期在云南所设的万户府建置改设为行省，并在其下设置宣慰司、宣抚司和路、府、州、县等各级行政机构。同时，在彝族、傣族、纳西族等居住区，分别设置了宣慰司或宣抚司等机构。[⑧]

① 《元典章》卷35，《兵部》2，《许把·巡捕悬带弓箭》。
② 《元典章》卷24，《户部》10，《租税·纳税·税粮违限官员科罪》。
③ 《元史》卷205，《桑哥传》。
④ 蔡美彪等：《中国通史》第7册，第358页。
⑤ 《元史》卷91，《百官志》7。
⑥ 《元史》卷169，《刘哈剌八都鲁传》。
⑦ 《元史》卷14，《世祖纪》11。
⑧ 《中国史稿》编写组：《中国史稿》第5册，人民出版社1983年版，第431、440页。

此外，元廷出于征战的需要，还曾设立过安南宣慰司等临时机构。

元制，在行省之下，也曾设置过宣慰司道，一般设在远离省会之处，用以沟通行省治所与边远地区间的军政联系。元朝宣慰司道时增时减，随着道级建置的变化而立或罢。

元之宣慰司一般设宣慰使、都元帅、首领官、同知、副使等官职。其下属机构宣抚司、安抚司、招讨司等亦仿照宣慰司的官称设 ×× 使、×× 元帅、×× 首领官、×× 副使等，协助宣慰司使等主要官员共同负责处理辖区内的军政民政等繁杂事务。

2. 宣抚司

忽必烈早在主管漠南汉地军国庶事时，就曾设立过京兆宣抚司，设官曰宣抚使，负责农桑财经之事。他即位后便诏立十路宣抚司劝课农桑以供军需，并诏谕各宣抚司负责审复当地的死刑案，其程序是："凡有死刑仰所在官司推问得实具事情始末及断定招款，申宣抚司再行审复无疑，呈省闻奏待报处决。"① 至元年间，各地设置宣慰使司都元帅府，其下分设宣抚司等机关，沿用到元末。宣抚司长官为宣抚使及副使，具体负责当地的行政、农桑、狱政和官吏考课等多方面事务。② 仁宗时，宣抚使的职掌更加繁多。除了上述职掌外，还要到各道去"问民疾苦，黜陟官吏"等。③

宣抚司的建置，始终存在着适应各种需要而变动的情况。如至元二十五年（1288 年），桑哥请"改曲靖路总管府为宣抚司"。④ 后来又改"云南乌撒宣抚司为宣慰司，兼管军万户府"。⑤ 又如，武宗至大二年（1309 年），对西南边境地区少数民族与汉民"杂处"地的安抚司，朝廷要求不能再委任"不知蛮夷事宜"，不能"抚治"其他的"他郡人"当官主事。所以，

① 《元典章》卷 3，《圣政》2，《理冤滞》。

② 蔡美彪等：《中国通史》第 7 册，第 107 页。

③ 《元史》卷 25，《仁宗纪》2。

④ 《元史》卷 15，《世祖纪》12。

⑤ 《元史》卷 15，《世祖纪》12。

必须“改安抚司为宣抚司”。[①] 还有，顺帝即位初，南方的“平伐、都云、定云”等地的酋长来降，“即其地复立宣抚司，参用其土酋为官”。[②]

3. 安抚司

世祖早在治理漠南汉地时，即于邢州设立安抚司，“擢良弼为幕长”。[③] 南征时又委任赵良弼兼江淮安抚使。

安抚司，主要掌管地方上的军民两政，以及守城镇戍边远地区、讨伐盗贼侵扰等安抚之事。当时，北方设有沈阳安抚司，南方设有建康安抚司及广西南宁安抚司，西部设有西夏安抚司，沿边地带设有溪洞安抚司。顺帝至正十五年（1355 年），在四川安定州，“改立安定军民安抚司”。[④]

安抚司，设正副长官为安抚使与安抚副使，其上设有安抚司达鲁花赤[⑤]，其下设有安抚司佥事和安抚司计议官等。[⑥]

安抚司的设置，也常适应时宜而变更。如有时改安抚司为宣抚司，有时改安抚司为“总管府，置宣慰使以统之”。[⑦]

安抚使一职，也常根据需要，派遣高级军官兼任。如昭勇大将军阿剌帖木儿和洪福源，都是兼职的安抚使。[⑧]

4. 招讨司

元朝仿照宋金之制，也设置招讨司，主管镇压和招抚降叛等事宜。世祖及其后继者，在吐蕃（西藏）和朵甘思（青海）等处设置固定的招讨司，加强对边疆少数民族地区的治理。全国其他地区，则根据军政需要，时设

① 《元史》卷 23，《武宗纪》2。

② 《元史》卷 38，《顺帝纪》1。

③ 《元史》卷 159，《赵良弼传》。

④ 《元史》卷 44，《顺帝纪》7，卷 35，《文宗纪》，卷 29，《泰定帝纪》1，卷 30，《泰定帝纪》2。

⑤ 《元史》卷 131，《囊加歹传》。

⑥ 《元史》卷 153，《刘敏传》。

⑦ 《元史》卷 152，《张子良传》。

⑧ 《元史》卷 166，《王綧传》，卷 154，《洪福源传》。

时撤。

招讨司常称之为招讨军民万户府，如顺帝至正二十年（1360年），“以巩县为招讨军民万户府，二十六年（1366年）三月，置嵩州军民招讨万户府”。[①]

招讨司长官为招讨使和招讨副使（副招讨），其职品为正五品。[②]

顺帝至正十五年（1355年），设立了大兵农司，“有事则乘机招讨，无事则栽植播种”，此后的招讨司，有事招讨之，无事则屯田耕种。[③]

5. 肃政廉访司

元世祖至元间，在御史台下设置内八道肃政廉访司为督察机构。元初称其为提刑按察司，主掌审断监督、刑民诉讼、军政管理、保举人吏、劝课农事等诸项公务。由于其职官在执行纠察任务时，存在“因事取受”等贪暴行为，曾被御史台责罚。[④]至元二十八年（1291年），元廷为使“刑政分离”，便将提刑按察司改为肃政廉访司，以使其“专治刑狱”。[⑤]

肃政廉访司是专门掌握审复刑狱、审视冤滞、统一刑名，不受“有司”等行政机关干预的、独立行使监督权的机关。因此，“其制又独善，此元之异于历代者也”。[⑥]

肃政廉访司负责督察的范围较广，“廉访司官吏，所以纠劾官邪，徇求民瘼，肃清刑政”，并有权对行中书和行枢密院的令史等“稽迟违错”行为进行监督纠察，对其轻者有权“就便斟酌断者”，对其重者则“申台（御史台）定夺”。[⑦]

① 《元史》卷92,《百官志》8。

② 《元典章》卷7,《吏部》1,《职品·内外文武资品》。

③ 《元史》卷92,《百官志》8。

④ 参阅《元典章》卷6,《台纲》2,《体察·察司体察条例》。

⑤ （清）沈家本:《历代刑法考》第4册。

⑥ 详参《元典章》卷40,《刑部》2;《元典章》卷6,《台纲》2;（清）沈家本:《历代刑法考》第4册的相关案例。

⑦ 《元典章》卷6,《台纲》2,《照刷·行省令史稽迟监察就断》。

元成宗大德十一年（1307年），鉴于“廉访司官每（们）不守根脚里行来的体例，分外行来的上头”，制定了“整治廉访司”条例，重申廉访司官员必须严格执行“廉访司条例”，依法履行监督职责。[①]

肃政廉访司设置廉访使、副使、佥事、经历、知事等职官共负其责。

6. 儒学提举司

忽必烈在潜邸时就很注重儒学治国理论，崇尚儒家治国理民之术。建立帝制后，他为扭转大蒙古国时期“武功迭兴，文治多缺”的局面，强调以儒术治理天下，除对“汉儒”倍加重用外，还指令儒家有识之士教授蒙汉青年一代，以培养掌握治国本领的人才。

至元二十八年（1291年），世祖诏谕：“今后每社立学校一所，择通晓经书者为学师”，“令子弟入学先读《孝经》《小学》，次及《大学》《论语》《孟子》、经史，务要各知孝悌忠信，敦本抑末”。[②]

早在至元二十四年（1287年），世祖就诏谕设立儒学提举司，“外道设立儒学提举司，除迤北外”于“十一道各立儒学提举司”。由正副儒学提举负责掌握教学事务，由“汉儒”负责教授优秀青年生员。凡从事儒学教育者及其秀才学子，一应享有免去赋税差役等特权。[③]成材者由各级官衙按有关规定选拔任用。

第二节　行政官吏

蒙元社会由于征战等原因，有着广泛接触外界事务的机会，就其行政官吏的称谓和职掌而言，借用外界官制或临事封官设职的现象较为普遍；

---

① 《元典章》卷6，《台纲》2，《体察·整治廉访司》。

② 《元典章》卷23，《户部》9，《立社·劝农立社事理》。

③ 《元典章》卷31，《礼部》4，《儒学·崇奉儒教事理》。

加之入元以后仍保留着“千户制”等“本朝旧俗”，因此有元一代的官制官规格外复杂。

一、官与吏的区分

元朝是蒙古贵族为主体、联合各族地主阶级实行封建帝制的王朝，皇帝是蒙古贵族及各族地主阶级的总代表。官吏则是这个阶级的中、上层分子，上层为官，中层为吏。官、吏队伍十分庞大，且官员和吏员的名称既繁杂又特殊，其“委付”的原则也不尽相同。

1. 官

元朝的官员可以统称为“那颜”。元世祖推行“汉法”，仿照宋金等朝的职官称号，在行政、军事、监察和司法审判等系统设置了各种官衔和官称的官员，故官员称号来源复杂、名称各异。从中央到地方，各级文职、武职官员都是掌握一定实权并按品级享有官俸者。由于这些官员都是所在单位的主要负责人，手中分别掌握着大小不等的实权，他们都是朝廷大政方针的具体执行者，所以不可轻易“委付”。

（1）主政官员必须是“有根脚”的第一或第二等人出身

元朝的统治者在“委付”高级军政官员时，突出重用“有根脚”“大根脚”出身的蒙古人和色目人，个别情况下才起用汉人。《元史 · 百官志序》云：“官有常职，位有常员，其长则蒙古人为之，而汉人、南人贰焉。”

元朝统治者一贯严密控制军事系统，把持军事大权。终元之世，其掌握兵权的最高长官枢密院知院之职，除任命少数色目人充任该职外，一律委任有根脚的正蒙古人担任。甚至独当一面的枢密院僚属，汉人也不得居其位。《元史 · 郑鼎传》载：“旧制，枢府官从行，岁留一员司本院事，汉人不得与。”同样，充当天子耳目、监督百官的御史台长官御史大夫之职，终元之世，除获蒙古姓氏的汉人贺惟一“拜御史大夫”外，均由有根脚的蒙古贵族担任，即所谓“台端非国姓不以授”。[①] 甚至连御史中丞也不用汉人、南人。世祖命程钜夫为御史中丞，台臣言：“钜夫南人，且年少。”世祖云：“汝未用南人，何以知南人不可用？”下令“自今省部台院，必参用南人。”[②] 可见此前是不用南人的。

元朝掌握行政权的最高长官中书令一律由皇太子兼领，掌握实权的右丞相、左丞相除元初曾起用过世侯史天泽（右丞相）、贺惟一（左丞相）两位汉人外，一律任命蒙古勋臣和有根脚的色目人担任该职。如回族人哈散曾任左丞相，却以“故事，丞相必用蒙古勋旧”为由，力辞右丞相。至于低一格的平章政事、左右丞、参知政事等，回族、汉人皆可为之。如回族人祃祃、阿合马等都是以二等人的身份掌握行政大权的。元世祖至元以后，任命汉人担任宰执者也不多见。

元朝地方上的行政权、军事权基本上属于三个方面的官员。一是受封的皇子皇孙领衔率师镇戍北部边陲，他们都是把持军、政实权的官员；二是保留“千户制”军政编制之地的各级那颜，也都是握有实权的官员；三是被元廷拉拢的世侯官僚都是“尽专兵民之权”的官员。与他们情况相似的还有吐蕃和云南等地的土官。

元朝在地方上掌握行政权的官员，是以各路、府、州、县的达鲁花赤为首的各级官员，便于贯彻蒙古官员监临统帅的原则。

不过，建元前后，地方长吏的任用是较特殊的。清人赵翼曾指出，元朝州县长官多世袭。以为：“元太祖、太宗用兵沙漠，得一地即封一人，使之世守。其以所属事降者，亦即官其人，使之世袭。及取中原，亦以此法行之，故官多世袭。”“然此法可行于朔漠，而中原则必用流官”，故至世祖时，廉希宪、宋子贞、姚枢皆要求罢世袭。“至元二年，遂罢州县官世袭。

① 《元史》卷140,《太平传》。

② 《元史》卷172,《程钜夫传》。

四年，又罢世侯置牧守。”①

此外，从中央到地方，各级掌握司法审判权的扎鲁忽赤（断事官）、推官、判官等也都是握有生杀大权的官员，故多由一、二等人充任。

（2）参政官员吸收汉人但以色目人为主

忽必烈确立帝制后，所面临的困难之一就是怎样以少数的蒙古贵族统治偌大的中国大地？

忽必烈为首的最高统治集团，把军事大权，全部控制在蒙古贵族手中，严防汉人与南人插手。而文职则出于“以儒治国”策略的需要，允许吸收汉人参政为官。中统年间的中书左丞许衡和至元年间参领中书省事的刘秉忠等都是汉人或南人。②

行省所设平章政事、参知政事等官多由色目人和汉人担任，如至元二十七年（1290 年）以后，在元廷所设置的 11 个行省中回族人担任左右丞者就有 7 人之多。

路以下各级行政官员，除蒙古人担任达鲁花赤这一正职外，其余文职官员均可由二等人、三等人甚至可由第四等人充任。至元二年（1265 年）定制：以蒙古人充各路达鲁花赤，汉人充总管，回族人为同知。

至于监司，如廉访司，《元史 · 成宗本纪》云：各道廉访司，必择蒙古人为使；或阙，则以色目世臣子孙为之；其次，参以色目、汉人。《元史 · 文宗本纪》云：“诏御史台，凡各道廉访司官，用蒙古二人，畏兀河西回回、汉人各一人。”

2. 吏

元朝在各级官衙中，都设置了很多办事员之类的吏员。由于元初科举未兴，入吏者便可辗转升官，甚至在科举兴起之后，由吏入官也仍是一条

① （清）赵翼：《廿二史札记》卷 29，《元初州县多世袭》。

② （元）欧阳玄：《许文正公神道碑》，《圭斋文集》卷 9，《四部丛刊本》；《元史》卷 157，《刘秉忠传》。

主要入仕途径，这就造成有元一代“吏道杂而多端”[①]的现象。

（1）吏员是不掌握政务决定权的具体办事员

据《元典章》有关吏制的规定，主掌案牍文书的吏员有儒吏、令史、书吏、司吏、蒙古色目必阇赤；主掌翻译的吏员有译史、通史、蒙古色目怯里马赤（翻译）；主掌传达的吏员有宣使、奏差等；主掌机要的吏员有知印、典吏；此外，尚有职专一面的狱典、库子等。

如果说元制在任命官员时侧重审查其出身门第和民族等级，那么在指派吏员时则主要看其身体素质、文化素质和办事能力。

主掌案牍文书的吏员由于直接掌握和处理所在衙门的公文、表册、档案等全部书面材料，并且直接与各自衙门中掌握实权的官员打交道，所以他们是衙门中居重要地位的吏员。

案牍吏员中政治地位和经济待遇最高的要数蒙古必阇赤和回族必阇赤，前者掌握被称之为“国字”的蒙古字，又常接触中央四大机关的高级官员或皇帝，所以尤显突出，其中有的人因办事能力强而被委以重任。

案牍吏员中的令史（省掾或掾史）由于工作岗位在中央四大机关及其直辖的二品以上衙门中，所以即使其民族等级居于中下等者也被同行们所注目。

设置在路、府、州、县等地方基层衙门中的司吏，其“职役虽微，所系甚重”。[②]

设置在肃政廉访司的书吏，由于其所掌握的文卷案牍直接涉及“纠弹百官非违”等重大问题，所以责任至关重要，人称他们是耳目之司的耳目。

元朝的翻译吏员由于能够沟通各族官员之间的语言交流，所以作用很大，是官署政务中不可缺少的吏职。其中有负责蒙古文和回族文（包括畏

---

① 《元史》卷81，《选举志》1。

② 《元典章》卷12，《吏部》6，《司吏·迁转人吏》。

兀儿及波斯文）书面翻译工作的译史；也有负责蒙古语和其他各种语言口头翻译的怯里马赤，这两种翻译吏员尤以口头翻译最易升官，因为他们直接跟随官员执行任务。像出身于侍从的爱薛，由于通晓多种语言最终官至平章政事。[①]

各级衙门中均设有负责上传下达任务的听差类吏职叫作宣使和奏差；还设有掌管衙门印章和印信的叫知印的吏员以及负责衙门收发和启封各类文卷的典吏。此外各监狱设有狱典，各库房设有库子等吏员。[②]

（2）吏员败坏吏治

由于元朝在各级衙门中所设吏职多而且滥，加之吏职地位低、俸禄低、任务重，所以很多吏员插手官员所掌之事，用以谋取私利。据《元典章》载，某些“路府州县司吏，遇科差则高下其手，以致赋役不均”[③]。元朝较早的法律条格汇编《至元新格》规定，“科差户役，先富强后贫弱。贫富等者，先多丁后少丁”[④]，但是某些地区的令史却勾结势要人家“将富户影占着不交当差，却交贫民当差生受有”，从而为自己捞取好处。

尤其严重的是，有的吏员出于私利竟欺上瞒下搪塞公务，如监察部门每年须刷卷两次，吏员应付不及时便将应刷文卷“绽去首尾取截，止将该刷纸幅出官照刷。如事之始末中间稽迟过错，不得具见”[⑤]。

二、资品与职品

元朝在官制方面较多的仿照宋金之制，如《元典章》所载有关官吏品阶的规定，就是仿照古制依据官吏执掌事务的具体情况，对官员分列“资

① 韩儒林:《爱薛之再探讨》《穹庐集》。

② 以上吏员部分，请参见许凡:《元代吏制研究》，第5—15页。

③ 《元典章》卷12,《吏部》6,《司吏・迁转人吏》。

④ 《元典章》卷3,《圣政》2,《均赋役》。

⑤ 《元典章》卷6,《台纲》2,《照刷・刷卷首尾相见体式》。

品”“职品”等级，用以作为确定百官的实际职务品级和黜陟升迁的依据。

（一）资品

元朝官制中常见到的“资品”相当于唐朝和金国“无执掌”的散官，主要是用来标明每位官员的出身、资历或资格及资序的品级。

元律将“资品”分为“文资”和“武资”两类。据至元十四年的《循行选法体例》规定：“各官若系汉儿人户及必阇赤吏员出身者，拟授文散官，其承袭军官功绩诸色出身，拟授武散官。”[①] 这里所谓的“文散官”即指“文资官”；“武散官”即指“武资官”。文资官是与武资官相对而言，主要指那些学吏和学儒的职官。其品级自一品至九品，共九等十八阶。主要的官称有金紫光禄大夫、资德大夫、正议大夫、中议大夫、奉政大夫、承德郎、文林郎、登仕郎等；其“武资”官品也是九品十八阶，主要官称有银青荣禄大夫、骠骑卫上将军、怀远大将军、武德将军、忠武校尉、修武校尉等。[②] 百官在职期间经过个人的努力和上司的考核议拟，均可获得上述品级中的某一品或某一阶。不过官员所获得的品或阶往往与该官员所执掌和从事的实际事务不尽相同，因为“资品”是属于官员个人所具备的某种资格，是衡量官员的一个标准和凭据。

（二）资品与职品的关系

资品是“本品”，属个人资格；职品是官职级别。唐宋以来一般要求资品与职品相符。特别情况下二者不相符时，资品高于职品时称“下行”，低于职品时称“上守”。元法坚持了这一原则，首先要求二者相符，同时视其具体情况予以灵活处理。

① 《元典章》卷 8，《吏部》2，《选格·循行选法体例》。

② 《元典章》卷 7，《吏部》1，《官制·资品》。

1.“委付”官人要合于“资品”

为了防止在“委付”官员时滥用其人，元廷三令五申，必须“依著诏书体例”委任官员，明确规定：“合奏选的衙门里，衙门委付的人也，合于资品相应的人里定夺”，“不应的人每（们）教省家回奏”，否则，“以违制论罪”。[①] 同时在选拔和委任官员时，要以该官员应得的资品为依据，再衡量其功过大小予以黜陟升降。元朝官制选格中规定：“诸官员功罪并送吏部标注，到选之日，于应得资品上，视其功罪，斟酌议拟。有蔽匿其罪、增饰其功者，从监察御史纠弹。”[②] 还规定：“路、府、州、县衙门，迁调官员”时，必须注明该官“应得资品”，以便作为新出任官职的一项依据[③]，凡是出身根脚差别大、“资品争悬”者，均不得被迁转升级。[④]

2.“减资”升用与“降资”叙用

元朝官制强调，“迁调”和“升转”官员必须“视其资品”而定，但又规定：在边远地区担任“外任”官者以及“盐场管勾”“平准库官”等官员，在升转官品时，都要根据该官任职期间的“政绩”和考核情况而定，一般“无粘带过犯者”，均予以“减资”或“升等”的优待。如元成宗大德九年（1305年），“外任减资升转”的条格中规定：“该外任官员，较之内任升转甚迟，但历在外两任，五品以下，并减一资”升转[⑤]，此处所指“减一资”，就是指升散官一阶，是对长期赴外地、边远之地任职官员的一种优待。再如元世祖至元三十一年（1294年），“盐管勾减资”的条格中规定：“盐司管勾”“正管勾”“副管勾”等，在职期间“别无粘带，拟减一资升转”或依据“仓官例升一等资品”[⑥]，这里所规定的减一资升转是指正管勾

① 《元典章》卷8，《吏部》2，《承荫·禁治骤升品级》。
② 《元代法律资料辑存》，《至元新格·选格》。
③ 《元典章》卷8，《吏部》2，《选格·迁调官员》。
④ 《元典章》卷10，《吏部》4，《告叙·滥保罪及元保》。
⑤ 《元典章》卷8，《吏部》2，《选格·外任减资升转》。
⑥ 《元典章》卷9，《吏部》3，《场务官·盐管勾减资》。

由原定的正八品，减一资为从七品，实际上等于升了一阶，所以也可以视之为“升一等资品”。由此可见，“减一资”（或“减资”）“减二资”和“升一等资品”等规定，都是对从事艰苦的实际工作的官员的一种“加官”待遇，在“加官”的同时，往往予以“添俸钱”的奖励。[①]

元朝官制中还有“降一等”资品叙用的规定，如“告叙官员格限”中规定：“今后应告叙官员病故格例”，“三年以上五年以下病故人员，勘当体覆别无窥避，于应得资品上，降一等叙用”；如果是“五年以上七年以下病故人员，勘当体覆别无规避，于应得资品上，降二等叙用，如有不实永不叙用”。[②]

（三）职品

元朝的“职官”指有所执掌者，相当于唐朝的“职事官”，其“职品”指官员所承担的实际职务的品级。自一品至九品，每品分正从两级，共18级。《元典章》所列“职品”中，详尽地罗列了百官“内外文武职品”。自正一品至正二品的职务，都是中央一级的文武官员，自从二品至从九品，均按品级分列内任诸官的官称、外任诸官的官称、军民职诸官的官称、军职诸官的官称和民职诸官的官称，以及匠职和诸职等官职的称号，有1000多种。可见其官僚队伍的庞大和官职品级的繁杂。[③]

元朝官制中常见的“官员”“官”“职官”“品官”“军官”“民官”等称呼，都是指有实际职务的“执事官”（即职事官），他们依据官制官规所定的条格，都有较固定的职位、职务和职品。如太师、太傅、太保等三公的职品为正一品。中书省所设左右丞相的职品为从一品；宰执之下所设参议中书省事的职品为正四品。六部尚书的职品为正三品；侍郎的职品为正

---

① 《元典章》卷8,《吏部》2,《月日·吏员月日例》。

② 《元典章》卷10,《吏部》4,《告叙·告叙官员格限》。

③ 《元典章》卷7,《吏部》1,《职品》。

四品；郎中的职品为从五品；员外郎的职品为从六品；等等[①]。

（四）待遇俸禄

元朝官制所规定的内外百官的待遇和俸禄，根据官员的出身和民族的等级差别而存在着高低不等的现象。一般来讲，"大根脚"出身的蒙古、色目等身居一、二等的民族官员的待遇和俸禄最优厚，而身居三、四等的汉人和南人官员的待遇和俸禄则最低；不仅如此，即使不同民族的官员职品在同一品级，蒙古人和色目人的待遇较之其他各族官员要优厚得多。

元世祖即位建元前，百官无俸可取，其文官武将及诸王、公主和驸马等的财富来源靠封地、赏赐和掠夺。元世祖建立帝制以后，才逐渐建立起俸禄制度。清人赵翼说："元初百官，皆无俸禄。《陈祐传》：'中统时，百官未给俸，多贪暴。祐独能以清慎称。'至是姚枢又疏奏：当班爵禄，则赃秽塞而公道开。宋子贞亦疏请给俸禄、定职田，乃从之。后崔彧又奏：乞将诸路大小各官，有俸者量增，无俸者特给。于是各官皆有俸入及职田之收。"[②]

至元二十二年（1285 年）重新拟定百官俸禄制度时，"百官禄例各品分上中下三等"，以银锭为单位，使各品各等之间拉开档次，"各验其俸月以为多寡"，"视职事为差，事大者依上例（等）"，而事中事小者依中例和下例。当时最高者俸钞为 6 锭，最低者为 35 两。[③] 世祖时期对边远地区的站官规定："每月给俸一十两"。[④]

世祖二十四年（1287 年），为整顿财政金融秩序，发行了 11 种不同面额的至元宝钞。至元钞 1 贯折合中统钞 5 贯，由于中统钞 2 贯折合白银 1 两，

---

① 《元典章》卷 7，《吏部》1，《职品》。

② （清）赵翼：《廿二史札记》卷 30，《元初州县多世袭》。

③ 《元史》卷 96，《食货志》4。

④ 《元典章》卷 9，《吏部》3，《站官·选取站官事理》。

至元钞1贯就可折合白银2两半，终元之世两者并行流通[①]。因此，元朝官吏的俸禄或以银两计算或以宝钞计算。

成宗大德七年（1303年），“始加给内外官吏俸米，凡俸一十两以下人员，依小吏例，每一两给米一斗。十两以上至二十五两，每员给米一石。余上之数，每俸一两给米一升。无米，则验其时直给价，虽贵每石不过二十两”。“素非产米之地，每石权给中统钞二十五两，俸三锭以上者不给”。[②]

武宗至大二年（1309年），曾一度只给俸钞，而罢其俸米。仁宗延祐七年（1320年），又改官俸以10分为率、给米3分的俸禄制度。

元朝官吏的俸禄待遇，除俸钞禄米外，元初还规定了各路、府、州、县官员的职田，上路达鲁花赤及按察使可得职田16顷，这是最高的规定数额；最低者为1顷。但实际上，官员以职田为名，可以恃权多方扩占，他们再将职田出租，剥削佃户。仁宗延祐三年（1316年）又规定，外任官无职田者，量给粟麦。[③]

总之，元朝官吏的“俸数之多寡”，待遇之高低，“亦皆以品级之高下为则”。[④]

三、官吏职掌的区分

元朝严格区分管民官和管军官的职掌范围，此外尚有教官、匠官、医官、站官、仓库官、场务官、阴阳官等区分。大抵是依据职掌进行的分类。这里仅述其较重要的军官、民官、匠官、教官四类。

---

① 《中国大百科全书·法学》，中国大百科全书出版社1984年版，第43页。

② 《元史》卷98，《食货志》4。

③ 《元史》卷98，《食货志》4。

④ 《元史》卷96，《食货志》4。

（一）管民官和管军官

忽必烈平定李璮之乱后，鉴于地方割据称雄的汉族世侯“尽专兵民之权”所造成的危害，反复强调“军官不得管民”，“管民官不得管军”的原则。中书省和枢密院等中央机关，也一再明令：“俺商量得，做军官来的休管民者，做民官来的休管军者”。[①] 中统三年发布诏谕，进一步指出：“诸路管民官理民事，管军官掌兵戎，各有所司，不相统摄。”[②] 这些军民分立的措施，对防止地方官专擅，起到了较好的作用。

1. 管民官

管民官围绕着“民事”而活动，管理诸多具体“事宜”：第一，“管民官职当抚治”百姓，要设法将那些因战乱和灾荒而外逃的农民百姓“招诱”回籍，督促他们为恢复和发展农桑之业安心劳动。第二，管民官要设法保障农桑生产活动的“适时”进行，并尽量做到使百姓“安静不扰”，完全投入到劳动中去。为此，必须禁止军马“纵放头疋（匹）踏践麦苗田种，及啯咬桑菓等树”，以及“强行取要粮料、人夫、一切物件”。[③] 若有违犯者，管民官与本处达鲁花赤，有权“一处断者”。第三，管民官应从“讼简民安”的原则出发，明了“词讼之繁简系民官之政令”的道理，对所管辖地区内的“强窃盗贼、杀人”等大案要案，及时向上级机关“飞申”。除此之外，管民官还要负责水泊船只、民房地产等方面的管理工作。[④]

元廷为了督促管民官勤于职守，实行奖勤罚懒的制度。中统二年开始“明设赏罚”，明令规定：管民官“有能安集百姓，招诱逃户，比之上年增添户口，差发办集者……别加迁赏。如不能安集百姓，招诱逃户，比之上

① 《元典章》卷 11，《吏部》5，《职守 · 军官不得管民》。

② 《元史》卷 5，《世祖纪》2。

③ 《通制条格》卷 16，《田令 · 军马扰民》。

④ 参阅《元典章》卷 53，《刑部》15，《词讼不许里正备申》；《元典章》卷 59，《工部》2，《禁治抢劫船只》，《禁治占住民居》等。

年户口减损，差发不办，定加罪黜”[①]。凡因管民官“抚治不到，以致百姓逃亡……即须审其所由，依理究治”[②]。

2. 管军官

依元朝法律制度所定，管军官的职权范围，仅限于军务方面的“事宜”：第一，“诸管军官职当镇守，其要盗贼不生”[③]。这一职责本身就决定了管军官们必须常年奋战在与“盗贼”和其他敌对势力“厮杀”的第一线。第二，管军官按上级机关的要求，负责管理军籍，必要时与管民官“一处查对军籍，分拣当得军的、当不得军的，一就攒写新籍”[④]。第三，管军官有责任“拘系”逃军使其归队，以便加强镇守要塞和防范“盗贼”的力量。第四，管军官要负责管理所统辖的军人们，“不得私下取借”“诸人钱债”，同时法律也不允许财主出放债负，“如有违犯，取放钱人一体究治”[⑤]。第五，管军官及其所管之军人们的职责“止是专一提调军马，镇遏地面勾当，其余一切事务合从有司承管”，法律禁止管军官干预他事，特别强调“军官不许接受……民间一切词讼”[⑥]。

元朝法律明确规定，管军官只管自身承担的事项，如果不坚守岗位，“镇守不严，以致盗贼滋盛，即须审其所由，依理究治”[⑦]。

（二）匠官与教官

元朝仿照前代之制，设立将作院，主掌土木建筑及金银器皿、玉珀石器、棉丝织造、精工刺绣等手工艺品的制作和生产事宜；掌握和管理各种

---

① 《元典章》卷 19，《户部》5，《荒田·荒闲田地给还招收逃户》。

② 《通制条格》卷 19，《捕亡·防盗》。

③ 《通制条格》卷 19，《捕亡·防盗》。

④ 《通制条格》卷 2，《户令·以籍为定》。

⑤ 《通制条格》卷 28，《杂令·违例取息》。

⑥ 《元典章》卷 53，《刑部》15，《听讼·军官不许接受民词》。

⑦ 《通制条格》卷 19，《捕亡·防盗》。

工匠的口粮和柴炭等事务。元朝史料中常称“管匠官吏”,《元典章》称“局院官”。与此相类似的做法是，将“教官”与“教授”一般也被视为同一职守。

1. 匠官

匠官的职责是“每日绝早入局监临人匠造作，抵暮方散”①。他们“每日躬亲遍历巡视”，以期使各项造作工程如法实施，使各种用料按计划投放，不致被浪费或被私吞。②

匠官要维护元朝有关服饰等级差异的制度，严禁工匠们擅自制作奇装异服，甚至连新式样的“帽儿”也明令“休造”。如有违者“做的人，带（戴）的人，交扎撒里入去”，要受到法律的制裁，最重者可惩治“你死也”③。

匠官要负责按簿籍名册的姓名，给工匠们发口粮和薪炭等生活用品。

2. 教官

元朝儒学教官有教授、学正、山长、学录、教谕等。其具体设置情况是：“凡师儒之命于朝者，曰教授，路府上中州置之；命于礼部及行省及宣慰司者，曰学正、山长、学录、教谕，路、州、县及书院置之。”④

教官的职责主要是从事培育人材的工作，元朝中书省和吏部要求，诸处在选拔教官时“悉依已定选格，不令杂造”，必须选拔那些精于“教授”儒学者。必须选拔那些学识“茂异”和“材俊之士”；必须选拔那些“德行、文学、政事、材器卓然超迈”者⑤。凡是“不称职任者黜退”⑥。

尽管元廷一再重申选拔教官的标准，但由于元仁宗延祐二年（1315年）前，尚未全面正式推行科举开科取士制度，所以考选教官的办法存在一些

① 《通制条格》卷30,《营缮 · 造作》。
② 《元典章》卷58,《工部》1,《造作 · 段疋》。
③ 《元典章》卷58,《工部》1,《杂造 · 新样帽儿休造》。
④ 《元史》卷81,《选举志》1。
⑤ 《元典章》卷9,《吏部》3,《教官 · 选取教官》。
⑥ 《通制条格》卷5,《学令 · 庙学》。

弊端。如有请求他人代考者，也有“冒滥保举者”，以致“各处教官老成之士绝少，轻薄之人率多，盖由此辈巧钻权门，旁趋捷径，或挟多赀，或凭贵势，或假艺术小技以动人，或缘谄谀利口而得誉，是以名德之士潜处山林，躁妄之徒恬居师席”①。为扭转这种局面，至元三十一年（1294年），强调“选取儒学教官”要遵用“已有的面试通例”办理，同时要求各地“今后荐举茂异，合从原籍官司开写年甲、籍贯、可考行实、可采缘平日所述文字，达于路府”，再经过廉访司、监察御史考查“无冒滥”者，“保结开申省部以凭选用，中间若有冒滥，罪及举官”。②

元朝科举取士之制全面推行后，选拔教官虽然有了比较客观的标准，不过由于民族不平等诸方面的原因，儒学教官、医学教官、蒙古教官等的社会地位也存在很大差异。

四、对行政有影响的官吏的区分

元世祖确立中书省统辖六部的一省六部制后，基本扭转了蒙古汗国时期“那颜”掌握诸项权力，行政、司法、军事权力归一的现象。不过，传统封建王朝，在权力分配方面固有的弊病，以及蒙古汗国旧制的影响，依然存在。因此，有元一代各官府越权相互干预公务，各官员越职相互干预公事的现象仍比较普遍。

（一）札鲁忽赤

札鲁忽赤（札鲁花赤、札鲁火赤）是蒙元社会对主掌刑狱的断事官的称呼。蒙古国时期的札鲁忽赤，主要掌管民政事务和刑狱诉讼，既掌管行政诸事也掌管司法审判，时人视之为最高行政长官和最大的审判官。

---

① 《元典章》卷9，《吏部》3，《教官·选取教官》。

② 《元典章》卷9，《吏部》3，《教官·选取教官》。

忽必烈即位后，“采取故老诸儒之言，考求前代之典，立朝廷而建官府”[①]。在中央设立中书省，采取一省下设吏、户、礼、兵、刑、工六部之制，用以总理一切行政事务。由此，札鲁忽赤从总揽各种行政事务的长官转变为主掌刑政的断事官。不过，除在宗正府、御史台和刑部这类专掌刑政狱讼的机关设置札鲁忽赤外，在其他主管行政和军事的机关也设有该官职，其目的在于加强对行政的监督和控制。

据《元史·百官一》载，设于中书省的“断事官（札鲁忽赤），秩［正］三品，掌刑政之属。国初尝以相臣任之，其名甚重，其员数增损不常，其人则皆御位下及中宫、东宫、诸王各投下怯薛丹等人为之”。大略自中统元年（1260 年）始至至元二十八年（1291 年），十六位下至十八位下均设 31 名至 36 名不等。至元以后规定，札鲁忽赤“自御位下及诸王位下共置四十一员”[②]。其职掌除刑狱之外，还常赴外地理算钱谷，并被派往边远征伐之地统领军将作战。

世祖至元元年（1264 年）开始，枢密院也设置札鲁忽赤 2 员，其后逐渐增加，成宗大德间达 11 员，后定制为 8 员，秩正三品，掌处决军府之狱讼。[③] 此外在宣政院、太禧宗禋院等主管少数民族和宗教事务的官衙，也曾一度设置札鲁忽赤。

上述各机关内所设置的札鲁忽赤，均以蒙古贵族统治者的身份，发挥监临官的作用，以“国姓”和“国相”的地位，在所居的官衙起到牵制诸官的作用。

（二）诸正官

据《吏学指南》的解释，正官“谓诸司为头之官也”[④]。元朝的律令条

① 《国朝文类》卷 40，《经世大典序录·官制》。
② 《元史》卷 85，《百官志》1。参见（清）沈家本：《历代刑法考》，《历代刑官考》，第 2000 页。
③ 《元史》卷 86，《百官志》2。参见（清）沈家本：《历代刑法考》，《历代刑官考》，第 2000 页。
④ 杨讷点校：《吏学指南》，浙江古籍出版社 1988 年版，第 24 页。

格中称为“正官”者，一般指在路、府、州、县各级组织机构的统领之下，从事某一项具体公务，在某一具体岗位上的“为头之官”。第一，在预防盗贼的岗位上，元廷除设置专门的捕盗官、管军官外，在各路、府、州、县还设有达鲁花赤。负责该项具体工作的正官要“常切用心警捕，毋致盗贼生发。但有不严，验起数多寡，就便约量责罚，任满于解由内开写”[①]。第二，在医务岗位上，“诸路……所委正官一员专行提调，同医学教授，将系籍医户并应有开张药铺行医货药之家子孙弟侄，选拣堪中一名赴学”，与愿意学习医学的良家子弟一起加以培养，使其成才。[②]第三，负责检验尸伤的正官责任非常重大，元朝法律规定：“诸有司检覆尸伤，正官有故”而由他人代替者，“虽无差误，正官仍笞一十七……通记过名”。还规定：“诸司县官初、覆检尸，容隐不实，符同申报者，虽会赦，正官各解职，期年后降先品一等叙”；尸检后，要按要求申报有关上级部门，“如有违慢，或牒到而不受，致令尸变者，正官决三十七下”；凡是正官在检验尸体时“不亲临监视，转委公吏检验，并增减不实，移易轻重”者，“正官取招量事轻重断罪黜降”[③]。第四，各路、府、州、县的正官负责有关站赤方面的“相应人选”等工作。此外，各路所设管理钱粮造作的正官，“每岁取勒认状，设有亏欠，着落追陪”，以堵塞侵欺钱粮的罪过生发。[④]各路还设有文资正官，主要职责是根据诸衙门的需要，“备细开写解由”或如实“标附簿籍”。[⑤]

由上可见，为了切实开展各方面的工作，有元一代在基层行政机构中的某些职能部门，都设置一名主管具体事务的“正官”。

---

① 《元典章》卷 11，《吏部》5，《扑盗官给由例（又）》。

② 《元典章》卷 9，《吏部》3，《医官・选医学教授》。

③ 《元代法律资料辑存》，《大元检尸记》，第 101—122 页。

④ 《元典章》卷 9，《吏部》3，《仓库官・仓库官例》。

⑤ 《元典章》卷 11，《吏部》5，《给由・官员给由开具过名》。

（三）首领官

首领官是元朝政府在中央和地方各级官衙中设立的，以掌握文书、案牍或簿籍类为职的官员。

设在中央的中书省、六部、枢密院、御史台及其下属的行省、行院、行台等衙门的首领官，一般都随事立名，称为经历、都事、主事、知事、照磨、管勾等。其品级自从五品至正九品不等，一般情况下御史台和枢密院的经历被定为从五品，其余的首领官均低于该品级。总体来讲，他们统统属于上层官衙中品级最低的文职类官吏。

奉职于基层官府，路、府、州、县、录事司等衙门的首领官，被称为提控案牍、照磨、都目、吏目、典史等。由于基层衙门职官少、事务繁忙，所以这些地位低的流外官，往往一人身兼收发、保管和审批案牍等多项工作。此外，在管军衙门和投下也有设首领官者。[1]

不论是上层官府还是基层衙署中的首领官，他们所执掌的事务都比较繁杂，主要包括四个方面：第一，各官府的首领官，直接统领所在衙门中具体承办文书、户籍、科差和司法的官员和吏员履行职责。凡属州以下官衙中的首领官，因为官员数目少，就要身兼数职，“凡有科拨差税、狱讼、户婚、应议事理，必须首领官圆议”[2]；凡是路、府一级官衙中的首领官，如“经历、知事，职掌案牍，照领一切公事，务要不致迟错，所责不为不重”[3]；凡是中书省所设省掾、都事之类的首领官，对所掌管的“诸公事”务必切实负责。世祖至元年间规定：“今后凡各掌行之事，当该省掾每日一勾销，都事每旬一检举，员外郎每月一审校，错者依例改正，迟者随事举行，毋使日积月增，文繁事弊。”[4]第二，各官府的首领官，直接掌管

① 详见《元典章》卷9，《吏部》3，《首领官》《投下官》等相关案例。

② 详见《元典章》卷9，《吏部》3，《首领官》《投下官》等相关案例。

③ 《元典章》卷13，《吏部》7，《公事·首领官执覆不从许直申部》。

④ 《元典章》卷13，《吏部》7，《公事·稽迟随事举行》。

本衙门和所属相关衙门的公文、案卷、表册和档案等材料，故各首领官也被称之为“案牍官”。现存有关官吏请假和请俸的规定较详细：元廷责令首领官执掌“官吏假故文簿”的规定中指出，“职官在任，若病假满百日者，申部作阙”，其所在官府的首领官必须“依前项已行格例取给公据”，以便病休官员病愈“求仕日缴申省部照勘，如违首领官罚俸”[①]；至元二十八年规定，“今后外路官吏，合依随朝百官一体，凡假故曹状报本属。仍诸衙门置立假故文簿明白附写，令首领官掌管结转，每日壹次，正官署押用印关防”[②]；至元二十九年规定，各行省首领官负责审核请俸官吏的“历任勾当（此处指公务）”的时间长短及“无俸给月日”等，要求“首领官子细照勘前任解由，实历月日，所受文凭，中间别无诈冒，标写对同首领官姓名保结，依例给由”[③]。第三，各官府中均设有收发和保管文书档案的首领官，统称之为“管勾”。其主管官府文书收发、函件启封、公文呈上传下任务的管勾，还要“兼主”“邮递之程期，曹属之承受”[④]，该管勾多设于中上层衙门的承发司，故习惯上也称之为“承发”。管勾中主管官府文书档案保管者叫架阁库管勾，其奉职于中书省者“掌庋藏省府籍帐案牍。凡备稽考之文，即掌故之任”[⑤]，该管勾习惯上被称之为“架阁”。第四，各官府的首领官，有时受命在“不妨本职”的前提下，兼管一些其他职务，如《通制条格》规定：“应造御用诸王异样常例金绣绒素段疋，合用丝金物料……外路依已行委达鲁花赤、总管、经历、首领官，不妨本职，多方用心催督局官、库官人等。”[⑥]

总之，元代统称之为“首领官”者，是各官府衙门中，必须设置的文

---

① 《元典章》卷11，《吏部》5，《假故·病假人员给据》。

② 《通制条格》卷22，《假宁》。

③ 《元典章》卷8，《吏部》2，《月日·巡检月日》。

④ 《元史》卷85，《百官志》1。

⑤ 《元史》卷85，《百官志》1。

⑥ 《通制条格》卷30，《营缮·造作》。

职类官员和吏员。他们在经历和提控案牍的带领下，承担所在官衙中的全部文秘工作。诸如为官府书写公文、制表造册、批署案牍、收发存档等；为官吏核实履历、注册功过、开写解由、注销假期等。这些首领官的社会地位不高，有的是较低品级的官员，有的则属于流外职的吏员，不过由于吏员要想出职入官，往往必须承担一段时间的“首领官”工作才能入仕，所以，有元一代谋取首领官之职的“儒人”“俊秀之才”颇多。

第三节　官吏铨选

元朝的官吏铨选制度比较复杂，虽谓沿袭宋金之制，但结合本朝“时宜”也做了许多“变通”，结果出现了“仕进有多歧，铨衡无定制”的局面。就其百官的黜陟升降程序而言，有由皇帝直接下达诏书任免的，有政府部门决定进退的，也有某些特定机关“自选闻奏”后获准升降的，可谓“吏道杂而多端”。[①]

一、选任等别

（一）三品以上官之铨选

元朝官员数量多、官称杂，其内外文武执事官中，正从三品以上诸官员，诸如职品为正一品的中书省右、左丞相，正二品的大司农，大都和上都留守司、本路总管府达鲁花赤，从二品的外任官乌思藏纳怜栜古里孙（即乌思藏纳里速古鲁孙）等处路宣慰使司元帅、大理金齿等处宣慰使司元帅、罗罗斯宣慰使兼管军万户，正三品的内任官六部尚书、外任官各道肃政廉

① 《元史》卷81,《选举志》1。

访使、军民职的军民安抚司达鲁花赤、军职的管蒙古军万户、诸职的京畿都转运使司达鲁花赤、匠职的本位下诸色人都总管等，以及从三品的管领本投下大都路打捕鹰房民匠诸色人匠等，170多种官称的三品以上职官的任命[①]，依据官制规定，一律由皇帝直接下达制诏“委付”，可不受任何《循行选法体例》的限制。这种铨选办法通称之为“宣授”。[②]

此外，元朝官制对三品以上官员的铨选，有两项一成不变的规定。一是，“惟皇太子立，必兼中书令、枢密使”[③]，凡“百揆机务，听所总裁”[④]；二是，有元一代始终恪守“以蒙古人充各路达鲁花赤，汉人充总管，回族人充同知，永为定制”的原则[⑤]。依据这两项原则，所铨选的官员也均属于正从三品以上品级的执事官。

（二）吏部理事普通规则

吏部在中书省统辖下“掌天下官吏选授之政令。凡职官铨综之典，吏员调补之格，封勋爵邑之制，考课殿最之法，悉以任之”[⑥]。这些职责要靠吏部数十名官吏本着既定的法规和章程予以实施。其选拔官吏的规则有：第一，依据当时的成文法规选官。当时吏部官员处理公务、调遣官吏的法律依据，主要是《至元新格·选格》《通制条格·选举》《吏部·官制》等成文法规。第二，依据具有法律效力的诏令、中书省指令行事。元朝最高统治集团有权随时责令吏部为之行使升迁、调转、罢免职官之权。第三，依据吏部及各级地方长官的意图行使对各级官吏的黜陟之权。不过地方各级长官所拟议的黜陟职官方案，必须申呈吏部核准之后方得付诸实施。

---

① 《元典章》卷7，《吏部》1，《职品·内外文武职品》。

② 《元史》卷83，《选举志》3。

③ （元）陶宗仪：《南村辍耕录》卷22，中华书局1959年版，第269页。

④ 《元典章》卷1，《诏令》1，《登宝位诏》。

⑤ 《元史》卷6，《世祖纪》3。

⑥ 《元史》卷85，《百官志》1。

吏部在行使上述职权时除遵循既定办法外，还要严格恪守各项办事规则。第一，吏部官员自上而下执行公务、履行职责时，“不得隔越中书省闻奏”。因为中书省是元廷“总理庶政”的总汇机关，“凡选法、钱粮、民匠、户口，一切公事，并经中书省，可否施行，毋得隔越闻奏”，凡是“敢有隔越中书奏请政务者，以违制论”，予以严厉地“究治”[①]。因此，虽法定吏部有黜陟调补从七品以下官吏之权，但事实上吏部即使需要添设县尉之类从九品的基层小官吏，也必须经由所在的行中书省向中书省申报，待中书省“准奏”“劄付”后，方得以“遵照执行”。如元成宗大德八年中书省劄付吏部：“腹里江南下县，合添县尉一员”，“拟合通行铨注，专一巡捕”[②]。第二，吏部在执行职责时若有误，须“从监察御史纠弹”，依据元朝《选格》规定：“诸官员功罪并送吏部标注，到选之日，于应得资品上，视其功罪，斟酌议拟。有蔽匿其罪、增饰其功者，从监察御史纠弹。”[③]第三，皇帝直接下达有关吏治方面的圣旨。如元成宗大德九年“诏书内一款节该，外任官员，较之内任升转甚迟，但历在外两任，五品以下并减一资，经至元三年迁转者，特与升加”。同时在“立皇太子诏书条画”内宣谕：“亲年七十已上，若无以次侍丁，应任远方者，今后宜从近便迁除”为官[④]。

（三）吏部自选官吏的特权

元廷自至元八年（1271 年）禁用金之《泰和律》后，官吏铨选办法依据新定立的“选格”和至元十四年（1277 年）中书省奏准颁之有司的《循行选法体例》实行。这样，“委付”官吏权基本归于中书省和吏部。不过，终元之世不依“选格”“得自选官”的情况仍较普遍。第一，元朝诸

① 《元典章》卷 2,《圣政》1，振朝纲（三）。

② 《元典章》卷 9,《吏部》3,《捕盗官 · 下县添设县尉》。

③ 《元代法律资料辑存》,《选格》。

④ 详见《元典章》卷 8,《吏部》2,《亲老从近迁除》,《外任减资升转》等案例。

位皇帝，均随意选拔“大根脚”出身的蒙古人和其他各族地主分子，担任各级掌握实权的官吏。他们有权“宣授”正从三品以上的内外官吏，有权用“别里哥选”（别里哥为蒙语音译，意为“符验”）的办法，以皇帝特旨“委付”官吏。第二，元朝中央一级四大衙门，有权“得自选官”。最高行政机关中书省，不仅自身有选官之权，而且统辖和控制“诸有司”的铨选官吏大权；最高军事机关枢密院，是蒙古贵族控制十分严密的机构，其“自选”的官吏均系“大根脚”出身的蒙古人；最高监察机关御史台，也有权“得自选官”，由于终元之世历任御史大夫，除一位是由赐蒙古姓的汉族地主担任外，一律由蒙古贵族担任该职，因此，被其铨选之要员也基本上是那些“大根脚”之家族；高居一品衙门的宣政院，本着“军民通摄，僧俗并用”的原则，结合吐蕃地区特殊情况，可以“委付”负责宗教事务和少数民族事务的各级官吏。总之，上述四大衙门，在行使铨选官吏等用人权时，不必通过中书省“认可”，可以直接奏报皇帝批准。[①] 第三，元世祖镇压汉族世侯李璮之乱后，采纳姚枢等人的建议，“罢世侯，置牧守”，推行官吏迁转之法，强调“选人以居其职”[②]。这虽打击了地方世侯势力，使其专擅行政大权、滥用冗员的现象有所扭转，但终元之世各地世侯势力并未得到根除，因此他们在各自地盘内，依然违背“选格”、擅自选用官吏，阻碍迁转法的推行。第四，权臣操纵自选官吏大权。回族人阿合马是世祖所宠信的大臣之一，他在中书省和尚书省担任平章政事等要职达十九年之久。在此期间，他无视铨选官吏的“选格”和《循行选法体例》，隔越中书省和吏部，专权植党，滥用私人。有元一代权臣不经吏部拟定资品，隔越中书省奏闻而擅行“选拔”官吏、“自择”亲信的任人唯亲现象日趋严重[③]。

① 参见《元史》卷21，《成宗纪》卷22，《武宗纪》卷29，《泰定帝纪》。

② 参见《元史》卷158，《姚枢传》卷163，《张雄飞传》。

③ 参见《元史》卷10—12，《世祖纪》卷7—9。

二、流官铨选

元朝的流官铨选条格中有关职官升迁方面的规定，虽明确划分三品以上由皇帝特旨选定、正七品以上由中书省选定、从七品以下由吏部选定，但是，很多高级官职基本上为世袭的蒙古和色目贵族，以及其他各族官僚地主所垄断。同时，官场上普遍实行承袭、荫叙、迁转、保举等制度，致使元代的铨选条画和格例十分复杂。

（一）承袭

元代史料中所谓“承袭”“承荫”“袭替”等提法虽不同，但均指诸官员的子孙后代，依据有关条格继承和因袭父祖的官僚地位并获取相应官职的一种制度。

1. 承袭的范围

元朝文武百官得由其子孙承袭官位者，主要包括军官、民官、内外诸官。根据吏部所定之《选格》规定：凡是一品至七品的职官，不论他们是去任者、致仕者、病故者还是阵亡者，其子孙后裔均有承荫的权利。如至元二十五年（1288 年）规定：“军官承袭……今后若有身故年老患病妨职人员子孙弟侄告要承袭承替”者，须要做好各项准备[①]；再如至元二十七年规定：阵亡了的管军官和管民官的“孩儿”们，均依照“军官每（们）的孩儿每根底承袭的体例……委付”相应的官职。[②]

2. 承荫者的顺序

官制《选格》严格规定了承荫者的顺序，旨在维护传统封建王朝的嫡长子继承先辈官僚地位的制度。其承荫者的顺序是：一为嫡长子；二为嫡长子之子孙（曾玄同），该条只适用于嫡长子患有“笃废疾”者；三为嫡长

① 《通制条格》卷 6，《选举 · 军官袭替》。
② 《通制条格》卷 6，《选举 · 军官袭替》。

子孙的同母弟；四为继室所生；五为次室所生；六为婢生子；七为亲兄弟子孙，只适用于“绝嗣者”；八为伯叔及其子孙。[①]

《选格》还原则性地规定了用荫入仕的办法：凡是有权用荫入仕者，“孙降子一等，曾孙降孙一等，婢生子及傍荫者各降一等”[②]。这里所谓“降一等”，均指后辈承荫者比拟前辈以及庶出比嫡出、弟侄比子孙而言，均依后者合叙品之上“降一等”叙用。

3. 承荫者的条件

元朝官制《选格》规定，承荫者必须具备以下条件：一是“其承荫人年及二十五岁以上者听”[③]。不过军官亲属应承袭的人按特殊规定办理，如至大四年（1311 年）规定：一是“军官弟侄儿男，依着在先体例里交他每年纪到二十岁呵，委付者”，假如年纪小者“说谎到二十也”，那么其所“保的官吏人等要罪过呵”[④]；二是应承袭者身体健康，“无所患笃废疾”[⑤]；三是应承袭者无“经断十恶奸盗过名”“无贪污侵使粘带过犯者”[⑥]。

（二）荫叙

元朝诸官员的子孙，因受父祖之官荫的荫庇而入仕被叙用者，称之为承荫叙用或“荫叙”。

1. 荫叙的品级

（1）诸职官子孙荫叙，均须依据“品官荫叙体例”办理。凡是正一品官其子荫正五品，从一品官其子荫从五品，以此类推，挨次到正从五品官

---

① 《元典章》卷 8，《吏部》2，《承荫·品官荫叙体例》。
② 《通制条格》卷 6，《选举·荫例》。
③ 《通制条格》卷 6，《选举·荫例》。
④ 《元典章》卷 8，《吏部》2，《承袭·军官年二十岁承袭》。
⑤ 《通制条格》卷 6，《选举·荫例》。
⑥ 《通制条格》卷 6，《选举·荫例》。

为止，从五品官其子荫从九品[①]；到了正六品官，其子荫叙有两种情况：一是“流官于巡检内用”，二是“杂职于省劄钱谷官内用”；“从六品子近上钱谷官，正七品子酌中钱谷官，从七品子近下钱谷官”[②]。

（2）诸蒙古职官子孙享有荫叙特权。第一，蒙古上层高级官吏用荫，取自圣裁。即所谓“上位知识有根脚的蒙古人（每）子孙承荫父职兄职呵，皇帝识也者”[③]；第二，凡是有根脚者、或有功劳者、或阵亡者的诸蒙古军官们用荫时，其“兄弟孩儿”可于前辈们“本等里委付”[④]。此外，色目人比汉人优一等受荫。

（3）达鲁花赤应荫叙的后代也享有某些特权。在通常情况下，“达鲁花赤子孙与民官子孙一体荫叙”[⑤]；但有时达鲁花赤应荫者则优于民官子孙：一是总管府达鲁花赤应合承袭之人，于下州达鲁花赤内叙用；二是各散府诸州达鲁花赤应继之人，于县达鲁花赤内叙用；三是诸司县达鲁花赤应继之人，“亦验根脚轻重，于县尉巡检内叙用”；此外“若奉特旨令承袭者不拘此例”[⑥]。

（4）诸职官用荫的限制。元朝的“品官荫叙体例”规定：“诸官品正

① 参见《通制条格》卷6，《选举 · 荫例》；《元典章》卷8，《吏部》2，《承荫 · 品官荫叙体例》。此处所引史料，《元典章》所载为至元四年，《通制条格》所载为大德四年，本文以大德四年荫例为主。

② 参见《通制条格》卷6，《选举 · 荫例》；《元典章》卷8，《吏部》2，《承荫 · 品官荫叙体例》。此处所引史料，《元典章》所载为至元四年，《通制条格》所载为大德四年，本文以大德四年荫例为主。

③ 参见《通制条格》卷6，《选举 · 荫例》；《元典章》卷8，《吏部》2，《承荫 · 品官荫叙体例》。此处所引史料，《元典章》所载为至元四年，《通制条格》所载为大德四年，本文以大德四年荫例为主。

④ 《元典章》卷8，《吏部》2，《承袭 · 军官承袭例》。

⑤ 参见《通制条格》卷6，《选举 · 荫例》；《元典章》卷8，《吏部》2，《承荫 · 品官荫叙体例》。此处所引史料，《元典章》所载为至元四年，《通制条格》所载为大德四年，本文以大德四年荫例为主。

⑥ 《元典章》卷8，《吏部》2，《承荫 · 达鲁花赤弟男承荫》。

从分为一十八等，职官用荫各止一名”，子孙，叙用也只限某一个品级[①]，其余子孙不可违例叙职。早在至元四年（1267年）就明确规定：“诸职官荫子之后，若有余子不得于官府自求职事，及诸官府亦不许委用。”[②]不过，皇帝特恩擢用者不受此例限制。

2. 取荫程序

按照元朝官制《选格》的规定，凡是通过承袭承荫的途径求仕叙官者，均应按“取荫”程序办理有关“文解”和“凭据”。

（1）应荫者具写内容

元之“荫例”规定：“诸用荫者”首先必须具写“父祖前后历仕根脚、所居官职”，及其去任、致仕、身故等各各年月和缘由；其次要“抄白”父祖所受宣命劄付，彩画宗枝；其三要具写“指定承荫人嫡庶姓名年甲”[③]。

（2）应荫者本处勘会

诸应荫者将具写的自身情况“申牒本处官司”后，该官司要一一予以审核：“勘会房亲，揭照元籍青册，扣算年甲，中间别无诈冒，保结申覆本管上司”[④]。

（3）应荫者接受上司审问

应荫者所具写的材料，由本处官司负责上报“本管上司”后，该当官上司再行审问，“相验相同，如承荫人别无所患笃废疾、经断十恶奸盗过名”，仰抄连所受凭验，予以保结。[⑤]

（4）应荫者持文解赴部

按照“荫例”的规定：承荫人亲持文解及父祖元受的本宣命劄付，赴部定夺[⑥]。

---

① 《元典章》卷8，《吏部》2，《承荫·品官荫叙体例》。

② 《元典章》卷8，《吏部》2，《承荫·品官荫叙体例》。

③ 《通制条格》卷6，《选举·荫例》。

④ 《通制条格》卷6，《选举·荫例》。

⑤ 《通制条格》卷6，《选举·荫例》。

⑥ 《通制条格》卷6，《选举·荫例》。

3. 荫叙考试与傔使

元朝官制中规定，拥有承荫叙用权的官僚子孙，在正式叙职前还必须参加荫叙考试或充当一段时间的傔使（给事于官者也）。不过该项规定中存在着明显的民族不平等现象[①]。

《通制条格》中的“荫例”规定，汉族官僚“诸职官子孙承荫，须试一经一史，能通大义者，免当傔使，不通者，发还习学”[②]；而对蒙古和色目官僚应荫子孙则不予以强行规定，只规定：“蒙古色目人愿试者听”，不愿应试者，“仍于应得品级量进一阶”[③]。

“荫例”还规定，应荫入仕者充当傔使与否要视其民族等级而区别对待，法定的蒙古人和“应当怯薛应荫流外之职”者，享有免当傔使的特权。所有应荫之汉族人，入仕前一律充当傔使。[④]

荫叙考试的主试官，分两个方面情况组织考试：一是应试者属“直隶省部者”，吏部与翰林国史院之官共同试验（考试）；二是应试者属“行省所辖去处”时，则由行省官与儒学提举或教授共同考试。如果遇有应试的色目人员不愿参试者，则“依例应当傔使”[⑤]。

4. 荫叙后的迁转

元朝《选格》中对应荫入仕者的升迁办法有专门规定。

（1）正从六、七品官应荫子孙迁转

元代承荫的范围不包括八品至九品的低级官吏，因此依据“荫例”从五品之子孙应荫从九品，于是六品至九品官僚的子孙，即使有承荫之权，也不可能在九品一十八阶中用荫，当然更谈不上迁转。有鉴于此，元之“荫例”特别规定了“正从六七品子孙承荫升转”之例，详细制定了该正从六、

① 《元典章》卷 8，《吏部》2，《傔使 · 能通经史免傔使》。
② 《通制条格》卷 6，《选举 · 荫例》。
③ 《通制条格》卷 6，《选举 · 荫例》。
④ 《通制条格》卷 6，《选举 · 荫例》。
⑤ 《元典章》卷 8，《吏部》2，《傔使 · 品官子孙当傔使》。

七品官应荫子孙升迁的条格："正六品应得巡检……于九品人内委付"，而"腹里巡检……月日，实历六十月升从九品，流官内委付"；从六品官之应荫子孙，须"七十二个月升从九品杂职"；正七品官之应荫子孙，须"一百八月升从九品杂职"；从七品官之应荫子孙，须"一百四十四个月升从九品杂职"[①]。

（2）循资考升转与特殊升迁

元之《选格》"荫例"规定："诸荫子入品职，循其资考流转升迁"[②]，"荫例"还规定，应荫之子孙如果确实属于"廉慎才干者，依格超升"，凡是"不务守慎及有违犯者，依格降罚，重者除名"[③]。特别强调，凡是皇帝特恩擢用升迁者，不受任何"选格"和"荫例"限制。

（三）迁转

元朝官制中规定了官吏"迁转"之法，"迁转"实际就是调迁官吏。忽必烈于中统三年（1262年）镇压李璮叛乱后，为防止世侯专擅叛乱，曾采取过一系列有力的措施，其中一项重要的措施就是罢废诸侯世袭，推行官吏调转之法。

1. 互调迁转

至元元年（1264年），忽必烈采纳了廉希宪、姚枢等封建士大夫的建议，更张官吏世守的旧制，实行迁官易将的新法。[④]此后，各路、府、州、县等衙门的达鲁花赤、管军官、管民官等官吏，都按照"迁转"法的要求定期互相迁调。如至元四年（1267年）规定："各投下路、府、州、县达鲁花赤三年一次取给解由，互相迁转"[⑤]；再如迁调官吏时允许"南北拘该路、

① 《元典章》卷8，《吏部》2，《承荫·正从六七品子孙承荫升转》。

② 《通制条格》卷6，《选举·荫例》。

③ 《通制条格》卷6，《选举·荫例》。

④ 参阅《元史》卷126，《廉希宪传》；《元史》卷158，《姚枢传》；《元史》卷5，《世祖纪》2。

⑤ 《元典章》卷9，《吏部》3，《投下·投下达鲁花赤迁转》。

府、州、县互相迁转”[1]。于是出现了各行省之间官吏互调替换的局面，正如至元二十八年（1291年）“迁转闽广官员”条格中所载：“若有广东、福建，曾勾当南北官员——虽非两广福建人员，愿于彼处勾当者亦听”[2]。

2. 久任官员必须迁转

元世祖于至元三十年（1293年）发布圣旨：“各衙门里官人五年十年家不曾迁转”，仍在原地做官者，一律将其姓名等情况上报中书省，由“中书省官人每分拣著（着）迁转”。该项圣旨还明确指出了官员在某一地久任官职的弊端：“做官底人，月日多了呵，他每根底也不便当，百姓每根底也不便当。”[3]此后各地官吏基本上能按“迁转”法的规定，定期迁转。如延祐四年（1317年）在“迁调官员”条格中规定：“本省所辖福建道路、府、州、县衙门应合迁调官员……挨次就便迁调”[4]，同时还规定，凡是向“福建、两广等田地里将委付管民官”时，被分配的官员嫌地远，怕烟瘴气，不愿前往赴任的，要由中书省差人和吏部共同解决，一般采取由中书省“差人去迁调”的办法，并将那些不遵守“迁转”法的官员的“年甲、籍贯备细，历仕根脚，攒造帐册，从所委官提调回咨”，以便另行处理[5]。

3. 迁转原则

迁转官员主要依据“迁转”法和圣旨训令办理，同时还要掌握两项原则：第一，迁转避籍原则，迁转官员要“斟酌地里远近，回避元（原）籍铨注”，即“迁转官员，自己地面里休做官”，要将他们委派到“别个田地里迁转”[6]；第二，流官于流官内迁转，杂职官于杂职官内迁转。元朝的杂职官主要指仓库、局院等非行政官府的官员，它与流官相对而言。《元

① 《元典章》卷9，《吏部》3，《投下·投下达鲁花赤迁转》。

② 《元典章》卷9，《吏部》3，《流官·迁转闽广官员》。

③ 《元典章》卷9，《吏部》3，《流官·久任官员迁转》。

④ 《元典章》卷8，《吏部》2，《选格·迁调官员》。

⑤ 《元典章》卷8，《吏部》2，《选格·迁调官员》。

⑥ 《通制条格》卷6，《选举·迁转避籍》。

史·选举志》载，流官与杂职官不可混淆互相迁转，只允许流官于流官内迁转，杂职官于杂职官内迁转。

（四）举保

举保也称保举、保荐。元朝经常使用“举保”之法选用官吏，即由上官们“推荐”和“保举”某人，从而得以入仕或迁升。

1. 举保对象及素质要求

元代被举保对象有两类人：一是官吏，二是草泽之士（白丁）。即至元二十一年（1284 年）御史台所云：“保举官吏及草泽之士。”[①] 前者被保举，一般是迁升；后者被保举，则是入仕。

官吏保举，依至元十三年（1276 年）圣旨，必须是“官吏若有廉能公正者”；草泽之士保举，按同条圣旨，也必须是“随路州县若有德行才能可以从政者”[②]。此外，成宗大德九年（1305 年）六月，诏书要求保举“孝子顺孙曾经旌表，有才堪从政者”[③]。可见，虽然同是要求德才兼备，但具体内容不同。草泽之士只居家、居乡的一般德行，而官吏则是居官过程中清廉、公正的职业道德。

当然，官吏被保举须有一定条件。至元三十一年（1294 年）吏部指出：近年以来行省、宣慰司内外诸衙门“将未考满令译史人等，并受行省、宣慰司劄付根脚浅短州县诸职管官拟注窠缺，举保升用”，要求今后“须保选相应人员”[④]。可见，保举吏员须待其考满，官员则必须是资历较长者。

2. 举保程序

举保有两个过程，一是保，二是察。

① 《通制条格》卷 6，《选举·举保》。
② 《通制条格》卷 6，《选举·举保》。
③ 《通制条格》卷 6，《选举·举保》。
④ 《通制条格》卷 6，《选举·举保》。

世祖至元十三年（1276年）闰三月圣旨规定："诸官吏若有廉能公正者，委监察体察得实，具姓名闻奏。随路州县若有德行才能可以从政者，保申提刑按察司再行访察得实，申台呈省。"根据这一基本要求，宪台制定的具体程序是：

（1）关于保荐草泽之士。有两种情况，一是"如自州县举保，"则要先"从本属总管上司牒委正官复察相同"，然后"移文按察司委官体访"。二是"如有按察司举明者"，先由"举官访察得实"，移文本司别委正官复察相同。均应开具"前后保、察官员职名，保结申台"。

（2）关于保荐官吏。"若保举职官，亦仰依上复察在任为政各各实迹，保结开申。"[①]

3. 举保责任

按照世祖圣旨精神，至元十三年（1276年）御史台确立了"所保不当，罪及保官"的归责原则，要求举保者切实负责。为此，元廷除在程序上要求在保结文书上开具"前后保、察官员职名"以作凭据外，一再强调必须从实保举、名实相符，免致事后受罚。

至元十三年（1276年）宪台议定：保荐人材时，对被保举者的德行才能"皆须直言所长，务要名行相副（符）"，并开具"著明实迹"[②]。至元二十一年（1284年）五月，御史台发令："今后凡保举官吏及草泽之士，并须指陈实迹"[③]。至元二十七年（1290年）十二月，尚书省针对差到地方人员"临回索要保举文字"的情况，严令地方官"无得似前保举"[④]。成宗大德十一年（1307年）八月，御史台鉴于先前"所保人员泛无实迹"，下令："今后但有荐举人员，须要从公明白开写五事廉能异政各各实迹，及举、

① 《通制条格》卷6，《选举 · 举保》。
② 《通制条格》卷6，《选举 · 举保》。
③ 《通制条格》卷6，《选举 · 举保》。
④ 《通制条格》卷6，《选举 · 举保》。

察官姓名申呈”，宪司官员“责任尤重，苟非其人，不可妄举”。[1]

4. 举保制度的实施

尽管举保制度规定较细，但如上所云在实践中“所保人员泛无实迹”，不符合德才条件的现象仍有发生。比如，至元三十年（1293年），寿昌府同知忽都不花保举赵崇乙，保举理由是“孝廉”。但该人“申甲、脚色”与所保“争差”不相应。为此都省下令：“似此滥保不应，罪及元保人员”。故本案除将赵崇乙“断罢职不叙”外，忽都不花也被断“取滥保招伏”[2]，很可能被定为“所保不当”之罪。

更为严重的是，各地经常出现违反程序、泛滥保举的情形，致使保举质量难以保证。

至元二十一年（1284年）五月，御史台指出：皇帝圣旨曾要求监察官“体察”廉能公正的官吏具名闻奏，但“不曾许监察等官擅行公文于诸衙门保人委用”。而近几年的情形是：“内外台监察御史每有保举人员，多不呈台，但移文各道按察司并诸衙门录用”，从根本上违反了程序要求。为此，宪台要求，今后保举必须“呈台定夺”，不得擅行公文于各道提刑按察司及诸衙门“保举委用”。同时，遇有此种情况，“诸衙门亦不得承受”[3]。

成宗大德八年（1304年）五月，监察御史指出：“各处行省、宣慰、元帅等官，复用白状公文泛滥保人”，仍是阿合马、桑哥等人秉政时的余风。吏部赞成此意，以为“白状保用，焉得其人”。经都省准拟，才在全国各地禁止白状保举[4]。

（五）其他入仕途径（科举、教育培养等）

忽必烈在即位诏书中宣称，要扭转“祖宗以来”长期存在的“文治多

① 《通制条格》卷6，《选举·举保》。
② 《元典章》卷10，《吏部》4，《职制一·告叙·滥保罪及元保》。
③ 《通制条格》卷6，《选举·举保》。
④ 《通制条格》卷6，《选举·举保》。

缺”的局面，采取以儒家“治国之道”培养人才的策略。中统二年（1261年）发布诏谕，要求举国上下必须保护文庙、讲议经史、宣明教化。于是，仿照宋金等王朝通过学校培养人才的办法兴办了各类学校，不过当时尚未沿用其科举取士之制。至元十一年（1274年），世祖虽发布了“准蒙古进士科及汉人进士科，参酌时宜，以立制度”的圣旨，但由于各种原因，终忽必烈之世，科举制度一直是“事未施行”。[①] 直到仁宗延祐初年才正式开科取士。这样，办学校与兴科举又成为有元一代另外两种入仕途径。

1. 兴学校

世祖即位后沿用唐宋之制，“设官分职，征用儒雅，崇学校为育才之地”[②]。在京师设集贤院，掌管有关学校事务，还设（汉人）国子学、蒙古国子学、回族国子学等学府，立国子监以统之，设祭酒、司业等官掌管教学事务。学校主要培养蒙古贵族和其他各族地主官僚子弟，即由“随朝蒙古汉人百官及怯薛歹官员，选子弟俊秀者入学”。其生员之数最初无定数，后来定额为200人，继又增至300人。其各族生员分配比例为“蒙古半之，色目汉人半之”[③]。

在地方各级行政机构中也设置专门掌管教育的部门和官员。在全国除了迤北地区外，于“十一道各立儒学提举司”[④]，由正副儒学提举负责掌握教学事务，并统领“诸路、府、州、县学祭祀钱粮之事”[⑤]；同时，路、府、州、县各级正官、教官、学官、教谕等主领培养人才的官员，都必须遵照“兴举学校”的条画，敦促各负责教育人员“务要作养人才，以备擢用”[⑥]；县以下的村社按规定均应设置学校，同时，根据需要“在乡村镇店，选择

① 《元史》卷81，《选举志》1。
② 《通制条格》卷5，《学令·学校》。
③ 《元史》卷81，《选举志》1。
④ 《元典章》卷31，《礼部》4，《儒学·崇奉儒教事理》。
⑤ （明）陈邦瞻:《元史纪事本末》卷8，《科举学校之制》，明万历三十四年版。
⑥ 《元典章》卷2，《圣政》1，《兴学校》。

有德望学问可为师长者，于百姓农隙之时如法训导，使长幼皆闻孝悌忠信廉耻之言”[1]。这些从中央到地方的制度和规定说明，有元一代已经具备了较系统的教育管理体系。

元代学校教育的教材内容，主要是“讲议经史”和儒学经典，其教授的内容有四条：“一曰学经，二曰行实，三曰文艺，四曰治事”[2]。其生员考试升级制度，采用升斋积分法。此外，还设有习学专门学问的课程，如医学、书算、蒙古字、亦思替非文（波斯文）文书等，用以培养各种专业人才。

元廷为了扩大生源招徕生徒，规定减免或部分减免蒙古生员、秀才、生徒、“医人户”（学医者）、“儒人户”（读国子学者）的赋税差役。如至元六年（1269 年）规定：“愿充生徒者，与免一身杂役”[3]；至元二十五年（1288 年）规定：“在籍秀才做买卖纳商税，种田纳租税，其余一切杂泛差役并行蠲免。”[4] 关于在籍生员的学籍管理问题规定：“三年不通一经及在学不满一岁者，并黜之。”[5]

通过上述途径培养出来的人才，可由两个途径被政府有关部门录用入仕，一是“外道学校生员成材者申太学，茂异者申集贤院——外生员成茂材者申国子监，若有茂异者，提举司申覆集贤闻奏呈省区用”[6]；二是由有司保举“德行文学超出时辈者”，经“肃政廉访司体覆相同”后，可提供给有关用人单位选用。[7]

2. 科举

世祖忽必烈在诏谕“兴学校”的同时，又提出“议科举”，认为“科

---

① 《元典章》卷 31，《礼部》4，《儒学·朔望讲经史例》。

② （明）陈邦瞻：《元史纪事本末》卷 8，《科举学校之制》，明万历三十四年版。

③ （宋元）马端临：《文献通考》卷 50，《学校考四》。

④ 《元典章》卷 31，《礼部》4，《儒学·秀才免差役》。

⑤ 《元史》卷 172，《齐履谦传》。

⑥ 《元典章》卷 31，《礼部》4，《儒学·立儒学提举司》。

⑦ 《通制条格》卷 5，《学令·庙学》《学令·科举》。

举为取士之方”[①]，但是统治集团内部大多数蒙古贵族，习惯于蒙元以来一直实行的世袭承替制和由吏出职入仕制等比较简捷的入仕途径，所以对隋唐以来行之已久的科举制度持消极态度，以为此制致使“人都习学的浮华了”。因此，尽管世祖于至元十一年（1274 年）曾诏谕设立“蒙古进士科及汉人进士科”[②]，且“几遍教行的圣旨有来”[③]，但在他当朝的 30 多年间，科举取士之制长期处在“事未施行”的停滞状态。其后继者成宗和武宗，虽然也发布诏谕敦促仿行科举之制，要求把“贡举的法度”延续下去，但由于最高统治集团内部对应否推行科举取士之制持有异议而未有任何进展。

科举制度经过元朝前期长期停滞之后，至仁宗延祐二年（1315 年）才正式开始施行，当时按民族不平等原则，对考场、考题、授官等方面做了严格的规定。

科场：“每三岁一次开试”，其举人由各级地方官“于路、府、州、县学，及诸色户内推选年二十五以上，乡党称其孝悌，朋友服其信义，经明行修之士”[④]充当考生。考试分乡试（行省考）、会试（礼部考）、御试（殿试）三级，按元朝所定“科举条制”的要求，考试时第一、二等人与第三、四等人分开进行。在乡试、会试时，蒙古人、色目人共考两场，汉人、南人必须考三场。御试时，也按民族等别予以区别对待，“汉人南人试策壹道，限壹千字以上成。蒙古色目人时务策壹道，限伍伯字以上成”[⑤]。

考题：按照当时通行的“科举条制”规定，四等人的考题难易也不同，从乡试中的情况看，法定须考 3 天，可蒙古人和色目人只考两天，且回答比较简单的问题。考试第一天，蒙古和色目人试经问 5 条，而汉人和南人

① 《通制条格》卷 5,《学令·庙学》《学令·科举》。
② 《元史》卷 81,《选举志》1。
③ 《通制条格》卷 5,《学令·科举》。
④ 《元典章》卷 31,《礼部》4,《儒学·科举条制》。
⑤ 《通制条格》卷 5,《学令·科举》。

则须“试明经、经疑二问、经义一道”；第二天，蒙古和色目人试策1道，而汉人和南人则须试“古赋诏诰章表内科一道”[①]；第三天，只有汉人和南人必须应试“试策一道”，而蒙古人和色目人则允许其自愿，“愿试汉人南人科目，中选者加一等注授”[②]。乡试的模式被会试仿行，“省部依乡试例”于次年二月初一日、初三日、初五日分别举行三场考试；其殿试于三月初七日举行。凡是乡试中试者获准参加会试，会试中试者获准参加殿试。每次乡试结果“天下选合格者三百人赴会试，于内取中选者一百人，内蒙古、色目、汉人、南人分卷考试，各二十五人”，殿试在翰林国史院举行，一般取五六十人，或七八十人。[③]

授官：通过科举考试入仕者，较之通过世袭和荫叙等途径当官者的文化素养要高，因为所有举人必须精读并掌握朱熹的《四书集注》和其他经史，并须依据程朱理学回答问题，于是试卷的成绩，尤其是殿试成绩便成为决定“官运”的关键。皇庆年间规定：殿试后，监试官和读卷官，按考中者的成绩分为三甲进奏，并按民族等级分列二榜，即“蒙古、色目人作一榜，汉人、南人作一榜”，由于蒙古人尚右，所以第一、二等人居“右榜”，第三、四等人居“左榜”。考试成绩第一甲第一名者，“赐进士及第（授）从六品（官）；第二名以下及第二甲，皆正七品；第三甲以下皆正八品。两榜并同”；如果蒙古人、色目人有能力并自愿参加汉人、南人的考试，其考中者可加一等授官，以奖励他们自愿完成“附加题”[④]。

皇庆三年（1314年）八月规定：“天下郡县兴其贤者能者充赋有司，次年二月会试京师，中选者朕将亲策焉。”[⑤]

科举纪律：元朝仿照传统王朝的做法，也规定了严格的考试、试官阅

---

① 《通制条格》卷5，《学令·科举》。

② 《元典章》卷31，《礼部》4，《儒学·科举条制》。

③ 黄时鉴点校：《通制条格》卷5，《科举》。

④ 参阅黄时鉴点校：《通制条格》卷5，《科举》；《元典章》卷31，《礼部》5，《儒学·科举条制》。

⑤ 黄时鉴点校：《通制条格》卷5，《科举》。

卷方面的纪律，如试卷弥封、誊录、保管等制度。举人必须遵守科场纪律：不准怀挟、不准令人代考、不准有“应避而不自陈”之事发生、不准擅与他人易座次、不准与亲友邻坐、不准喧哗等；更不允许“违制”“冒贯”。凡是违反考场纪律者，视其情节予以“治罪”。[①]

三、官吏出职

元朝前期，由于科举制度滞后，只能通过普通的“蒙古学”“回族学”“医学”等学校教育，培养官僚子弟用以补充官吏队伍。不过，随着元廷各级官员数量的不断增加，为急于解决职官短缺的问题，元廷还仿照金朝的做法，创制了所谓“吏员出职”之制。

（一）吏员出职的条件和资格

元朝的吏员出职，是指符合出职条件的吏员，脱离吏职出任官职而言。元廷规定，在地方和中央各级衙门中担任不同吏职的吏员，均有出职当官的机会和资格。

1. 吏员出职的条件和范围

元廷所定出职吏员的条件和应出职吏员所包括的范围主要有：第一，具备出职资格的吏员，必须是身体健康并能胜任繁重职务的现职吏员。第二，地方各级衙门具有出职资格的吏员有：各县、各州（上、中、下）、各散府的司吏；各路总管府的司吏、译史、通事等。第三，各地廉访司的书吏、译史、通事、奏差等及各地宣慰司的令史、奏差等。第四，中书省、六部、御史台、枢密院等中央机关的案牍吏员、翻译吏员、知印、宣使等。第五，行中书省、行御史台、行枢密院等机关的令史、译史、知印、宣使等。第六，各级衙门中担任蒙古必阇赤的吏员等。

① 《通制条格》卷5，《学令·科举》。

2. 吏员出职的资格

据“吏员出职体例”和其他有关条格规定，吏员出职的前提条件必须“考满”月日。所谓考满，是指每个吏员必须按照“出职体例”的要求，在法定的时间内无“过犯”地完成本职工作的月日。只有按规定完成考满月日的吏员，才具备出职入仕的资格。

（1）90个月为考满

世祖至元六年（1269年）规定：“今案牍繁冗，难同旧日（金制），会量作九十月为满”，这段时间又以“三十月为则”分成三考。① 即30个月为一考，90个月则三考。三考即为考满。此后从中央到地方各衙门基本执行90个月为考满的制度。为强化官制官规，至元二十八年（1291年）颁布的《至元新格》中又明确规定：内外诸衙门“吏员须以九十个月方得出职”②。此制一直通行到成宗元贞三年（1297年）。但是，成宗于大德元年（1297年）二月开始调整吏制后，曾一度把考满期增至120个月。这就等于完全搬用金国之制，遭到一部分力主废除金律令官员的反对；同时由于考满月日的延长拖延了吏员出职的周期，很不适应蒙古贵族扩大官僚机构增添官员的需要。因此，武宗即位后又恢复了世祖以来形成的定制。至大二年（1309年）诏谕：“中外吏员人等，依世祖定制，以九十月满。”③

（2）120个月为考满

至元六年（1269年）到元贞三年（1297年），近30年的时间里，吏员出职均以90个月为考满月日。成宗铁穆耳及其谋臣认为：中书省、枢密院、御史台等诸衙门中，担任译史、令史、知印、宣使等职务的吏员，如果仍按世祖所定的90个月考满出职，“（官员）勾当（职务）里委付来，

---

① 《元史》卷83，《选举志》3。

② 《通制条格》卷6，《选举·选格》。

③ 《元史》卷84，《选举志》4。

这般委付呵，升转的忒疾”，就会出现“员多阙少”的缺陷。[1] 所以，决定自大德元年（1297 年）二月以后，“添三十个月，教一百二十个月为满，应得的勾当里委付”[2]。

（3）考满月日的增减

以 90 个月为吏员考满期，可以说是元朝吏员考满的最基本的办法。大德年间所推行的 120 个月考满的办法，仅仅执行了 12 年便废止，这是有元一代在“九十个月”上“添三十个月”的最大一次“增加月日”的变化[3]；元廷还曾推行过对 90 个月考满期予以减少月日认定考满的办法。这主要是为了鼓励边远地区的吏员，在他们考满出职月日上予以少于 90 个月的优待。

世祖一向主张优待被派往边远地区“委付”公职的官吏，至元二十年（1283 年）规定：“云南行省极边重地，令译史人等，六十月考满。甘肃行省令译史人等，六十五月考满。本土（当地）人员，依旧例用。”[4] 成宗大德年间，由于延长了吏员考满期，以 120 个月为考满，所以边远地区的吏员 90 个月为考满者就被视为优待。这种局面持续 10 多年后便被武宗停废。武宗于至大二年（1309 年）重新恢复世祖旧制，对边远地区吏员出职考满月日，依然从 90 个月里予以减少，明确规定：“合准旧例，云南六十月，河西、四川六十五月”，其时土著吏员仍以 90 个月为考满。[5]

（二）吏员出职的品级

1. 中书省、御史台、枢密院等中央各衙门吏员出职品级

中书省是元朝最高行政机关，其负责案牍工作的“省掾”和担任翻译

① 《元典章》卷 12，《吏部》6，《译史通事 · 译史令史等出身》。
② 《元典章》卷 12，《吏部》6，《译史通事 · 译史令史等出身》。
③ 《元典章》卷 12，《吏部》6，《译史通事 · 译史令史等出身》。
④ 《元史》卷 84，《选举志》4。
⑤ 《元史》卷 84，《选举志》4。

的译史、通事等吏员出职品秩也最高。世祖即位之初把上述吏员出职的品秩定为从六品，后向下做了调整。至元十四年（1277 年）作出新规定后，基本成为有元一代的定制。按《循行选法体例》规定：“省掾一考从七，两考正七，三考从六。通事、译史同”[①]；相比之下御史台和枢密院负责案牍工作的令史、翻译吏员和知印，出职的最高品秩比中书省同职吏员低一阶。这一规则于至元九年（1272 年）形成定制：枢密院、御史台和大司农司的“令史出身，三考正七品。一考之上，验月日定夺。一考之下，二十月以上，为从八品。十五月以上正九品。十五月以下，十月之上为从九品”[②]。

中书省、御史台、枢密院等中央机关的传达吏员出职较之各该衙门的案牍吏员和翻译吏员出职的品秩低。如至元十四年的《循行选法体例》规定：“省宣使，三考从七品。一考之上验实月日定夺。一考之下二十个月以上者，正九品。十五个月从九品。十五个月以下充巡检。”[③]与之相比，御史台和枢密院的宣使更低一阶。如其宣使“三考正八品。一考之上验实月日定夺。一考之下，二十个月以上从九品。十五个月充巡检”[④]。

2. 路、府、州、司、县吏员出职品级

路是行省下的一级地方行政机构，所以其司吏、译史、通事等吏员，可以直接出职任官。

（1）路司吏、译史、通事等吏员的出职

世祖当政中期路级吏员出职制度才有较明确的体例可循，如至元十三年（1276 年）规定：“各路司吏四十五以下，以次转补按察司书吏。补不尽者，历九十月，于都目内任用；六十月以上，于吏目内任用”[⑤]。成宗大德年间路级吏员出职所任职务，除原定的都目和吏目外，又增添了院务使、

① 《元典章》卷 8，《吏部》2，《选格 · 循行选法体例》。
② 《元史》卷 84，《选举志》4。
③ 《元典章》卷 8，《吏部》2，《选格 · 循行选法体例》。
④ 《元典章》卷 8，《吏部》2，《选格 · 循行选法体例》。
⑤ 《元史》卷 84，《选举志》4。

院务提领、提领案牍和巡检等职务。.

仁宗即位以后，为革除世祖、成宗、武宗时期路级吏员出职所任职务偏高带来的弊病，采取了降低吏员出职官品的措施。如延祐元年（1314 年）规定："外路司吏并依旧例，由州县府吏转充。九十月考满，历典史一考，升吏目。吏目一考升都目。都目一考升至提控案牍。与从九品。"①

（2）府、上州司吏出职条格

世祖至元二十年（1283 年）以前元廷规定，散府、上州的司吏，在"典史有缺"时，可由其所在衙门直接选取年龄在 45 岁以上者充当典史②；其司吏自身条件较好，年龄在 45 岁以下，任吏时间达到 90 个月者，可出职担任州衙门的首领官都目或吏目。世祖后期做了严格规定，不再允许司、县司吏直接出职任典史，该典史之职只能由散府和上中州的司吏出职充任。

成宗大德年间明确规定；"散府、上州司吏，九十月升典史"③。这就较元世祖时期有关规定要求更高了。仁宗时期又前进一步，规定只有路总管府的司吏，才有资格出职任典史。

（3）县、司及中下州司吏出职条格

元朝的"典史"是各县衙门和录事司中地位最低的流外官，尽管如此，各地县衙门和录事司的吏员及中下州的司吏，出职后第一个任职目标就是典史。元廷在有关选取典史的格例中明确规定："中下州、司、县司吏，年四十五以上，勾当（公干）年深，名排在上者，亦听依例选充典史。"④

3. 元朝几大重要衙门的吏员出职情况

元廷为便于管理全国的政治、经济、军事、督察等方面的事务，设置

① 《典章新集 · 吏部 · 散府上州司吏出身》。

② 《元典章》卷 12,《吏部》6,《典史 · 选取典史司吏》。

③ 《元典章》卷 12,《吏部》6,《司吏 · 路吏运司吏出身》。

④ 《元典章》卷 12,《吏部》6,《典史 · 选择典史通事》。

了诸如廉访司、宣慰司、六部、行省、行台、行院等重要衙门，其吏员出职品级如下：

（1）案牍吏员出职品级

在上述各大衙门中廉访司与宣慰司的案牍吏员出职的品级最低，而行中书省的案牍吏员出职的品级则最高。

廉访司与宣慰司的案牍吏员出职品级，限定在正八品至正九品之间。如世祖至元年间，就规定："廉访司里行的书吏每（们）年分月日满呵，九品八品里委付来。"但后来由于"省官每故意沮坏台纲的上头"，违反了世祖"定立来的体例"，降低了书吏出职的官品。这种局面持续了10多年后，武宗至大三年（1310年）复加更正，此后仍将书吏出职的品级定为正九品，并形成定制。[①]各道宣慰司的案牍吏员出职品级虽高于廉访司的同行，但仍低于部令史："比部令史出身降一等定夺"，即考满后于正八品以内叙职。[②]

行中书省、行御史台、行枢密院、六部等衙门的案牍吏员出职，一般不低于从七品。如世祖至元初规定："凡部令史，三考注从七品。"[③]当时由于行者、行台、行院的案牍吏员很多人是从中央直接下派的，所以其出职品级在原有的基础上酌情予以升降。至元二十年（1283年）以后，上述三类派出机构的案牍吏员出职品级基本拉平："行省令史同台、院令史出身"，考满出职一律为正七品。[④]

（2）翻译吏员出职品级

成宗大德初年，元廷对廉访司与宣慰司的翻译吏员的出职品级，曾议拟定为正九品，但未能执行。大德元年（1297年）三月规定，凡是译史、

---

① 《元典章》卷12,《吏部》6,《书吏·台察书吏出身》。

② 《元史》卷84,《选举志》4。

③ 《元史》卷84,《选举志》4。

④ 《元史》卷84,《选举志》4;《元典章》卷8,《吏部》2,《选格·循行选法体例》。

通事出职必须“实役九十月，须历巡检一任，转从九品”[①]，而六部的译史、通事等翻译吏员的出职品级，终元之世一直不低于从七品[②]。

（三）吏员出职的原则

1. 下级向上递升原则

元制，吏员出职从中央到地方均奉行由下级衙门向上级衙门递升的原则，换言之，上级衙门向下级衙门选取所需的官吏。如省掾从台掾、院掾中选取，台、院掾又多来自六部令史。再如，各路、府、州、司、县司吏同样依据有关条格规定依次递升和递选。即所谓“各路司吏有缺，于所辖请俸州司吏内选取，府、州司吏有缺，于县司吏内选取”[③]。

2. 民族不平等原则

作为案牍吏员的蒙古必阇赤的出职品级在同行中居最高等。如元廷规定“中书省蒙古必阇赤俱系从五品迁除”，这要比其同行省掾出职的从六品要高出三等。后来虽进行了修定，但蒙古必阇赤仍高省掾一等，他们如果出职必定要任正六品。[④]

3. 职官因需要出职吏员

元朝吏员队伍庞大，并且需要不断予以补充和替换，因此，只靠定期从下一级单位选取吏员尚不能满足需要，还必须从符合条件的职官中选取一部分人员担任吏员之职务。职官吏员考满出职的月日较之其他吏员考满时间要短，即所谓“内任以三十月为满。外任以三岁为满”[⑤]。

---

① 《元史》卷84,《选举志》4;《元典章》卷8,《吏部》2,《月日 · 迁转奏差巡检月日》。
② 《元史》卷84,《选举志》4;《元典章》卷8,《吏部》2,《选格 · 循行选法体例》。
③ 《元典章》卷12,《吏部》6,《典史 · 选取典史司吏》。
④ 《元史》卷84,《选举志》4。
⑤ 《元史》卷83,《选举志》3。

四、铨选原则

元朝在铨选官吏的过程中，主要掌握以下几项原则：

1. 出身门第原则。元之《选格》强调从各族知识阶层中选拔文职官员。至元年间规定："若系汉儿人户及必阇赤吏员出身者，拟授文散官；其承袭军官功绩，诸色出身，拟授武散官，外迁转官员照出身拟授。"[①] 延祐二年（1315 年）规定："汉儿吏道从七品委付，已上休委付者，教授秀才出身并职官内选取来的令史，依旧例委付者"[②]，这些吏员都是知识阶层出身，是拟授文官的主要对象。

2. 民族差别原则。元之《循行选法体例》突出强调蒙古人在选拔官吏时，享受很多特权。至元十四年（1277 年）规定："各投下分拨到路、府、州、县达鲁花赤人员须要选用正蒙古人员充任。"还规定：万户、千户、百户军官另有公干时，管蒙古军马的人"其子孙于元（原）管军马里依例委付，而管汉军的则委付别人"[③]。

3. 亲属回避原则。世祖当朝初期，鉴于奸佞之臣阿合马、郝祯等"父子居于省部，子侄列于州郡"，牵挽私亲、恣意横行的弊端，明确规定：选拔官吏时，亲属"理宜回避"，违者视其情节予以"究治"。还规定：官员不准在"自己地面里做官"，遵循北官南调、南官北选等"避籍"选官的条格。[④]

4. 考课升迁原则。元之《选格》详细规定了由从九品至正三品以下官员考升条格。规定："随朝诸衙门、行省、宣慰司官，三十个月为一考，一考升一等"，外任官员，除达鲁花赤等蒙古族官员、回族官员另行定夺外，3 周年为一考满。

---

① 《元典章》卷 8，《吏部》2，《选格·循行选法体例》。

② 《通制条格》卷 6，《选举·令译史通事知印》。

③ 《元典章》卷 8，《吏部》2，《选格·循行选法体例》。

④ 《元典章》卷 8，《吏部》2，《选格·自己地面休做官》。

5. 器重才能原则。《选格》规定：吏部掌握铨选工作，要突出选用才器大者，有特长者，善于吏治者。即所谓“能任繁剧，善理钱谷，明达吏事，深识治体”者。[①]

五、现职官吏规则

1. 现职官吏要勤于职守、坚守岗位，凡擅自离开所在单位者，均视其情节轻重予以究治[②]；凡因病因事不能到任理事者，均须办理“假故”手续，违限逾期不归者予以“责罚”。[③]

2. 现任官员遇有迁调、“任满得代”、另行求仕或面临致仕等情况时，务须按有关规定办理手续，凡不按各项程序办理者，要受到应得的“责罚”和处理。

3. 现任官员不许出于私心“影避”诸富户“豪强势要”人等逃避各项应承担的差役。《至元新格》规定：“所在肃政廉访司官常须用心禁察，毋使循习旧弊，靠损贫民。违者，其官与民并行治罪。”[④]与此同时，元廷还规定了许多禁止现任官员因私而动用公物、驿马、差役的条格，违反禁令者，视情节轻重予以惩治。

4. 各级现职官员，在各自岗位上，必须严格按照元廷所规定的四等人原则处理一切事务。凡是“将有姓汉儿人更改名姓，勾当（公职）里委付了呵”，不仅将更改姓名冒充蒙古人的人“宣敕永不叙用”，还须将承担保举责任的现任官予以“罪过呵”。[⑤]

---

① 《通制条格》卷6，《选举 · 选格》。

② 《元典章》卷11，《吏部》5，《职守 · 官吏不得擅离职》。

③ 详见《元典章》卷11，《吏部》5，《假故》诸案例。

④ 《通制条格》卷16，《田令 · 理民》。

⑤ 《元典章》卷9，《吏部》3，《投下官 · 有姓达鲁花赤追夺不叙》。

第四节 行政（公务）活动规程

一、官吏番上聚会治事规程

世祖至元二十八年（1291年）颁行的《至元新格》规定："诸官府皆须平明治事，凡当日合行商议发遣之事，了则方散。其在都官府六部视省，余视所属上司。若公务急速及应直宿人员，不拘此例。"① 这是元朝对官府（或官员）治事的最基本要求。此处所言"平明"，指天亮的时候，官吏番上必须自此时始。下番没有确切时间，必须待公事发遣完毕方可。"都官府六部视省"，指要随中书省番上时间治事，其余官府也要随所属上司番上时内治事。这是日常上番理务规程。若"公务急速"须作紧急处理，以及节假日官员轮流在官署白日轮值、夜晚轮宿，自然不能适用常规。

这条规定被载入《至元新格》，可以理解为是当时的一项重要规程（"公规"之一）。元初地方乃至中央官署的怠事旷务，是这一规定出台的直接原因。

至元二十四年（1287年），中书省针对当时地方"各处总司、路、府官员"，"日高聚会，未（及）午（时）罢散"的现象，明令指出："随路军民人匠、差税课程、刑名词讼、军须（需）造作一切事务繁剧，上下官僚责任非轻，理当各各公勤，以办庶事。"现在却"日高才聚，未午休衙"，不仅"误事"，也"不副朝廷委任之意"，遂规定："今后随路大小官员，除假日废务、急速公事（不）在此限外，每日必须早聚，虽事毕亦防不测紧急事务，拟至未时方散。"若有违犯者，"受命官员取招移咨都省定夺，六

① 《元典章》卷13，《吏部》7，《公规一·署押》；参见《元典章》卷40，《刑部》2，《刑狱·狱具·禁治游街等刑》。

品以下人员各处总司就便责罚”[①]。

这一要求基本为《至元新格》所遵循。“早聚”变为后来的“平明治事”；“未时”（亦称“日映”，相当今日 13 时至 15 时）休衙变为后来的更具弹性的“事了方散”，大略是考虑到既有“公务急速”适用特例的补充条款，没必要硬性要求所有人坐等的缘故。

至元二十四年（1287 年），中书省令还严禁“官员非时出猎，耽误公事”及因“差委”他事而“不行署事”的行为。官员“不得误事游猎”，若在当地“差使”他事，也要“依期聚会毕”，方许“干所委”之事。否则，与晚聚早散一样，受命官员取招咨都省议罚，六品以下各处总司就便责罚。[②]

更早些的是至元二十三年（1286 年）的“官吏聚会体例”。它规定：“本省应系有禄官吏人等，今后无故勾当不聚会，第一次罚（俸），第二次决七下，第三次一十七下，已后不改，勾当罢了者。”[③] 这虽是仅对中书省官吏所作的规定，但它却反映了当时最高官署怠事旷务的严重情况。《至元新格》的规定，未尝不是由此而发。

二、公务程限与催报

元廷仿照宋金之制，规定了官吏处理各类大小公务的限定时间，以及各主管上级衙门催办公务的制度。

（一）公务程限

有元一代，公务程限是世祖至元年间，经反复修改逐渐确定下来的，

① 《元典章》卷 13，《吏都》7，《公规一 · 署押 · 官员勤政聚会》。

② 《元典章》卷 13，《吏部》7，《公规一 · 署押 · 官员勤政聚会》。

③ 《元典章》卷 13，《吏部》7，《公规一 · 署押 · 官吏聚会体例》。

大抵是由长至短，反映了元朝越来越注重官署办事效率的态度。

1. 至元八年（1271 年）制定的“行移公事程限”中明确“立限”：“内外诸衙门公事……今后小事限七日，中事十五日，大事三十日。若令史迟慢，断决令史”①。若都事、主事、经历、知事以下官员迟慢，“中事罚俸”，“三犯的决”；如系大事“但犯的决”。同时，以上首领官并其余官员，迟慢“小事呈省罚俸，大事闻奏”②。

2. 至元十五年（1278 年），元廷遵照世祖的旨意，在至元八年（1271 年）“行移公事程限”的基础上，又作了些具体规定：“自行中书省以下，诸司官府应行公事”，小事与中事的程限与前相同，仍分别为 7 日和 15 日，只是把大事的程限增至 30 日。③

3. 至元二十八年（1291 年）的《至元新格》规定了“公事量程了毕”的公务程限条格：凡“诸官司所受之事”，皆用当日印印毕，并须“于当时付绝（即发付）”，如果“事关急速，随至即付”④，凡属常事（即小事）给 5 日程（谓不须检复者），中事则限 7 日程（谓须检复者），大事则限 10 日程（谓须计算簿帐或咨询者），必须在“限内发遣了事。违者，量事大小，计日远近，随时决罚”。同时，对“事应速行，当日可了者，即议须行”，不得拖延；若“非常限所拘，临时详酌”。⑤

元朝一再强调官署遵守公务程限，《至元新格》另有两条涉及程限的规定。其一：“诸公事违限、违例者，皆当该检校人员随事举问。失举问者，罪亦及之”⑥，要求各官府中负责检核公务稽迟人员尽职、尽责。其二：“诸公事稽迟，速则易改，久则难追。今后凡掌行之事，当该省掾每日一勾销，

① 详见《元典章》卷 13，《吏部》7，《署押》《公事》等诸案例。

② 详见《元典章》卷 13，《吏部》7，《署押》《公事》等诸案例。

③ 《元典章》卷 5，《台纲》1，《行台・行台体察等例》。

④ 《元代法律资料辑存》，《至元新格・公规》。

⑤ 《元典章》卷 13，《吏部》7，《公规一・公事・公事量程了毕》。

⑥ 《元典章》卷 13，《吏部》7，《公规一・公事・公事随事举问》。

都事每旬一检举，员外郎每月一审校，错者依例改正，迟者随事举行，毋使日积月增，文繁事弊。”[①] 这是对中书省遵循公务程限所作的特别规定。中书省是政务总汇，它能否及时、应期处理公务，无疑具有重要意义。

（二）公务催限

公务程限解决的是某一官署内处理各类公务的时间规程。上级官署对下级官署的催促督责，往往是促使下级官署应期处治公务的良法。元朝建立了较完整的公务催办制度，规定了明确的公事催促期限。

1. 在都与外路公事催限。《元典章》所列“公事催限”当是世祖至元八年（1271年）以前的规定，因为至元八年就强调公事依例三催制度。依规定，“在都诸司局”公事10日初催，又过5日再催。“外路至都”公事催限，依里程不同而各异：凡距离在500里以内者，15日初催，又过10日再催；距离在500里以外者，30日初催，又过20日再催；距离在1000里以外者，40日初催，又过30日再催；距离在2000里以外者，50日初催，又过40日再催；距离在3000里以外者，70日初催，又过60日再催。其第三次催促期限，可能与第二次相同。按规定，“常事各加事速限五日，”以示急迫；第一、二次催促“皆备细缘由”[②]，至第三次催促就不必再讲来龙去脉了。

2. 三催不报问罪。世祖至元八年（1271年）规定：今后“行下随处文字，量公事大小、途程远近，依例（已过）三催不报者”，其违慢人吏，由本部量情就便断遣，外据官员取招拟定呈省。[③] 这里三催期限，显然是以前述公事催限行事的。

① 《元典章》卷13，《吏部》7，《公规一 · 公事 · 稽迟随事举行》。
② 《元典章》卷13，《吏部》7，《公规一 · 公事 · 公事催限》。
③ 《元典章》卷13，《吏部》7，《公规一 · 公事 · 稽迟随事举行》。

三、官府议事与署事规则

元代各级官僚机构，一般采取众官议决的办法处理公务。这种制度，首先是从地方行省的圆坐署押诸制发展起来，进而推广到朝廷的。

（一）行省所管地面的圆坐议署制

1.“圆坐署事”是世祖至元十四年（1277 年）开始，由“行中书省参照屡降圣旨条画”并比附现行格例而署押的办法。其具体做法是：凡“京府、州、县官员，每日早聚圆坐，参议词讼、理会公事”。因而是与官吏每日番上聚会制是一致的。换言之，每日聚会是形式，圆坐议事是其内容。故要求“除合给假日外，毋得废务”。圆坐议事的结果，要依次署押，故规定要求“仍每日一次署押公座文簿”。有公出而未能参加圆坐议署者，还须注明原因。[①]

关于“圆坐”，只是大体言之。依至元五年（1268 年）检得《旧例》：“诸外任官每日视事，长官正座，佐贰（原作位式）分东西对座，幕职稍却，亦分东西对座，各入案治事如常仪”[②]。所谓圆坐，是指佐贰、幕职等围绕长官坐议公务，是一种形象说法，未必一定坐成圆形或围圆桌而坐。

2.“圆佥文字”，即公厅图押，是官吏集体负责的文字凭据。这一制度也是至元十四年（1277 年）行省确定的，其具体做法是：各官府在处理“保明吏员、推问刑狱、科征差税、应支钱谷”等各类公务时“必须圆签文字”，以示出自共同意见。并特别强调，不允许用官吏个人书写的“白帖子科敛差役、支遣钱谷”，也不允许官吏使用个人“职印行发保官文字、勾摄军民人等”。[③]

---

① 《元典章》卷 13，《吏部》7，《公规一·署押圆坐署事》。
② 《元典章》卷 13，《吏部》7，《公规一·座次·品从座次等第》。
③ 《元典章》卷 13，《吏部》7，《公规一·署押·圆坐署事》。

3.“诣宅图押”是圆坐议署的补充和发展。至元二十五年（1288年），元廷为堵塞“图押文字”中存在的漏洞，制定了一项“诣宅图押”之法。其法规定：凡是诸官府官员“若有暂差委、疾故、事故”未能参与“公座图押文字”者，必须履行补办图押手续。由“当该令史诣宅书押”，并将此事“置公座簿记录”，以备存档查阅。[①]

（二）推广至全国的议署制

至元二十八年（1291年）正月，即《至元新格》颁行的前4个月，尚书省“行文书图押”令指出：“在先内外诸衙门，凡行文书多不图佥，事有差池，皆因此弊”，因而明令：“今后应有大小公事，官员别无差故，自上至下须要图书图押。”[②] 这等于要求全国各级各类官署皆要图押文书，以昭郑重。

《至元新格》有一款，可以看作突出了议署之“议”的一面。它规定：“诸公事应议者，皆由下而上，长官择其所长，从正与决。若执见不同，许申合属上司。”即各级官吏在集体议事过程中，均可发表意见，最后裁正于长官。这是圆坐署事的最明显的反映。如果意见分歧不能统一时，要向有关上级衙门申报，求得上级裁定。即使是“六部官所见有异者，赴省禀议”，也可请上级裁定。这同样是圆坐署事的结果。不过，《条格》要求对故意别生异端者，如“其事例明白，变易是非者”，要“别行究问”。[③]

此外，关于议事的细节问题。至元初制度，官署在议事过程中，执掌案牍的首领官须得记录众官意见，报呈上去。世祖至元二十三年（1286年）规定：“诸衙门议论公事，若众官主意不同”，其首领官要“依例明立检目”，并书卷完毕，然后行移“判送”[④]，这一方面是为全面反映一个官署对某一

① 《元典章》卷13，《吏部》7，《公规一 · 署押 · 官暂事故诣宅圆押》。
② 《元典章》卷13，《吏部》7，《公规一 · 署押 · 凡行文书图押》。
③ 《元典章》卷13，《吏部》7，《公规一 · 公事 · 公事从正与决》。
④ 《元典章》卷14，《吏部》8，《公规二 · 案牍 · 明立检目不得判送》。

具体事务的各类意见，供上级定夺；另一方面则反映了尊重众议结果的精神，以防止“私徇奸欺之弊”。成宗大德十一年（1307年）五月十八日诏书仍要求“官僚（对民间词讼）执见不同者，具各各所见，申闻上司详断。违者，监察御史、廉访司纠治”①。

首领官也参与众议，可发表意见，说明众议之“众”的范围是很宽泛的。世祖至元五年（1268年）六月，中书左三部以各路所设经历、知事等首领官“执掌案牍、照领一切公事”，责任重大，建议立制：“今后随路总管府凡有一切所行公事，若有府官所见不同、处决偏枉，如经历、知事从正执覆，三次不从，令经历司官具申直行申部详究定夺”，中书省“准拟施行”。②这样，首领官在众议中的意见是举足轻重的。尽管现在尚无这一制度被纳入《至元新格》的确切证据，但至元初年这一规定很可能在整个元朝都得到了遵行。

四、上下级处事规则

元制，上级除为适应公务程限要求而有催报制度外，对下级官府申报事项的规格也有若干要求。

（一）申上条件

申上条件要求各下级官署完成分内的工作，既不得潦草敷衍，也不得违例推诿。

1.“议拟相应，方许申呈”。《至元新格》规定：“诸应申上司定夺之事，皆自下而上用心检校。但有不实不尽，其所由官司即须疏驳，必要照勘完备，议拟相应，方许申呈。若事有未完，例或不当，不即疏驳而辄准申呈者，

---

① 《元典章》卷4，《朝纲》1，《庶务·词讼用心平理》。

② 《元典章》卷13，《吏部》7，《公规一·公事·首领官执覆不许从直申部》。

各将当该首领官吏究治。驳而不尽，至于再三故延其事者，亦如之。”[①]“议拟相应”既“实”且“尽”，“实”指事情属实，此处含有适用法律确当、符合事例，即用“例当”；“尽”指事情区处完了，即“照勘完备”，故“事有未完”“驳而不尽”者有罚。

2. “公事明白处决”。《至元新格》规定：“诸公事明白，例应处决而在下官司故作有疑申审”，“各随其事究治。仍从监察御史并肃政廉访司纠弹。”[②]这一规定主要是讲适用法律问题。若事实清楚，依法有规矩可循，就不应别生异端、当作疑而难决之事，否则议罚。

《至元新格》的这两条规定，也是针对此前出现的问题作出的。至元十年（1273年），户部鉴于各路总管府没有“依条处决”其分内职务，却将所属“府、州、司县文解”申部，“一听本部裁决”，为此特作规定：“今后凡事其有关碍上司，必合申覆者，须要勘会完备，照依拟定申呈；其余事务并听各路依条处决。其或所拟不完、所申不当，定将判署官吏依例责罚。”[③]应当说，这条规定与后来的《至元新格》有相当的亲缘关系。只是十年规定责罚判署官吏，依《吏学指南》“判谓掌判之官，署谓同署官吏”，范围较大；“新格”责罚首领官吏，范围较小。但正因为首领官应负责，所以才强调疏驳。

但《至元新格》的规定并没能一劳永逸地解决所有这类问题。世祖之后的历朝均有重申下级申上条件的文件出现，说明问题是相当复杂的。

先是行省。成宗大德九年（1305年），都省发现：“今行省不详行体轻重，无问巨细，往往作疑咨禀”，自然与前述《至元新格》第二条不符；且“比年以来各处咨禀，多余碎事”，又与前述第一条不符。为此，都省严令：

① 《元典章》卷4，《朝纲》1，《政纪·省部减繁格例》。

② 《元典章》卷13，《吏部》7，《公规一·公事·公事明白处决》，卷4；《朝纲》1，《政纪·减繁新例》；《典章新集·朝纲·诸衙门申禀明白区处》。

③ 《元典章》卷4，《朝纲》1，《庶务·依例处决词讼》。

“今后除重事并创支钱粮必合咨禀者议拟咨来，其余公事应合与决者，随即从公依例与决，毋得似前泛咨。若不应咨而咨者，定将当该首领官吏取招治罪施行。”①

其次是省部及地方。武宗至大二年（1309 年）九月尚书省奏称：近年来中书省终日忙于繁冗的公文事务，“不能守著纪纲”，“大勾当（朝纲大事）法度废了”。原因何在呢？是因为“随处官人每自管的勾当（公务）不寻思，断推调有”。具体地说，“六部里合了的事，呈与省家；省里合了的事，上位根底闻奏”。一旦出现差错，“（六）部官推道呈省来，省官说道皇帝降旨了也”②。鉴于此，尚书省规定：“今后省部合了的公事”，除须将其重要的“大勾当（大政务）”向皇帝闻奏外，其余“合行的公事”必须“就便区处”，不许向上“推调”。同时，还要求“在外行省、宣慰司、路、府、州、县，凡合行的公事不得推调”，也依此例施行。“其间有不用心、断推调的，从重整治。”③

最后是行省六部。仁宗皇庆二年（1313 年）中书省咨文指出：“近年以来，行省、六部诸衙门应处决而不处决，往往作疑咨呈都省”，以致文繁事弊。为此，中书省将委专官确定行省、六部各衙门“合咨呈”的事项和“合自行”的事项。经分拣确定共有 7 大项，包括行省原咨考满匠官的任用、行省等衙门令史等的补用、各处各类囚徒的决遣、斗讼案件收受结绝、台察照刷稽迟和官吏不公、官吏俸钞等。大多是应由行省、六部和路府等官府自行处理的事项。都省特别强调：“今后行省、宣慰司、路、府、州、县合与决的勾当，自下而上必要结绝了。”如果对“有体例合处决的勾当”，仍“推调着不肯结绝，作疑咨呈”，则“三品以上衙门判署正官，别议责罚，

---

① 《元典章》卷 4，《朝纲》1，《政纪 · 外省不许泛滥咨禀》。

② 《元典章》卷 4，《朝纲》1，《政纪 · 省部纪纲》。

③ 《元典章》卷 4，《朝纲》1，《政纪 · 省部纪纲》。

首领官吏并四品以下衙门正官、首领官吏，量事轻重，要罪过”[1]。

元廷一而再、再而三地为此发令，却无法扭转局面，甚至给人以每况愈下的感觉。从一再强调议罪责罚者，不能不怀疑当时每次规定的责罚是否能切实得到实施。因而惩治不得力，是屡禁屡犯的原因之一。

从整治措施看，成宗时明确画线："重事并创支钱粮合咨禀"，其余合自决；仁宗时又对"合咨呈"及"合自行"事项进行分拣，将当时界限易混的许多事项再度明确化，应该说整治方法越来越具体和有针对性。问题显然有更深层的原因。

实际上，封建官僚机构是推诿、避事屡禁不止的主要原因。中央六部合行事务推到都省，都省推给皇帝，目的就为逃避责任。源不清而望流清，希望行省、路、府、州、县不推诿、不避事是不可能的。

（二）报下规则

"事合申禀，依理与决"。即凡上级官司不依理断决下级官司例应申禀者，也要究治。

《至元新格》除禁止"在下官司"把自己职分内的"例应处决"的公事"故作有疑申禀"外，同时还规定"若事合申禀，而在上官司不即依理与决者"，也要"随其事究治"，"仍从监察御史并肃政廉访司纠弹"。[2]

在元朝，上级报下制度较申上制度问题少些，但不符合《新格》规定要求者也屡有发生。

仁宗延祐六年（1315年），御史台发现：河南、江北等处行省内的各道宣慰司、路、府、运司等衙门的掾史，对下级"申禀公事"，"不明白立案披详与决，又不引用条例"，"止押行检，朦胧回下：'依例或照验施行'"。"使在下官府承文束手，莫知适从"。为此，宪台经都省同意作了以下规定：

---

① 《元典章》卷4，《朝纲》1，《政纪 · 省部减繁格例》。

② 《元典章》卷13，《吏部》7，《公规一 · 公事 · 公事明白处决》。

“今后凡有申禀公事，该吏即将元来事头公厅署押。必合照议之事，先行请判，然后明立案验所申文解；已加议论者，可准即云‘准申’；果若所见不同，有例引用其例，无例从公拟决，明白区处，回下所司。如有违犯，从风宪依例纠问。”①

朦胧报下的事情，在元朝当不止河南、江北等处行省才有。在申上屡屡发生问题的大环境下，期望报下依格，不是易事。官僚制度及相伴而生的弊端不根除，类似的问题就无法从根本上得到解决。

各上级官府应允许下级官府，“更张”其“检校”出来的“不便”之事，以便尽除公事中出现的谬误。《至元新格》中的“公规”条格规定：凡是内外各官司，如经“用心检校”后，发现其原所申禀之事，有不便当之处，并须予以“更张”其事时，有关上级官府，必须允许各该下级官府，依理进行更张，并允许各该下级官府“申合属上司，应呈省者呈省”②。

第五节　各类行政管理

一、普通行政管理

普通行政管理所涉及的范围较广，现仅就有关官吏的管理和文卷案牍的管理叙述如下。

（一）关于官吏管理

1. 官吏叙用

（1）至元二十四年（1287年）制定的停职官员求叙格例“告叙官员格

---

① 《元典章》卷4，《朝纲》1，《政纪·减繁新例》。

② 《元代法律资料辑存》，《至元新格辑存》。

限”中规定，各行省所辖各应告叙人员，必须在任满后得到“本衙门官司”及“合属上司”给出的解由并经官吏保解后，“方许咨申省部，依例叙用。如但有不实，其人永不叙用，元（原）给保解官吏量情断罪”①。

（2）“应告叙官员病故格例”中规定：“三年以下病故人员，勘当体覆，别无窥避，依例叙用。如有不实永不叙用。”其病故时间在 3 年至 5 年之间者，“于应得资品上降一等叙用”，5 年至 7 年者，则“于应得资品上降二等叙用”，如果超过 7 年，“终是隔远，难以叙用”，但是“若遇特旨，并德行才能擢用者，不拘此例”②。

（3）亡宋归附官员听候叙用格例中规定：凡是亡宋归附有功官员，其才德可用之士，“穷居无力，不能自达者，所在官司，开具实迹，行移按察司，体覆相同，申台呈省，以凭录用……令本人在家听候”③。

2. 官员赴任

世祖至元初年规定了“官员赴任限程”与“不赴任格例”。

（1）官员赴任限程分三等：自起程至任所的距离，在 2000 里以内者，限 30 日内到任；其距离在 3000 里以内者，限 40 日内到任；其距离在 3000 里以上者，虽路途遥远，也不得超过 50 日。凡是“违限人员，就便取招约量断罪，百日之外者，仍依例作阙”④。

（2）凡是不赴任者不再叙用。世祖当朝时对那些嫌“职事低”“地里远”而不赴任的官员，“要罪过呵……教那畜生每（们）种田者（着）”。成宗对该条格予以修定，大德八年（1304 年）在“赴任程限”等例中明确规定：凡是“受了宣敕，嫌地里远，或嫌名分低小，不赴任去的人每（们）根底，后头勾当（公职）里不叙用”⑤，但对蒙古人则予以特殊照顾。

---

① 《元典章》卷 10，《吏部》4，《告叙·告叙官员格限》。
② 《元典章》卷 10，《吏部》4，《告叙·告叙官员格限》。
③ 《元典章》卷 10，《吏部》4，《告叙·归附故官求叙例》。
④ 《元典章》卷 10，《吏部》4，《赴任·赴任程限等例》。
⑤ 《元典章》卷 10，《吏部》4，《赴任·赴任程限等例》。

（3）官员无故不赴任及限期满后仍不到任，违反“不赴任格例”者，“计日断罪”，即一日笞30，三日加一等。假如官员在途中患病，则必须通过官方求治：“之任职官及因公在他所患病，仰于所在官司……差官予以验治，病愈即便出给文凭，发遣之任”；凡是“所在官司，不验治而给据者，杖八十”。[①]

3. 官员假故

世祖中统五年（1264年）规定：京城、府、州、县官员，除公务急速外，每年冬至、立春、立秋等节气均放假一日。同时官员遇有患病、奔丧、丁忧等事故时，均有权告假，蒙古人和色目人“各从本俗”，有愿依“古今通制”办理者听其便。[②] 凡是官员“假告事故”，违限者予以责罚。其钱俸支付办法是，“既是官司说过教去了来呵，俸钱都合支与，定与限次，如是违了呵，依例罚者”[③]。

4. 官员“解由体式”

元朝官制格例规定，任满的官员，均应依据有关规定获取解由。据《吏学指南》注释，所谓解由，“考满职除曰解，历其殿最曰由”[④]。通俗的讲法就是，官员任满后，由原任职衙门向吏部呈递的有关该官员在任职期间的鉴定材料。

（1）官员任满“勘合给由”

世祖至元二十三年（1286年），中书省规定：行省“所辖路、府、州、县任满求仕人员”的解由内，必须明白开写，该官员在职期间的功过是非、德行政绩、廉慎守约、所断案件等详细鉴定材料，同时“据诸人告论，一切公私过犯”，并须依例予以明白开写[⑤]。

---

① 《元典章》卷10,《吏部》4,《不赴任》。

② 《元典章》卷10,《吏部》4,《赴任·赴任程限等例》。

③ 《元典章》卷11,《吏部》5,《假故·官员违限责罚》。

④ 杨讷点校:《吏学指南》，浙江古籍出版社1988年版，第42页。

⑤ 《元典章》卷11,《吏部》5,《给由·任满勘合给由》。

（2）官员“给由体覆功过”

至元二十九年（1292年），中书省规定：官府交给官员的解由，必须“明白开写”该官员在任期间的“实有功绩，是否亲获（作耗贼徒），有无争功之人，曾无给赏、分别本处别境”，一应保勘明白，“庶望革去奸弊，不负有功之人”[①]。

（3）不如实开写解由的官吏罪之

成宗大德七年（1303年）规定：“各处经断官吏，须要于起给解由内，开写元犯过名，断罢缘由，申覆合干上司，如有隐蔽不行开写者，罪及给由官吏……庶望少革滥给之弊。”[②]

5. 官员致仕

世祖至元二十八年（1291年）制定“官员老病致仕”条格，规定：“诸职官年及七十者，合令依例致仕”。但仁宗皇庆二年（1313年）所定的“百官致仕资格”和仁宗延祐二年（1315年）制定的有关致仕条格却规定：“赐会试下第举人七十以上从七流官致仕。”[③]不过，职官年满70岁“依例致仕”是有元一代的定制。

（1）官员致仕须区别对待

其官员年已七旬，“老病不胜职任拟合致仕，若精力未衰，别无疾病者，依例迁叙，若年虽未及（七十），委有疾病自愿致仕者听”[④]。

（2）增添品级后致仕

成宗大德七年（1303年）规定：“内外官员有及七十者，拟自三品以下，验所历月日，于应得资品上优与散官致仕”，即所谓“他应得的品级上，

① 《元典章》卷11，《吏部》5，《给由 · 给由体覆功赏》。

② 《元典章》卷11，《吏部》5，《给由 · 官员给由开具过名》。

③ 《元史》卷24，《仁宗纪》1，卷25，《仁宗纪》2。

④ 《元典章》卷11，《吏部》5，《致仕 · 官员老病致仕》。

添与一等，散官教闲呵”[①]，后又规定：“凡致仕官员，加之一官”[②]。

（3）致仕者家贫给半俸

成宗大德九年（1305年）规定：“致仕官员自壮至老宣力多矣，若止有一子应承荫者，并免傫使，子幼家贫者给半俸终其身。”[③]

（4）蒙古色目官员致仕加一等职事官

仁宗当朝时，对蒙古色目致仕官员均予以特殊优待，将其“三品以下官员，职事散官皆升一等，交致仕”[④]。

（5）备咨询者不致仕

元廷规定，翰林院和集贤院等处的“侍从老臣，备朝廷咨询者”，虽年届70，亦不许致仕。[⑤]

二、军事行政管理

世祖即位后，一方面沿袭大蒙古兀鲁思的军制，按十户、百户、千户、万户组建军事组织，另一方面把全国军队分为蒙古军、探马赤军、汉军、新附军四类。其军将和士兵主要来自蒙古贵族及各族农牧民壮丁。世祖及其后继者均亲自独揽军事大权，并用法律形式确保蒙古军将对军队兵士和军械的管理权。

（一）有关军士兵卒的管理条格

1. 对军士户籍和现役军人的管理

元朝的“四等人”制，直接影响到军事组织系统。因此，元之“诸色

① 《元典章》卷11，《吏部》5，《致仕·七十致仕》。

② 《元典章》卷11，《吏部》5，《致仕·致仕加授散官职事》。

③ 《元典章》卷11，《吏部》5，《致仕·致仕家贫给半俸》。

④ 《元典章》卷11，《吏部》5，《致仕·致仕升散官一等》。

⑤ 《元典章》卷11，《吏部》5，《致仕·七十致仕》。

户计”中的军户，也区分为蒙古军户、探马赤军户（原为各部族所组成的前锋和镇守军、后成为专有军名）、汉军户（金之乣汉军）、新附军户（宋之降军）。这些军户的管理，自成系统，各有“法例”。世祖至元九年（1272年），有关“分拣军户”的条格中规定：各元帅府、统军司、总管万户府等衙门中所设的管军官，要切实负责分拣“当得军的”“当不得军的”户籍。同时，各路、府、州、司县的达鲁花赤和管民官要协同管军官，“一同查照分拣出当得军的”民众，予以注册入籍。以便有效地管理现役军将户籍，并根据军籍人户自然减员的情况，及时予以补充[①]。

元朝的军事管理系统中，突出蒙古军将的权力和地位。因此，对蒙古军户和探马赤军户的管理又作了特设奥鲁官的规定。元之奥鲁官较之大蒙古国之奥鲁官的职掌范围广泛得多，他不仅是兵站基地和后方“老营”的总管，而且还是万户、千户军事系统下，负责掌管现役军士的户籍、伤亡、逃窜、替补等事务的总管领官。由于，奥鲁官在军事行政管理方面的作用较明显，元廷又决定，在汉军户之上也设奥鲁官，由路、府、州、县的长官或首领官，兼任其职。[②]

世祖至元十五年（1278年），“省谕军人条画二十三款”中规定：奥鲁官负责追捕缉拿在逃歇役的兵士和失控调用的军马，凡是奥鲁官对在逃之军“知情推调，不拿元逃正身者，依已定罪名断遣”[③]。至元十八年（1281年），又在“正军兄弟孩儿替补”条格中规定：奥鲁官必须负责把死亡的现役军人的“哥哥兄弟、孩儿每替头里补有”，以此来补充兵源，使现役军队的“数目不少有”[④]。此外，奥鲁官还要配合管军官、千户长、百户长等，抚恤病故军兵士卒的族属，解决死亡军将家属的生活问题。

---

① 详见《元典章》卷34，《兵部》1，《军户》诸案例。

② 《元典章》卷11，《吏部》5，《职守 · 首领官权奥鲁》。

③ 《元典章》卷34，《兵部》1，《正军 · 省谕军人条画二十三条款》。

④ 《元典章》卷34，《兵部》1，《替补 · 正军兄弟孩儿替补》。

2. 对军人衣食装备的管理

世祖至元十五年（1278年），枢密院要求各级负责军需供给的官吏，必须切实负责及时提供“衣甲器仗军需什物”，必须做到“预为点视足备，听候不测用度，无致临时失少”[①]。还规定：“军马粮料衣装、盘缠、钞定，并仰本翼正官公同尽实给散，不得中间克减作弊，违者依条断罪”[②]。

诸色现役军士及镇戍阵亡者，依例供给口粮。世祖至元二十四年（1287年），“得替军人行粮”条格规定：“蒙古军、汉军、新附军中在占城、云南、沿海和两广、福建镇守军人，即是边远去处，得替还家”者，按里程和行程计算支给行粮，但其余“镇守军人不在此限”[③]。阵亡者军将们的儿子成长为丁口者可充军，因此，这些“渐长成丁军人”的青少年的口粮，也要依例供给。元廷在制定“军人支盐粮例”时，突出对蒙古军予以优待，按常例汉军、新附军军士本人每月供给“六斗米，一斤盐，家口四斗米”，而蒙古军本人则供给“五斗米，一斤盐”。[④]此外，“回军米药”条格中规定：凡是出征或镇戍在番之地的“蒙古汉军，连年征伐生受……出征回还军人，经过有司随即支付口粮，病者应付药饵”[⑤]。

元初沿袭大蒙古国时期军士自备装束的办法，不供给军用服装。世祖至元三十年（1293年），“军人衣装体例”规定：“皮衣隔二年支一遍者，请疋帛的隔一年支一遍者，支布者每年支者（着）。”成宗大德四年（1300年）进一步明确规定：“军人夏衣须要不过四月，冬衣不过十月，依例放支”[⑥]。

3. 对边远地区镇戍军及现役军士差役税粮的管理

元制，诸色军户，均实行世袭替补制，他们除把适合充军条件的“弟

① 《元典章》卷34，《兵部》1，《正军·省谕军人条画二十三款》。
② 《元典章》卷34，《兵部》1，《正军·晓谕军人条画十四款》。
③ 《元典章》卷34，《兵部》1，《军粮·得替军人行粮》。
④ 《元典章》卷34，《兵部》1，《军粮·军人支盐粮例》。
⑤ 《元典章》卷34，《兵部》1，《军粮·回军米药》。
⑥ 《元典章》卷34，《兵部》1，《军装·军装依期支给》。

男”随时送去充当现役军人外，还要承担抚养尚未达到服役年龄的子弟，使其逐渐成长为壮丁的义务。因此，每个军户所承担的封建义务都非常沉重，以至于当军应役者不断逃跑。为确保兵源和现役军人的数量，元廷制定了“禁治占使军人”“禁治差役军人”等条格。世祖至元二十三年（1286年），规定：出征到交趾和日本国的军人，其家属免除一切和雇和买杂泛差役。[①] 同时，要求各奥鲁官、管军官，及各级大小官吏“不得非理骚扰军户，擅科差役”[②]，明令“军官人等，不得于军人处擅科、取受分文钱数、头疋、一切诸物”[③]。同时还禁止“军官、万户、千户、百户……差占正军作祗候”及驱使军士为他们当差役、干私事。即使是差使军士“修盖省工役”，也并行禁止。如成宗大德四年（1300年）规定：“江西行省官每（们），各差了五百家军每（们）修盖省工役来。常例，差役军呵，……不商量着差军呵，有罪过者。”[④] 此后又明令禁止“因公事公役”差役军人的行为。

（二）有关武器装备的管理条格

元制，禁止民间私藏、私造兵器，特别是禁止汉人执把军器。

1.禁止汉儿蛮子人执把军器

世祖所定“体例”中规定：各处遍行禁令，“有姓的汉儿、蛮子人每（们）根底有的弓箭、军器，交（叫）拘收，在后若有执把的，拿住呵，依在先圣旨体例断罪”[⑤]。至元二十二年（1285年）明确规定：凡是所有的兵器什物，交蒙古军人看守者，汉儿蛮子军人们“不交看守呵”[⑥]。为了防

① 《元典章》卷34，《兵部》1，《出征 · 交趾出军征免差役》。

② 《元典章》卷34，《兵部》1，《正军 · 晓谕军人条画十四款》及《正军 · 省谕军人条画二十三款》。

③ 《元典章》卷34，《兵部》1，《正军 · 晓谕军人条画十四款》及《正军 · 省谕军人条画二十三款》。

④ 《元典章》卷34，《兵部》1，《占使 · 禁擅差役军人》。

⑤ 《元典章》卷35，《兵部》2，《拘收 · 禁断军器》及《拘收 · 禁治弓箭弹弓》。

⑥ 《元典章》卷35，《兵部》2，《拘收 · 达鲁花赤提调军器库》。

范人民的反抗行为，元律甚至禁止造弹弓等简陋的用具。世祖只准许“弓人”制造和执把弹弓，其余诸百姓，特别是汉儿人和南人，一律严加禁止。成宗大德四年（1300年），“传奉圣旨，大都里，旧城里有的百姓每（们），不拣是谁休造弹弓者也休拿弹弓者”，如有违此令者，将其“造弹弓的、拿弹弓的，打七十七、八十七（下），断没一半家私者”[①]。

2. 隐藏军器罪名

世祖至元五年（1268年），制定了“隐藏军器人等归断罪名”，凡是“甲私有全副者”“枪或刀弩私有十件者”“弓箭私有十副者”，即使是私藏“散甲，片不堪穿吊御敌者”，也要处以笞37下的刑罚。[②]

有元一代，一律禁止汉人、南人进入军器库房。凡是贮存兵甲军物的仓库，一律由蒙古军将看守。

三、宗教行政管理

世祖忽必烈和他的前辈一样，十分崇尚宗教。当时传播较广的教派是：佛教、道教、基督教、伊斯兰教等，其中尤以喇嘛教为最甚。元廷对各种宗教，基本上采取兼容并奉的态度，始终掌握多边利用的策略。因此，从法律制度上，给予宗教界很多特权。

（一）有关寺院、道观管理的条格

1.“依例”确保各宗教团体的活动场所

世祖及其后继者均责令各有关组织，及其掌权主事的官吏，必须保护僧侣们居住和宗教活动的场所。世祖至元二十三年（1286年），“寺院里休安下”条格规定，官府来往使臣，一律不许在寺院“房舍里安下”歇息，

① 《元典章》卷35，《兵部》2，《拘收·禁断军器》及《拘收·禁治弓箭弹弓》。

② 《元典章》卷35，《兵部》2，《隐藏·隐藏军器罪名》。

也不许在寺院里“顿放”官粮和其他物品。[①] 又在“宫观不得安下”条格中规定，官府使臣不许在“宫观房舍”里安下，以免影响和干扰道士们的正常活动。同时也不允许把道观变成贮存粮食和“什物”的场房。

2. 归寺院、道观所有的田土要予以保护

元朝的寺院和道观，都拥有一部分由僧众们自己经营和使用的“田地”“水土”“竹苇园林”“碾盘船只”及“池塘店铺”。这些固定财产，均受法律保护，“不拣甚么人”，一律无权侵扰。[②]

（二）有关尊重宗教习俗的规定

1. 世祖及其后继者，基本都奉行尊重各教派礼仪制度及其生活习俗的原则，并制定了有关的条格。其“寺院里不许筵席”条格规定：“和尚们吃素饭、不杀生的上头”，官府负责宗教事务的官吏和过往使臣，“不拣是谁，寺院里休做筵席”，凡是违反规定者，不论是办筵席的官吏，还是参与其事的和尚，均应受到惩处，均要“罪过也”。[③]

2. 用法律条画维护和尚、道士“不许妻室”的教规。世祖至元二十八年（1291 年），“和尚不许妻室”条画中规定：宣政院的官人们，要把“有媳妇的和尚”，清查和“分拣”出来，予以处理。武宗至大四年（1311 年）规定，道观中有妻妾的道士，一律禁止。将“有妻僧官断罪收系为民”，将“违例畜妻罪犯，合决六十七下，退罢为民”，或“令本人归俗当差”[④]。

（三）法律保护僧侣的特权

元朝的诸色僧侣，都在法律上享有参与诉讼审判活动和减免差役赋税的特权。元朝统治者，出于对佛教、伊斯兰教、基督教、道教的崇奉，以

① 《元典章》卷 33，《礼部》6，《释教·寺院里休安下》。
② 详见《元典章》卷 33，《礼部》6，《释教》《道教》诸案例。
③ 详见《元典章》卷 33，《礼部》6，《释教》《道教》诸案例。
④ 《元典章》卷 33，《礼部》6，《道教·道官有妻妾归俗》。

法律形式给予和尚与喇嘛、答失蛮与哈的大师、也里可温教士以及道士先生们免除赋税差役的特权。元代伊斯兰教的答失蛮和哈的大师们，大部分人居住在大都、上都及各行省的城镇中，从事独立经营或替蒙古贵族代办的商事活动，他们都享有买卖不纳商税的特权。和尚、喇嘛、道士等，在寺院道观所有的土地上，经营农副业生产，基本上减免租税杂差。世祖至元二十三年（1286 年）规定：寺院的和尚们“铺马祇应休拿者，税粮休与者”，还规定，道观道士们，“不拣甚么差发休与者（着）……诸投下，于先生（道士）每（们）根底（处），不拣甚么休索者（着）”。不过，仁宗皇庆二年（1313 年），有关减免寺院和尚喇嘛租税的条格中，作出了新的规定：和尚减免租税者，仅限于“亡宋时分有来的常住田地，并薛禅皇帝（世祖）与来的田地内，休纳税粮者”。除了这部分和尚之外，凡是“收附江南已后，诸人（施主）布施与来的、置买来的、租典来的田地有呵，依在先体例里纳税粮者”[①]。

四、驿站行政管理

元朝仿照中原传统王朝的做法，在全国各交通干线上，分段设置驿站，作为官府来往群臣使者，替换坐骑、补充给养、停歇食宿之处。全国的水陆驿站一律由通政院统一管理，其下由各路达鲁花赤、总管亲自提调驿站事务。具体到每个驿站，则设置站官，称之为驿令或提领。另外，在重要的都市或交通要道关津设卡的驿站内，还要设置称之为脱脱禾孙的检查官。

（一）站官的验证管理格例

1. 按品从等级提供铺马

元朝除了水路驿站使用船只皮艇之外，陆路驿站主要使用坐骑驿马

① 《元典章》卷 33，《礼部》6，《释教·和尚头目》。

（铺马）和毡帐马车、牛拉的“勒勒车”。这类交通工具的行程长短，很难用时间长短限定，这就要求各驿站管理人员，昼夜轮流值班。尤其是当班负责人和站官，必须坚守岗位。世祖至元十四年（1277 年），“站官不得离驿”条格规定：站官必须做到，“从朝至暮毋得辄离站驿”。因为他除负责驿站及时提供入驿者的各项服务外，还要验视入驿者的印信文字、凭证圆牌。

元制，凡是利用驿站服务设施者，均须出示所持的凭证或印信文字。凡是朝廷所遣使臣须持有特制的金字圆牌乘驿，而诸王公主和地方官府所遣使者，则须持带银字圆牌。其余一应公事差遣人员，皆须持带用蒙古文字书写的铺马圣旨劄子，各站官必须验视各类凭证，并依例区分不同等级，提供数量不等的铺马和其他各项服务。如“品从铺马例”规定：除“随路官员奉特旨，或省部明文及急速公事，应给驿者外”，其他品官皆按品从标明的起用驿马数目乘骑。即“三品五匹，四品五品四匹，六品七品三匹，八品以下止给二匹”，违者按照兵部所定“驿站”格例予以惩治。

2. 禁止滥差铺马

元廷明确规定各级官吏使用铺马的权利，凡是违例擅自滥行差用铺马者、走死站马者，一律予以惩罚。世祖至元十九年（1282 年），中书省正式宣布：“诸衙门不得给铺马劄子”，使用铺马者，一律按“铺马圣旨”所规定的起用马匹数目行事。只有经行水路站驿者，由中书省发给船劄，可不必持有准予行使的圣旨。成宗大德二年（1298 年），在“不许滥差铺马”例中规定，“各处行省，如遇差遣，必合乘驿者。除职官外，若差令译史、宣使人等，止许给马一疋”，用以革除滥差之弊。同时还规定，如果是“军情紧急重事，及云南、四川、甘肃、和林，极边远去处，必合差遣乘驿者，许给铺马二疋”，除此之外，亦不可超过统一限定的起码数目，违者依例惩治。[①]

---

① 《元典章》卷 36，《兵部》3，《铺马 · 不许滥差铺马》。

（二）对违反驿站管理格例者的惩罚

1. 诈骑铺马者必究治

元廷三令五申乘骑铺马的规定，但各地仍不断出现违例现象，为禁止此等擅行滥差铺马的行为，世祖至元年间，又多次制定有关禁令和格例。凡是无权使用铺马而“诈称位下使臣，骑坐铺马者”，除将其“正犯人，笞一百七下”外，当日的站官，笞37下，当值的脱脱禾孙，纵令在逃，笞47下。[①] 即使是借骑铺马，也要禁止，凡有违者，均视其情节轻重予以惩治。

2. 走死铺马者须赔偿

世祖时“禁约使臣梢带沉重”的条格中规定：必须禁止以往那种“捎带沉重”压损甚至压死铺马的现象。凡是“出使人员，除随身衣服、铺盖、雨衣外，别不得捎带其余物件……各处脱脱禾孙”要严加监督纠查。凡是查出压损或压死铺马者，均应予以惩处。成宗大德三年（1299年），“走死铺马交陪”例中规定：官府公事，非紧急事件，即“闲慢者，止令应付站船”，特别紧急事件，按规定使用的铺马，非因“捎带私己行李沉重”而死者，另当别论，凡是使用铺马的官吏，“将所骑马疋走骤，及将兀剌赤（马夫）马疋，沿途催赶”，以致使马倒死者，必须“着落本人，依例追陪，马价给主，别行补买好马”，而且该官吏，还要被“断罪”。[②]

（三）必须严格管理站户

元朝的诸色户计中，站户是专门承担驿站所用铺马、牛车、船只等水陆交通工具的门户。元廷为了确保各类交通工具和驿站其他所需物品的供给，采取了对站户严加管理的制度。

---

① 《元典章》卷36，《兵部》3，《驿站·违例》。

② 《元典章》卷36，《兵部》3，《违例·走死铺马交陪》。

1.“禁约差役站户”

世祖当朝时期，明确规定，凡是官府使臣，如果所传递的公务不甚紧急时，驿站站户只供给他们“牛、驴、舡”为交通工具，“除当站外，不拣谁，休重科差役”站户，违者“有罪过者”。[①] 还规定：“各路、府、州、司县，差充里正主首，杂泛差役，耽误应当站赤”供给者，“依已降圣旨事意禁治”[②]。

2. 官府要对确实“消乏”了的站户予以“替换”

元代站户由于负担过重，很多人为逃避供应牛、马、船只、首思（汤汁饮食）而逃跑，也有些人虽未逃亡，但已气力“消乏”，实在无力继续充当站户。对这两种站户，官府要采取补救措施，或全力追回逃亡者，或将委实消乏者，以“相应的百姓每（们）里头补换”[③]。

第六节　行政监察

元朝的各级官吏中，较普遍地存在着不勤于公职、贪赃枉法、白要“撒花”钱（礼物、贡品）等违纪犯法行为。为了纠正这些弊政，世祖仿唐宋各王朝的旧制，在中央设置“掌纠察百官善恶，政治得失”的御史台，总揽全国的监察工作。

一、监察内容

（一）监察的范围

元朝通过御史台、行御史台和肃政廉访司（原提刑按察司）行使监察

① 《元典章》卷36，《兵部》3，《站户 · 禁约差役站户》。
② 《元典章》卷36，《兵部》3，《站户 · 禁约差役站户》。
③ 《元典章》卷36，《兵部》3，《站户 · 体覆消乏站户》；《元史》卷85，《百官志》1。

权。其监察范围极其广泛，总的来说，包括官吏与官府两大方面。也就是监察上下百官的为官之道，以及监察上下各级官府衙门的为政之道。不过，由于各级官府的职能，均须通过大小百官具体执行，所以，监察百官及其官府的工作，又难以截然分开。因此，“纠举百官诸司”，往往是同步进行的。这样，各级官府所署之事，大小百官所掌之职，便成为具体监察的范围。

1. 监察中央三大官府及其官员本人的执行职务情况。世祖至元五年（1268 年），“设立宪台格例”规定，御史台“弹劾中书省、枢密院、制国用使司等，内外百官奸邪、非违，肃清风俗，刷磨诸司案牍，并监察祭祀及出使之事”[①]。同时，还要监察三大官府的奏禀公事活动，主要监察其上下级申报程序是否符合规定，以及执行上下级处事规则的情况，是否符合有关格例的规定，有无超越权限的行为等。更重要的是，要严格监察中央三大官府及其高级官吏，是否“遵依圣旨”，及时向皇帝“上奏各项事宜”。

2. 监察刑政狱事。纠弹中书省对冤抑“看循或理断不当”的行为，纠察诸官司刑名违错，纠察诸衙门枉囚禁、枉拷讯人，推究囚禁人非理死损，纠察透漏“承追取合审重刑”消息之事，纠察职官疏懒、专委典吏鞫推罪囚之行为。

3. 监察官吏善恶及奉职情况。（1）关于监察官吏侵贪。纠察和买时不依时价、冒支官钱及尅减给散不实者，纠察官吏侵使，移易借贷官物者，纠察官吏乞受钱物者，纠察院务官办课增余不尽实到官者。（2）具体监察百官现状。元廷为了充分发挥各级官府的统治效能，授权各级监察机构，监察现职官吏的任职情况。主要纠察的事项有：官吏任满应迁转而不迁转，或迁转不依格例的行为；“非奉朝命，擅自补注品官者”；“职官若有老病，不胜职任者”；诸官吏中，廉能公正者体察、污滥者纠察；诸求仕者，“若于应管公事官员私第，谒托者”；等等，一并予以纠举。[②]

① 《元典章》卷 5，《台纲》1，《内台·设立宪台格例》。

② 《元典章》卷 5，《台纲》1，《内台·设立宪台格例》。

4. 监察行政事宜。凡是各级主管民户农桑之事的官吏，不能勤于职守者，纠举之。即所谓："户口流散、籍帐隐没、农桑不勤、仓廪减耗……兼并纵暴、及贫弱冤苦不能自伸者"诸端事项，皆属纠举之列。[①]

凡是上下级官吏，执行公事有违错者必予以纠举。如上司不从下报者，必纠之。以及阻坏盐法、钞法、茶法及制造之法者，必纠之。

5. 监察民政事宜。凡是"孤老幼疾人贫穷不能自存者"，本路官司"养济不如法者"，一律委付监察予以纠举。

6. 监察军政事宜。纠察军官私放军人还归，及令人冒名相替者，并行纠察。

军官申报俘获不实，增减隐漏功赏者，边境有"声息不即申报者"，以及边城不完好，"衣甲器仗不整"[②]，均在纠察之列。

（二）监察的对象

元廷在"察司体察等例"和"行台体察等例"中，列举了数十种被监察的对象，现按各监察部门，分工监察的情况，择其要者列举如下。

设在中央的最高监察机构御史台所监察的主要对象是，中书省、枢密院、尚书省（后撤）等三大官府的官员、吏员的行政活动，以及全国各级监察官，按照合法程序，上报需审复的事理；行御史台，则负责监察行中书省、宣慰司及以下诸司官吏的"奸邪、非违"。即监察朝廷所行政令，承受官司，稽缓不行；虽已施行，而不复检举，致有弛废者。纠察各处"镇戍若约束号令不严、衣甲器仗不整、或管军官取受钱物、放军离役、并虚申逃亡、冒私代替及私自占使商贩营运或作佃户"一切不公之事的负责官吏[③]；肃政廉访司，则负责监察干扰官府正常秩序的一切行为。如"随处凶

① 《元典章》卷5,《台纲》1,《内台 · 设立宪台格例》。
② 《元典章》卷5,《台纲》1,《内台 · 设立宪台格例》。
③ 《元典章》卷5,《台纲》1,《行台 · 行台体察等例》。

徒、恶党，不务本业，以风闻公事，妄构饰词，告论官吏，恐吓钱物，阻坏官府，此等之人，并行究治”[①]。诸公使人员，若非理骚扰各处官司、因事取受钱物者，仰体究得实，申台呈省。[②]此外，凡是公吏人等，与达鲁花赤结成心腹，排斥新任官员，沮坏公务者，并行究治。[③]

不论是御史台、行御史台，还是肃政廉访司，凡是发现各处官员，为治有方，能讼简政平，民安盗息者，以及其德行才能可以从政者，一律向上申台呈省。

二、监察程序与方式

（一）监察程序

有元一代，以皇帝为首的蒙古贵族，直接控制各级监察机构，监督各级监察官，要求其严格履行监察程序。

皇帝亲自操纵中央御史台。御史大夫，是居于从一品的蒙古官员，是皇帝最信赖的“耳目”之臣。他直接控制察院和殿中司的数十名监察御史，全面搜罗和刺探各种情报，并及时向皇帝通报。

御史台的派出机构是行御史台，它对上要向御史台负责，对下要控制各道监察区。元朝为巩固蒙古贵族为首的统治，为防范各族人民，尤其是汉人和南人的反叛行为，极力组建全国范围的监察网络，把全国划分为22个道级监察区，设置监察御史，有时也混称之为提刑按察使。随着提刑按察司更名为肃政廉访司，也称之为肃政廉访使。他们是直接深入全国各个角落，刺探民间阴事的“耳目”官。可见，元之监察系统，形成了从中央到地方的严密网络。皇帝有关监察的圣旨，可层层下达，下级官吏刺探的

① 《元典章》卷6，《台纲》2，《体察·察司体察等例》。
② 《元典章》卷6，《台纲》2，《体察·察司体察等例》。
③ 《元典章》卷6，《台纲》2，《体察·察司体察等例》。

情报，可逐级向上申报。特别紧急的密件，必须火速直接奏禀皇帝。

此外，由于中书省的职能是全国政务的总汇，所以，诸事均须通报中书省，不得隔越闻奏。因此，元代的监察程序规定，下级监察部门奏禀申报的文卷，必须履行“申台呈省”的手续。①

（二）监察方式

1. 巡察。监察官定期深入各基层单位，就地巡视纠举违纪犯法的行为，可以收到较好的效果。因此，世祖要求，各级监察官必须下去巡察。并于至元年间规定：廉访司官，岁以五月分按所属，次年正月还司。②同时，“察司巡按事理”条格中规定：“在先，按察司官，半年一出巡按”，但后又认为时间太短，不能遍知诸事，所以延长巡按时间，规定：“各道除使二员守司，余拟每年八月为始，分行各道按治勾当（监察），至次年四月还司，类其凡合奏言事理，正官一员赴御史台，会议闻奏，其在江南行御史台，正官一员依上赴都”会议。③

监察官巡察，必须做到分巡遍历。仁宗延祐四年（1317年）规定：“如今，山北（岭北）、四川、云南、陕西，这四道廉访司按治的地面宽远……合添司官”，若上年遍历不得，下年先行巡历。④

2. 刷卷。照刷文卷，是监察官的一项重要任务，他们通过刷磨案牍，可以发现官吏违纪犯法的行为，并予以纠举。因此，刷卷便成为监察官行使监察权的重要手段。

（1）刷卷格例

元朝主管行政与监察的衙门，均须依据有关刷卷的“体式”“格例”

① 《元典章》卷6，《台纲》2，《体察·察司体察等例》。

② 《元史》卷18，《成宗纪》1。

③ 《元典章》卷6，《台纲》2，《按治·察司巡按事理》。

④ 《元典章》卷6，《台纲》2，《分巡须要遍历》。

定期检校和查处各衙门文卷中存在的问题。这项检校文卷稽迟与否，纠举簿书案牍违错的工作，称之为“刷卷”。由于刷卷时必须对照前后查核首尾，所以也称之为“照刷”。刷卷的范围与重点也有严格法律规定。元朝于中书省和行中书省，均设置专门负责检校“公事程期”和案牍稽迟违错的机构，称之为“检校所”①，有权“依例”行使各自的“检校”和“照刷”权。

世祖至元五年（1268年）在“设立宪台格例”中规定：御史台在行使其弹劾“内外百官奸邪非违”的同时，必须“刷磨诸司案牍”②，此制在桑哥专权时，曾一度停废，但至元二十八年（1291年）又予以恢复并成为定制。

监察部门必须对“随路总管府、统军司、转运司、漕运司、监司及大府监、并应管财物造作司，分随色文帐，委监察每季照刷”③。

刷卷的重点是：“凡干碍动支钱粮，并除户免差事理，虽文卷完备，数目不差，仍须加意体察”④；按规定，诸官府文卷上下半年照刷，转运司文卷年终照刷。⑤

（2）刷卷的技术规则

世祖至元年间制定的“照刷抹子”条格规定：凡是检校确属稽迟违错之处，均须予以记录，其应检校事项为：改抹日月、文义差错、虚调行移、磨算钱粮、杂泛差役等。凡是已经照刷过的文卷，必须于刷尾纸上标写“照过”二字，并于刷尾缝上，使墨印刷“讫”字，一半上体司印，同时必须于“照刷尾”写明“已绝”“未绝”二字；如果“刷住稽

① 《元史》卷85，《百官志》1；《元史》卷86，《百官志》2。
② 《元典章》卷5，《台纲》1，《内台·设立宪台格例》。
③ 《元典章》卷5，《台纲》1，《内台·设立宪台格例》。
④ 《元典章》卷6，《台纲》2，《体察·察司合察事理》。
⑤ 《元典章》卷6，《台纲》2，《体察·察司合察事理》。

迟文卷，(须)于刷尾上标写稽迟或违错二字"[1]。所有"刷印并司印，须要圆正分明"。

(3)"刷卷首尾相见体式"

由于连年有不决之事，仅上下半年照刷尚不能发现，所以文卷必须做到粘连首尾相见，刷卷必须依据"刷卷首尾相见体式"照刷。要写明"某衙门吏员，今照勘到——总计若干宗、未绝若干宗、未经照刷若干宗、未绝若干宗等。刷卷过程要求，首领官躬督，并且与该吏眼同检看，以便"无差、结罪、供报"[2]，避免出现新的漏落和失误。

(4)文卷稽迟违错责罚条例

针对以往在追问照刷之条时，不分事体轻重一概责罚，以至于人们"多玩视轻犯"的现象，武宗至大元年(1308年)制定了"违错轻的罚俸重要罪过"的条例，规定，凡是"字画差讹，数目谬误，当量情责罚"；凡是"违制违例，伤官害政，形迹可疑，侥幸显露，虽赃滥未形，其当该人吏重者罢役，轻者降等"，其主行掌刑官，轻者的决，重者勒停。[3]还规定，今后稽迟违错，轻的罚俸，重的必须治其罪。

三、监察规则

(一)监察官合行规则

1.通行照刷。监察官刷卷，虽按规定分季照，但必须互相通报情况，假如"刷夏季者，不照春季，刷秋季者，不问夏季，其间错失不能尽知"，也就不可能彻底纠举。为此，"监察合行事件"规定：监察官上下半年"通

---

① 《元典章》卷6，《台纲》2，《照刷·照刷抹子》。

② 《元典章》卷6，《台纲》2，《照刷·违错轻的罚俸重的罪过》。

③ 《元典章》卷6，《台纲》2，《照刷·违错轻的罚俸重的罪过》。

行照刷，事有违错，若不为尽心，透漏刷过者，量事轻重治罪”[①]。

2. 纠弹冤错。监察官必须在监察过程中审慎用法。凡是“诸官府见（现）问未决之事，监察御史，不得辄凭告人饰词取人追卷，候判决了毕，果有违错，依例纠弹，其罪囚有冤，随即究问”[②]。

3. 监察官，“凡察到公事，合就问者就问，事干人众，申台呈省”[③]。此处所言“就问”指立即追究、问明。一般指涉及面小，事情本身较简单者，若涉及面较广（事干人众），事情情节较复杂时，受理的监察官必须将该“公事”原件“申台呈省”。

4.《元典章·台纲》规定：监察官“察到不公人员，本台官司有占吝不法者，究治”，而且量情予以重惩。

5. 监察御史任满者，御史台等主管衙门必须依据该御史“所言事件小大、多少，定拟升降”，以此鼓励监察官，积极纠举一切非违事件。[④]

（二）肃政廉访司官员合行规则

1. 重惩监察官罪过。监察官违法者“依违背圣旨断罪，仍标私罪过名，终身废黜”[⑤]。

2. 监察官分轮巡按所管官司，必须做到“遍历”各处、各地。

3. 凡是察得“有改正及行移公事，报本司照验，如有不当，听本司会议改正，司官巡按，所见不同者，亦如之……事涉疑难，申台”[⑥]。

4. 分轮巡按的监察官，所到之处必须对行政、民政、农桑、教育等，进行全面监察，“体究一切非违”。

---

① 《元典章》卷5，《台纲》1，《内台·监察合行事件》。
② 《元典章》卷5，《台纲》1，《内台·监察合行事件》。
③ 《元典章》卷5，《台纲》1，《内台·监察合行事件》。
④ 《元典章、卷5，《台纲》1，《内台·监察合行事件》。
⑤ 详见《元典章》卷6，《台纲》2，《体察》，《体覆》等诸案例。
⑥ 详见《元典章》卷6，《台纲》2，《体察》，《体覆》等诸案例。

5. 监察官肩负朝廷重任，直接对皇帝和朝廷负责，因此“非奉朝命，不得擅自离职”。

6. 监察官“声迹不好者，仰御史台体察，虽未任满，许行奏代，本司除额定官吏，不得擅自增设员数”[①]。

四、监察纲纪

世祖当朝时，就为监察机构及其官员，规定了严格的处事纲纪。提出“纠弹衙门官吏，正己方可正人”的准则。

（一）高级官吏

高级监察官，指御史台长官御史大夫，及其所领属的御史中丞、侍御史、殿中侍御史等正四品以上高官。以及同台衙的监察御史。

1. 不应受赃出首，有犯者“比之有司官吏，加罪一等”，并明确规定，对犯者“经赦不赦，经减降不减降”。

2. 严行禁止高级监察官，“依恃衙门气力，为人营求职名，把握公事”。

3. 御史台台掾和奏差等，品级虽非属高级官吏，但其职责事关紧要。

4. “台家声迹体复”。御史台官，每年须派遣“监察守省，照刷文卷，体覆廉访司声迹”，如今经赦，除应继续体复的地区外，其余的守省监察官，巡历“到秋里，交出去”，依所定期限回还[②]。

（二）普通官吏

1. 各地监察官，因事取受均依至元十九年（1282 年）世祖圣旨条画

① 详见《元典章》卷 6，《台纲》2，《体察》，《体覆》等诸案例。
② 《元典章》卷 6，《台纲》2，《体察 · 台家声迹体覆》。

断罪。

2. 凡在司或巡按一律“不得与各路、府、州、司县，应管公事官吏人等，私同宴饮”[①]。

3. 不得因故“受诸人礼物”，也不得拜识亲眷“献贺财物”，凡违者，均以赃论。

4. 巡按止宜宿于各处馆驿、廨内，不得居本处吏民之家。

5. 巡按所需“差使”、供给“分例”，不许额外多要，凡是多余取要者，以赃论。

6. 不得于巡按处求娶妻妾。

7. 不得于巡按处买卖货，或“阴使官吏，置造私己应用诸物，或于系官局院，带造物件，如违，计取得利息，以赃罚论”。

8. 不得“将带妻子亲眷闲人，并长行马疋同行，如违治罪”。

9. 各监察官，不许将自己的属吏，“分付各路、府、州、司县官司委用”。

10. 陪同监察官的书吏、奏差等，凡有宿娼、饮会者，均依已行禁治条格断罪。[②]

第七节　官吏考课（考绩）与奖惩

元朝仿照唐宋官制，建立了官吏考绩与奖惩制度。制定了考课或考绩的办法，先依据官员入仕年限长短、资品高低来确定其品级高低，再按其品级高低之别制定考绩与奖惩的条格。

---

① 《元典章》卷6,《台纲》2,《体察·禁治察司等例》。

② 以上见《元典章》卷6,《台纲》2,《禁治察司等例》诸案例。

一、官吏考数与年劳

（一）官员考数

元朝有关官员考数的条格，常与官员考满条格混用。所谓考数，主要是指官府的官员和吏员按有关规定，在官府执役时间的长短，即官员入仕当官时间的长短。元朝前期，科举制度时兴时废，未成定制。因此，官府多以官员的考数月日长短为依据，决定该官员晋升等级与迁转的官衔。

1. 常规考数

随朝诸衙门、行省、宣慰司官，30 个月为一考，一考升一等。

诸外任官员，3 周年为一考，最长为三考。有的官员经三考能升一级，有的官员则只能升一阶。如品级最低的从九品，经三考后，可晋升一级，达到从八品的级别，而从五品，经三考后，只晋升一阶，达到正五品的级别。

由正从四品，晋升为三品官，则极为不易。相比之下，朝官晋升远比外任官员为快。

2. 非常规考数

品级达到正从三品官的万户达鲁花赤，即使是蒙古贵族，亦须经过“三年为满，交迁转”[①]。

品官迁转考数，早已有定例，但是正如世祖至元三十年（1293 年）“久任官员迁转”格例中所云：“行省里、宣慰司里、外头各衙门里官人，五年、十年不曾迁转底有”，为使官员考校迁转月日统一，特规定：“若有未经迁转人员，照勘明白姓名”呈上。不过终元之世，官员考数中存在的混乱现象，始终未能完全扭转。

---

① 《元典章》卷 9，《吏部》3，《军官 · 定夺军官品级》。

（二）吏员年劳

元朝不仅仿照唐宋官制，规定对官员的考数办法，同时，还规定了给吏员计算年劳的办法。凡是入仕为官年久者，为资深。在科举未行之时，年劳久远者，便可凭着为官年久的资本，加官晋级。

吏员出职为官的依据是考满，一般规定为90个月为满。考满期的计算，直接与年劳久远相关。因此，为吏者的年劳越久远，其出职为官的品级也就越高。不过，在朝的吏员，较之在外的吏员，倍受优待。在京的吏员一考为30个月，三考为90个月；而在外的吏员，考满期则为120个月。这一制度虽然早在世祖至元年间就曾实行过，不过那时考满期一律为90个月。到了成宗执政时，这一制度才出现了上述新变化，并成为一代之定制。

二、考课内容

（一）亲民官（牧民官）考课

亲民官与牧民官的提法基本相似，均指各路、府、州、县级的基层官吏。因为他们直接管理和抚治的对象，是广大的民众或诸色百姓。所以称之为亲民官或牧民官。

1. 县尹的考课（元廷对县尹有时也泛称牧民官）

世祖中统年间，便指出："诸县尹品秩虽下，所任至重，民之休戚系焉"[①]。虽然已选差"循良廉干之人以充县尹"，但为了加强其统治效能，仍以五事考课之。一为户田增，二为田野辟，三为词讼简，四为盗贼息，五为赋役均。凡是把五项事治理完善者，为上选；只把其中的三项事，治理得有成绩者，为中选；把五项事都没办成，即"俱不举者"，应受到被罢黜的处罚。[②]

① 《通制条格》卷6，《选举·五事》。

② 《通制条格》卷6，《五事》。

至元九年（1272年），在原有的“五事考校”基础上，增加了“量定升降”等级的规定：“五事备者为上，于合得品级上升一等。四事备者减一资历。三事有成者为中选，依常例迁转。四事不备者添一资。五事俱不备者降一等叙用”①。同时规定，“年终考其殿最者各一人”。

世祖至元年间规定，牧民官犯枉法赃，不叙用，如系不枉法赃，须殿3年，方听告叙。再犯，终身不叙。②

2. 考课对铨选的影响

朝廷只承认经过考课后给官员作出的有关功过的结论。因此，必须把“官员功罪并送吏部标注，到选之日，于应得资品上，视其功罪，斟酌议拟”③。

刑部所掌官吏过名文册，“于内多有稽违、断罪、罚俸、免罪、不碍铨注、累遇原免”。因此，完全可以“依常例，依前照勘议拟”，以便避免“虚致文繁，停滞求仕”。况且，上述官员所犯之“稽违公罪过名，已经革拨”，所以，不须再行开写了。④

（二）察官考课

1. 对肃政廉访司的考课

行御史台有权“考按”诸肃政廉访司。其考按的内容有：凡是任职结束后能达到“得使一道官政肃清、民无冤滞”者，行御史台便依据《官制 · 选格》的规定给予“称职”的结论。凡是“以苛细生事，暗于大体，官吏贪暴，民多冤抑，所按不实”者，行台则给予“不称职”的结论。以上所考课的“事由”结论，均须如实“咨台呈省”。⑤

---

① 《通制条格》卷6，《选举 · 五事》。

② 《通制条格》卷6，《选举 · 选格》。

③ 《通制条格》卷6，《选举 · 选格》。

④ 《通制条格》卷6，《选举 · 公罪》。

⑤ 《元典章》卷5，《台纲》1，《行台 · 行台体察等例》。

2. 对提刑按察司（后改为肃政廉访司）官员的考课

御史台直接考课，从事具体监察工作的官员。其考课内容有：凡是任终后，“得使一道镇静、识知大体，所察得实、民无冤滞”者，御史台给予“称职”的结论。凡是“苛细生事，暗于大体，所察不实，民多冤滞”者，御史台给予“不称职”的结论。并将考课结果“呈省定夺”。①

3. 对诸监察官的考课

各级监察官，在执行监察任务时，凡是“照刷尽心，按治有法，使官吏畏谨，一道镇静”者，“为称职”。凡是“合察大事，不为尽心，专务苛细，暗于大体者为不称职”。考课后，行御史台根据其“能否实迹”，差官体究，一体黜陟。②

（三）其他官考课

捕盗官考课为其他官考课。据《至元新格》所载，考课捕盗的内容有：凡是捕盗官巡警尽心，使境内盗息者为上；凡是捕盗官，虽有过失起数，而限内全获者为次；因失盗累经责罚，未获数多者，为下。到选之日，考其实迹，定其升降。③

三、官吏奖惩

（一）奖励

元朝奖励官吏的办法很多，但最主要的是论功行赏。如平定盗贼有功者要予以奖赏和升擢。世祖至元三十年（1293 年）规定：现有草贼“去处”，

① 《元典章》卷 6，《台纲》2，《体察・察司体察等例》。
② 《元典章》卷 6，《台纲》2，《体察・察司合察事理》。
③ 《元代法律资料辑存》，《至元新格・防盗》。

若平治有法，“使盗清民安者，另议闻奏升擢”[①]。仁宗皇庆年间，对平反冤狱有功官员予以奖赏。如浙江行省，泉州路市舶司提举杨天瑞于当地平反冤狱5人，追回人口119名，给亲完聚，“理宜优升”奖励，于本官应得品级上量升一等。[②]元廷对办课钞有方者给予迁赏。成宗元贞二年（1294年）规定：各处运司官司的官员们，凡有增余课钞功绩者，“斟量他每（们）的勾当，合与赏的，依体例与袄子（特制高级珍贵的皮袄），添与他每（们）做官（加官）呵”[③]。此外，元朝皇帝均实行即兴奖赏的办法。如元武宗海山即位，便即兴遥授（虚衔）高级怯里马赤（翻译）爱薛为平章政事一职，以示特殊奖励。

元廷为了鼓励常年在边远地区镇戍守关者，以及长期从事辛苦的杂役的官员，制定了一种奖励资品或职事等级的办法。即凡是勤于职守无粘带的上述官员，均可得到减资升转的奖励。如至元三十一年（1294年）所定“盐管勾减资”格例中规定：盐司管勾（具体执事者），如无粘带侵吞行为，均可“减资升转”[④]，即不按常规所定的资品升级时，要较按常规所规定的资品升级法，减少一等升转。这在当时属于一种特殊奖励。

（二）惩戒

元廷对官吏的惩罚办法很多，主要有罚俸、扣俸、降级、罢职、永不叙用等。其惩罚的基本原则是“违错轻的罚俸重的罪过”着。例如，在照刷文卷中常出现的“字画差讹、数目谬误、当量情责罚”的记载，就是属于较轻的“违错”，要给予一般的责罚。假设官吏所犯是“违制、违例，伤官害政，形迹可疑，侥幸显露，虽赃滥未形，其当该人吏，重者罢

① 《元典章》卷11，《吏部》5，《给由 · 捕盗官给由例》。
② 《通制条格》卷20，《赏令 · 平反冤狱》。
③ 《元典章》卷9，《吏部》3，《场务官 · 增余课钞迁赏》。
④ 《元典章》卷9，《吏部》3，《盐管勾减资》。

役，轻者降等”。假设是主刑掌判的官员违错，则须“轻者的决，重者勒停”其职务。[①]元制，官员所有公罪“不致解降，而罚赎者”，一律于解由内开写明白，其私罪有解降者，也按定例于解由内开写明白。以便“铨选之际”考其殿最，决定黜陟与否。[②]

元朝皇帝与官府，对工作中出现小错的官吏，“教训”的语气显得较随和，常用“可怜呵”，罪过须“改正了呵”这类词语。统治者使用“教训”的手段，一般是在官吏不服从官府的调配、指令时，则随意予以“教（叫）那厮种田去呵”的“教训”式的惩罚。

① 《元典章》卷6，《台纲》2，《照刷·违错轻的罚俸重要罪过》。

② 《元典章》卷11，《吏部》5，《给由·给由开公罪名》。

第三章　元朝的刑事法律规范

第一节　刑事法律的指导思想

《大元通制》“以古律合新书，文辞各异，意义多同。其于古律，暗用而明不用，名废而实不废”[①]。因此，元朝刑法虽具有蒙古贵族统治的鲜明特点，但明显地吸取了历代封建王朝的立法精髓。

一、儒家的纲常礼教是元朝刑法的基本指导思想

元朝刑事立法过程颇为曲折。元初“循用金律”。虽然至元八年（1271年）明令“禁行泰和金律”，但由于统一的法典迟迟不能问世，司法实践中依据金律办案的现象仍不能禁绝。至元二十三年（1286年），忽必烈对“汉人徇私，用《泰和律》处事”深表愤慨。[②]《泰和律》受唐律影响很深，其篇章体例一如唐律，而《金史·刑法志》则称之“实唐律也”。至元朝，“大元更法立制，多循唐旧”[③]。虽然不用《泰和律》，但立法精神，主要内容仍不改旧辙。至治三年（1323年）颁布的《大元通制》与唐律有着密切

① 吴澄:《大元通制条例纲目后序》，转引自《元代法律资料辑存》。

② 《元史》卷14，《世祖纪》11。

③ 陈元靓等:《事林广记》别集卷1，《官制类·官制源流》，中华书局本。

的渊源关系。唐律贯串了儒家德主刑辅的立法思想，所谓“德礼为政教之本，刑罚为政教之用，犹昏晓阳秋相须而成者也”[①]，把刑法内容与儒家的伦理规范融为一体。而《大元通制序》明确指出：“鞭笞斧钺，礼乐教化，相为表里”，“士教百姓于刑之中，以教祗德”[②]。唐律《名例律》中的五刑、十恶、八议以及有关依五服制刑的内容等皆为《大元通制》所吸收。虞集主修、“会粹国朝故实”的政书《经世大典·宪典》，是《元史·刑法志》的主要依据，其序录画龙点睛地指明了元律对唐律的继承：“政有沿革，法有变更，是数者之目，弗可改也。”[③]

自汉武帝“罢黜百家，独尊儒术”以后，元朝以前的历代封建王朝基本以儒家思想作为指导思想。儒家的“三纲五常”学说成为维持皇权统治、维系君臣、父子、夫妇伦理关系的最重要的教条。元朝统治者为了适应多元民族及多元文化的需要，对各种宗教（包括被视为宗教的儒学）采取兼收并蓄政策。蒙古人信仰佛教，所以佛教最受统治者尊崇。宪宗蒙哥曾说：“佛门如掌，余皆如指。”[④]忽必烈先后封八思巴为国师、帝师，其法旨可以和皇帝的诏敕“并行西土”[⑤]。和以前历代相比，儒学在元朝已失去昔日的辉煌。儒家的伦理观念与蒙古统治者的实用主义思想时有冲突，因而一度受到冷遇，那些行为迂阔的儒生则受到歧视。成吉思汗时就有人责备“儒者何用”[⑥]。元初，儒学教官生活贫苦，“冷暑寒毡，糊口不给”，很难想象能够安心授业解惑。当时的社会现状是：“名儒硕德既老且尽，晚生后辈以上乏教育，下无进望，例皆不学。”[⑦]儒学教育虽不景气，但儒学精华并未

① 刘俊文点校:《唐律疏议》卷1，《名例律》。

② （元）孛术鲁翀:《大元通制序》，引自《通制条格》，浙江古籍出版社1986年版，第1—2页。

③ 《经世大典·宪典总序》，引自《元代法律资料辑存》，第90页。

④ 《至元辩伪录》卷3，1926年先照刊本。

⑤ （明）陈邦瞻:《元史纪事本末》卷18，《佛教之崇》。

⑥ 《元史》卷146，《耶律楚材传》。

⑦ （元）王恽:《秋涧集》卷90，《养人材，设学校》。

因此而遭到泯灭。

蒙古民族处于自然经济阶段，其文化习俗与当时汉族有相通之处，具备接受儒家伦理道德的基础。1245—1247 年，意大利人柏朗嘉宾带着欧洲教皇的旨令出使蒙古，他深刻感受到：“鞑靼人的皇帝对所有人都具有非凡的权威……一切都是属于皇帝的，无论是人还是畜类都一概如此”；蒙古人“比世界上的任何民族都更为服从自己的统治者，无论其主子是教士还是俗人”；“他们中的妇女都很贞洁，从来听不到她们因被男子引诱而有越轨行为”。[1] 在元朝政府供职 17 年的另一位意大利人马可波罗的描述是：“妇女们非常珍视贞洁……不但把不贞看成一种最可耻的罪恶，而且认为这是最不荣誉的”；“他们对父母表示最大的孝敬。如果有一个儿子，对父母怠慢无礼，或在必要时不负赡养父母的责任，那么，便由一个负有特别职责的衙门，严治这种不孝之罪”。[2] 蒙元统治者从各汗王到诸皇帝都非常需要借助一种思想体系，以保持自己至高无上的尊严，而儒家的忠君、孝悌、尊卑有序等思想恰恰是他们所渴求的。成吉思汗精辟地阐明了治民之道：“凡是一个民族，子不遵父教，弟不聆兄言，夫不信妻贞，妻不顺夫意，公公不赞许儿媳，儿媳不孝敬公公，长者不保护幼者，幼者不接受长者的教训，大人物信用奴仆而疏远周围亲信以外的人，富有者不救济国内人民，轻视习惯和法令，不通情达理，以致成为当国者之敌”，就应当受到严厉惩罚。[3] 成吉思汗《大札撒》规定：“最老年的太守失职时，君主派遣处罚他的使臣，纵令是最低级的臣子，老太守应一身委之使臣，捕伏于使臣面前，纵令是处死刑，亦应捕伏受刑”，“汗禁止太守等与君主以外

① 耿升译：《柏朗嘉宾蒙古行纪》，中华书局 1985 年版，第 39—56 页。

② 陈开俊等译：《马可波罗游记》，福建科学技术出版社 1981 年版，第 63、129 页。

③ ［波斯］拉施特主编：《史集》，余大钧等译，第 1 卷，第 2 册，商务印书馆 1983 年版，第 354—355 页。

之任何人发生关系，违者应处死刑”[①]。以上训诫和大札撒的君权、父权思想，与儒家“君君臣臣父父子子”的封建宗法思想正相契合。自称“遵祖宗之法，不蹈袭他国所为”的窝阔台汗[②]，在继承汗位后，却满心服膺汉制仪礼，对从汉制移植了“拜礼”的耶律楚材大加赞许，称他是“真社稷臣也”[③]。从窝阔台“始立朝仪，皇族尊属皆拜颁大札撒”[④]。他把儒家之礼与祖宗之法糅在一起，为巩固汗权奠定了基石。至元元年（1264 年），忽必烈以“构祸我家”为罪名，下诏对其政敌阿里不哥之大臣不鲁花等人“照依太祖皇帝札撒正典刑讫”[⑤]。延祐四年（1317 年）八月，仁宗斥责中书右丞相合散：“卿等何尝奉行朕旨，虽祖宗遗训，朝廷法令，皆不遵守……使人君制法，宰相能守而勿失，则下民知所畏避，纲纪可正，风俗可厚。其或法弛民慢，怨言并兴，欲求治安，岂不难哉。”[⑥] 他们都认识到以刑法维护专制政权的必要性。

但是，蒙古统治者把“三纲五常”思想融诸刑法，却经历了一段较长的历史时期。一些儒士或兼通儒术的杂家，对推动蒙古汗王的汉化过程起了催化剂作用。耶律楚材根据蒙古统治者崇佛的特点，巧妙地把儒、佛思想结合起来，提出“以儒治国，以佛治心”的策略。[⑦] 他经常向窝阔台汗讲述“孔子之教可行”的道理：“三纲五常，圣人之名教，有国家者莫不由之，如天之有日月也。”[⑧] 蒙哥汗王从儒士处知道“儒以纲常治天下，岂方

---

① ［俄］贝勒津：《成吉思汗的札撒》；潘世宪：《蒙古民族地方法制史概要》（油印本）附录 1，内蒙古大学蒙古史研究所编印。

② 《元史》卷 2，《太宗纪》。

③ 《元史》卷 146，《耶律楚材传》。

④ 《元史》卷 2，《太宗纪》。

⑤ 《元史》卷 5，《世祖纪》2。

⑥ 《元史》卷 26，《仁宗纪》3。

⑦ （元）耶律楚材：《寄万松老人书》，《湛然居士集》卷 13。

⑧ 《元史》卷 146，《耶律楚材传》。

技所得比”后十分兴奋，相见恨晚地说：“前此未有以是告朕者”[①]。元世祖忽必烈还在潜邸时就受到周围一批儒学精英的熏陶，逐渐倾心于儒术，被人尊奉为“儒教大宗师”[②]。他在听取儒者窦默的治国之道时，领悟到失去三纲五常“则无以立于世矣”而感慨万分。[③]中统元年（1260年），忽必烈赫然登上大汗宝座，学者元好问的门人郝经及时呈上《立政议》，提出“以国朝之成法，援唐宋之故典，参辽金之遗制，设官分职，立政安民，成一代王法”，以及“附会汉法”的主张。[④]得到忽必烈的赞同与支持。忽必烈踌躇满志地说：“祖述变通，正在今日。”[⑤]他在征服汉地的过程中，更加体会到汉文化对维持封建统治的作用：“今日能用士，而能行中国之道，则中国之主也”[⑥]；“考之前代，北方之有中夏者，必行汉法乃可长久”。[⑦]于是，他建国号曰大元，取自《易经》“乾元”之义，自称“绍百王而纪统”[⑧]，公开承认与历代封建王朝是一脉相承的关系。忽必烈接受了孔孟之道的儒家学说，在他陆续颁布的法令之中也能体现儒家的微言大义。如中统二年（1261年）四月诏：“其职官污滥及民不孝悌者，量轻重议罚”等。[⑨]他指出：“诸人姓名与古王及周公、孔子同者，并合回避”[⑩]，充分体现了对儒家文化代表人物的敬慕之情。大臣廉希宪正是利用他行中国之道、做中国之主的心理，以“为臣当忠，为子当孝，孔子之戒，如是而已”为由，有效地抵

① 《元史》卷125，《高智耀传》。
② （元）王恽：《张德辉行状》，《名臣事略》卷10。
③ 《元史》卷158，《窦默传》。
④ 郝经：《陵川集》卷32。
⑤ 《元典章》卷1，《诏令》1，《登宝位诏》。
⑥ （元）郝经：《陵川集》卷37，《与宋国两淮制置使书》。
⑦ 《元史》卷158，《许衡传》。
⑧ 《元史》卷7，《世祖纪》4。
⑨ 《元史》卷4，《世祖纪》1。
⑩ 《至元杂令·诸色回避》，引自《元代法律资料辑存》第35页。

制了忽必烈让大臣皈依佛教的旨意。[①]

元世祖以后的元朝统治者，有的汉化程度较深。如提倡尊孔重教的元仁宗认为“学校为治之本，风化之源”[②]，把儒学教育提高到元朝建立以来从未达到的高度，其显著标志是重新恢复蒙元以来中断多年的科举考试。元仁宗曾攥着拳头形象地向群臣解释说：“所重乎儒者，为其握持纲常，如此其固也。”[③] 延祐三年（1316 年）他当政时纂成的法典取名为《风宪宏纲》，也表明了决心弘扬儒家教化的意图：“风者，天地之使也，王者之声教也，故上行下效谓之风；宪者，法则也……风主于教，宪主于法，上之行，下有不能效者，则继之以法。”[④] 在其颁布的法令中融会贯通了儒家明刑弼教的思想。如延祐六年（1319 年）颁布的《盗贼通例》，不仅加重了对盗贼的惩罚，而且注意到发挥刑法的教育功能，以加强对犯罪的一般预防。《盗贼通例》曰：“天地生民，各有良心，苟失教养，靡所不为，甚至昏迷为盗，重罹刑宪，原其所自，盖多胁从染习。故《虞书》有象刑之典，《周礼》载悬法之文，皆所以明示宪章，使民易避。比年以来，未获盗贼起数尚多，实由有司失于抚字，不能申明禁例，及至误陷于罪，据法绳之。所谓不教而罪，深可哀矜。故将元定盗贼轻重罪名开列于后，仰所在官司多出文榜，排门粉壁，明白晓谕，毋致违犯。其应捕官兵人等常切用心巡警缉捕，须要弭息。仍照勘在前曾经刺断强切盗贼，若能悔过自新，元定限内不曾再犯，保勘是实，即与除籍。有司正官常加抚谕，所部人民修其孝悌忠信，勤谨服劳，各安生理，里闾相劝，族党相规，永为淳良，非徒虚文，期于实效。”[⑤] 它主张重教养、明法制、劝自新，反对不教而诛，陷民于水火之中。仁宗以后的英宗、文宗，都具有较高的汉族文化素养。英宗朝以《风宪宏

① 《元史》卷 126，《廉希宪传》。

② 《元典章》卷 2，圣政 1，《兴学校延祐四年诏》。

③ 《元史》卷 175，《李孟传》。

④ （元）许有壬：《至正集》卷 45，《敕赐重修陕西诸道行御史台碑》。

⑤ 《典章新集·刑部·盗贼通例》。

纲》为基础，纂修而成《大元通制》颁行全国。《大元通制》“承袭了唐以来中国封建法典的基本精神”，不仅吸收了唐律《名例律》中的五刑、十恶、八议，还增加了“五服”专条，表明“汉族传统的封建宗法思想已在很深的程度上被元朝统治者接受”①。文宗时“采辑本朝典故，准唐、宋会要，著为经世大典”②。其中主要取材于《大元通制》的《宪典》在这一政书中起着总纲作用，所谓“《治典》非宪无以明黜陟，《赋典》非宪无以吝出内，《礼典》非宪无以儆傲惰，《兵典》非宪无以律骄盈，《工典》非宪无以惩滥恶”，各种行政、军事、经济法规的实施皆受到《宪典》的保障，“纲举目张，吏易遵行，民易趋避”③。由于《宪典》的内容在贯彻礼教方面与唐律如出一辙，所以熟悉唐律的元文宗读后疑为唐律再版。④文宗在位时，曾根据礼制原则，对蒙古旧俗屡有变革。“丁忧”乃汉族礼制⑤，蒙古、色目人原无此风俗，但在汉人影响下也有部分人效法，文宗对此大度宽容：“愿丁父母忧者，听从旧制”，不予阻挠⑥；收继兄嫂、庶母本是蒙古旧俗，文宗却大肆表彰“蚤寡守节，不从诸叔继尚”的皇姑鲁国大长公主⑦，相反，对人们盲目追随蒙古旧俗，“有弟收其嫂，子收庶母者”，则要追究刑事责任。⑧文宗一朝，旌表孝行、贞节之事史不绝书。在司法实践中曾发生妻妾因受株连而被“断付他人”为婢妾之事。天历二年（1329年）陕西行台御史孔思迪就此上奏文宗皇帝，指出“人伦之中，夫妇为重……似与国朝旌表贞节之旨不侔，夫亡终制之令相反”，文宗遂下令禁止。⑨文

① 《〈大元通制〉考辨》，《元代法律资料辑存》，第266—268页。
② 《元史》卷33，《文宗纪》2。
③ 《经世大典·宪典总序》，《元代法律资料辑存》，第90页。
④ 《元史》卷181，《揭傒斯传》。
⑤ 旧称遭父母之丧，语本《书·说命上》“王宅忧”。引自《辞海》。
⑥ 《元史》卷32，《文宗纪》1。
⑦ 《元史》卷33，《文宗纪》2。
⑧ 《元史》卷34，《文宗纪》3。
⑨ 《元史》卷33，《文宗纪》2。

宗时对违反封建伦理纲常的官吏都要依法严惩。如四川行省平章囊加台起兵讨伐文宗，被“以指斥乘舆，坐大不道”罪处弃市刑。[①]文宗曾痛斥四川行省参政马镕之不懂礼教：“纲常之理，尊卑之分，懵无所知，其何以居上而临下？”因而下旨将其罢官。[②]

元顺帝时，丞相伯颜一度掀起反汉排儒的浊浪，但儒家纲常礼教对刑法的指导思想并未因此而削弱。至正六年（1346 年）颁布的《至正条格》，是与《大元通制》的立法精神相吻合的一部综合性法典，所谓“人君制法，奉天而行。臣知事君，即知事天。敬君敬天，敢不敬法”[③]，即精辟地阐明了制定条格的意旨。

根据蒙古旧制，王位的继承权可以由长皇后的诸子分享，而成吉思汗“黄金家族”成员的每个宗主，也都分别拥有自己的臣民和领地，这是最高统治权经常遭到削弱的致命之处。面对“法度不一，内外离心”、危机四伏的局面，汉化程度有所不同的各代皇帝，几乎都从儒家思想中寻找巩固专制权力的武器。因此，元朝刑法中的纲常礼教思想是贯彻始终的，其中尤以仁宗、英宗、文宗三朝的法典显著。从这一意义说，元朝刑法和历代封建王朝的刑法典在指导思想上保持了高度的一致性。

二、“参酌古今”，保留蒙古特色的刑事立法指导思想

元朝建立前，虽用金律，却非完全照搬。在实践中，定罪首先应“钦依施行圣旨、依例洎都省明文检拟”。对没有规定罪名的，“先送法司检拟，有无情法相应，更为酌古准今，量情为罪”[④]。这种做法灵活，却缺少章法。

---

① 《元史》卷 33，《文宗纪》2。

② 《元史》卷 35，《文宗纪》4。

③ （元）欧阳玄：《至正条格序》，《元代法律资料辑存》，第 88 页。

④ （元）沈仲纬：《刑统赋疏》“制不必备也立例以为总”，载至元元年通例。《枕碧楼丛书》第 8 册。

忽必烈至元八年（1271年）下旨禁用金《泰和律》，“令老臣通法律者，参酌古今，从新定制”[①]。在此之后，到至治三年（1323年）颁布《大元通制》，其间经历50余年，编修元律工作历尽曲折，其主要困难“在于南不能从北，北不能从南”。一些大臣纷纷献策，寻求解决办法。胡祗遹说：“莫若南自南而北自北，则法自立矣。”[②]王恽提出一个折中的方案：“将奉敕删定到律令颁为至元新法……若中间或有不通行者，取国朝札撒，如金制别定敕条。”[③]魏初则认为对泰和律应具体分析，不可全盘否定：“泰和之律非独金律也，旁采五经及三代汉唐历代之遗制耳。若删去金俗所尚及其敕条等律，益以开国以来圣旨条画及奏准体例以成一书，即至元新律也。”[④]虽然众说纷纭，但他们皆注意到历代封建刑法与蒙古习惯法矛盾难以调和这一事实。世祖以前，国家以“祖宗家法”为重，似为刑律久未面世的主要原因，元成宗迫于形势需要，加快了立法进程。大德四年（1300年），成宗对奉命修律的何荣祖说：“古今异宜，不必相沿，但取宜于今者。”[⑤]大德律由于“所任非人，讹舛（甚）多”。郑介夫又上书，建议“选择通经术、明治体、练达时宜者，酌以古今之律文，参以先帝建元以来制敕命令，采以南北风土之宜，修为一代令典”[⑥]。始之于仁宗，终之于英宗朝的《大元通制》，“纂集世祖以来法制事例”[⑦]，在篇章结构及内容上，既吸收历代法律之精华，又保留蒙古习惯法的特色，“以古律合新书，文辞各异，意义多同。其于古律，暗用而明不用，名废而实不废……一循古律篇题之次第而类辑”[⑧]，

① 《元史》卷22，《武宗纪》1。

② （元）胡祗遹：《紫山大全集》卷21，《论治法》。

③ （元）王恽：《秋涧集》卷90，《便民三十五事·立法·定法制》。

④ （元）魏初：《青崖集》卷4，《至元八年十二月二十五日奏议》。

⑤ 《元史》卷20，《成宗纪》3。

⑥ （明）陈邦瞻：《元史纪事本末》卷11，《律令之定》。

⑦ 《元史》卷102，《刑法志》1。

⑧ （元）吴澄：《大元通制条例纲目后序》，引自《元代法律资料辑存》。

而其中的“断例即唐律十二篇”[①]。

值得注意的是，元朝公开颁布的法典都没有把成吉思汗时期的札撒系统地收辑在内，忽必烈以前的断例也较少采取。《大札撒》是以蒙古各部族的习惯法为基础陆续发布的，其中以刑法规范居多。成吉思汗“依据自己的想法，他给每个场合制定一条法令，给每个情况制定一条律文，而对每种罪行，他也制定一条刑罚”[②]，但“造成册子的规范永不得更改”[③]。随着统治区域的扩大，旧的规范不能适应不同民族的实际情况，法律在实施过程中受到障碍。胡祗遹曾说：“泰和旧例不敢凭倚，蒙古祖宗家法汉人不能尽知，亦无颁降明文，未能遵依施行。”[④]忽必烈“盖欲因时制宜，自我作古”[⑤]，成宗也认为“古今异宜，不必相沿”。忽必烈及以后的统治者采取的办法是，一方面保留借以维系本民族感情、维护蒙古贵族利益的“祖宗成法”，另一方面根据形势发展，对原来的习惯法分别作出不同处理。前者表现为：把“祖宗成法”和被后人称为“蒙古的机密大事记”的《蒙古秘史》藏于宫廷秘而不宣，保持蒙古贵族的绝对尊严；其札撒只在宴会上指定人员宣读，即“凡大宴，世臣掌金匮之书（者），必陈祖宗大札撒以为训”[⑥]，以表示不违背祖宗之制。后者的做法是：（1）对有的札撒或旧的习惯法作了修改，如旧法对“通奸者无论有无妻家”以及行窃者均处以死刑[⑦]，而《大元通制》则规定“诸和奸者，杖七十七，有夫者八十七”，“诸窃盗，始谋而未行者，笞四十七，已行而不得财者五十七……罪止徒三年”[⑧]；（2）有

---

① （元）沈仲纬：《刑统赋疏》，《枕碧楼丛书》第8册。

② ［伊朗］志费尼：《世界征服者史》，何高济译，内蒙古人民出版社1980年版，第28页。

③ 札奇斯钦：《蒙古秘史新译并注释》卷8，第302节，联经出版事业公司1979年版，第305—306页。

④ 《紫山集》卷22，《杂著·论法定律》。

⑤ 《大元通制条例纲目后序》。

⑥ 《元诗纪事》卷7。

⑦ 潘世宪：《蒙古民族地方法制史概要》；《柏朗嘉宾蒙古行纪》，第42—43页。

⑧ 《元史》卷104，《刑法志》3。

的增添了原习惯法不具备的一些内容，如关于伪造宝钞的规定[①]；(3) 有的则直接删除旧制，如文宗时废除籍没犯人妻子的规定等。实际上，因时立制是历代封建社会维持统治的需要。所谓“前主所是著为律，后主所是疏为令”[②]，表明了封建王朝的法制都有继承、发展的过程。如同宋朝为了加强中央集权、突出当朝皇帝的旨意，而把唐朝律令格式的法律形式改为敕令格式那样，元朝统治者的“附会汉法”，也是为了加强对汉地社会的集权统治，是顺应历史发展的必然趋势。但是人口甚少却又统治着广袤领土的蒙古贵族为了防止被汉族同化，仍然执着地保持某种独立性，这就在刑事立法上留下了许多独具特色的内容。主要表现在：

1. 刑事立法重视成例的编纂。成吉思汗把案例载入青册，让部下遵依施行。忽必烈及以后的统治者“因时制宜”，但同时又继承了重成例的传统做法。《大元通制》共有格例 2539 条，仅“断例”就有 717 条，占 1/3 弱。元代的断例含有“断案事例”“断案通例”两层意义，二者往往混用。其中有些断例颇具时代特色，是“完全从元代社会的实际情况出发而制订的”[③]。《大元通制》以唐律十二篇的名目，采取旧瓶装新酒的办法，把元代的“断例”作为“通例”按类编纂而成。元朝以前的封建国家就有成例这一形式，但一般是作为法律的重要补充而出现的，如秦朝的“廷行事”、汉朝的“决事比”，宋朝又规定编例制度，在“法所不载”时用例。[④] 元朝则将律、令、判例三者融为一体，可谓前所未有、独辟蹊径。由前代的律到元朝的“断例”这一名称本身的变化，反映了成例在元朝法典中占有重要地位。

2. 内容奇特的刑罚制度。元朝虽然吸收了唐律的五刑之制，但在刑等、

① 《元史》卷 104，《刑法志》3。
② 《汉书 · 杜周传》。
③ 黄时鉴：《〈大元通制〉考辨》，载《中国社会科学》1987 年第 2 期。
④ 《宋史》卷 199，《刑法志》1。

罚金刑等方面颇有不同。如笞、杖刑共有 11 等，包括笞刑 6 等，杖刑 5 等，均以 7 为尾数，流刑则不分道里等次；增加“征烧埋银”和“盗一赔九”之罚，更是蒙古旧制特色的体现。凡是因殴、杀等致死人命者，往往需要附加或单处“征烧埋银”，而情节严重者还要加倍征收。如对盗棺毁尸者要向“犯人家属征烧埋银”，“诸阃帅侵盗系官钱粮，怒吏发其奸，辄令人殴死者，以故杀论；虽会大赦，仍追夺不叙，倍征烧埋银”，等等。[①]原来蒙古人祭奠死者有“烧饭”之俗。“元朝人死，致祭曰烧饭，其大祭则烧马”[②]，在丧礼中堪称一桩大事。因此刑法附加征收“烧埋银”，既表示抚慰死者亲属，又是对犯人严厉的经济处罚。按照蒙古体例，偷盗头口须盗一赔九。马可波罗说：鞑靼人“如果偷盗了马疋或应该判处死刑的物品时，就判决死罪……盗窃犯如果能够支付九倍的赔偿价值时就可以免受刑罚”[③]。对蒙古人的这一规定后来也适用于汉人和南人。[④]在蒙古习俗中，九是最大的数字，九种赏赐是最高的奖赏，九次犯罪不罚则表示最大的恩宠。[⑤]盗一赔九是经济处罚中较高的赔偿数额，远远超过唐律有关“倍备”的偿赃规定。

三、分而治之的民族压迫思想

蒙古贵族统治者在横扫欧亚大陆的过程中，较早征服了西域等地的色目人。大多数色目人与蒙古贵族同属于北亚干燥地带的游牧文化圈，无论风俗习惯还是民族语言都十分相近。[⑥]蒙古贵族急于征服世界、聚敛财富，

① 《元史》卷 104—105，《刑法志》3—4。
② （元）叶子奇：《草木子》卷 3，《杂制篇》。
③ 陈开俊等译：《马可波罗游记》，第 67 页。
④ 《元典章》卷 49，《刑部》11，《偷头口·汉儿人偷头口一个也赔九个》。
⑤ 札奇斯钦：《蒙古秘史新译并注释》卷 2，第 103 节，第 111 页注㊆。
⑥ 萧启庆：《西域人与元初政治》，台湾大学文学院 1966 年版，第 113 页。

而属于色目民族的钦察和阿速军队英勇善战，回族人又善于经商理财，所以顺理成章地成为协助蒙古统治者的左膀右臂。色目人受器重还有历史的原因。成吉思汗时就有依照被征服者降服的时间顺序而安排座次，分别给予不同待遇的习惯。忽必烈曾对降服的高丽国王说：“汝内附在后，故班诸王下。我太祖时，亦都护先附，即令齿诸王上；阿思兰后附，故班其下，卿宜知之。”① 色目人较早归顺蒙古人，对蒙古统治者缺少反抗、敌对意识，因此蒙古统治者也就很少怀有戒备心理。

以农业为主要生活来源的汉民族，在文化背景、风俗习惯诸方面与蒙古族差异较大。金国、南宋都曾和蒙古军队经过激烈的交手抗争，它们降服较晚，而降服之后各地的反抗、骚乱起伏不断，使蒙古统治者颇伤脑筋。从统治者的认识规律看，让汉人、南人屈居下等是在所必然的。为了维护蒙古政权的根本利益，其采纳儒家的治道作为统治思想，但对汉人“非我族类，其心必异”的意识却根深蒂固。有人曾向太宗窝阔台进言说：“汉人无补于国，可悉空其人，以为牧地。”② 虽然受到阻止没有施行，却反映了相当一部分统治者仇视汉人。忽必烈比较亲近汉人幕僚，但山东军阀李璮勾结中书省官王文统发动叛乱一事，也不能不使他心怀疑忌。而色目官员在一旁借题发挥、趁机挑拨：“回回虽时盗国钱物，未若‘秀才’敢为反逆”③，又似火上浇油。

蒙古人所征服的区域不断扩大，但仅凭其本民族的人力不足以维持统治。如分配到汉族区域的蒙古族人口仅有40万。当时比较繁华的集庆、镇江两路共有民户32.5489万户，而蒙古人仅有43户。④ 为了解决与被统治者人口比例悬殊的矛盾，蒙古统治者采取了制造民族隔阂、“分而治之”

① 《元史》卷7,《世祖纪》4。
② 《元史》卷146,《耶律楚材传》。
③ （元）姚燧:《牧庵集》卷15,《姚文献公神道碑》。
④ 韩儒林主编:《元朝史》，人民出版社1986年版，第5页。

的政策。

还在蒙古国时期，就公开宣布色目人、汉人在法律上处于不平等地位。窝阔台转述成吉思汗的法令说："杀一回教徒者罚黄金四十巴里失，而杀一汉人者其价值仅与一驴相等。"① 这一侮辱性的规定赤裸裸地体现了汉人、色目人在法律上的不平等。元朝建立后，进一步把国内居民分为四等，除蒙古人占据优势地位外，其他由高到低依次为色目人，包括西夏、回族、西域人；汉人，属于原金国统治下的汉人、契丹、女真人；南人，指原南宋统治下的汉人及西南地区的各族人民。蒙古统治集团中分属不同等级的成员的待遇也不同。如大德四年（1300 年）规定："色目人比汉人优一等受荫。"② 元朝刑法更是极力维护蒙古人、色目人的特权，而专门针对汉人、南人的禁令等充分体现了民族歧视、对不同民族实行同罪异罚。如至元九年（1272 年）五月，"禁止汉人聚众与蒙古人斗殴"③，蒙古人打汉人，汉人不得还手，只可以"诉于有司"，违者则严行断罪④；蒙古人"因争及乘醉殴死汉人者"，仅仅作出"断罚出征""全征烧埋银"的处理⑤，而汉人殴死蒙古人却要处死，并"断付正犯人家产，余人并征烧埋银"⑥；通例规定："窃盗初犯刺左臂，再犯刺右臂，三犯刺项，强盗初犯刺项"，但蒙古人"不在刺字之例"⑦；"诸色目人犯盗，免刺科断，发本管官司设法拘检"⑧；等等。在刑案的审讯过程中，一般都要确定犯人属于哪个等级，再决定使用何种刑罚。如延祐四年（1317 年）五月，"济南路申禀：盗贼张卜花，根脚女

① 冯承钧译：《多桑蒙古史》卷 2，第 2 章。
② 黄时鉴点校：《通制条格》卷 6，《荫例》，浙江古籍出版社 1986 年版，第 89 页。
③《元史》卷 7，《世祖纪》4；《通制条格》卷 27，《汉人殴蒙古人》。
④《元典章》卷 44，《刑部》6，《杂例·蒙古人打汉人不得还》。
⑤《元史》卷 105，《刑法志》4。
⑥ 引自《大清光绪新法令》。
⑦《元典章》卷 49，《刑部》11，《诸盗·强窃盗贼通例》。
⑧《元史》卷 104，《刑法志》3。

直人氏，不见是否同色目汉人”？由于女真属于“汉人”等级，因此刑部批复“一体刺断”[①]。蒙古人犯法，除“犯真奸盗者”外，一概不得拘捕，其中犯死罪者“有司毋得拷掠，仍日给饮食”，在狱中享受优遇。审囚官如果违反规定给蒙古犯人刺字，不仅“杖七十七，除名”，还得设法除去已刺之字。[②]

元朝严禁汉人、南人私藏弓矢等武器和一切铁制器物。从忽必烈时起，各种禁令联翩而至：至元二十年（1283年）规定“除弓人外，别个汉儿人每弓箭军器不交执把”[③]；至元二十三年（1286年）“敕中外凡汉民持铁尺、手挝及杖之藏刃者悉输于官”[④]；至元二十七年（1290年）“命枢密院括江南民间兵器”[⑤]；至元二十九年（1292年）“申严江南兵器之禁”[⑥]；至大四年（1311年）“申禁汉人持弓矢兵器田猎”，“敕汉人、南人、高丽人宿卫分司上都，勿给弓矢”，以确保统治者的安全[⑦]；汉人、南人私造兵器或私有甲全副、弓箭10副者处死。

为了防止骚乱，元朝禁止汉族民间流行的祈赛神社等活动。忽必烈降旨“汉儿田地里祈仙、祈圣、赛神、赛社，都交罢了者”。至元十六年（1279年）八月，中书省、御史台接到燕南河北道按察司的申报：“民间多有祈赛神社、置到神案、旗牌、锣鼓、伞盖、交椅、仪从等物，若不拘收、切恐因而别生事端”，于是规定禁绝祈神赛社，并将“旗牌锣鼓等物令有司拘收入官”[⑧]。江南地区“初定之时，为恐人心未定”，曾下令禁止夜间点灯，

---

① 《刑统赋疏通例编年》，《元代法律资料辑存》，第196页。

② 《元史》卷103，《刑法志》2。

③ 《元典章》卷35，《兵部》2，《拘收·禁治弓箭弹弓》。

④ 《元史》卷14，《世祖纪》11。

⑤ 《元史》卷16，《世祖纪》13。

⑥ 《元史》卷17，《世祖纪》14。

⑦ 《元史》卷24，《仁宗纪》1。

⑧ 《通制条格》卷28，《杂令·祈赛等事》。

由于当地人民斗争此起彼伏，竟使这一禁令绵延推行达 18 年之久。直至至元二十九年（1292 年），有人提出：“（江南）今归附年深，尚未蠲除，所害不浅”①，才开始解除当地的灯火管制。

采取“分而治之”的民族防范政策是十分反动的。但历史地看，蒙古统治者出于政治上的需要，也是迫不得已而为之。在对各民族的态度上，元朝统治者并非排斥所有的汉人、南人，对色目人也不是放纵不管。一方面，他们极力拉拢汉人、南人的精英人物，利用他们行使部分统治职能，以补蒙古人的不足。元朝政权的性质实为蒙汉地主阶级专政的联合体。至元十二年（1275 年）忽必烈对参知政事高达说，“今欲保守新附城壁，使百姓安业力农，蒙古人未之知也，尔熟知其事，宜加勉旃”②，鼓励他按照汉族习惯，恢复农业生产。至元二十四年（1287 年）忽必烈任命南人程钜夫为御史中丞，受到御史台大臣的阻挠，其理由是“钜夫南人，且年少”，忽必烈则反驳说：“汝未用南人，何以知南人不可用？”并下令以后省、部、台、院，都要吸收杰出的南人参加。③元贞二年（1296 年）台臣请求成宗在其近侍中择用官员，成宗深知他们不是栋梁之材，而下令“选汉人识达事体者为之”④。另一方面，对高级奴才色目人的行为也有所限制。如曾以“虑恐因而别生事端”为由一度没收他们的军器⑤；对虽有理财之功而又贪赃枉法的色目贵族仍严惩不贷，把一度权倾朝野的大贪污犯阿合马、桑哥处以戮尸和死刑。上述事例说明，任何人都不得触犯蒙古贵族的利益，而“分而治之”的策略正是从维护国家的根本利益出发的。

---

① 《元典章》卷 57，《刑部》19，《诸禁·禁夜·讲究开禁灯火》。

② 《元史》卷 8，《世祖纪》5。

③ 《元史》卷 172，《程钜夫传》。

④ 《元史》卷 19，《成宗纪》2。

⑤ 《元典章》卷 35，《兵部》2，《拘收·拘禁僧人弓箭》。

四、轻典、平恕的用刑思想

“刓治新国，古用轻典，钦乃攸司，恤哉惟刑”[①]，是元朝时劝戒官吏奉用轻典的一句箴言。元初，“循用金律，颇伤严刻。及世祖平宋，疆理混一，由是简除繁苛，始定新律”[②]。此新律即元朝第一部法典《至元新格》。飙风闪电般的统一战争结束后，蒙古统治者汲取历史经验，采取“刑新国用轻典”的治国之策。苏天爵《至元新格序》指出：“国家以神武定天下，宽仁御兆民……近世烦文苛法为民病者，悉置而不用”[③]。采用轻典之事绝非子虚乌有。忽必烈时以“户口增、田野辟、词讼简、贼盗息、赋役平”五事作为考核各级官吏的重要标准。“词讼简”即“听断详明，讼无停留，狱无冤滞者”，被称为“治事之最”[④]主张宽刑慎法的忽必烈在拟定笞、杖之刑制时，以“天饶他一下，地饶他一下，我饶他一下”为由，将旧制“十减其三”，以示用刑平恕。[⑤]忽必烈自称“朕治天下，重惜人命”[⑥]。他对宰臣说：“朕或怒有罪者，使汝杀，汝勿杀，必迟回一二日乃覆奏”[⑦]，颇具唐太宗慎刑的风格。至元二十三年（1286年）四月，中书省臣对窃盗犯“悉令配役”一事提出异议，忽必烈马上虚怀纳谅：“人命至重，今后非详谳者，勿辄杀人。”[⑧]第二年，他又对札鲁忽赤合剌合孙说：“囚非群羊，岂可遽杀耶？宜悉配隶淘金。”[⑨]史称忽必烈时“君臣之间，唯知轻典之为尚”。元律并非一概废除重典。五刑之一的死刑就有凌迟，但它一般严格限制在

---

① （元）徐元瑞：《吏学指南·诸箴·提刑箴》，浙江古籍出版社1988年版，第131页。

② 《元史》卷102，《刑法志》1。

③ 引自《元代法律资料辑存》，第9—10页。

④ 《吏学指南·五事》。

⑤ 《经世大典·宪典总序》，《五刑》；《草木子》卷3下，《杂制篇》。

⑥ 《元史》卷165，《管如德传》。

⑦ 《元史》卷102，《刑法志》1。

⑧ 《元史》卷14，《世祖纪》11。

⑨ 《元史》卷14，《世祖纪》11。

属于“十恶”的恶逆等罪中使用。对滥用凌迟刑的则予以严惩。如延祐三年（1316年）六月丁丑仁宗敕：“大辟罪，临刑敢有横加刲割者，以重罪论。凡鞫囚，非强盗毋加酷刑。”[①]元顺帝时严惩盗贼，一度恢复了极为野蛮的肉刑。但这在一部元史中只是一段小插曲。元末明初人叶子奇说：“天下死囚，审谳已定，亦不加刑，皆老死于囹圄，自后惟秦王伯颜出天下囚始一加刑。故七八十年之中，老幼不曾睹斩戮。”[②]元人欧阳玄也评价当时的政治是“以忠质治天下，宽厚得民心，简易定国政”[③]，虽为溢美之词，但总的来说元朝崇尚轻典，堪称“宽厚”。曾有人统计宋、元两代历年死刑执行情况，其中最多的一年宋代是2560人，元朝是278人。[④]纵观历史，元朝的赦令十分频繁：“或以初政更新，或以大礼行庆，或以救灾恤眚，或以怀远招携。事既不同，赦亦有异。至于释京畿系囚，则或以特赦，或以佛事，有司往往以罪轻而疑者应之”，为此《经世大典·宪典》特设《赦宥篇》[⑤]，专讲赦免之政事。

但是，不分是非曲直，一律使用轻典，往往会产生“恕而不平”的后果。王恽曾揭露：元朝之廉访司初设立时，颇有伸张正气之举，但“行无几何，法禁稍宽，使监视者劲挺之气不息而自敛，听从者奸弊之萌潜滋而复兴”[⑥]。

元朝还有“以修佛事而释重囚”的惯例。成宗时，“西僧为佛事，请释罪人祈福，谓之秃鲁麻”，“僧人修佛事毕，必释重囚”，“豪民犯法者皆贿赂之以求免”[⑦]。于是，所谓平恕、赦宥成了姑息养奸的同义词。统治者

---

① 《元史》卷25，《仁宗纪》2。

② 《草木子》卷3下，《杂制篇》。

③ 《至正条格序》。

④ 李则芬：《元史新讲》，台湾“中华书局”1978年版，第787—788页。

⑤ 《经世大典·宪典总序》。

⑥ 《秋涧集》卷35，《上世祖皇帝论政事书》。

⑦ 《元史》卷21，《成宗纪》4，卷130，《不忽木传》。

后来自食恶果。元贞元年（1295年）秋七月，御史台臣言："内地盗贼窃发者众，皆由国家赦宥所致。"① 大德十一年（1307年）中书省臣提出："自元贞以来作佛事之故放释有罪，失于太宽，故有司无所遵守。"② 成宗以后，僧徒贪求不义之财，以作佛事为名庇佑罪犯已成为家常便饭。一些身犯重罪的高官，如阿里、别沙儿、李良弼等在"佛法"的保护伞下逃之夭夭，而"其余杀人之盗、作奸之徒，夤缘幸免者多"③。至大三年（1310年），张养浩上书武宗，力陈当时"刑禁太疏"之弊："比见近年臣有赃败，多以左右贿赂而免，民有贼杀，多以好事赦宥而原，加以三年之中，未尝一岁无赦，杀人者固已幸矣，其无辜而死者冤孰伸耶？"不仅如此，还有其他后患："诏赦之后罪囚之出，大或仇害事主，小或攘夺编民，有朝蒙恩而夕被执，旦出禁而暮杀人，数四发之，未尝一正厥罪者"；究其因，皆为有人包庇所致："诚以在上者开其为盗之途故也"④。在仁宗朝因仁宗反对，假借作佛事枉法纵囚之事才稍稍收敛。皇庆二年（1313年）仁宗下诏："今后做罪过的歹人每，依体例交问了，要罪过不疏放呵。"⑤ 但仁宗态度摇摆不定，后来又有多次作佛事释囚。而元英宗坚决反对所谓释罪人祈福之事："恶人屡赦，反害善良，何福之有？"他告诫群臣说："卿等居高位，食厚禄，当勉力图报。苟或贫乏，朕不惜赐汝；若为不法，则必刑无赦。"由于他"果于刑戮"，触犯了相当一部分贵族的利益，结果招来南坡杀身之祸。⑥

元朝轻典用刑思想突出表现在姑纵官吏犯罪方面。许有壬说："朝廷务

① 《元史》卷18，《成宗纪》1。
② 《元史》卷22，《武宗纪》1。
③ 《元史纪事本末》，第149—150页。
④ （元）张养浩：《归田类稿》卷2，《时政书·庚戌年上》。
⑤ 《元典章》卷39，《刑部》1，《刑制·刑法·做罪过的不疏放》。
⑥ 《元史》卷28，《英宗纪》2。

行姑息之政，赏重罚轻，故将士贪掠子女玉帛而无斗志。”[①] 与唐律相比：唐律号称持平，对监临主司（谓统摄案验及行案主典之类）受财枉法等赃罪处罚颇重[②]；元朝前期循用的金《泰和律》对上述赃罪的处罚又“较唐律为重”[③]。而元朝《赃罪条例十二章》同类犯罪的起点刑和最高刑都较唐、金律低。元朝对赃罪的处罚取消了生命刑，而只是规定了笞、杖刑以及禁锢、罢职、降职、调任等行政处分手段，但形同虚设，不仅对犯赃官吏起不到震慑作用，而且常常使之逃避刑事处罚，甚至因祸得福、青云直上，致使官场腐败风气更为盛行：“今日斥罢于东，明日擢用于西，随仆随起，此弃彼用，多方计置，反得美官，相师成风，愈无忌惮。”[④]

元朝之所以采用轻典治吏，其根本原因来自元朝政权本身的缺陷。首先，依蒙古旧俗，成吉思汗的后裔皆存在继位的可能性。各位君主为了换取宗王的支持，只得采取厚赐宗室、庇佑大臣的策略。其次，由宿卫入仕者一般窃据要职，成为官僚阶层的核心人物。他们作为皇帝的贴身侍卫，有受到皇帝偏袒的各种理由和有利条件。最后，由吏员出职是元朝做官的主要途径，所谓“天下之士，簿书期会之繁，悉付以吏，任之既久，趋之者日益众”[⑤]。由于蒙古官员不大熟悉汉地民情，必须把“大小事务一切付之于吏”，对下层官吏也不能不有所关照。元朝姑纵官吏的政策造成社会更加腐败，最终导致元朝统治的分崩瓦解。明朝初年，朱元璋“惩元纵弛之后，刑用重典”[⑥]，是在吸取历史的教训后，对元朝轻典、平恕用刑的矫枉过正之举。

---

① 《元史》卷182，《许有壬传》。

② 刘俊文点校：《唐律疏议》卷11，《职制·监主受财枉法》。

③ 叶潜昭：《金律之研究》，台湾“商务印书馆”1978年版，第79页。

④ 《雪楼集》卷10，《奏议存稿·吏治五事·置贪赃籍》。

⑤ （元）许有壬：《至正集》卷59，《故中奉大夫侍御史慕公墓志铭》。

⑥ 《明史》卷93，《刑法志》。

第二节 刑法的基本原则及适用

刑法原则是认定犯罪、确定刑事责任和如何适用刑罚的基本原则。元朝在立法过程中吸取了历代封建刑法原则的精华，同时又有重大发展，更加鲜明地体现了封建制刑法制度的本质和特点。

一、刑法的基本原则[①]

（一）五服

《晋书 · 刑法志》称晋律“峻礼教之防，准五服以制罪”。唐律、宋刑统皆继承了“准五服以制罪”的精神。《唐律疏议 · 名例律》中的十恶、八议及属于八议之人在法律上享有议、请、减、赎等法律特权的规定，无不与服制有关。但将“五服”列入刑法的《名例》篇明确作为刑法的一项基本原则，却是从元朝开始的。

五服是中国古代一种独特的丧服制度。它根据人们亲属关系的尊卑、亲疏、远近划分为五个等次，由重及轻分别为斩衰、齐衰、大功、小功、缌麻。何谓“服”？“盖服者、言者死既丧，生者制服，但貌以表心，服以表貌也”。

斩衰“而言斩者，谓取痛甚之义”[②]。它以最粗的麻布制成，缝制时不

---

① 现代刑法理论把贯穿于刑事立法及其解释和适用过程中普遍遵循的具有全局性、根本性的准则，称为刑法的基本原则。为了照顾法史学界的惯例，该研究范围不仅包括十恶、八议等刑法的基本原则，也包括自首、累犯等量刑情节的规定，以及数罪并罚等解决具体问题所采用的局部原则。

② （元）徐元瑞：《吏学指南 · 五服》，浙江古籍出版社 1988 年版，第 88 页。

缉边，使断处外露，以示无饰；用麻布缀在外衿当心之处，以示哀戚。斩衰服期三年，适用于子及未嫁女为父、承重孙为祖父、妻为夫、妻为夫之父等。①

齐衰，“裳粗缉而剪裁成也”②。即用粗麻布做成，缉边。服期有1年、3年、9月、5月、3月之分。3年适用于子及未嫁女为母，承重孙为祖母，妻为夫之母。1年分为杖期、不杖期。杖期，如为未出嫁姊妹杖期，妻为子嫡妇杖期，即服期用杖其“男子服用竹，妇人服用桐”③。孙为祖父母、夫为妻采用不杖期，即服不用杖。5月，如为曾祖父母。3月，如为高祖父母等。

大功，“功者，治布之功，有粗精也”。服用熟麻布做成，服期有9月、长殇9月、中殇7月之分。④适用于为堂兄弟、未嫁堂姊妹、已嫁姑、已嫁姊妹、已嫁女为伯叔父母、兄弟等。

小功，“布精者也。为服于轻，不成一时也”⑤。服用较细熟麻布做成，服期有5月、殇两种，适用于为伯叔祖父母、堂伯叔父母、再从兄弟、未嫁从祖祖姑、未嫁堂姑、已嫁堂姊妹、兄弟妻、外祖父母、母姊妹等。

缌麻，“服之轻者曰缌，谓治其布缕如丝，其服容貌可也”⑥。用细麻布制成，服期3月，适用于为族曾祖父母、族伯叔父母、族兄弟、未嫁族姊妹、妻父母、两姨兄弟、姑舅兄弟等。

忽必烈时期，服制仍在其统治的汉族地区流传，但当时立法并未采用。直至大德八年（1304年）才有官吏为父母守丧三年的规定。元成宗时编纂

① “斩衰”以下五服的适用范围，主要依据《大德典章》遗文;《元典章》卷30,《礼部》3,《礼制》之丧服图。

② （元）徐元瑞:《吏学指南·五服》，浙江古籍出版社1988年版，第88页。

③ （元）徐元瑞:《吏学指南·五服》，浙江古籍出版社1988年版，第88页。

④ 与小功服期均见《元史·刑法志》。殇，即未成年人而死。《吏学指南·三殇》指：“长殇，十九岁至十六岁，其服九月及三月；中殇，十五岁至十二岁，其服七月止三月；下殇，十二岁至八月，其服五月止三月。”

⑤ （元）徐元瑞:《吏学指南·五服》，浙江古籍出版社1988年版。

⑥ （元）徐元瑞:《吏学指南·五服》，浙江古籍出版社1988年版。

的《大德典章》及后来刊行的《元典章》皆录有丧服图。[1] 元英宗时颁布的《大元通制》"著五服于令"，开始把五服制度作为贯彻儒家纲常礼教的一项措施。所谓"国家以风俗为本，人道以忠孝为先，可以移忠，可以事上，忠孝既立，则人道修而风俗厚，为治之至要也"[2]；"因亲立教，以道民厚，由是服制兴焉……先王所以正伦理、明等威、辨疏戚、别嫌疑，莫大于是也"。颇有仿效汉家皇帝"以孝治天下"的味道。

"五服"入律之后，封建伦理关系对罪刑的轻重具有决定意义："有以服论而从重者，诸杀伤奸私是也。有以服论而从轻者，诸盗同属财是也。大要不越于礼与情而已。服重则礼严，故悖礼之至，从重典。服近则情亲，故原情之至，从恕法。知斯二者，则知以服制刑之意矣。"[3]

按照服制，子和未婚女都应为父母服丧3年，但在"男出继、女适人、母被出"等情况下，法律又有"降服"的规定，即"合服重而从轻也"[4]。其具体内容包括：凡出继"为人后者，为本生父母降服齐衰不杖期，解官申其心丧，及本生父母为其子为人后者报降服亦不杖期"。根据规定，虽然男子外继应当降本服一等，但由于他和生父、养父的亲疏关系不等，如有父子相犯，其处理也有所不同。按元朝断例，生父故杀子孙得减断，而养父故杀养子女则处以死刑，其原因是"恩之轻于本生，故当偿命"[5]。

"以服论而从重"，主要见于亲属间杀人、伤害及强奸等有悖礼义人伦等犯罪。《元史 · 刑法志》"杀伤门"载："诸父亡，母复纳他人为夫，即为义父，若逐其子出居于外，即同凡人，其有所斗殴杀伤，即以凡人斗殴杀伤论"；"奸非门"载："诸翁欺奸男妇，已成者处死，未成者杖一百七"，"诸欺奸义男妇杖一百七，欺奸不成，杖八十七"。以上就包括了养父故杀养

---

① 参见《元代法律资料辑存》，第53—58页；《元典章》卷30，《礼部》3，《礼制》等相关内容。

② 《元典章》卷30，《礼部》3，《礼制三 · 禁治居丧饮宴》。

③ 《宪典总序 · 名例篇》。

④ 《吏学指南 · 服制》。

⑤ 《刑统赋疏通例编年》第139条，引自《元代法律资料辑存》，第204页。

子女、义父斗杀伤义子、翁欺奸男妇、翁欺奸义男妇等。

“以服论而从轻”，包括亲属之间犯有盗窃等侵犯财产的犯罪。由于该类犯罪与在社会上盗窃等比社会危害性较小，故应从轻处罚。据《元史·刑法志》“盗贼门”载：“诸亲属相盗，谓本服缌麻以上亲及大功以上；共为婚姻之家犯盗，止坐其罪，并不在刺字、倍赃、再犯之限；其别居尊长，于卑幼家窃盗，若强盗，及卑幼于尊长家行窃盗者，缌麻小功减凡人一等，大功减二等，期亲减三等；强盗者准凡盗论。”如大德六年（1302 年）有案犯肖某偷盗堂兄驴畜一头，次年案发，被判免刺，止追正赃[①]；大德七年（1303 年）对另一偷盗姨兄弟黄牯牛案，以“虽是无服之亲，终系亲属相盗”为由，也作“免刺，止追正赃”的处理。[②] 延祐五年（1318 年）建德路贼人李晋之纠集雇工马元五盗窃李之表兄马某财物，审理此案时，认定李为首马为从，但首犯李晋之依亲属相盗例免刺，从犯马元五却因定为凡盗而依例刺配。[③] 这一同罪异罚的法律根据就是“五服”原则。

服制是儒家的礼制内容之一。汉族官吏如有违反就属离经叛道行为，必然受到法律责罚。根据《仪礼》等规定，做官人如有父母之丧，必须辞去官职，为父母守丧：“诸丧，斩衰三年，齐衰三年，并解官；齐衰杖期为人后者为其父母，若庶子为后为其母亦解官，申其心丧。母出嫁，为父后者虽不服亦申心丧。”[④] 皇庆元年（1312 年）三原县尹张敏的继母身亡。按礼制继母义同嫡母，应服丧 3 年，但张敏不丁母忧，被以“所犯败坏风化，难任牧民”为由，给以降一等、杂职内任用的处分。[⑤] 延祐五年（1318 年）荆湖北道宣慰司令史裴从义为继母杨氏守丧，未及 3 年（实为 27 个

---

① 《元典章》卷 49，《刑部》11，《免刺·亲属相盗免刺》。

② 《元典章》卷 49，《刑部》11，《免刺·两姨兄弟免刺》。

③ 《典章新集·刑部·偷盗·亲属相盗分首从》。

④ 《典章新集·吏部·生父期服解官》。

⑤ 《元典章》卷 41，《刑部》3，《诸恶·不孝·张敏不丁母忧》。

月）丧服期满，复补本司令史官职，被处以笞刑 27 下，解见役别行求仕。[①] 皇庆二年（1313 年）宣慰使汪元昌父亡之际不仅不去奔丧，反而饮酒作乐，时值武宗去世，于是被加以“不忠不孝”之罪名而“除名不叙”[②]。而职官只是不为父母奔丧者，断例又规定决 47 下，解见任期年后降一等叙用，罪过原免，依例标附。[③]

官吏犯罪事发，如果适逢丁忧之时，为了使之能为父母尽孝，法律作出变通处理。如皇庆元年（1312 年）六月，拱卫司庾令史取受之罪被揭发，正值他为父守丧。刑部议得“凡官吏取受不公等罪，虽已告发到官，归对未定或勾摄追问未完，及承伏未曾与决者，不幸罹父母之丧，合令依例奔讣丁忧”，而所犯之罪留待“终制究问”[④]。而军官取受枉法，不拘常例，仍须依法追问[⑤]，反映了对军职人员从严要求的精神。对一些案情重大或性质恶劣的犯罪，如贪污等罪也不予宽容。如延祐六年（1319 年）武备寺刘奏差侵使官府的细甲物料价钱，刑部认为和一般官吏的取受罪不同，规定“今后若有似此侵欺盗诈系官钱粮官吏人等……虽遇父母丧制，拟合随即追问”[⑥]。丁忧之时“忘哀犯法”，和犯法之后却值丁忧的性质不同，因此也要“依例追问”。延祐五年（1318 年），针对各衙门贴书、祗候、杂役之人以丁忧为名、趁机大行“不公不法”之事，规定“无问犯在丧制已前，服制之内，俱合随即究问追断”[⑦]，这就防止了一部分人把丁忧当成作奸犯科的保护伞。

---

① 《元典章》卷 41，《刑部》3，《不孝 · 裴从义冒哀公参》。

② 《元典章》卷 41，《刑部》3，《汪宣慰不奔父丧》；又见《事林广记》，载《大元通制 · 居官丁忧例》：“凡居父母丧，宴饮婚姻作乐，皆非孝道。除蒙古、色目人，宜从本俗，余违治罪”，“官吏不奔父丧，遇革除名不叙。诈称母亡奔丧，职官遇革不叙。”

③ 《元典章》卷 41，《刑部》3，《诸恶 · 臧荣不丁父忧》。

④ 《元典章》卷 53，《刑部》15，《诉讼 · 被罪终制究问》。

⑤ 《元典章》卷 46，《刑部》8，《诸赃 · 军官不丁忧取受依例问》。

⑥ 《典章新集 · 吏部 · 官吏侵用官钱不丁忧》。

⑦ 《典章新集 · 吏部 · 丁忧犯罪依例追问》。

官吏丁忧终制本是汉族的礼仪。受汉族文化影响，一些蒙古、色目人也为父母守丧，而受到守旧派的强烈反对。泰定帝时曾有人提出“凡蒙古、色目人效汉法丁忧者除其名”，被批准施行。[①] 但元文宗却采取宽容态度，诏曰：“蒙古、色目人愿丁父母忧者，听如旧制”[②]。由此可见，元朝法律并不强求蒙古、色目人遵从服制。五服原则主要是针对汉人、南人的。

（二）十恶

“十恶”是中国封建社会最严重的十种犯罪。所谓“五刑之中，十恶尤切，亏损名教，毁裂冠冕，特标篇首，以为明诫”[③]。十恶之有关罪名源远流长，远在汉《九章律》中就有不道、不敬之目，北齐律的重罪十条基本上包括了“十恶”的内容。隋《开皇律》首次确定了“十恶”之名目，《唐律疏议·名例律》则对“十恶”作了详细解释。因其罪孽深重，同时又规定：“诸犯十恶、故杀人、反逆缘坐，狱成者，虽会赦，犹除名”[④]。元人也谓“人之罪无大于十恶者矣，王法之所必诛也”[⑤]。《大元通制》遵依前代体例，仍将“十恶”列于律之首篇。“十恶”即谋反、谋大逆、谋叛、恶逆、不道、大不敬、不孝、不睦、不义、内乱。《事林广记》至顺本《大元通制》（节文）的解释为：

一曰谋反：谓谋危社稷；二曰谋大［过］（逆）[⑥]：谓谋（毁）宗庙山陵及宫阙；三曰谋叛：谓谋背国从伪；四曰恶逆：谓殴及谋杀祖父母、父母，（杀）伯叔父母、姑、兄姊、外祖父母、（夫）、夫之祖父母、父母；五曰不

① 《元史》卷30，《泰定帝纪》2。
② 《元史》卷32，《文宗纪》1。
③ 《唐律疏议》卷1，《名例律》。
④ 《唐律疏议》卷2，《名例律》。
⑤ 《宪典总序·名例篇》。
⑥ 根据《唐律疏议》，对明显错讹之字以［ ］圈起，漏字处以（ ）补充。

道：谋杀一家人[①]及支解人、造畜蛊毒、采生、厌魅者；六曰大不敬：谓盗[宗]（大）祀神御之物、[銮]（乘）舆御服（御）（物），（盗）（及）伪造御宝；合和御药，误不依本方，误封题，[御]（若）造御膳、（误）犯食禁，御幸舟车、常御之殿（误）不牢固，指斥[銮]（乘）舆、情理切害，厌咒求媚而涉[銮]（乘）舆及对捍制使，而无人臣之礼者；七曰不孝，谓告言、骂詈祖父母、父母，及[外]祖父母，（父）（母）在，别籍异财，（若）奉养有阙；居父母丧不丁忧，服内嫁娶，忘哀作乐，释服从吉；闻（祖）（父）（母）、父母丧匿不[降]（举）哀，及诈称父母、祖父母身死者；八曰不睦：谓谋（杀）（及）卖缌麻以上亲属，殴告夫及大功以上尊长、小功亲属者；九曰不义：谓杀本属路、府、州、县官员及受业师傅，又吏、卒杀本属官长；及闻夫丧匿不举哀，（若）（作）（乐）释服从吉及改嫁它人者；十曰内乱：谓奸小功以上亲属及父妾、继母者。[②]

与唐律、宋刑统比较，《大元通制》并不完全是前者的翻版。它在不违背“十恶”基本精神的前提下，又根据元代社会的具体情况，补充了一些新的内容，如在“不道”“不孝”罪名中分别增加了“采生”“居父母丧不丁忧”等罪状，并根据元代行政长官的建置对“不义”罪作出修改，等等[③]。

元朝严惩直接危及皇帝统治的犯罪，对属于“十恶”的谋反、大逆、谋叛等一般处以死刑。成吉思汗曾这样阐释：“怎能叫向自己的正主可汗动过手的人生存呢？那样的人能跟谁做伴呢？将[那些]向己正主可汗下手的人，连同他们的亲族，[一律]斩首。”[④]因此，到元朝建立，所谓“国制有定，怀二心者必诛”，已成为一种惯例。[⑤]《元典章·诸恶》表述为：“写

① 《唐律疏议》为“谓杀一家非死罪三人”。

② 《唐律疏议》为“父祖妾及与和者”。

③ 见本章第三节罪名（甲）：《违反伦常罪·诸恶》。

④ 札奇斯钦：《蒙古秘史新译并注释》卷8，第200节，第283页。[ ]为原著者所加。

⑤ 《元史》卷206，《叛臣传》。

立文字说大言语典刑。转递号令，同谋造反……伪造国号，妖说天兵为头的，妄造妖言首从知情，并（处死）"；"作反、叛乱为头的，一同商量的，理会得不首告的，都一般处死，断没家产"[①]。除了对谋反、大逆、谋叛行为严惩不贷，对恶逆罪、不道罪、不睦罪中亲属之间的杀人、内乱罪中翁奸男妇的强奸等严重悖逆人伦的犯罪，一般也都处以死刑。

元朝"本忠厚，示钦恤"，奉行轻典、平恕的用刑思想，有时也赦免部分十恶之罪，但图谋不轨、严重悖逆人伦的除外。试看忽必烈等元朝皇帝的诏令：

世祖至元元年（1264年）八月十九日《至元改元诏》："据不鲁花、忽察脱满、阿里察脱火思辈拘祸我家，照依成吉思汗皇帝札撒已正典刑讫，可大赦天下"，但"杀祖父母、父母不赦"；

成宗至元三十一年（1294年）四月《登宝位诏》："杀祖父母、父母，妻、妾杀夫，奴婢杀主不赦"[②]；

成宗大德九年（1305年）六月《立皇太子诏书》："诸处罪囚有淹禁五年以上，非谋反、逆、叛及杀祖父母、父母者，虚实不明，疑不能决者释之"[③]；

武宗大德十一年（1307年）五月《登宝位诏》："谋杀祖父母、父母，妻妾杀夫，奴婢杀主不赦"；

仁宗至大四年（1311年）三月十八日《登宝位诏》："谋反、大逆，杀祖父母、父母，妻妾杀夫，奴婢杀主，强盗杀伤事主不赦"[④]；

仁宗延祐四年（1317年）正月初十《赦罪诏》："阿思罕等谋为不轨，构乱我家，已为陕西行省等斩首以徇……除杀祖父母、父母不赦外，其余

---

① 《元典章》卷41，《刑部》3，《谋叛·禁约作歹贼人》。

② 《元典章》卷1，《诏令》1。

③ 《元典章》卷3，《圣政》2，《霈恩宥》。

④ 《元典章》卷1，《诏令》1；《元史》卷24，《仁宗纪》1又载："命毋赦十恶大逆等罪。"

常赦所不原者，罪无轻重，咸赦除之”①；

英宗延祐七年（1320 年）三月十一日《登宝位诏》：“谋反、大逆，谋杀祖父母、父母，妻妾杀夫，奴婢杀主，谋、故杀人，但犯强盗、印造伪钞、侵盗短少系官钱粮不赦”②；

宁宗至顺三年（1332 年）十月《大赦天下诏》：“谋反、大逆，谋杀祖父母、父母，妻妾杀夫，奴婢杀主，谋故杀人，但犯强盗、印造宝钞、蛊毒、厌魅、犯上者不赦”③；等等。

以上可见，直接危害到统治阶级安全的谋反、谋叛、恶逆等重罪均不在赦免之列。

“十恶”行为在元朝法律中是被彻底否定的。犯有“十恶”之人，不仅应当承担重大刑事责任，而且其政治地位、家属待遇等连锁反应地受到影响。“国家任子之法，举人之条，皆曰不犯十恶者，始得预列”④，这就是说，一旦触犯十恶之条，政治上就永无出头之日。在封建社会，官吏及亲属受朝廷封赠，是人们梦寐以求的殊荣，但“其应封赠父母不曾犯十恶除名之罪”，这一先决条件必不可少。⑤ 而一旦有犯谋反、谋叛等重罪的，不仅本人处死，还要株连亲属并籍没人口家产。大德十年（1306 年），有人对当时“省、部、台、院百司官吏搜检私家文簿状草检目傍求入罪”的做法大加抨击，因为如有歹人罗织重罪，就可能使无辜百姓陷入万劫不复之地：“倘有虚写诸人有犯十恶谋叛以上罪名，拷讯承伏，枉遭刑宪，死者不复生，父子不相保，妻子配隶，家资籍没，冤枉无由所伸”⑥，这一资料从侧面揭示了十恶重罪所产生的法律后果。

① 《元典章》卷 1,《诏令》1。
② 《典章新集 · 诏令》。
③ 《元史》卷 37,《宁宗纪》。
④ 《宪典总序》。
⑤ 《元典章》卷 11,《吏部》5,《封赠 · 流官封赠通例》。
⑥ 《元典章》卷 53,《刑部》15,《禁例 · 禁搜草检簿籍事》。

（三）八议

《周礼》有“八辟丽邦法”。曹魏《新律》以“八辟”为依据，规定了“八议”制度，至唐律则发展得更为详备。“八议”是对八种人犯罪时减免刑罚的制度，它集中体现了封建法律保护贵族官僚利益的阶级本质。

《元史·刑法志》对八议的解释是沿袭了《唐律疏议》的内容：

“议亲：谓皇帝袒免以上亲及太皇太后、皇太后缌麻以上亲，皇后小功以上亲；议故：谓故旧；议贤：谓有大德行；议能：谓有大才业；议功：谓有大功勋；议贵：谓职事官三品以上，散官二品以上及爵一品者；议勤：谓有大勤劳；议宾，谓承先代之后为国宾者”。

《吏学指南·八议》的解释更加简单明了：

“议亲：王者、宗室，有犯刑法，则议其罪；议故：谓议王之故旧罪也；议贤：谓议有德者罪也；议能：谓议有才者罪也；议功：谓议有加勋者罪也；议贵：谓议有爵位者罪也；议勤：谓议勤劳王事者罪也；议宾：谓议承先代之后，为国宾者罪也。”

然而，元朝适用古律“八议”，只是用其精神，在具体适用上则有自己的特点。元朝实行四等人制，其中蒙古人地位最高，由侍卫出身的蒙古贵族享有较大法律特权：“国家待国人异色目，待世族异庶人。其中大勋劳于王室者，所固当有九死无与之赐，十世犹宥之恩欤！若夫官由制授者，必闻奏而论罪，罚从吏议者，许动过之相赎，岂非八议之遗意乎！”[①] 此“大勋劳于王室者”，主要指曾鞍前马后追随汗王或皇帝的亲兵等。

还在大蒙古国时期，被称为那可儿（伴当、伙伴）的亲兵就与军事首领形成牢固的父权制主仆关系。成吉思汗即位后，建立了一万人的怯薛[②]，他们在政治生活中越来越声势显赫。1216 年成吉思汗所有 88 名千户长中，

① 《宪典总序·八议》。

② 蒙古语，轮流值宿守卫之意，指汗王或皇帝的禁卫军，怯薛成员称怯薛歹，其复数称怯薛丹。参见韩儒林主编：《元史》，中国大百科全书出版社 1985 年版，第 78 页“怯薛”条。

属于他自己的伴当、怯薛丹有1/3左右。[①] 怯薛分由号称“四杰”的博尔忽、博尔术、木华黎、赤老温及其子孙世袭率领。这四怯薛的子孙后来形成元朝统治集团的核心，即所谓“仕途自木华黎等四怯薛大根脚出身，分任台、省”[②]。木华黎、博尔忽、博尔术三家皆“锡之券誓，庆赏延于世世，故朝廷议功选德必首三家焉”[③]。史载成吉思汗让功勋卓著的博尔术、木华黎“坐在众人之上，九次犯罪不罚”。此外，成吉思汗对担任大断事官的养弟失吉忽秃忽在紧急关头掩护过他的锁尔罕·失剌，以及于其子窝阔台有救命之恩的孛罗忽勒等，也都给予他们“九次犯罪不罚”的恩赐。当王汗桑昆摆下“鸿门宴”诱捕成吉思汗时，因蒙力克老爹及时识破诡计而避免了一场可能导致改写历史的流血事件。成吉思汗对此刻骨铭心，激情满怀地对蒙力克说：“年年月月要议论［这功勋］，给你赏赐，直到你子子孙孙［不绝］”。[④] 除“有大勋劳于王室者”本人及其后代享“有九世无与之赐，十世犹宥之恩”外，一般怯薛成员也都备受优宠。成吉思汗曾降旨道：“比在外边千户的‘那颜’们，我的护卫在上；比在外边百户、十户的‘那颜’们，我护卫的随从在上。在外的千户如与我的护卫同等比肩，与我的护卫争斗，则处罚在外的千户！”[⑤] 他着意抬高侍从们的法律地位，使之志得意满，在与外界争雄时无所顾忌。

由于四等人制的划分，使所有的蒙古人、色目人都享有一份法律特权。如“蒙古人居官犯法，论罪既定，必择蒙古官断之，行杖亦如之。诸四怯薛及诸王、驸马、蒙古、色目之人犯奸盗、诈伪，从大宗正府治之”[⑥]，这

① 萧启庆:《元代的宿卫制度》,《元代史新探》，新文丰出版公司1983年版，第67页。

② 《草木子》卷4下,《杂俎篇》，中华书局本。

③ （元）苏天爵:《国朝文类》，23·9下，四部丛刊初编本。

④ 札奇斯钦:《蒙古秘史新译并注释》卷8，第203—205节，第305、307、309页；卷9，第214、218节，第325、329页。

⑤ 札奇斯钦:《蒙古秘史新译并注释》卷9，第228节，第339页。那颜，泛指长官。

⑥ 《元史》卷102,《刑法志》1。

就为庇护属于一、二等级的犯人，为其减免罪责打下伏笔。至大二年（1309年）诸王孛兰奚以私怨杀人，依法应当处死，但由于“大宗正也可札鲁忽赤议孛兰奚贵为国族，乞杖之，流北鄙从军，从之”①。除英宗皇帝外，元代历朝皇帝都为先朝、本朝的蒙古、色目故臣或近臣开脱罪责，并对其优遇备至。如元成宗大德二年（1297年），“大都路总管沙的坐赃当罢，帝以故臣子特减其罪”②；大德七年（1303年）冬十月，御史台官员弹劾江浙行省平章阿里不法，成宗因其为亲信而包庇：“阿里朕所信任，台臣屡以为言，非所以劝大臣也”，并警告台臣“后有言者，朕当不恕。”③仁宗时，有人弹劾其近臣受贿，仁宗为之大动肝火：“怒其非所当言，将诛之”，幸亏有人据理力争才免议者一死。④泰定元年（1324年）太尉不花、平章政事即烈因犯“矫制”罪受审，泰定帝“诏以世祖旧臣原其罪”⑤，等等。

此外，属于统治集团成员的一般官吏，在犯罪时也都受到一定优待。如至元六年（1269年）十二月十一日都堂钧旨：“随路府州司县官员，俱系朝廷命官，遇有罪犯取责明白招伏，申部呈省详断，其总管府上司并不得擅便处决”；大德三年（1299年）中书省札付：“……都省议得：除军情紧急大事，若有迟误，取问明白招伏，受敕官从各路就便断罪，受宣官听候都省、行省区处。”⑥

但确定无疑的是，元朝“八议”制度的主要优待对象是怯薛等蒙古、色目贵族。由于他们的特权地位，致使其犯罪行为无法限制，而成为元朝政治日趋腐败的原因之一。曾任江南行台御史中丞要职的张珪，在其就任时多次上疏弹劾“大官之不法者，不报；并及近侍之荧惑者，又不报”，他

① 《元史》卷23，《武宗纪》2。
② 《元史》卷19，《成宗纪》2。
③ 《元史》卷21，《成宗纪》4。
④ 《元史》卷179，《杨朵儿只传》。
⑤ 《元史》卷29，《泰定帝》1。
⑥ 《元典章》卷39，《刑部》1，《刑名·不得擅决品官》。

在万般无奈的情况下只好告病还乡。[①] 张珪以其具有纠举职责的身份，十分熟悉统治集团的黑幕，因此能够切中时弊："法度宽弛，纪纲日坏，污秽贼虐，恬不为怪，逆顺不明，于人心祸乱之鉴不远。"[②]

（四）其他原则

1. 自首原罪

秦律已有"自出"减刑的规定。唐律《名例律》对"诸犯罪未发而自首者，原其罪"，但不包括犯盗已发、犯谋反、叛逆之类常赦所不原的重大犯罪。

元初，仍循用金《泰和律》有关自首的旧例。如"犯罪未发而自首者，原其罪，正赃犹征如法"；"若于法相容隐者为首，及相告言者，各所如罪人身自首法"，"首罪不尽，以所余坐之"；而"越度关及奸，并不在自首之例"。[③] 在此基础上建立起来的自首制度，包括了自首、出首、代首、不准首等细目。据《史学指南 · 首过 · 四首》的解释，自首，"谓事未发而先陈者"；出首，"谓事将彰露，未经取问而出者"；代首，"谓遣人代名而首者"；不准首，"谓如奸、盗、伤人、越关之类，及于物不可备偿并先已事发者"。元朝自首制度在执行中有如下特点：

（1）规定自首期限，限外则不以自首论。它适用于多种犯罪，包括逃军、反叛、官员侵盗等罪。世祖忽必烈时就曾数次拟定期限，敦促犯人向官府首罪。如至元三年（1266 年）诏："招集逃亡军限百日诣所属陈首，原其罪"[④]；至元二十一年（1284 年）中书省札付："在前偷盗侵使了钱粮底人每，怕官司要罪过，逃走了多有。皇帝可怜见呵，与一个月日限，教他

① 《元史》卷 175，《张珪传》。
② （元）虞集：《道园学古录》卷 18，《中书平章政事蔡国张公墓志铭》。
③ 叶潜昭：《金律之研究》，第 46 页。
④ 《元史》卷 6，《世祖纪》3。

每尽实出首者。首出来呵，止征系官钱粮，与免本罪，如限外不首，却有别人首告出来，依着见定条格要罪过呵。”[①]以后各朝，或因赦罪，或因其他政治需要而屡有此举。如仁宗《赦罪诏》：“若有避罪逃从逆党或窜匿民间及啸聚山林者，赦书到日，限一百日内许令出首，与免本罪。限外不首，复罪如初”[②]；宁宗《即位诏》：“广海、云南梗化之民，诏书到日，限六十日内出官，与免本罪，许以自新。”[③]

（2）关于盗罪自首。首先适用未发自首的通例：“盗未发而自首者原其罪”，且“能捕获同伴者仍依例给赏”，这又类似于唐以来的捕首。但“于事主有所损伤及准首再犯，不在首原之例”[④]；其次适用代首原则：“诸子盗父首，弟盗兄首，婿盗翁首，并同自首者免罪”。但无服亲之间代首仅免刺配、倍赃，基本刑仍须科处：“诸无服之亲相首为盗，止科其罪。免刺配、倍赃”。代首也适用于主人为奴婢首：“诸奴盗主首者，断罪免刺，不征倍赃，仍付其主为奴”。最后适用出首原则，予以减罪处理：“诸窃盗因事主盘诘而自首服，其赃未还主者，计赃减二等论罪、刺字”。共于共盗自首，“诸盗贼为首者，自首免罪；为从不首，仍全科”[⑤]。

（3）关于取受自首。官吏取受也适用自首和出首原则。凡案情未发，官吏悔过退赃者免罪；但如果知道有人行将告发而退赃的减罪二等[⑥]；同时，对官吏本人及家人受贿予以区别。家属受贿，“官吏初不知，及知即首，官吏家人俱免；不即首，官吏减家人法二等坐，家人依本法。若官吏知情，故令家人受财，官吏依本法，家人免坐。官吏实不知者，止坐家人”[⑦]。为

① 《元典章》卷47,《刑部》9,《侵盗·侵盗钱粮限内出首免罪》。

② 《元典章》卷1,《诏令》1。

③ 《元史》卷37,《宁宗纪》。

④ 《元典章》卷49,《刑部》11,《诸盗·强窃盗贼通例》,又见《元史》卷104,《刑法志》3。

⑤ 《元史》卷104,《刑法志》3。

⑥ 《元典章》卷48,《刑部》10,《首赃·取受悔过还主无断罪》,《知人欲告回钱》。

⑦ 《元史》卷102,《刑法志》1。

防止官吏利用自首逃避惩罚，杜绝官府回护赃吏，法律规定：出首必须在案发之前，台察弹过事项不能以自首结案；出首时必须随身携带赃物，或指明赃物所在，以防止日后勾追拖延；出首时必须向官府写明取受时间、因何事取受及行贿人姓名，防止以一当十，蒙混过关；取受人必须亲自当官陈首，不许子侄、奴隶代替，防止假托子侄、奴隶代为取受。[①] 为了防止受贿人与其所属部门通同作弊，还就接受首赃的机关作了严格限制："在前世祖皇帝圣旨有来……不拣谁要肚皮呵，里头有呵，台里首者，外头的有呵，廉访司首者，别个衙门里首底，不教行来"，大德二年（1298年），因浙东道宣慰使到宣慰司出首赃罪一事，再次申明外官首赃到廉访司，内官首赃到御史台的规定，严禁"要肚皮"（索贿、受贿）者"做贼说谎""使见识"（耍阴谋）。[②] 为使行贿人和受贿人"互有隐防之心，庶几不敢取与"，以及为分化瓦解取受双方，更有力打击取受罪，元律还改变了初期笼统"取与同罪"的规定，重新规定："取与同罪，告首者原之；对证是实，止坐不首者"[③]。

元朝允许啸聚山林或侵使钱粮的盗贼自首，并为自首设立限期，比前朝的自首制度有所突破。

2. 再犯与累犯加重

再犯，是指犯罪已被告发或已被决配而又再犯新罪的行为；累犯，是指前后连续三次以上的犯罪行为。再犯应加重处罚，累犯应提高刑种（如"徒"改为"流"，"流"改为"绞"），这在唐律《名例律》《贼盗律》等中就有规定。

元律与唐律的立法精神相同。还在成吉思汗时，对怯薛应为值班而脱班不值的，第一次责打柳条3下，二次责打7下，三次责打37下流放[④]；

① 《元典章》卷48，《刑部》10，《首赃 · 取受出首体例》。

② 《元典章》卷48，《刑部》10，《首赃 · 官吏内外首钞人》。

③ 《元典章》卷48，《刑部》10，《首赃 · 出首取受定例》。

④ 札奇斯钦：《蒙古秘史新译并注释》卷9，第227节，第338页。

太宗六年（1234年）窝阔台在达兰达葩之地大会诸王百僚，下令“诸公事非当言而言者拳其耳，再犯笞，三犯杖，四犯论死”[①]。以后再犯与累犯加重处罚办法上升为通例。如大德六年（1302年）《强窃盗贼通例》规定：“诸盗经断后仍更为盗，前后三犯杖者徒，三犯徒者流，流而再犯者死，强盗两犯亦死”；而“累过不悛，年七十以上应罚赎者，仍减等科决。”[②]职官等再犯取受之罪，还应加重其行政处罚。如至大四年（1311年）刑部议得：“诸职官及有出身人等，因事犯赃，经断不行悛改，再犯取受，拟自大德三年正月初八日钦奉诏书以后定论，终身不叙。”[③]

3. 区分首犯、从犯

《尚书·胤征》有“歼厥渠魁，胁从罔问治”的记述，表明奴隶社会的统治阶级已经懂得：在处理共同犯罪时应当区分首、从。唐律《名例律》规定：“诸共犯罪者，以造意为首”。《唐律疏议》曰：“‘共犯罪者’，谓二人以上共犯，以先造意者为首，余并为从”[④]，即以主谋人为首犯，其他为从犯。元朝也以严办首犯与从轻处理从犯作为惩治共同犯罪的原则。而且蒙古统治者为了分化瓦解各地的反抗斗争，很早就把它作为一项刑事政策来执行。元太宗九年（1237年），深、冀二州元帅王义就李佛儿以妖术惑众谋乱一事，主张“首恶者当诛，愚缪不识义理，为人蛊惑，而不知为罪者，可以情恕”，因而使1万余人免遭屠戮[⑤]。至元十七年（1280年）南康都昌人起兵反抗，史弼前往征讨，“诛其亲党数十人，胁从者宥之”[⑥]。至元二十九年（1292年）陈谦亨等擒海南黎族领袖梁六犊，“戮以衅鼓，贷其

① 《元史》卷3,《太宗纪》。
② 《元史》卷103,《刑法志》2。
③ 《元典章》卷46,《刑部》8,《取受·犯赃再犯通论》。
④ 《唐律疏议》卷5,《名例律》。
⑤ （元）胡祗遹:《紫山集》卷18,《龙虎卫上将军安武军节制使兼行深冀二州元帅府事王公行状》。
⑥ 《元史》卷162,《史弼传》。

胁从”[①]。古代新制器物成，有杀牲祭祀并以其血涂抹缝隙的礼俗。杀起义军首领，用其鲜血衅鼓，充分体现了统治者的刻骨仇恨，而同时又宽恕胁从者，二者形成鲜明对比。实际上对被征服地区人民不可能斩尽杀绝，惩办首犯，则可能起到“杀一儆百”的作用。这一原则后来也列为通例。如大德六年（1302 年）《强窃盗贼通例》规定：强盗持杖不伤人，得财至 20 贯，“为首者死，余人流远；其不持杖伤人者，惟造意及下手者死”；不曾伤人，至 40 贯，“为首者死”。元顺帝时刑法严苛，但仍然固守这一原则。后至元五年（1339 年）河南杞县人范孟起义兵败，“有诏止坐首恶，胁从勿论”[②]。

4. 重罪吸收轻罪

唐律等有关并合论罪的原则被元朝刑法吸取。如《强窃盗贼通例》规定：“二罪以上俱发，从其重者论之”。这一原则也适用于其他犯罪。如至元四年（1267 年）孙伴哥与刘孙八妻阿尹通奸，后将阿尹用斧砍死。法司拟“除通奸系轻罪外，杀死本妇罪犯合行处死”[③]。实际是杀人重罪吸收通奸轻罪。至大二年（1309 年）刑部酌古准今，又就取受赃罪拟定了更详细的条文，并确定并合论罪的法则：“诸犯罪者，二罪俱发，以重者论罪，等者从一”，“若一罪先发，已经论决，余罪后发，其轻若等勿论；重者，更论之，通计前赃，以充后数”[④]。无论二罪俱发，还是一罪先已论决，余罪后发，其原则皆择一重罪处断，如二罪相等则从一而论。如果余罪重于先罪，则要在原判决的基础上补足重罪的刑数。如某甲先因取受罪已决笞 47 下，解见任别行求仕，又因取受罪应决 57 下，注边远一任，应在先断之后，再决 17 下，注边远一任，并依数征赃。

---

① 《光绪琼州府志》卷 38，《艺文》载邢梦璜：《至元癸巳平黎碑记》。

② （明）刘基：《诚意伯文集》卷 6，《前江淮都转运盐使宋公政绩碑》。

③ 《元典章》卷 42，《刑部》4，《因奸杀人 · 杀死奸妇》。

④ 《元典章》卷 46，《刑部》8，《取受 · 诸犯二罪俱发以重者论》。

5. 追赃

追赃即追讨赃钱赃物。元朝在惩治盗贼、赃罪时，特别注意追赃。这样不仅使罪犯在经济上受到打击，而且保护公私财产所有权免受侵犯。元初御史台成立后，数月之间，“发擿甚多，追理侵欺粮粟近 20 万石，钱物称是”①。成宗时肃政廉访使张珪巡查各地，获“赃巨万”②。官府向罪犯征赃一向是穷追猛打、雷厉风行，丝毫不得宽免，所谓“负官钱，虽死必征”，犯人身死，仍由其家属赔纳。③《元史·刑法志》“盗贼门”载：“诸盗贼得财用于酒肆倡（娼）优之家，不知情止于本盗追征；其所盗即官钱，虽不知情，于所用之家追征；若用买货物，还其货物，征元赃”，“诸遐荒盗贼盗驼马牛驴羊倍赃无可征者，就发配役出军”。即有赃追赃，无赃以“配役”刑等代替补偿。在特殊情况下还可用劳役折抵。如至元二年（1265 年）十月，强盗犯倪顺等因家贫无法追征正赃，为此颁布圣旨变通执行：“盗贼正赃于犯人名下追征，如委无正赃，以他物折偿，无可偿者折庸准算，如年限未满本人身死，子孙不在折庸之限。”④但因重惩盗贼，并不限于征收正赃，还要向犯人加倍征收钱物，称为“倍赃”。对盗贼共同犯罪者，采取“谁有就征谁”的原则：“其有未获贼人，及虽获无可追偿，并于有者名下均征”⑤，以保证公私财产的及时回归。

元朝为安置追征的赃物，特在御史台设立赃罚库。至元二十二年（1285 年）为了适应追赃的需要，还扩大了赃罚库的建置。⑥在赃罚库任职的吏员各司其职，严守赃物管理制度：“凡有追到钱物置簿籍录，专委经历、知事掌管，随即议拟：合还主者就便给散，合还官者明白发落；合没官者依

---

① 《元史》卷 6,《世祖纪》3。

② 《道园学古录》卷 18,《中书平章政事蔡国张公墓志铭》。

③ 《元史》卷 176,《曹伯启传》;《元典章》卷 46,《刑部》8,《取受·官员取受身死著落家属追征》。

④ 《元典章》卷 49,《刑部》11,《评赃·盗赃无偿折傭》。

⑤ 《元典章》卷 49,《刑部》11,《诸盗·强窃盗贼通例》。

⑥ 《元史》卷 13,《世祖纪》10。

问解台。”[①] 大德七年（1303年）刑部因台察所造赃滥册登记不细提出批评，要求“将犯人备细招词缘由，追到赃罚，随即行移有司，照会各官解由内明白开写，依上咨报，抄连造册体式，仰行下合属依上施行”，以便上司审核。[②]

在追赃过程中，有关官员应分担部分责任。如负责发放解由的官员，在旧官离任之后才发现赃罪的，应当由该官员赔偿损失[③]；监察官不得擅自减免赃物的征收，否则也要受到处分。[④]

追赃原则对打击赃罪等具有积极意义。但是，由于有些官员好大喜功，“以征赃为急务，于按劾则具文”[⑤]，也产生了以追赃代刑罚的流弊。

6. 区分故意与过失

《尚书·康诰》：“人有小罪，非眚，乃惟终，自作不典，式尔，有厥罪小，乃不可不杀。乃有大罪，非终，乃惟眚灾……时乃不可杀”[⑥]，说明西周刑法已有故意和过失的规定。因为故意和过失的主观恶性不同，体现的社会危害性也就不同，因而秦律、汉律、晋律、唐律等封建法律均采取故意加重、过失减轻的判刑原则。

《吏学指南·杂刑》“断按打奚罪戾”条释：“谓断没罪过也”。[⑦] “按打奚”（aldasi）本是蒙语“过失”的意思。我国台湾地区学者札奇斯钦据此认为蒙古习惯法就已采取过失犯罪不罚之制，而且这一惯例也影响到元代汉地司法审判制度。[⑧] 但是根据元代断例，至少在汉地范围，并非完全对过失犯不罚，而只是与故意犯的处罚轻重有别。如对故意杀人罪处杖刑以

---

① 《元典章》卷48,《刑部》10,《赃罚·议拟赃罚钱物》。

② 《元典章》卷48,《刑部》10,《赃罚·造赃滥册》。

③ 《元典章》卷47,《刑部》9,《侵盗·去官侵欺给由官代纳》；解由，是记述官吏任职表现的档案文书,《吏学指南·牓据》“解由”条：“考满职除曰解，历其殿最曰由”。

④ 《元史》卷12,《世祖纪》9，记述阿剌浑因擅免赃钱等罢官。

⑤ （元）程钜夫:《雪楼集》卷10,《奏议存稿·吏治五事·置贪赃籍》。

⑥ 王世舜:《尚书译注》，四川人民出版社1982年版，第154页。

⑦ （元）徐元瑞:《吏学指南》，浙江古籍出版社1988年版，第79页。

⑧ 札奇斯钦:《蒙古与西藏历史关系之研究》，台湾正中书局1978年版。

上，而对过失杀人则处以笞、杖刑或罚金刑。[①] 这一规定表明元朝刑法与前代封建法律保持了一致性。

7. 老幼笃疾等犯罪从轻处理

西周立法已考虑到刑事责任年龄和责任能力。《周礼·秋官·小司寇》："一赦曰幼弱，再赦曰老耄，三赦曰蠢愚"。即七岁以下幼儿、八十岁以上老人和痴呆人均免除刑事责任。唐律规定，若非父祖谋反、大逆，7 岁以下及 90 以上，"虽有死罪，不加刑"；"诸年七十以上、十五以下及废疾，犯流罪以下，收赎"，但犯加役流等重罪除外；"八十以上、十岁以下及笃疾，犯反、逆、杀人应死者，上请"；等等。[②]

元朝和唐朝一样，没有绝对不负刑事责任的人，即使老幼笃疾等也是如此。但是老幼笃疾等毕竟对社会少有严重威胁。"七十曰老"，"十五曰幼"，"哑疾、癫狂、二肢折、双目盲之类"是"笃疾"，"痴、哑、侏儒、腰脊折、一肢疾者"是"废疾"。[③] 这些人犯有故意杀人等重大犯罪也要处罚，如"诸以老病杀人者，不以老病免；诸谋故杀人年七十以上并枷禁、归勘结案"等。[④] 但对老幼笃疾等犯罪的处罚比其他人较轻，而且享有上请、听赎、免刺配的待遇。对属于"癫狂"等无责任能力人，除特殊情况外[⑤]，也都予以免除罪责。如至元七年（1270 年）延长县年及 80 的道士刘志朴打死放良驱口蒲民，依凡人之法，应处死刑，并征烧埋银给付事主，但因其年老而具状上请，经刑部、中书省商议，仅征赎罪钞 1 锭，另征烧埋银 50 两给付事主[⑥]。对成年人的"再犯"或共同犯罪的首犯，一般都要

① 见本章第四节《侵犯人身罪·诸杀》。

② 《唐律疏议》卷 4，《名例律》。

③ 《吏学指南·老幼疾病》。

④ 《元史》卷 104，《刑法志》3。

⑤ 特殊情况指犯有恶逆等重罪，如至元十七年（1280 年）犯人柳温因疯病指骂并殴死亲母阿李，"虽因风狂，终犯逆死"，见《元代法律资料辑存》，第 173 页。

⑥ 《元典章》卷 42，《刑部》4，《老幼笃疾杀人·年老打死人赎罪》。

从重处罚，但这一原则不适用于年幼犯罪："诸年未出幼再犯窃盗者，仍免刺赎罪，发充景迹人"，"诸窃盗年幼者为首，年长者为从，为首仍听赎免刺配，为从依常律"[①]。又如，"诸十五以下小儿过失杀人者，免罪，征烧埋银"，"诸十五以下小儿因争殴伤人致死者，听赎，征烧埋银给苦主"[②]。司法实践中类似的案例有至元十二年（1275 年）10 岁的赵引儿，因掷土块误伤 5 岁的汪黑斯致死，对赵"不任杖责"，而仅向其家征钞 50 两给付事主。[③]再如，"诸病风狂殴伤人致死，免罪，征烧埋银"[④]。至元六年（1269 年）康留住因患心风打死乔老、打伤乔大等多人，因"系颠狂杀人事理，照依旧例，合行上请，听敕处分"。结果康被免罪，另征烧埋银给事主。[⑤]但盲人因不属于无责任能力人，在类似情况下却要追究刑事责任："诸瞽者殴人因伤致死，杖一百七，征烧埋银给苦主"[⑥]。至元十三年（1276 年）盲人杜思礼打伤褚坚致死，即照此办理。此外，在追诉时效等方面，也体现了对老幼笃疾等犯罪从轻的原则："诸幼小为盗，事发长大，以幼小论；未老疾为盗，事发老疾，以老疾论。其所当罪听赎，仍免刺配。诸犯罪亦如之。"[⑦]

8. 权留养亲

唐律规定，犯有非十恶之死罪，"而祖父母、父母老疾应侍，家无期亲成丁者，上请"；"犯流罪者，权留养亲"；"犯徒应役而家无兼丁者"，依加杖法折抵徒刑。[⑧]元朝继承儒家礼教精神，以孝道治天下，因此刑法也汲取了唐律中权留养亲的原则。即罪犯应处死刑、配役等，若家无兼丁侍

---

① 《元史》卷 104，《刑法志》3。
② 《元史》卷 104，《刑法志》3。
③ 《元典章》卷 42，《刑部》4，《年幼不任加刑 · 年幼不任加刑》。
④ 《元史》卷 104，《刑法志》3。
⑤ 《元典章》卷 42，《刑部》4，《心风杀人上请》。
⑥ 《元史》卷 104，《刑法志》3。
⑦ 《元史》卷 104，《刑法志》3。
⑧ 《唐律疏议》卷 3，《名例律》。

养年迈亲属的，可以免除刑罚，让其留家养亲。《元史·刑法志》载：“诸兄弟同盗、罪皆至死；父母老而乏养者，内以一人情罪可逭者，免死养亲”；“诸窃盗应徒，若有祖父母、父母年老无兼丁侍养者，刺断免徒；再犯而亲尚存者，候亲终日发遣居役”[①]。如延祐三年（1316 年）宜春县贺六因窃盗人钞，依例应杖断 77 下，刺左臂并徒 1 年，但因其祖母、父母皆年老患病，家中别无兼丁侍奉，因而免除其配役。[②]

二、刑法的适用

由于中原汉地传统封建刑法和蒙古习惯法的对立，长期拖延了修律工作的进行。从中央省、部长官至地方官吏，在“有例可援，无法可守”的情况下，“遇事［有］难决则检寻旧例，或中无所载则旋行议拟”，其适用刑法的随意性较大，“因得以并缘为欺”[③]，即有人趁机钻空子以售其奸。后来随着《强窃盗贼通例》《赃罪条例十二章》等法规及《大元通制》的相继颁布，元朝刑法的适用范围即适用于何时、何地、何人，以及有无溯及力等问题才逐步得到解决。

（一）刑法基本适用于元朝各族人民，但又因“各依本俗”而内外有别

元朝刑法继承并发展了传统的封建刑法，又吸收了蒙古法等成分。因此，从整体上它已不局限于某一民族或等级，而是适用于全国的法律。如《赃罪条例十二章》原则上适用于汉、蒙、色目等各色官吏，也包括那些

① 《元史》卷 104,《刑法志》3。
② 《元典章》卷 49,《刑部》11,《免配·窃盗父母年老免配》。
③ （明）陈邦瞻等:《元史纪事本末》卷 11,《律令之定》。

因统治者尊崇佛教而备受优宠的“僧官”。[①] 至元二十七年（1290 年）江淮省平章沙不丁提出对监守自盗的库官“依宋法黥而断其腕”，忽必烈则因其系“回回法”而拒不采纳[②]；至大二年（1309 年）宣政院又提出“凡民殴西僧者截其手；詈之者，断其舌”，也受人阻止不得施行[③]。可见刑法适用原则不得随意改变。

但是照顾到各民族特点，元律又有“各从本俗”的规定。延祐七年（1320 年）中书省札付：“世祖皇帝圣旨、累朝皇帝圣旨，教诸色人户各依本俗行者”[④]。如《大元通制》中著为令的五服之制并非一体遵行，而是“各从本俗”。受儒家宗法思想影响较深的汉人、南人必须遵守服制，而蒙古、色目人一般不须接受。致和元年（1328 年）倒剌沙等甚至提出“凡蒙古、色目人效汉法丁忧者除其法”。至正十五年（1355 年）正月儒学教授郑咺曾就蒙古人遵守礼制一事提出建议：“蒙古乃国家本族，宜教之以汉礼，而犹循本俗，不行三年之丧，又收继庶母、叔婶、兄嫂，恐贻笑后世，必宜改革，绳以礼法”，但蒙古统治者并不为所动[⑤]。

为了稳定辽阔地域的统治秩序，元朝统治者对边疆实行羁縻政策，并根据当地特点制定出一批特别法规。如延祐七年（1320 年）六月，“定边地盗孳畜罪犯者，令给各部力役，如不悛，断罪如内地法”[⑥]；宁宗至顺三年（1332 年）十月即位诏：“广海、云南梗化之民，诏书到日，限六十日内出官，与免本罪，许以自新”[⑦]。这些因地制宜设立的特别法，是对统一的元朝刑法的重要补充。

① 《元史》卷 21，《成宗纪》4 载：大德七年十一月甲子，“命依十二章断僧官罪”。
② 《元史》卷 16，《世祖纪》12。
③ 《元史》卷 202，《释老传》。
④ 《典章新集 · 刑部 · 回回诸色户结绝不得的有司归断》。
⑤ 《元史》卷 44，《顺帝纪》7。
⑥ 《元史》卷 27，《英宗纪》1。
⑦ 《元史》卷 37，《宁宗纪》。

（二）新法不溯及既往

新的刑事法规适用于该法颁布后的犯罪，而对以前的犯罪仍适用当时的法律，这就是刑法不溯及既往原则，又称从旧原则。元朝从世祖忽必烈时就奉行从旧原则。如至元九年（1272年）十一月对霍金状告至元七年刘宽向其妹之婆母索要烧埋钱物一案批复："至元八年十一月禁约已前违犯者，拟依延安县所申革拨，禁约已后违犯者，依理追问。"[①]大德七年（1303年）三月十六日颁布《赃罪条例十二章》。此前又有世祖时制定的赃罪十三等。而曹州济阴县官典取受罪案发时虽在《赃罪条例十二章》颁布之后，但其所犯却是大德七年三月以前之事，所以按从旧原则，仍依赃罪十三等不枉法例笞决37下，解任殿3年别行求仕。[②]又如，延祐二年（1315年）正月初九日冯咬住窃盗案因"系承奉奏准盗贼通例之前，拟合照依旧例区处"[③]。

第三节　罪名（甲）违反伦常罪

一、诸恶

（一）谋反

谋反，"谓谋危社稷也"[④]。《元典章》称"同谋造反"，《元史·刑法志》也称"潜谋反乱"。谋者，"二人以上谓之谋"，故"若谋状彰明，虽一人

① 《元典章》卷42，《刑部》4，《自害·男妇自害亲属要钱追还》。
② 《元典章》卷46，《刑部》8，《取受·官典取受羊酒解任求仕》。
③ 《元典章》卷49，《刑部》11，《强窃盗·贼人出军免刺》。
④ 《吏学指南·十恶》。

同二人之法”[①]。社稷代指国家。《唐律疏议》释“谋反”云：“为子为臣……规反天常，悖逆人理，故曰‘谋反’”。[②] 所以谋反是共谋推翻以皇帝为首的国家政权的行为。“谋反”除共犯的一面外，又指犯罪预备，《唐律疏议》所谓“将起逆心”之“将”，即预谋。所以，谋反罪从产生犯罪动机、犯罪预备到付诸实施，均可独立构成犯罪。元代史料中有关谋反的资料较多。如：至元五年（1268 年）“济南妖民作乱”[③]；至元十七年（1280 年）南康都昌县杜可用乱，号杜圣人，自称天王[④]；元贞二年（1296 年）七月，赣州兴国县刘季“撰妖言，张伪榜及刘季天旗，自称刘王，刻‘皇汉高祖广新之帝’并‘行王’二印，设朝殿，开行省，置丞相、左右丞、将军、军头等官，宣言止杀官中人，与张大老作乱”[⑤]；延祐五年（1318 年）魏王阿木哥王府司马曹、脱不台等“潜谋备兵器、衣甲、旗鼓，航海往高丽”谋反、事觉，诛之[⑥]；延祐七年（1320 年）六月，奉元周至县圆明和尚纠合苏子荣等“伪即位为皇帝，众呼万岁”[⑦]，等等。

从上述事例可以看出，谋反既包括下层人民的起义，也包括统治集团内部争夺最高统治权的斗争。在法律上，这两类谋反罪也往往分立法条。《元史 · 刑法志》云：“诸大臣谋危社稷者诛”，即属于后者。但因为谋反行为触痛了元朝统治的中枢神经，所以无论对哪种谋反，当权者无不予以血腥镇压。中统三年（1262 年）地方军阀李璮秘密勾结朝臣王文统起兵反元，他们秘密交往的信件被截获，但王文统拒不认罪。在商议处罚办法时，“诸臣皆曰当死”，有的甚至提出处以凌迟。王文统虽然“谋而未行”，但“人

① 《吏学指南 · 较名》。
② 《唐律疏议》卷 1，《名例律》。
③ 《元史》卷 163，《赵炳传》。
④ 《国朝文类》卷 41，《经世大典 · 招捕 · 江西》。
⑤ 《国朝文类》卷 41，《经世大典 · 招捕 · 江西》。
⑥ 《元史》卷 26，《仁宗纪》3。
⑦ 《国朝文类》卷 41，《经世大典 · 招捕 · 圆明和尚》。

臣无将，将而必诛”，所以仍处以极刑。[①]至于对揭竿而起的义军，更是予以残酷镇压。

对谋反者一般处以死刑。至元初，济南路捉获“谋反贼人”胡王先生、任万宁、苦瓜先生等若干人。奉旨对“起初同谋造反”之上述三人“于市曹处死”。[②]这可能是较早的处治办法。《元史·刑法志》云：“诸谋反已有反状，为首及同情者凌迟处死；为从者处死；知情不首者减为从一等，流远，并没入其家，其相须连坐者，各以其罪罪之。”对为首者及同谋者（所谓“同情”）的处罚已至凌迟。《刑法志》另条云：“诸潜谋反乱者处死，宅主及两邻知而不首者同罪，内能悔过自首者，免罪给赏，不应捕人首告者官之。”其谋反者虽未处凌迟，但宅主、两邻知情不首却按同罪处理，又较上条为峻。对宅主、邻舍等规定的这些严格的连带责任，以及奖励检举人的措施，表明预防谋反罪的法网十分严密。不过，元朝对谋反罪虽规定了严厉的刑罚，适用死刑的程序却很慎重：“行省不得擅行诛杀，结案待报”；而其连坐法也受一定限制：“诸父谋反，子异籍不坐”。同时对诬告谋反的处罚也很重。如至元初“诬告谋反者流”，其“流”的含义在当时是“入鹰房子种田”[③]。

（二）大逆

《元史·刑法志》云：“谋大逆，谓谋毁宗庙、山陵及宫阙。”《吏学指南·十恶》云：“谋大逆，谓谋宗庙、山陵及宫阙”，而无“毁”字。唐律之大逆是指毁坏上述与皇族有关的特定建筑物。但谋逆常与谋反混用，而非指谋大逆，元朝亦然。如至元十一年（1274年）彰德赵当道等“以谋逆

① 《元史》卷206,《叛臣传》。
② 《元典章》卷41,《刑部》3,《谋反·谋反处死》。
③ 《元典章》卷41,《刑部》3,《谋反·谋反处死》。

伏诛”[①]；至元二十五年（1288年）大同民李伯祥、苏永福八人“以谋逆伏诛”[②]；至治二年（1322年）五月，泰符、临邑二县有人谋逆，其首犯王驴儿伏诛，其余杖流之。[③]但元朝法律中的谋大逆不是指毁坏上述之类建筑物，而是另有所指。《元典章·刑部三》附《诸恶》表“大逆”目下，注明大逆表现为“伪造国号，妖说天兵”，“妄造妖言”。其正文所载二罪案，一是陈空崖案，一是段丑厮案。据《元史》称：大德元年（1297年）“温州陈空崖等以妖言伏诛”[④]，《元典章》言其罪状曰：“坐禅说法，竖立旗号，伪写罗平国正治元年，妖言惑众，称说天兵下降，书写善慧、大言等事。”[⑤]大德五年（1301年）又有段丑厮等“诈称神异，妄造妖言，虚说兵马，扇惑人众”[⑥]。这样的罪名成宗以前就有，如世祖至元二十年（1283年）广州新会县林桂方等“聚众伪号罗平国，称延康年号”[⑦]。《元史·刑法志》“大恶”项下所谓“诸妖言惑众，啸聚为乱，为首及同谋者处死，没入其家；为所诱惑相连而起者，杖一百七”，当与《元典章》相同。

在唐律中“造妖书妖言”另有罪名。如《贼盗律》：“若自述休征，假托灵异，妄称兵马，虚说反由，传惑众人而无真状可验者，自从妖法”[⑧]，即按“造妖书妖言”罪处理，不归入谋反罪。而元朝显然又将“造妖书妖言”罪移入大逆。如元贞元年（1295年）僧人袁普昭“伪造佛经，那经里写着犯上的大言语”[⑨]，女子刘金莲“假妖术以惑众”[⑩]，仅此就构成大逆罪名。

---

① 《元史》卷8，《世祖纪》5。
② 《元史》卷15，《世祖纪》12。
③ 《元史》卷28，《英宗纪》。
④ 《元史》卷19，《成宗纪》2。
⑤ 《元典章》卷41，《刑部》3，《大逆·伪写国号妖说天兵》。
⑥ 《元典章》卷41，《刑部》3，《妖言虚说兵马》。
⑦ 《元史》卷12，《世祖纪》9。
⑧ 《唐律疏议》卷17，《贼盗律》。
⑨ 《元典章》卷52，《刑部》14，《诈伪·伪造佛经》。
⑩ 《元史》卷168，《陈祐附陈天祥传》。

（三）谋叛

《元史·刑法志》《吏学指南·十恶》均言："谋叛，谓背国从伪。"《元典章·刑法三·诸恶》之谋叛，皆指"草贼生发。"前者多指统治集团内部背叛中央朝廷，所谓"谋背本朝，将投蕃国。"比如，至元元年，舍利畏结威楚、统失、善阐及三十七部诸爨各杀守将以叛。① 如果与敌国直接联系，就更是典型的谋叛。如至元八年（1271年），"管如仁、费正寅以国机事为书，谋遣崔继春、贾靠山、路坤入宋，事觉穷治"，结果造意犯管、费及崔被处以死刑，另二犯"并流远方"②。当敌对政权的影响尚在时，归附与叛变往往会反复进行，对再次反叛者的镇压则更加残酷。如至元十六年（1279年）"宁国路新附军百户詹福谋叛，福论死"③；至元十七年，"敕泉州行省所辖州郡山寨未即归附者，率兵拔之，已拔复叛者，屠之"④；至元三十一年（1294年），诸王阿只吉部玉速福屡叛，伏诛⑤。后者"草贼生发"，是指所谓"草寇"即农民武装劫掠。至元十七年，史塔剌浑说："新附地面歹人每叛乱，人口不安"⑥；至元二十年十二月，"江西行省近为作耗草贼数多，已令军民正官一同亲诣贼巢招谕，如不归降，并力征讨……今后获到草贼，于作耗地面对众明正典刑，籍没家产"⑦；元贞三年（1297年）"行御史台札付：据各道申，洞贼扇聚杀死收捕军、民官，烧劫站赤、马疋、铺陈，夺去县印，劫掠良民，寇盗纵横，相继蜂起，无所忌惮……江南草贼生发，盖是归附之后，军官镇守不严，民官抚治不到，积弊日久，以致如此"⑧。

① 《元史》卷166,《信苴日传》。
② 《元史》卷7,《世祖纪》4。
③ 《元史》卷10,《世祖纪》7。
④ 《元史》卷11,《世祖纪》8。
⑤ 《元史》卷18,《成宗纪》1。
⑥ 《元典章》卷41,《刑部》3,《谋叛·禁约作歹贼人》。
⑦ 《元典章》卷41,《刑部》3,《谋叛·典刑作耗草贼》。
⑧ 《元典章》卷41,《刑部》3,《谋叛·草贼生发罪例》。

上述史料，既揭示了此类谋叛具有“劫掠良民”或“杀掳百姓，劫掠财物”的特征，又从侧面点出新附地人民武装反叛的原因。由于叛乱者“忽散东出西没”，而调兵追捕又“各散元住乡都……乡民递相窝藏”，以至于叛乱行为此起彼伏，久久不能平息。① 为此法律规定：“诸匿反叛不首者，处死”②。

谋反、谋叛、谋大逆历来为“常赦所不原”之重罪，也是元朝打击的重点。但是《元史 · 刑法志》并未明确区分它们之间及与其他诸恶之罪的界限，《元典章》刑部之《诸恶》表及断例中的罪名与罪状，也与《唐律疏议》不尽相符。至少可以认为，在其罪名的适用上不够严谨。如天历元年（1328 年）十一月，四川行省平章囊加台自称镇西王起兵反对元文宗，其行为似符合谋反罪的构成，而在次年八月判罪时所定罪状为“指斥乘舆”，相当于“大不敬”罪，却又“坐大不道弃市”③，反映该罪名、罪状的规定十分混乱。和唐朝相比，元朝社会很少有安定的局面。忽必烈建立元朝后，诸王争位、世侯叛乱及各族人民的反抗斗争，构成一幅阶级矛盾、民族矛盾、统治阶级内部矛盾错综复杂、异常尖锐的历史画卷。动荡不安的社会局势必然影响到立法工作的顺利进行，有关罪名、罪状也就难以达到字斟句酌的精确程度，因而上述罪名的运用留下了鲜明的时代特征。

（四）恶逆

《元史 · 刑法志》“名例 · 十恶”云：“恶逆，谓殴及谋杀祖父母、父母，杀伯叔父母、姑、兄姊、外祖父母、夫、夫之祖父母、父母者”。《吏学指南 · 十恶》“殴及谋杀父母、兄弟之类”，实际“弟”并不包括在内。因其罪行严重，元朝对“诸部内有犯恶逆，而邻佑社长知而不首，有司承告而

① 《元典章》卷 41，《刑部》3，《谋叛 · 禁断贼人作耗》。
② 《元史》卷 104，《刑法志》3。
③ 《元史》卷 104，《刑法志》3。

不问，皆罪之”[1]，甚至“诸殴死应捕杀恶逆之人者，免罪，不征烧埋银”[2]。

《元史·刑法志》“大恶门”保存了属于恶逆的许多处罚规定，按侵害对象不同可分如下几类：

1. 关于杀伤祖父母、父母。“诸子孙弑其祖父母、父母者，凌迟处死，因风狂者处死”，“诸子弑其父母，虽瘐死狱中，仍支解其尸以徇”，等于仍然执行了凌迟刑。除亲生父母外，嫡、继、义父母也同亲父母。“诸子弑其继母者，与嫡母同”；不仅继母同嫡母，而且“诸谋杀已改嫁祖母者，仍以恶逆论”；诸挟仇“杀伤（义父）幸获生免者，皆处死；诸图财杀伤义母者，处死”。除了生前杀伤行为，死后有损坟茔、移动骨骸，也视同杀伤行为。如子孙“发掘祖宗坟墓，盗其财物，卖其茔地者，验轻重断罪，移弃尸骸，不为祭祀者，同恶逆结案”；“诸为人子孙为首，同他盗发掘祖宗坟墓盗取财物者，以恶逆论；虽遇大赦原免，仍刺字，徙远方屯种”。

2. 关于殴祖父母、父母。“诸殴伤祖父母、父母者，处死”。即使在“醉后殴其父母”，若“父母无他子，告乞免死养老者”，也得“杖一百七，居役百日”。

3. 关于杀伯叔父母、兄姊等。“诸挟仇殴死其伯叔母者，处死；诸因争，兄弟同谋殴死诸父者，皆处死；诸挟仇故杀其从父偶获生免者，罪与已死同”。伯叔是期亲长辈，无论何因而杀皆处死。兄长亦为期亲，凡“诸弟杀其兄者，处死”，“诸因争，虐杀其兄者，虽死仍戮其尸”。

4. 关于妻杀伤夫及妇殴杀舅姑。“诸妻因争杀其夫者，处死；诸妇人问医人买毒药杀其夫者，医人同处死；诸妻杀伤其夫，幸获生免者，同杀死论”；“诸妇殴舅姑者，处死；诸因奸殴死其夫及其舅姑者，凌迟处死。”

《元史·刑法志》所载皆源于当时实案。今录《元典章》所载数则，以与《刑法志》比较。如大德十年（1306 年）“河间民王天下奴弑父磔裂

① 《元史》卷 104，《刑法志》3。
② 《元史》卷 104，《刑法志》3。

于市”，“磁州民田云童弑母，磔裂于市”[①]；至大二年（1309 年）“穆豁子因伊兄不还元借钞五钱，用刀子将兄穆八打死，即系恶逆重事……虽本贼就禁身死，宜准所拟，对众戮尸，依例追给烧埋银两”[②]；至元五年（1268 年）石山山与有夫之妇傅归乡通奸，傅起意与石同谋“将伊夫小王打死，割断两耳”，傅被处以死刑，而且“所犯恶逆决不待时”[③]。

元朝断例对恶逆罪的适用超出了本罪范围。对奴杀主也按恶逆定罪，显然是从其身份性比附的。奴婢（或称驱口）是元朝社会底层的被压迫阶级。《元典章 · 刑部》“恶逆门”所附的两个实案，一个是驱奴砍伤本使，另一个是奴杀本使。在实践中，按旧例“奴婢杀主者皆斩”[④]。《刑法志》“大恶门”言：“诸奴故杀其主者”，甚至应“凌迟处死”。

（五）不道

《元史 · 刑法志》“名例 · 十恶”云：“不道，谓杀一家非死罪三人及支解人、造畜蛊毒、厌魅”。与唐律相同。《吏学指南 · 十恶》云“不道，殴非死罪之人，及支解、蛊毒、厌魅”，与前稍异，似不如《刑法志》确切。《事林广记》载《大元通制》（节文）另补入“采生”。

关于“杀一家非死罪三人”，《刑法志》“大恶”云：“诸奴挟仇杀伤人一家俱获生免者，与已死同”；“诸以奸尽杀其母党一家者，凌迟处死。诸兄挟仇与子同谋杀其弟一家者，皆处死”，虽未明言属于“不道”，但从皆“非死罪”看，应属不道无疑。

至于支解人、造畜蛊毒、厌魅，《刑法志》“大恶”所载处罚例较多。“诸支解人煮以为食者，以不道论；虽瘐死，仍征烧埋银给苦主；诸厌魅大臣

① 《元史》卷 21，《成宗纪》4。

② 《元典章》卷 41，《刑部》3，《不睦 · 穆豁子杀兄》，此例本为恶逆，系窜入“不睦”条。

③ 《元典章》卷 42，《刑部》4，《谋杀 · 因奸同谋打死本夫》。

④ 《元典章》卷 41，《刑部》3，《恶逆 · 奴杀本使》。

者[①]，处死；诸妻厌魅其夫，子厌魅其父，会大赦者，子流远，妻从其夫嫁卖；诸造蛊毒中人者[②]，处死；诸采生人支解以祭鬼者，凌迟处死，仍没其家产……”，等等。“采生”，是元代偏远地区的一种恶俗。归属湖广行省的常澧、辰沅、归峡一带，当地土人“每遇闰岁，纠合凶愚潜伏草莽，采取生人，非理屠戮，彩画邪鬼，买觅师巫祭赛，名曰采生”。可知是出于迷信而杀生人祭鬼神的犯罪行为。实践中的“采生”案例十分残忍。如至元二十九年（1292 年）澧州澧阳县犯人廖救儿把被害人卓罗儿“用麻索缚住双手双脚，脑后打死，次用尖刀破开肚皮，取出心肝脾肺，剜出左右眼睛，斫下两手十指、两脚十指，用纸钱酒物祭赛云霄五岳等神”[③]。由于采生和支解人、造畜蛊毒、厌魅等具有类似的犯罪特征，所以归入“不道”罪。

（六）大不敬

《吏学指南·十恶》解“大不敬”，惟云“盗误御物，无君臣之礼”，词简语谬，难以卒读。《元史·刑法志》“十恶·大不敬”与唐律同，包括：“盗大祀神御之物、乘舆服御物；盗及伪造御宝；合和御药，误不依本方，及封题误；若造御膳，误犯食禁；御幸舟船，误不牢固；指斥乘舆，情理切害，及对捍制使，而无人臣之礼”。《事林广记》载《大元通制》（节文）并增“常御之殿误不牢固”“厌咒求媚而涉乘舆”两种。

《元史·刑法志》“盗贼门”有“诸盗乘舆服御器物者，不分首从，皆处死”。《刑法志四》“诈伪门”有“诸主谋伪造御宝及受财铸造者，皆处死。同情转募工匠，及受募刻字者，杖一百七”。完全符合前述有关盗及伪造规定者。见于记载的还有其他涉及“不敬”者：延祐七年（1320 年）“贺

① 《唐律疏议》卷 1，《名例律》“十恶”：“厌魅者，其事多端，不可具述，皆谓邪俗阴行不轨，欲令前人疾苦及死者。”

② 《唐律疏议》卷 1，《名例律》“十恶”：“谓造合成蛊；虽非造合，乃传畜，堪以害人者”。《辞海》“蛊毒”条引孔颖达疏：“以毒药药人，令人不自知者。”

③ 《元典章》卷 41，《刑部》3，《不道·禁采生祭鬼》。

伯颜轻侮诏书，殊乖臣礼……各正典刑，籍没其家”[①]；致和元年（1328 年）中书省臣言：“陕西行省、行台官，焚尽诏书，坐罪当流，虽经赦宥，永不录用为宜”[②]。

关于批评皇帝的指斥乘舆，《元史 · 刑法志》“大恶”云：“诸指斥乘舆者，非特恩必坐之”，“诸职官辄指斥诏旨乱言者，虽会赦仍除名不叙”。如至元五年（1268 年），“程思彬以投匿名书言斥乘舆，伏诛”[③]；天历二年（1329 年）四川囊加台“以指斥乘舆，坐大不道弃市”[④]，虽以“大不道”定罪，却仍符合“大不敬”的罪状。

《元典章 · 刑部三》“诸恶 · 大不敬”唯收录“阑入禁苑”一案。楚添儿酒后“跳过太液池围子禁墙”，法司拟罪“阑入禁苑，徒一年，杖六十”。这类罪名，汉律、唐律均为“阑入”，属《卫禁律》，不入“十恶”。

（七）不孝

《元史 · 刑法志》“名例 · 十恶”云：“不孝，谓告言、诅詈祖父母、父母，及祖父母、父母在，别籍异财，若供养有阙；居父母丧身自嫁娶，若作乐释服从吉；闻祖父母、父母丧，匿不举哀，诈称祖父母、父母死”。《吏学指南 · 十恶》云：“不孝，殴詈祖父母、父母之类”，不十分确切。詈属不孝，殴则属恶逆。

《元史 · 刑法志》“诉讼”云：“诸子证其父……凡干名犯义为风化之玷者，并禁止之。”故法律禁止告发父祖犯罪。至治二年（1322 年），驸马许讷之子速怯“告父谋叛，母私从人”。英宗曰：“人子事亲，有隐无犯。今有过不谏，乃复告讦”，因而处其死刑。[⑤] 可见告讦父母要受到严惩。不过

① 《元典章》卷 3，《圣政》2，《明政刑》。
② 《元史》卷 32，《文宗纪》1。
③ 《元史》卷 6，《世祖纪》3。
④ 《元史》卷 32，《文宗纪》1。
⑤ 《元史》卷 28，《英宗纪》2。

元代惩治不孝罪的重心是与居父母丧有关的诸罪。大德八年（1304年）“饬中外官吏丧其亲三年”，建立丁忧之制。而《大元通制》（节文）把“居父母丧不丁忧”与“服内嫁娶”等连在一起，都纳入“不孝”罪。《元典章·刑部三·不孝》与《元史》皆有此类实案。可分为：

1. 丧服内嫁娶：元贞元年（1295年）千户王继祖“于伊父服，停尸成亲……断令各人离异，所据王继祖拟合罢职”①；大德四年（1300年）“晋州达鲁花赤捏古伯给称母丧，归迎其妻”被“罢职不叙”②。后一案例虽为谎报母丧，但性质同于前者。

2. 服内宿娼：大德十一年（1307年）“应城县典史张大荣不守服制，于娼户之家宿歇……除将张大荣量情断八十七下罢役外，拟合除名不叙”③。

3. 服内娱乐：皇庆二年（1313年）淮东宣慰使汪元昌父丧、国丧（武宗死）期间“作乐饮酒，不忠不孝，合行明正其罪，永不叙用”④。

4. 服内出任官职：延祐元年（1314年）臧荣“父母重丧，服制未终，忘哀之任，比例决四十七下，解见任期年之后降一等叙用，罪过原免，依例标附”⑤；延祐五年（1318年）“令史裴从义母丧，离役丁忧，未及终制，复补本司令史……决二十七下，解见任别行求仕”⑥，等等。

《元史·刑法志》载：“诸子不孝，父与弟侄同谋置之死地者，父不坐，弟侄杖一百七”⑦。可知父对忤逆不孝之子施用私刑可以免除刑事责任。

（八）不睦

《元史·刑法志》云：“不睦，谓谋杀及卖缌麻以上亲，殴告夫及大功

① 《元典章》卷41，《刑部》3，《不孝·王继祖停尸成亲》。
② 《元史》卷20，《成宗纪》3。
③ 《元典章》卷41，《刑部》3，《不孝·张大荣服内宿娼》。
④ 《元典章》卷41，《刑部》3，《不孝·汪宣慰不奔父丧》。
⑤ 《元典章》卷41，《刑部》3，《不孝·臧荣不丁父忧》。
⑥ 《元典章》卷41，《刑部》3，《不孝·裴从义冒哀公参》。
⑦ 《元史》卷104，《刑法志》3。

以上尊长、小功亲属”。《吏学指南·十恶》唯有前句：“不睦，谋杀及卖缌麻以上亲。”

《元典章·刑部三》“不睦门”所载案例，皆兄弟叔侄间杀、伤之事。但因情节不同，处刑颇有差异。可分为：

1. 谋杀缌麻以上亲。如大德五年（1301 年）参政胡颐孙与弟张八等合谋杀死其养父之生子胡总管，被处以死刑[①]；大德六年郑贵与其弟郑子进同谋打死侄儿郑昭举，又纵令其子与郑昭举之妻通奸，本应处死，但因漳州路已决 107 下，又逢诏赦，将案犯郑贵“迁徙发去辽阳行省地面住坐，以警其余”[②]。说明凡谋杀缌麻以上亲属，一般都判处死刑。

2. 重伤或伤害致死缌麻亲。如至元十七年（1280 年）袁成与其远房侄袁百六因事相争，侄先殴伤叔之额部，叔反击，致使侄袁百六受伤身死，“拟决一百七下，征烧埋银”[③]；大德五年（1301 年）周千六因事踢伤远房侄周季四，致死人命，“例应杖断，却缘二次钦遇诏恩释免、依例征给烧埋银五十两”[④]。上述二例，其一有正当防卫性质，其二因事，皆事出有因。但前者因伤害致死缌麻之亲，依例仍应处杖刑，并征烧埋银。其后者虽因诏赦释免，而征烧埋银却不减免，原因就在于致死人命的后果严重。重伤或伤害致死，又因在犯罪中所起的作用不同、情节是否严重等，在量刑时有所区别。前者如至元二十年（1283 年）万载县罗细三、罗细八兄弟二人将其亲兄罗二左手腕骨打断，已成废疾。其首犯罗细八“断一百七下，为从罗细三八十七下”[⑤]。后者如至元四年（1267 年）米恤用柳木棍把侄米公寿打伤致死，“省拟断一百七下”；而至元八年（1271 年）萧猪儿用荆拄棒把弟萧九十打死，“拟断七十七下，仍征烧埋银一十五两，

① 《元典章》卷 41，《刑部》3，《不睦·胡参政杀弟》。
② 《元典章》卷 41，《刑部》3，《不睦·郑贵谋故杀侄》。
③ 《元典章》卷 41，《刑部》3，《不睦·打死远房侄》。
④ 《元典章》卷 41，《刑部》3，《不睦·踢死堂侄》。
⑤ 《元典章》卷 41，《刑部》3，《不睦·打伤亲兄》。

给付苦主”[1]。两案皆致死人命，但因使用凶器不同，强度较大的所处杖刑也较重。

（九）不义

《元史·刑法志》“名例·十恶”云：“不义，谋杀本属府主、刺史、县令、见受业师，吏卒杀本部五品以上官长；及闻夫丧匿不举哀，若作乐释服从吉及改嫁。”《吏学指南·十恶》比较简略，只云“杀本属官长、受业师长”。而《事林广记》载《大元通制》节文把“府主、刺史、县令”改为“路府州县官员”，把“本部五品以上官长”改为“本属官长”，这样更符合元代行政官吏建置的实际情况。

《唐律疏议》曰：“礼之所尊，尊其义也。此条元非血属，本止以义相从，背义乖仁，故曰‘不义’”。[2] 所以“不义”泛指一切针对非血属关系的违背仁义原理的犯罪。

《元典章·刑部三》“不义门”收录了居夫丧改嫁两个案例。其一是，至元七年（1270年）鉴于各地“有于父母及夫丧制中往往成婚，致使词讼繁冗”而定立格限：“自至元八年正月一日为婚，已前有居父母、夫丧内嫁娶者，准已婚为定，格后犯者依法断罪听离”，依例应徒三年[3]；其二例是：至元十五年（1278年）一名叫阿吴的女子把因病死亡的丈夫焚化后不久，又改嫁给彭千一为妻，“拟将阿吴杖断七十七下，听离，与女真娘同居守服，以全妇道”，并将彭千一及媒人等各杖断47下。[4]

这两个实例确实属于传统的“不义”范畴。但《元典章》的不义还包括杀伤岳父母、伤害义男、伤害继子女、伤害妻等行为。其中有些符合“义

① 《元典章》卷41，《刑部》3，《不睦·打死侄》，《殴死弟》。

② 《唐律疏议》卷1，《名例律》。

③ 《元典章》卷41，《刑部》3，《不义·居丧为嫁娶者徒》。

④ 《元典章》卷41，《刑部》3，《不义·焚夫尸嫁断例》。

绝”的特征，有的则超出范围。“义绝”，即“殴妻之祖父母、父母及杀妻外祖父母、伯叔父母、兄弟、姑、姊妹，若夫妻祖父母、父母、外祖父母、伯叔父母、兄弟、姑、姊妹自相杀及妻殴詈夫之祖父母、父母，杀伤夫外祖父母、伯叔父母、兄弟、姑、姊妹及与夫之缌麻以上亲、若妻母奸及欲害夫者，虽会赦，皆为义绝”[①]。夫妻之间犯有“义绝”之状者，除承担刑事责任外，必由官府判定离异。如延祐二年（1315 年）许某“将妻母殴打咬伤……罪轻释免，即系义绝”，断离异[②]；至大二年（1309 年）钱万二以暴力手段逼迫妻子“沿身刁刺青绣”，接受他人钱财让妻子“在街露体呈绣迎社，又将妻母狄阿孙抵触，大伤风化，已绝夫妇之道”，合杖断 87 下，因犯在诏赦之前，只判“将本妇离异归宗”[③]。而殴打岳父母致死者，则应处以重刑。如至元三年（1266 年）张羔儿纠合吴招抚打死丈人郭百户，因吴死于牢中，对张犯“省拟断一百七下”[④]。虐待、伤害继子女也属于“义绝”，应判夫妇离异。如延祐三年（1316 年）后母韩端哥用烧红铁锥烙伤继子、女的舌、臀、腰等部位，“酷毒如此，甚伤恩义”，杖断 77 下离异，并追回原聘财礼。[⑤]伤害义父、义子仍归入“义绝”，对此罪案的处理，除对行为人作出刑事处罚外，还让被害人“归宗”。如元贞元年（1295 年）曹应定给养子曹归哥面上刺字，曹归哥持斧反抗斫伤义父颈部，将曹归哥“拟决九十七下归宗”，曹应定因受伤而“拟免科罪”[⑥]；皇庆元年（1312 年）军官刘世英为了仕途升迁，不惜将义男李丑驴文身、阉割，“欲作行求之物，以人为货”，可谓残忍至极，判李丑驴给亲完聚，案犯刘世英除名不叙[⑦]；

① 《唐律疏议》卷 14，《户婚律》。
② 《元典章》卷 41，《刑部》3，《不义 · 殴伤妻母》。
③ 《元典章》卷 41，《刑部》3，《不义 · 将妻沿身雕青》。
④ 《元典章》卷 41，《刑部》3，《不义 · 殴伤妻母》。
⑤ 《元典章》卷 41，《刑部》3，《不义 · 烧烙前妻儿女》。
⑥ 《元典章》卷 41，《刑部》3，《不义 · 义男面上刺字》。
⑦ 《元典章》卷 41，《刑部》3，《不义 · 割去义男囊肾》。

延祐三年（1316年）董孝英因养子张寿孙偷摸，“用刀将左脚筋刈断，以成废疾……比例合杖九十七下，罪遇原免，令张寿孙归宗，仍于董孝英名下追中统钞五百两，充养赡之资”，即对被害人还应给予民事赔偿。[①] 以上案例表明，元朝的“不义”在“元非血属，本以义相从”意义上，范围更有所扩大。

（十）内乱

《元史·刑法志》云：“内乱，谓奸小功以上亲、父祖妾，及与和者。”《吏学指南·十恶》也指“奸小功以上亲、父祖妾”，与此相近。而《事林广记》载《大元通制》另增奸继母一条。

《元典章·刑部三》“内乱”所载诸实例，包括强（和）奸男妇、奸亲女、奸义女、奸弟妻等。

1. 强（和）奸男妇。强奸男妇，又称“欺奸男妇”。《元史·刑法志》“奸非门”载：“诸翁欺奸男妇，已成者处死，未成者杖一百七，男妇归宗，和奸者皆处死”，“诸欺奸义男妇，杖一百七，欺奸不成，杖八十七，妇并不坐”。男妇属卑幼，翁强（和）奸男妇，违反了尊卑有序的伦理纲常，因此一般对翁处死刑或杖一百七，翁强奸未遂则处较高杖刑；男妇与翁和奸也须处以死刑或杖刑。无论强（和）奸，都要判男妇离异归宗。如至元五年（1268年），男妇张瘦姑向官府首告与翁魏忠多次通奸，依照旧例将魏忠处死，张瘦姑“量情拟杖七十七下，从妇归宗”[②]；至元三年，军户孟德强奸男妇胥都嫌未遂，部拟“量情杖决一百七下，仍离异”[③]。调戏男妇虽不属强（和）奸行为，但与其性质相近，因而也要给予处分。如至元十年（1273年）董文江调戏男妇高福怜，“原其本情，虽未成奸，已乱人伦尊卑

① 《元典章》卷41，《刑部》3，《不义·割断义男脚筋》。
② 《元典章》卷41，《刑部》3，《内乱·翁奸男妇已成》。
③ 《元典章》卷41，《刑部》3，《内乱·强奸男妇未成》。

之礼”，判高福怜离异归宗，翁董文江“仰本路就便依理决断施行”[1]。

2. 奸亲女或继、义女。该行为同样是“乱人伦尊卑之礼”，但因亲女与继、义女有血缘、非血缘关系之分，在处理上前重而后轻。如至元五年（1268 年）医生张楫听从妻子阿白之言，欲奸亲女未成，“本管官司”将张楫断讫一百七下，张阿白断讫五十七下[2]；至元十九年（1282 年）伍二六先是强奸妻之前夫在室女罗季一娘，后又多次与其通奸，将伍二六决杖 97 下，罗季一娘决 67 下。[3]

3. 奸弟妻。如至元三年（1266 年）许和尚与弟妻王茶哥通奸，各断 97 下。

奸侄媳、侄女也属于“内乱”，但因有无血缘关系或血缘关系的远近而在量刑上有所区别。如“诸与同居侄妇奸，各杖一百七，有官者除名”，“诸与兄弟之女奸，皆处死，与从兄弟之女奸减一等，与族兄弟之女奸减二等”。[4]

二、和奸（诸奸之一）

“和”字含义在古人看来是不必解释的，故常用它去解释其他概念：“不和谓之强”，“两和相害谓之戏”[5]。和即心志或意志和同、和合之意。和奸也是在这个意义上使用的。“和奸”也称“通奸”，即和同会合之奸。“奸，犯淫也”，“男女不以义交谓之淫”[6]。所谓“不以义交”即不恪守礼法的性行为，很早就已纳入封建法律的调整范围。我国历史上第一部较系统的封

① 《元典章》卷 41，《刑部》3，《内乱 · 翁戏男妇断离》。

② 《元典章》卷 41，《刑部》3，《内乱 · 欲奸亲女未成》。至元八年，此案作为重刑违错案刷出，并指出以后“但犯奸盗重罪等事，并从有司约会本管官司一同理问定断”。

③ 《元典章》卷 41，《刑部》3，《内乱 · 奸义女已成》。

④ 《元史》卷 104，《刑法志》3。

⑤ 《晋书》卷 30，《刑法志》。

⑥ 《集韵 · 删韵》。《小尔雅 · 广义》。转引自蔡枢衡：《中国刑法史》，广西人民出版社 1983 年版，第 138 页。

建成文法典《法经》有“妻有外夫则宫”的记载[①]；秦始皇刻石则称“夫为寄豭，杀之无罪”[②]；汉朝因有夫奸“乱族”，会玷污丈夫家族血统的纯正，因此法定为允许丈夫休妻的理由，即“七出”之一的“淫”[③]。在蒙古汗国时期的成吉思汗大札撒中，有关通奸罪的处罚十分严厉：“通奸者无论有无妻家，均应处死刑”。潘世宪先生从民族史角度解释：“如果从蒙古民族当时正是由氏族部落向家族发展的关系来看，以非常的手段来维护新兴的社会制度，这是各民族发展史上当然的现象。”[④]而在建立元朝封建国家之后，把和奸视为违反伦常之罪，更是顺理成章之事，只是刑罚较前有所宽缓。如至元十二年（1275年）“台臣劾前南京路总管田大成以其弟妇赵氏为妻，废绝人伦，敕杖八十，三年不齿，时大成已死，惟市杖赵氏八十”[⑤]。

“和奸”的特点在于“和”。男女双方均有责任，因此皆受刑罚惩处，这与强奸之女方不罚不同。《元典章》所载至元初年如奸案例：柳二妻苏小丑先后与陈典史、在逃犯苏七通奸，被按旧例折杖87下，奸夫陈典史因系“非奸所捕获”，减等决57下，媒合沟通的安大姐也被减等断决57下[⑥]。当为见于记载的最早处理和奸的断例。《元史·刑法志》云：“诸和奸者，杖七十七，有夫者八十七，诱奸妇逃者加一等，男女罪同，妇人去衣受刑，未成者减四等……其媒合及容止者，各减奸罪三等，止理见发之家，私和者，减四等”[⑦]，则是针对和奸的男女双方、媒合人、容止人等更详尽的处理办法。其中有夫奸重于无夫奸的规定，显然是从维护“夫为妻纲”

① （明）董说：《七国考》，转引自《新论》，参见张晋藩主编：《中国法制史》，群众出版社1982年版，第71页。

② 《史记》卷6，《秦始皇本纪》。

③ 参见张晋藩主编：《中国法制史》，第147页。

④ 潘世宪：《蒙古民族地方法制史概要》，第61页，内蒙古大学蒙古史研究所编印，1983年。

⑤ 《元史》卷8，《世祖纪》5。

⑥ 《元典章》卷45，《刑部》7，《和奸·和奸有夫妇人》。

⑦ 《元史》卷104，《刑法志》3。《元典章》卷45，《刑部》7，《诸奸》所载：“媒合人减一等”，与上有所不同。

出发的。对已有婚约但尚未完婚的女子犯奸，又有“不令男家下财，定要为妻”的断例[①]，也是维护夫权思想的体现。

无夫奸是指10岁以上女子的和奸行为。而“十岁以下女，虽和同强”[②]。唐律等似缺少对幼女性的保护意识。元律则开始注意把10岁以下幼女与无夫奸的女性主体相区分，幼女不再承担刑事责任；而男子“虽和同强”，即一般应依强奸处死，“诸十五岁未成丁男和奸十岁以下女……减死，杖一百七”，“诸年老奸人幼女，杖一百七，不听赎”。[③]元朝把幼女的性健康作为法律保护的重要内容，是有关性犯罪刑事立法的历史性进步。

因官民、良贱等身份而违反伦常的和奸，在处理时往往较常人加重，是惩治和奸罪的又一特色。如至元十八年（1281年）品官妻刘阿孙与随从邓海通奸，并背夫出逃，法司认为他们“败污风俗”“情理深重”，而“各人难同凡人相奸例断，拟各处死”[④]；《元史·刑法志》载：“诸奴奸主女者，处死”[⑤]。官民和奸较主奴和奸略轻。但其刑罚虽依凡人通奸处分，对职官却强调断后罢职不叙甚至除名。如至元二十三年（1286年）县丞赵璋、大德三年（1299年）百户刘顺等人与民妇和奸案，均“除名不叙”[⑥]；至元二十年（1283年）职为三品的徐参议犯通奸，法司因其在逃，以为“合行加等治罪”，省部并专门行文追查其是否在地方任职[⑦]；《刑法志》载：“诸监临官与所监临囚人妻奸者，杖九十七，除名”[⑧]；等等。为了整肃风纪，元朝还颁布禁令不许官吏宿娼，“违者依条断罪”[⑨]。延祐六年（1319年）江宁

① 《元典章》卷45，《刑部》7，《凡奸·定婚妻犯奸》。
② 《元典章》卷45，《刑部》7，《诸奸》附表。
③ 《元史》卷104，《刑法志》3。
④ 《元典章》卷45，《刑部》7，《主奴奸·品官妻与从人通奸》。
⑤ 《元史》卷104，《刑法志》3。
⑥ 《元典章》卷45，《刑部》7，《官民奸·职官犯奸杖断不叙》。
⑦ 《元典章》卷45，《刑部》7，《官民奸·职官犯奸在逃》。
⑧ 《元史》卷104，《刑法志》3。
⑨ 《元典章》卷6，《台纲》2，《体察·禁治察司等例》。

县尉和上元县尉等与教坊司乐户之女张娇娇等奸宿，他们身为朝廷命官却“污滥不公”，受到“各笞四十七下，比例解见任别行求仕，标附过名”的处分[①]。僧道犯有和奸，因其违反宗教教规，除依凡人通奸处分外，“断后并勒还俗”[②]。如大德七年（1303 年）道士李道恭与庆阿邵通奸，“依和奸无夫妇人例杖断七十七下，发付合属收系为民”[③]。

和奸罪一般不准私和。中统二年（1261 年）封斌与张兴妻阿丁通奸在逃，封斌父封德私下送给张兴钱物，“和劝要讫休书”。后经告官，虽未治通奸者之罪，但阿丁仍“分付本夫张兴收管”[④]。至大德六年（1302 年）彰德路奥鲁总管府对薛文祐与宁氏通奸案“准告休和”，按察司以为“伤风败俗”，要求宪台惩治奸者及路官“违错”[⑤]。

同时，出于风俗考虑，元朝禁止丈夫受财纵妻与人通奸。至元五年（1268 年）高德仁受财纵妻与李文玉通奸，奸妇、奸夫、本夫各杖 47 下[⑥]。大德七年（1303 年）更针对此类“纵妻为娼”问题，要求加重惩罚，“本夫、奸夫、奸妇同凡奸各决八十七下”，并许四邻等“诸人首捉到官”[⑦]，从而改变了原来“奸从夫捕”的规定。

和奸现象还常因典雇妻妾（女）事件发生。所谓典雇妻妾（女），即把妻妾或女儿作为物权客体典押或出租给人，待典约期满后再赎回亲属或按期向承租人收取雇金。这种行为本身就有伤风化。而古代因灾荒、贫困等原因典雇妻妾甚至卖儿鬻女之事皆非罕见，至元朝“吴越之风，典妻雇

① 《典章新集·刑部·县尉将乐女奸宿》。

② 《元史》卷 104，《刑法志》3。

③ 《元典章》卷 45，《刑部》7，《僧道奸·僧道犯奸还俗》。

④ 《元典章》卷 45，《刑部》7，《凡奸·赦前犯奸告发在后》。

⑤ 《元典章》卷 45，《刑部》7，《凡奸·犯奸休和理断》。

⑥ 《元典章》卷 45，《刑部》7，《纵奸·夫受财纵妻犯奸》。

⑦ 《元典章》卷 45，《刑部》7，《纵奸·通奸许诸人首捉》。

子成俗久矣”，甚至延及腹里地区。[1] 被典雇者，或为他人之妇，或为婢妾，虽说典约期满应归本主，但“久则相恋”，以致通奸、私奔，甚至杀伤人命等时有发生。[2] 对妻、妾等“年满而归，雇主复与通”的行为一般以和奸论罪，而“因又与杀其夫者，皆处死”[3]。

对犯有和奸者一般杖断 77—87 下，但再犯者要加重处罚。“诸奸私再犯者，罪加二等，妇人听其夫嫁卖。”[4] 至元后期，在中书省直辖地区的腹里，规定再犯和奸者面刺“犯奸二度”，并处以配役刑。[5] 但实践中处分不一，常是奸妇断放，奸夫配役，或 107 或 97 下。至大德元年（1297 年），决定通奸再犯“于本犯上加二等断罪”[6]。

认定“和奸”的证据，以在奸所捕获为准，而一般不承认“指奸”，即指认某人通奸。至元六年（1269 年）司吏杨宁指人通奸，受到官府否定。法司认为“如委非奸所捕获，合革勿论”[7]。而丈夫在奸所现场捉获妻与人通奸，并在格斗中杀死奸夫者，亦不坐罪。如至元四年张驴儿捉获妻戴引儿与刘三通奸，张在情急中用刀扎刘一下，致刘身死[8]；元贞二年（1296 年）任闰儿捉获妻与收令史通奸，任从收手中夺到木棒，在收之脑门打了一下，致其身死[9]。法司依据的“旧例”是：在捕击和奸时，罪人持仗拒捍，格杀之及走逐而杀者勿论。故而一个“不合治罪”、一个“难拟坐罪”。当然，在现场杀死犯奸妾，本夫更不坐罪。这里依据的法条是“若（妾）有罪而

① 《元典章》卷 57，《刑部》19，《禁典雇 · 典雇妻妾》。
② 《元典章》卷 57，《刑部》19，《禁典雇 · 禁典雇有夫妇人》。
③ 《元史》卷 104，《刑法志》3。
④ 《元史》卷 104，《刑法志》3。
⑤ 《元典章》卷 45，《刑部》7，《凡奸 · 腹里犯奸刺配》。
⑥ 《元典章》卷 45，《刑部》7，《凡奸 · 犯奸再犯》。
⑦ 《元典章》卷 45，《刑部》7，《指奸 · 非奸所捕获勿论》。
⑧ 《元典章》卷 42，《刑部》4，《因奸杀人 · 杀死奸夫》。
⑨ 《元典章》卷 42，《刑部》4，《因奸杀人 · 打死奸夫不坐》。

邂逅致死者不坐”①。

第四节　罪名（乙）侵犯人身罪

侵犯人身罪指以暴力等手段侵害人的生命、健康、人格等权利的行为。属于这类罪的，在元朝有诸杀、诸殴（殴非专指双方斗殴，更多指单方面的伤害）、强奸、詈骂等。

一、诸杀

成吉思汗曾纵容军队在战争中大肆杀掠以报复仇敌：“镇压叛乱者、战胜敌人，将他们连根铲除，夺取他们所有的一切②。”后来，他接受金降将郭宝玉的建议，定《条画五章》，其一为“出军不得妄杀”③。蒙哥汗时，有个出使蒙古的法国人鲁布鲁克亲眼看到“他们对杀人罪施以极刑”④。忽必烈主持漠南汉地后，“戒诸将毋妄杀”，而“有军士犯法者……命戮以徇”⑤。至元十一年（1274年）六月，忽必烈问宋罪诏曰：“无辜之民，初无预焉，将士毋得妄加杀掠”；七月，他又对前来辞行的伯颜说：“古之善取江南者，唯曹彬一人。汝能不杀，是吾曹彬也。”⑥元朝在禁止妄杀的同时，也在不断完善有关杀人罪的立法。

---

① 《元典章》卷42，《刑部》4，《因奸杀人·打死犯奸妾》。

② ［波斯］拉施特主编：《史集》，余大钧等译，第362页。

③ 柯劭忞：《新元史》卷102，《刑法志》。

④ 耿升等译：《鲁布鲁克东行纪》，中华书局1985年版，第219页。

⑤ 《元史》卷4，《世祖纪》1。

⑥ 《元史》卷8，《世祖纪》5。

（一）七杀

在秦、汉、魏、晋各朝刑律中，已有谋杀、贼杀、故杀、斗杀、戏杀、误杀、过失杀等罪名[①]。元朝吸收前朝成果，分杀人罪为谋杀、故杀、劫杀、斗杀、误杀、戏杀、过失杀七种，《吏学指南·七杀》概括释为："谋，二人对议；故，知而犯之；劫，威力强取；斗，两怒相犯；误，出于非意；戏，两和相害；过失，不意误犯。"

1. 谋杀

张斐谓："二人对议谓之谋。"[②]唐以来称"谋杀人者，谓二人以上"，或称"二人以上同心协谋"，即属共同犯罪。又称"谋"者，皆属故意犯罪，故谋杀即共同故意杀人[③]。

晋、唐以来"谋杀"的这两层含义，元朝皆沿袭了下来。《元史·刑法志》载："诸夫妇同谋杀其兄弟之子者，皆处死"，即属共同故意杀人。但元代又有"谋故"连称者。《元史·刑法志》："诸谋故杀人年七十以上并枷禁，归勘结案"[④]，"诸图财谋故杀人多者，凌迟处死，仍验各贼所杀人数，于家属均征烧埋银"[⑤]。"故"指"非因斗争，无事而杀"，即不存在斗殴情节。实际上，"谋故杀人"仍是指同谋共杀人。

谋杀是"七杀"中严重的杀人罪。对共谋杀人者的处罚是根据后果及杀人者与被害人之间的关系等来确定的。至元十四年（1277年）张狗仔与梢公黄子生等合谋杀死乘客8人、淹死7人，除张犯病死，其他人"皆合凌迟处死"，并征烧埋银给苦主[⑥]。之所以对案犯处凌迟刑，是因其杀人众

① 蔡枢衡：《中国刑法史》，第159页。
② 《晋书》卷30，《刑法志》。
③ 《唐律疏议》卷17，《贼盗律》。
④ 《元史》卷105，《刑法志》4。
⑤ 《元史》卷104，《刑法志》3
⑥ 《元典章》卷42，《刑部》4，《谋杀·船上图财谋杀》。

多；“谋杀已放良奴婢者，与故杀常人论”[①]，则是因为奴婢放良后已具备良人所有的法律地位，故而不以杀奴论处。

由于谋杀属共犯，每个人在犯罪中的地位和作用不同，故而有不同的称谓。《元史·刑法志》载：“诸兄以立继之子主谋杀其嫡弟者，主谋、下手皆处死；其田宅人口财物尽归死者妻子，其子归宗。”[②]则共犯区分为主谋和下手者；“诸妇人为首与众奸夫同谋亲杀其夫者，陵迟处死，奸夫同谋者，如常法”[③]。则共犯区分为为首与同谋；“诸奸夫奸妇同谋杀其夫者，皆处死，仍于奸夫家属征烧埋银”[④]。则共犯皆以同谋论处。共犯有时也按造意，从而加功区分为首犯、从犯等。至元二年（1265年）李政、刘天璋与何阿安（女）因奸合谋杀死何夫，法司判决“刘天璋为首，李政从而加功，各合处死”，何作为同谋亦合处死[⑤]。不过，元代对共犯的区分，在处罚上并未体现差别。以“从而加功”而论，《唐律疏议》：“同谋共杀，杀时加功，虽不下手杀人，当时共相拥迫，由其遮遏，逃窜无所，既相因藉，始得杀之，如此经营，皆是‘加功’之类。”[⑥]因“从而加功”在共同犯罪中的这种作用，唐时对谋杀已成者斩，“从而加功者绞”，在元代却无此区别，只是在其他方面，元律才沿用了前朝制度。比如，《元典章》所载旧例：“妻谋杀夫者皆斩，造意者虽不行仍为首”[⑦]，可以看作沿用了唐宋制度。

2. 故杀

“知而犯之谓之故。”[⑧]《唐律疏议》释“故杀云”：“以刃及故杀者，谓

① 《元史》卷105，《刑法志》4。
② 《元史》卷105，《刑法志》4。
③ 《元史》卷104，《刑法志》3。
④ 《元史》卷104，《刑法志》3。
⑤ 《元典章》卷42，《刑部》4，《谋杀·因奸谋杀本夫》。
⑥ 《唐律疏议》卷17，《贼盗律》。
⑦ 《元典章》卷42，《刑部》4，《谋杀·因奸谋杀本夫》。
⑧ 《晋书》卷30，《刑法志》。

斗而用刃，即有害心；及非因斗争，无事而杀，是名‘故杀’。”[①]元朝故杀可分为四类：

（1）“故杀”。直称为故杀者，其处罚根据犯罪对象的不同而分别确定法定刑。如“诸妻故杀妾子者，杖九十七，从其夫嫁卖”；“诸故杀无罪奴婢，杖八十七”[②]。

（2）“以故杀论”，依准故杀论罪者。如“诸两奸夫与一奸妇皆有宿约，其先至者因斗杀其后至者，以故杀论”[③]“诸职官受赃，为民所告，辄殴死告者，以故杀论”“诸阃帅侵盗系官钱粮，怒吏发其奸，辄令人殴死者，以故杀论；虽会大赦，仍追夺不叙，倍征烧埋银”“诸嫂溺死其小姑者，以故杀论”“诸因争，以妻前夫男女溺死诬赖人者，以故杀论”[④]。此类犯罪一般是知而犯之；有的起初为“过误”，以后转化为故意，如“诸斗殴杀人，先误后故”，所以“以故杀论”[⑤]。《吏学指南·八例》云：“罪同真犯谓之以。凡称以者悉同其法而科之”，可知在处刑上与故杀真犯相同。

（3）“与故杀同”，即比照故杀论罪者。如“诸因斗殴以刃杀人及他物殴死人者，并同故杀”“诸持刃方杀人，人觉而逃，却移怒杀所解劝者，与故杀同”“诸醉中误认他人为仇人故杀致命者，虽误同故”[⑥]“诸奸夫杀死奸妇者，与故杀常人同”[⑦]。《刑法志》中“因斗殴以刃杀人及他物殴死人者，并同故杀”条[⑧]，可从《唐律疏议》得到解释：“斗而用刃，即有害心……兵刃杀人者，其情重，文同故杀之法，会赦犹遣除名。”[⑨]《吏学指南·字类》

① 《唐律疏议》卷21，《斗讼》。
② 《元史》卷105，《刑法志》4。
③ 《元史》卷104，《刑法志》3。
④ 《元史》卷105，《刑法志》4。
⑤ 《唐律疏议》卷21，《斗讼》。
⑥ 《元史》卷105，《刑法志》4。
⑦ 《元史》卷104，《刑法志》3。
⑧ 《元史》卷105，《刑法志》4。
⑨ 《唐律疏议》卷21，《斗讼》。

亦称“比类真犯谓之同。凡称同者，谓所犯与真犯相类也”。即因犯罪情节严重；与“真犯相类”，故亦“同故杀之法”。

（4）“以故杀常人论”“与故杀凡人同”。依准或比照故杀凡人论罪者，因加害人与被害人存在亲属关系，不依杀亲属论罪，比较特殊。如“诸因争故杀族弟者，与杀常人同”“诸因夫妻反目辄药死其妻者，与故杀常人同”“诸风闻涉疑，故杀定婚妻者，与杀凡人同论”“诸舅以无实之罪故杀其甥者，与杀常人同论”“诸故杀元罪子孙以诬赖仇人者，以故杀常人论”[①]。上述犯罪多为杀死卑幼亲属，他们或因小事或因卑幼无罪或因诬陷他人，性质都比较严重，所以应以故杀常人或凡人论。

《元典章》卷 42《刑部》4“故杀”门记载了 4 个故杀案例（包括陈垣校补一例）。第一案发生于至元二十四年（1287 年），五河县张应卯千户得知县尹欲案问自己罪状，与禁子赵林元通谋（由禁子通报被害人熟睡）杀死吴县尹，假作自杀报官，并由陈令史伪造了自杀现场。张、赵二犯均处以死刑，陈令史责打 107 下，罢役[②]。此案属于谋杀，即共同故意杀人，之所以归入故杀，可能考虑到杀人行为是由张某一人独立完成。第二案发生于大德五年（1301 年），“南剑路达鲁花赤忻都吓要部民涂仲十钞五十定”，因本人告发到官，忻都挟恨报复，使人将涂仲十骗入私宅杀死。钦差御史以“谋杀部民”报上，刑部却定性为“挟仇故杀”，并以“钦遇诏赦免罪”，对罪犯“拟合除名不叙、倍追烧埋银两”[③]。可见当时对谋杀与故杀的区分并不十分严格。皇庆元年（1312 年）刘仁可因酒醉声言欲拿获潘壬一店内牛肉解官问罪，潘并不言语，却手操棡木夹槌将刘仁可肋骨打断，刘当场气绝身亡，因罪犯所持凶器“系堪以害人器杖，非平善之家所有物件，详

① 《元史》卷 105，《刑法志》4。
② 《元典章》卷 42，《刑部》4，《故杀·倚势抹杀县尹》。
③ 《元典章》卷 42，《刑部》4，《故杀·挟仇故杀部民》。

其所犯，情同故杀”[①]，此为第三案。此案以行为情节使用了可致人死亡的工具以及并无争斗情形来确定故杀性质，符合前述“非因斗争，无事而杀”的故杀定义。第四案发生在皇庆二年（1313年），叶云一与张明孙争斗，张把叶压在田里，将其头“于田禾内连撞数下”。叶在急迫中取出所佩尖头雕刀，“于张明孙胸膛戮伤致命身死”“即系以刃杀人，事干故杀”[②]。此案实际是防卫过当，因具有“争斗”情节，故刑部原处理意见是：“原其所犯，初无故杀情由，拟合钦依释放。”但中书省最后依杨进例判为故杀，主要从“斗而用刃，即有害心”，即使用了可致人于死的工具方面，确定其故杀性质的。也符合故杀的本来含义。

此外，元朝允许复仇杀人。至元十七年（1280年）梅国宾因父应春被前重庆制置使张珏所杀，“诣阙诉冤，诏以珏界国宾，使复其父仇”[③]。《刑法志》“杀伤”门又云：“诸人杀死其父，子殴之死者不坐。仍于杀父者之家征烧埋银五十两。”对复仇杀人行为不以故杀或谋杀论。

3. 劫杀

劫者，“威力强取”，劫杀仅指劫囚而杀人。唐律规定：“诸劫囚者，流三千里；伤人及劫死囚者，绞；杀人者，皆斩。”[④]元朝对劫杀如何处罚不详。至元五年（1268年）益都路“捉到贼人单二，于高密县牢内劫取贼人武二在逃，将禁子打伤……部拟九十七下，省准断讫”[⑤]。此案属劫囚伤人，较唐律处罚轻。劫杀应当处死。

4. 斗杀

斗者，“两怒相犯”。唐以来斗杀指“元无杀心，因相斗殴而杀人”[⑥]。

---

① 《元典章》卷42，《刑部》4，《故杀 · 木槌打死人系故杀》。

② 《元典章》卷42，《刑部》4，《故杀 · 持刃杀人同故杀》。

③ 《元史》卷11，《世祖纪》8。

④ 《唐律疏义》卷17，《贼盗》。

⑤ 《元典章》卷42，《刑部》4，《劫杀 · 反狱劫囚》。

⑥ 《唐律疏义》卷21，《斗讼 · 斗殴杀人》。

从《元史·刑法志》所载的有关斗杀的法条看，元代斗杀可分如下数种：

（1）一般斗杀处绞刑。至元四年（1267年）曲阳县弓手张七因斗殴把史义踢死。依“旧例，斗殴杀人者绞”而处死刑[①]；《元史·刑法志》载：“诸有人戏调其妻，夫遇而殴之，因伤而死者，减死一等论罪，仍征烧埋银”[②]，也属一般斗杀，减死说明本罪应死。因其有调戏情节，故减死。

（2）以殴杀论（即以斗杀论）。如“诸出使从人殴死馆夫者，以殴杀论”“诸彼此有罪之人相格致死者，与杀常人同”。在这两条中，从人与馆夫、彼此有罪之人，都是相同或类似身份的人。他们虽然有的社会地位较低，但因为行为人与受害人是彼此一样，在处刑上亦与一般斗杀罪相同。

（3）蒙古人殴死汉人。如“诸蒙古人因争及乘醉殴死汉人者，断罚出征，并全征烧埋银”。较高等级的蒙古人打死较低等级的汉人，在处理时比一般斗杀要轻，其主刑为充军而非死刑。

（4）斗杀人奴。如“诸良人以斗殴杀人奴，杖一百七，征烧埋银五十两”。因良贱有别，对斗杀人奴的处刑也轻于一般斗杀罪[③]。

（5）小儿斗杀人。如“诸十五以下小儿因争殴伤人致死者，听赎，征烧埋银给苦主”[④]。十五以下（称“幼”）之人犯罪的处罚较轻，一般享有听赎免刺配等待遇，小儿斗杀人正适应了这一原则。

上述斗殴杀人，一般除处以主刑外，还应给受害人家属缴纳“烧埋银”；犯人如因家贫不能提供赔偿，则由其余亲属代偿；亲属中若无应征之人，则“官与支给”，即由官府向受害人赔偿损失。如遇赦免，有时还“应倍征烧埋银”，如系共同犯罪，则依首、从犯分别征收[⑤]。

① 《元典章》卷42，《刑部》4，《斗杀·踢打致死》。

② 《元史》卷105，《刑法志》4。

③ 《元史》卷105，《刑法志》4。

④ 《元史》卷105，《刑法志》4。

⑤ 《元史》卷105，《刑法志》4。

5. 误杀

误者，“出于非意”。唐律以来皆指“斗殴而误杀伤傍人者”，其处罚“以斗杀伤论；至死者，减一等”。之所以“不从过失者，以其元有害心，故各依斗法”[①]。元代误杀略依前朝法律，见于《元史 · 刑法志》有关误杀的条文有：“诸因争误殴死异居弟杖七十七，征烧埋银之半”“诸尊长误殴卑幼致死者，杖七十七，异居者仍征烧埋银”[②]。

《元史 · 刑法志》所载误杀杖罚七十七下，大抵是元朝通例。从《元典章》所载案例看，至元二年（1265 年）韩进因与亲家相争，用棒误打中冯阿兰，致其因伤而死。地方拟罪：“即系因斗殴而误杀伤论，至死者，减一等，合徒五年”，明显是依照唐以来直至金朝法律拟罪的。但“部拟一百七下，省断七十七下，征烧埋银”。由此开了误杀杖罚 77 下的先例。与此同时，对某些误杀亲属者，断杖更轻。邢孙儿殴打其妻，误打中前来相劝的嫂子头部，致死人命，“合杖九十七下，部拟四十七下，行下断讫”。对无亲属关系的误杀，有时断杖也高于 77 下，如至元二十九年（1292 年）张成二与刘受二相争，误踢中解劝人刘万一阴囊，刘“因伤身死，拟断一百七下，追征烧埋银给主”[③]。但比较常见的仍为杖 77 下。

6. 戏杀

戏者，“两和相害”。唐以来皆谓“以力共戏，至死和同者”。唐律凡“诸戏杀伤人者，减斗杀伤二等……虽和，以刃，若乘高履危，入水中，以故相杀伤者，唯减一等”[④]。元代对戏杀的处理，也是仿唐以来至金朝的规定进行的。至元四年（1267 年）王狗儿在船上与翟二戏耍，“不意脱手将翟二推在河内淹死”。法司以王狗儿所犯“即系戏杀事理”，引“旧例，戏杀

① 《唐律疏议》卷 23，《斗讼》。
② 《元史》卷 105，《刑法志》4。
③ 《元典章》卷 42，《刑部》4，《误杀 · 因斗误伤傍人致死（又）》。
④ 《唐律疏议》卷 23，《斗讼》。

伤人者，减斗杀伤二等”。拟将王狗儿“徒五年，决徒年杖一百，仍征银五十两给主充烧埋之资”。但部拟王狗儿决杖107下，征银50两给付苦主[①]，这是对戏杀罪行为人决杖、征银较早的断例。至元九年，高万奴戏杀张歪头案，也是决杖97下，征烧埋银50两[②]。《元史·刑法志》所载：“诸以物戏惊小儿成疾而死者，杖六十七，追征烧埋银五十两”，也可看作杖罚、征银的变例。不过，《元史·刑法志》还记有“诸以戏与人相逐致人跌伤而死者，其罪徒，仍征烧埋银给苦主”[③]，对戏杀科以徒罪，仅此一例，未详是何时制度。

此外，元代戏杀与前朝也有不同之处。首先，关于戏杀不坐罪，“诸幼小自相作戏误伤致死者，不坐”，这是前朝幼年犯罪不加刑的具体化。又，“诸两人作戏争物，一人放手，一人失势跌死，放者不坐”，此事已找不到相应案例，不详其具体案情。大抵因其既非“以力共戏”，只是邂逅致死，故而不坐罪。其次，元代还允许戏杀私和：“诸戏伤人命，自愿休和者，听。”此事原案保存于《元典章》。至元七年陈猪狗与小舅赵羊头作戏，陈用右拳于其后心打了一拳，赵倒地身死。因两家休和私了，未曾报官。法司遂据此依前徐斌戏杀张驴儿私和例，“依例拟准私和”[④]。

7. 过失杀

过失者，“不意误犯”。唐以来皆谓“耳目所不及，思虑所不到；共举重物，力所不制，若乘高履危足跌及因击禽兽，以致杀伤之属”[⑤]。其处罚，依唐律皆“各依其状，以赎论”。元代大体沿袭了这些规定的基本精神，但一般处以笞杖刑，或单征烧埋银。

---

① 《元典章》卷42，《刑部》4，《戏杀·船边作戏淹死》。

② 《元典章》卷42，《刑部》4，《戏杀·因戏杀人》。

③ 《元史》卷105，《刑法志》4。

④ 《元典章》卷42，《刑部》4，《戏杀·戏杀准和》。

⑤ 《唐律疏议》卷23，《斗讼》。

元代过失杀明显沿用前朝法律之处，如“诸飏砖石，剥邻之果，误伤人致死者，杖八十七、征烧埋银”[①]。相当于唐律之投砖瓦而“耳不闻人声，目不见人出而致杀伤”。至元十年（1273年）弓手赵九住因“射要鹁不防树枝将节摒住，将马帖射伤身死。议得赵九住所犯，即系耳目所不及，思虑所不到。既是本人无虑，合同过失，拟罚钞一锭，与被死之家充烧埋之资”[②]，明显是唐律之概念。

元代对过失杀人，或直称“过失”，或称“误”“过误”。如《元史·刑法志》载：“诸过误踏死小儿，杖七十七，征烧埋银给苦主”“诸昏夜驰马误触人死，杖七十七，征烧埋银”“诸昏夜行车，不知有人在地误致轹死者，笞三十七，征烧埋银之半给苦主”。据《元典章》，过失有时也称“不觉”。至元七年，神婆高阿宋视神时不觉用神刀尖划破康黑厮左额角，伤风身死，“量决五十七下，追征烧埋银五十两给付苦主”[③]。

对过失杀的处罚，元代一般是罚杖、征烧埋银，但罚杖数量及征银数目，高低不等，大抵是依具体案情确定。罚杖、征银的先例，当始于至元初年。《元史·刑法志》所载“昏夜驰马误触人死”之原案，即今存于《元典章》的李三丑案。至元四年（1267年）某夜李三丑“骑坐马匹还家”“马行得紧，又为月黑”，把迎面走来的田快活撞死。法司依照旧例：“于城内街巷无故走马者笞五十，以故杀伤人者减斗杀伤一等”，但“部拟量决七十七下，省断准拟，征钱二百贯与被死之家”[④]。杖罚、征银之例即由此而生。元代也有不罚杖而单征烧埋银的罚则。如前述赵九住案。《元典章》还有丁五儿误以镢过失杀韩二案，最后处理是“追中统钞五定，给付苦主充茔葬之资”[⑤]。

① 《元史》卷105，《刑法志》4。

② 《元典章》卷42，《刑部》4，《过失杀·射要鹁儿射死人》。

③ 《元典章》卷42，《刑部》4，《过失杀·神刀伤死》。

④ 《元典章》卷42，《刑部》4，《过失杀·走马撞死人》。

⑤ 《元典章》卷42，《刑部》4，《过失杀·使镢折伤死》。

不过，与戏杀不同的是，元代不允许私和过失杀。至元七年李猪儿因射鹿误将刘伴叔射伤身死，刘伴叔之父刘福索要人口、车牛、地土、拟私和。但刑部断令追征人口等还付李猪儿，对李猪儿“断讫四十七下，减半征烧埋银两给付收管”[①]，仍坚持罚杖、征银的先例。前述赵九住案，九住已与“苦主私和二百九十五贯”，兵刑部断罚赵九住“钞一定与被死之家充烧埋之资”，勒令苦主只能接受断罚之一定钞，“余钞追还本主”[②]，仍坚持了单征银之先例。

“七杀”的处罚颇有不同，究其原因主要是主观方面不同，因主观恶性的大小不同，体现的社会危害性也就不同。如处罚较重的谋杀、故杀、劫杀，皆为直接故意；斗杀一般多为间接故意，但也可能是过失；误杀多为过失，但也可能因间接故意造成第三人被害；戏杀为过失；过失杀一般是过失，但也可能属于行为人所无法预料、无法避免的意外事件。

（二）诸杀罪刑与身份关系

因犯罪对象有血缘关系、良贱等身份的不同，所引起的法律后果也不同。这是因为，元代社会仍是传统的身份性社会。对于亲属、良贱的相杀，处罚有别于凡人相杀。

1. 杀亲属

《元典章》刑部有杀亲属、杀卑幼、杀奴婢娼佃等目。亲属目下所举断例内容，包括“打死妻”“杀死妻”，依唐以来“妻同卑幼”惯例，也属于杀卑幼之列。至于“打死婿”“打死男妇”，尊卑相悬，更属于“卑幼”范围。但元代杀卑幼是个特定概念，是指直系卑幼，故仍与杀卑幼分别述之。

妻有罪而夫打死妻的案件，至元初依“旧例”：夫妻“先不安谐因（妻）

① 《元典章》卷42，《刑部》4，《过失杀·射鹿射死人》。

② 《元典章》卷42，《刑部》4，《过失杀·射耍鹅儿射死人》。

有罪而殴死（妻）者，徒四年”，再调整为杖罚。如至元二年（1265 年）陈玙因妻司娇娇先曾与人通奸，后又“不从使唤”，将其殴打致死，部拟“量决九十七下，省拟决七十七下”[①]。至元三年（1266 年）赵驴马打死妻哇哇案，也以杖 77 下结案[②]。

对于杀妻案，元朝常从夫妻名分及妻有过错出发，减轻对丈夫的处罚。逢大赦时又予放免。如大德九年大都路顺州王文书因妻纪秀哥辱骂自己，又怀疑其与人通奸，用刀杀死妻并伪造自杀现场，刑部“议得王文书状招，虽系故杀，难与常人一体定论……量情减等，杖断一百七下，烧埋钱同居不须征理”[③]。皇庆元年（1312 年）发生的霍牛儿杀死妻常三姐案，法司以为“若以常人故杀结案，切缘霍牛儿终为妻毁祖骂詈，弃伊还家”，即妻有过失，故仅杖断 107 下[④]。皇庆二年（1313 年）三月，建宁路李孙怀疑妻子蔡佛姑与其义父私通，以铁斧将其砍死，行省以为“若拟凡人定罪，恐失明伦厚俗之道……罪犯初无故杀之情，难与常人一体定论”，又遇大赦，“比例将李孙钦依释免相应”[⑤]。

元代打死女婿及儿媳，处刑有别：殴死女婿罪重，殴死儿媳罪轻。如至元三年（1266 年）刘全将女婿孙重二踢打致死，依旧例：“尊长殴卑幼……缌麻减凡人一等，死者绞”，刑部“准拟呈省，断将刘全流去迤北鹰房子田地，仍于家属征烧埋银两给主”[⑥]，实际是降死为流；至元五年（1268 年）王阿李因琐事将怀孕 8 个月的男妇茶哥用挑火棒殴死，依旧例“殴子孙之妇……死者，徒二年”，刑部却改“拟量决三十七下，单衣受刑”[⑦]，比

① 《元典章》卷 42，《刑部》4，《杀亲属 · 打死妻》。
② 《元典章》卷 42，《刑部》4，《杀亲属 · 打死妻》。
③ 《元典章》卷 42，《刑部》4，《杀亲属 · 打死妻》。
④ 《元典章》卷 42，《刑部》4，《杀亲属 · 杀死妻》。
⑤ 《元典章》卷 42，《刑部》4，《杀亲属 · 杀死妻》。
⑥ 《元典章》卷 42，《刑部》4，《杀亲属 · 打死婿》。
⑦ 《元典章》卷 42，《刑部》4，《杀亲属 · 打死男妇》。

上一案例减轻更多。至元十三年张阿赵虐待殴打儿媳致死，也只是决杖47下，单衣受刑了事[①]。

2. 杀卑幼

元朝对父祖杀死违反教令之子孙案，处罚甚轻。至元三年（1266年）何赛哥把女儿定哥“撇放滹沱河内淹死”，地方依旧例：“子孙违法令而祖、父非理殴死者，徒一年”，而“部拟决五十七下”[②]；王得禄因酒醉用刀扎死男牛儿，依旧例，子孙违反教令而祖父母、父母以刃杀者，徒一年半，故杀者加一等，王犯“合徒二年，决杖七十”，而部拟仅决77下[③]。在这方面，元朝仍沿袭了传统的父权精神。至于杀死不孝子孙，则依例免罪。如益都路彭友不孝，“殴打毁骂”其父彭仙。彭仙召人绑缚投入河中淹死。法司断拟：“彭仙所犯原情可恕，部拟免罪[④]。”

对溺婴行为，因婴儿本身无罪，故依故杀子孙论罪。当时“南方之民有贫而不济，或为男女数多”，因而溺婴之风甚为流行。至元三十年曾由地方政府榜示禁约：“今后如有似前溺子之人，许诸人告首到官，犯人依故杀子孙论罪。”[⑤]

3. 杀奴婢娼佃

对于奴婢、娼妓、佃户等身份卑微之人，法律虽在一定程度上给予保护，但在根本上是鄙视的。对杀奴婢行为的惩治，元代经历了一个复杂的变化过程，有时又自相矛盾，缺乏固定标准。

至元初对主人打死奴婢的处理曾是十分宽纵的。至元五年（1268年），张歹儿因丢失马匹，迁怒于驱妇燕粉儿，用铁棍将其打死。法司以“若依杀驱断罪，似涉太重”，拟定“准放良”例，“将犯人免罪”。部、省竟一

① 《元典章》卷42，《刑部》4，《杀亲属·打死男妇》。
② 《元典章》卷42，《刑部》4，《杀卑幼·淹死亲女》。
③ 《元典章》卷42，《刑部》4，《杀卑幼·带酒杀无罪男》。
④ 《元典章》卷42，《刑部》4，《杀卑幼·死有罪男》。
⑤ 《元典章》卷42，《刑部》4，《杀卑幼·溺子依故杀子孙论罪》。

致批准[1]。这是打死无罪驱。同年，昔剌因痛恨驱妇乞赤斤无夫有孕、小产，用劈柴将她乱打致死。初审依旧例："奴婢有罪，不诣官司而杀者杖一百，无罪而杀者徒一年，若有愆罪决罚致死者勿论。"昔剌之驱妇无夫有孕，属犯罪行为，因此断"昔剌不合治罪"。但部拟以为驱口有罪应赴官陈告、不得自行打死，故"难拟无罪"，最后决定："据昔剌所犯，量决二十七下[2]。"这是打死有罪驱。前者轻纵，而后者示惩，可见当时并无凭准，也并未执行所谓"旧例"。到至元十一年（1274 年），驱口王锦因故打死主人王某之弟王仔与驱口王兴，王某捉获凶犯后，用棒打死王锦。只因王锦所犯"已该极刑"，故王某虽"不请官司"，也"难拟定罪"[3]，强调的是赴官陈告，与至元五年（1268 年）昔剌案相同。可见，此时已开始注重国家权力，在一定程度上否定了主人的专杀权。

对于打死放良奴婢，因其先前有过主奴身份的历史，处罚也较轻。前述至元五年张歹儿案，竟是放良免罪。而更早些的至元三年（1266 年）案，主人杨珍打死未满年限私自逃走的放良驱口邢粉儿，旧例虽是"主殴放良奴婢，因伤致死，减凡人四等，合徒二年半"，刑部却只准拟 77 下[4]。

关于主杀奴问题，见于《元史·刑法志》的有"诸奴殴詈其主，主殴伤奴致死者，免罪。诸故杀无罪奴婢，杖八十七，因醉杀之者，减一等""诸谋杀已放良奴婢者，与故杀常人同"，此不知出于何年。唯"诸殴死拟放良奴婢者，杖七十七"[5]，当出自前述至元三年（1266 年）杨珍案。

杀他人奴问题，至元六年（1269 年）苏三五因争斗踢死周仲义驱男王小狗，"部拟量决一百七下，征银"[6]。《刑法志》所记"诸良人以斗殴杀人奴，

① 《元典章》卷 42，《刑部》4，《杀奴婢娼佃·打死无罪驱》。
② 《元典章》卷 42，《刑部》4，《杀奴婢娼佃·殴死有罪驱》。
③ 《元典章》卷 42，《刑部》4，《杀奴婢娼佃·主打驱死》。
④ 《元典章》卷 42，《刑部》4，《杀奴婢娼佃·杀放良奴》。
⑤ 《元史》卷 105，《刑法志》4。
⑥ 《元典章》卷 42，《刑部》4，《杀奴婢娼佃·良人杀驱》。

杖一百七，征烧埋银五十两”，即指此案断例。同时，《刑法志》所载“诸良人戏杀他人奴者杖七十七”，未知属何年断例。此外，在奴婢相杀的场合，元代规定：“诸异主奴婢相犯死者，同常人；同主相犯至重刑者，仍依例结案[①]。”前者指依凡人相杀论罪，后者的“依例结案”，在元朝有不同的处理事例。至元五年，驱口王黄头打死同主驱口王宜儿，因主人求免，法司断杖107下[②]。此事因有主人求免情节，比较特殊。所谓“依例结案”，未必指此。而到至元三十年（1291年），奴路黑厮打死同主驱刘狗儿案，法司断“理合处死”，经钦准执行[③]，此例可能是断例。

关于杀死娼女，《元典章》有一例，可见其娼之地位卑微。至元五年（1268年），太原路申智真杀死原做伴娼之女海棠，刑部“拟决杖一百七下，呈省准断讫”[④]。

值得注意的是杀佃客断例。《元典章》将佃客与奴婢、娼女并列，佃客地位已不言自明。本来，元时江浙等地“贫民甚多，皆是依托主户售雇或佃地作客过日”，在性质上“即非……买致驱奴”。大德六年（1302年），发生了傅汝明打死佃客李小三案，因遇赦释免。但在一般情况下，“本使不请官司殴杀死掳买驱奴，犹然治罪”“盖因而妄杀故也”。究竟如何“治罪”，基本依据《经世大典·宪典》的《元史·刑法志》云：“诸地主殴死佃客者，杖一百七，征烧埋银五十两”，当是习惯而普遍的做法。但大德六年（1302年）省司的意见却是：“若以前例杖断，追烧埋银，似启收豪兼并之家妄杀无辜佃客之门，垂历代杀人无赦之禁”，故要求“斟酌时宜禁止”，以革“亡宋已前主户生杀视佃户不若草芥”之风。都省虽定议：“地主殴杀佃客……今后若有违犯之人，追勘完备，廉访司审复无冤，依例结

① 《元史》卷105，《刑法志》4。
② 《元典章》卷42，《刑部》4，《杀奴婢娼佃·打死同驱》。
③ 《元典章》卷42，《刑部》4，《杀奴婢娼佃·打死同驱敲了者》。
④ 《元典章》卷42，《刑部》4，《杀奴婢娼佃·杀死娼女》。

案。"[1]但实践中"依例结案"，可能仍只是杖断并追征烧埋银。这从后来《经世大典·宪典》的记载就可看得出来。

二、殴詈

"相争曰斗，相击曰殴""恶言凌辱曰骂，移语相诟曰詈"[2]。殴詈罪约相当于现代刑法的伤害罪、侮辱罪。唐律《斗讼律》规定了殴詈的刑事责任，元朝也一样，"殴人、詈人俱系刑名事理"[3]。

（一）诸殴的一般规定

处理斗殴伤害的一般原则是根据行为人使用的手段（如手足、兵刃或他物）、被害人创伤的程度、结果等确定刑事责任。《元典章》所载"旧例·斗殴罪名"当是元朝有关斗殴立法的基本规定或处理斗殴罪断例之通例。因其具体详细且概括性强，在元代立法中不多见，故全文引述如下：

"故殴二十七下；手足故伤，他物故殴（见血为伤）各三十七下；他物故伤，拔发方寸以上，耳目出血，手足内损吐血各四十七下；他物内损吐血、兵刃斫体不着，各五十七下；折一指、一齿以上，眇一目[4]，毁缺耳鼻、破骨、汤火伤及秃发鬓，各六十七下；刀伤，他物折肋、眇两目、堕胎（辜内子死乃坐，若辜外死者，从殴伤法），秽物污人头目，各七十七下；折跌支体（辜内平复各减二等）、瞎一目者各八十七下；损二事以上，因旧患致笃疾、断舌、毁伤阴阳各一百七下。"[5]

这里的旧例显然与泰和旧例不同，而是比照泰和律例经过折抵作出的

① 《元典章》卷42，《刑部》4，《杀奴婢娼佃·主户打死佃户》。
② 《吏学指南·狱讼》。
③ 《元典章》卷44，《刑部》6，《杂例·殴詈不准拦告》。
④ 眇目，"谓亏损其目，而犹见物者"（《吏学指南·狱讼》）。
⑤ 《元典章》卷44，《刑部》6，《诸殴·旧例·斗殴罪名》。

规定。《事林广记》所载《大元通制》(节文)和《元史·刑法志》虽在个别方面有异于《元典章》,但基本是相同的。比如,殴罪起刑为笞27,《大元通制》(节文)"凡手足殴人,决二十七下"。可知《元典章》所谓"故殴"即指以手足殴,但殴即得此罪,无论伤与不伤;《刑法志》云:"诸斗殴,以手足击人伤者,笞二十七",与《元典章》《大元通制》不同。《大元通制》云:"手足伤、他物伤,各决三十七下",与《元典章》相同;《刑法志》仅云"以他物者三十七,系手足殴伤错入上格"。此外,《大元通制》(节文)缺应决47、57名目,《刑法志》虽有记载,不如《元典章》区分细密;从决67以下,三者相同颇多,但髡发(拔发)《元典章》入决67、《大元通制》《刑法志》入决77;《刑法志》决77有"折二齿二指"名目,《元典章》《大元通制》无;"折跌支体、瞎一目"《元典章》《大元通制》皆决87,《刑法志》决97。大抵《元典章》更准确、细密。

不过,虽然有如上区别,《元典章》与《大元通制》尤其《刑法志》仍有内在联系。比如,《元典章》之"因旧患疾致笃疾"比较概括,《刑法志》则云:"诸挟仇伤人之目者,若一目元损,又伤其一目,与伤两目同论,虽会赦犹流",显然又是据案例原本叙述的。又如,《刑法志》云:"诸凶人残害良善,强将男子去势,绝灭人后,幸获生免者,杖一百七,流远",即《元典章》所谓"毁伤阴阳"。只是《元典章》所载是初立法时依据金朝旧例的折杖之数,《刑法志》多是实践中的断例,增加了流刑合并处罚者。

根据元人解释,上述"手、足殴伤人"不仅限于手足,"头击之类亦是。若撮挽鬓发,擒领,扼喉亦同殴例";他物,"谓以杵棒、砖石之类伤损于人者,即兵不用刃亦是,若坚硬皮靴、鞋踢人,及以蛇、蜂、蠍螫人者,并以他物论罪也";拔发,即"称拔发方寸者……不满方寸者,止从殴法,其拔须鬓以致偏缺,虽不及寸,亦准拔发方寸为坐";破骨,"谓殴伤破人骨节者";汤火,"谓以汤火之物,及铜铁汁害于人者";髡发,"谓以物割截人发者";刃伤,"谓以金铁,无大小之限,堪以害人者";堕胎,"谓因惊殴堕落胎孕者,须辜内子死,方坐此罪,若虽堕胎,子未成形,止从本殴法，别无堕胎之罪"；折肢，"断而犹连，谓之折肢，谓伤折人肢体，不堪执物者"；跌体，"谓伤人骨节蹉跌，失其常处者"；眇目，"谓亏损其目，而犹见物者"；瞎目，"谓损其目，全不见物者"；毁败阴阳，"谓因斗毁人阴阳，致孕嗣废绝者，若孕嗣不绝者，非"[①]；等等。

这些解释，当有所本，应是元朝司法实践中普遍遵循的规则。比如，"兵不用刃"即"他物"，"用刃"即"刃伤"，唐宋法律皆如此规定，元朝法律显然亦如此；"拔发方寸"为一个等别，"不满方寸"自应轻处；等等。至于字词的解释，细微深入，如"眇目""破骨"等，与当时司法实践联系密切。它们从司法实践中来，反过来又作为吏学指导司法实践。

不过，所有这些都是逐渐形成的。以《元典章》"旧例 · 斗殴罪名"而言，也是经过了一个长期累积断例的过程。典章所载案例，将诸殴归纳为拳手伤、他物伤、毁伤肢体、毁伤眼目等类。前两者是依据手段区分，后两者是按照对象划分。大体包含了"旧例 · 斗殴罪名"的主要方面。其实，即使是最基本的拳手伤、他物伤的处理，也是很晚才有了定规。世祖至元间对诸殴处罚，或照搬泰和旧例，或依旧例折抵新刑，并不一致。比如，拳手伤，在至元四年，樊兴把欠债人和你赤"扯碎衣服殴打"，照拟旧例决断[②]。此时依据的是金例。即"拳手殴人，不伤，笞四十"。其后，虞城县达鲁花赤殴打运司解子，法司仍依据"他物殴伤人者杖八十"的"旧例"[③]。直至至元五年（1268 年）才有了元朝自己的定法（见后）。又如，他物伤，在至元三年陈某用刀扎伤杨某、"法司拟刀子伤人徒二年半，部拟五十七下，省断七十七下"[④]；省断杖数与前述旧例相符，说明忽必烈初年依金例折抵决罚的过程已开始，以后便成为定则。至元四年（1267 年），

① 《吏学指南 · 狱讼》。

② 《元典章》卷 44，《刑部》6，《拳手伤 · 殴人》。

③ 《元典章》卷 44，《刑部》6，《拳手伤 · 殴所属吏人》。

④ 《元典章》卷 44，《刑部》6，《他物伤 · 刀刃伤人》。

漆仲宽用铧车弩箭打伤王璋，“法司拟他物伤人杖八十，部拟四十七下，呈省准拟”[①]；至元四年魏文质打折王某腿脚，“法司拟折跌支体徒二年，部拟量决一百七下”[②]。上述二案决数皆与典章同，表明此时的惩治殴伤罚则已大体成形。世祖以后，元朝一直沿用这些规定。比如，至大元年（1308年）僧人彭妙净与其俗兄彭层二、层六共将张德云殴成重伤多处（戮碎双目、断左手肘骨等），已成废疾，正犯彭妙净断107下，令还俗，并迁移辽阳迤北屯种；其兄分别减等杖断97下、87下，对正犯断杖是依据“损二事以上”旧例作出的[③]。至皇庆二年（1313年）冯崇为首主谋指使佃户杨僧等剜坏仇人池杰眼睛，打折其右手肘骨，准拟均征中统钞二定给付池杰养赡之资，冯、杨二人依例迁徙辽阳行省[④]。虽未提到断杖，但依据的是至大元年的迁徙断例。

（二）诸殴罪刑与身份关系

因犯罪主体与侵害对象关系的不同，元朝对斗殴伤害既参照基本规定酌定刑罚，又根据加害者与被害者的关系确定具体的刑罚方法。

1. 亲属间殴伤

期亲间殴伤，按长幼加减决罚。《大元通制》：“弟殴伤兄，八十七下”，较他物故伤之决47，手足故伤之决37分别加重四至五等。又“为首打伤亲兄，手成废疾，剜去二目成废疾，决一百七下”[⑤]。按幼者侵犯长者，一般予以加重处理，此案属“损二事以上”，应决107下，未再加重，可能因为本系共犯，伤害非其亲弟一人所为的缘故。《元史·刑法志》载一断例，可以说明此问题：“诸弟虽听其兄之仇同谋剜其兄之眼，即以弟为首，各杖

① 《元典章》卷44，《刑部》6，《他物伤·他物伤人》。

② 《元典章》卷44，《刑部》6，《他物伤·折跌肢体》。

③ 《元典章》卷44，《刑部》6，《他物伤·戮碎两眼双睛》。

④ 《元典章》卷44，《刑部》6，《他物伤·冯崇等剜坏池杰眼睛》。

⑤ 《事林广记》别集卷3，《刑法类》。

一百七，流远，而弟加远。”就是说，即使不能通过杖罚体现出来，也应在流刑里程上反映出加重倾向。

期亲尊卑间互有伤害，处理原则大体是与常人同刑。《元史 · 刑法志》载：“诸尊长辄以微罪刺伤弟侄双目者，与常人同罪，杖一百七，追征赡养钞二十锭给苦主，免流，识过于门；无罪者，仍流。”前者尚包含兄伤弟即期亲长犯幼。不过，元期有两个案例，说明叔侄之间互伤确实是依常人相犯处理的。

延祐七年（1320 年）曹辛一、曹辛三兄弟挟恨伤害叔父曹庆二，曹辛一将叔父两眼剜损，致右眼不能视物，已成废疾；曹辛三又将其左脚跟筋脉砍断，不能行走，致成废疾。对二犯据例各杖断 107 下，均迁徙辽阳屯种，从犯人家属处各追中统钞共 20 锭给付曹庆二充养赡之资[①]。又如，至治二年（1322 年）舒杞八主使舒信三等损伤其侄舒寓一双眼，“俱各失明，已成废人”，向舒杞八追征养赡之资，并将其迁徙辽阳屯种[②]。

至于父母子女等之间互伤的断例尚未发现。《元史 · 刑法志》云：“诸卑幼挟仇辄刺伤尊长双目成废疾者，杖一百七，流远。”可以理解为包含子孙伤害父祖及弟侄伤害兄叔等。

对某些亲属间的伤害，基本依凡人犯处理。如关于伤害养子，《元史 · 刑法志》云：“诸以微故残伤义男肢体废疾者，如凡人折跌支体一等论，义男归宗，仍征中统钞五百贯充养赡之赀。”其他如公婆伤害儿媳，“诸以非理苦虐未成婚男妇者，笞四十七，妇归宗，不追聘财”。又如，“诸舅姑非理凌虐无罪男妇者，笞四十七，男妇归宗，不追聘财”。从断杖情况看，相当于常人“他物故殴，拔发方寸以上，耳目出血，手足内损吐血”等情节，大抵是与“苦虐”和“凌虐”相当的。而对另一些亲属间伤害，则予加重。《大元通制》云：“后妻烧烙前妻儿女，决七十七下”，较凡人汤火伤人加重

① 《典章新集 · 刑部 · 挖损两眼成废疾》。

② 《典章新集 · 刑部 · 戮剜双睛断例》。

一等；再如，“割断义男脚筋，决九十七下，追钞一十锭，与养赡，令归宗”。较常人折跌支体加重 10 下。这两例虽属尊犯卑，但继父母、养父母身份特殊，常有伤害年幼继子女、养子女之事，故予加重。

2. 主佃、主奴、良贱及蒙汉间殴伤

豪富恃势殴伤佃户，在元代经常发生。《大元通制》有“江南富户凌虐殴伤佃户，同凡人科断”的规定[①]，无疑是欲通过重惩解决这一问题。《元典章》新集记载了两案，可作此事的佐证。

延祐七年（1320 年）鄱阳县豪民陶孟方因被盗金银等物，诬指佃户程万二等 6 人为盗，非理用刑，使 3 人致残，或手腕脱臼，右脚微腆，或左手不能握拳，或成心惊病症，“俱各每名追给养赡之资中统钞二十锭，陶孟方杖断一百七下，迁徙广东地面”[②]。此案案犯伤害多人，可理解为“损二事以上”，故予以最高杖罚。至于迁徙，则是武宗至大以来对重伤害的加重刑罚。至治元年，建安县土豪魏畴因求奸不成，将魏子十夫妇吊缚凌虐，损伤四肢，俱成废疾，将犯人迁徙辽阳肇州屯种，各给受害人魏等钞 20 锭作为赔偿，并于犯人家产内酌量拨田赡济[③]。

此外，还有寺院凌虐佃户问题。延祐四年（1317 年），萍乡州南源寺长老黄妙敬主使贺志杭把佃户杨万三双目用针扎破，并用石灰盐醋擦损，致使其两目“不能视物，已成笃疾”，依例“损二事以上”杖断 107 下，迁徙辽阳迤东屯种，均征中统钞 20 锭付杨万三，并剥夺黄犯之主持资格，“追毁为僧文凭”[④]。

关于主奴之间，元法是禁止主人苦辱驱口的。《元史·刑法志》载：“诸贵势之家，奴隶有犯，辄私置铁枷钉项禁锢及擅刺其面者，禁之”；又如，

① 《事林广记》别集卷 3，《刑法类》。

② 《典章新集·刑部·富豪打伤佃户》。

③ 《典章新集·刑部·富强残害良善》。

④ 《典章新集·刑部·针擦人眼均征养赡钞》。

“诸获逃奴，辄刺面劓鼻非理残苦者，禁之”。这里虽未说如何“禁之”，但另一记载说：“诸无故擅刺其奴者，杖六十七[①]。”其杖罚程度相当于常人犯“折一指一齿以上”“毁缺耳鼻”等，显然是按重伤害来对待的。可以说，元代大体上是禁止主人伤害奴婢的。这类断例的出现，与一些有识官僚的积极推动是分不开的。元人说：驱口“与牛马无异”[②]，这基本是实情。所以，到至大元年，监察御史针对都城富豪之家对奴隶滥用铁枷、钉项、刺面私刑，指出：“凡奴隶之数，贵贱虽殊，亦皆人之子也，设有愆过，若本使不恕，理应送官惩戒，岂有法外凌虐伤残之理，甚伤风俗，拟合禁止。”刑部却认为“奴婢有罪，本使自当依理决罚”，但对“擅自刺面者”则予以否定[③]。

至于良贱之间伤害，《刑法志》云：“诸倡女斗伤良人，辜限之外死者，杖七十七，单衣受刑。”无疑，单衣受刑是由娼女的卑幼地位引起的，但断杖77下，与常人相犯相同，说明仍依凡论。

最后，关于蒙汉等不同民族间斗殴与伤害，在元朝是个特殊问题。至元二十年（1283年），因“各处百姓不肯应副（怯薛歹）吃的，不与安下房子”，遂下令：今后遇有上述人经过，“依理应副粥饭，宿顿安下”，免致相争。“如蒙古人员殴打汉儿人，不得还报”，唯允许其“指立证见，于所在官司赴诉”，违者“严行断罪”[④]。此事显然是就特殊问题所作的规定。《元史·刑法志》所云：“诸蒙古人与汉人争，殴汉人，汉人勿还报，许诉于有司”，即本于此例。此外，《刑法志》还记有“诸蒙古人斫伤他人奴，知罪愿休和者，听”，对其予以优遇。此案却不知原断例为何，这是仅存的另一个伤害断例。

---

① 《元史》卷105，《刑法志》4。
② （元）陶宗仪：《辍耕录》卷17，奴婢。
③ 《元典章》卷57，《刑部》19，《诸禁·禁富势擅锢奴隶》。
④ 《元典章》卷44，《刑部》6，《杂例·蒙古人打汉人不得还》。

3. 官民互殴及品官互殴

《元史·刑法志》殴伤断例中，犯罪主体是职官者约占一半，有军官、监临官、诸大臣、脱脱禾孙（检查乘驿人员的专职官吏）等各个方面的官吏。其条文涉及官吏与平民、同级官吏或上下级官吏之间的殴伤行为。对官吏的处罚除给予刑事处分外，一般还附加解职、记过、降职、除名等行政处分，但可以赎罪。

民殴官案，例得加等。至元五年（1268 年），平阳路夏县奥鲁李大与弟李三各殴本县郑县令一拳，有伤。刑部以为“李大即系殴品官，比凡人加等，各拟五十（七）下”[①]。按凡人手足故伤决 37 下，此处显然加了二等。可见，当时已开始逐渐形成诸殴罚则。又，成宗大德七年（1303 年），兰州站户任再兴用马鞭及拳把本州刘同知殴打致伤，因是故殴本属官长，故在常人“他物故伤”决 47 下的基础上，“量情加等杖断六十七下”[②]。《元史·刑法志》云：“诸以他物殴伤职官者，加一等，笞五十七”，与后者很接近。

官员殴民案，《刑法志》云：“诸职官乘醉当街殴伤平人者，笞四十七，记过”。此断例的原案已不存在，按杖数推断，当属“他物故伤”，是依照常人相殴定罪的。之所以不给官员优遇，是因为官员醉态有失体统，且在公众场合施加淫威，影响甚劣。但在原则上官员殴民案是可以获得优减的。《刑法志》又云：“诸职官闲居与庶民相殴者，职官减一等，听罚赎。”

至于官员互殴案，按《元史·刑法志》记载，是依据级别确定罪罚的。首先，殴或殴伤长官，“诸职官殴伤同署长官者，笞五十七，解见任，降先品一等叙，仍记过名”；同样，“诸监临官挟怨当厅扯捽属官，属官辄殴之者，笞四十七，解职”，处罚均较一般手足故伤为重，显然是加等处治。其次，殴伤监临官：“诸职官辄殴伤所监临，以所殴伤法论罪，记过”“以所殴伤法论罪”，即依凡人殴法论罪。道理在监临官不应不顾体统对属官

① 《元典章》卷 44，《刑部》6，《拳手伤·军殴县令》。

② 《元典章》卷 44，《刑部》6，《他物伤·部民故殴本属官长》。

拳脚相加。再次，长官殴正官、佐贰："诸有司长官辄殴同位正官者，笞三十七；殴佐贰官者，二十七，并解职记过"，法律关注的仍是体统，对殴同位正官的处罚相当于"手足故伤"或"他物故殴"。复次，同官互殴："诸职官相殴，其官等，从所伤轻重论罪"，也是依凡人法论处，因此时不存在长官、属官的分别。最后，不同官署官吏互殴者，"诸职官辄以他物殴伤使臣者，杖六十七"，较常人他物故伤加二等；"诸司属官辄殴本管上司幕官者，笞四十七，解职记过"，也较常人加二等[①]。

值得注意的是，世祖间处理官员互殴案，虽也拟杖，但有时也用罚赎代替，如至元五年（1268 年）八月，八柳河渡司达剌海提举因与韩千户争渡口，用马鞭打韩千户头二下，刑部"议得即系品官相殴，合杖六十，拟罚俸一十日，该二十一两六钱没官"[②]。后来则较多旋加实杖。如皇庆二年（1313 年），江州路录事刘世忠因经历孙良佐催督公宴茶饭，行凶打孙一拳，刘犯决 47 下，解见任别行求仕[③]；皇庆元年（1312 年），宣德府怯来知府令人捆打前来"约会问事"的虎贲司杨千户，决 57 下[④]。

殴、詈行为往往并行，所以史料中多以"殴詈"连称，如"诸殴詈亲属、弟妻、兄妻，决二十七下"[⑤]"诸同僚改除，复以私忿相殴詈者，皆罢其所受新命""诸在闲职官辄殴詈本籍在任长官者，杖六十七""诸小民恃年老殴詈所属官长者，杖六十七，不听赎"。也有的将殴、詈分开，或单称詈罪，如"诸幕僚因公辄以恶言詈长官者，笞四十七；长官辄还殴者，笞一十七，并记过名"[⑥]"詈父……决七十七下"[⑦]"幕官使酒骂长官者，笞四十七，

① 《元史》卷 105，《刑法志》4。
② 《元典章》卷 44，《刑部》6，《品官相殴 · 品官相殴》。
③ 《元典章》卷 44，《刑部》6，《品官相殴 · 录事殴经历》。
④ 《元典章》卷 44，《刑部》6，《品官相殴 · 知府殴打军官》。
⑤ 《事林广记》别集卷 3，《刑法类》。
⑥ 《元史》卷 105，《刑法志》4。
⑦ 《事林广记》别集卷 3，《刑法类》。

并解职，别叙记过”，等等。殴、詈相比，詈罪不仅危害性较小，而且适用范围狭窄，其犯罪主体一般只限于身份、地位较低的人，如卑幼骂詈尊长，吏员骂詈官员等。同时，被詈之人必须亲闻，才将詈者坐罪。延祐元年（1314 年）冀宁路听信“转说之言”，将私下毁骂张千户的孙世英决笞 57 下，上司以“刑名违错”刷出，并指出“今后诸官员凡告吏员人等毁骂，必须亲闻，证验明白，方许理问，违者治罪”①。

关于詈人罪的处理，元朝曾一度规定准许殴詈者拦告私和，致使恃势者殴詈良民，向原告人索要“自愿休和文状”，弊端丛生。为此，监察御史要求撤销准许“拦告体例”②。实际上，殴詈罪虽轻，却可能因司法机关不重视而诱发恶性案件。当时就有许多因“禁断不严”而“使行凶之徒不知畏惧，以致殴人至死”③。这也是要求禁止拦告休和的重要理由之一。

（三）保辜

保辜是与斗殴有密切联系的一项制度。有斗殴即有伤害，有伤害即有保辜。唐律已有保辜规定，元律吸收之。所谓“保辜”者，“即保其罪名也”④。它针对斗殴之伤害，按其伤害程度列出一定期限，若被害人在期限以内死亡构成杀人罪，即“限内死者，各依杀人论”⑤；在期限外死或在期限内非因斗殴本身而因他故而死，则以伤害罪处理。即“其在限外，及虽在限内，以他故死者，各依本殴伤法”。这里的“他故”，“谓别增余患而死者”⑥。

① 《元典章》卷 44，《刑部》6，《品官相殴·官告吏毁骂亲闻乃坐》。
② 《元典章》卷 44，《刑部》6，《杂例·殴詈不准拦告》。
③ 《元典章》卷 44，《刑部》6，《杂例·殴詈不准拦告》。
④ 《吏学指南·狱讼》。
⑤ 《吏学指南·狱讼》。
⑥ 《元史》卷 105，《刑法志》4。

元朝斗殴伤害的保辜期与唐朝的规定完全相同："手足殴伤人限十日，以他物殴伤者二十日，以刃及汤火伤人者三十日，折跌肢体及破骨者五十日。"[①]需注意的是，元之规定"殴、伤不相须"，即或殴或伤，不必兼具。这是与徐元瑞的解释不同之处。徐云："相须者，谓因人所殴致伤、理合保辜也。不相须，谓虽因相殴，而下有僵仆，或恐迫而伤，此则不因殴而有伤损，故难令犯人保辜也。"[②]这一解释与元律规定不合。

保辜与刑事责任大小密切相关。首先，"诸殴伤人，辜限外死者，杖七十七"[③]"诸倡女斗伤良人，辜限之外死者，杖七十七，单衣受刑"[④]。大抵辜限外而死的最高刑即为杖 77 下，这种伤害致死比杀人罪的处罚要轻得多。同时，有些罪名与辜限联系密切。比如，作为伤害罪之一的堕胎，是指"辜内子死乃坐，若辜外死者，从殴伤法"[⑤]。同样，某些伤害如折跌肢体，若"辜内平复，各减二等"[⑥]，即可以减刑处理。这个规定，一方面考虑到伤害程度重轻及相应的恢复速度问题，另一方面也能促使加害人注意照料被害人，使得及早康复。

现存元代有关保辜案例很少。《元典章》有至元十二年（1275 年）苏则毛用棒打折他人驱口小沈手指、依例保辜五十日的案例[⑦]。地方云："不见保辜体例"，省、部却说"凡诉殴伤自有定例"。可见，至少在至元十二年（1275 年）前，保辜制度就已确定下来了。

① 《元史》卷 105，《刑法志》4。
② 《吏学指南 · 狱讼》。
③ 《元史》卷 105，《刑法志》4。
④ 《元史》卷 105，《刑法志》4。
⑤ 《元典章》卷 44，《刑部》6，《诸殴 · 旧例斗殴罪名》。
⑥ 《元典章》卷 44，《刑部》6，《诸殴 · 旧例斗殴罪名》。
⑦ 《元典章》卷 44，《刑部》6，《保辜 · 保辜日限》。

三、强奸类（诸奸之一）

诸奸主要分强奸与和奸两类。元人所谓“奸有和强，罚有轻重”[①]，一般来说，强奸处罚重，和奸处罚轻。不过，元人往往区分很细，强和之外，尚有欺奸，也属于强奸范畴。又，和、强认定方面，又有奸淫幼女的区处问题。下面再从此类分述强奸、欺奸和奸淫幼女几种罪（和奸见本章第三节《罪名（甲）违反伦常罪》）。

（一）强奸的基本规定

“不和谓之强。”[②]《汉律》开始出现“强奸”罪名[③]。根据唐律规定，强奸比和奸罪加一等，并有强奸无夫之妇与有夫之妇之分：强奸无夫之妇者处徒刑 2 年，强奸有夫之妇者处徒刑 2 年半[④]。相对来说，唐朝强奸罪的法定刑较轻，而且与和奸罪的规定相差不大，反映了有关奸非罪的立法技术尚处于幼稚阶段。从元朝开始，强奸罪的法定刑大幅度提高，由唐朝仅处以徒刑 2 年至 2 年半一跃而为剥夺生命权的死刑。《元史・刑法志》载：“强奸有夫妇人者死，无夫者杖一百七，未成者减一等，妇人不坐”[⑤]，这是元朝有关强奸罪的基本法律规定。

这一规定是在忽必烈至元初年就确定下来的。当时循用金《泰和律》，“承其女真人对‘奸，重罚之习俗”[⑥]，即凡“强奸者绞，无夫者减一等”。故至元二年（1265 年）李聚强奸无夫妇人郭阿张，法司即按减死一等而处

---

① 《元典章》卷 45,《刑部》7,《强奸・强奸幼女处死》。
② 《晋书》卷 30,《刑法志》引张斐律注。
③ 《汉书・王子侯表》。
④ 《唐律疏议》卷 26,《杂律》。
⑤ 《元史》卷 104,《刑法志》3。
⑥ 叶潜昭:《金律之研究》，第 181—182 页。

徒5年，杖100下；刑部折合杖数，“拟决一百七下”[1]，从而开始形成蒙古国自己的断例；至元六年姬驴儿强奸有夫之妇阿任，部拟将“罪犯处死”[2]。很明显，元朝强奸罪的断例是参照《泰和律》变通而来的。

良贱身份关系无例外地影响着强奸罪的认定。至元九年（1272年），忽鲁忽都强奸驱口妻阿杨，省部以为“主奸奴妻，难议坐罪”[3]。相反，至元五年（1268年），驱口王来兴强奸主人梁祐十二岁女，法司拟“合行处死”[4]，而按当时断例，凡人强奸十岁以上女仅决107下。

（二）奸淫幼女

在现代刑法中，奸淫幼女罪是指不论采取何种手段与幼女发生性交的行为，与强奸罪的采用暴力、胁迫等手段强行与妇女性交，在客观方面颇有不同；在处罚时则以强奸论，从重处罚。幼女与妇女的生理特征迥异，且由于年龄限制，幼女又缺乏辨别是非的能力。因此现行刑法将二者区分并作出不同规定，完全是合情合理的。在古代法制史中，奸淫幼女在元朝以前并未受到特别重视。从元朝开始，才注意把幼女与一般奸非罪的对象加以区别，并成为当时有关强奸罪立法的一项重要内容。

元朝“幼女”之幼是否有明确年龄界限？按徐元瑞《吏学指南 · 老幼疾病》：“男子十五曰幼，年尚少也；女子十五曰笄，妇人之簪也。”似可理解为15岁以下为幼。但依元代大德十一年（1307年）断例，“强奸幼女者，如十岁以下，虽和以同强拟，合依例处死”[5]，《元史 · 刑法志》亦云：“诸强奸人幼女者，处死，虽和同强，女不坐。凡称幼女，止十岁以下[6]。”由此

① 《元典章》卷45，《刑部》7，《强奸 · 强奸无夫妇人》。
② 《元典章》卷45，《刑部》7，《强奸 · 强奸有夫妇人》。
③ 《元典章》卷45，《刑部》7，《主奸奴 · 主奸奴妻》。
④ 《元典章》卷45，《刑部》7，《主奴奸 · 奴奸主幼女例》。
⑤ 《元典章》卷45，《刑部》7，《强奸 · 强奸幼女处死》。
⑥ 《元史》卷104，《刑法志》3。

可知，奸幼之幼应以10岁为界。《元典章》所列案例中，奸淫幼女罪的被害人多数为不满10岁幼女（最小4岁）。如至元六年（1269年）郑忭古歹强奸6岁王腊梅，大德十一年（1307年）类徐保强奸5岁女张凤哥等，皆处死刑。但也有一例超出10岁，即至元十年（1273年）任奴奴强奸11岁女张赛赛，处杖107下[①]。依据元代断例，强奸10岁以上女处107下，与强奸无夫之妇同，强奸10岁以下女处死，与强奸有夫妇人同罚，上述案例仍是符合的。但11岁的被害人张赛赛一案仍归到幼女之列，究竟是窜入，还是在当时（应为大德十一年前）尚未明确规定幼女的界限，姑且存疑。而10岁这一岁限，因立法不甚严密，在理解时也是易生疑窦。如延祐二年（1315年）发生了陈伴僧强奸10岁女陈归娘案。地方不清楚究竟应该划在“以上”还是“以下”，刑部解释依“强奸十岁以上室女拟断一百七下体例”处理[②]，实际等于将“十岁以上”理解为包含10岁，“十岁以下”则不包含10岁。

对未成丁男者奸淫幼女，元朝断例处理略轻些。至元二十九年（1292年），14岁的张拾得强奸4岁女，被决107下，此后便成为断例。元贞二年（1296年）14岁的胡坚强奸6岁女王丑娘案，皇庆元年（1312年）14岁的姚细僧强奸8岁女沈阿妹案，均依此断例科处[③]。这样，在“强奸十岁以下女处死”的惯例之外，又形成了少男强奸幼女不处死刑的例外，在刑罚幅度上仅相当于强奸10岁以上女。具有朦胧性意识的男少年，因感情冲动而发生性越轨行为，是奸淫幼女案中常见的现象，这和成年男子出于玩弄心理而泄欲毕竟有所不同。因此，对少男奸幼女的处理有所减轻有一定合理性。

对老年男子奸幼也不处以死刑，但却不适用老幼笃疾犯罪从轻的原则，

① 《元典章》卷45，《刑部》7，《强奸·奸幼女》。

② 《元典章》卷45，《刑部》7，《强奸·强奸幼女处死》。

③ 《元典章》卷45，《刑部》7，《强奸·奸八岁女断例》。

即“年老奸人幼女，杖一百七，不听赎”①。因年老体衰仍须受杖 107 下的实刑，所以这一处罚是很重的。

把违背妇女意志、具有暴力性质的强奸罪与两相情愿的和奸罪严格区分，与前代相比，大大拉开了两种不同性质犯罪的量刑档次，并将危害性较大的强奸罪由较低的自由刑调整为生命刑，这是元朝有关奸非罪立法的一大进步；照顾到幼女年龄、生理方面的特征，把 10 岁以下的幼女从妇女中划分出来（尽管因所定岁数较低而欠妥），对幼女着意实施法律保护，幼女即使参与和奸也不依照一般和奸坐罪，而对奸淫幼女者，无论强奸还是和奸，一律依照强奸有夫妇人的最重处罚科以死刑，体现了以强奸论从重处罚的精神，这是立法的又一大进步。仅此两点，已远为前代所不及。

（三）欺奸

欺奸，也称吓奸，是具有一定身份、地位的人利用权势威逼妇女就范实施性交行为，因而是违背妇女意志的，其实质也属强奸。如翁欺奸男妇、主欺奸已许嫁良人为妻的奴女、狱吏欺奸囚妇等。

有关欺奸的法条处刑均颇重。比如，“翁欺奸男妇，已成者处死，未成者杖一百七，男妇归宗”“诸欺奸义男妇杖一百七，欺奸不成，杖八十七，妇并不坐”“诸居父母丧欺奸父妾者，各杖九十七，妇人归宗”“诸奴有女已许嫁为良人妻，即为良人，其主辄欺奸者，杖一百七”②，狱吏“欺奸囚妇”，决杖一百七，罢役③。大抵是依据后果轻重将欺奸分为已成与未成，重者至死，轻者也杖 97 下、87 下。这与当时将欺奸视为强奸的认识是分不开的。在几种欺奸行为中，翁欺奸男妇、父欺奸义男妇、子欺奸父妾等均为违反伦常的犯罪。其中欺奸父妾，双方都应承担责任、处以杖刑；

① 《元史》卷 104，《刑法志》3。
② 《元史》卷 104，《刑法志》3。
③ 《元典章》卷 45，《刑部》7，《吓奸 · 欺奸囚妇》。

而欺奸男妇、义男妇，男妇均不坐罪。但后者也可能发生转化。如果“先次强奸，在后又行奸，本妇随顺，难同强奸科罪”，男妇这时就应因和奸承担责任[①]。在上述情况下，不管妇人是否受到责罚，均须离异归宗。

四、诱略卖买人口

《吏学指南》云：“取非其道，谓之略”[②]；又云：“攻恶谓之略。假如略人者，谓设方略而取之，是攻行凶恶之事，而谓之略也。”[③]或云：“不和为略。”诱，即和诱。《唐律疏义》释云：“和诱者，谓彼此和同，共相诱引，或使为良，或使为贱。”[④]又云：“以利动之谓之诱[⑤]。”元朝诱略人口约相当于诱拐、劫持、贩卖人口等犯罪。

蒙元时代，军官、士兵掳掠人民并将之贩卖为驱口（奴婢）之事很多。尽管统治者三令五申，如《元史·刑法志》“军律”云：“诸军马征伐，掳掠良民，凶徒射利略卖人口……严行禁止”；至元十六年（1279 年）诏谕，对引军“劫掠新附人千余口及牛马金银币帛”的唐兀带、武伯不花敕斩[⑥]；至元十八年（1281 年），“申严鬻人之禁令”[⑦]；至元二十年（1283 年），“仍禁没口为奴及黥其面者”[⑧]；至元二十八年（1291 年），禁止军队把劫掠的百姓作为“拜见撒花”“仍将所掳平民给亲完聚”[⑨]；至元三十年（1293 年）圣旨：“若今后捕叛贼，军官、军人虏到人口，本管出征军官与所在官府随即

① 《元典章》卷 45，《刑部》7，《凡奸·容奸受钱追给》。
② 《吏学指南·贼盗》。
③ 《吏学指南·较名》。
④ 《唐律疏议》卷 4，《名例律》。
⑤ 《吏学指南·贼盗》。
⑥ 《元史》卷 10，《世祖纪》7。
⑦ 《元史》卷 11，《世祖纪》8。
⑧ 《元史》卷 12，《世祖纪》9。
⑨ 《元典章》卷 57，《刑部》19，《禁诱略·反贼拜见人口为民》。“撒花”，波斯语，意为“礼物”。

一同从实分拣，但系良人就付完聚。”但是，军队掳贩人口只是问题的一个方面。在整个元朝，正如诏书所云：“以人为货，公然贩鬻，因而强掠良人，及指以乞养过房夹带货卖”的情形十分常见[①]。成宗大德年间，甚至有把蒙古人“私贩番邦”的事发生。大德七年（1303 年）重申《市舶法则》，严禁“将蒙古人口贩入番邦博易，若有违犯者严罪”[②]。

有关诱略、买卖人口犯罪的刑法规定，在现存《大元通制》中可窥一斑：“诱略卖人口为奴婢者，决一百七下；诱略奴婢，决九十七下，假以乞养过房为名，引领牙保知情者，决七十七下；货卖为奴婢者，决九十七下，价钞没官，人给完聚。”[③]《元史 · 刑法志》和《元典章》对断例及有关条文记载甚详，试结合述之。

《刑法志》所载略诱卖买罪罚较细密，反映立法较为系统。首先，关于略诱卖良人罪名，“诸略卖良人为奴婢者，略卖一人杖一百七，流远；二人以上，处死；为妻妾子孙者，一百七，徒三年；因而杀伤人者，同强盗法。若略而未卖者，减一等，和诱者又各减一等，及和同相卖为奴婢者，各一百七”。因良贱有别，略诱良人的处罚较重，但又区分情节：对略卖为奴婢者，仅 1 人就处杖、流刑，2 人以上处死刑；略诱为妻妾子孙者因未改变被害人良人身份，故减轻而仅处杖、徒刑；但杀伤人者因其性质恶劣而比同强盗惩处；为卖而略良人者，若尚未卖出，应属犯罪未遂，因而比照既遂减一等处罚；和诱者因不违背被诱者的意志，后者也有责任，且性质较轻，因而行为，又比照略卖未遂而减一等处罚；但和诱卖为奴婢者不减杖数，与略卖 1 人的处罚相同。其次，略诱卖奴婢罪名，“略诱奴婢货卖为奴婢者，各减诱略良人罪一等；为妻妾子孙者七十七，徒一年半”。奴婢本身地位较低，因此略诱卖奴婢比略诱良人情节较轻，应比照减一等处罚，

---

① 《元典章》卷 57，《刑部》19，《禁诱略 · 禁乞养过房贩卖良民》。

② 《元典章》卷 57，《刑部》19，《杂禁 · 禁下番人口等物》。

③ （元）陈元靓：《事林广记》别集卷 3，《刑法类》，《大元通制》（节文）。

但以略诱奴婢为妻妾子孙，实际上改变了被害人的奴婢身份，比略诱良人为妻妾子孙的情节更轻，因而比照这一情节减三等处罚。再次，乞养转卖罪名，“假以过房乞养为名，因而货卖为奴婢者，九十七；引领牙保知情，减二等，价没官，人给亲”。以过房乞养为名，实为欺诈手段，其真实目的是“货卖为奴婢”，但却比直接略卖良人减一等处杖，殊难理解，这一处罚不力的弊端导致略诱犯罪愈加猖獗（详下）；对引领牙保即贩卖人口之经纪人的处罚又比货卖者减二等，也甚无道理。又次，官署失察罪名，“如无元买契券、有司辄给公据者，及承告不即追捕者，并笞四十七；关津主司知而受财纵放者，减犯人罪三等，除名不叙；失检察者，笞二十七”。对该类渎职行为的处罚也太轻，如“关津主司知而受财纵放”，实为官匪勾结、狼狈为奸，共图不义之财，但却处“减犯人罪三等，除名不叙”。对该类犯罪的轻纵也无助于遏制略诱行为。最后，关于告捕奖赏等，“如能告获者，略人每人给赏三十贯，和诱每人二十贯，以至元钞为则，于犯人名下追征，无财者征及知情安主、牙保，应捕人减半；其事未发而自首者，若同党能悔过自首，擒获其徒党者，并原其罪，仍给赏之半；再犯及因略伤人者，不在首原之例”[①]。这里为了鼓励人们举报略诱犯罪，悬出赏格，但官府本身并不出钱，而在犯人或其他共犯处征收；为了分化集团性罪犯，对首罪者不仅予以原宥，而且也给一定赏钱；但再犯及因略伤人，或主观恶性深，或犯罪情节重，因此“不在首原之例”。

元朝还注重对诱略人法的制定修改。大德六年（1302年），“命中书省更定略卖良人罪”[②]。《元典章》载大德八年（1304年）《略卖良人新例》（当即为大德六年奉命拟定者），其内容与《元史·刑法志》基本一致，但较后者为详。如“掠卖良人为奴婢者”条下注：“十岁以下虽和亦同略去（法）”；“因而杀伤人者同强盗法”（注：“见血为伤，因掠杀伤旁人亦同”）；

① 《元史》卷104，《刑法志》3。
② 《元史》卷20，《成宗纪》3。

“若掠而未卖者减一等，和诱者又各减一等”（注：“谓诱一人卖为奴婢者，于流罪上减二等”）；“一人以上于死罪上减三等，为妻妾子孙者亦准此”；“知情娶买及窝藏受钱者各递减犯人罪一等”（注：“递减谓知情娶买，减犯人一等，窝藏人又减一等”）；“失检察者笞二十七”（注：“谓关津渡口应盘去处”[①]）；等等。《略卖良人新例》是关于贩卖人口的特别法，其内容包括略卖良人、诱卖良人、和同相卖良人、略卖奴婢、买受人口、窝藏被略诱人口、以收养为名贩卖人口，以及引领、牙保知情、官府擅给买卖双方公据，官府得举报而不追捕，关隘津渡主管人受财纵放罪犯、过失放走被贩人口等，其处罚办法较《元史 · 刑法志》所载更为全面。

元代还有诱藏逃驱专法。延祐七年（1320年）又对诱引、窝藏逃驱、捉获逃驱、私放逃驱等行为具体规定如下：“明知是驱诱引、窝藏不行告首的人各断七十七，窝藏之家曾将逃驱庸使者，依乡原例征理庸工之价给付本使，而邻主首社长知而不首者断五十七下，不知情者不坐。诸人捉获，于逃驱家私断没一半充赏，同主驱获十口以上者即放为良，仍赏中统钞一百贯。应捕官兵捕获每名给中统钞五十贯，并于犯人名下追给；当该有司承告，取为明白，不行依例发落而放驱者，判署正官笞三十七，首领官笞四十七，司吏笞五十七。”[②] 元朝驱口（奴婢）众多，他们所受压迫惨重，因而很容易被人诱引逃亡或窝藏，也就使官府或贵族、官僚之家受到较大经济损失。为了保护官府与使长（驱口所有者）的利益，元朝立此专法，对诱引、窝藏他人驱口者杖77下（相当于上述引领牙保人知情参与乞养转卖之处罚）；窝藏者有役使驱口之事须向主人付给佣金；为了捕获在逃驱口，以放驱为良为诱饵，动员同主驱口积极捕获逃驱；等等。总之，有关诱藏逃驱的规定赤裸裸地体现了保护地主阶级私有财产的目的。

需要着重说明的是乞养转卖问题。当时犯罪者惯用以“乞养过房”为

① 《元典章》卷57，《刑部》19，《禁诱略 · 略卖良人新例》。其“略去”应为“略法”。
② 《典章新集 · 刑部 · 探马赤军人逃驱》。

名贩卖人口的伎俩。至元三十一年（1294 年）监察御史视察江西时，发现“久居江淮迄南”的色目人，“将南人男女以转房乞养为名”，贱价“诱致收养”，然后到北方卖为驱口，“使无辜良民永陷驱役”。因拐卖人口犯罪猖獗，估计一二年内“良人半为他人之驱矣”[①]。大德十年（1306 年）又有人揭露：“一等不务生理男子，妇人作牙，多于贫穷之家诱说男女，指乞养过房为名得到钱物，中间分要入己，却将人口转贩他处营落利息；又有一等安停人家揽载舡户，相为奸谋，夤夜，行舡装载人口，透越关渡顺江而去，纵有拦当亦不送官，贪图赂贿，私下脱放；其经过关津等处，官司为无罪责，亦不严行巡绰禁治。”这段文字形象地展示了贩卖人口集团的猖獗活动，并指出官司不严加禁治是人贩子有恃无恐的重要原因。刑部虽下令禁止“贩卖良民”[②]，但似乎成效不大。延祐三年（1316 年），监察御史又提出：“中原江南州郡近年以来良家子女假以乞养过房为名，恃有通例，公然展转贩卖，致使往往陷为驱奴”，很多人甚至被卖往海外，“歹人每将好百姓每的儿女推称过房为由，车船里多载着往高丽等地面里货卖”[③]。

元朝贩卖人口屡禁不止，与人民生活每况愈下有密切联系。如“两浙良民因值缺食，将亲生男女得价，虽称过房乞养，实与货卖无异，将来腹里转卖为驱，使父子离散”“江淮被灾，典卖过房男女，有司不为赈济，以致如今腹里亦与中原无异”“腹里人民近年嫁卖妻妾男女，皆因缺食，实非得已”。连年来各地报灾文书频仍，如元贞元年（1295 年）胶州同知林承事呈：“去年灾伤，百姓饥荒，以致父子兄弟离散，质妻卖子，不能禁止”[④]；至大四年（1311 年）河西陇西道廉访司报告，河西站户少、负担重，“因而逼临破家荡业、无可展免，致将亲属男女于权豪势要富实之家典卖

① 《元典章》卷 57，《刑部》19，《禁典雇·典雇男女》。
② 《元典章》卷 57，《刑部》19，《禁诱略·禁乞养过房贩卖良民》。
③ 《元典章》卷 57，《刑部》19，《禁诱略·过房人口》。
④ 《元典章》卷 57，《刑部》19，《禁典雇·典雇妻妾》。

驱使，不能完聚”“田禾旱涝、人民饥荒、站户消乏，致将亲属典卖他人驱使，实可哀悯”[①]。自然灾害再加赋役沉重，致使人们流离失所、家破人亡。广大人民的悲惨境遇为贩卖人口的犯罪提供了可乘之机。

在元代禁诱略法中，买受人口也要承担刑事责任，但一般比照贩卖人口减等处罚。对买主处罚最重的当属买良人为娼。《刑法志》云：“诸卖买良人为倡，卖主、买主同罪，妇还为良，价钱半没官，半付告者；或妇人自陈，或因事发觉，全没入之。”盖因娼妓的地位同于奴婢，所以至元十三年（1276 年）就“申明以良为娼之禁”[②]。至元十五年（1278 年），又“禁官吏军民卖所娶江南良家子女及为婚者”[③]。

五、诬告

诬告，“谓造虚词情规，陷害平人者”[④]。有关诬告的法条有：“诸告人罪者，须明注年月，指陈实事，不得称疑。诬告者抵罪反坐”；“诸告言，重事实，轻事虚，免坐；轻事实，重事虚，反坐”；“诸妻曾背夫而逃，被断复诬告其夫以重罪者，抵罪反坐，从其夫嫁卖”；“诸职官诬告人枉法赃者，以其罪罪之，除名不叙。”[⑤]

诬告反坐的规定最早见于中统五年（1264 年）的《圣旨条画》。至元八年（1271 年）二月辛酉敕令：“凡讼而自匿及诬告人罪者，以其罪罪之。”[⑥]大德七年（1303 年）又颁布《诸人言告虚实例》，始见告诉轻事实、重事虚者反坐之规定。但对因情况不明、认识片面发生检举失实，却不具有“陷

① 《元典章》卷 57，《刑部》19，《禁诱略 · 站户消乏转卖亲属》。
② 《元史》卷 9，《世祖纪》6。
③ 《元史》卷 10，《世祖纪》7。
④ 《吏学指南 · 狱讼》。
⑤ 《元史》卷 105，《刑法志》4。
⑥ 《元史》卷 7，《世祖纪》4。

害平人”故意的错告一般不予处罚。如大德十年（1306 年）桓州人韩伴驴告教化州判受赃中统钞 5 锭之事，经查证却是行贿人魏三曾让过钱人王甫代送钞 2 锭，但州判未接受，而由王甫私吞赃钱，事属错告，但“既非所告全虚，依例难议科罪”①。

作为诬告坐罪的案例，如至元三年（1266 年），丰州王平等人诬告安知州多科差发入己，对此多人诬告者区分首从，首犯决 47 下，从犯各决 37 下。又有金宣差之奴高德禄诬告主人与南宋皇帝交通。此案为奴告主，且事关重大。依照旧例：“奴婢应告主事而诬告，皆斩；本主求免者听减一等”，因主人告乞减刑，于是处以 107 下②。但从建元后的几宗案例看，有诬告主人或王族谋反的，一般都处以死刑、充军等重刑。如至元二十六年（1289 年），义乌人朱环的逃奴诬告主人谋反，法曹掾“使吏椎碎奴口”③；元贞二年（1296 年），忻都诬告晋王甘麻剌、朵儿带诬告月儿鲁“皆有意图”，对两犯一个处死刑，一个遭贬谪“从军自效”④。

六、逼勒妻妾奴婢等为娼

元代娼业发达，据《马可波罗游记》所载，当时京城内外就有娼妓 2.5 万人。由于娼业有利可图，出现“纵妻为娼”等“大伤风化”之事，而且“各路城邑争相仿效”⑤，致使此类丑恶现象愈演愈烈。“纵妻为娼”，因“为娼”者自愿，应列入“和奸”一类，已见前述。“逼勒妻妾奴婢”等为娼却因违背妇女意志颇有不同，所以归到侵犯人身权利罪一节。

《元史·刑法志》所载此类断例有：“诸勒妻妾为倡者，杖八十七；以

① 《元典章》卷 53，《刑部》15，《告事·告事非全虚例》。

② 《元典章》卷 53，《刑部》15，《诬告·奴诬告主断例》。

③ （明）宋濂：《宋文宪公全集》卷 40，《朱环传》。

④ 《元史》卷 19，《成宗纪》2。

⑤ 《元典章》卷 45，《刑部》7，《纵奸·通奸许诸人首捉》。

乞养良家女为人歌舞给宴乐及勒为倡者，杖七十七，妇人并归宗；勒奴婢为倡者，笞四十七，妇人放从良”[①]，“若夫受财勒妻妾为倡者，妻量情论罪”[②]。上述逼迫妇女为娼之事，其犯罪对象妻妾、养女、奴婢，依次由亲及疏的处罚从重到轻，是符合封建礼法原则的。“妻者，齐也，秦晋为匹”，“一与之齐，中馈斯重”，“妾通卖买，等数相悬。婢乃贱流，本非俦类”[③]。因此逼勒妻妾（尤其是妻）为娼，依照礼制本应予以重罚。但因妻妾处于受逼迫的被动位置，一般不坐罪。有一种情况是要坐罪的，即在夫受财之时逼勒妻妾为娼。原其本意，可能为了防止妻因贪财而顺从丈夫。尽管如此，仍与“纵妻为娼”的处罚（“夫及奸妇、奸夫各杖八十七，离之”）不同，对妻不是与夫同罪处罚，而是“量情论罪”。但逼勒行为已示夫妇“义绝”，也要判处离异。如大德元年（1297 年）有民户王用“逼令妻阿孙、妾彭鸾哥为娼，接客觅钱”。王用每日早出晚归，若妻、妾卖淫所得不够其挥霍之资，就要“更行拷打”，是典型的逼勒妻妾为娼案。王用虽因诏赦免罪，其妻、妾却都断以离异归宗[④]。

第五节　罪名（丙）侵犯财产罪

一、诸盗

自李悝《法经》“以为王者之政莫急于盗贼，故其律始于《盗》、《贼》”[⑤]，重惩盗贼一直是历代封建王朝的立法主旨。蒙古习惯法也把盗贼作为主要

① 《元史》卷 103，《刑法志》2。
② 《元史》卷 104，《刑法志》3。
③ 《唐律疏义》卷 13，《户婚律》。
④ 《元典章》卷 45，《刑部》7，《纵奸 · 逼令妻妾为娼》。
⑤ 《晋书》卷 30，《刑法志》。

打击对象。在贵由汗继位时，出使蒙古的帕朗嘉宾谈他的观感时说：“人们甚至在那里也发现不了偷盗农作物的小偷小摸和江洋大盗”，因为“如果当场抓获了那些偷盗农作物或在他人领土上行窃者，也要毫不留情地把他杀死”[①]。《元史·刑法志》载：“诸事主杀死盗者，不坐。诸寅夜潜入人家被殴伤而死者，勿论。”[②] 但是，却不允许事主与盗私和，否则与盗同罪，“所盗钱物、头匹、倍赃等没官”[③]，也反映了严于治盗的立场。

（一）元朝有关诸盗立法概况

诸犯盗原因不一，情节有异。元代著名廉吏张养浩曾就堂邑县旧盗而论：“彼皆良民，饥寒所迫，不得已而为盗耳。”[④] 但元朝统治者不仅不恤此情，而且起初采用一律剿灭的政策。忽必烈对遍布全国的所谓“盗贼”进行了血腥的镇压。至元十四年（1277 年）“时多盗，诏犯者皆杀无赦”。但杀戮并非治理天下的唯一办法。符宝郎董文忠针对“杀人取货，与窃一钱者均死，惨黩莫甚”的政令提出异议：“盗有强窃，赃有多寡，似难悉置于法”，忽必烈才改变前诏[⑤]，并开始寻找较合适的法律措施。至元二十三年（1286 年）中书省臣曰：“比奉旨，凡为盗者毋释。今窃钞数贯及佩刀微物，与童幼窃物者，悉令配役。臣等议，一犯者杖释，再犯依法配役为宜[⑥]。至元二十七年（1290 年），江淮省平章沙不丁以仓库官盗欺钱粮，清依宋法黥而断其腕”，世祖以其属回族法而不允[⑦]。

大德五年（1301 年）十二月，“定强窃盗贼条格，凡盗人孳畜者，取

① 帕朗嘉宾：《蒙古行纪》，第 39、42—43 页。

② 《元史》卷 104，《刑法志》3。

③ 《元史》卷 104，《刑法志》3。

④ 《元史》卷 175，《张养浩传》。

⑤ 《元史》卷 9，《世祖纪》6。

⑥ 《元史》卷 14，《世祖纪》11。

⑦ 《元史》卷 16，《世祖纪》13。

一偿九，然后杖之”[①]。当即为《元典章》所载标为大德六年颁布的《强窃盗贼通例》，包括强盗谋而未行，强盗持杖伤人、不伤人、得财、不得财、窃盗谋而未行、行不得财，盗库藏物、共同犯罪、数罪并罚、累犯、评赃等内容。大德八年（1304 年）又就盗贼出军、配役、盗怯怜口马等作了补充规定[②]。延祐元年（1314 年）颁布《处断盗贼新例》[③]，延祐六年（1319 年）制定《盗贼通例》[④]，等等。从总的趋势看，频繁更定的盗贼法是逐渐加重，元顺帝时甚至恢复古肉刑严惩盗贼。但同时还制定了奖励与惩治、一般预防与特殊预防相结合的办法，以便综合性地开展与盗贼犯罪的斗争。如《强窃盗贼通例》规定：“诸人告获，强盗每名官给赏钱至元钞五十贯，窃盗二十五贯，亲获者倍之，获强盗至五人与一官”“诸失过强切盗贼违限不获，当该捕盗官兵并依已行断例决罚”[⑤]；《盗贼通例》补充为：“各处籍记警迹贼人……如能告及捕获强盗者一名，减二年；二名，除籍；窃盗一名减一年，五名除籍。余有多数，依例理赏”；大德九年（1305 年）又加强示教措施，把断贼通例于“诸路里行榜文，仍于村坊镇店排门粉壁晓谕”[⑥]；等等。

（二）诸盗一般罚则

1. 共盗分首从。盗贼共犯的首从确定法，元仿唐宋制度，仍以造意人为首犯：“诸盗贼共盗者，并赃论，仍以造意之人为首，随从者各减一等。”[⑦]按徐元瑞解释，“倡首先言谓之造意”[⑧]，仍然遵循晋以来律学的说法。即出

---

① 《元史》卷 20，《成宗纪》3。

② 《元典章》卷 49，《刑部》11，《强窃盗 · 旧贼再犯出军》。怯怜口，蒙古语，指蒙古和元朝皇室、诸王、贵族的私属人口。

③ 《元典章》卷 49，《刑部》11，《强窃盗 · 处断盗贼断例》。

④ 《典章新集 · 刑部 · 盗贼通例》。

⑤ 《元典章》卷 49，《刑部》11，《诸盗 · 强窃盗贼通例》。

⑥ 《元典章》卷 49，《刑部》11，《强窃盗 · 断贼体例粉壁晓谕》。

⑦ 《元典章》卷 49，《刑部》11，《强窃盗 · 强窃盗贼通例》。

⑧ 《吏学指南 · 较名》。

谋划策者以首犯论，对从犯比照首犯减等治罪。至于窝藏盗贼的窝主，则分别情况确定。假如与盗贼事先通谋，则作为首犯处理；事先不知情或事后知情窝藏罪犯、分受赃物的，比照共同犯罪中的从犯减等免刺处断：“虽曰窝主而有起意、纠合、指引上盗、分受赃物，身虽不行，即系元谋，合为首论；若未行盗及行盗之后知情窝藏、分受赃者……减强切从贼一等免刺科断；其或经断后终不改者，与从贼同罪。”①

若监临主守与他人共盗，如“诸守库藏军人辄为首诱引外人偷盗官物，但经二次三次入库为盗、及提铃把门军人受赃纵贼者，皆处死，为从者，杖一百七，刺字流远”②。实际是将监临主守确定为首犯，与唐律、宋律一致。

元代对共盗某些特殊物者，不区分首犯、从犯。比如，盗乘舆服御器物，“不分首从，皆处死”③。

2. 处罚看身份。具有特定身份之人盗窃，与一般人盗窃不同。如奴、雇工盗主，虽应予以惩治，但因与主人有主奴或雇佣关系，不能不首先考虑主人的利益。“诸奴盗主财，应流远，而主求免者，听”，“诸奴盗主财，断罪求免”④。至元十二年（1275 年），逃驱王再兴拐带主人温署令钱物，本应“发付窑场配役”，省、部议得“即系奴拐主财，如主人求免即听，难同偷盗他人财物，拟合量情断决，分付本主”⑤；延祐六年（1319 年）逃驱李宝盗窃主人赃物本该流罪，但因是奴盗主财，“拟合比例免流，依上断决九十七下，分付本使收管”⑥。同样道理，雇工盗窃雇主也“免刺，不追倍赃”。但已解除雇佣关系或具有主佃关系盗窃原雇主或地主的不在此列，

① 《元典章》卷 49，《刑部》11，《窝主·强窃盗贼窝主》。

② 《元史》卷 104，《刑法志》3。

③ 《元史》卷 104，《刑法志》3。

④ 《元史》卷 104，《刑法志》3。

⑤ 《元典章》卷 50，《刑部》12，《诸盗·拐带》。

⑥ 《典章新集·刑部·拐带》。

“同常盗论”。亲属相盗，因互相具有血缘或婚姻关系，也较常人盗处罚为轻，“诸亲属相盗，谓本服缌麻以上亲及大功以上；共为婚姻之家犯盗，上坐其罪，并不在刺字、倍赃、再犯之限”[①]。而另一些特定身份之人犯盗从轻，有的是属于同一宗教，具有类似亲属的关系，如“诸僧道盗其师祖师父及同师兄弟财者，免刺，不追倍赃，断罪还俗”；有的因所属等级较高而具有法律特权，如“诸色目人犯盗，免刺科断，发本管官司设法拘检；限内改过者，除其籍；无本管官司发付者，从有司充景迹人”。也有因身份特殊而从重处罚的。如守库藏军人为首监守自盗或受赃纵贼，皆处死，从犯杖 107 下，刺字、流远；“诸巡捕军兵因自为盗者，比常盗加一等论罪”[②]。此类犯罪严重侵犯国家财产所有权，并损害统治者的声誉，因此对其处罚重于一般盗窃罪。从犯罪构成看则应归入职务犯罪（参见本章第六节《罪名（丁）职务犯罪一·诸赃》）。

3. 盗赃的评估与追偿。古代把依据一定原则对赃物价值的合理评估称为“评赃”。唐律已确定评赃原则为“犯处、当时、上绢估”[③]，即根据犯罪地之市司当旬评定的物价，以赃物折合上等绢数予以定罪。元朝对某些赃物的评估也以“犯处、当时”为准。武宗至大元年（1308 年），元廷就加强家盗金银器皿、首饰之物的估赃定罪一事，要求“照依贼人犯处、当时市价定罪”。原因在当时“金银开禁”“听从民便买卖”，而“官无平准定价”[④]。但元朝评赃却不是折合绢数，“诸评盗赃者，皆以至元宝钞为则”[⑤]。因为元朝开始在全国颁发纸币，改为以宝钞计赃。元初以中统钞为则，20 多年后中统钞贬值数十倍，又改为以至元宝钞为则。关于盗赃的追偿，元代规定“但系官物者还官，私物还主，若无主仍没官”；同时，除追回正赃

① 《元史》卷 104，《刑法志》3。
② 《元史》卷 104，《刑法志》3。
③ 《唐律疏义》卷 4，《名例律》。
④ 《元典章》卷 49，《刑部》11，《评赃·赃依犯时估价》。
⑤ 《元典章》卷 49，《刑部》11，《诸盗·强窃盗贼通例》。

外，还要加征倍赃，“除正赃外，仍追［陪］（倍）赃”，即“盗一而取二也”[①]。若逢诏赦，正赃“无问费用、见在，全追给主”，倍赃可以免征，但仍须“依例刺字”[②]。

为确保正赃追征，世祖至元初曾规定折偿，折庸法例。凡“盗贼正赃，于犯人名下追征。如委无正赃，以他物折偿、无可偿者，折庸准算”。只是在折庸期间内，罪犯身死而仍不足偿，法律才网开一面，要求不役及子孙[③]。可见当时正赃追征之严。同样，倍赃追征也遵循同样精神。大德五年（1301年）《强窃盗贼通例》规定，对于共犯盗赃，“其有未获贼人及虽获无可追偿”，即有犯人在逃或无财可征，由其他共同犯罪人或家属代缴，“于有者名下均征”[④]，目的是保证如数追征，不使盗者侥幸。

元朝统治者起于游牧民族，牛马骆驼等头口既是重要的生产、生活资料，又是必不可少的战备物资。因此对窃盗头口行为，在适用徒杖刑的同时，还施以较重的财产刑，追偿有特例。蒙古人偷一赔九，源于蒙古习惯法。《元典章》载有《达达偷头口一个赔九个》的法例，从而扩大了适用范围[⑤]。

关于头口的范围，《元史·刑法志》记曰：“诸盗驼马牛驴骡，一陪九。”其实也包括羊，一般也称“偷盗牛马羊畜例”。至成宗大德七年（1303年），江西吴某盗猪，地方请示是否可以“比同偷盗牛马羊畜例”、依一赔九追赃，经省部批准，又确定了“偷猪依例（一赔九）追赔”的法例[⑥]。

依至元二十九年（1292年）规定，偷一赔九的追征法必须严格执行。倘若犯人无头口可偿，要求将其“女孩儿、驱人”“准折断役”。具体办法是：

① 《吏学指南·赃私》。

② 《元典章》卷49，《刑部》11，《评赃·遇格免征倍赃》。

③ 《元典章》卷49，《刑》部11，《评赃·盗赃无偿准庸》。

④ 《元典章》卷49，《刑部》11，《诸盗·强窃盗贼通例》。

⑤ 《元典章》卷49，《刑部》11，《偷头口·汉儿人偷头口一个也赔九个》。

⑥ 《元典章》卷49，《刑部》11，《偷头口·偷猪依例追赔》。

15 岁以上女孩准折 5 个头口，10 岁以上至 15 岁准折 3 个头口，10 岁以下者斟酌断役[①]。

（三）强盗

按《吏学指南 · 较名》解释："不和谓之强。假如恐喝诈欺，及以威若力，或与人药酒，使其狂乱取财者，并为取与不和，故名强也"，这是指强盗罪有使用暴力的一面。关于盗，又曰："取非其物谓之盗"，则是从物的所有权方面揭示强盗罪的特征。《吏学指南 · 贼盗》"抢劫"条曰："争取财物曰抢，以威胁取曰劫。"强盗罪大约与现代刑法的抢劫罪相当。

今存元代有关强盗罪的案例，与徐元瑞的解释是一致的。以使用药物为例。大德七年（1303 年）犯人李广志把麻醉药物蔓管萝、蓖麻籽放入荤面，让受害人吴仲一吃下，趁其昏迷盗走其随身所带中统钞 5 锭 25 两。大德十年（1306 年）刑部议准："今后似此贼徒，若于饮食内加药令人迷谬而取其财者，合从强盗法论罪"[②]；以使用威力而言，延祐二年（1315 年），犯人杨贵七、何胜一持杖强行劫讫事主施进孙等钞锭等物，"虽无检验到伤痕，即系强盗有杖不曾伤人"[③]。皆符合强盗罪构成特征。

元朝对强盗罪的处理，依其是否持杖（手段）、伤人（后果）、得财（获利），分别予以不同处罚。首先，凡强盗持杖、伤人者，虽不得财，皆处死；虽持杖，但不曾伤人，也不得财，徒 2 年半；但得财，徒 3 年；至 20 贯，为首者死，余人流远。其次，不持杖而伤人者，唯造意及下手者处死；不曾伤人也不得财，徒 1 年半；得财 10 贯以下，徒 2 年，每 10 贯加一等。至 40 贯，为首者死，余人各徒 3 年。由上可知，元朝强盗罪是综合其手

① 《元典章》卷 49，《刑部》11，《偷头口 · 达达偷头口一个赔九个》。准折 5 个头口，原文为"十五岁以下"，据文义应为"十五岁以上"。

② 《元典章》卷 50，《刑部》12，《掏摸 · 懵药摸钞断例》。

③ 《典章新集 · 刑部 · 持杖白昼抢夺同强盗》。

段、后果、获利情况来全面考察其情节的，可分为持杖伤人不得财、持杖不伤人不得财、持杖不伤人得财（其又分得财与得财 20 贯以上两种）、不持杖伤人、不持杖不伤人不得财、不持杖不伤人得财（得财又分 10 贯以下、10 贯以上至 40 贯以下、40 贯）六种情况。其中对某些强盗共犯又区分首犯、从犯（余人）或造意、下手者（行为犯或执行犯），其实造意和下手者均是首犯。总的原则是：持杖重于不持杖，伤人重于不伤人，得财多重于得财少及不得财（尤以持杖 20 贯、不持杖 40 贯处罚较重），首犯重于从犯（或造意、下手者重于非造意、未下手者）①。

此外，若在强盗过程中“因盗而奸”，则行为人依强盗伤人罪处罚，其余同行人仅依强盗法处理；若谋而未行，依强盗不得财各减一等处罚②。

延祐元年（1314 年）《处断盗贼新例》、延祐六年（1319 年）《盗贼通例》又提高强盗罪的法定刑，即“不伤人不得财断一百七，徒三年；但得财，断一百七，交出军；二十贯……为从的一百七，出军”，不持杖“不曾伤人不得财八十七，徒二年；十贯以下断九十七，徒二年半；至二十贯，断一百七，徒三年；至四十贯……余人断一百七，出军”③。

因符合强盗罪特征而“以强盗论”的规定，在元朝还有很多，主要是：“诸强夺人财，以强盗论；诸以药迷瞀人取其财者，以强盗论；诸白昼持杖剽掠，得财殴伤事主，若得财不曾伤事主，并以强盗论；诸农民行船遭风著浅，辄有抢掳财物者，比同强盗科断”等④。这些规定，皆仿唐、宋立法例而成。依《吏学指南》：“罪同真犯谓之从。凡称以者，悉同其法而科之。”⑤即凡强夺、以药迷人而取其财者，皆同真强盗。

① 《元史》卷 104,《刑法志》3。

② 《元史》卷 104,《刑法志》3。

③ 详见《元典章》卷 49,《刑部》11;《典章新集·刑部》相关诸案例。

④ 《元史·刑法志》“盗贼”。

⑤ 《吏学指南·八例》。

（四）窃盗

《吏学指南·贼盗》释窃盗曰："谓潜形隐面，方便而私取者。"这与《唐律疏议》谓窃盗为"潜形隐面而取"是基本一致的[①]。"方便而私取"，进一步揭示了罪犯窥伺时机秘密而取他人之物的特征。

对一般窃盗（常盗）的处罚，元朝法律是根据犯罪发展阶段及赃物数量确定的。"诸窃盗始谋而未行者，笞四十七"，属盗窃预备，故处罚轻；"已行而不得财者，五十七"，盗窃未遂，其刑略重；"得财十贯以下，六十七；至二十贯，七十七；每二十贯加一等；一百贯徒一年，每一百贯加一等，罪止徒三年"[②]。盗窃既遂，则根据其赃物数量分为 10 贯以下、20 贯至 80 贯、100 贯至 500 贯 3 个大层次。依加等法，徒 3 年须得财 500 贯。虽得财更多，并不加刑。对一般盗窃罪止徒 3 年，比强盗罪的处罚轻得多。

但盗窃国家库藏比一般窃盗加等处罚："诸盗库藏钱物者，比常盗加一等，赃满至五百贯以上者，流"[③]，其最高法定刑为流。反映了加强保护官有财产的意图。甚至对"诸盗局院官物，虽赃不满贯，仍加等，杖七十七，刺字"，竟不考虑赃数。征赃方面，凡"盗官钱，追征未尽，到官禁系既久，实无可折偿者"，才可以"除之"[④]。延祐四年（1317 年），发生王留住偷盗万亿绮源库缎匹案，其盗赃值 78 贯至元钞。按凡盗例应杖断 87，徒役 2 年，盗系官钱物则加等为 97，徒役 2 年半；又以剜房不得财为重例杖断 107，徒役 3 年。都省却认为依常例断配役太轻，故处以死刑，并把"入官仓库偷钱物"处死作为通例确定下来[⑤]。

元代仿唐、宋制确立了累犯加重的处罚原则。即对三犯杖、三犯徒、

① 《唐律疏议》卷 19，《贼盗律》。

② 《元史》卷 104，《刑法志》3；《元典章》卷 49，《刑部》11，《强窃盗贼通例》。

③ 《元史》卷 104，《刑法志》3；《元典章》卷 49，《刑部》11，《强窃盗贼通例》。

④ 《元史》卷 104，《刑法志》3。

⑤ 《元典章》卷 49，《刑部》11，《强窃盗·入官仓库偷钱物底敲了》。

再犯流予以加等。凡窃盗罪，“三犯杖者徒，三犯徒者流，流而再犯者死”。对于频犯窃盗，按照吸收原则“从一重论”罪，规定：“诸窃盗一岁之中频犯者，从一重论，刺断。”[①]此外，对初犯或频犯盗窃头口者，依据其初犯、再犯、三犯分别予以处罚。比如，除蒙古人、妇人外，窃盗罪犯人须刺字，“初犯刺左臂，再犯刺右臂，三犯刺项……并充警迹人”[②]。尤其对盗窃头口的处罚，这一点反映得更为明显。比如，“盗骆驼者，初犯为首九十七，徒二年半；为从八十七，徒二年；再犯加等，三犯不分首从一百七，出军。盗马者，初犯为首八十七，徒二年；为从七十七，徒一年半；再犯加等，罪止一百七，出军。盗牛者，初犯为首七十七，徒一年半；为从六十七，徒一年，再犯加等，罪止一百七，出军……”其余盗驴骡、羊猪等依次递减处刑，但再犯均应加等。而所有盗官府头口的又都“比常盗加一等”[③]。延祐六年（1319年）的《盗贼通例》，不仅普遍提高了窃盗头口的量刑档次，而且对偷盗驼马牛等大头口的犯罪不分首从，凡在再犯以上的均处死刑：“初犯偷盗驼马牛为首的一百七，出军，为从的九十七，徒三年，于内若有旧贼呵敲。”[④]

（五）比同强、窃盗处理的其他犯罪

1. 同窃盗法、以窃盗论的犯罪。元代窃盗仅指“潜形隐面”而取，不能囊括范围诸多之侵财罪，故又设立“同窃盗法”“以窃盗论”等名目。

（1）掏摸。《元史·刑法志》“盗贼”载：“诸掏摸人身上钱物者，初犯、再犯、三犯刺断、徒流，并同窃盗法。”《元典章·诸盗》也设“掏摸”一目，所载案例有：至元间对未满 14 岁的王合柱等掏摸予以“刺断”；大德间军丁李万一和董某、黎某等 3 人掏摸袁庆中统钞二锭一事，依照“偷盗官布

---

① 《元史》卷 104，《刑法志》3。
② 《元典章》卷 49，《刑部》11，《诸盗·强窃盗贼通例》。
③ 《元史》卷 104，《刑法志》3。
④ 《典章新集·刑部·盗贼通例》。

贼人”事例，分别予以刺字和断杖[1]，说明对掏摸确是“同窃盗法”处置的。

（2）殴打抢摸。皇庆元年（1312 年），有席驴儿、彦孙儿“于街衢白昼将缪喜等用拳打伤，抢摸钞两”。杭州路以其难以“比附强盗持杖劫物伤人刺字”申上定夺。刑部也认为席某等“所犯既非持杖施威强劫民财，难同强盗定论”，因而要求“比依切盗刺字”[2]。从此案的处理中，能看出元代区分强盗与窃盗罪的原则界限。

2. 以强、窃盗论的犯罪。主要有放火、发冢等。

（1）放火。元代对故意放火烧毁官私财物尤其是私家财物，因其常造成“罄家所有尽为一空”，一般比同强盗、窃盗论罪（因而杀人者，同杀人法）。仁宗皇庆二年（1313 年），因益都路卢千儿案，刑部议准：“今后若有故烧官府廨宇、有人居止舍宅贼人，无问舍宅大小、财物多寡，比同强盗例，免刺，决一百七下，徒役三年；因而杀伤人者，依例科断。其无人居止空房并损坏财物及田场积聚之物，比同切盗，免刺，验赃依例决遣居役，仍各追陪所烧物价。敢有再犯决配，役满迁徙千里之外。”[3]这是有关放火罪较完整的法律规定。但这一制度的形成有个过程。

世祖至元五年（1268 年），河间路发生高如斯挟仇烧毁赵妮子房屋，并烧死其 9 岁女孩一案。法司依“旧例：故烧私家舍宅者，绞”，因而致人死者，“旧例，以故杀伤人者，斩”，遂按“二罪从重”原则，科以斩刑[4]。不久，兖州又发生杨买儿挟仇烧毁王祚“无人居止草房”案，法司仍引“旧例：故烧私家舍宅者，绞；若无人居止，但损害财物畜产者，徒五年；赃满二十贯，亦绞”[5]。可见，当时是循用金律科断的。至元十四年（1277 年），大都路又有谷得成纵火烧毁张锁住“谷垛稍柴”案，地方申报“合同强盗

① 《元典章》卷 50，《刑部》12，《掏摸 · 掏摸钞袋贼人刺断》。
② 《元典章》卷 50，《刑部》12，《掏摸 · 白昼殴打抢摸钞两》。
③ 《元典章》卷 50，《刑部》12，《诸盗 · 放火贼人》。
④ 《元典章》卷 50，《刑部》12，《诸盗 · 放火烧死人》。
⑤ 《元典章》卷 50，《刑部》12，《父首子烧人房舍》。

一体治断”，中书兵刑部也认为应“例同强盗”[①]。但这些均是循旧例行事，大抵也是依强盗例科断。元代有关惩治放火贼人的较完整的法条，到武宗至大年间才确定下来。

至大元年（1308 年），刑部因马闰住纵火案，议定“今后诸人放火故烧官房厅宇，私家宅舍，比同强盗；于无人居止空房，并损坏财物、畜产，及田场积聚之物，比同切盗，照依（得疑衍）大德五年（1301 年）奏准《盗贼通例》计赃断配、免刺，追陪烧毁物价”[②]。这个规定，在坚持“追赔烧毁物价”方面与至元间所断诸案相同，杨买儿案的处理，“所烧房价，验数征还”（虽父为代首）[③]，谷得成案，也被断令“估计追陪给主”（虽遇赦免）[④]。但至大间的规定根据官私房、无人居止与田场积聚等因素，区分“比同强盗”和“比同窃盗”两类，在情理上区别了轻重，更符合法理。

武宗至大元年（1308 年）这一规定，基本被沿袭了下来。至上述皇庆二年（1313 年）刑部议准的新例[⑤]，强调了“比同强盗”的私家舍必须是“有人居止”的，而且不论其“舍宅大小，财物多寡”，比至大规定更周全、准确；详细罗列罚则，也较至大规定更明确；并增加了致人杀伤条款和再犯加重条款，是对至大规定的必要补充。

据《元史・刑法志》，放火烧毁无人居止空房等，若“因盗取财物者，同强盗刺断”“伤人命者，仍征烧埋银”，为皇庆间规定所无，可能在此前后还有其他补充立法。

（2）发冢。元朝法律根据不同情况，对发冢者分别按照窃盗、强盗、伤人、恶逆等犯罪处理。这里只述其与财产犯罪有关者。

《元史・刑法志》“盗贼”载：“诸发冢，已开冢者同窃盗，开棺椁者同

---

① 《元典章》卷 50，《刑部》12，《诸盗・放火同强盗追陪》。

② 《元典章》卷 50，《刑部》12，《诸盗・放火贼人例》。

③ 《元典章》卷 50，《刑部》12，《诸盗・父首子烧人房舍》。

④ 《元典章》卷 50，《刑部》12，《诸盗・放火同强盗追陪》。

⑤ 《元典章》卷 50，《刑部》12，《诸盗・放火贼人》。

强盗”，可见是依照开掘程度确定罪刑的。由于发冢多以盗取随葬物为目的，故发冢案多属开棺椁者。“诸发冢，得财不伤尸，杖一百七，刺配。”可知基本处罚办法相当于《盗贼通例》中强盗不伤人、但得财的规定。实践中，发冢案也多系“例比强盗科断”者为多。

如大德六年（1302年），庆元路王季三偷掘罗君永坟墓，“开棺盗讫金银等物”。虽遇诏赦，但都省依据“盗贼虽会赦，仍刺字”的圣旨，强调“既是例比盗贼科断，拟合刺字”[①]，实际是“比依强盗科断”的。皇庆二年（1313年）宁国路姚德胜、姚富父子和方应荣发掘胡州判坟墓，“开棺盗讫银子等物”。姚德胜、方应荣依强盗首从例刺断、居役，姚富被“依（强盗从犯）例刺字，收充警迹”[②]。延祐四年（1317年），吴亚转等与吴新九掘开史提刑墓，凿棺盗取金银折合至元钞938贯，起意纠合的首犯吴新九自杀，吴亚转等为从开棺盗财，“既同强盗计赃断讫，罪犯例不刺字，发付肇州屯种”[③]。

子孙掘盗祖宗坟墓，虽为贪财图利，但又因违反伦常而性质更为严重。大德六年（1302年），刑部议准：“发掘祖宗坟冢，盗取财物，货卖茔地者，验所犯轻重断罪，移弃尸骸，不为祭祀者，合同恶逆结案；买地人等知情者减犯人罪二等科断，元价没官，不知情者临事详决”[④]。至大三年（1310年）庐陵县周九一月卿纠合他人，“将伯祖周左藏坟墓掘开，于尸首边盗讫金银器皿分张破用”，因系亲属相盗，地方予以赦免，比窃盗例免刺，但刑部却认为，周“三次偷掘祖宗坟墓劫取财物，原其所犯，灭绝天彝，情理深重”，虽遇赦免，但“比例合同凡人强盗刺字”，仍迁徙辽阳肇州屯田[⑤]。王室亲属，又比一般人的祖宗为重，因而又有“诸盗发诸王驸马坟寝

① 《元典章》卷51，《刑部》12，《诸盗·发冢贼人刺断》。
② 《元典章》卷51，《刑部》12，《诸盗·子随父发冢刺断》。
③ 《典章新集·刑部·发冢贼免刺发肇州屯种》。
④ 《元典章》卷50，《刑部》12，《诸盗·禁治子孙发冢》。
⑤ 《元典章》卷50，《刑部》12，《诸盗·盗掘祖宗坟墓财物》。

者不分首从，皆处死”的记载[①]。

由于发冢目的在图利，故元代在处理发冢案时，都要“追赃”[②]，即不使罪犯得到好处。

一些特殊身份的人因受皇帝庇护，虽犯强窃盗罪也不受处罚。如忽必烈时僧人琏真加擅发前宋诸陵，盗其宝玉，“凡发冢一百有一所，戕人命四，攘盗诈掠诸赃为钞十一万六千二百锭，田二万三千亩，金银、珠玉、宝器称是”，民愤极大。“帝犹贷之死，而给还其人口、土田”[③]。

二、诈伪

《吏学指南·诈妄》对“诈伪”的解释是“谓如伪造文书，见于纸笔之间者”，但对伪造文书用于何事未明。又“诈欺”条云：“匿行曰诈，诬罔曰欺”，是从隐瞒其真实行为而言；“诈冒”条云：“奸诡曰诈，虚假曰冒”，是从其行为特征（诡秘奸诈）而言。它们从不同角度对此类行为作了阐释。其实，诈伪犯罪的范围较多，但除少部分行为，如诈称母亡属于伦理犯罪，伪造符宝、诈增减制书等属于政治性犯罪外，绝大部分是与侵犯财产、破坏社会经济秩序、妨害社会管理秩序有关的犯罪。有元一代诈伪犯罪迭出，因此《经世大典·宪典》特设《诈伪篇》，其《宪典总序》云：“霸代王而淳朴散，利胜义而诈伪生……明王道，辨义利，崇廉耻，固去诈去伪之本。然刑者，圣人有不能废也”[④]。即主张通过“重义轻利”的儒家传统教育结合刑罚惩处遏制此类犯罪。

与侵犯财产罪有关的诈伪罪可归纳为伪造、诈骗两大类。

---

① 《元史》卷104，《刑法志》3。

② 《元典章》卷51，《刑部》12，《诸盗·发冢贼人刺断》。

③ 《元史》卷14，《世祖纪》14。

④ 引自《元代法律资料辑存》，第96页。

（一）伪造

所伪造物品不一，有的是商人运销货物的凭证或支取官粮的单据，有的是证明完税的标记，有的是显示权力的敕令、印玺、文书，有的是直接用于流通领域的各种货币，等等。各种花样繁多的伪造行为实际是诈伪罪采用的手段，其目的主要是骗取物质利益，前后二者之间具有牵连关系。依犯罪对象不同伪造大约可分为四种。

1. 伪造盐、茶、铁引及粮筹。盐、铁、茶均为国家专卖物资。尤以盐茶为生活必需品，元朝政府控制极严。因其已成为国家财政收入的命脉，文宗天历年间仅盐课收入居全国总税收的十七八。商人贩卖盐、茶、铁等物资必须有政府发给的“引”作为凭证。因为有暴利可图，一些人纷纷伪造“引”，假公贩私，使国家受到重大损失。各种伪造运销货物凭证的行为，以伪造盐引、茶引最为严重。“凡伪造盐引者皆斩，籍其家产，付告人充赏”[①]，这一严厉处罚同样适用于伪造茶引者[②]。相对说对伪造铁引较轻，凡“伪造铁引者，同伪造省部印信论罪，官给赏钞二锭付告人”[③]。伪造省部印信，只有在违犯制敕时才处死，对一般伪造省府札付的行为是杖 107 下[④]，而伪造盐引、茶引却一律处以斩刑；为鼓励举报犯罪，对前二者的举报人赏以犯人全部家产，而后者只赏钞 2 锭。由此可知它们在处刑上的区别。

粮筹是支取官粮的凭证。《元史·刑法志》“诈伪”云：“诸伪造各仓支发粮筹者，笞五十七；已支出官粮者，准盗系官钱物科罪；仓官人等有犯者，依监主自盗法，赃重者从重论。”从伪造粮筹之处刑看轻于上述犯罪，但它不包括支出官粮等情况。即目的行为已达到者要依准盗官钱物论罪。

① 《元典章》卷 22，《户部》8，《课程·盐课》；《元史》卷 104，《刑法志》3。“诸伪造盐引者斩，家产付告人充赏；失觉察者，邻佑不首告杖一百。”

② 《元典章》卷 52，《刑部》14，《诈伪·伪造茶引》；《元史》卷 104，《刑法志》3。“其伪造茶引者斩，家产付告人充赏。”

③ 《元史》卷 104，《刑法志》3。

④ 《元史》卷 105，《刑法志》4。

盗官钱物应比常盗加一等，最高可处流刑；而“凡称准者，止同以赃计钱为罪……其赃定罪不在除名赔赃之例”[①]，即在征收倍赃等方面与盗官钱物略有区别。但对仓库官吏伪造粮筹、盗支官粮行为十分严厉，赃重者一般处以死刑（参见本章第六节罪名（丁）职务犯罪，诸赃）。

2. 伪造税印。其实质是为了逃税。元代税务繁重，除每年有商税、市舶税及棉税、窑税等给出定额的常课税外，还有多如牛毛的无定额的杂税，称为额外课。一些应税人员也采取种种手法与官府周旋。至大二年（1309年）和至大四年（1311年）先后有沈爱帖木儿伪雕税印、李德全私熬颜色（可能是征税所用的印色一类）案发，因当时“别无定到追没给赏体例”，送户部约会刑部共同议决：“匿税之物，告人给赏，已有通例。其伪造税物杂印、私熬颜色、伪税物货，比之匿税情犯尤重，但犯杖八十七下，伪造颜色酒记匿税者亦如之[②]。”因应税人在应税货物上做了手脚，较难辨认真伪，比一般逃税情节严重，因此在至大四年（1311年）左右就伪造税印等行为作出杖87下的重罚规定。这就是《元史·刑法志》所载“诸伪造税物杂印、私熬颜色、伪税货物者，杖八十七；告捕得实者，征中统钞一百贯，充赏物主，知情减犯人罪一等……”的基本来源[③]。

3. 伪造制敕、印信、文书以求利。主要有借此勒索财物、卖放官职等表现。元世祖至元十五年（1278年），郑均伪造虎头金牌，冒充皇帝圣旨，“写文字搧惑人民、取要钱物”[④]；又载有些“不畏公法事人”冒充监察官等，“谋造印押、诈伪书写文字，搧惑人民、取要钱物”[⑤]。对该类罪的处罚一般依所诈冒权力机关的等级和是否累犯等决定轻重。《元史·刑法志》载：“若伪造司县印信文字追呼平民勒取财物者，初犯杖七十七，累犯不悛者，一

① 《吏学指南·八例》。

② 《元典章》卷52，《刑部》14，《诈伪·伪造税印》。

③ 《元史》卷105，《刑法志》4。

④ 《元典章》卷52，《刑部》14，《诈伪·无官诈称有官》。

⑤ 《元典章》卷52，《刑部》14，《诈伪·禁诈称台察奏差》。

百七[1]。”而延祐五年（1318 年）户部仓贴书刘泽伪造省印札付案，就比上述伪造司县印信文字例重。刘泽用萝卜伪造左丞相押字、省印，并用之伪造粮中盐引，被令史李克中识破，部拟杖断 107，发还原籍羁管，但因刘泽曾有诈伪前科，“今犯不悛，诈雕省印，量拟发去辽阳肇州屯种”[2]，即伪造省印札初犯杖 107，再犯者流远。但根据形势需要，上述罚则必有所修正。如延祐六年（1319 年）据有人上奏：“近年以来，伪雕假印押字支取钱粮的也有……若不严切整治呵，不中也者。今后斟酌勾当轻重，一两个合处死的处死，合出军的交出军，同伴来的，斟酌着他每的此先例罪过加一二等要罪过呵”[3]，就是因治安严峻而提高法定刑的佐证。“伪造文书卖官”，是比伪造文书骗钱更严重的行为。至元十七年（1280 年），罪犯王容“诈雕行省并中书省印信，学画省官押字、行省保官咨示，卖与无根脚求仕人等，伪填敕牒”，判决王容当众处死，其余人杖决[4]。又据《刑法志》载：“诸掾属辄造省官押字、盗用省印、卖放官职者，虽会赦，流远。”[5]可知一般处以死刑，而流远则属于死刑减等之刑。伪造文书、印信等多由官府中的吏员参与，如青田县尹叶治中即任后，“一月得伪其印一十有八，税务印一十有三”[6]，由此可知伪造之风源。由于元朝吏弊丛生，上述刑惩措施并未收到好的效果。

4. 伪造、变造货币。元朝第一次使用纸币作为全国范围的通货，并以白银为价值尺度。相比之下，“板纸印造，尤易滋伪”，故元代不法之徒伪造、变造货币的犯罪比前朝有过之而无不及。印造伪钞之人投靠权贵，结党营私，由北及南，或以僧舍掩护，或在海上开印，其燕京剧贼“造伪钞，

① 《元史》卷 105，《刑法志》4。
② 《典章新集 · 刑部 · 伪造省印札付诈关钱粮》。
③ 《典章新集 · 刑部 · 伪造省印札付诈关钱粮》，《诈伪印信》。
④ 《元典章》卷 52，《刑部》14，《诈伪 · 诈雕省印》。
⑤ 《元史》卷 105，《刑法志》4。
⑥ （明）宋濂：《宋文宪公全集》卷 43，《叶治中历官记》。

结死党杀人”[①]，铅山豪民之伪钞“远至江淮、燕蓟，莫不行使”[②]，在全国各地掀起阵阵狂潮。由于印造伪钞获利甚丰，尽管元朝对犯罪的惩治空前严厉，但人们仍然趋之若鹜。连官至极品的右丞相搠思监也“盗用钞版”，任用私人印造伪钞[③]。有人统计，仅杭州路大德元年到大德四年（1297—1300年）就破获印造伪钞案88起，共有案犯274人[④]

（1）伪造白银或宝钞。《元史·刑法志》“诈伪”云：“诸烧造伪银者，徒”“伪银内销，提真银没官，依本犯科罪”。但实践中更常见的是伪造纸币案。中统三年（1262年），“真定路不眼里海牙擅杀造伪钞者三人”[⑤]，中统元年（1260年）始发行中统丝钞和元宝宝钞，事隔二年就发生伪造案，这可能是有关伪造宝钞最早的记载。忽必烈开始严惩伪造者大约也在此先后。至元六年（1269年）聊城县石治民雕成伪钞板印，自行印造伪钞20余贯，案发后以“自行发意雕板印造伪钞”而处死。次年又发生司都喜“印造伪钞”案，因其所造“委的不似真钞，难以行使”，比照为首印造已成者减死一等，流入直北鹰房子种田处住坐”[⑥]。后来，又因为各地伪造案甚多，再次议决：“但犯伪钞，无问堪与不堪行使，为首处死，余皆杖断。”[⑦]至元十四年（1277年）十一月，又有更严厉的规定：“凡伪造宝钞，同情者并处死。分用者减死杖之，具为令。”[⑧]所谓“同情”，即在伪造宝钞的共同犯罪中，凡有“起意底，雕板底，印钞底，抄纸底，项料号底，家里安藏着印底，收买颜色物料底”人，“俱是同情伪造，皆合处死”，其余“知

---

① 《元朝名臣事略》卷11，《李德辉行状》。

② 《元史》卷192，《林兴祖传》。

③ 《元典章》卷20，《户部》6，《伪钞·禁治伪钞》。

④ 参考李幹：《元代社会经济史稿》，湖北人民出版社1985年版，第419—420页。

⑤ 《元史》卷5，《世祖纪》2。

⑥ 《元典章》卷20，《户部》6，《钞法·伪钞堪以行使处死》，《伪钞不堪行使流远》。

⑦ 《元典章》卷20，《户部》6，《伪钞·造伪钞不分首从处死》。

⑧ 《元史》卷9，《世祖纪》6。

是伪钞分使底，不用钱买使伪钞底断一百七下”[1]。印造伪钞有多道工序，必须由多人合作才能完成，雕板、印刷、采买等行为都在共同犯罪中起着重要作用。按照“造意为首”的观点就可能轻纵其他罪犯。因此由“为首处死”改为凡“同情”者皆处死，加强了打击力度。而“知是伪钞分使”、买使等，不仅扰乱金融市场，而且直接刺激伪造活动蔓延，因此也处以最高杖刑。以后处理伪造宝钞案基本循用以上“同情者并处死”的法令，又根据当时具体情况增添了新的内容。如延祐六年（1319 年）因有人收买原宋朝纸币交子、会子，用之“印造伪钞，比与宝钞色无异，但同情者有司依例追勘”；此外，户部限令隐藏旧币之人出首，对匿而不首而由他人告发者，向告人赏中统钞 20 锭，由犯人给偿，并决 67 下；“知是印造伪钞发卖与人及依样假造转卖者，比依知情分买行使伪钞例，各决一百七下，引领牙人决八十七下。不知印造情由，贪利买卖者，量决七十七下。印造伪钞之人依条处断，两邻知而不首，并本处官司禁治不严，检事轻重断罪”[2]。

《元史 · 刑法志》搜检有关资料，将伪造宝钞的特别法归纳为：“诸伪造宝钞，首谋起意并雕板抄纸，收买颜料，书填字号，窝藏印造，但同情者，皆处死，仍没其家产”；另外，具体规定了两邻、坊正主首社长、捕盗官及镇守巡捕军官等不首、失察的连带责任，即对此三类人分别处以杖 77、笞 47、笞 37；对买使伪钞者又区分初犯、再犯和累犯，“初犯杖一百七，再犯加徒一年，三犯科断流远”“伪造宝钞印板不全”，应属犯罪未遂，处杖 107；伪造宝钞死罪，“虽亲老无兼丁，不听上请”，即不得免除刑罚、受到“权留养亲”的待遇；等等。由此可知对伪造宝钞行为法网之严密。

（2）变造宝钞。变造，即采用挖补、拼凑、改写等手段，改变宝钞数额的行为，如把真钞一两改为二两之类。《元典章》载，元贞元年（1295 年）御史台、刑部官员提出：“挑补钞底人每的罪过轻有，拿贼的人每根底

① 《元典章》卷 20，《户部》6，《伪钞 · 造伪钞不分首从处死》。

② 《元典章》卷 20，《户部》6，《伪钞 · 买卖蛮会断例》。

与的赏钱少有”，因而制定《挑补钞罪例》，对“正犯人打一百七下，为从的打八十七下”[①]，仅为初步立法，较粗糙。大德七年（1303 年）“又定《诸改补钞罪例》，为首者杖一百有七，从者减二等；再犯，从者杖与首同，为首者流”[②]。大德十年（1306 年），刑部针对罪犯在几次共同犯罪中所起作用不同，又制定通例：“其有为首经断不悛前过，又复为从挑钞，及先次挑钞为从，再犯为首者，俱各流远……屯种[③]。”延祐三年（1316 年）又区分首犯、再犯等，并规定有关连带责任。即“以真作伪者，初犯依例杖一百七下，徒一年，再犯断罪流远，窝主同罪；知情买使决九十七下，再犯加等科断；两邻知而不首者，六十七下……”[④]《元史·刑法志》所载基本与延祐三年（1316 年）规定略同，但还有新的内容：“诸挑剜裨凑宝钞者，不分首从，杖一百七，徒一年，再犯流远；年七十以上者，呈禀定夺，毋辄听赎，买使者减一等。”[⑤]变造宝钞者不分首从一体科罪，年老犯罪不许听赎，都是加重处罚的规定。但与伪造宝钞相比，因变造宝钞毕竟数额有限，而且较易被人识破，所以处罚相对还是较轻的。具体来说，它比伪造者轻（不处死刑），而略重于买使伪钞（初犯者在杖 107 之外又加徒 1 年）。

（二）诈骗

元朝一代，用虚假事实骗取公私财物的行为表现多端。其诈骗官财物如冒支分例或官钱，假传上司命令擅起驿马等，还有冒名入仕骗取俸禄，诈称监临欺取钱物……由于多为官吏所为，一般归入赃罪较适宜。诈骗私人钱财，因其手法不同，约可分为局骗、骗夺等类。

① 《元典章》卷 20，《户部》6，《钞法·挑钞》。
② 《元史》卷 21，《成宗纪》4。
③ 《元典章》卷 20，《户部》6，《挑钞·挑钞再犯流远屯种》。
④ 《元典章》卷 20，《户部》6，《挑钞·挑补钞犯人罪名》。
⑤ 《元史》卷 105，《刑法志》4。

1. 局骗。即设置圈套诱人上钩骗取财物，往往多人配合共同行骗。《大元通制》（节文）《诸条格 · 赌博》目下，有“无籍之徒结党设局，白日强骗人钱物，拟依窃盗首从例计赃断罪，免刺，不追倍赃。其信从诱入局被骗之人，量事轻重断罪”等条格[①]。其实局骗不限于赌博，本有“七十二局”之称，始见于延祐五年（1318 年）江浙等处行中书省札付：“杭州一等无籍之徒，游手好闲、不务生理，寻常纠合恶党欺遏良善，局骗钱物，恃此为生，其局之名七十有二，略举如太学龟、美人局、调白之类是也。”[②] 太学龟，不详。美人局，谓“以女色为圈套诱惑别人以图利”。《武林旧事》卷六“游手”：“有所谓美人局；以倡优为姬妾，诱引少年为事”；调白，又称“调把”。元曲《醉太平 · 咏调把》：“好的儿看了不好的藏着，惺惺伶俐不成交，等愚民乡老。粗毡帽抵了绒毡帽，假材料顶了真材料，烂丝绦掉了好丝绦，人里一跑”，说的就是“调白”的伎俩[③]。局骗的对象主要是一些富家子弟。设局者以种种方式投其所好，腐蚀拉拢，在其上钩后往往被骗得人财两空。“良家子弟、富商大贾到来本路，此辈则群聚密议，以意测料各所嗜好者，迤渐交结，设赌扑戏骗取人财，要罄取蓄，致令子弟客商贫乏失所者有之，饮愤死亡者有之”。关于局骗，以前没有规定处罚的通例，“但有所犯，止于赌博罪上或加等断罪，或任意处断而已”，很容易产生奸弊。由于法无明文规定，地方官吏纵弛，结果使这类诈骗行为“继踵蜂起，滋蔓愈众，习以成风，宪狱日滥”。有人尖锐地指出：用迷魂药毒人取财者同强盗论罪（多处以死刑），窃盗钱物虽少，也要依例刺配、追倍赃、充警迹人，甚至充军，再犯者也处死刑。而局骗者肆无忌惮地反复作案，“比之强、窃尤为情切”。刑部斟酌所提惩治局骗行为的建议，指出“今后有犯，拟合依切盗首从例，计赃断配免刺，不追倍赃，其信从啜入局被骗之人，量事轻

① 引自《元代法律资料辑存》，第 69 页。

② 《元典章》卷 57，《刑部》19，《诸禁 · 局骗财物》。

③ 龙潜庵编著：《宋元语言词典》，上海辞书出版社 1985 年版，第 686、776 页。

重断罪”①。上述《大元通制》的规定实源于此。延祐五年（1318年），又有朱元六等调白骗钞案由刑部议决：“撇卷贼徒即与局骗财物一体事理，若以真盗定论，刺字、拘籍、追征倍赃，似涉太重。今后有犯，拟合比依窃盗例计赃断配免刺，不追倍赃，于犯人门首红泥粉壁，开写过名。”②以上可知，对局骗行为依照窃盗罪区分首从断配免刺，不追倍赃，而对被骗之人也要根据所犯（如参与赌博等犯罪）追究一定刑事责任。

2. 骗夺。即以履行公务等作为欺骗的幌子，继而劫夺财物的行为。延祐七年（1320年）淮西廉访司刷卷得知：“多有革闲弓手、祗候、无役军人纠合游食之徒聚成朋党……悬带弓箭，执把枪刀铁尺，将路行客旅拦截，诈称捕限拿贼、根捉逃军、辨验引据，将平民拷打，搜翻行李，劫夺钱物”；但因“各人情犯不同，难便定立通例”，只是“比依前例临时量情刺断”③。同年，又有余云六等与陈嫩、徐仁三“将客人王寿甫以喝问私盐为由，用棒行打，推下水坑，夺讫袋包钞物……比例合同强盗定论”，将余等刺断，并发付奴儿干出军④。骗夺的实质是抢劫，因此后一案例比同强盗定论是符合该罪特征的。

三、其他

（一）走私

元代列入走私物品的有盐、茶、金银、弓箭、军器、马匹等，都是当时有关国计民生的重要物资。还在蒙古国时期，就严禁私商越境下番对外贸易。如中统元年（1260年）“置互市于涟水军，禁私商不得越境，犯者死”；次

① 《元典章》卷57，《刑部》19，《诸禁·局骗财物》。

② 《典章新集·刑部·调白经革免刺》。

③ 《典章新集·刑部·革闲弓手祗候夺骗财物》。

④ 《典章新集·刑部·持杖白昼抢夺同强盗》。

年，“申严沿边军民越境私商之禁……申严越境，私商贩马匹者罪死”[①]；至元元年（1264年）“罢南边互市，申严持军器贩马越境私商之禁”[②]。元朝建立后，禁止互市的物品增多。至元二十三年（1286年），“禁赍金银、铜钱越海互市”[③]；元贞二年（1296年）“禁舶商毋以金银过海，诸使海外国者不得为商”[④]；大德三年（1299年）“申禁海商以人马兵仗往诸蕃贸易者”[⑤]；大德七年（1303年）“禁诸人毋以金银丝线等物下番”[⑥]；至治二年（1322年）三月，“复置市舶提举司于泉州、广元、广东三路，禁子女、金银、丝绵下番”[⑦]；等等。以上为越境贸易的禁令。在境内也不得走私、贩私，违者必予严惩。

1. 私盐、私茶。较早禁止私盐的记载见于中统四年（1263年），“禁蒙古、汉军诸人煎贩私盐”，冀州蒙古百户阿昔等因犯盐禁被“没入马百二十余匹”[⑧]。元朝建立后，加强了盐课和反私盐的措施。至元二十八年（1291年）“江淮行省言盐课不足，由私鬻者多，乞付五千巡捕，从之”[⑨]；至元三十一年（1294年），“增捕私盐人赏格”[⑩]；元贞二年（1296年），命江浙行省出人出船“沿海巡禁私盐”[⑪]；大德三年（1299年），“申严江浙两淮私盐之禁”[⑫]；大德七年（1303年），“禁内外中书省户部转运司官不得私买盐引”[⑬]……茶禁和盐禁同样严厉，采办私茶仍按私盐法治罪，因此知一即可知二。据《元

① 《元史》卷4，《世祖纪》1。
② 《元史》卷5，《世祖纪》2。
③ 《元史》卷14，《世祖纪》11。
④ 《元史》卷19，《成宗纪》2。
⑤ 《元史》卷20，《成宗纪》3。
⑥ 《元史》卷21，《成宗纪》4。
⑦ 《元史》卷28，《英宗纪》2。
⑧ 《元史》卷5，《世祖纪》2。
⑨ 《元史》卷16，《世祖纪》13。
⑩ 《元史》卷18，《成宗纪》1。
⑪ 《元史》卷19，《成宗纪》2。
⑫ 《元史》卷20，《成宗纪》3。
⑬ 《元史》卷21，《成宗纪》4。

史·刑法志》载："诸犯私盐者，杖七十、徒二年，财产一半没官，于没物内一半付告人充赏。盐货犯界者，减私盐罪一等……如监临官及灶户私卖盐者，同私盐法"；"商贾贩盐，到处不呈引发卖，及盐引数外夹带，盐引不相随，并同私盐法……犯私盐及犯界，断后发盐场充盐夫，带镣居役，役满放还"；"诸蒙古人煮私盐者，依常法"；"诸私盐再犯加等断，徒如初犯，三犯杖断同再犯，流远，妇人免徒"；"诸犯私盐被获拒捕者，断罪流远，因而伤人者，处死"①。犯私盐罪之人，除了处以杖、徒、籍没刑之外，还和盗贼囚徒一样带镣居役②；其累犯和抗拒逮捕者处以流刑；而蒙古人私煮者也不受优待而依常法，都说明处刑之严厉。但与伪造盐引者斩、籍没全部家产相比，初犯私盐者仅杖70、徒2年，籍没家产一半，又算是轻的了。

2.私贩金银铜铁丝绵等。元代通行纸币，但白银也有重要货币地位，如贸易、借贷、核定物价、扑买课税等均用银，在采用纯纸币流通制度时，仍以白银作钞本。黄金产量少，但使用范围也很广，如对外贸易用金，征收赋税、兑换宝钞的基金用银又用金。为了保障纸币通用，元代禁止私下买卖金银，有买卖者必须付官库依价倒换。而违反禁令私自交易者，不仅没收金银价钞，而且依照数额大小予以刑惩。至元十九年（1282年）《整治钞法条画》规定，"一十两以下决杖五十七下，一十两以上决杖七十七下，一定以上决杖一百七下，于犯人名下更追钞两，给付捉事人充赏"③。铁器也是属于专卖物资。至元二十一年（1285年）"尽禁权势所擅产铁之所，官立炉鼓铸为器鬻之"④。经营铁器也和盐、茶一样需有政府发给的"引"，而且划定范围，不得越界，否则就是贩私。如"江南铁货及生熟铁器，不得于淮、汉以北贩卖，违者以私铁论"。无引而私贩铁器，和伪造铁引比照伪造盐引处理一样，仍比照私盐减一等，处"杖六十、铁没官，内一半

---

① 《元史》卷104，《刑法志》3。
② 《经世大典·宪典总序》"名例篇"。
③ 《元典章》卷20，《户部》6，《钞法·整治钞法》。
④ 《元史》卷205，《卢世荣传》。

折价付告人充赏”[1]。元朝对海上走私行为的处罚比境内更加严厉。首先限定禁止私贩物品的范围扩大，不仅包括金银铜钱铁货，还包括人口、丝绵、缎匹、绫罗、米粮、军器等；其次与对伪造宝钞的处罚原则相同，即凡是“同情”皆予重惩：“舶商、船主、纲首、事头、火长各杖一百七，船物没官，有首告者，以没官物内一半充赏[2]。”

（二）匿税

即偷税逃税行为。中统四年（1263 年）规定：“凡在京权势之家为商贾，及以官银买卖之人，并令赴务输税，入城不吊引者同匿税法。”[3]所谓匿税法，同以上处理方式基本一样，即本人受刑、货物（一半）没官，并奖赏举报人（付给所没货物一半），唯受刑较轻[4]，与伪造税印比，前者杖 87，而匿税仅笞 50（疑为 57），原因就在于未用诈术，属于一般情节。

（三）失火

失火与放火，既损害公私财物，又危及公共安全，所造成的后果可能一样，但性质完全不同，因而二者法定刑悬殊。“诸遗火延烧系官房舍，杖七十七；延烧民房舍，笞五十七；因致伤人命者，杖八十七；所毁房舍财畜，公私俱免征偿；烧自己房舍者笞二十七，止坐失火之人。”[5]放火是“知而犯之”，性质恶劣，社会危害大，因而比同强盗、窃盗、杀人定罪，最高可处死刑。失火是“不意误犯”，所以最高刑仅为杖 87。《元史 · 刑法志》又载：“诸煎盐草地辄纵野火延烧者，杖八十七，因致阙用者，奏取圣裁，邻接管民官专一关防禁治”“诸纵火围猎延烧民房舍钱谷者，断罪勒偿，

① 《元史》卷 104，《刑法志》3。
② 《元史》卷 104，《刑法志》3。
③ 《元史》卷 94，《食货志》2。
④ 《元史》卷 104，《刑法志》3。
⑤ 《元史》卷 105，《刑法志》4。

偿未尽而会赦者，免征”[①]。这里的“纵火”，既可能是过失，也可能是间接故意。元朝刑法的“故意”，一般指直接故意，而间接故意往往与过失混称，所以把上述“纵火”行为一概归之失火罪中。但从处理看，显然与上述“遗火”有区别：遗火延烧致伤人命处87，与纵野火延烧（未有烧死人等情节）同；遗火毁物不赔，而纵火“断罪勒偿”。

第六节　罪名（丁）职务犯罪

职务犯罪，泛指国家公职人员滥用职权徇私舞弊、利用职务之便贪污受贿，以及因玩忽职守等引起严重后果的行为。腐败现象是封建社会的通病，元代则因官吏成分淆杂、素质普遍低下而显得更为突出。占官吏10%的四怯薛出身的蒙古官员占据了省、台及各级政权的要职，他们许多人利用自己的特殊地位为人为己求官请赏，与外臣、僧道、大商贾等勾结起来谋取私利。元朝不重科举，由吏入仕成为一般人求官的主要途径。占85%的吏员出身的官吏，因自幼弃学，“礼义之教懵然未知，贿赂之情循习已著，日就月将，薰染成性，及至年长，就于官府勾当，往往受赃曲法，遭罹刑宪”[②]。不少人除“吃肚皮”“要肚皮”[③]外，不过是混日保官，“因循苟且，以岁月养资考而已”[④]。负有纠举、弹劾职责的监察官患得患失、惰性十足，有的“非半月两旬不能出户”，甚至立案之后数年不予结案[⑤]；有的不敢触犯权贵，“不过翻阅故纸，鞭扑一二小吏细过”以敷衍塞责[⑥]。造成渎职犯

① 《元史》卷105，《刑法志》4。

② 《通制条格》卷5，《学令·科举》。

③ “吃肚皮”是受贿、贪赃，“要肚皮”是勒索、取受；见亦邻真：《元代硬译公牍文体》，《元史论丛》第一辑。

④ （元）王恽：《秋涧集》卷55，《上世祖皇帝论政事书》。

⑤ （元）许有壬：《至正集》卷74，《风宪十事》。

⑥ （元）胡祗遹：《紫山大全集》卷22，《时政》。

罪的，不仅是因为贪婪、懒惰，不懂业务及民情、“以其昏昏，使人昭昭”，以致受制于人，也是重要原因之一。如至元三十一年（1294年）江西行省咨：仓库官“并不谙练钱谷，又不通晓书算，失陷官钱，追陪之后，破家荡产，亏官损民”①。而执法官的有失检点，所造成的损失更大。大德十一年（1307年）札忽儿歹（杭州路达鲁花赤）言，一些豪霸交结地方官员以逞其奸，“始以口味相遗，继以追贺馈送。窥其所好，渐以苞苴，爱声色者献之美妇，贪财利者赂之玉帛，好奇异者与之玩器”，当地人见他们关系密切，“遇有公事无问大小悉皆投奔嘱托关节”，从此官府受其把持，“贪官污吏吞其钩饵，惟命是从……稍有相违，发言告讦，被其掯勒，拱手俯听，是非颠倒，曲直不分，民之冤抑，无所伸诉”。这种“把持官府之人处处有之”②，可见已发展成严重危害治安的社会问题。

廉吏张养浩云：“夫豪强之所以敢横者，由牧民者有以纵之也。何也？与之交私故也。苟绝其私可不动声色而使其胆落。语曰：其身正不令而行”③；他针对官受吏欺的通病指出：“欲其有所畏则莫若自严，欲其不为奸则莫若详视其案也。所谓自严者非厉声色也，绝其馈遗而已矣。所谓详视其案者，非吹毛吹疵也，理其纲领而已矣”④。《吏学指南 · 吏员三尚》则认为吏必须具备廉、勤、能三种品质方可称职：“尚廉：谓甘心淡薄，绝意纷华，不纳苞苴，不受贿赂，门无请谒，身远嫌疑，饮食宴会，稍以非议，皆谢却之”“尚勤：谓早入晏出，奉公忘私，虽休勿休，恪谨匪懈，呈押文字，发遣公事，务为敏速，耻犯稽迟，躬操笔砚，不仰小胥，手阅簿书，不辞劳役”“尚能：谓练习格例，晓畅行移，是非曲直，先以意决，然后取裁，凡所处画，悉令合宜，文义略通，字无不识，写染端正，算术精明，

① 《元典章》卷9，《吏部》3，《仓库官 · 选差仓库人员》。

② 《元典章》卷57，《刑部》19，《札忽儿歹陈言三件》。

③ 《牧民忠告》，《宣化第五 · 戢强》。

④ 《牧民忠告》，《御下第四 · 御吏》。

举止安祥，语言辩利，无过可寻，有委可办”。“三尚”被采入在元朝流传甚广的入仕启蒙教材，不仅说明当时已把提高吏员素质提到议事日程，也从侧面反映了官风不正，吏员中普遍存在贪、惰、拙状况的严重事实，所谓“良能著称者少”[①]。

元朝的职务犯罪，主要包括赃罪（又分取受、侵盗等两类）及违枉、违错、违慢等玩忽职守的犯罪。

一、诸赃

（一）《赃罪条例十二章》的订立

1. 元朝“赃”字的广狭二义

西晋律学家张斐说：“货财之利谓之赃”[②]，第一次使“赃”成为一个内涵、外延都十分确定的法律概念。《唐律疏议》进一步将各类赃罪概括为“强盗、窃盗、枉法、不枉法、受所监临及坐赃”等六色“正赃”，“自外诸条，皆约此六赃为罪”[③]。其中枉法、不枉法、受所监临三种是犯罪主体明确的官吏犯赃。

元朝赃罪的概念又有发展，最明显的变化是由泛指所有侵财犯罪，趋向于专指与官吏贪污受贿有关的犯罪。元人对“赃”有两种解释，其一：“财利谓之赃。假如以私财物、畜产之类贸易官物者，合计所得之利，以赃论罪庆也”，仍然沿用晋、唐以来赃字的广泛含义；其二，“纳贿曰赃”[④]，则专指官吏贪污受贿。《元典章·刑部》的《诸赃》《诸盗》几乎包括唐六赃的全部内容，其中《诸赃》为官吏犯赃的案例和有关法律规定；《诸盗》虽然

---

① 《秋涧集》卷87，《乌台笔补，请举行科举事状》。

② 《晋书》卷30，《刑法志》。

③ 《唐律疏议》卷3，《名例律》：“平赃及平功庸”和“以赃入罪”条。

④ （元）徐元瑞：《吏学指南·较名·赃私》。

也使用“赃”字，却主要用于计赃、评赃这一意义。元朝对赃罪的限制解释，在一定程度上反映了对官吏犯赃危害在认识上的深化。

2. 元朝赃罪立法之始

在早期的札撒中，还没有惩治官吏犯赃的规定。“当时蒙古人还不知道帝制、汗权，因为这一切还只是刚刚开始”[①]。成吉思汗以与部落臣民共同瓜分战利品来换取部下的拥戴[②]，他对将领企图私吞敌人财物的行为仅仅表示谴责而已[③]。在耶律楚材上奏而得到太宗窝阔台批准的“便宜一十八事”中，开始有了赃罪的某些内容，如“贸易、借贷官物者罪之”“监主自盗官物者死”等[④]。但当时“法制宽简，凡受事者惟以贿先”[⑤]，对官吏犯赃似未采取严厉措施。

蒙古国时期就有向居民、来使等索取“撒花”银的传统。“撒花”，又称“撒和”“扫花”，波斯语为“礼物”之义，汉语则译为“人事”，实际上就是索贿。其索要物品十分广泛，所谓“其见物则欲，谓之撒花”[⑥]。宪宗蒙哥汗时，蒙古诸王滥发玺书、牌子，庇护一些人逃避差役，以斡脱名义到各地经商牟利，官吏则趁机循私偏袒，收受贿赂[⑦]。蒙哥虽有禁令，却往往成为具文。

忽必烈即位后，首次明令严禁撒花。诏书中说：“开国以来，庶事草创，既无俸禄以养廉，故纵贿赂而为蠹。凡事撒花等物，无非取给于民、名为己财，实皆官物，取百散一，长盗滋奸。若不尽更，为害非细。始自朕躬，断绝斯弊，除外用进奉军前克敌之物，并斡脱等拜见、撒花等物，并行禁

① ［苏联］Б.Я.符拉基米尔佐夫：《蒙古社会制度史》，刘荣焌译，社会科学出版社1980年版，第102页。

② 札奇斯钦：《蒙古秘史新译并注释》卷5，第153节，第196页。

③ 札奇斯钦：《蒙古秘史新译并注释》续卷1，第252节，第382—383页。

④ 《元史》卷146，《耶律楚材传》。

⑤ （元）姚燧：《牧庵集》卷19，《参知政事贾公神道碑》。

⑥ 王国维：《观堂集林》卷16，《扫花》条。

⑦ ［波斯］拉施特主编：《史集》第2卷，余大钧等译，第259—260页。

绝，内外官吏，视此为例[①]。”到至元十九年（1282年）九月，世祖又发布惩治赃罪敕令：“官吏受贿及仓库官侵盗，台察官知而不纠者，验其轻重罪之。中外官吏赃罪，轻者杖决，重者处死。言官缄默，与受赃者一体论罪。”至元二十年（1283年），又建立官吏赃罪法[②]。是年五月，何荣祖纂辑的《至元新格》得以镂版颁行，令百司遵守，其中有些牵涉赃罪内容，如《选格》规定，品官“犯赃黜降或廉能升迁”；《赋役》：和买，“官吏不能先以贱直拘收，措勒人户，多添价钱，转买送纳”；《课程》：“官吏违犯禁条，营谋私利、侵损官课，阻碍商人者，逐一出榜，严行禁治”；《仓库》：“仓库钱物，监临官吏取借侵使者，以盗论；与者，其罪同”；《察狱》：“诸词讼，若证验无疑，断例明白，而官吏看循，故有枉错者，虽事已改正，其元断情由，仍须究治”；等等[③]。至元二十九年（1292年）三月，由于追究忻都等官吏几起较大的犯赃案件，从而促成一部惩治官吏犯赃的法律问世。当时由“中书省与御史台共定赃罪十三等。枉法者五，不枉法者八，罪入死者以闻”[④]。赃罪十三等是世祖朝惩治官吏犯赃司法实践的总结，在元朝的惩治赃罪立法中占有重要位置。

3. 惩赃立法定型——《赃罪条例十二章》

成宗元贞六年（1295年），中书省鉴于阿合马、桑哥曾擅自卖官的现象，建议由中书省、御史台进行甄别，“定期殿最，以明黜陟”，被采纳。与此同时，成宗频繁地进行了惩赃立法工作。元贞六年（1295年）七月诏：“职官坐赃论断，再犯者加二等”，并对仓库官监守自盗行为制定了死刑。元贞二年（1296年）六月，重新颁布“官吏受赇条格。凡十有三等”，十月规定：“职官坐赃，经断再犯者，加本罪三等。”大德三年（1299年）三月，“诏军官受赃罪，重者罢职，轻者降其散官，或决罚就职停俸，期年许令

① 《元典章》卷2，圣政1，《止贡献》。

② 《元史》卷12，《世祖纪》9。

③ 《至元新格辑存》，《元代法律资料辑存》。

④ 《元史》卷16—17，《世祖纪》13—24。

自效”。大德五年（1301年）七月诏：“军官受赃者与民同例，量罪大小殿黜”，八月诏：“小吏犯赃者，并罢不叙。”

从以上诏令看，成宗对惩治犯赃的态度是积极的，但几次立法的处罚轻重不一，前后矛盾之处甚多。至大德六年（1302年），《强窃盗贼通例》问世，次年又“酌古准今，为十二章”①，为惩治犯赃提供了统一的量刑标准。不久，成宗“命依十二章断僧官罪”。可见十二章适用于各色官吏，对当时衙门纷杂、事不归一的局面似有所突破。在颁布《赃罪十二章》的当年，由成宗派向各地的奉使宣抚罢免赃污官吏1.8万余人，获赃4万余锭，平反冤狱5千余件②。

《赃罪十二章》的制定改变了世祖以来赃罪轻重不一的现象，对成宗以后各朝的司法实践起着指导作用，并成为元朝后期立法的重要组成部分。从大德年间开始，以后各朝陆续收检自中统建元以来颁布的格例。英宗时汇集而成的《元典章》已收入《赃罪十二章》，与《大元通制》和《经世大典》有直接渊源关系的《元史 · 刑法志》也著录了《赃罪十二章》③。由此可知元朝后期统治者对赃罪条例的重视程度。文宗至顺元年（1330年）十月，御史台臣言：“内外官吏令家人受财，以其干名犯义，罪止四十七，解任。今贪污者缘此犯法愈多，请依十二章计赃多寡论罪”，从之。次年六月又下诏：“诸官吏在职役，或守代未任，为人行赇关说，即有所取者，官如十二章论赃，吏罢不叙终其身”④。正如《新元史 · 刑法志》所说：“终元之世，科赃罪皆依十二章决罚，屡申明其制以儆官吏焉。”

《赃罪条例十二章》有两个特点，首先，它比世祖时期的量刑要轻。据《续通考》卷135载，至元十九年（1282年）规定：“凡中外官吏赃罪，

① 《元史》卷20，《成宗纪》3。

② 《元史》卷21，《成宗纪》4。我国台湾地区李则芬认为罢免官吏数字有误，见《元史新讲》，台湾“中华书局”1978年版，第790—792页。但成宗朝惩治犯赃的成绩仍是不可磨灭的。

③ 苏振申：《元政书经世大典之研究》，台湾中国文化大学出版部1984年版，第145页。

④ （清）汪辉祖：《元史本证 · 证遗九 · 刑法志一》。

自五十贯以上皆杖决，除名不叙，百贯以上者处死”；至元二十九年（1292年）定赃罪十三等，枉法者五，不枉法者八，罪入死者以闻。两次立法的最高刑皆为死刑，只是后一次规定了官吏犯赃处死的申报制度。而十二章中却没有规定死刑。惩治官吏犯罪时量刑的宽严一般与整个统治阶级的素质有密切关系，在员冗俸滥、几乎无官不贪的社会环境下，采取较轻刑罚易为多数统治阶级成员所接受。其次，十二章的立法技术似较赃罪十三等有所提高，趋向于更规范化。沈家本认为：“至元赃罪十三等，大德七年改定，除去死罪，故为十二章；其法仍本至元。《刑法志》所载受财与《续通考》所载十三等入死外，其罪并同，未尝有所增损。”[①] 这话不全对。应该说赃罪十二章比以前是“有所增损”的。在十二章颁布前，元贞二年（1296年）六月曾颁布“官吏受赇条格，凡十有三等”。受赇条格十三等与十二章的不同，主要表现在笞、杖刑量刑幅度的变动上。如大德五年（1301年），前永福县主簿受贿，赃折至元钞20贯，依不枉法例笞决37下；大德七年（1303年）三月之前，济阴县官吏受贿，折至元钞6两2钱（2贯为1两，约12贯多），依不枉法例也笞决37下。而十二章的不枉法起点刑为笞47。大德六年（1302年）某通事受贿至元钞100贯，依不枉法例决57下；而在十二章中，“五十贯以上至一百贯”的不枉法例是杖67[②]。可能的情况是：在受贿条格十三等中已经取消死刑一等，而对其他量刑幅度也作了一次调整，其中不枉法的起点刑为笞37，而在制定十二章时，为了整齐划一，才将枉法、不枉法的起点均调整为笞47。

（二）官吏赃罪的构成

从《元典章》看，元朝的赃罪主要分为取受、侵盗（侵使）两大类。

---

① （清）沈家本:《历代刑法考》,《律令八》。

② 《元典章》卷46,《刑部》8,《取受·替闲官员犯赃》,《取受·官典取受羊酒解任求仕》;（元）沈仲纬:《刑统赋疏》“赃非频犯，后发累于前发”通例。

取受在《元典章·刑部·诸赃》中列为首位。《吏学指南·赃私》解释说:“因事受财谓之取受”,也把取受放在首位。《赃罪条例十二章》把取受分为枉法与不枉法两类。

所谓“枉法”,指“受讫为事无理人钱物断令有理,受讫有罪人钱物脱放,受钱买嘱、刑及无辜,教令有罪人妄指平民取受钱物,违例卖官及横差民户充仓库官、祇待[候]头目、乡里正等诈取钱物”;所谓“不枉法”,是指“馈献率敛,津助人情,推收过割,因事索要勾事纸笔等钱,及仓库院务搭带分例、关津批验等钱,其事多端不能尽举。与钱人本宗事无理或有罪,买嘱官吏求胜、脱免,虽已受赃,其事未曾枉法结绝,合从不枉法科断”[①]。以上所举,主要指徇私舞弊、受贿、索贿等行为。其“不枉法”之“馈献率敛,津助人情”,相当于唐六赃的受所监临罪。“受所监临”,指“不因公事而受监临内财物”。《唐律疏议》规定:“若以畜产及米面之属馈饷者,自从‘受所监临财物’法,其赃没官”;率敛,即“率人敛物,或以身率人以取财物馈遗人者”,又规定“诸率敛所监临财物馈遗人者,虽不入己,以受所监临财物论”[②]。因此,元律中的赃罪,实际上已把“受所监临”并入“不枉法”,使原来的三种赃罪简化为两种。

元朝的取受问题始终是一严重公害,尤其至“元朝末年,官贪吏污……其向人讨钱,各有名目。所属始参曰拜见钱,无事白要曰撒花钱,逢节曰追节钱,生辰曰生日钱,管事而索曰常例钱,送迎曰人情钱,勾追曰赍发钱,论诉曰公事钱”,官吏鲜廉寡耻,公开索贿成为社会风气[③]。

所谓“侵盗(侵使)”主要包括官吏利用征收赋税、管理钱粮采买等机会贪污、挪用国家资财等犯罪。“侵”本身有“盗窃财物”之义。侵盗有时又称侵欺,如元朝有《去官侵欺给由官代纳》断例。“侵欺,谓办多

① 《元典章》卷46,《刑部》8,《取受·定拟给没赃例》。
② 《唐律疏议》卷11,《职制律》。
③ (明)叶子奇:《草木子·杂俎篇》。

纳少，益己亏官也”“侵使，谓已征到官，未入仓库，而专擅用费者”[①]。这一类犯罪，由于其犯罪主体多为流外官，与取受性质又有不同，所以元朝在十二章之外，另行制定了《揽飞盗粮等例》（至元二十五年）、《侵盗钱粮罪例》（元贞元年）等单行条例。其赃罪性质与明六赃的“监守盗”相似。值得注意的是，明六赃是由唐六赃转化而来的，它取消“受所监临”一类，把它并入“不枉法”赃中，另外增加“监守盗”一类[②]。很明显，元朝赃罪的规定起了承上启下的作用。

1. 取受

取受之赃罪形式多样，主要有如下数项：

（1）违例卖官，索取重贿

为了解决财政困难，元朝统治者曾靠出卖官爵增加收入，这就给某些窃据高职的官员“违例卖官”、借机发财提供了方便。以忽必烈时最著名的两个权臣为例：平章尚书省事的阿合马“擢用私人，不由部拟、不咨中书”[③]，而“每一个要求差事的人，都必须对他大量贿赂”[④]。在桑哥当权时，因他把持铨调内外官之权，一些有官瘾的人“咸走其门，入贵价以买所欲”[⑤]“幸进者入贿其家……官之者月无虚旬”[⑥]。至元二十八年（1291 年）有人上奏忽必烈：“桑哥当国四年，中外诸官，鲜有不以贿而得者。其昆弟故旧妻族，皆授要官美地。”[⑦]权臣纳贿鬻爵，致使“江南官僚冗滥为甚，

---

① 《吏学指南·钱粮造作》。

② 程天权:《从唐六赃到明六赃》，载《复旦学报》1984 年第 6 期，第 93—94 页。

③ 《元史》卷 205,《奸臣·阿合马传》。

④ 《马可波罗游记》第 23 章,《阿合马的压迫和反抗他的阴谋》，第 111 页。

⑤ 《元史》卷 205,《奸臣·桑哥传》。

⑥ （元）姚燧:《牧庵集》卷 28,《唐州知州杨公墓志铭》。

⑦ 《元史》卷 173,《崔彧传》。也有为桑哥鸣不平的史料；沈卫荣:《〈汉藏史集〉所载〈桑哥传〉译注》云，桑哥依循汉地旧例，给官吏发俸金，制定禁止“吃人肚皮”的法律，他约束怯薛侵盗国库的行为，因而受忌恨、陷害。见《元史及北方民族史研究集刊》1985 年第 9 期。

郡守而下佩金符者多至三四人，由行省官举荐超授宣慰使者甚众，民不堪命”，以至于世祖闻知也大为震惊：“有是哉！”[①]

不仅朝廷权臣如此，地方也违例卖官。至元十九年（1282年），程钜夫上奏说：由于允许南宋有仕籍的人在政府登记后就可出任官职，于是江南行省官员趁机出卖咨文，敲诈勒索（“有钱者无告敕可以得咨，无钱者有告敕却不得咨；求仕之人，有卖家丧业而卒不沾一命者，亦有全无根脚，大钱计会，白身而一旦受宣命者；亦有外省等官将空头咨示旋来内省，寻趁有钱人员书填姓名；亦有内省官吏通同作计，公行添插人员；又有一等泼皮歹人置局京师、计会保官、诬写根脚，保明而得官者”）[②]。又有人揭露说：“前省所选人员例以贿赂得官，屠沽驵侩市井无赖群不逞之徒十居七八”；“上以财赂卖之，下以货贿得之，上下交征利又无出身”[③]；“旧例：仓库院务皆系流外官除授，今者一出人情贿赂，其以贿得者取倍常为心，其以情得者务赂遗为事，以致往往失陷，职滥而贩，曾无愧惜”[④]。人们以行贿入官，又以受贿发财，从而造成官吏队伍的日益腐败。由于“商贾贱役皆行贿入官”，逐渐形成一股邪恶势力，以至于中央在处理这一问题时也感到十分棘手[⑤]。御史中丞程钜夫弹劾桑哥“立尚书钩考钱谷，以剥割生民为务，所委任者，率皆贪饕邀利之人”[⑥]。至大四年（1311年）仍有监察御史报告，一些富家子弟买通官员，“求干省官咨保充宣使、知印、译史并院务、钱谷、站赤”等吏，“影避差徭，欺凌路府州县，倚仗权势，莫敢谁何”[⑦]。

---

① 《元史》卷132,《昂吉儿传》。

② （元）程钜夫:《雪楼集》卷10,《奏议存稿·吏治五事·取会江南仕籍》。

③ 《紫山大全集》卷23,《民间疾苦状》。

④ 《秋涧集》卷86,《乌台笔补·论仓库院务官除授事状》。

⑤ 《元史》卷148,《董文用传》。

⑥ 《元史》卷172,《程钜夫传》。

⑦ 《元典章》卷57,《刑部》19,《禁豪霸·禁富户子孙根随官员》。

（2）勒索受财、枉法断案与故纵囚犯

上至一品宰相，下至各级司法官吏，借缉拿案犯、审理案件、执行刑罚之机敲诈勒索当事人钱财，并因而徇私枉法的现象层出不穷。元朝人苏天爵说，衙门公吏抓获人犯时，无论犯罪轻重，都要把当事人家财掳掠一空。而家属“不敢告陈，有司亦不受理”[①]。至元七年（1270 年），有七位职官连名上告看守虐待囚犯、借机索贿：“罪重者得财反轻，罪轻者无财反重。”[②] 至元初，太平县有一杀兄的案犯，为减轻罪责向司法官行以重贿；后者因此而转移目标，不惜制造三百余人的冤案，使之五年不得昭雪[③]。武宗至大年间，某人到湖州做官，在短暂任职期间，就遇到两宗因不向官吏“进供”而惨遭陷害的冤案[④]。仁宗时，丞相铁木迭儿接受杀人犯张弼的重贿后，胁迫下级官吏释放犯人[⑤]。法官办案时钻法律的空子敲诈当事人，“甲有力则援此之例，乙有力则援彼之例，甲乙之力俱到则无所可否，迁调数月，名曰撒放”[⑥]。有些当事人因“随衙困苦，破家坏产，废失农务岁计”，受不住折腾，只好自行“商和”[⑦]。有的法官让“体己人”假借写诉状之机，向诉讼人额外索取银两[⑧]。由于官府多以钱财多少决定官司的胜负，往往造成冤假错案。“我做官人胜别人，告状来的要金银”，这是著名元杂剧《窦娥冤》中楚州太守的道白；“负屈衔冤”的窦娥，向人们控诉“衙门从古向南开，就中无个不冤哉”，“官吏每无心正法，使百姓有口难言”，正是现实生活中官场黑幕的真实写照[⑨]。

---

① （元）苏天爵：《滋溪文稿》卷 27，《建言刑狱五事》。

② 《元典章》卷 40，《刑部》2，《提牢·佐职提控罪囚》。

③ 《元史》卷 167，《王恽传》。

④ （元）虞集：《道园学古录》卷 15，《户部尚书马公墓碑》。

⑤ 《元史》卷 179，《杨朵儿只传》。

⑥ （明）陈邦瞻：《元史纪事本末》卷 11，《律令之定》。

⑦ （元）胡祗遹：《紫山集》卷 21，《官吏稽迟情弊》《稽迟违错之弊》。

⑧ 《元典章》卷 53，《刑部》15，《诉讼·籍记吏书状》。

⑨ 以上引文分别参见吴国钦校注：《关汉卿全集》，《杂剧·感天动地窦娥冤》，广东高等教育出版社 1988 年版，第 21、28、39、29 页。

纵囚，即故意脱放犯人。《刑法志》载："诸有司各处递至流囚，辄主意故纵者，杖六十七，解职，降先品一等，叙刑部记过"，但"诸捕盗官受财故纵贼囚者，与犯人同罪；已败获者，徒杖并减一等"[①]。延祐四年（1317 年），福州路牢子谢伯高等"受要在禁囚徒钱物，纵容罪囚林荣公等一十七名脱狱在逃"，都省议决："故纵者与囚同罪；若受赃多者从重论，至死者一百七，徒三年"，其他失职官员也要承担相应责任。[②] 受财纵囚应当是取受罪中最重的一种。

以上二项，明显属于枉法之赃。

（3）放富差贫，盘剥军人

元代军人征战频繁，不仅辛苦，而且有生命危险，所谓"屯戍征进军人久服劳苦，近者六七千里，远者万里之外，每遇收捕出征，万死一生，所需盘费、鞍马、器仗，比之其余差役尤重"，但却常常受到军官、奥鲁官的欺压、盘剥。大德五年（1301 年）御史台呈："如今军官每比在先要肚皮的多了有……军人每哏生受有。"[③] 有的军官受贿后私放军人免役，而让他人冒名顶替；克扣军人的封装钱（士兵的日常费用）[④]；勒索军人钱物；用死军人马匹反让军人借债补买[⑤]；等等。怯于军官的淫威，"贫难军人无所控诉，而军前气力亦不济用"[⑥]。各路奥鲁官府也常借补充兵员、收取封装钱之机压榨贫苦军户私饱。延祐元年（1314 年）四川行省的奥鲁官府"妄捏事故，减征名项"，贪污中统钞 1 万余锭，占当年所收封装钱的 1/9。[⑦]《事林广记》载有军人因贫病而请求免役、因数年不得封装钱而请求取给的状

① 《元史》卷 102，《刑法志》1。
② 《元典章》卷 55，《刑部》17，《纵囚 · 禁子受钱纵囚在逃》。
③ 《元典章》卷 46，《刑部》8，《取受 · 军官取受例》。生受：受苦。
④ 《元典章》卷 30，《兵部》1，《正军 · 晓谕军人条画十四款》。
⑤ 《元典章》卷 34，《兵部》1，《正军 · 省谕军人条画二十三款》。
⑥ 《秋涧集》卷 87，《论贫难军合从所属定夺事状》。
⑦ 《元典章》卷 46，《刑部》8，《以枉法论 · 减轻事故起发盘缠》。

式，正反映了当时贫难军户的苦情[①]。

该类罪依情节而定。有的依枉法赃论罪，如诸管军官擅放正军及分受雇役钱者，以枉法论，除名不叙[②]；侵使寄收军人盘缠，则依不枉法例处置[③]。

（4）率敛部民，侵吞羡余

率敛，所敛之物，既可能为己，也可能赠人，而赠人者，其实质仍是为己。元贞元年（1295 年），御史台就大兴县卢县尹以"羊酒作会呼唤富户之家赍发（资助钱物）"一事指出，有些官员暗托、明令当地人"鸠敛财物以给去官……其间因缘侵渔者有之，民受实殃，彼施虚惠，盖为己之将来亦欲如此"[④]。率敛取受入私之赃处罚本来较轻，而实践中官司又加放纵。如单父县达鲁花赤忽哥赤曾有攒敛钱物私买马匹前科，又取受各敛人户乡司等中统钞 80 余锭，却仅依取受一锭为重，此类事并不罕见："内外官吏人等不公，计赃数多，科断至轻……累赃有至百锭或三五十锭内，止论一项科断"，有的因此"决不至杖，职不降等。"[⑤]

在元朝，征收正项赋税时，科敛入私也是普遍现象。王恽揭露说：诸路宣课提举司"名为办课，转以侵扰百姓，营治己私为务"，管税人"中间多方掊取，尽入私门，官不得用，民实受敝，使国家虚受重利之名"[⑥]。名为盈余赋税的所谓"羡余"，多被官吏以各种名义侵吞。如大德时云南民间岁输金银，税官"征收金银之数，必十加二，而拆阅之数又如之，其送迎馈赆，亦如纳官之数，所遣者又以铜杂银中纳官"[⑦]，是所谓羡余被用

① （元）陈元靓：《事林广记·别集》卷 4，《公理类·告状新式》。

② 《元史》卷 103，《刑法志》2。

③ 《元典章》卷 46，《刑部》8，《以不枉法论·侵使军人盘缠》。

④ 《元典章》卷 48，《刑部》10，《禁例·禁聚敛赍发钱》。

⑤ 《元典章》卷 46，《刑部》8，《取受·验赃轻重科罪》。

⑥ 《秋涧集》卷 90，《侵夺民利不便等事·辉竹还民》；卷 91，《事状·理财事状》。

⑦ 《元史》卷 176，《刘正传》。

作官吏迎送馈遗。元朝政府对侵吞羡余的行为处罚也很轻。如大德八年（1304 年）中书省的一件公文说："随处院务湖泊办课人员多系流品迁转之职，俱无俸给养廉，年终考校，但有亏兑，勒令赔偿，如有侵欺，便以枉法论罪，不惟刑罚偏重，实是情法不伦。以此参详：除欺隐合办正课依枉法论罪外，侵使增余数，如依不枉法例定拟似为平允。"① 这无疑是对侵吞者的纵容。

（5）出使、迁调，乘机取财

钦差、使臣虽然官品不高，但却手眼通天，所到之处地方官必是巴结逢迎，他们也借此机会放手侵渔。世宗时，一些朝廷派遣的断事官、宣使、奏差等"仗朝廷之威，以为一己酒色声伎贿赂之资"②。武宗朝一冉姓宣使趁南下宣读诏书之时，向已经赦免的罪囚索贿，并"无故坐驿一百余日，挟势取要科敛打发钱物，威吓官吏"③。而当地官吏，或因惧怕权势，或为日后升迁谋划，趁机设宴款待、馈赠礼品，行贿请托，所耗费用，则取之于盐课等公款或来自民众的膏血④。还有的以侵吞部下官饷去讨好上司，所有人情往来"公然于所辖官吏俸钞科取"，致使官吏月俸只能领到 10%—20%，无法维持生计⑤。当事态败露之时，那些曾心安理得收受贿赂的使臣，则千方百计隐匿罪证，推脱罪责："省部诸衙门出使人员往往于各处官司因事取受钱财，事发被问，推称并不知会系是随从，并过钱人隐藏或故纵在逃，虚称某处去讫。如此设词，不肯承伏。"⑥

官吏调离任职之机，有的趁机大捞一把，或以邀请部下吃饭为名收刮

① 《元典章》卷 46，《刑部》8，《以不枉法论 · 办课人员取受》（其目录为《侵使增余以不枉法论》）。

② 《紫山集》卷 21，《论臣道》。

③ 《元典章》卷 48，《刑部》10，《禁例 · 使臣往治属取受》。

④ 《元典章》卷 46，《刑部》8，《以不枉法论 · 出使取受送遗》。

⑤ 《典章新集 · 刑部 · 禁科取俸钱》。

⑥ 《元典章》卷 46，《刑部》8，《取受 · 亲随受钱着落元主》。

钱财，或挟带官课、工俸逃之夭夭[①]。由于去任人员所犯赃罪往往是现任官放纵的结果，因此规定：新官在发给去官解由（任职文书）之后，“有照出侵借系官钱粮等物，止勒当该给由官员代纳”[②]，以经济处罚遏制与其通同作弊；对离任官员也并非放过，据元代通例：“诸宫（官）吏人等虽去任离职犹有赃私败露者，拟合全科，以诫贪污。”[③]

（6）影占擅科，私役民力

前者指隐占人户，科取杂税益己；后者指强迫属民为己效劳。这是一种较轻的犯赃行为。至元二十八年（1291 年）江浙行省咨文：“体知得诸衙门及权豪之家将富上民户恃势影占，不当差役，却令供办草料、柴薪、菜蔬等物，或充祇候，面前私自占使。”[④] 大德六年（1302 年），万安县尹宗子文“擅差民户挑撅壕渠，修筑花园，土崩压死谢再九等六名”，因私役致死人命，对宗犯除名不叙，追赔烧埋银并各人工役钱给付苦主[⑤]。有的军官，“为私己的勾当，系官军人根底奴婢一般使有”[⑥]。大德七年（1303 年）山东道廉访司申，不到一年间当地发生 260 起盗贼案，“盖是捕盗官员多非其人，不为用心，警捕不严”，而影占、役使或骑坐弓手马匹等也是重要原因之一。

以上三种，基本上属于不枉法，对后一种的处理，在一般情况下比前二者还要轻。

2. 与取受赃有关的行贿和介绍贿赂

元朝行贿的法律用语是“与财”，而介绍贿赂称为“过钱”，都是与官

① （元）沈仲纬：《刑统赋疏·士庶馈与犹坐于去官》通例，《枕碧楼丛书》第 8 册；（元）王恽：《秋涧集》卷 89，《弹四州滥给解由事状》。

② 《元典章》卷 47，《刑部》9，《侵盗·去官侵欺给由官代纳》。

③ 《别本刑统赋解》，“士庶馈与犹坐于去官”，《枕碧楼丛书》第 6 册。

④ 《元典章》卷 54，《刑部》16，《擅科·禁影占富户不交当差》。

⑤ 《元典章》卷 54，《刑部》16，《私役·民官役民致死》。

⑥ 《元典章》卷 54，《刑部》16，《私役·百户王伯川役死军》。

吏犯赃密切联系的犯罪。

（1）与财而有罪

与财而有罪，主要原因是“非义而与”，包括：“一曰与财行求得枉法者，二曰与财行求得不枉法者，三曰监临受财而非因事者，四曰因事受财而非监临者。”[①] 枉法与财、不枉法与财、不因公事以财与监临以及非因事与财等是行贿的四种表现，因其情节不同，因而所规定刑罚也不同。一般说，与取受赃相对应，取受较重的与财也重；从整体上看，与财则较取受者轻，因而应比照取受减等处罚，即“与财者枉法减受钱人一等，不枉法者减罪二等”。而其中“非因事与财”比其他与财较轻。如泰定二年（1325年），工部奏差赵杰资助某官一笔钱买官做，如按因事取受，须“决五十七下解任别叙”，经审断认为“非因事与财”，仅决 37 下[②]。

（2）过钱

过钱人大多是和官府有密切关系的人，或者是书吏，如在官府当差的贴书小吏利用职务之便“说事过钱……不公不法”[③]。或者是官员的随从故旧。在元朝，这些随从“凡遇差役仓库院务之人争告财产词讼之事，本官门下此等之人，专一窥伺有采取者，暗相计构，取要酒食、贿赂，以非为是，诱说本官乱行处决”，为此，元代曾制定过“诸官吏不许将带行人等取受过度钱物”的“禁例”[④]，但一直收效不大。

由于过钱人在取受赃中处于重要地位，他们或是受行贿人委托转交受贿者，或受委托代替受贿者暂时保管赃物，等事后再送还。因此，为了杜绝行贿，对过钱人和与钱人均要惩治：“如今这般底人每事发时分，钱谁的

① （元）沈仲纬：《刑统赋疏》，“与财而有罪者四”，《枕碧楼丛书》第 7 册。其第四种与下面的举例不同。

② 《刑统赋疏》，“与财而有罪者四”，《枕碧楼丛书》第 7 册。

③ 《典章新集 · 吏部 · 丁忧犯罪依例追回》。

④ 《元典章》卷 48，《刑部》10，《过钱 · 带行人过钱断罪发还元籍》。

房子里出来呵，只问那人，并与钱人根底要罪过者。”[1] 对过钱人的处罚一般采取“验赃轻重，量情断罪”的办法[2]。一般说来，“过钱”也比“因事取受”处罚要轻。至元四年（1267 年），杭州路司吏王允中作为过钱人，暗中克扣行贿人范宾兴给本路司吏鲍居敬的赃钱，于“中统钞四定内尅落二定入己，终非因事取受，罪遇原免……令本人别行求仕”[3]。当官吏犯赃被赦免或因自首免罪时，就不再追究过钱人的责任[4]。

3. 侵盗（侵使）

主要分为监守自盗和借贷、挪用官物二类。

（1）监守自盗，大肆侵渔

钱谷，院务等官属于杂职官，不得转入流官任要职，待遇低下而要求颇苛，长时间“无升斗之禄，无进身之阶，凡有失陷亏欠则勒令合偿”，很多人不愿就任。与此相反的另一面是，不少人百般钻营[5]，所谓“一出人情贿赂”[6]。他们任职后如鱼得水，贪污国财，无所不为。至元五年（1268 年），御史台成立不久，数月间“发擿甚多，追理侵欺粮粟近二十万石，钱物称是”[7]。但钱谷官院务官监守自盗，始终是元代的严重问题。至元十六年（1279 年）四月，诸路宣课提举司税官“扰民，且侵盗官钱”，受到中书省弹劾。权臣阿合马为之回护，反驳说：我的税官两月来才侵用课银千余锭，和各地税银大量被盗的情况相比，又算得了什么[8]？可见侵盗是全国普遍存在的现象。至元二十四年（1287 年），因承造征倭船只

① 《元典章》卷 48,《刑部》10,《过钱·禁治过度钱物》。
② 《元典章》卷 48,《刑部》10,《过钱·过钱人量情断罪》。
③ 《元典章》卷 48,《刑部》10,《过钱尅落入己》。
④ 《元典章》卷 48,《刑部》10,《出首赃钱过钱人免罪》。
⑤ 《紫山大全集》卷 12,《寄于方郎中书》。
⑥ 《秋涧集》卷 86,《论仓库院务官除授事状》。
⑦ 《元史》卷 6,《世祖纪》3。
⑧ 《元史》卷 205,《奸臣·阿合马传》。

的船商与官吏谎报造价，“富商恒大其直，通有司分入其利，积材已十三万……又发郡帑四十万缗如岁例续市请署”，被淮安路高总管识破，不予签发，并向上级报告；“县官富商”夜持五万缗行贿总管，又被斥退。但钱能通神，他们买通高级官员，不仅逍遥法外，而且“无几时、行省报竞下如数收市”。总管忧愤至极，因此被活活气死[①]。由此也可见侵盗行为之猖獗。

钞库官吏与上司互相勾结盗窃钱财，私放贷款。至元十九年（1282 年）《整治钞法条画》指出，钞库官吏“侵盗金银、宝钞出库借贷私易做买卖使用”“将倒下金银不行附历，却添价倒出，更将本库倒下金银捏合买金银人姓名，用钞换出，却暗地添价转卖与人”[②]。有的不按官定比价兑换昏钞，却勾结“小倒之人，及与官豪势要通同结揽，商买行铺昏钞，暗地倒换多取工墨”[③]。天历二年（1329 年），陕西交钞库竟“豪猾党蔽，易十与五”[④]，即兑换昏钞只给 50%的料钞。

元初设漕司，其总管刘晸“素乏心计，刚愎自用”，下属官吏趁机作弊，结果数十年失陷官粮 40 余万石[⑤]。至元二十五年（1288 年）尚书省奏：百姓合纳税粮，“仓官攒典、斗脚”与各处官吏、坊里正主首、权豪势要人“结揽轻赍钱物”，“通同飞钞”，及管粮官吏等“侵盗官粮，似此奸弊多端，盖是各道宣慰司、按察司、总管府、漕运司不为用心禁治，以致粮斛不能尽实到官”[⑥]。轻赍，即“本纳粮斛，而今纳钞”；飞钞，“谓物不到官，

---

① （元）姚燧：《牧庵集》卷 23，《有元故少中大夫淮安路总管兼府尹兼管内劝农事高公神道碑铭并序》。

② 《元典章》卷 20，《户部》6，《钞法 · 整治钞法》。

③ 《永乐大典》卷 2610，《御史台五 · 南台备要 · 整治钞法》。

④ 《元史》卷 176，《张养浩传》。

⑤ 《秋涧集》卷 89，《弹漕司失陷官粮事状》。

⑥ 《元典章》卷 47，《刑部》9，《侵盗 · 揽飞盗粮等例》。

虚给收附者"[①]。即使用以收钞代纳粮等手段集体贪污。如至元二十年（1283年）袁州路仓官吴程权等收受十七年税粮1.4869万石，飞钞3700石，"飞粮价钱分送本路官吏人等使用"[②]。

元代早期的税课盛行扑买制，即由个人向政府包缴税款，而向人民急征暴敛，以赚取差额。这一制度为税官侵渔官课大开方便之门。如大同宣慰使法忽鲁丁，"扑运岭北粮，岁数万石，肆为欺罔，累赃巨万……（受其赂者）为钞五百余万缗"[③]。至元二十四年（1287年），"西京等处管课官马合谋自言岁以西京、平阳、太原课程额外羡钱市马驼千输官，而实盗官钱市之，按问有迹，伏诛"[④]。

国库被盗，官府勾追，所获赃物又被官吏侵吞。至元十七年（1280年）尚书省奏："外路拖欠偷盗了的人每身上有的钱粮，差人追征去来，那差去来的人每追征得将的来时分，逢着开赦，去来的人将那追征来的钱物不送将这里来，就沿路他每分要了"，即指勾追之人趁赦宥之机暗中分赃[⑤]。由于大小蠹虫层层盘剥，致使元朝国库十分空虚。

（2）借贷、挪用，多方侵使

借贷指将库内钱物私自借出，侵使指"已征到官，未入仓库，而专擅用费"[⑥]，其形式不同，但大多都有化公为私的特征。

至元二十三年（1286年），江陵县达鲁花赤忽察忽思为买房屋，在本县收到酒课内"移借钞三定使用"，而买房不成并不还官，3个月后，"知得察知，私下回还李押牢收管"[⑦]；至元二十七年（1290年），令史梁仲元将

① 《吏学指南·钱粮造作》。

② 《元典章》卷47，《刑部》9，《侵盗·侵盗钱粮从先发官司征理》。

③ 《元史》卷176，《曹伯启传》。

④ 《元史》卷14，《世祖纪》11。

⑤ 《元典章》卷47，《刑部》9，《侵使·追钱人侵使官钱》。

⑥ 《吏学指南·钱粮造作》。

⑦ 《元典章》卷47，《刑部》9，《侵使·县官侵使课钞》。

收到粜粮款中统钞百余锭“侵借还债”[①]；至元二十八年（1291年），江西临江路总管姚文龙“招于官库内借出钞一千四百四十五定，丝三百斤，更管著底县里科敛丁钞九十一定”，其性质“与偷官钱一般”[②]；至元二十九年（1292年）“成都路总管姚传祖、同知菊龙回等侵使课钞”“丰济库官人等将茶盐课钞侵使移易”[③]“长芦行用库官库子将倒下中统昏钞侵使”[④]……都是侵使的显例。

关于禁约侵使的法律规定，世祖以来曾陆续多次颁发。至元二十年（1283年）规定：“诸转运司并提点发吏，凡于管下院务取借钱物者以盗论，与者其罪同”[⑤]；至元二十四年（1287年）六月都省准尚书省户部呈：“库子人等今后毋得递相用白帖子出入侵借官钱，如违痛行追断”[⑥]；至元二十八年（1291年）《至元新格》：“诸仓库钱物，监临官吏取借侵使者以盗论，与者其罪同。若物不到官而虚给朱钞者，亦如之，仍于仓库门首出榜，常川禁治”[⑦]；等等。大德六年（1302年）户、刑部拟定通例，对侵借钞本出库营利入己一事，区分不同情节作出处理：“无文记，事发已还库，计利各验分受赃，以盗论、断除名；通同受分、匿不告发与同罪；钞不还库，验多寡，以监主盗所主守官钱论罪”[⑧]。

（三）元朝赃罪的罚则

本章第五节曾述及元朝重惩有关侵财罪的所谓“盗贼”，这充分体现

① 《元典章》卷47，《刑部》9，《侵使·侵使钱粮断罢不叙》。
② 《元典章》卷47，《刑部》9，《侵使·路官借使官物》。
③ 《元典章》卷47，《刑部》9，《侵使·路官侵使课钞》。
④ 《元典章》卷47，《刑部》9，《侵使·库官侵使昏钞》。
⑤ 《元典章》卷22，《户部》8，《课程·办课合行事理》。
⑥ 《通制条格》卷14，《仓库·关防》。
⑦ 《通制条格》卷14，《仓库·关防》。
⑧ （元）沈仲纬：《刑统赋疏》，“私贷私借皆以字为法条”。

了地主阶级国家鲜明的阶级本质。官吏赃罪，既有与盗贼相类的“监守自盗”，又有凭借权力收受贿赂的“取受”行为，以及与取受密切相关的“与财”“过钱”行为等，在处罚时轻重颇有不同（与财、过钱如上，不赘述）。

1. 严惩监守盗，宽待取受赃

元世祖严惩监守自盗行为，如至元十七年（1280年）九月，“守库军盗库钞，八剌合赤分其赃，纵盗遁去，诏诛之”；次年，两淮转运使阿剌瓦丁因盗官钞伏诛[①]；至元十九年（1282年）又下旨：“管粮官吏人等偷盗粮斛及飞钞者，十石以下追粮入官，杖断除名，永不叙用，过十石者处死[②]。”但世祖同时也严惩取受赃，其《赃罪十三等》仍有死刑。二者处刑轻重拉大距离是在元成宗时。成宗元贞元年（1295年）七月，定《侵盗钱粮罪例》，对仓库官吏人等盗其主守钱粮者，“一贯以下决五十七，至十贯杖六十七，每二十贯加一等，一百二十贯徒一年，每三十贯加半年，二百四十贯徒三年，三百贯处死，计赃以至元钞为则，诸物依当时估价，应犯徒一年杖六十七，每半年加杖一十，三年杖一百七，皆决讫居役”[③]。几年后，大德七年（1303年）颁布的《赃罪条例十二章》仍以至元钞为则，但刑惩与此悬殊。以最重的枉法赃为例：“一贯至十贯，四十七下，不满贯者量情断罪，依例除名；十贯以上至二十贯，五十七下；二十贯以上至五十贯，七十七下，五十贯以上至一百贯，八十七下；二百贯以上一百七下”，而不枉法赃的最高刑至“三百贯以上，一百七”[④]。与前者相比，取受赃没有徒刑、死刑等，仅有较轻的笞、杖刑，其行政处分又区分枉法、不枉法，有禄、无禄等分别处以罢职、降职、调任等，可谓细致入微。而监守盗赃，其最低刑为笞37（相当情况的取受赃却为“量情断罪”），最高处以死刑；在某

① 《元史》卷11，《世祖纪》8。

② 《元典章》卷47，《刑部》9，《侵盗·仓官侵粮飞钞》。

③ 《元典章》卷47，《刑部》9，《侵盗·侵盗钱粮罪例》。

④ 《元典章》卷46，《刑部》8，《取受·赃罪条例十二章》。

些特定情况下，如盗粜官粮、纳飞钞等还附加黥刑，“一体刺断”[1]；而且“杖断除名，永不叙用”[2]，就连移借官钱物也“与偷官钱一般……永不叙用”[3]；甚至把“侵盗短少系官钱粮”视同谋反、强盗等重罪不予赦免[4]。钱谷官属于流外官，待遇差、责任重，属官吏底层。其实，钱谷官的侵盗与取受（特别是那些有显爵厚禄的官吏的赃罪）相比，没有本质区别。但仅对前者处以极刑，除说明监守自盗现象严重外，也充分反映了“窃钩者诛、窃国者侯”这一封建特权法的不平等性。

元朝惩治取受赃罪偏轻，还可与前朝法律比较。元朝前期循用金《泰和律》，在《泰和律》现存《职制律》遗文中，“基于财物上接受有关的规定尤多，而且一般科刑较唐律为重”[5]。还在《泰和律》制成前的金大定年间，金世宗完颜雍针对顺州军判崔伯时受财不枉法一案说：“受财不至枉法，以习知法律故也，所为奸狡，习与性成，后复任用，岂能自悛。虽所犯止于追官，非奉特旨无复录用。”[6]可见金朝历来有严惩赃罪的传统。号称持平的唐律在惩治官吏赃罪方面也不逊色。李世民亲睹隋朝灭亡的史实，经常以戒贪与臣下互勉：“且为主贪，必丧其志；为臣贪，必忘（亡）其身”；“大丈夫岂得苟贪财物，以害身命，使子孙每怀愧耻耶”[7]？因此唐律中对监临主司受财而枉法等惩治较重。《唐律疏议》曰：“‘监临主司’，谓统摄案验及行案主典之类。受有事人财而为曲法处断者，一尺杖一百，一疋加一等，十五疋绞”；受财不枉法，一尺杖九十，二疋加一等，三十疋加役流；无禄

① 《元典章》卷 47，《刑部》9，《侵盗 · 揽飞盗粮等例》。
② 《元典章》卷 47，《刑部》9，《侵盗 · 仓官侵粮飞钞》。
③ 《元典章》卷 47，《刑部》9，《侵使 · 路官借使官物》。
④ 《典章新集 · 国典 · 诏令》，元英宗“登宝位诏”。
⑤ 叶潜昭：《金律之研究》第 79 页。
⑥ 《秋涧集》卷 35，《上世祖皇帝论政事书》。
⑦ （唐）吴兢：《贞观政要 · 论贪鄙第二十六》。

之官受财，“各减有禄一等；枉法者二十疋绞，不枉法者四十疋加役流”[①]。与唐律相反，元朝对受财枉法的惩治，无论在起点刑、最高刑还是加等方法等方面都是相当轻的，而受财不枉法的起点刑、最高刑也远低于唐律。总之，元朝对监守盗、犯罪对象非库藏钱物的窃盗[②]、取受罪的处罚呈递减趋势，而轻惩官吏取受之赃的法律规定正是其吏治问题上的重大失误。

此外，从文化传统看，还在蒙古国时就有要撒花的陋习恶风，元朝建立后虽屡次禁绝仍禁而不止；相反，人们普遍认为盗窃可鄙[③]。这种法律文化渗透到惩治赃罪的量刑中，也就体现出监守自盗罪重而取受罪轻的刑罚原则。

2. 对监察官的犯赃行为加重处罚

监察机构担负着纠察百官不法行为的重责。己身不正焉能正人？因此对监察官犯赃的处罚比一般官吏要重得多。首先，一般官吏犯赃允许自首，但“台宪官吏受赃，不在准首之限。有司受人首告者，罪之”[④]。其次，风宪犯赃一般皆除名不叙。世祖建立御史台后的二十多年间，凡监察御史犯赃的皆断罢不叙。至元二十八年（1291 年）改立肃政廉访司后曾一度放宽，对监察官“止有加罪之人，别无不叙之例”。仁宗延祐二年（1315 年）又重申世祖时成宪，凡监察官犯赃的，除依例加等断罪外，不论赃物多寡，一律除名不叙[⑤]。《元史・刑法志》也记载：“诸风宪官吏，……虽不枉法，亦除名。”最后，风宪犯赃须加等断罪。仁宗延祐初，监察御史纳麟甚至

---

① 《唐律疏议》卷 11,《职制律・监主受财枉法》。

② 据大德五年盗贼断例：“盗库藏钱物者，比常盗加一等，赃满至五百贯以上者流远”。见（元）沈仲纬：《刑统赋疏》，“言其变则或严未得之始”，《枕碧楼丛书》第 8 册。

③ 耿升译：《柏朗嘉宾蒙古行纪》，第 42—43 页。

④ 《元史》卷 102,《刑法志》1。

⑤ 《元典章》卷 46,《刑部》8,《取受・台察官吏犯赃不叙》。

建议："风宪恃纠劾之权而受人赂者，宜刑而加流。"[①] 故当时监察官犯赃，除依十二章加等科罪外，还应判终身禁锢原籍、籍没家产、流刑甚至死刑等[②]。至元三十年（1293 年），广东按察司有两名官员受贿，御史台议："在先，按察司官人每要肚皮呵，比别个人每重要罪过者么道圣旨行了有来。如今这两个根底依体例一百七打了，后头勾当里不交行底体例有……更他底财物断没一半"，即按例杖 107，永不叙用，因有风宪官加重治罪的诏旨，又加科断没一半财产[③]。大德八年（1304 年），江南浙西道廉访司书吏谢行可偏追牙钱，取受讫中统钞 27 锭等钱物，知本主将要告官，将赃物回付，对谢某不予减等，除杖 97 下、罢役不叙外，依例将"当房人口、财产一半没官"[④]。

3. 罪重虽赦不叙，翻供加等处罚

仁宗皇庆二年（1313 年）规定：受宣（五品以上）官员取受罪重遇赦，仍依十二章除名不叙，而毋需上奏[⑤]。有的官吏犯赃事发后逃走，或以装病、诈称死亡等以逃避处罚，而当朝廷颁布赦令时，又纷纷申官，企图还职求叙。对这些人，即使事先没有取到招伏供词，也罢职不叙[⑥]。

犯赃官吏推翻前面供词，则应加等处罚。据元贞二年（1296 年）断例，建康府宣慰副使李公弼索贿 15 锭，起先已招伏并退赔赃款，但又翻供，说是衙役所为，与他无关。经省、台审核落实后加等处罚[⑦]。

① 《元史》卷 142，《纳麟传》。

② 《元史》卷 34，《文宗纪》3；《永乐大典》第 2 册，卷 2609，御史台 4：《宪台通纪续集·赃诬风宪》。

③ 《永乐大典》第 2 册，卷 2608—2609，御史台 3；《宪台通纪·风宪官吏赃罪加重》。

④ 《元典章》卷 46，《刑部》8，《取受·廉访书吏不公断没财产一半》。

⑤ 《元典章》卷 46，《刑部》8，《取受·五品官犯罪依十二章行》。

⑥ 《元典章》卷 46，《刑部》8，《取受·犯赃官吏在逃不叙》、《取受按察推病依例罢职》、《军官诈死同狱成不叙》。

⑦ 《元典章》卷 46，《刑部》8，《取受·招赃番异加等》。

4. 纵容家属犯罪从重

做官多年、洞察官场内幕的张养浩说："居官所以不能清白者，率由家人喜奢好侈使然也。中既不给，其势必当取于人，或营利以侵民，或因讼而纳贿，或名假贷，或托姻属，宴馈征逐，通室无禁……由是而坐败辱者，盖骈首骊踵也"[①]，可见在元代因家属问题犯赃很普遍。而利用、纵容家属接受赃贿，又是某些官吏的惯伎。为此，元朝区分官吏本人知情、不知情、故纵等情节，分别规定了不同处理办法："诸官吏家人受赃，减官吏法二等坐。官吏初不知，及知即首，官吏家人俱免；不即首，官吏减家人法二等坐，家人依本法。若官吏知情，故令家人受财，官吏依本法，家人免坐。官吏实不知者，止坐家人。"[②] 如县尉李瑞之妻受钞 4 锭，李瑞事后知道，却"不行理问"，虽遇赦免，仍除名不叙[③]。文宗时，由于对家人受财处罚较轻（"以其干名犯义，罪止四十七，解任"），所以官吏纷纷让家人出面受财。鉴于此，后来规定对这一类犯罪皆按照十二章从重处罚[④]。

二、其他职务犯罪

玩忽职守、徇私枉法、刑讯逼供等渎职、失职行为严重危及元朝政府的统治效能，与赃罪一样皆为吏治之大害。元朝也曾采取过一系列措施解决此问题。至元十六年（1279 年）忽必烈下诏："今后所荐，朕自择之，凡有官守不勤于职者，勿问汉人回回皆论诛之，且没其家。"[⑤] 他所信用的权臣桑哥主政时，惩治官吏的渎职行为果断，凡"钟初鸣时即坐省中，六

---

① 《牧民忠告·上任第二·禁家人侵渔》。

② 《元史》卷 102，《刑法志》1。

③ 《元典章》卷 46，《刑部》8，《取受·职官妻属接赃》。

④ 《元史》卷 34，《文宗纪》3。

⑤ 《元史》卷 10，《世祖纪》7。

曹官后至者则笞之”，大臣偶然迟到也未能幸免[①]。后来桑哥因犯赃致死，但其“政事无不立决”的情景仍久为统治者怀恋[②]。仁宗延祐元年（1314年），权臣铁木迭儿建议：“比者僚属及六部诸臣，皆晚至早退，政务废弛。今后有如此者，视其轻重杖责之。”[③]仁宗下旨：“如更不悛，则罢不叙。”[④]但终元朝之世，疏懒、因循等渎职、失职现象所在皆有，一直是元代社会的严重问题。

（一）几种主要的渎职、失职罪

1. 违枉

主要指司法官吏故人人罪、故纵犯人、枉勘官司、淹滞罪囚、伪造口供及检验违法等行为。

故人人罪如：庆远安抚司佥事朱国祯“因挟恨人户谢彻广男谢二六”，令司吏莫焕拷打印造伪钞人蒙五，教唆其指供谢二六是同伙，然后把谢二六“枷禁游街，号令连日拷勘”，致其“在牢因伤身死”，并监禁谢之八十老父九个多月，因病重召保，还家身死[⑤]。《元史·刑法志》载：“诸有司故入人罪，若未决者及囚自死者，以所入罪减一等论；入人全罪，以全罪论。若未决放，仍以减等论。”[⑥]即该行为本身无法定刑，依其所入罪决罚。

故纵犯人如：至大元年（1308年）榆林站杨巡检已捉获“合流远贼徒李狗儿”，因收受李之贿赂而将其脱放。部议拟处杖97下、徒2年半，因“正贼已行败获”，减一等决杖87，徒2年，除名不叙[⑦]。从该通例看，故纵

① 《元史》卷172，《赵孟頫传》。
② 《元史》卷18，《成宗纪》1。
③ 《元史》卷10，《世祖纪》7。
④ 《元史》卷25，《仁宗纪》2。
⑤ 《元典章》卷54，《刑部》16，《违枉·枉勘死平民》。
⑥ 《元史》卷103，《刑法志》2。
⑦ （元）沈仲纬：《刑统赋疏》，“同罪之刑至绞即依例除名”载通例，《枕碧楼丛书》第8册。

犯人有独立法定刑，但如犯人归案则可减等处罚。如果出入人罪之事俱有，则应加重处罚。《刑法志》载："诸有司受财，故纵正贼，诬执非罪，非法拷讯，连逮妻子衔冤赴狱，事未晓白，身已就死，正官杖一百七，除名；佐官八十七，降二等杂职叙，仍均征烧埋银。"[①]这里既有"故纵正贼"，又有"诬执非罪"，且拷讯无辜致死，因此正官处杖 107，除名，相对来说比单一的故出或故入人罪要重，因审断非一人，佐官也要承担相当责任。

枉勘官司，多指刑讯逼供、制造冤案或致死人命，但却不具有上述出入人罪的故意。如真定路南宫县达鲁花赤脱因迷失在处理部民贾珍等土地纠纷时，因贾珍关文迟下，擅以"隐匿关文，昏赖庄田枷收断遣"，并在杖断贾珍时"五杖子换一个人"，致使贾"因杖疮五日身死"[②]。此类逼供行为十分残忍，人犯往往不死即伤。大德六年（1302 年），开化县尉王泽等因汪有成被盗案，把嫌疑人叶十等"用木棒放在各人腨脥内，令弓兵并立，轮番用力踖踏，及使麻绳绑缚，用使荆杖将各人非法凌虐"，致使一人重伤，一人因伤致死[③]。刑讯行为常常逼得人犯胡咬乱攀，因而酿成更多人的冤案。至元二十九年（1292 年）兰溪县尉朱政因阿老瓦丁被劫案捉拿嫌疑人包舍等 39 人，"逼勒虚招作贼"，不仅有 21 人枉禁身死，而且又因包舍等以口供妄指，牵连另外无辜平民徐再五等 96 家，直至捉获正贼才使真相大白[④]。该案因情节严重，断县尉朱政 107 下，其他推官、知事等各有罪责。《刑法志》所载，对枉勘案皆按官职及个人责任大小确定刑罚，但各断例量刑不一，难以为准。如"诸有司承告被盗，辄将景迹人非理枉勘，身死却获正贼者，正问官笞五十七，解职，期年后降先职一等叙，首领官及承吏各五十七，罢役不叙，均征烧埋银给苦主，通记过名"，其正问官、

① 《元史》卷 103，《刑法志》2。

② 《元典章》卷 54，《刑部》16，《违枉·枉勘部民致死》。

③ 《元典章》卷 54，《刑部》16，《违枉·拷勘叶十身死》。

④ 《元典章》卷 54，《刑部》16，《违枉·枉禁平民身死》。

首领官和承吏各受笞57；而捕盗官“枉勘平人为盗致囚死狱中者，杖九十七，罢职不叙，正问官六十七，降先职二等叙，首领官笞四十七，注边远一任；承吏杖六十七，罢役不叙”[①]，其捕盗官、正问官、首领官之刑各不相同，而承吏又与正问官同，殊难理解。

其他违枉有：淹滞罪囚，如“诸捕盗官捕获强窃盗贼，不即牒发，淹禁死亡者，杖七十七，罢职”[②]；隐瞒事状，如皇庆元年（1312年），青阳县将犯人胡凯等骑棘马游街拷掠，打死多人，为蒙骗上司“虚捏病状，却作患病身死”[③]；等等。

2. 违错

指司法官吏因违反约会制规定，不用心研问案情，不躬亲监临或主观擅断酿成错案的行为。《元史·刑法志》所收条文主要有“诸斗殴杀人无轻重，并结案上省部详谳，有司辄任情擅断者，笞五十七，解职，期年后降先品一等叙”[④]，等等。《元典章》所载案例，多为验尸违错，也有个别量刑违错等。量刑违错如：通州路县尹于泽不遵从军民相犯、轻罪约会审问的规定，擅将军人李驴儿断讫37，于泽因违错断笞47[⑤]。验尸违错，有的是因不亲临现场，致使仵作作弊，如临江路司吏王汝椿与县丞王珍检验张辛六尸伤不躬亲监临，“以致仵作行人隐下伤痕，刑名违错”[⑥]；有的虽知实情，但因马虎上他人之当，如被害人廉酉保被刘提领打死却改作“因病身死”，同知周瑞“二次信从司吏赵贤辅朦胧署押检验廉酉保身死文解”，铸成大错[⑦]。违错案一般处笞刑，并罢役不叙。

① 《元史》卷103，《刑法志》2。
② 《元史》卷103，《刑法志》2。
③ 《元典章》卷54，《刑部》16，《违枉·胡广等游街身死》。
④ 《元史》卷103，《刑法志》2。
⑤ 《元典章》卷54，《刑部》16，《违错·县官擅断军事》。
⑥ 《元典章》卷54，《刑部》16，《违错·官典刑名违错》。
⑦ 《元典章》卷54，《刑部》16，《违错·刑名违错断例》。

3. 违慢

“事有乖戾曰违，心所怠惰曰慢。”① 主要指玩忽职守一类犯罪。其或不及时申报灾情，或未迅速加固堤防，或迁延时日不予检尸，或捕盗采取措施不力等，因而给国家造成重大损失，而尤以捕盗不力的事实较多，这也反映了当时严惩盗贼的立法思想。

依社会形势发展，围剿所谓“贼寇”是步步紧逼，对失盗行为的处罚似也日趋严厉。至元三年（1266 年），乌山巡检贾义因不及时到被害人家“看踏踪迹”，致使劫杀仓官陈某的“众贼逃走”，又因“丁上舍被贼七十余人劫掠，不合不行沾踪追捕，以致贼人走透”，贾义“拟决三十七下，合下仰遍行照会以为惩戒”②；同年，中都路巡军马百户等捉获造伪钞人刘皮，本应“添差弓手监押到真定府交割，却不合转分付弓手孟进监押以致在逃。罪犯法司，拟怠慢事重杖八十，部拟量决四十七下”③。二者皆属违慢，但后者因未及时“交割”引起罪犯潜逃，与前边应捕而不迅速出击相比更重，因而量刑加了一等。与前案相类似的是元贞元年（1295 年）刑部所议断例：“强盗行劫之际，官府承告，或是闻知不即救捕，捕盗官杖五十七下，解见任别行求仕，达鲁花赤长官以下量决三十七下。”④ 此与贾义见贼劫掠“不行沾踪追捕”一事类同，但却加重二等刑惩，并附加“解见任别行求仕”的行政处分，而达鲁花赤长官以下皆承担连带责任。又过数年，大德三年（1299 年）瑞州翼千户范震等“收捕草贼，不行救援，被贼杀死乔百户、马巡检等”，因逢诏赦，对其“罢职不叙，依例标附”⑤。虽经赦免，但仍须“罢职不叙”，又比“别行求仕”严厉。对失盗行为，除随其所犯施以笞、杖之刑及罢职等行政处分外，还要追赔因盗所致的损失，如《元史·刑法

① 《吏学指南·勾稽》。
② 《元典章》卷 54，《刑部》16，《违慢·巡检有失巡捕》。
③ 《元典章》卷 55，《刑部》17，《杂犯·脱囚》。
④ 《元典章》卷 54，《刑部》16，《违慢·不即救捕罪例》。
⑤ 《元典章》卷 54，《刑部》16，《违慢·收捕不救援例》。

志》载："诸守库藏军官夜不直宿致有盗者，笞二十七，还职；捕盗不获者，围宿军官军人追赔所失物资，俟获盗征赃给还""诸郡城失盗一年不获者，勒巡军赔偿所盗财物。"为了鼓励失盗之人将功补过，又有准折、减罪、免罪等规定："诸捕盗官任内失过盗贼，除获别境盗准折外……亲民提控捕盗，减罪二等；其限内获贼及半者免罪。若诸人获盗应赏者，赏之。"[①]

仓官违慢致官粮受损须"陪粮断罪"。至元二十五年（1288年）条画："漕运司并各路官司常切厘勒仓库人等，并不得收管不堪支持粮斛，及在仓粮数时常点视、挑倒，无致发变损坏，违者勒令仓官陪粮断罪，漕运司并各路官司亦行究治"[②]，收入《刑法志》的则是："诸京仓受粮，部官董之，外仓收粮，州县长官董之，将不如法致腐败者，按治官通究之"[③]，即负责受粮的京官和地方官均应承担责任。

申报或控制灾情违慢，也要负连带责任。《刑法志》载："诸郡县灾伤，过时而不申……及按治官不以时检踏，皆罪之。"其中因虫蝗之灾失捕，州、县官分别笞17、27下，并记过；路官罚俸1月；水旱之灾"不以时申报赈恤，以致转徙饥莩者，正官笞三十七，佐官二十七，各解见任，降先职一等叙"。而有司检覆灾伤"托故不行、妨误检覆者，笞三十七"[④]。据《元典章》载：延祐五年（1318年），"成州人民阙食，本州不即申报赈救，以致死亡流移，取讫当该官吏违慢招伏"，成州同知康惟忠、州判黄文德各决37下，各解见任降先职一[⑤]，与以上规定正合。

其他违慢还有不及时加固堤防致灾："诸有司不以时修筑堤防，霖雨既降，水潦并至，漂民庐舍、溺民妻子，为民害者，本郡官吏各罚俸一月，县官各笞二十七，典史各一十七，并记过名"；传送文件稽违误事："诸急

① 《元史》卷103，《刑法志》2。

② 《元典章》卷47，《刑部》9，《侵盗 · 揽飞盗粮等例》。

③ 《元史》卷102，《刑法志》1。

④ 《元史》卷102，《刑法志》1。

⑤ 《元典章》卷54，《刑部》16，《违慢 · 人民饿死官吏断罪》。

递铺……所递文字，但有稽违磨擦沉匿，铺司铺兵即验事重轻论罪，各路正官一员总之，廉访司察之”，酌情分别给以处分；检尸迁延致尸变：“诸检尸，有司故迁延，及检覆牒到不受以致尸变者，正官笞三十七，首领官吏各四十七……”[①]；等等。

（二）其他渎职、失职罪

1. 举非其人

向政府推荐、官吏名不符实，推荐人负有连带责任，这早在我国秦朝就有法律规定：“秦之法，任人而所任不善者，各以其罪罪之。”[②]忽必烈中统三年（1262 年）世侯李璮勾结其岳丈（中书平章政事）王文统发动兵变，被镇压后，曾向忽必烈推荐过王文统的廉希宪、张易、刘秉忠等人受到怀疑，其中有的受到控告，有的被排挤[③]。可看作对“举非其人”的惩罚。元贞元年（1295 年）“诏申饬中外有儒吏兼通者各路举之，廉访司每道岁贡二人，省台各委官立法考试，中程者用之，所贡不公，罪其举者”[④]。这是用立法确定的刑事责任，但具体惩治内容不详。这一规定有助于提高推荐人的责任心，以保证官吏队伍的素质。

2. 推故不赴任

官吏散漫、怠惰、借故不赴任，不仅影响行政事务，也使犯罪不能及时受到打击。仁宗朝有人说“廉访司多不悉心奉职”[⑤]。监察官不按时分巡各地，“因循宿留”者多；而每当巡察期间，又常借故回家或辞难避事，致使各地罪犯嚣张，趁机“挟恨报仇”[⑥]。而行台按察诸司对“偏远险恶去处，

① 《元史》卷 102，《刑法志》1。

② 《史记·范雎蔡泽列传》。

③ 参见韩儒林主编：《元朝史》上册，第 269 页。

④ 《元史》卷 18，《成宗纪》1。

⑤ 《元史》卷 24，《仁宗纪》1。

⑥ 许有壬：《至正集》卷 74，《风宪十事·会议还司》。

旷数年不敢一到。其间小民被官吏苛虐，无所告诉，激而为盗”[①]。以上也是一种渎职行为，但《刑法志》所载，虽有行政处分，却无刑事惩罚：“诸职官已受宣敕，以地远官卑辄称故不赴者，夺所受命，谪种田，或在任诈称病而去者，三年后降二等叙；其同僚徇私与文书者，降一等叙。”[②]

第七节　刑罚制度

一、刑罚体系的建立过程

太祖六年（1211 年）成吉思汗颁布《条画五章》，其中有死刑、笞刑等刑罚。《元史 · 刑法志》称之“为一代制法之始”。但根据《蒙古秘史》记载，还在大蒙古汗国建立之初（1206 年），就有了笞刑、放逐（流刑）等。成吉思汗曾宣布“如应当值班而脱班，将该值班而脱班的［人］，责打三下（柳）条子。这个护卫如再脱第二班，责打七条子”，如果无故脱班三次，则“责打三十七条子，”而且“流放（他）到遥远的地方去”。为防止怯薛首长擅权，规定处罚时应报告成吉思汗，“有当斩之理的，我们斩决；有当打之理的，可叫（他）卧倒责打”[③]。成吉思汗还说：三次违反札撒者，“即将他流放到巴勒真——古勒术儿的遥远地方去”；如仍不改，“就判他带上镣铐送到监狱里”[④]。元朝刑制笞、杖刑尾数为 7，凡流刑指定具体地点、带镣居役等特点，在此已初露端倪。但是元朝刑罚体系却是在经过了漫长岁月后才确立起来的。

① （元）程钜夫：《雪楼集》卷 10，《公选》。

② 《元史》卷 102，《刑法志》1。

③ 札奇斯钦：《蒙古秘史新译并注释》卷 9，第 227 节，第 338 页。

④ ［波斯］拉施特主编：《史集》卷 1，2 分册，余大钧等译，第 359 页。

（一）中统年间的死刑与笞、杖刑

1. 死刑

中统元年（1260年）五月，忽必烈颁布的《建元中统诏》所附条款："今后但有死刑，仰所在官司推勘得实，见事情始末及断定招款，申宣抚司照详。宣抚司再行审复无疑，呈省闻奏，待报决断[①]。"死刑的裁判权开始收归中央。

2. 笞杖刑

中统二年（1261年）八月，中书省奉旨颁降《中统权宜条理》，提出："据五刑之中，流罪一条，似未可用；除犯死刑者依条处置外，徒年、杖数，今拟递减一等"，"决杖虽多，不过一百七下[②]。"这是"用刑平恕"思想的体现。当年七月，又重申宣抚司照详重刑文案，在对狱具（谓如［枷］、杻、杖、笞之类）所在之处即行检校，不如法者随时科决改正的命令中，除规定讯囚杖外，也规定了决罚的笞杖刑规格。即杖均长3尺5寸，皆须削去节目，不得以觔胶诸物装订。因决讯者并用小头，其决笞及杖［脊］（皆）臀受，拷讯者臀腿分受，务要数停。笞杖，大头径2分7厘，小头径1分7厘；杖杖，大头径3分2厘，小头径2分2厘；讯杖，大头径5分5厘，小头径2分5厘[③]。

（二）《五刑训义》与对前朝刑制的变通

大约在中统、至元之初，当时政府颁布了《五刑训义》[④]。其中对五刑的解释与《唐律疏议》略同，而笞、杖的数量、徒年及流远里程却有差异，它分为两类：前一类将徒刑从1年至5年列为7种，显然是沿袭金制；后

① （元）王恽：《秋涧集》卷87，《论重刑决不待时状》引。

② （元）王恽：《秋涧集》卷82，《中堂事记》下。

③ 《元典章》卷40，《刑部》2，《刑狱·狱具》。据《沈刻元典章》（附《陈氏校补校例》）札记四之二改。［ ］为错讹处，（ ）为补字。

④ 《元典章》卷39，《刑部》1，《刑制·刑法》。

一类采取逐项折抵的办法，与宋初的折杖法暗合。折杖法，即把流、徒、杖、笞刑折为相应的脊杖刑或臀杖刑，作为代用刑，使“流罪得免远徙，徒罪得免役年，笞杖得减决数”[①]。《五刑训义》在形式上采用了类似折杖法的办法，具体折杖的办法是：（1）把《金律》笞、杖刑的数量各折为三等笞刑，其中笞形之最高刑为“五十七下”，起初未明确属于笞刑还是杖刑；（2）把原徒刑折为五等杖刑，笞、杖刑的尾数皆为7；（3）原流刑三等则分别比徒4年、比徒4年半、比徒5年。

至大德九年（1305年），针对“司县五十七以笞决、路府州郡五十七却以杖断，罪责既同、杖笞各异”的现象，刑部明确规定；“今后凡罪五十七，路府州县皆以笞决。”[②]折抵后的笞刑变为六等，杖刑五等，其最高刑则比原《金律》高出7下，显然不符合“用刑平恕”的初衷，所以大德中刑部尚书王约数次提出批评，但“议者惮于变更，其事遂寝”[③]。

《五刑训义》比照《金律》折抵的结果，实际上形成了笞、杖、死3个主要刑种，流刑“比徒”使原来的徒刑七等变为三等，把原来徒刑1年至3年拦腰斩去，只剩下4年、5年（中间补入4年半），又显得不伦不类。于是统治者开始考虑建构更合理的刑罚体系。

（三）徒刑的建立

在“循用金律”时期，也即在至元八年以前，对私藏军器罪按其情节分别处以死刑，杖97并徒3年，杖77并徒2年，杖57并徒1年等刑罚[④]。元贞元年（1295年）七月颁布的《侵盗钱粮罪例》最早明确区分徒刑为五等：“徒一年，杖六十七。每半年加杖一十，三年一百七。皆决讫居

① （清）沈家本:《历代刑法考》,《刑法分考七》。

② 《元典章》卷40,《刑部》2,《狱具·诸衙门杖数笞杖等第》。

③ 《经世大典·宪典总序》“五刑”。

④ 《元典章》卷35,《兵部》2,《军器·隐藏军器罪名》。

役。”[①] 大德六年（1302 年）颁布的《强窃盗贼通例》对徒刑及其执行方式作了更为全面的规定：“诸犯徒者，徒一年，杖六十七；一年半，杖七十七；二年，杖八十七；二年半，杖九十七；三年，杖一百七。皆先决讫，然后发遣合属，带镣居役。应配役人，逐有金银铜铁洞冶、屯田、堤岸、桥道，一切工役去处，听就工作，令人监视。日计工程，满日疏放，充警迹人。”[②] 其中的“配役”，宋朝时称“刺配”，是流刑的一种。但元朝“配役”与其含义有所不同：“宋文面流刑，今带镣居作”[③]，即为徒刑的别称，元朝的徒刑皆须“带镣居役”。以上徒刑五等，同于唐、宋而异于金朝；每等徒刑皆须决杖，又别于唐，是继承了宋、金朝的做法，但杖数与宋、金律大不相同。《元史·刑法志》说：“其徒法年数杖数相附丽为加减，盐徒盗贼既决而又镣之。”这是元朝徒刑的主要特点。

（四）流刑的确立

流刑的定制过程比较曲折。《中统权宜条理诏》指出：“流刑一条，似未可用。”可能考虑到当时政治状况的特殊性，在战事频仍的社会条件下，普遍实施流刑有一定困难。但至元初期间或也有流刑出现。至元五年（1268 年）二月，“田禹妖言，敕减死，流之远方”[④]，其“减死，流之远方”正符合“流刑”本意：“谓不忍刑杀，宥而窜于边裔，使其离别本乡，若水流远而去也。”[⑤] 至元十六年（1279 年）二月，南宋最后一支军队在崖山覆灭，忽必烈完成了全国的统一。此后，流刑逐渐推广使用。至元十七年（1280 年）十一月，“诏有罪配役者量其程远近”隶配[⑥]。

---

① 《元典章》卷 47，《刑部》9，《诸赃·侵盗》。
② 《元典章》卷 49，《刑部》11，《诸盗·强窃盗》。
③ 《吏学指南·杂刑》。
④ 《元史》卷 6，《世祖纪》3。
⑤ 《吏学指南·五刑》。
⑥ 《元史》卷 11，《世祖纪》8。

《唐律》中凡“犯流应配者，三流俱役一年”。唯“加役流者”“居役三年”[1]。邱濬《大学衍义补》云：“隋唐之制，既流而又居作，则是兼徒矣。”“宋因唐制，每流各加以杖，而又配役，则是五刑中兼用流、徒、杖三者矣。”[2] 忽必烈“诏有罪配役者量其程远近”，可能是借鉴前朝的做法，试图建立当朝的流刑制度。大德六年（1302 年）的《强窃盗贼通例》在规范徒刑等次之同时，也就流刑作了统一规定：对强盗持杖不曾伤人，得财“至二十贯，为首者死，余人流远”；窃盗库藏钱物，“赃满至五百贯已上者流”，“诸盗经断后仍更为盗，前后三犯杖者徒，三犯徒者流，流而再犯者死”，“流罪以上，须牒廉访司官审复无冤，方得结案”。但仍然“不曾定到里数并合流去处何［他］（地）所是，何官司交割，别无所守通例”[3]。而当时流刑是否如隋唐之制，“流而又居作”，或如宋朝集流、徒、杖、黥于一身的“配役”刑，《强窃盗贼通例》（以下简称《通例》）均未作出详细说明。但至少可知：窃盗犯有杖刑、徒刑、流刑者均应受黥刑这一处罚。《通例》规定：“诸窃盗初犯刺左臂（谓已得财者），再犯刺右臂，三犯刺项；强盗初犯刺项，并充警迹人。”元朝的流刑与宋代“刺配”刑不同的只是所刺部位非面部而已。

（五）充军——流刑的变种

大德八年（1304 年）十一月诏：“内郡，江南人凡为盗黥三次者，谪戍辽阳；诸色人及高丽三次免黥，谪戍湖广。”[4] 按，谪戍，又叫“充军”或“出

① 《唐律疏议》卷 3，《名例律》。

② （清）沈家本：《历代刑法考》，《刑法分考十》，《流》。

③ 《元典章》卷 49，《刑部》11，《强窃盗 · 流远出军地面》。

④ 《元史》卷 21，《成宗纪》4。又见《元典章》卷 22，《户部》8，《课程 · 盐课 · 新降盐法通例》；卷 49，《刑部》11，《诸盗 · 强窃盗 · 流远出军地面》等。又据《元典章》卷 49，《刑部》11，《诸盗 · 强窃盗 · 旧贼再犯出军》载：“色目人骨头的阔端赤每根底不刺，高丽、汉儿、蛮子阔端赤每根底刺字”，与该诏文“高丽三次免黥”抵牾。

军”。至元二年（1265年）十月，“诏随路私商曾入南界者，首实免罪充军”[1]。这是元朝史料中最早出现的“充军”。大德八年（1304年），鉴于“贼每多有”，对屡犯窃盗的罪犯根据作案次数的多少分别拟定了出军、配役刑[2]：“凡窃盗三次，（刺字二次）以上出军；窃盗二次（刺字一次）配役三年；色目人犯盗不刺，窃盗三次至四次出军、二次配役三年。”这一补充规定比《通例》“前后三犯杖者徒，三犯徒者流，流而再犯者死”重得多。

至大德十一年（1307年）中书省就“旧贼出军”作了较完整的规定：“旧贼每再做贼呵，验着经刺来的前后理算定夺。色目人做了几遍（贼）么道，问了招了呵，在先不曾拿获，如今拿获招了呵，依着他招了的理算。除汉儿、高丽、蛮子人外，俱系色目人。有合出军的贼根底不刺断，交出军有来。如今则依先例，合出军的明白问了，无隐讳呵，令各路官司依例发遣：汉儿、蛮子人申解辽阳省发付大帖木儿出军，色目、高丽人申解湖广省发付刘二拔都出军。交出军去了的罪囚数、发讫月日申解也可札鲁忽赤。配役的罪囚依例刺断了交配役者。”[3]

这个规定的内容主要包括：首先，确定了出军的地面和管辖者。《元史·刑法志》称“流则南人迁于辽阳迤北之地，北人迁于南方湖广之乡”，这时已见端倪。其次，元朝四等人中，汉人、南人犯盗罪一般须刺字，但判“出军”不刺：“其应出军者，情犯尤重，缘其投戍边远，欲其自效，故不见刺字之例。”[4]延祐元年（1314年）“将使用嵘药贼人茅周保等依强盗不曾伤人为从例，于项上各刺强盗一度，为遣出军”[5]。沈家本说：“刺配之法，宋傅军籍，观熙宁时中书议复古徒流移乡之法，俟其再犯，然后决刺充军，

① 《元史》卷6，《世祖纪》3。

② 《元典章》卷49，《刑部》11，《强窃盗·旧贼再犯出军》。

③ 《元典章》卷49，《刑部》11，《强窃盗·流远出军地面》。

④ 《典章新集·刑部·出军贼在途遇免押赴所在官司刺字》。

⑤ 《典章新集·刑部·诸盗·调白经革免刺》。

可知刺配与流不同也。"[1]元朝的"出军"与宋朝的"配役"（即"刺配"）皆为较重的流远之刑。但宋朝的配役刑对犯人黥面，是相对于流刑的一种独立刑种（《吏学指南》归之于《杂刑》）；元朝则出于"欲其自效"之目的，不给罪犯刺字，"出军"也不是独立的刑种，而属流刑之一种，是流刑的最高刑。根据至元十七年（1280年）诏配役者"量其程远近"和大德十一年（1307年）《流远出军地面》规定："配役的罪囚依例刺断了，交配役者。"可知除"出军"外的流刑仍须依例刺字。《通制条格》颁布时，确定了元朝流刑三等。至此，元朝的刑罚体系宣告完成。

二、刑罚种类

（一）基本刑：五刑

1. 笞刑

笞刑六等：7下、17下、27下、37下、47下、57下。笞，"捶击也。耻薄也。言人有小过，法须惩戒，加捶挞以耻之。汉时用竹，今时用楚，即荆也"[2]。是元朝五刑中最轻的刑种。笞杖规格为大头径2分7厘，小头径1分7厘。笞刑之部位是臀部。

2. 杖刑

杖刑五等：67下、77下、87下、97下、107下。杖，"持也。言人执持，可以击人也，古者用鞭，今时用杖"[3]。杖的规格是大头径3分2厘，小头径2分5厘。杖之部位是臀部。

元代笞、杖刑一般以7为尾数。但也有例外，元朝后期，"匿税者笞

① （清）沈家本：《历代刑法考》，《刑法分考十》，《流》。
② 《吏学指南·五刑》。
③ 《吏学指南·五刑》。

五十，犯私盐、茶者杖七十，私宰牛马者杖一百，旧法犹有存者”[①]。

笞杖刑虽为轻刑种，但实际执行时并不轻：“一个人犯了盗窃罪，法不当死，应受一定数目的杖责……有许多人死在这种杖责底下。”[②]

3. 徒刑

徒刑五等：徒1年，决杖67下；1年半，决杖77下；2年，决杖87下；2年半，决杖97下；3年，决杖107下。徒，“奴也，盖奴辱之。《周礼》云：‘其奴男子入罪隶，女子入于舂藁，置之圜土而教之者是也’”[③]。元之徒刑，“皆先决讫，然后发遣合属，带镣居役”。犯人服役地点是“有金银铜铁洞冶、屯田、堤岸、桥道，一切工役去处”。服役期满释放后“充警迹人”。警迹，“谓显人之行止也”[④]。警迹人是为犯盗者所立的特殊户籍。在警迹人门首立红泥粉壁，开具姓名，犯事情由，每月分上、下半月面见官府接受督察[⑤]。这是预防犯人重新犯罪的一种保安处分。

4. 流刑

流刑三等：“流三千里，比移乡接连；二千五百里，迁徙屯粮；三千里，流远出军”[⑥]。流刑的适用是“南人迁于辽阳迤北之地，北人迁于南方湖广之乡”[⑦]。元朝共设立11个行中书省，“盖岭北、辽阳与甘肃、四川、云南、湖广之边，唐所谓羁縻之州，往往在是，今皆赋役之，比于内地”[⑧]。古代历来以边远之地作流放地，元朝也不例外。辽阳迤北、南方湖广只是大概之说，云南等边僻处也常成为流放处所。泰定四年（1327年）九月，有御

① 《经世大典·宪典总序》“五刑”。

② 《马可波罗游记》第55章，第67页。

③ 《吏学指南·五刑》。

④ 《吏学指南·贼盗》。

⑤ 龙潜庵编著：《宋元语言词典》，上海辞书出版社1985年版，第10—12页。

⑥ 《刑统赋疏通例编年》161条，引自《元代法律资料辑存》第212页。

⑦ 《元史》卷102，《刑法志》1。

⑧ 《元史》卷58，《地理志》1。

史言:“广海古流放之地,请以职官赃污者处之,以示惩戒”,从之[①]。

在流刑三等中,最高一等“三千里,流远出军”。又分出军、流远两个层次。“初犯偷盗骆驼马牛贼每,为首的断一百七,出军;偷财物三百贯以上,一百七,出军;经断放偷盗十贯以下的再做贼呵,为首出军;诸发冢开棺伤尸贼徒,同强盗,于内合该出军;挑剜裨卷宝钞,以真作伪,再犯断罪流远;知情分买行使伪钞,三犯科断流远。”[②]流远则刺字,出军则否。

发放流囚去处又有“轻重地面”之分。延祐六年(1319年)七月,“命分简奴儿干流囚罪稍轻者,屯田肇州”[③]。延祐七年三月,中书省规定:“今后若有流囚,照依所犯分拣重者发付奴儿干,轻者于肇州从宜安置屯种自赡。”[④]

元代也有移乡之制。“流二千里,比移乡接连”,是流刑最低的一等。但移乡却不属于流刑。《唐律·贼盗》:“诸杀人应死遇赦免者,移乡千里外。”适用于“死家有期以上亲”的情况。移乡的目的是避免与死者亲属世代结冤:“若杀祖父母、父母应偿死者,虽会赦,仍移乡避仇,以其与子孙为仇,故令移配。”[⑤]移配人常常举家迁徙。《唐律·名例》规定,犯流应配者,“妻妾从之。父祖子孙欲随者,听之。移乡人家口,亦准此”。元代“移乡避仇”的案件,大多属于杀人、伤害罪。如“龚十六谋杀亲兄,罪经原免,呈准省札,将犯人同当房人口迁于辽阳住坐”[⑥]。

---

① 《元史》卷30,《泰定帝纪》2。

② 《典章新集·刑部·肇州屯种》。

③ 《元史》卷26,《仁宗纪》3。

④ 《典章新集·刑部·发付流囚轻重地面》。

⑤ 《唐律疏议》卷17,《贼盗律》。《泰和律·断狱》也有移乡规定:“若杀人,有赦原免,移乡千里,绝相犯也。”见叶潜昭:《金律之研究》,第118页。

⑥ 《典章新集·刑部·凶徒·遇革依例迁徙》。

在文宗以前，犯罪移乡者不予赦免。“今之迁徙，即古者移乡之法。”①移乡本是杀人会赦时给予的优待，与流刑不同，所以不能享受流刑赦免的待遇，不得返还原乡。元文宗听从王结的建议，开始让移乡者“改过听还其乡”②。天历二年（1329 年）七月，更定迁徙法：“凡应徙者，验所居远近，移之千里，在道遇赦，皆得放还；如不悛再犯，徙之本省不毛之地，十年无过，则量移之，所迁人［死］，妻子听归土著，著为令③。”这种迁徙与古时移乡之法已大相径庭。但在《大元通制》颁布前后，仍然依从“古移乡之法”，所以“流二千里，比移乡接连”，是比照移乡制定的流刑较低等次。“二千五百里，迁徙屯粮”是流刑三等的中间一等。“徙”本有因罪而迁、徙民实边、徙大族强干弱枝等含义④。《元史》中有的是针对有前科者的行政措施，如至大二年（1309 年）“以盗多，徒上都、中都、大都旧盗于水达达亦剌思等地耕种”⑤。有的是针对不法官吏的类似“避贯迁移”的行政措施，如御史李昌以“河南行省平章政事童童，世官河南，大为奸利，请徙他镇”⑥。“迁徙”有移乡之义。但“迁徙屯粮”则是元朝流刑的一等。《续通考》：“其流罪发各处屯种者，止令监临关防屯种。”⑦如上所述，“三千里，流远出军”也有屯田肇州之说。可见，元朝利用流刑犯屯田十分普遍。

元朝司法机构在适用法律时存在着滥用刑罚的现象，正如元人所说：“今黥、杖、徒役于千里之外，百无一生还者，是一人身备五刑，非五刑

① 《典章新集·刑部·凶徒·迁徙遇革不赦》。
② 《元史》卷 178，《王结传》。
③ 《元史》卷 33，《文宗纪》2。
④ （清）沈家本：《历代刑法考》，《刑法分考九》，《徙》。
⑤ 《元史》卷 23，《武宗纪》2。
⑥ 《元史》卷 29，《泰定帝纪》1。
⑦ （清）沈家本：《历代刑法考》，《刑法分考十》，《流》。

各底于人也”[①]。由此可见流刑犯人的悲惨境遇。

5. 死刑

《元史 · 刑法志》说：“死刑则有斩而无绞，恶逆之极者又有凌迟处死之法焉。”分死刑为斩、凌迟处死二等。但有关史料说法不一。

（1）关于斩、绞。《五刑训义》：“死，义曰绞、斩之坐，刑之极也”；《大元通制》（节文）：“死刑，绞刑，斩刑”；《刑统赋疏》通例所引刑法：“死刑二等，绞、斩”；《宪典总序 · 五刑》：“至于死刑，有斩无绞。盖尝论之，绞斩相去不至悬绝，钧为死也，特有殊不殊之分耳。然已从降杀一等论令，斩首之降即为杖一百七籍流，犹有幸不至死之理”；叶子奇云：“元世祖定天下之刑，笞杖徒流绞五等”，又说元顺帝时“秦王伯颜出天下，囚始一加刑”，即元朝后期有斩[②]；马可波罗也说：“如果偷盗了马匹或应该判处死刑的物品时，就判决死罪，用剑把他斩成两段”[③]；《元典章》旧例中时有绞刑，如“谋杀人，已伤者绞”，“劫死囚杀人者，无首从，皆处绞、斩”，“斗殴杀人者绞”，“强奸有夫妇人者绞”等[④]。至少可以认为，元朝前期曾使用过绞刑，《经世大典 · 宪典》叙述“盖尝论之，绞斩相去不至悬绝，均为死也，特有殊不殊之分”，可知关于绞、斩刑的适用有过争议，最后抛弃了绞刑。《宪典》《刑法志》均记载了后期执行死刑的主要方法——斩刑。

（2）关于凌迟。“恶逆之极者又有凌迟处死之法。”凌迟，又称“陵迟”，始见于《辽史 · 刑法志》：“死刑有绞、斩、凌迟之属。”《宋史 · 刑法志》：“凌迟者，先断其支体，乃抉其吭，当时之极法也。”[⑤]元代对恶逆等重罪采用凌迟刑，史籍中多称为“磔”，如大德十年（1306 年），河间民王天下奴

① 《元史》卷 176，《曹伯启传》。

② （明）叶子奇：《草木子》卷之 3 下，《杂制篇》。

③ 《马可波罗游记》第 67 页。

④ 叶潜昭：《金律之研究》，第 114 页、116 页、138 页、181 页。适用绞刑断例多为至元五年以前之事。

⑤ （清）沈家本：《历代刑法考》，《刑法分考二》。

弑父，“磔裂于市”，磁州民田云童弑母，“磔裂于市”，至大三年（1310 年）宁王阔阔出谋为不轨，“以畏吾儿僧铁里等二十四人，同谋或知谋不首，并磔于市”[①]；皇庆初年，归德知府卜天璋擒群盗百余人，“悉磔以徇”[②]。元初为了镇压人民反抗，使用磔刑频繁：至元十二年（1275 年），单济之“擒贼，磔之”[③]；至元十四年（1277 年），傅高反元“为尉吏缚致，磔死”[④]；至元十七年（1280 年），张弘略“生缚贼酋，磔于市”[⑤]；至元十九年（1282 年），张珪设伏兵“蹴贼堕崖死，磔其酋”[⑥]；至元二十一年（1284 年），“生致黎德、欧王与伪都督、丞相、兵马钤辖二十四人，皆磔之，榷其伪符玺”[⑦]；等等。“磔”有张、开二义。“张”为“张尸”，“开”是“裂支体而杀之”，后者正是凌迟之义[⑧]。

“斩”与“凌迟”是法定执行方法，但实际执行死刑方式很多，现列举如下。

（3）敲或榜杀。如得财 20 贯“为首的敲，为从的一百七出军”[⑨]。“敲”即杖杀或榜杀，类似记载有：至元二十四年（1287 年）刘国杰“械首贼至肇庆，斩之，同恶皆杖死”[⑩]；同年王道“生擒贼酋二十三人，悉榜杀枭市”[⑪]；龙儿年（至元二十九年）下旨对出征时的逃兵和逃走的官员“敲了札撒者

① 《元史》卷 23，《武宗纪》2。

② 《元史》卷 191，《卜天璋传》。

③ （元）陆文圭：《墙东类稿》卷 13，《处士单君济之墓志铭》。

④ （元）姚燧：《牧庵集》卷 19，《参知政事贾公神道碑》。

⑤ 《元史》卷 147，《张柔附张弘略传》。

⑥ （元）虞集：《道园学古录》卷 18，《中书平章政事蔡国张公墓志铭》。

⑦ 《牧庵集》卷 23，《故怀远大将军同知广州道宣慰使事王公神道碑铭》。

⑧ （清）沈家本：《刑法分考》2，磔。

⑨ 《典章新集·刑部·盗贼通例》。

⑩ （元）黄溍：《金华黄先生文集》卷 25，《刘公神道碑》。

⑪ （元）王恽：《秋涧集》卷 55，《大元故中顺大夫徽州路总管兼管内劝农事王公神道碑铭》。

道来”[1]。马可波罗也说常有窃贼受杖击而死。

（4）剥皮：至元十三年（1276年），邸泽生擒罗飞等3人，“褫皮以献”[2]；至元十九年（1282年），“诛阿合马第三子阿散，仍剥其皮以徇”[3]；马可波罗说：“对于阿合马那几个效法其父、作恶多端的儿子，一律处以活剥皮的刑罚。”[4]

（5）醢：至元十九年（1282年），诛阿合马二子于扬州，“皆醢之”[5]。柯劭忞说：“帝欲重惩奸吏，故用法特严，然剥皮及菹醢之法，唐宋以来所未有也[6]”。

（6）烹：烹刑盛行于周及秦、汉之间，秦并设为常刑[7]。元朝极少使用。《蒙古秘史》叙述十三翼之战时，札木合对第十三翼捏古思族实行报复，把他们的“孩子们煮了七十锅”[8]。元朝后期镇压农民起义曾用此酷刑，有诗为证：“前岁醢光卿，今年烹志父。”[9]

（7）坑：秦朝有坑刑。蒙古军初入中原时，野蛮杀戮反抗者，军法规定：“凡城邑以兵得者，悉坑之”[10]。至元十三年（1276年）十一月，阿里海牙攻破静江，“以静江民易叛”为由，“悉坑之”[11]。

（8）枭首：枭者，“磔而悬之于木”，秦代刑[12]。至元十二年（1275年），

---

① 《元典章》卷34，《兵部》1，《逃亡·札撒逃走军官军人》。

② 《牧庵集》卷17，《颍州万户邸公神道碑》。

③ 《元史》卷12，《世祖纪》9。

④ 《马可波罗游记》第15页。

⑤ 《元史》卷12，《世祖纪》9。

⑥ （清）柯绍忞：《新元史》卷103，《刑法志》。

⑦ （清）沈家本：《刑法分考》2，烹。

⑧ 札奇斯钦：《蒙古秘史新译并注释》卷4，第129节，第156页。作者译为赤那思族。

⑨ （元）李存：《俟庵李仲公文集》卷1，《赠胡巡检民》。

⑩ 《牧庵集》卷4，《序江汉先生事实》。

⑪ 《元史》卷128，《阿里海牙传》。

⑫ （清）沈家本：《刑法分考三》，《枭首》。

大理总管信苴日设计杀死复叛的舍利畏等，“枭首于市”[①]。至元二十六年（1289年），刘国杰捕斩广东盗陈大獠等18人，“枭其首于州市”[②]。

（9）具五刑：秦酷刑：“当三族者，皆先黥、劓、斩右左趾，笞杀之，枭其首，菹其骨肉于市。其诽谤詈诅者，又先断舌。故谓之具五刑。”[③]至元十二年（1275年），中书省臣议断死罪诏：“其奴婢杀主者，具五刑论。”[④]

（10）口里填土：是蒙古旧俗处死方法。如察合台之妻告发阔儿古思背后讲她的粗话，太宗窝阔台下旨“用土填［他的］嘴”，阔儿古思被“用土填嘴而死”[⑤]。至元九年（1272年）八月条格：“上位的大名字休题者。那般胡题着道的人，口里填土者。”[⑥]

（11）赐死：主要针对蒙古王室犯重罪者。如大德十一年（1307年），“乃废皇后伯要真氏，出居东安州，赐死，执安西王阿难答，诸王明里铁木尔至上都，亦皆赐死”[⑦]；至大二年（1298年），“越王秃刺有罪，赐死”；至大三年（1299年）宁王阔阔出谋为不轨，“事觉，阔阔出下狱，赐其妻完者死”[⑧]。古代蒙古人信仰萨满教，“认为流血而死，其灵魂必受痛苦。故元代皇族之被处死者，多不流其血”[⑨]。《蒙古秘史》记载，俘虏札木合向成吉思汗说：“赐死的时候，请不要使［我］流血而死。”作为皇族外的人，他也希望得到“赐死”的恩典[⑩]。“赐死”者不流血，也就是不受法定斩刑。至元二十四年（1287年）四月，蒙古宗王乃颜与皇族成员结盟，举兵叛乱，

---

① 《元史》卷166，《信苴日传》。

② 《金华黄先生文集》卷25，《刘公神道碑》。

③ 《汉书·刑法志》。

④ 《元史》卷8，《世祖纪》5。

⑤ ［波斯］拉施特主编：《史集》，卷1，1分册，余大钧等译，第234页。

⑥ 《通制条格》卷8，《仪制·臣子避忌》。

⑦ 《元史》卷22，《武宗纪》1。

⑧ 《元史》卷23，《武宗纪》2。

⑨ 札奇斯钦：《蒙古秘史新译并注释》卷6，第178节，第236页注㈢。

⑩ 札奇斯钦：《蒙古秘史新译并注释》卷8，第201节，第285页。

六月溃逃，被追兵抓获[①]。马可波罗记下了对乃颜处死的过程："他们把乃颜裹在两条毛毡之间，然后猛烈地摇动，直到气绝身亡为止，采用这种特别刑罚的动机，在于不应该让太阳和空气看到皇室的人流血[②]。"

（二）其他刑

1. 对犯罪者本人适用的其他刑

（1）戮尸：至元十九年（1282年），"治阿合马罪，剖棺戮其尸于通玄门外"，并将郝祯剖棺"戮其尸"[③]；泰定四年（1327年），潮州判官钱珍诬陷推官梁楫致其下狱而死，后畏罪自杀，"诏戮尸传首"[④]。《元史·刑法志》大恶门："诸子弑其父母，虽瘐死狱中，仍支解其尸以徇""诸因争虐杀其兄者，虽死，仍戮其尸。"

（2）黥劓等肉刑：五代以来流行刺配刑，其中"刺"即黥刑。黥刑在元代常用于对强窃盗犯罪的附加刑。如"仓官人等盗粜官粮，结揽纳飞钞者一体刺断""吏人贼行者黥其面"[⑤]。由于所刺部位不同，对于法官审判时识别是否累犯，应施何种主刑罚有重要意义。如《强窃盗贼通例》："诸窃盗初犯刺左臂（谓已得财者），再犯刺右臂，三犯刺项""三犯杖者徒，三犯徒者流，又而再犯者死"。作为附加刑的黥刑不因主刑的赦免而取消。如至大元年（1308年）中书省札付：刑部议得"诸强切盗贼若已得财，其虽不得财而曾奸伤事主及因而故烧房舍，并损坏财物、产畜、田场积聚之物者，罪遇原免，拟合刺字……都省准拟仰依上施行"[⑥]。其所刺部位，也可因具体情况变通处理："诸应刺左右臂而臂有雕青者，随上下空歇之处刺

---

① 《中国大百科全书·中国历史·元史》"乃颜"条，第74页。

② 《马可波罗游记》，第85—86页。

③ 《元史》卷12，《世祖纪》9。

④ 《元史》卷30，《泰定帝纪》2。

⑤ 《元典章》卷47，《刑部》9，《侵盗·揽飞盗粮等例》；《元史》卷25，《仁宗纪》2。

⑥ 《元典章》卷49，《刑部》11，《刺字·遇赦依例刺字》。

之。诸犯窃盗已经刺臂，却遍文其身覆盖元刺，再犯窃盗，于手背刺之。诸累犯窃盗，左右项臂刺遍而再犯者，于项上空处刺之。”[①] 因为蒙古、色目人不适用黥刑，所以它也是区别于不同等级罪犯的显著标志。

大蒙古国时期有劓刑，但不多见。元太宗有旨：“驿站所备用的骟马、食用的羊、挤奶的牝马、驾车的牛，及车辆［等］，倘比我们这里所限定的缺了［一根］短绳，就劈开［他的］嘴唇，若缺少了［一块］车辐，就劈破他的鼻子。”[②] 元朝末年，“廷议欲行古劓法”，大臣许有壬力排众议苦苦劝阻[③]。但后至元二年（1336 年）八月，仍然颁布了庚子诏，以恢复久已废除的肉刑：“强盗皆死，盗牛马者劓，盗驴骡者黥额，再犯劓；盗羊豕者墨项，再犯黥，三犯劓，劓后再犯者死。”[④] 这时黥、劓刑已不是附加刑，而成为严惩“盗贼”的主刑。

（3）充警迹人：“警，戒也。迹，踪也。古曰景迹，谓显人之行止也。”[⑤] 充警迹人是针对强窃盗犯人的保安处分，即将犯人发付原籍登记，令邻居监督其行止，5 年不犯者除籍，再犯终身拘籍。中统五年圣旨条画：“强盗不该死，并切盗，除断本罪外，初犯者于右臂上刺强切盗一度字号，强盗再犯处死；切盗再犯者断罪外，项上刺字（虽会赦亦刺字），皆司县籍记充警迹人，令村坊常切检察，遇有出处经宿或移他处，报邻佑知。若经五年不犯者听主首与邻人保申除籍。如能告及捕获强盗一名，减二年，二名除籍；切盗一名，减一年。其附籍后若有再犯，终身拘籍，应据警迹人除缉捕外，官司不得追逐出入、妨碍营生，钦此。”[⑥] 大德七年（1303 年），刑部又议：“断放强切盗贼发付元籍官司籍记充警迹人，门首置立红泥粉壁，开

① 《元史》卷 104,《刑法志》4。

② 札奇斯钦:《蒙古秘史新译并注释》续卷 2，第 280 节，第 447 页。

③ 《元史》卷 182,《许有壬传》。

④ 《元史》卷 39,《顺帝纪》2。

⑤ 《吏学指南·贼盗》。

⑥ 《元典章》卷 49,《刑部》11,《警迹人·盗贼刺断充警迹人》。

写姓名所犯，每上下半月赴官衙贺，令本处社长主首邻佑常加检察……失觉察放令别作非违，量情断罪，捕盗官专一提调用心关防，如拘检不严别作过犯亦行治罪，任满解由内开写。”[①]

（4）征烧埋银：“元朝人死，致祭，曰烧饭。其大祭，曰烧马。”[②] 辽金皆有“烧饭”风俗。金人把它视为“丧礼中送死的一件大事”[③]。蒙古人也很重视，因此把征烧埋银作为杀人、伤害、因失职致死人命等罪的附加刑广泛使用。至元二年（1265 年）《圣旨条画》：“凡杀人者虽偿命讫，仍出烧埋银伍十两。若经赦原罪者倍之。”[④] 至元十九年（1282 年）耶律铸言：“前奉诏杀人者死，仍征烧埋银伍十两，后止征钞二锭，其事太轻。臣等议依蒙古人例犯者没一女入仇家，无女者征钞四锭”，从之[⑤]。即对杀人重罪除偿命外，还要将行为人一女给被害人之家，无女者才征钞四锭，作为赔偿。大德九年（1305 年）规定：“如犯人在禁身死，或结正其罪，烧埋银两着落家属追给，果无其财可备，保勘是实，亦合除免，其遇赦释放者依例倍征，如无折挫，合令犯人佣工，准算所获工价给付苦主，钞数未足，本人身死，子孙不在折庸之限。”[⑥] 它明确指出，烧埋银应向家属追索，若实在无钱，也可除免；遇赦则应倍征烧埋银；也可让犯人以佣工取得报酬，偿付苦主。

从《元史 · 刑法志》看，征收烧埋银的范围十分广泛，如军官驱役军人致死非命[⑦]，因财共同谋杀多人，发冢毁尸[⑧]、部民殴死或殴伤官长、夫殴

① 《元典章》卷 49，《刑部》11，《警迹人 · 警迹人转发元籍》。
② （明）叶子奇：《草木子》卷 3，《杂制篇》。
③ 札奇斯钦：《蒙古秘史新译并注释》卷 2，第 70 节，第 72—73 页注㊁。
④ 《元典章》卷 43，《刑部》5，《烧埋 · 无苦主免征烧埋银》。
⑤ 《元史》卷 12，《世祖纪》9。
⑥ 《元典章》卷 43，《刑部》5，《烧埋 · 烧埋钱贫难无追》。
⑦ 《元史》卷 103，《刑法志》2。
⑧ 《元史》卷 104，《刑法志》3。

伤致死调戏其妻者[①]，等等。奸夫、奸妇同谋杀死本夫，由奸夫家属出烧埋银[②]；军官因侵盗官物被吏揭发，挟怨使人殴死该吏，“以故杀论，虽会大赦，仍追夺不叙，倍征烧埋银”[③]。

2. 对犯罪人家属适用的其他刑

（1）孥戮:《尚书》之《甘誓》《汤誓》均有孥戮。孥是妻子儿女的总称；孥戮，是因本人犯罪而株连家属受死刑。天历二年（1329 年），御史孔思迪提出：“今后凡负国之臣，籍没奴婢财产，不必罪其妻子。当典刑者，则孥戮之，不必断付他人，庶使妇人均得守节。”[④]至元二年（1265 年），琐达卿带兵围剿刘害十等，“群贼战败鼠窜。复进兵诛其妻孥”[⑤]。

（2）籍没：“谓断没家私也。”[⑥]成吉思汗大札撒：“其犯寇者，杀之，没其妻子畜产以入受寇之家。”[⑦]元代籍设常作为附加刑使用。至元十九年（1282 年），在戮尸阿合马的同时，“籍阿合马妻子、亲属所营财产、其奴婢纵之为民”“籍没阿合马妻子壻奴婢财产”[⑧]。至元二十八年（1291 年），桑哥挟仇诬陷御史周祚，“流祚于憨答孙，妻子家赀入官”[⑨]；至元三十年（1293 年），孙民献因党附桑哥、受赇等，“诏籍其家赀，妻奴”[⑩]；至治二年（1322 年），中书左丞张思明“坐罪杖免，籍其家”；至治三年（1323 年），将作院使哈撒儿不花“坐罔上营利，杖流东裔，籍其家”[⑪]。《盐法通例》规

① 《元史》卷 105,《刑法志》4。
② 《元史》卷 104,《刑法志》3。
③ 《元史》卷 105,《刑法志》4。
④ 《元史》卷 33,《文宗纪》2。
⑤ （元）刘鹗:《惟实集》卷 2,《南雄府判琐达卿平寇诗序》。
⑥ 《吏学指南·杂刑》。
⑦ （宋）彭大雅、徐霆:《黑鞑事略》。
⑧ 《元史》卷 12,《世祖纪》9。
⑨ 《元史》卷 16,《世祖纪》13。
⑩ 《元史》卷 17,《世祖纪》14。
⑪ 《元史》卷 28,《英宗纪》2。

定："诸偷犯私盐货卖，初犯依例断配，再犯全籍家产，杖一百七下，仍于手背刺盐徒二字，发付淘金、铁冶等处配役三年。"① 以上为籍没全部家产。还有籍没部分财产的，如至元十五年（1278年）同知大都路总管府事舍里甫丁殴部民至死，诏杖之，免其官，仍籍没家赀十之二②；大德八年（1304年），浙西道廉访司书吏谢行可因事取受陈德新钱物，断杖刑97下，罢役不叙，"除亲属外，当房人户财产一半没官"③。

3. 对犯罪人及其家属（族）适用的其他刑，主要是禁锢

禁锢，《左传》成二年注："禁锢勿令仕。"即终身不得入仕。两汉开始有禁锢法，适用于犯罪者本人或同族亲属。如《汉书·息夫躬传》："躬同族亲属素所厚者，皆免废锢"；《后汉书·陈忠传》："解赃吏三世禁锢"，可知曾有赃吏三代不许做官的规定。元朝剥夺罪犯或其亲属入仕资格，较多以附加形式出现。如元成宗时朱清、张瑄因赃致罪后，大德七年（1303年）流其子孙于远方，次年又禁锢其族属④。至顺元年（1330年），御史中丞和尚"坐受妇人为赂，遇赦原罪"。元朝御史台建立后，对台官要求甚严，犯赃者断罢不叙。有人指出和尚"有污台纲，罪虽见原，理宜追夺所受制命，禁锢元籍终其身"，制可⑤；至顺二年（1331年）速速"坐出怨言"而"籍其家，速速禁锢终身"；钦察台因罪"诏夺其制命、金符，同妻孥禁锢于广东"；文宗又"诏诸官吏在职役或守代未任，为人行赇关说，即有所取者，官如十二章论赃，吏罢不叙终其身"⑥。但元朝对禁锢这一资格刑的执行并不严格。皇庆二年（1313年）御史台臣说："徽政、宣徽用人，率多罪废

① 《元典章》卷22，《户部》8，《课程·盐课·盐法通例》。
② 《元史》卷10，《世祖纪》7。
③ 《元典章》卷46，《刑部》8，《取受·廉访书吏不公断没财产一半》。
④ 《元史》卷21，《成宗纪》4。
⑤ 《元史》卷34，《文宗纪》3。
⑥ 《元史》卷35，《文宗纪》4。

之流。”[①]一些官吏“今日斥罢于东，明日擢用于西……相师成风，愈无忌惮”[②]。

元朝偶用聝刑。至元十三年（1276年），张兴祖奉命讨伐“相煽以叛”的诸州起义军，“凡馘受伪命二千九百七人”[③]。“馘”与“聝”同，“军战断耳也”[④]，军战所用，非常刑。

元朝在适用刑罚过程中，对特殊犯罪主体在特殊条件下又有赎刑的规定。一般来说，元朝官吏因公犯有较轻之罪，或年70以上、15以下及残疾人犯罪的，可以以钱赎刑。“诸牧民官犯公罪之轻者，许罚赎”[⑤]“诸职官犯夜者，赎”[⑥]。罚赎之制可以追溯到蒙古国时期。中统五年（1264年）八月圣旨条画规定：有违夜禁之法者笞27下，官员“笞一下准赎元宝钞一贯”[⑦]。而罚赎成为通例则是忽必烈建立元朝后较久的事了。至大元年（1308年）就建昌路程福孙（十五岁）盗窃一事拟定通例曰：“强切盗贼已得财者，年七十以上，十五以下，及笃废疾者不任重刑，合行免刺收赎。”[⑧]

① 《元史》卷24，《仁宗纪》1。

② （元）程钜夫：《雪楼集》卷10，《奏议存稿·吏治五事》。

③ （元）姚燧：《牧庵集》卷17，《颍州万户邸公神道碑》。

④ （清）沈家本：《历代刑法考》，《刑法分考六》，《聝》。

⑤ 《元典章》卷39，《刑部》1，《赎刑·老疾赎罪钞数》。

⑥ 《元史》卷102，《刑法志》1。

⑦ 《元典章》卷57，《刑部》19，《禁夜》。

⑧ 《元典章》卷49，《刑部》11，《免刺·老幼笃废疾免刺》。

第四章　元朝的经济法律规范

元朝在社会经济活动的管理和组织过程中，产生了大量的经济法律规范。这些规范，就其本质而言，是当时行政管理和行政活动的一部分，但我们仍把它作为一个单独的问题来叙述和研究。

元代的经济法律规范范围很广，在规定上也比较细密。本章将主要介绍元代的土地制度、赋役制度、财政金融制度及造作管理、市易管理、仓库管理六个方面的基本内容，并就其施行情况略作评价。

第一节　土地制度

土地是传统农业社会的最基本的生产资料。土地所有制是封建生产关系的核心问题。

元代土地所有制与此前各朝一样，也是封建国家占有与私人占有并行，但又呈现复杂情形。国家占有的官田（系官田土）赐予贵族各投下后，具有世袭领地的性质；由官田赐予各寺院土地数量巨大，寺院地主在元代占重要地位。由于元代继续实行“不抑兼并”政策，土地集中现象更为严重，大地主土地所有制得到空前发展。元代官田数量庞大且管理不善，官僚权贵、地方豪强遂将官田视为吞噬对象。职田在元代具有替代俸禄性质。

一、官田

（一）官田的种类及一般官田的来源

元代官田依其用途可分为屯田（军屯、民屯）、职田、学田、草场、牧地等，由元廷直接占有。这些土地，是通过承继宋、金官田，没收罪犯田地及搜刮强征民地及接受“投献”等途径获得国家占有的。不过，元代书籍中，官田一词有时指广义者，有时指屯田、职田之外的一般官田。狭义官田由政府招徕农民耕种，由国家直接收取租税。由于屯田和职田较特殊，故专门述之。

接收宋、金官田，是元朝官田形成的主要方式。金代官田且不论，以南宋官田为例，世祖甫平江南，至元十三年十二月谕云：“如委是官司土地，官司收系”[①]，这是元廷继承宋官田的正式命令。

接受投献，是元朝官田的另一来源，尽管有时元廷严禁诈冒投献地土。成宗大德八年正月诏；“国家财赋自有常制，比者诸人妄献田土……无非徼名贪利，生事害民。今后悉皆禁绝，违者治罪”，说明投献土地已非一例。武宗至大四年三月诏：“国家租赋有常，侥幸献地之人所当惩戒。其刘亦马罕、小云失不花等冒献河南地土，已令各还元主。”可见所谓投献并非自己地土，而是冒献，即将民田指为无主地土，献给国家。冒献者无非借此获得升赏。故至大诏书要求对“今后诸陈献地土……之人，并行治罪”，并将刘亦马罕长流海南[②]。据其他资料记载，此次所献土地达十万亩以上，其田租即可“岁输数万石”。

元代官田主要集中在江北、两淮地区，在南方则数量更大，其中所产粮食，尤其是江南诸省官田所获租入，曾经支持元廷中央与地方行省的庞

① 《元典章》卷19,《户部》5,《田宅·民田·强占民田回付本主》。
② 《通制条格》卷16,《田令·妄献田土》。

大供应。据成宗大德七年十二月中书省奏文："江南浙西等处系官田土内出的子粒，每年海运将来有。余剩的，本处省官做军粮等名项支持有"，对元廷中央来说，这些粮食"每年这里怯薛歹每、各枝儿里多人每根底，并工役军匠阙食的人每根底，多于江南运来的米粮内支与有"①。

（二）元廷对官田的实际掌握情况

但元代官田并未全数掌握在国家手里。一方面，许多官田被作为赐田拨赐给了功臣、宗室、僧寺；另一方面，权豪势要强占官田，使大量土地实际并不掌握在国家之手。

官田中有一部分被皇帝拨赐予贵族、官僚、寺院所有，称赐田。经赐出的土地，由官田变为私田。元代拨赐官田与私人，一直很频繁。成宗大德七年十二月，由于江南官田在"近年以来，那田土各寺里并官员人等根底多与了有"，中书省接受行省官、台官的建议，奏请要求"不合与"②，即停止赐予。

元代官田，尤其是原宋官田，一直是元廷与豪右争夺的对象，元廷因之发布了一系列保护官田的法令。

世祖至元二十三年，"中书省言：江南系官之田，多为强豪所据"③，说明元廷并未尽数掌握南宋官田。迨至元二十六年条画也说："亡宋各项系官田土，……归附以来，多被权豪势要之家影占以为己业佃种，或卖与他人作主"，问题仍很严重。为此，条画规定："立限一百日"，若限内自行到行大司农司或劝农营田司自首者，可免本罪，地亩还官所有，但出首人可继续种佃，依例纳租即可，此前租赋免征；若限内不自首而被人告发到官，此前应缴租赋一律追征，内一半付告人充赏，职官犯者解现任，军民

① 《通制条格》卷16，《田令 · 官田》。
② 《通制条格》卷16，《田令 · 官田》。
③ 《元史》卷14，《世祖纪》11。

诸色人犯者，依所影占地亩多寡断罪。关于断罪一项，行大司农司补充规定；犯人“十亩以下，杖五十七下；一百亩以下，杖六十七下；三百亩以下，杖七十七下；五百亩以下，杖八十七下；一千亩以下，杖九十七下；已上田亩虽多，罪止杖一百七下”①。

这个条画及补充规定，是世祖末年试图解决官田被占问题的一个大规模举动。但事情收效不大，至成宗大德五年，江西辖境的山南廉访司申称：“诸衙门见（现）勾当大小官吏，于内一等不顾廉耻营利之徒，放任所恃势诡名佃种官田，不纳官课”，表明官田仍然在权豪势要人手中把握着，国家并未获得租利。甚至，这些大小官吏还“占夺百姓见佃官田自行种佃，或转与他人，分要籽粒”，也表明过去禁令并未能制止官豪强夺官田。都省虽行下各地，令对上述情事“许诸人赴本管上司陈告，是实，验地多寡追断黜降，其田付告人并佃人种佃”，②但作用不大。

（三）屯田

蒙元屯田，据《元史》卷100《兵志》：“国初，用兵征讨，遇坚城大敌，则必屯田以守之。海内既一，于是内而各卫，外而行省，皆立屯田，以资军饷。”可见，以战守和供军饷为目的的屯田制度，在蒙元时期是适应不同需要建立，并随疆域之扩大而逐渐扩展的。

元代屯田总数达18369973亩，学者估算占耕地总面积之5%③，规模远超过宋、金。数量之大，一则沿用宋、金屯田旧制，二则依军事需要新建。屯田又分军屯和民屯，其区分大抵与管辖系统有关，枢密院管辖屯田，多属军屯；宣徽院所辖屯田，皆为民屯；大司农司所辖屯田，中书省直辖腹

① 《元典章》卷19，《户部》5，《田宅·官田·影占系官田土》。

② 《元典章》卷19，《户部》5，《田宅·官田·转佃官田》；《通制条格》卷16，《田令·佃种官田》略同。

③ 乌廷玉：《中国历代土地制度史纲》，吉林大学出版社1987年版，第123页。

里屯田、各行省所辖屯田，军屯、民屯皆有。

管理屯田的机构，枢密院所辖各卫之下皆设屯田千户所，其余各系统也皆设屯田总管府、屯田万户府等。各机构均管辖数量不等的民屯户或军屯人、户（民屯以户计，军屯或以人计或以户计）。[①]

元代屯田，没官地是补充来源之一。如世祖时权臣阿合马，“民有附郭美田；辄取为己有”，至元十九年被杀，其田拨充屯田[②]。但在屯田制建立过程中，大量的是剥夺民田而积累起来的。

世祖至元十四年，淮西庐州一带因连年征战，“百姓每抛下的空闲田地多有”，地方官建议将这些田地“教军每做屯田”。世祖下旨：上项田地，若“教做屯田者，种了的后头，主人出来道是俺的田地来，么道休争要者”。[③]农民因战争而抛落的土地竟因此变成国家公田。

大规模地剥夺民田为屯田，当然不止至元十四年一次，也不止淮西一地。至元二十五年，元廷“时欲夺民田为屯田”，大司农董文用“固执不可”，竟被罢遣回[④]。此外，各地签发民户自备“己业田”做屯户，从而使民田变为国家屯田的事情，也屡有发生。

元代屯户，无论军屯或民屯，都是世袭的。他们是国家的佃户，只不过其地位、作用是为供军，稍不同于一般官田佃户而已。依记载，屯户每丁平均耕种五十亩至七十亩土地，每丁纳租三十石。同时，无论军屯户、民屯户，耕牛、农器、种子皆由国家供给。上述至元十四年圣旨即云：“军民根底斟酌与牛具农器、种子教做屯田”[⑤]，可资证明。

军屯与民屯的不同，在于屯田军人“且耕且战”，具有守土职责。世祖至元二十六年八月，枢密院议拟的《禁约诸军例》一款云：“内外诸军所

① 均见《元史》卷100，《兵志》3。
② 《元史》卷12，《世祖纪》9。
③ 《元典章》卷19，《户部》5，《田宅·荒田·荒闲田土无主的做屯田》。
④ 《元史》卷148，《董文用传》。
⑤ 《元典章》卷19，《户部》5，《田宅·荒田·荒闲田土无主的做屯田》。

役屯田军人，自来且耕且战。恐本管官吏不以王事为念，止於农夫一例滥收老幼或驱丁应当。如遇调遣，点觑得但有不堪执役之人，定将当该官吏治罪施行。”[①]这是要求军屯管理部门签收军屯户时，要以能“执役”为原则，以保证战斗力。因为军屯丁的另一面便是军人。

屯田收获物不能尽数归官，是屯田管理一弊。至元二十九年三月，御史台议拟合禁事理，其中一项是：“各卫屯田官地多与军官自己地土相靠，倘遇灾伤，军官人等将被灾者买（冒）作官田，收成者妄为己地。今后并不得似前如此作弊。”[②]说明这种损公肥私的侵蚀已成大问题。但更严重的，是屯田被豪右占据，成为私田。元顺帝至正八年二月，左丞太平说：“孛答、乃秃、忙兀三处屯田，世祖朝以行营旧站拨属虎贲司，后为豪有力者所夺，遂失其利。”[③]所以，经世祖至成宗的发展之后，到武宗至大元年，“天下屯田百二十余所，由所用者，多非其人，以致废驰”[④]。

（四）职田

职田是划拨给在职官员以充俸禄的公田。元代职田仅给予外官，依官职品级给授。北方路府州司县官员职田划拨标准，始定于世祖至元三年；按察司官职田标准，定于至元十四年；江南行省及诸司官员职田标准，规定于至元二十一年。武宗至大二年，曾一度废除外官职田制度，依品级给予禄米，“其田物收入官”，但到至大四年又恢复旧制。据仁宗延祐三年定制，外官无职田者，量给粟麦[⑤]，可见并非所有官员都能得到职田。

1. 各类官的职田标准

至元三年规定的北方诸路府州司县官员职田标准，按路（分上路、下

---

① 《通制条格》卷7,《军防·屯田》。

② 《通制条格》卷7,《军防·禁治扰害》。

③ 《元史》卷41,《顺帝纪》4。

④ 《元史》卷22《武宗纪》1。

⑤ 《元史》卷96,《食货志》4。

路）、府（即散府）、州（分上州、中州、下州）、警巡院、录事司、县等官署级别及官职的不同，分别给予不同数量的职田。高者如上路达鲁花赤职田 16 顷，低者如县尉也可得职田 2 顷。至元十四年所定按察司职田数，各道按察使、副使、佥事可分别得 16 顷、8 顷、6 顷职田。至元二十一年确定江南行省诸路府州司县及按察司诸官员职田标准，则依腹里路分之数减半给之，上路达鲁花赤职田 8 顷，至县尉职田为 1 顷。按察司诸官也减半给予。但这次给予职田的范围有所扩大，路官职田扩至经历、提控案牍、知事；府州也扩至提控案牍，录事司则扩至司狱、巡检；按察司增加经历、知事职田。并规定了运司官、盐司官职田[①]。

2. 职田的来源

世祖至元四年二月，中书省就标拨各路府州司县官员职田事下札左三部，这是一个执行至元三年职田规定的命令。依规定，上述职田的拨付，“除断没地、营盘草地外，仰于本处系官并户绝地及冒占荒闲地内，依数标拨。”[②] 可见，职田的来源，主要是蒙古灭金以后断没金朝官田与牧场，以及各处系官土地、户绝入官土地及所谓民间冒占的荒闲地 5 顷。至成宗大德七年都省定例，各路添设推官及各州添设同知的职田给付，“先尽系官荒闲无违碍地内标拨”，不敷者再“于邻近州郡积荒地内贴拨”，无荒地者，则可拨付经过廉访司体复过的“无违碍户绝地”，[③] 仍不出前述五种地土的范围。

荒地在标拨职田中占有一定比例。如江西袁州路，“民户所佃职田，系亡宋不堪耕种田土”。[④] 在北方，元廷早在至元四年划拨职田时，就要求“若有荒地”，可暂时划给民户，“限二年内逐旋耕垦作熟”，然后再“依上

① 《元史》卷 96，《食货志》4。

② 《元典章》卷 15，《户部》1，《禄廪 · 职田 · 官员标拨职田》，《典章新集 · 户部 · 禄廪 · 职田 · 官员职田依乡原例分收》同。

③ 《元典章》卷 15，《户部》1，《禄廪 · 职田》。

④ 《典章新集 · 户部 · 禄廪 · 职田 · 官员职田依乡原例分收》。

召人种佃”。[1] 可见闲荒地土比重较大。

但职田派拨经常出现问题。仁宗皇庆二年，江南行台监察御史指出职田之弊云：“各地无公田充职田的地方”，即那些“全缺不敷去处”，官府却挟势椿配百姓，致使“无田虚包者有之”。[2] 所谓“无田虚包”，显然是将民田指为官田，勒令农民交租入己。

3. 职田的性质

职田的“无田虚包”，与职田的性质有关。职田的性质，其一，是为职官履行职责的报偿，具有俸廪性质，故无田也强指勒派。其二，职田是公田，除了要从公田或官田中标拨之外，它仅给在职官员，目的在津贴官员生计，不是拨赐私产，故解任后即须移交给后任。元代规定：“各官相沿交割（职田），取明白公文申部”，以免“多余开要”，[3] 国家是作为所有者来收放管理的。除解任得替外，身故官员当年下种者也允许其收租。但若官员犯罪罢职，其职田租谷没官；如官员停职被问，被人诬枉以及所犯不至于解官、当年还职者，职田之租允许其收取，若隔年者则没官[4]。

职田作为公田，既以用作在职官吏津贴，官员交接任时就有个收获归前任或后任问题。仁宗皇庆元年御史台奏定，腹里路分职田凡施工而种即归前任，江南职田凡在芒种以前下种者，前后任分收。为避免做 1 年官得 2 年职田收获，而做 2 年官仅得 1 年职田之租，皇庆二年遂改为验俸月前后任分收[5]。

4. 职由的经营

依至元四年中书省札，职田均“召募培牛院客种佃”[6]。一般来说，佃

① 《典章新集・户部・禄廪・职田・官员职田依乡原例分收》。
② 《元典章》卷 15，《户部》1，《禄廪・职田・职田佃户子粒》。
③ 《元典章》卷 15，《户部》1，《禄廪・职田・官员标拨职田》。
④ 《元典章》卷 15，《户部》1，《俸廪・职田・犯罪罢职公田不给》。
⑤ 《元典章》卷 15，《户部》1，《俸廪・职田・职田验俸月分收》。
⑥ 《元典章》卷 15，《户部》1，《禄廪・职田・官员标拨职田》。

户数量与官品成正比，官高者应得职田多，相应也就有较多的佃户。不过在当时，职田佃户远远超过应有数目，原因在官吏侵夺公私田，所谓职田远超过规定数目。如武宗至大二年三月监察御史申征事就说："诸职官三品（路一级）职田佃户有至五七百户，下至九品（县级以下巡检司一类），亦不下三五十户。"[①] 申征事所言情况，已搞不清是江南还是腹里路分之事。即以北方而论，三品职田为 16 顷，合 1600 亩。元代北方的一般官田射佃，民户每丁可得 100 亩；屯田户每丁也平均耕种 50 亩至 70 亩。即使我们不以一般官田和屯田丁所耕种面积计算，而且假定每户仅一丁（实际不止此），则 500 户至 700 户耕种 1600 亩土地，每户仅佃 2 亩多或 3 亩多。九品官佃户数依 2 顷计算，佃户每户也只能拥有 4 亩至 6 亩多土地。江南依此减半。这个数字似乎过低。因此，申征事所谓职田佃户数，当不是法律规定，而是官吏职田超越法定数目而致佃户增加的缘故。

二、私田

元代民田或私田，指贵族官僚地主、一般富民地主、寺院及自耕农占有的民间土地。贵族官僚地主通过受赐、强占民间土地而占有土地；寺院田则是靠国家拨赐、接受"舍施"及与民争田而获得；一般富民地主与自耕农的土地，受土地兼并规律支配，富则买田，贫则破产。官僚地主，一般富民地主及寺院地主经济是元代租佃关系的主要参与者。

官僚地主掠夺民田，伴随着元朝对宋、金故地的攻占就已经开始了。世祖至元十三年十二月圣旨，就说："管军民（官）、残宋官员有势力人每，强占百姓田宅、产业"，下令"都回了者"[②]，其实未必都能交还原主。其后，如至元二十六年二月条画指出，官僚权豪势要之家还"影占"系官田土，

① 《元典章》卷 25，《户部》11，《差发 · 影避 · 禁职田佃户规避差役》。

② 《元典章》卷 19，《户部》5，《民田 · 强占民田回付本主》。

“以为己业”，招人“佃种”[①]；成宗大德五年七月，江南各处现任官吏，除“佃种官田，不纳官租”外，甚至“夺占百姓已佃田土”，或“自行种佃，或转与他人，分要籽粒”[②]，即使抛开大量的赐田不计，元朝官僚地主，仍是元朝占有地土数量最大的一部分。

（一）贵族、官僚地主之田

贵族、官僚地主是中国封建时代地主阶级的基本成员，元代也不例外。贵族、官僚不仅从元廷得到数量巨大的赐田，而且通过强占官民田而积累土地。不过，元代贵族与以往各朝不同，他们所得赐田具有世袭领地的性质，已不是一般地主，而是领主。关于官僚地主土地，请参看各有关部分，这里主要讲述贵族“投下”土地情况。

蒙古自成吉思汗统一各部始，直至灭金，屡屡封给皇族、诸王、皇后、公主、驸马、勋臣等人以世袭领地，一般称为“投下”，也称“分地”“爱马”“汤沐邑”“食邑”。

灭金后的太宗窝阔台、宪宗蒙哥时期，是蒙古汗国分封数最多、量最大的时期。北方许多州县皆分封给诸王、驸马、公主、功臣，元世祖忽必烈灭宋之后，又将南方部分地土加封给各领主。学者统计，从窝阔台到元世祖时，分封大小领地159处，其中59个最大的领地，封户5万以上者就有14家，1万户以上、5万户以下者有9家，1千户以上、9千户以下领主也有20余家。其余封户较少的100余家尚且不算。[③]

除分封而得大量赐田外，贵族还通过各种方式夺占民田，这从频繁的元代禁令中可以看个大概。《元史》卷19《成宗纪》：“禁诸王、驸马并权豪毋夺民田”，卷205《铁木迭儿传》：“仍禁私匿民田，贵戚势家，毋得阻

---

① 《元典章》卷19，《户部》5，《官田·影占系官田土》。

② 《元典章》卷19，《户部》5，《官田·转佃官田》。

③ 乌廷玉：《中国历代土地制度史纲》，第103—107页。

挠。”而史籍所载封主占民田之事，更是俯拾皆是。元世祖时，赵天麟上言：“今王公大人之家，或占民田近于千顷，不耕不稼，谓之草场，专放孳畜。”[①]安西王忙哥剌（世祖第三子）扩占牧场边“旁近世业”民田30万顷为草场。[②]

此外，封主也将触角伸向河滩闲地。黄河两岸的退滩闲地，被“塔察大王位下头目人等冒占作投下稻田”[③]。

贵族投下土地占有的领地性质，终究与社会经济发展方向不相符合。封主属官世袭，封主拥有裁判权，尤其赋役征收的经济权力，造成了很大问题。窝阔台初行分封，用耶律楚材建议，决定由“朝廷置吏收其贡赋，岁终颁之，使毋擅科征”[④]，形成了所谓“输之王官而分颁之”的制度。这对改变投下地土的领地性质是个重要刺激因素。尽管元代“诸王支属径取分地租赋”[⑤]的现象很普遍，但要求各投下执行官府代收租税制度的法令也一再发布。如仁宗皇庆二年四月，中书省奏：从“江南平江等处系官地内”“拨赐与了诸王驸马”等的地土，各投下皆“自委付着管庄的人每，比官司恣意多取要粮斛分例骚扰，教百姓每生受”。建议对赐予诸王、公主、驸马等的土地，依惯例“佃户合纳的租粮，官仓里收了，各枝儿却於仓里验着纳来的数目关支”[⑥]。武宗时下令：“禁诸赐田者驰驿征租扰民”[⑦]，文宗时下令：“诸王、公主、官府、寺观拨赐田租，除鲁国大长公主听遣人征收外，其余悉输于官，给钞酬其值”[⑧]。但这表明问题一直是很严重的。

---

① 《续文献通考》卷1，《田赋考》引赵天麟《太平金镜策》。
② （元）袁桷：《郑制宜行状》，《清容集》卷32。
③ 《秋涧文集》卷91，《定夺黄河退滩地》。
④ 《元史》卷146，《耶律楚材传》。
⑤ 《元史》卷25，《仁宗纪》2。
⑥ 《通制条格》卷16，《田令·拨赐田土》《拨赐田土还官》。
⑦ 《元史》卷22，《武宗纪》2。
⑧ 《元史》卷33，《文宗纪》2。

（二）富民之田

富民地主指非贵族、官僚地主。在蒙元时期，一般富民地主占有大量田产。以地亩而论，蒙古攻金时期的易州地主赵柔，有“田数千亩”[①]；江南汉族大地主松江曹梦炎有“湖田九十三围，凡数万亩”[②]，瞿霆发“有当役民田二千七百顷”，加上他所佃官田，“共及万顷”[③]，均占有大量土地。以收获而论，常熟福山姓曹的大地主，岁收租谷36万石[④]，松江曹梦炎“积粟百万”[⑤]，余阙《青阳山房集》卷3《宪使董公均役记》记载平江府地主租获云：“吴人之兼并、武断大家，收谷至数百万斛，而小民皆无盖藏。”《元典章》卷24，《户部》10说：江南“田多富户每一年有收三二十万石租子的，……不纳系官差发”[⑥]。以收获看，大地主占田几万亩乃至百万亩。

不唯江南如此，其他地区也有大地主。河北真定关姓，“有田千亩，岁收万钟”[⑦]，河南洛阳董姓，占田千亩，“积粟万钟”[⑧]。据《元史》卷159《商挺传》载，商挺为官时，朝廷征京兆军需输平凉，计布万匹，米3千石，帛3千段。商挺以运米千里妨碍农务，遂君平凉王姓地主商议，王答以：“不烦官运，仆家有积粟，请以代输”，结果，挺即以王氏积粟供军。则王姓占有大量土地，年收租至少在几千石，系关陇大地主无疑。

富民地主积累土地的方式，主要是夺占民田、影占官田及围江湖占造土田等。如瞿霆发佃官田数千顷，曹孟炎占淀山湖湖田数万亩，前述“亡

① （元）苏天爵:《赵柔墓碑铭》,《滋溪文稿》卷15。

② （明）长谷真逸:《农田余话》卷上。

③ （元）杨瑀:《山居新话》。

④ 《常昭合志稿》。

⑤ （明）长谷真逸:《农田余话》卷上。

⑥ 《元典章》卷24,《户部》10,《租税·纳税·科添二分税粮》。《典章新集·户部·赋役·差发·江南无田地人户包银》同。

⑦ （元）苏天爵:《关德聚墓碑铭》,《滋溪文稿》卷20。

⑧ （元）苏天爵:《董清墓碑铭》,《滋溪文稿》卷20。

宋各项系官田土，……归附以来多被权豪势要之家影占以为己业佃种”[①]，其中“权豪势要”系列之职官，军、民诸色人的民，即一般富民地主。而早在元朝统一南宋之初，如至元十三年元之“管军官、残宋官员、有势力人每，强占百姓田宅产业”[②]，其“有势力人”当也包括富民地主。至元十五年省台奏准事件也云：“官民房舍田土，诸官豪势要之家毋得擅立宅司、庄官，冒立文契，私己影占，取要房钱租米”[③]，也包括富民地主。

需要指出，一般富民地主与官僚地主有千丝万缕的联系。瞿霆发做过两浙运使，曾经是官，入元后又做了提举。[④] 曹孟炎后来也曾“岁以米万石输官”，捐了个浙东宣慰副使的官职。[⑤] 富而求得官势庇护，或先官而后富，“官豪势要”或“权豪势要”一词，正反映了这种关系。

元代虽不限定占田数量，不抑止土地兼并，不存在均田法令，但在法律上却有均税规定，即要求居民按占有土地数量交纳赋税，承当徭役。故严禁豪富田多地主漏报田土及诡名避差。

至元二十年间，世祖曾降旨要求惩治“富豪兼并之家田土不行尽实报官”的漏报行为及诡名申报地土躲避差役的漏税行为。关于漏报，富豪们多用“以熟作荒，诈冒供报”的方式，隐匿纳税地土的绝对额；关于诡报，富豪们则采用“诡名分作数家名姓纳税，以避差役”，从而将差役负担转嫁到“贫难下户”身上。圣旨要求立定期限，限内出首者，可免本罪；限外不首而被人告发者，漏报地土一半没官，并于没官地内分一半付告人充赏；诡报案件，于犯人名下量征宝钞付告人充赏，而且均要按漏报或诡报地亩多寡断罪。

依据圣旨精神，行大司农司分别对上两项行为制定详细罚则。漏报田

① 《元典章》卷19,《户部》5,《田宅·官田·影占系官田土》。
② 《元典章》卷19,《户部》5,《田宅·民田·强占民田回付本主》。
③ 《通制条格》卷16,《田令·影占民田》。
④ （元）杨瑀:《山居新话》。
⑤ 《元史》卷15,《世祖纪》12。

土，10亩以下笞47下，100亩以下杖57下，300亩以下杖67下，500亩以下杖77下，1000亩以下杖87下，2000亩以下杖97下，地亩虽多罪止杖107下；诡报地土，10亩以下笞37下，100亩以下笞47下，300亩以下杖57下，500亩以下杖67下，1000亩以下杖77下，2000亩以下杖87下，3000亩以下杖97下，地亩虽多罪止杖107下。[①]

（三）寺观之田

1. 寺观田的来源

寺观土地虽有极小部分属于买进、承典等交换手段而得，但绝大部分是靠其他方式获得的。由国家从官田里拨赐，是最主要的获得形式之一。仁宗皇庆二年四月中书省奏："江南平江等处有的系官地内，拨赐与了……寺观……每的地土"[②]，同年十月奏章又提到此事，同时又提到"普庆寺里江南拨与来的田地"[③]。

元代拨赐寺观田地数量之大、次数之多，在历史上是罕见的。仅从《元史》各本纪记载所及的拨赐情况看，自世祖中统二年至顺帝时，历朝赐予二十多个寺观的土地，少则每寺9000亩，居中者3万至5万亩，最多竟至1620余万亩[④]，总计近1670万亩。蒙思明先生谓："至顺、至正二次所赐大承天护圣寺之地，即各至十六万余顷。"[⑤]查《元史》卷三十四《文宗纪三》："括益都、般阳、宁海闲四十六万二千九十顷赐大承天护圣寺为永业"，又《元史》卷四十一《顺帝纪四》："拨山东地土十六万二千余顷属大承天护圣寺。"而寺观实际拥有的赐田面积，肯定会超过此数。

豪夺民田、官田、学田是寺观田的另一来源。这从朝廷频繁发布的禁

① 《元典章》卷19，《户部》5，《田宅·民田·漏报自己田土》《田多诡名避差》。

② 《通制条格》卷16，《田令·拨赐田土》。

③ 《通制条格》卷16，《田令·拨赐田土》。

④ 乌廷玉：《中国历代土地制度史纲》，第100—101页。

⑤ 蒙思明：《元代社会阶级制度》，中华书局1980年版，第136页。

令中，就可看出。世祖至元七年十一月，“诏禁僧道冒占民田”[①]，武宗至大四年十月，又“禁诸僧寺勿得冒侵民田”[②]。寺观侵夺民田之实例，史籍中所在多有。如清州四十余户民田被僧寺侵夺[③]，史懋祖八千余亩田产被僧寺侵占。[④]至于官田，世祖时有人指出：“江南官田，为权豪寺观欺隐者多”[⑤]，常州僧林起祐，竟将“官田二百二十顷冒为己业，施河西寺”[⑥]。学田被寺观侵占者也所在多有。赛典赤赡思丁做云南平章时，曾“为学校拨田五顷，以供祭祀教养”，后其“田为大德寺所有”[⑦]。

接受捐献是寺观田的又一来源。地主以行布施、做“善事”为名，把掳来土地捐献于寺观。如松江大地主瞿霆发“割巨庄，先后凡二百顷有奇，及买田若干”，捐给天目山的大觉正等寺[⑧]。另外，在某些地区，一些争占逃亡邻佑亲戚地土之人，“故将交争未定田土屋宇妄行舍施寺观”。而寺观凭其势力，不问是非，立即写立文字；也不问邻里亲戚，不交割条段四至，强行令人耕种；甚至遇有庄宅房屋，便悬挂佛像、安置万岁牌位，逼勒小民息争。[⑨]可见，寺观所谓接受捐赠，也存在豪夺情形。

其实，非法接受捐献，一直是寺观聚敛土地的常用手法。至元七年正月圣旨条画就指出：“和当每根底，歹人每将无主荒闲田地，不经由官司，一面献与和尚每做主有”，而和尚们，无论“高上和尚、下次和尚每并怯里赤每那般做也者”[⑩]。

---

① 《元史》卷 11，《世祖纪》8。
② 《元史》卷 24，《仁宗纪》1。
③ 《至正集》卷 63，《御史宋公墓志铭》。
④ 《夷白斋稿》卷 34，《史孝子传》。
⑤ 《元史》卷 13，《世祖纪》10。
⑥ 《元史》卷 21，《成宗纪》4。
⑦ 《元史》卷 125，《赛典赤赡思丁传》。
⑧ （元）赵孟頫：《天目山大觉正等禅寺记》，《松雪斋文集》外集。
⑨ 《元典章》卷 19，《户部》5，《田宅 · 民田 · 舍施寺观田土有司给据》。
⑩ 《通制条格》卷 16，《田令 · 妄献田土》。

依靠各种方式积聚起来的寺观土地，数量十分惊人。从土地纯粹占有量看，大都城西大护国仁王寺“径隶本院若大都等处”之水地 2866351 亩，陆地 3441423 亩；隶河间、襄阳、江淮等处提举司提领所之水地 1365100 亩，陆地 2980568 亩，合计共得 10653442 亩，尚不计耕地外的山林、河泊、湖渡、陂塘之地。[①] 大承天护圣寺之田，仅至顺、圣正两次赐田即达 32409000 亩[②]。从寺田、民田比例来看，昌国州大德年间“诸色土田共计二千九百二十二顷三十七亩九分三厘”，但其中却有“寺观田土一千另五顷九十七亩”[③]，接近全州土地的一半。

2. 寺观田的性质

寺观田是免税免役的，但限于常住地土。至元三十年五月圣旨说：“和尚先生每的属寺院里常住田土有呵，依着大圣旨体例里休纳者”[④]，成宗元贞元年十一月礼部云：“僧道寺观常住田地”“系钦依圣旨不纳税粮”[⑤]。

常住地土是由国家拨赐的，故不纳税粮。至元三十年，因江南百姓将自己的土地向“和尚先生每底寺院里布施与了、卖与了、典与了”，以逃避差发。为此，世祖下旨要求：“自今之后，和尚先生、也里可温、答失蛮，不拣谁，在前合纳钱粮的田土，买了来，与了来，做布施得了来的”，以及“租佃系官田土”，要“依在前纳的体例里纳者”，否则治罪。[⑥]

成宗元贞元年闰四月圣旨关于寺观田应否纳税规定颇细。一是西番、汉儿、畏兀儿、云南等地的和尚、也里可温、先生、答失蛮，从元贞元年正月以前，所有“已、未纳税地土尽行免除税石”，这无疑较至元三十年规定为宽，只是对“今后续置或影占地土，依例随地征税；二是江

① （元）程钜夫:《雪楼集》卷 9,《大护国仁王寺恒产之碑》。

② 乌廷玉:《中国历代土地制度史纲》，第 115 页。

③ 《大德昌国州图志》卷 3。

④ 《元典章》卷 24,《户部》10,《租税·僧道税·僧道避差田粮》。

⑤ 《通制条格》卷 16,《田令·典卖田产事例》。

⑥ 《元典章》卷 24,《户部》10,《租税·僧道税·僧道避差田粮》。

南和尚、也里可温、先生、答失蛮田土，除亡宋时旧有常住地土，以及入元后奉旨拨赐常住地土不纳租税外，归附之后“诸人舍施或典卖一切影占地亩，依旧例征纳税粮”，隐匿者严行治罪[①]。后者基本是依先前规则立制的。

到了大德七年，因辇真监藏被封为新帝师，圣旨又作了“和尚休纳税粮”的规定，即所谓“交您差发税粮休着者”。[②]

3. 元代法律对寺观田的保护

在元代，尽管有一些官吏对寺观的非法侵夺官田、民田、学田进行了再剥夺，如翰林待制柳公，因“东湖书院田为僧所据者三百二十亩，悉夺而归之”[③]，但公正归断的规模与数量远不及寺观非法侵夺之规模与速度。元人感叹：“天下之田一入僧业，遂固不移。”[④]这与元廷在法律上严格保护寺观田有密切关系。

元代曾有规定：“但属寺家的田地、水土、园林、碾磨、店铺、解典库、浴堂、人口、头匹等物，不拣是谁，休倚气力夺要者，休漫昧欺付者，休推是故取问要东西者。”[⑤]

第二节　赋役制度

蒙元赋役初称“科敛”“差发”，或并称“科敛差发”[⑥]。后一般以“差发”作为全部赋役的总称，以出纳赋役称“当差”[⑦]。

---

① 《元典章》卷24，《户部》10，《租税 · 僧道税 · 僧道租税体例》。

② 《元典章》卷24，《户部》10，《租税 · 僧道税 · 和尚休纳税粮》。

③ 《黄文献集》卷10，《翰林待制柳公墓表》。

④ （元）吴师道：《吴礼部文集》卷12，《金华县慈济寺修造舍田记》。

⑤ 《元代白话碑集录》第25页，《一三〇五年长清灵岩寺令旨碑》。

⑥ 《元典章》卷3，圣政2，《均赋役》。

⑦ 《通制条格》卷17，《赋役 · 孤老残疾》。

从《通制条格》卷17《赋役》和《元典章》卷3圣政2《均赋役》看，赋役主要有地税（即税粮）、科差（包银、丝料）、杂泛差役（也称户役、杂役或门役）。其中税粮、科差即赋，杂泛、差役为役。此外，和雇、和买、商税实际也属赋役范畴。

后人常将元代赋役制度与前朝比类。以税粮而言，按《元史·食货一·税粮》："元之取民，大率以唐为法。其取於内郡者，曰丁税，曰地税，此仿唐之租庸调也。取於江南者，曰秋税，曰夏税，此仿唐之两税也。"不过，北方仿唐租庸调法是笼统的说法，丁税、地税只相当于唐代之租。北方的科差——丝料与包银分别相当于唐代的调和庸。

一、赋役科敛的一般原则（通例）

蒙元时确立了一系列有关科敛赋役的通例性规定，尽管有些规定适用于全部差发，有些只适用于其中一部分。这些规定，尤以忽必烈即位后赋役改革过程中制定为多，《至元新格》又较集中。现分述如下：

（一）一次行文科征与三限输纳

世祖中统元年五月中书省奏准《宣抚司条款》规定："科敛（原作放）差发文字，止依一次尽数科讫。府科於州，州科於县，县科於民，并同此例"。这条规定，仅指税粮与科差。主要是限制地方官重复科敛并擅增数目，也有便于管理的目的。至于输纳之期，该条款规定："分作三限送纳，其三限宽期展日，务要民户纾缓，容易迭办，不可促逼人难。"[①] 主要就三限输纳及其展期问题作了原则要求，这是世祖初年完善赋役制度的重要举措。

① 《元典章》卷3，《圣政》2，《均赋役》。

（二）均平科摊及公开化

至元二十八年《至元新格》规定："诸科差税，皆司县正官监视人吏置局科摊，务要均平，不致偏重。"这项规定，也是对税粮、科差等所作要求，不包括杂泛差役。由此确立了均平科摊原则。均平的含义，丁地税及科差或依地亩、或据人数、或以户数为基础，不据此即不均平。关于公开化，格文要求：在进行科摊时，要依"据科定数目，依例出给（人户）花名印押由贴，仍於村、坊各置粉壁，使民通知"。如果前后相较，"比上年元科分数有增损不同者，须据缘由明立案验，以备照勘"[①]，从而在原则上确定了人户可以知悉差税数目并可以申报官府核验的制度。

（三）科征以公文为凭的程序原则

《至元新格》规定："诸科差，皆用印押公文，其口传言语科敛者，不得应付。违者，所取虽公，并须治罪。"[②]此处"科差"，《元典章》作"差科"，当指广义的赋役，而非仅指丝料、包银。这个规定，意图也在防止官府随意擅科，无端加重百姓负担，以便使科征制度化。

此外，法律中还有夫役差科先后原则[③]（详后）、税石收受原则等。这些细碎规定，如一次行文科征及科征须凭公文等，正反映元朝建立法制过程中希图制度化的明显痕迹，也是蒙古族入主中原后克服旧习俗的努力的反映。它们很难说是标准的原则，但却意义重大。

（四）遇灾伤免除原则

《至元新格》规定："诸水旱灾伤，皆随时检覆得实，作急申部。拾分损捌以上，其税全免；损柒以下，止免所损分数；收及陆分者，税既全征，

---

① 《通制条格》卷17，《赋役 · 科差》。《元典章》卷3，《圣政》2，《均赋役》同。

② 《通制条格》卷17，《赋役 · 科差》。《元典章》卷3，《圣政》2，《均赋役》略同。

③ 参见《通制条格》卷17，《赋役 · 科差》所载《至元新格》。

不须申检。”这个规定系仿唐宋令制定而成，适用范围主要是税粮。免除分数依据损害程度大小，而确定不同的免除额。下限为“收及陆分”（也即损四分）。另据格文规定，“虽及合免分数而时可改种者，但存堪信显迹，随宜改种，毋失其时”[1]。所谓“堪信显迹”，即遭受灾害及灾害大小的证据，目的是供官府“检复”，以作为免除税粮的根据。显然，在改种情况下，也是依所损分数免税的，而不论改种的收获量大小。

《至元新格》规定的这一原则，在成宗以后也曾得到执行。不过，在免除分数上，有“损及五分之上者全行蠲免”者，有来年“差发税粮尽行蠲免”者，有次年以后“一切差发税粮”“与免三年”“与免二年”者；也有“丝绵十分为率拟免五分”者，或“下年丝料与免三分”者[2]，免除比例虽不尽相同，但基本遵循了世祖以来规定的精神。

二、北方的丁税、地税与科差

（一）丁税、地税

1. 丁税、地税制的创立（丙申税制）

《元典章》卷 24 户部 10《租税・种田纳税》追述成吉思汗时税制说：当时“但种田者，依例出纳地税”“僧道、也里可温、答失蛮，种田出纳地税，买卖出纳商税”，但在当时似未必有此区分。蒙古汗国丁、地二税制，始于太宗窝阔台。

窝阔台初制：“每户种粟二石。后又以兵食不足，增为四石”，此时尚属户赋。至 1236 年（丙申），才定丁税、地税法。

---

① 《通制条格》卷 17，《赋役・科差》。

② 《元典章》卷 3，《圣政》2，《复租税》。

依规定，民户成丁[①]，“每丁岁科粟一石，驱丁五升；新户丁、驱各半之”，老、幼均不科。这是丁税定额与科敛范围。关于地税，凡上述“耕种者”“或验其牛具之数，或验其土地三等”征收。其中，验“牛具之数”，包含了依其土地数量课地税；验“土地三等”是指依其土地肥瘠征地税。

但丁、地二税并不全科。凡“丁税少而地税多者纳地税，地税少而丁税多者纳丁税”，只征其一。从户计方面看，工匠、僧、道“验地”纳地税，官吏、商贾“验丁”纳丁税。若主管官吏等不依此法科征，“虚配不实者，杖七十，徒二年”。[②]

2. 丁税、地税制的发展

史称世祖申明窝阔台以来旧制，进一步完善了二税的“输纳之期、收受之式、关防之禁、会计之法”[③]。其实，世祖时这些制度，有些是补充旧制，有些是对旧制未能实行者的重新立制。下面撮其要者依项分述之。

（1）税粮标准与各色户计的关系

中统五年对税粮的调整，是重新确定对僧、道、也里可温、答失蛮户计征收地税。因为自定宗贵由以来，上述人就不曾纳地税。经奏议：僧道等及儒人种田者出纳地税标准，“白地（即旱田）每亩3升，水地每亩5升”，并要求凡应纳丁税的蒙古、回族、河西汉人等，“但种田者，依例出纳地税”，军、站户计减半（《元史·食货志》作“四顷免税，余悉征之”）[④]。

至元十七年户部所定法例，是元朝北方税粮制的定型化。依规定，人户分全科户、减半科户、新收交参户、协济户四种（中统元年曾将人户分为元管户、交参户、漏籍户），分别科以不同额的丁、地税，见下表：

---

① 学者估计，元代成丁的年龄是15岁。见《中国大百科全书·中国历史·元史》税粮条，中国大百科全书出版社1985年版，第100页。

② 均见《元史》卷93，《食货志》1。

③《元史》卷93，《食货志》1。

④《元典章》卷24，《户部》10，《租税·纳税·种田纳税》《元史》卷93，《食货志》1。

户	丁税		地税
	丁	驱丁	
全科户	粟二石[①]	粟一石	每亩粟三升
减半科户	一石		
协济户	一石		每亩粟三升
新收交参户	第一年五斗，［第二年一石］，第三年一石二斗五升，第四年一石五斗，第五年一石七斗五升，第六年入丁税（即二石）		

其中，交参户是过去括户时已经入籍，后因迁徙他乡又在当地重新入籍之户；协济户是指没有成年人丁之户。他们与减半科户一起，均受优待。

（2）收受之式

中统二年规定，人户离粮仓较远，可输于沿河近仓，但每石要带收脚钱中统钞3钱。若民户于河仓输纳者，每石可折输轻赍中统钞7钱。至元十七年规定，各路离仓较近输粟；离仓远者，折纳轻赍钞二两。并规定："富户输远仓，下户输近仓。"除税粮正额外，每石要带纳鼠耗三升，分例四升。[②]

脚钱、鼠耗、分例是税粮外的额外负担，然仓官仍多余索要耗例。故至元二十八年元廷勒令："除正耗外，毋余得多答带斤面（两）。"[③]

官仓收税粮后，应给付米钞。至元十七年规定："凡粮到仓，以时收受，出给米钱。"[④]至元二十八年重申这一规定："如粮送纳到仓，当日即便出给米钞[⑤]。"

① 《元史》卷93，《食货志》1。作"三石"，学者以为"二石"之误。参见韩儒林主编：《元朝史》，第347页。

② 《元史》卷93，《食货志》1。

③ 《元典章》卷24，《户部》10，《租税·纳税·征纳税粮》。

④ 《元史》卷93，《食货志》1。

⑤ 《元典章》卷24，《户部》10，《租税·纳税·征纳税粮》。

1. 科差的婚征

科差皆源于蒙古汗国。1236年，太宗窝阔台丙申税制始行丝料之法。“每二户出丝一斤，并随路丝绒、颜色输于官；五户出丝一斤，并随路丝绒、颜色输于本位”[①]。征课范围，主要是原金朝统治区域。由于当时将这一地区居民分封给诸王、功臣、贵族，故政府与各投下税、丝并行，每户应出丝线共十一两二钱。

1255年（乙卯），宪宗蒙哥始定包银之法。包银沿袭金朝灭亡前后北方各地军阀并合各种赋税为一的办法，且由1251年确定的汉地包银额六两改为四两。允许其“二两输银，二两折收丝绢、颜色等物”[②]。

2. 科差制的发展

至世祖忽必烈时，元代科差之制臻于完善。中统元年定户籍科差条例，二年定科差之期，至元四年又定包银中增加俸钞。

世祖发展、完善科差制度，是从包银之法开始的。这与他对包银之法在执行中弊病的认识是有密切关系的。忽必烈即位后1个月（庚申年四月）所发诏书云：“爰自包银之法行，积弊至今，民力愈困”。原因主要是“滥官污吏，夤缘侵渔，科敛则务求羡余，输纳则暗加折耗”，导致暴敛急征。遂要求今后须“斟酌民力，务要均平”[③]。

（1）科差额与户籍制度

科差对象主要是民户，此外有医户、猎户等。“凡儒士及军、站、僧、道等户皆不与。”[④]

应科民户分为元管户、交参户、漏籍户、协济户四类。交参户、协济户前已介绍，元管户指过去登记入籍，在重新括户时，情况未变的人户；

① 《元史》卷93，《食货志》1。

② 《元史》卷93，《食货志》1。

③ 《通制条格》卷17，《赋役·科差》。《元典章》卷3，《圣政》2，《均赋役》同。

④ 《元史》卷93，《食货志》1。

漏籍户指过去从未登记入籍的人户。在四类户中，再作更细的区分，有丝银全科户、减半科户、止纳丝户、止纳钞户。此外又有摊丝户（每户科摊丝 4 斤）、储也速解儿所管户（每户科细丝 4 斤）、复业户和渐成丁户（初年免科，第二年减半，第三年全科）[①]。

这些户计的大部分是所征科差皆属政府所有的人户。而一般所说的五户丝户是被分拨给诸王、贵族和功臣的投下人户。他们交纳的丝料，大部分要归政府，一小部分交投下诸王等。至于包银则全属政府。在过去，诸投下多由各投下派人征收，扰民生弊，忽必烈令五户丝全数上缴国库，再由各投下到中书省关领。

至于丝料 1 斤 6 两 4 钱之数，较窝阔台时平均每户 11 两 2 钱为多。此时已令民户每 2 户出丝 2 斤输官，每 5 户出丝 2 斤输于本投下（即本位），平均每户纳 22 两 4 钱，即 1 斤 6 两 4 钱。

（2）输纳期限及输纳物的变化

世祖中统元年定制，丝银（包括俸钞）二项相加，“以合科之数，作大门摊，分为三限输纳”[②]，只是三限的时间已不详。

至二年，重定科差之期，丝料一律限八月输纳；包银初限八月，中限十月，末限十二月。至三年，丝料、包银输纳均提前，要求“丝料无过七月，包银无过九月”[③]。

丝料输纳前后未变。包银输纳，宪宗蒙哥时允许 2 两输银、2 两折收丝绢、颜色等物。世祖中统四年，因推行钞法，民间交纳赋税都用宝钞，包银也改为以钞输纳[④]。不过，忽必烈改输银为输钞，实际上减少原输纳额的 1/2。因为每户 4 两包银改为 4 两钞后，数额虽未变，但当时发行的中

① 参见韩儒林主编:《元朝史》，第 349 页所列表。
② 《元史》卷 93,《食货志》1。
③ 《元史》卷 93,《食货志》1。
④ 《元史》卷 4,《世祖纪》1。

统钞 2 两（贯）等于白银 1 两。

此外，包银中增加俸钞，是科差的另一重要变化。《元史·食货志》载中统元年事，“又有俸钞之科，其法亦以户之高下为等，全科户输一两，减半户输五钱”[①]。至元四年五月，令民户按缴纳包银的数额，每 4 两增纳中统钞 1 两，作为支发诸路官吏俸钞之用[②]。按后者规定，每 4 两增纳 1 两，则减半科户也应输 5 钱，二者当是一事，可能《元史·食货志》系年有误。

成宗大德六年对丝银输纳又作了调整。输纳物方面，规定“止输丝户每户科俸钞中统钞一两”，增加了这些人户的俸钞之科；“包银户每户科二钱五分”，当是增加额。对摊丝户科摊丝 5 斤 8 两，比原科 4 斤增加了 1 斤 8 两。关于输纳之期，要求“丝料限八月，包银、俸钞限九月，布限十月。”[③]

北方科差是元代岁入的一大项。世祖中统元年丝料仅 71 万斤，但至元三年、四年达 100 万斤。这是支持官办织染业的重要原料来源。包银岁科，中统、至元间均达 5 万余锭至 7 万余锭[④]。

三、江南的秋税、夏税

元灭南宋，在江南沿宋制征收秋税和夏税。

（一）秋税

世祖至元十三年平宋，在江南遍征秋税（唯江东、浙西复征夏税）。当时所征秋税，主要是粮食。至元十九年，依姚元之建议，税粮依宋制“折

① 《元史》卷 93，《食货志》1。
② 见《元史》卷 6，《世祖纪》3。
③ 《元史》卷 93，《食货志》1。
④ 《元史》卷 93，《食货志》1。

输绵绢杂物”。同年二月，又据耿左丞建议，命民“输米三之一，余并入钞以折焉”。[①] 则征收之物包括粮食、绵绢、钞及杂物。

至成宗元贞二年七月，成宗又下令，江浙、湖广、江西三省百姓合纳秋粮，可根据军人所需口粮数及其他所需粮数，依旧纳粮外，其余可令“百姓纳经赍钞”[②]，即折米成钞输纳。复征夏税后，“秋税始命输租”[③]。同年九月决定了江南秋税征收方法是验亩征粮。仁宗延祐二年，元廷以江南较腹里路分税轻，决定在两浙、江东、江西、湖南、湖北、两淮、荆湖等处，“验著纳粮民田见科粮数，一斗上添答二升”，[④] 即增加百分之二十。但税额皆依南宋旧例，没有统一标准。正如添科税粮奏议所云：“田地有高低，纳粮底则例有三、二十等，不均匀一般。”[⑤] 地方志所记载各地税粮额也不同。如徽州秋税较高者，每亩苗米至三斗三升余[⑥]，镇江秋税居中，每亩征四升五合或五升[⑦]，最低在每亩二升左右[⑧]。

元代秋税是江南二税中最重要的一种。至元十九年，即“岁得羡余十四万锭”[⑨]，可见其在当时岁入中所占比例较大。《元史 · 食货志》统计江南三省岁入粮数，总量也达六百四十九万余石[⑩]。

至于南方秋粮输纳三期，也依北方地税法。至元三十年浙西即依“违限税粮初限加笞四十，再犯杖八十”之例科断，三限也执行十月、十一月、

① 《元史》卷93,《食货志》1。
② 《元典章》卷24,《户部》10,《租税 · 纳税 · 官租秋粮纳轻赍》。
③ 《元史》卷93,《食货志》1。
④ 《元典章》卷24,《户部》10,《租税 · 纳税 · 科添二分税粮》。
⑤ 《元典章》卷24,《户部》10,《租税 · 纳税 · 科添二分税粮》。
⑥ 《嘉靖徽州府志》卷7,《食货 · 元岁征之式》。
⑦ 《至顺镇江志》卷6,《赋税》。
⑧ （明）胡翰:《吴季可墓志铭》,《胡仲子文集》卷9。
⑨ 《元史》卷93,《食货志》1。
⑩ 《元史》卷93,《食货志》1。

十二月的初、中、末的三限法[①]。

（二）夏税

世祖时，已在江东、浙西征夏税。至成宗元贞二年九月，以南宋时江南秋税、夏税征收两次，入元后仅江浙省所管江东、浙西二税皆征，其余只征秋税，遂决定在浙东、福建、湖广复征夏税。鉴于江西很多地方秋税较重，原因是元代收粮斛斗较宋朝大一半，斗斛虽同，但税额增加一半，故免征夏税；两广地区因"草贼"作乱，百姓失散，也免征夏税。经成宗批准，作为法令下发施行。[②]

夏税征收物色，宋朝"夏税：木绵、布绢、丝绵等"，"折做差发斟酌教送纳"，"秋税止纳粮"。[③]元成宗征夏税后，"秋税止命输租，夏税则输以木绵、布绢、丝绵等物"[④]。

夏税征收数额，都省要求各地"追寻亡宋旧有科征夏税板籍、志书一切文凭"[⑤]，显欲依南宋旧额科征。实物额数及折钞额数，以征收秋税为基数计算，即所谓"其所输之数，视粮（秋粮）以为差"。每秋粮1石，江浙省婺州等路、江西省龙兴等路皆输钞3贯；福建省泉州等路，皆输钞2贯；江浙省绍兴路、福建省漳州皆输钞1贯500文。此外，尚有输1贯700文及1贯者。[⑥]各地数额并不统一。

湖广南部夏税最重。元初克湖广，夏税被罢，而改科门摊，每户纳1贯2钱，但总数已超过南宋夏税5万锭。成宗大德二年，复科夏税，民户苦不堪言，不久即罢。至三年，又改门摊为夏税，但每石秋粮仍征3贯4

① 《元典章》卷24，《户部》10，《租税·纳税·税粮违限官员科罪》。

② 《元典章》卷24，《户部》10，《租税·纳税·起征夏税》。

③ 《元典章》卷24，《户部》10，《租税·纳税·起征夏税》。

④ 《元史》卷93，《食货志》1。

⑤ 《元典章》卷24，《户部》10，《租税·纳税·起征夏税》。

⑥ 《元史》卷93，《食货志》1。

钱以上，较江浙、江西仍重。[①]

据学者估算，元代夏税约当秋粮的一半。文宗天历元年，江浙、江西、湖广三省夏税总额达14万锭[②]。

（三）江南科差

秋夏二税外，南方实际也征科差。学者以为，江南户钞即相当于北方的5户丝[③]。包银在南方也曾科征。

1. 江雨户钞

至元十九年元廷将江南民户拨给所谓“哥哥、兄弟、公主、驸马”等诸王、贵戚，除“附粮课程外，其余差发不著有”，即尚无科差。至元二十年，中书省以“既各投下分拨与了民户，多少阿合探马儿（指五户丝料）不与呵，不宜的一般”，主张科要。但又因江南初定，过去未曾科取过，遂决定暂时从“系官钱内一万户，阿合探马儿且与一百定钞者。已后定体了呵，那时分恁要者”[④]。

这种户钞，后来便成为定制。《经世大典序录 · 赋税 · 科差》说，北方科差有丝料、包银，“及得江南，其制益广”[⑤]，学者据此推测江南户钞不久就“定体［例］”了。“其制益广”指北方的五户丝料（阿合探马儿）扩展到江南。关于此事，《元史 · 食货三 · 岁赐》有反映，云：“及世祖平江南，……时科差未定，每户折支中统钞五钱”，正合每万户与100锭钞之数。后来定制也依此数。“至成宗复增加至二贯”，也是在原有数目上增加的。

至于户钞科取时间，多在至元十八年，最早为十三年。可见，实际科取早于至元二十年。《元史 · 食货三》诸王、后妃、公主、勋臣项下，大

---

① 《元史》卷93，《食货志》1。

② 《元史》卷93，《食货志》1。

③ 参见韩儒林主编：《元朝史》，第352页。

④ 《元典章》卷24，《户部》10，《租税 · 投下税 · 投下税粮许折钞》。

⑤ 《经世大典序录 · 赋税 · 科差》，《国朝文类》卷40。《元史》卷93，《食货志》1。

略都有所拨路、州、县江南户钞户数与钞数统计，及拨给时间。就是户钞科取实际也是在原有数目上增加的。

2. 江南包银

江南包银征收始于仁宗延祐七年，至英宗至治二年停征，前后历时3年。

江南包银的征收范围有限，征收对象仅及商人和回族人户。每户课银2两，折合至元钞10贯，相当于中统钞50贯。

四、役法（杂泛差役）

元代之役称“杂泛、差役”，杂泛即“力役之征”，或称夫役，相当于唐宋以前的徭役；差役即职役，沿唐宋以后选充民户轮流担当官府所需的某些职务的做法。

杂泛与差役的不同，首先在于其内容不同。同时，二者在轻重上也不同。在蠲免劳役时，往往先考虑杂泛。至元二十八年诏云：“老人年八十以上，与免一子杂泛，使之侍养”；大德九年二月诏书：“九十以上存侍丁二人，并免杂役”[①]，皆可证明。元仁宗皇庆二年，大宁路交州玉甃寨赵哇儿夫死，赵自缢殉葬，地方拟“除免杂泛，旌表门闾”，给予优待。仁宗下旨：“止免杂泛呵，轻有。本户的差役也除免者。”[②]

（一）杂泛

1. 杂泛的种类和范围

元代杂泛之役，在种类上可分为人夫和车牛。但在出车牛的场合，也需出人夫驾驭，等于二者并出。人夫与车牛在使用上，凡造作官舍、治理

① 《元典章》卷3，《圣政》2，《赐老者》。

② 《通制条格》卷17，《赋役·孝子义夫节妇》。

河渠、修建城池、运输官物等政府定期或临时征发的“杂泛之劳”，民人皆须应役。

人户承当杂泛，同时也承当差役，二者是密切相连的。在元朝，由于户籍上将居民按职业、民族等标准分为各种各样的户计，诸如军户、站户、民户、匠户、医户、儒户、盐户、僧道户等，各种户计在应否承当杂泛（也包括差役）上前后有所不同。

据学者意见，元代蒙古、色目、汉人、南人中，蒙古人不当杂泛差役，色目中的回族人户也免役，汉人、南人中的民户是杂泛差役的主要承当者。在元代前期，民户一律承当杂泛，其他户计，在蒙古和元代前期不承担杂泛，中期以后则也被要求与民户一起均当杂泛。[①]

比如，军户不当杂泛差役。至元十九年，因探马赤军出征后，“各奥鲁内复征杂泛徭役”，诏令“有司毋重役军户”[②]。成宗大德三年更诏曰：“军户……杂泛差役，除边远出征军人全行蠲免，其余军户有物［力］之家……据人夫、仓官、库子、社长、主首、大户车牛等一切杂泛，并行除免”[③]。可见，不仅远征军人户计，连一般军户也不出人夫、车牛等杂泛。关于儒户，应江淮秀才请求，至元二十五年十一月圣旨规定：“今后在籍秀才，做买卖纳商税，种田纳租税，其余一切杂泛、差役并行蠲免。”[④]关于医户，早在中统三年圣旨即规定：“医人每户下差发，除丝绵颜色、种田纳［地］税、买卖纳商税外，其余军需、铺马祗应、递牛人夫诸科名杂泛差役，并行蠲免。”[⑤]也不出杂泛。关于僧道户，窝阔台汗元年（1229）条画规定：“僧道种田、作营运者，依例出纳地税、商税，其余杂泛科差并行免放。”[⑥]

① 参见陈高华:《元代役法简论》，载《文史》第11辑。

② 《元史》卷98,《兵志》1。

③ 《元典章》卷34,《兵部》1,《军役·正军·晓谕军人条画十四款》。

④ 《元典章》卷31,《礼部》4,《学校一·儒学·秀才免差役》。

⑤ 《元典章》卷32,《礼部》5,《学校二·医学·免医人部役》。

⑥ 《通制条格》卷29,《僧道·商税地税》。

世祖中统五年追述成吉思汗制度，更云："僧、道、也里可温（基督教士）、答失蛮（伊斯兰教士）种田出纳地税，买卖出纳商税，其余差役蠲免有来。"[①]说明宗教户也不出杂泛（后诏差役系广义，也包括杂泛）。

至元代中期，大德七年三月诏书对诸色户计承当杂泛差役作了新规定："今后除边远出征军人，并大都、上都其间站户，依着在先已了的言语休当者，其余军、站、人匠、打捕鹰房，并各投下诸王驸马不拣是谁的户计，和雇和买、杂泛差役有呵，都交一体均当者。"[②]这是扩大杂泛差役承担者范围的开端。原来免役的军户、站户、匠户及打捕鹰房、投下户，均有了当役义务。

此后，元代法令基本以扩大杂泛差役的承担面为主，但有时又特别下令免除某些户计的杂泛、差役。说明在要求诸色户与民户一体当役方面，做得并不坚决；同时也说明在扩大当役面的问题上，效果是有限的。

2. 杂泛科征的三个原则

对于杂泛征科，元代法令规定了三个原则。主要是征发方式、范围、顺序及禁制扰害等方面的问题。

（1）集中轮流征发原则

集中轮流征发是对官府安排杂泛科征的要求，主要指使用人夫或车牛较少的杂泛。因为"大役必合遍科"，涉及面广。至元二十五年三月，御史台下令要求：各道随路州县在征发差役（应指杂泛）时，遇"小役合壹道办集者，止责壹道；合壹路、壹县、壹乡科办者，止责壹路、壹县、壹乡办集。再有差役，却於未办处轮流科办"。[③]

（2）夫役差拨勿夺农时及先尽游食工贾的原则

武宗至大三年十月诏书规定："民间杂役，先尽游食之人，次及工贾

① 《通制条格》卷29,《僧道·商税地税》。

② 《元典章》卷26,《户部》12,《赋役·户役·编排里正主首例》。

③ 《通制条格》卷17,《赋役·杂泛差役》。

末技；其力田之家，勿夺农时。”[①] 英宗至治二年又诏：“凡差役造作，先科商贾末技富实之家，以优农力。”[②] 这一原则较特殊，与下述差拨原则不同，在主旨上主要是农本思想。依规定，力田农户虽在差拨夫役范围内，但要尽量在农闲时进行；游食者及手工、经商之家是第一类被征发对象。

这一法令在后来的执行情况如何，已不得而知。元代在此前征夫妨农，确是事实。还在至元二十九年，就有人指出：“江南百姓见令各处官府差拨夫役，有妨农业，废弃生理。”仅婺州一路，“但遇差夫，不问数目多少，便行一例差拨”。尤其严重的是，官府竟然“每日又于市井辏集去处，拖扯买卖及入市农人拘留一处，逐旋差拨”，甚至“虽无差拨，亦三四日不令还家，索要钞物，才方放免”。因此“人民失业田地荒芜”[③]。至元三年诏书，即由于此类现象屡屡发生的缘故而发布的。

关于科拨夫役勿夺农时，据说是世祖时的定制。仁宗皇庆二年七月大司农司奏云，“世祖皇帝时分，每年农民种田剥桑时月，若有二役，合倩人夫、车牛，本管官司非奉省部明文，等候秋成农隙，方许均科”，目的是“不妨误了农种的一般”，仁宗特诏依旧制遍行[④]。但从上述至元二十九年之事来看，这一定制远未得到遵行。

（3）严禁滥征夫役

A. 严禁为运递私物等科征人夫

杂泛征发之夫，本为运送官物。例如，沿江河州县科征牵船人夫，只在“搬运官物船只，水浅去处，必用纤船夫”时，才令各“本处官司验所赍文凭，斟酌应付”。

但至元十七年，中书省据报：迤南使臣、上任四任官员来大都，都“负

① 《通制条格》卷 17，《赋役 · 杂泛差役》。

② 《元史》卷 28，《英宗纪》2。

③ 《元典章》卷 26，《户部》12，《科役 · 夫役 · 置簿轮差搬运人夫》。

④ 《通制条格》卷 16，《田令 · 农桑》。

带私己财物”，由水路而行。至扬州时，“所过州县差拨牵船人夫五十名至六七十名，船到去处，排门一概差拨，骚扰不安”，极大地加重了民户的负担。针对此，都省勒令：今后“不得将负带私己人口、财物船只，擅自差拨絳船人夫”。①

为私事征发夫役，在后来竟愈演愈烈。至元二十九年，四面皆山陆的婺州路，“路、县官吏搬递己物、送亲旧、建造私宅、应付知识”，也竟差拨人夫。江南行台要求各地必须按“合差民户置定鼠尾籍册”差拨人夫，“其他不问是何官员，不得辄差民夫。如有违戾，通议责罚”。②

B. 禁止随意行移差夫

世祖末期，因泗汶等河原设站船不足，且吕梁“百步洪”水浅，“凡有递运官物到彼，必须差拨人夫、车牛搬运，骚扰不安”。为此，元廷决定增置站船并在吕梁“百步洪”增设站车。但元代不存在限制差拨人夫的规定，故各官府的依己意督勒。比如，押运官物时，江淮各省等官府仍“札付淮安路前路文字，坐到人夫数目，督勒沿河州县依数交替”，并不考虑前路运递力量已经足备，尤其不考虑人户的夫役负担。押运官物人员以其有行移文札，更一味要求地方派夫捽拽搬运。

为此，都省接受有关官员建议，决定：“禁治押运官员使臣毋得擅便督勒沿江淮河路府州县行移前路文字，准备差拨人夫”，并要求兵部行移各道宣慰司，“照会沿河路分州县，毋得听从押物使人去，辄便行移前路差拨人夫”③。

3. 杂泛科征的“先富强后贫弱”原则及实际执行状况

至元二十八年颁行的《至元新格》，曾就征发杂泛的原则做过概括性的规定。主要是沿袭唐宋令的精神，确定差科“先富强后贫弱，先多丁后

---

① 《元典章》卷 26,《户部》12,《科役·夫役·差拨搬运人夫》。

② 《元典章》卷 26,《户部》12,《科役·夫役·置簿轮差搬运人夫》。

③ 《元典章》卷 26,《户部》12,《科役·夫役·押运官员不得起夫》。

少丁”的原则：“诸差科夫役，先富强，后贫弱；贫富等者，先多丁，后少丁。”为贯彻这一原则，格文规定：官府要“开具花户姓名，自上而下，置簿挨次。遇有差役[①]，皆须正官当面点定该当人数，出给印押文引，验数勾差，无致公吏、里正人等放富差贫，挪（原作那）移作弊。其差科簿仍须长官封收；长官差故，次官封收”。[②]

可以看出，格文虽同时强调贫富、丁力，但着重贫富差别。官府防备的也主要是“放富差贫”的弊端。夫役先后是按富贫顺序轮转的。从上户排至下户的差科簿，也叫作“鼠尾文簿”，取其由大到小之意。由于夫役征发之滥，元朝曾一再要求官府置簿。就在《至元新格》颁行的第二年，监察御史王龙泽提议：“先将见令合差民户置定鼠尾籍册，官为封记，遇有递送官物，验籍轮流差拨，依时销铸。”御史台为此发令，要求“行移监临分司，督令合属置立鼠尾文簿，如遇必用人夫，周流挨次差拨，毋致偏负，扰害百姓”，并勒令御史体察监督。[③]

据学者研究，这一原则在实际中虽也被执行，但并不普遍。比如，浙西治理吴淞江，“于本州有田一顷之上户内，验田多寡，裖置里步均派，自备粮赴功”[④]，贯彻了“先富强”即限于“上户”的原则。另一些州县依居民资产分上、中、下户，杂泛在上、中户内科征，如《元曲选 · 吕洞宾荐铁拐李岳》中，衙门公使人说：“这老子是下户，我添做中户；是中户，我添做上户的差徭”[⑤]，表明上、中户是杂泛的首先承担者，也反映了“先富强，后贫弱”的原则。但在元代，更大量的是不论贫富，一律按土

① “差役”，陈高华：《元代役法简论》以为是动词，即差科之意，非杂泛差役之“差役”，解释确当，今从之。其文载《文史》第11辑。

② 《通制条格》卷17，《赋役 · 科差》。《元典章》卷3，圣政2，《均赋役》同。

③ 《元典章》卷26，《户部》12，《赋役 · 夫役 · 置簿轮差搬运人夫》。

④ 《元史》卷65，《河渠志》2。

⑤ 《元曲选》上册，第493页。

地数或税粮数摊派夫役的情形。例如，成宗“大德间，顺元蛮作乱。朝命行省调兵击讨，役湖北诸郡民饷师黄平府，有司计租亩第转输粮数多寡”[①]。

不论怎样，上述两种情况中，富实户毕竟承当了杂泛。在元代，与法令规定的精神相反，杂泛之役往往落到中、下户尤其是下户身上，上等户却通过种种办法逃避科征，从而把负担转嫁于贫穷无势者。早在世祖中统五年圣旨即指出：“诸应当差发，多系贫民。其官豪富强，往往侥幸苟避”[②]，促使忽必烈制定三等九甲之户等制。

富户逃避夫役的办法之一是投充，即投靠到贵族、官僚以及可以免役的户计之中，通过其特权的庇护而免役。例如，世祖后期，大都的“高赀户”多被“桑哥等所容庇，凡百徭役止令贫民当之”[③]。《通制条格》卷4《户令·均当差役》记此事曰：“至元二十八年五月初八日，中书省奏：桑哥大都的富户每根底自己隐藏着，和买检钞时分，不拣甚么差发不教着，却教穷百姓每生受来。”不唯桑哥，“别个的官人每隐藏着来的也多有”，可见问题的严重。所谓富户，依条文列举包括“开库的”“铺席做买卖的”，皆是商人。武宗至大四年，江南三省“豪富兼并三家，专令子孙弟侄……根随省官恃势影占，不当差役……因而影避差徭”[④]。

元代有对义夫节妇旌表门闾、并除免杂役的制度，故不少富豪设法钻此空子。成宗大德八年礼部呈文指出：“今各处所举，往往指称夫亡守志，不见卓然异行，多系富强之家规避门役。”都省决定：今后“如是富强之家别无实迹，慕向虚名，营求保举，规避门役，及所保谬滥不实，即将邻佑社长并元保体覆官吏取招治罪”[⑤]。

① （元）宋褧：《吉水州监税谢君墓碣铭》，《燕石集》卷14。以上参见前引陈高华文。

② 《通制条格》卷17，《赋役·科差》。

③ 《元史》卷173，《崔彧传》。

④ 《通制条格》卷2，《户令·官豪影占》。

⑤ 《通制条格》卷17，《赋役·孝子义夫节妇》。

此外，官僚及权豪之家影占富户也是夫役不及上户的原因之一。至元二十八年，江浙行省“诸衙门及权豪之家将富上民户恃势影占，不当差役。……凡有公家差役，交无力小民替代”。同年，江淮行省也有“势要人每将富户影占着，不交当差，却交贫民当差”的情事。[①]

富户逃避夫役的办法之二是诡名析户，即诡起假名、多立户头，将一户资产析作几户或几十户报官，以减低户等，少当或不当杂泛之役。如山东济宁“富家私田跨县邑，赀无算”，但“析其户役为数十，其等在最下”，因而“赋役常不及己，而中、下户反代之供输”[②]。这种作弊手法，钻了法律的空子。自然，富家作弊需有官吏帮忙，官与豪勾结是没问题的。

富户惧役而逃，贫下户虽惧而不能免，与夫役的悲惨苦状有极大关系。至元二十九年有人指出：江南百姓被“差拨夫役”者，“负担荷轮”“饥饿病困，死于道途”。而“司县人吏，又行箠楚，系颈累累，相望于道”，竟像对付囚犯一样对待人夫。所以，每遇差拨，“或出钱三百、五百以至一贯之上，与坊正、里正人等买免”[③]，破财求免的惧役是所有人户的普遍心理。里正、坊正依此侵渔人民，官府拘留民人“索要钞物”方才放免[④]。夫役之悲苦，官府之暴劣，越发使夫役成为人人生畏的重荷。

（二）差役

1. 差役的种类和范围

元代差役主要有里正、主首、坊正、隅正、仓官、库子六种。农村中乡设里正，都设主首，是乡村基层政权的职事人员，元代文书称“各乡、

---

① 《元典章》卷 54，《刑部》16，《杂犯一·擅科·禁影占富户不交当差》。

② （元）虞集：《户部尚书马公墓碑》，《道园学古录》卷 15。

③ 《元典章》卷 26，《户部》12，《科役·夫役·置簿轮差搬运人夫》。

④ 《元典章》卷 26，《户部》12，《科役·夫役·置簿轮差搬运人夫》。

都职事耆老人”[①]；城镇里隅设隅正，坊设坊正，属于城镇基层政权的职事人员。仓官、库子为官府保管财物，设于各类仓库。此外，劝农的社长、防盗的弓手等在设置初并非差役，但后来却逐渐具有差役的特征，与差役相差无几了。

与前述杂泛相同，承担差役的户计范围，主要是民户，其余户计的当役与免役，也经历了前后两个时期的变化。

元代前期，站户、匠户等不当差役。如至元三十年规定："站户每根底除当站外，不拣谁休重科差役者。……站户每根底重科差役底人每有罪过者。"[②]其余户计相同。大德七年三月诏规定军、站、人匠、打捕鹰房及投下户与民户一体均当杂泛差役，致差役范围也及于这些特殊户计（见前）。

2. 差役"先尽富实"的差充原则及执行情况

据学者研究，元代差役的差充与杂泛的科征原则是相同的[③]。元武宗至大四年诏规定："民间和雇和买、一切杂泛、差役，……各验丁产，先尽富实，次及下户"，[④]仍是科征杂泛时"先富强、后贫弱"的意思。

由于差役需催督赋税或保管财物，弄不好即得出资补缺额或赔亏空。如赋税若不集，"代输者皆主首尔"，"因之破家者又比比有焉"[⑤]。又如，库子，虽来自"有抵业下民户内"，但因其"系庄农之家，钱谷书算，俱不通晓"，"以致亏兑失陷，致将应有财产、房舍、孳畜等物尽行折剉"[⑥]。所以，富户多不愿承当此役，总是设法逃避。富户逃避差役的办法是多种多样的。《至元新格》中规定："诸富户依托见任官员影避差役者，所在肃政廉访司

① 《元典章》卷25，《户部》11，《差发·差发照籍仍询众》。
② 《元典章》卷36，《兵部》3，《驿站·站户·禁约差役站户》。
③ 参见陈高华前引文。
④ 《通制条格》卷17，《赋役·杂泛差役》。
⑤ （元）危素：《富州蠲金纪事》，《危太朴文续集》卷10。
⑥ 《元典章》卷12，《吏部》6，《吏制·库子》。

官常须用心禁察，毋使循习旧弊，靠损贫民。”[1]可见，巴结官府是避役之一着。而富户既得逃避差役，贫下民户就成了被差充的对象了。

富户逃避差役的另一办法，是投充于诸王投下及各种户计内以求避。成宗大德五年八月圣旨指出：江浙省“有力富强之家”被“诸色名项等户计影占，不当杂泛差役，止令贫难下户承充里正、主首”，致使“钱粮不办，偏负生受”。成宗遂下诏：今后“不以是何投下”等“影避有田纳税富豪户计，即与其余富户一例轮当里正、主首，催办钱粮，应当杂泛差役”，并要求“永为定例”[2]。

富户逃役使贫难下户承当了繁重的差役，也使得差役先尽富实的原则得不到执行。而主管推排差役的官吏，又“挪上攒下，卖弄以为奇货”，更加重了差役不均。

大德七年，江西吉州、太和州等处因“推唱里正、主首不均”，地方不得不确定硬性标准。其大略是：每乡、都依税粮簿，排出“税高富实户”“税少而有蓄积人户”，规则是“以一石之上为则，一体当役”。其余“税存产去而无蓄积者及一石之下人户，俱不在当役之限”。并确定“自上户轮当”“上下轮流，周而复始”[3]。

仁宗皇庆元年四月，江西行省又为“各路点差里正、主首不均”事下令：“粮多极等上户殷富者充里正，次等户充主首”，并要求“验力挨次，周而复始”，“毋得似前放富差贫，那（挪）移作弊”[4]。表明富户避役问题始终难以解决。

自然，对于某些富户来说，充当里正、主首等差役，可以与官府勾结，鱼肉贫民，就是另一种情形了。

① 《通制条格》卷16，《田令 · 理民》。
② 《通制条格》卷17，《赋役 · 主首里正》。
③ 《元典章》卷26，《户部》12，《赋役 · 户役 · 编排里正首例》。
④ 《元典章》卷26，《户部》12，《赋役 · 户役 · 编排里正主首例（又）》。

第三节 财政金融制度

元朝掌理财政金融的机构，主要是户部及一度设置的制国用使司。户部“掌天下户口、钱粮、田土之政令”，举“凡贡赋出纳之经，金币转通之法，府藏委积之实，物货贵贱之直，敛散准驳之宜，悉以任之”[①]。其中，“府藏委积之实”，我们将在仓库管理一节中介绍；“物货贵贱之直”，也将在市易管理一节中说明。这里拟叙述的“贡赋出纳之经，金币转通之法，敛散准驳之宜”，就是财政金融制度方面的内容。至于制国用使司，是忽必烈于至元三年设置的总理全国财政的机构，至元七年罢之。在此期间内，它是与省、台、院并立的最重要的国务机构之一。比如，阿合马就曾兼任制国用使。此外，世祖至元后期及武宗至大间，元朝曾两度设立尚书省，以“理财”为施政中心，但为时均不长，不久即罢，权复归户部、都省。

保存至今的元朝有关财政金融的法例，主要有《至元新格》有关理财的数条格文、《元典章》卷20户部6《钞法》《元史·食货志一》和《食货志五》的《钞法》，以及《通制条格》的有关内容。

一、财政法例

财政或理财，在元朝主要是钱、粮或钱、谷二项。这是贯穿元朝理财法例的中心内容。

在理财过程中，元代法例规定不乏某些理财基本原则方面的内容。至元二十八年的《至元新格》规定：“凡理财之法，或有未尽，蠹财之弊，或

① 《元史》卷85,《百官志》1。

有未去，生财之道，或有未行，逐一议拟咨省。户部该管去处准此。”[①] 则讲究征集理财方法、生财之道及革去浪费钱财的蠹财之弊的形形色色的建议、意见，是法令的要求，是元朝有关理财的基本指导思想之一。由于户部所管各机构支撑着国家财政的庞大支出，生财、理财及革去蠹弊，意义重大，故法令特别对户部所管分支机构作了特殊强调。

（一）收支制度

1. 理财在宏观管理方面，主要是上级机构或中央机构对钱谷收支的审批核验和监督，尤其对支出稽核甚严。

（1）关于支出的审批、核验，依《至元新格》规定：“诸应支钱粮，腹里路分皆凭省部勘合理算。其有申准诸支明文，例应倒除者，每季照勘所支数目，抄连合用文凭，检校一切完备，须要不过次季仲月中旬，开申合干部分，照勘相应，随即除破。”[②] 这是说，支出必须经省部明文批准，支出总算也必须以省部勘合批文为根据；支出总算以季度为单位；受中央省部（即中书省户部）直接统辖支出事项的地方财政单位是腹里地区各路总管府。《至元新格》还规定：“各处行省所辖路分应申倒除者，准此”，即不属中书省直辖的其余行省，也以路为钱粮支出总算单位；其支出经行省批准、总算依行省勘合为据，也应与腹里各路同。

（2）关于季报支出监督，依《至元新格》规定：“诸钱粮等物，户部立式，其使诸处每季一报到部，委官检较，但有不应，随即追理，年终通行照算，务要实行，毋为文具。行省准上咨省。”[③] 可知户部作为财政支出的监督机构，拥有审核各地季报支出的合法与否的权力，并拥有对“不应”支事项下达“追理”命令的权力。

---

① 《元典章》卷22，《户部》8，《课程·至元新格》。

② 《元典章》卷21，《户部》7，《钱粮·支·至元新格》。

③ 《元典章》卷21，《户部》7，《钱粮·支·至元新格》。

2. 理财在微观方面即表现为各级官府财务管理、资金管理等具体制度。应当说，元朝理财在宏观与微观两方面确如元人所说“考计财赋，自有常制；催办给授，各有等务”[①]的，而且宏观监督是以微观制度为基础或依据的。上述至元二十八年的《至元新格》所定制度，是以前此的具体制度的建立为铺垫的。

至元二十二年，湖广行省根据腹里各路“收支体例”，拟定了有关收支钱物规则数条。其内容主要有：

（1）关于钱物之收及其管理

凡“应收课程、出产茶盐引价、赃罚等名项系官钱物，本管官司依例科征，发下合属，明置文簿，编立号数，出给凭照，开写是何年分、甚名项钱物”[②]。虽然课程、茶盐引、赃罚是由不同官署掌管，但各官署均有义务出具收入名项、数量等凭照，以供收受贮纳机构收存。按照规定，关于数量和质量事项，要具体到“若收金银，须见成色；疋帛须要各色端、疋、托数”。

（2）关于钱物之支及其管理

凡“应支官物，当该官吏照勘常例，委有奉到上司许准明文，开写始末备细料例，体复相应。先尽官有、现在，然后圆押勘合，行下合属，拟定于是何钱内责领给付，无致互相动支别项钱物。如无许准文字，毋得擅自放支分文钱物”。这种具体而微的规定，细致到关支钱物必须在指定名项内给付，在程序上则要有上司明文批准及体复程序。

（3）关于收支文簿编写及上报勘验

收支规则要求“各处置立文簿，编写收支体例”。此外还要求“另置收办乡贡出产、官房田土牛马租课等系官之物文簿”。这样，有关各类收支均包括在内。而且，这些文簿要“呈行省照验”，作上级审核的依据。

---

① 《元典章》卷21，《户部》7，《钱粮·支·考计收支钱物》。

② 《元典章》卷21，《户部》7，《钱粮·支·考计收支钱物》。

（4）关于收支文簿专官收掌、勘造

收支规则要求，凡“收支官钱，各处专委首领官一员，并选通书算、廉洁人吏掌管，置定簿籍，以备年终照用”。实际是希图建立专官负责会计事务制度（尽管元代各官署首领官所掌事务繁杂，不止收支文簿一项），故要求对“委定首领官、人吏，毋得擅自差故”。

（5）关于审核除破支出及不应支之追征

收支规则规定，凡“申除悬在钱物，仰依已行照勘原奉许支各项料例，体复相应，依例除破”。除破即准予开销支出之意。这是在有上司“许支”明文前提下进行的。相反，如果“有不应支，或有侵欺、移易、借贷，立限追征完官，合德［得］罪犯量情究治”。

（6）关于仓库诸物申报上级官司

收支规则要求“各设仓库照勘旧管、新收、已支、现在名项、数目”，统计好一切，然后“每旬一次申复本管上司，每月一次备申宣慰司，每上下半年开呈省府”。这是为核对各处收支文簿与实际是否有出入，对仓库文簿的要求背后是收支钱物问题。所以，规则要求“各仓库每季依上给附赤历申解上司印押”。

（7）关于其他钱物收支申报

规则对“另项寄收钱物”即不属于上述课程、茶盐引价、赃罚等项系官钱物，也要求“每季开写旧管、收支、现在各项，开呈省府”[①]。这是对上述各项的补充规定。

总之，元代关于收支制度，基本上是“各路每季入递申报，宣慰司类呈省府，年终各道首领官将引令史赴省通行考较”[②]。而这一切，又是在各处收支文簿、原有文凭基础上作出的。所以，成宗大德元年七月户部就“考较课程、照算收支钱帛”等事，要求各地派来“照勘一切文凭”官吏，年

① 以上均见《元典章》卷21，《户部》7，《钱粮·支·考计收支钱物》。

② 《元典章》卷21，《户部》7，《钱粮·支·岁终季报钱粮》。

终前“须要倒除了毕”。如果“违限或限内到来，但有文凭不完，将差来人吏痛行断罪，局散别议，及将元委首领官拟决二十七下，任满降等任用；正官取招议决，标注过名”[①]。

（二）税课

元代税课是国家预算收入中的重要方面，起着集中资金的主要作用。通过征收税课而形成的征税纳税关系，是当时财政法律关系的重要内容。

元代税课也称“课程”，范围十分广泛。有茶课、盐课、酒课、市舶、契本、铜冶、竹课、河泊、杂课等。因茶、盐、酒课事涉榷务（即专卖），市舶又涉及外贸管理，我们将在市易管理中作全面介绍。本节仅叙述其余几项主要课程。

1. 商税

元代法令一再强调：“种田纳田税，做买卖的纳商税”，商税是税课的一项重要课程。

早在世祖中统二年六月圣旨中，就专门对隐匿商税一事制定了惩罚条款：“诸犯匿税者，所犯物货一半没官，於没官物内一半付告人充赏，但犯笞五十；入门不吊引者，同匿税法科断。”[②]这一条款，后来在至元十三年和至元二十五年两次重申禁断过[③]，表明它是惩治隐匿不交商税的基本和常行条款。

至元十三年十月，江南行中书省就商税拟定专门条款。该条款强调：“商税，各处若不关防，中间作弊，百般欺隐课程”，为此要求：“今拟除府城门外吊引入城、赴务投税、附历收课外，据在先杂税于税务门内置局，亦吊引税”。具体办法是，对“将税物货”，先由攒典人“先行从实抄写数

① 《元典章》卷21，《户部》7，《钱粮·支·准除钱粮事理》。
② 《元典章》卷22，《户部》8，《课程·恢办课程条画》。
③ 见《元典章》卷22，《户部》8，《课程·江南诸色课程》及《课程·匿税·隐匿商税罪例》。

目”，发给千字文号，“标写某物该税钞若干”，然后由“税物人赍把号贴，赴务投税”，以防止拦头人“虚抬高价，口喝税钱，刁蹬百姓”[①]。

商税课额，世祖至元七年，“遂定三十分取一之制”[②]。到至元二十年，要求“厘勒管课人员，止依旧例三十分取一，不得高估所税物价，多收税钱”[③]。但后来便增至二十税一。

需要说明的是，元代商税征课对象不局限于职业商人。凡一切物货买卖，无论其是否有营利目的，皆须交纳征收，故实质上是一种交易税，因而课征对象包括了参加交易的一切人。从《元典章》所载例案看，屠户不吊引纳税，自属职业商人匿税行为[④]；农民异地出卖布匹、椒、牛皮等农副产品，也须在县税务纳讫税钱，方可在“市集作买卖去处”出卖[⑤]；甚至军人出卖丝绢，除了作为盘缠使用的以外，其余货卖也得“依例纳税”[⑥]。

2. 契本

契本，《元史 · 食货志二》将其作为商税之一叙述。其实，商税是交易税，所以至元二十二年法例规定：“牛马骡驴羊鸡鸭鹅生子犊，不系货卖者，……不合收税；并人家自用，不系货卖之物”，也“不合收税”[⑦]；而契本是一种附加税，它是在抵足官府印造契本的成本之外的附加税课。故商税又称“正税”。

契本用于所有各类课程。或由中央印造，或由各地印造。依至元条画：“诸人典卖田宅、人口、头匹、舟舡物业，应立契据者，验立契上实值价钱，依例收办正税外，将本用印关防每本宝钞一钱。无契本者，便同偷税究治。”

① 《元典章》卷22，《户部》8，《课程 · 江南诸色课程》。
② 《元史》卷94，《食货志》2。
③ 《元典章》卷22，《户部》8，《课程 · 办理合行事理》。
④ 《元典章》卷22，《户部》8，《课程 · 匿税 · 匿税提调官断》。
⑤ 《元典章》卷22，《户部》8，《课程 · 匿税 · 入门不吊引者同匿税》。
⑥ 《元典章》卷22，《户部》8，《课程 · 匿税 · 军人孙真匿税》。
⑦ 《元典章》卷22，《户部》8，《课程 · 契本 · 税契用契本杂税乡下主首具数纳课》。

这是较早的收取契本法令。到至元二十二年五月，中书省下令增契本钱至“每本收宝钞三钱”，在程序上要求在“赴务投税”时，“随即粘连契本，给付买主”。至元二十五年，尚书省下令禁治“不用契本”、随意买卖行为，否则，对“买主同匿税科断，当该院务官依条追断”[①]。迨至仁宗皇庆元年二月，契本钱由中统钞三钱增至至元钞三钱，理由之一是“置买田宅、人口、头疋，即非贫民所作，俱系有力富庶之家”[②]。

但契本的执行颇成问题。皇庆元年五月，户部主事指出问题的严重性：民间交易“用契本者，百无一二”。原因在“买置之家畏惧税司刁蹬”，却“多被权豪势要牙行拦头巡税之徒结揽文契，多收税钱，并不纳官”。这些人两相说合买卖双方成交，又“两相要讫牙钱”，写定文契，收取商税，却都据为己有。为避免税司发觉，干脆不用契本。为此，都省要求：今后“如无契本，买主依例追断；结揽牙行栏头人等，比匿税例加等追断。”[③]

3. 杂课

杂课是诸项正课之外，各类税课的总称。从《元典章》所列诸杂课情况看，杂课即茶盐及一般买卖诸物之外的其余繁杂税课。主要有：

（1）和买税课

和买是官府以买主身份，两和支价购买民人诸物。和买要求卖主纳税，是世祖至元初年的事情。至元四年，制国用使司以和买民间纸札，其“纸户不曾赴务投税”。遂确定：“虽是官买物件，亦合投税。”[④]自此，和买由卖主纳税成为通例，一直到武宗至大二年也还在执行这一法例。只不过和买税钱单独收存、专项申报。[⑤]

① 均见《元典章》卷22，《户部》8，《课程·契本·关防税用契本》。

② 《元典章》卷22，《户部》8，《课程·契本·契本每本至元钞三钱》。

③ 《元典章》卷22，《户部》8，《课程·契本·契本税钱》。

④ 《元典章》卷22，《户部》8，《课程·杂课·和买诸物依例投税》。

⑤ 《元典章》卷22，《户部》8，《课程·杂课·和买诸物税钱》。

（2）典质税课

典与买卖虽不同，也须纳税。至元四年案例，某人“先典价钱市银六百五十两，已经税讫”，表明承典人须依典价纳税。如果“以典就卖”，则要补足买价与典价差额部分的税课。[①] 质当也须纳税。至元四年“段阿李质当人户房舍，不行投税”，本路官府断“质当房舍，不系漏税”，但制国用使司以为是漏税，应当交纳。[②] 应当说，制府处理是对的。因为旧例规定“私相贸易田宅、奴婢、畜产及质压交业者，并合立契收税，违者从匿税科断”[③]，其中就有质压一项。

（3）聘财税课

至元八年，真定路民户被税务官拘管，原因是收到亲家聘财绢匹未曾纳税，断作漏税。制国用使司以聘财从来“不曾收税”，是否现在立制“将布绢等物，依价准折财钱，合行投税”。都省批准“依例收税施行”[④]，从而确立了聘财纳税定制。

但元代并非一切均纳税。不纳税或免税的情形，有“赁房租不合理税”“农器不得收税”“借丝还绢不税”“倒死牛肉不须税”等[⑤]。

二、钞法

（一）钞制之变

1. 钞制四变

元代钞制四变，指世祖中统元年十月造中统宝钞，变地方钞制为统一

① 《元典章》卷 22，《户部》8，《课程 · 杂课 · 以典就卖税钱》。
② 《元典章》卷 22，《户部》8，《课程 · 杂课 · 质当文契税钱》。
③ 《元典章》卷 22，《户部》8，《课程 · 杂课 · 贸易田产收税》。
④ 《元典章》卷 22，《户部》8，《课程 · 杂课 · 聘财依例投税》。
⑤ 《元典章》卷 22，《户部》8，《课程 · 杂课》。

钞币；至元二十四年复至元钞，变中统单一钞制为中统、至元二钞并行；武宗至大二年，又造至大银钞，取消中统钞，以至大、至元二钞并行。顺帝至正十年，又铸至正通宝钱，与中统交钞、至元宝钞通行。

（1）蒙古汗国初行钞制

蒙古汗国曾仿宋朝交子、会子及金代交钞，在部分地区发行钞币。蒙古灭金后，窝阔台于1236年（丙申）发行交钞，接受耶律楚材建议，发行量以万锭为限。这是蒙古汗国中央政府第一次发行交钞。在此前的1227年（丁亥），元帅左监军何实在博州（今山东聊城）发行会子，以丝为本，民获贸迁之利。限于本地区流通，所谓“权行一方”[①]。至1253年，忽必烈在京兆设立交钞提举司，发行交钞。这些都属于地区性钞币。

（2）初变钞制

世祖忽必烈即位后，于中统元年七月印造“中统元宝交钞”，以丝为本。大凡每五十两银，可易丝钞一千两。物价按丝计算，所谓“诸物之直，并从丝例”[②]。至十月，又造“中统元宝钞”，以银为本，一般所说中统钞即指此。

中统钞面值分九等，分别为10文、20文、30文、50文、100文、200文、500文，1贯、2贯。凡1贯中统钞同交钞1两，两贯同白银1两。此外，又有中统银货，用文绫织成。分1两、2两、3两、5两、10两，每1两同白银1两。但未行用。至元十二年，又行厘钞，分2文、3文、5文三等，以便于找换，不久即罢[③]。

（3）再变钞制

至元二十四年，元廷发行“至元宝钞”，与中统钞并行。面值自5文至2贯，分为十一等。至元钞与中统钞的比价是“至元宝钞一贯当中统宝

---

① 《元史》卷150，《何实传》。

② 《元史》卷93，《食货志》1。

③ 《元史》卷93，《食货志》1。

钞五贯”。[①]

（4）三变钞制

武宗至大二年，元廷发行“至大银钞”。废中统钞，规定至元钞与至大钞相权而行。至大钞以银为本，钞面不以文贯为识，而以银之两、钱、厘标示。面值自 2 厘至 2 两，分为十三等。与至元钞的比价，至大钞 1 两准至元钞 5 贯，同时相当于白银 1 两，赤金 1 钱[②]。同时又铸至大通宝、大元通宝铜钱。仁宗即位后，罢至大银钞与铜钱，恢复印行中统至元二钞。

（5）四变钞制

顺帝至正十年，因“钞法偏虚，物价腾踊”，铸至正通宝钱，以中统交钞一贯权铜钱一千文，准至元宝钞二贯，铜钱与历代铜钱并用。至正通宝钱分为小平钱、折二钱、当三钱、当五钱、当七钱五等。印造新中统元宝交钞，令民间通用。[③]

但元朝钞制虽数变，终元之世，中统、至元二钞基本上是作为常行钞币使用的。

2. 钞制之变与钞本

世祖中统元年七月中统交钞的印行，使制钞权专属于朝廷。而且改变旧钞制二三岁一易的限制行用期限，“不限年月，通行流转”，使钞币在空间和时间上都获得极大扩展。国内货币统一对经济交流的活跃起了推动作用。

钞币印发皆有钞本。何实以丝数印置会子，丝为钞本；中统交钞也以丝为本；中统元宝钞、至元通行宝钞、至大钱钞皆以银为本（兼也用金）；至正中统交钞始以钱为本。钞本是印钞的准备金，充足的钞本银是钞币保持信用的必要条件。

① 《元典章》卷 20，《户部》6，《钞法 · 行用至元钞法》。

② 《元史》卷 93，《食货志》1。

③ 《元史》卷 93，《食货志》1。

蒙元时印行钞币，随路都有“元（原）发钞本课银”为储备。《元史·食货志》谓钞法“以物为母、钞为子，子母相权而行”[①]，就是此意。史楫的银钞相权法，也是此意。此外，各地平准行用库从民间倒换到金银，也相继作钞本使用。如中统钞法，发钞若干，随降银货。各路无钞本者，不降新钞，所谓子母相权。在至元五年，发给各路平准库钞1.2万锭，“以为钞本”[②]。

因此，“银本尝足不动”，人们“视钞重于金银”，[③]被认为是钞法之利的两大内容。但至元钞行用经20年，却出现了“物重钞轻”的现象，钞币贬值至1/10。元人论及钞法坏的原因，大抵都与钞本有关。王恽认为，自至元十三年以后，“各处平准行用库倒到金银，并元发下钞本课银，节次尽行起讫”，都被运送到中央，“自废银钞相权大法”是原因之一[④]。刘宣以为：“随路平准库金银尽数赴大都”，是“大失民信，钞法日虚”的重要原因。各路“所行皆无本之钞，以致物价腾踊，奚至十倍”[⑤]，终致“物重钞轻”。

解决物重钞轻、钞法涩滞不行的办法，至元二十三年刘宣曾建议：“验元起钞本金银发去，以安民心”。但此议未被采纳。至元二十四年，为挽救财政危机，元廷还是印造了至元宝钞。

至元钞印行前后，刘宣、赵孟頫都对新钞贬值问题做过分析。刘宣以为：创新钞以权旧钞，只是改换名目，“无金银作本称提”，“三数年后亦如中统旧钞矣”。[⑥]赵孟頫也以为，若造钞时不“以银为本，虚实相权”，“二十年后，至元必复如中统”[⑦]。果然，至元钞未愈年即涩滞不能行。

至元三十一年八月成宗诏：诸路平准交钞库所贮银九十三万六千九百

① 《元史》卷93，《食货志》1。
② 《元史》卷93，《食货志》1。
③ （元）王恽：《中堂事记》卷上。
④ （元）王恽：《秋涧集》卷90，《便民三十五事·论钞法》。
⑤ 《元史》卷168，《刘宣传》。
⑥ 《元史》卷168，《刘宣传》。
⑦ 《元史》卷172，《赵孟頫传》。

五十两，除存留十九万二千四百五十两外，其余皆运至京师[①]，用于赏赐诸王。大德二年，以岁入不足于用，"又于至元钞本中借二十万锭"。[②]

武宗至大元年，省臣再循"往者或遇匮急，奏支钞本"旧例，又"支钞本七百一千余万锭"[③]。至此，至元钞的准备金被挪用殆尽，钞币成了无法兑现的废币。

至大二年，因"物重钞轻"，又造至大银钞。此时已借支钞本达"千六十万三千一百余锭"，故又拨给至元钞百万锭为钞本。至此，"至元钞五倍于中统，至大钞又五倍于至元"[④]，中统钞一贯只值原额的1/25。

再如，至正钞法，虽新印中统交钞，以钱为本，实则不然。故叶子奇论之云："欲定钞法，须使钱货为之本。"办法是："于府县各立钱库，贮钱若干，置钞准钱引之制，……引至钱出，引出钱入，以钱为母，以引为子。"[⑤]

3. 钞制之变与收支

急剧增加的开支是元廷动用钞本的原因。营造工程、对诸王贵戚的赏赐等，始终是元朝财政开支的巨大负担。为解决供需矛盾，元廷一再增加印钞数量。

世祖中统及至元初期，每年印造钞数多则11万锭，少则2万锭，印造有定额。大体是以全国课程收入之金银和倒换昏钞之数为额。适当控制的印钞额，是保持钞币信用的另一必要条件。从至元十三年起，印钞数增至140万锭。到至元三十一年前，有6年保持100余万锭，另有两年印钞数竟达200余万锭[⑥]。

① 《元史》卷18，《成宗纪》。

② 《元史》卷18，《成宗纪》。

③ 《元史》卷22，《武宗纪》。

④ 《元史》卷93，《食货志》1。

⑤ 《草木子》卷3。

⑥ 吴晗：《元代之钞法》，载《吴晗史学考著选集（第二卷）》，人民出版社1986年版，第456—458页。

钞币越印越多，越发越滥，币值也一贬再贬。这一过程与钞本被挪用相伴而行，致使“无本钞数，民间既多而易得，物因涌贵而难买”[①]。

庞大的印钞数是为应付巨大的开支，新印钞被用于一切支出。凡“一切度支，虽千万定，一于新印料钞内支发，有出无入”。[②] 朝廷并不考虑收支是否平衡。至元二十九年，即至元钞行用之第五年，“一岁天下所入凡二百九十七万八千三百五锭，自春及今，凡出三百六十三万八千五百四十三锭，支出却已逾入数六十六万二百三十八锭”，[③] 造成了巨大的财政赤字。武宗即位当年，岁入调京师常赋 280 万锭，就“已支四百二十万锭”，尚有 100 万锭应支出而无着落者[④]；仁宗即位当年，岁支钞累计 1000 余万锭，而帑藏竟只有 11 万锭。[⑤]

入不敷出，迫使元廷滥印钞币。但越是滥印，钞法越坏。钞制之变之所以新钞币值重于旧钞，就是旧钞贬值的证明。对此，曾有人建议印钞数量应“度其所入，量其所出”，如果每年差税课程可得百万锭者，岁支钞数只能在 50 万至 70 万，多余的旧钞应立即烧毁，即应控制流通货币总量，此议不失为解决钞法难题的思路，但未被采用。

（二）钞币行用

元代有关钞币行用之法，如丁赋课程皆收钞，钞之用与金银同，保证了钞币有放有收，有出有入；钞可以换金银，金银可以换钞，昏钞可以换新钞，保证了钞可随时兑换；钞与金银并行，做到虚实相权，都是元代钞法的成功之处。相应地，钞币发而不收，不能兑换，昏钞不能换新钞，终于导致钞法大坏。

---

① （元）王恽:《秋涧集》卷 90,《便民三十五事·论钞法》。

② （元）王恽:《秋涧集》卷 90,《便民三十五事·论钞法》。

③ 《元史》卷 17,《世祖纪》。

④ 《元史》卷 22,《武宗纪》。

⑤ 《元史》卷 24,《仁宗纪》。

1. 赋税课程收纳钞与交易用钞规定

（1）赋税课程收纳钞

中统二年，元廷就课程收受中统交钞的问题作了规定。要求："应据酒税醋盐铁等课程，并不以是何诸科名差发内，并行收受。"① 作为钞法行用的基本规定，它对钞币流通是起了相当作用的。后来数更钞法，民间均以中统钞计定物价，与此不无关系。

世祖至元二十四年行至元宝钞，为保证新钞的施行，元廷下发《行用至元钞法》14 款，主要内容之一就是对科差及诸课程行用钞法问题作了规定。

关于包银，规定：若民户愿纳中统钞，仍依旧只收四贯；愿纳至元宝钞者，折收八百文（依至元钞一贯当中统钞五贯折算）。余差税应折收钞币者，也依此施行。并要求："随处官并仰收受，毋得阻当。"

关于课程，盐课卖引允许中统钞、至元钞"新旧中半"使用，即每引用至元钞 2 贯、中统钞 10 贯；盐商愿出 4 贯至元钞者，也得允许，官司必须"依理收受"。茶酒醋税、竹货等诸色课程，收至元钞依例以一当五（贯）中统钞。但民间愿纳中统钞者，官司也应收受。

对此，还有一项总括性规定："随路平准行用库官、收差办课人等，如遇收支交易，务要听从民便，不致迟滞。若有不依条画，乞取刁蹬、故行阻抑钞法者，取问是实，断罪除名。"② 在此，除库官外，也对上述办课人违例罚则作了概括规定。

（2）官民交易行用钞法

《行用至元钞法》还对官民交易用钞之法作了若干规定。

①斡脱钱债用钞。规定："系官并诸投下营运进幹（斡）脱公私钱债关借中统宝钞，若还至元宝钞，以一折五，愿还中统宝钞者，抵贯归还。出

① 吴晗:《元代之钞法》，载《读史札记》，生活 · 读书 · 新知三联书店 1956 年版，第 274 页。
② 以上均见《元典章》卷 20,《户部》6,《钞法 · 行用至元钞法》。

放斡脱钱债人员，即便收受，毋得阻滞。”元代系官斡脱与诸投下斡脱势力极大，为防止其阻滞钞法，故专条作了规定。

②新钞行用与物价。依规定，街市行铺户，兴贩客旅人等，对用中统钞买卖诸物，只得旧价发卖，“无得疑惑，陡添价直”。但其“减价者，听”。凡富商大贾高抬物价，一律断罪。此外还规定，民间质典田宅“并以宝钞为则”。契券上“无得该写斛粟丝绵等物，低昂钞法，如违断罪”。[①]

2. 钞币兑换

（1）钞币与金银互换

中统二年最早确定交钞可兑换金银：“如有诸人赍元宝交钞，从便却行赴库倒换白银物货，即便依数支发，并不得停滞。”[②]为此，中统四年立燕京平准库，至元五年设各路平准库[③]，掌平准物价，主持民人到库以钞易银或以银易钞事务。

至元十九年整顿钞法，规定买卖金银必须赴官库，严禁私下买卖金银。凡私下买卖者，金银、价钞全部没官，其中一半付告捉人充赏，并视交易金银数量予以杖罚。买卖金银人自首者免罪，其金银官收给价。[④]

民人到官府倒换钞银有规定价格。课银每定入库价钞 102 两 5 钱，出库价钞 103 两；白银、花银、赤银每两入库价钞分别为 1 两 9 钱 5 分、2 两、14 两 8 钱，出库价钞分别为 2 两、2 两 5 钱、15 两。出库价高于入库价，作为工墨息钱。凡民人携金银到库倒换钞币，库官、库子必须“依殊色随即将倒”，不得增减殊色，“非理刁蹬，违者杖罚、罢职”。[⑤]

至元二十四年行用至元钞后，仍禁私买卖金银。并规定了民人到库以

---

① 以上均见《元典章》卷 20，《户部》6，《钞法·行用至元钞法》。

② 吴晗：《元代之钞法》，载《读史札记》，第 274 页。

③ 《元史》卷 93，《食货志》1。

④ 《元典章》卷 20，《户部》6，《钞法·整治钞法》。

⑤ 《元典章》卷 20，《户部》6，《钞法·整治钞法》。

钞倒换金银新价，一以至元宝钞为准[1]。

（2）昏钞倒换

钞由树皮纸做成，易于磨损撕裂。凡有磨损、撕裂、掉角、缺边者即昏钞。

为保证钞的流通，中统时便规定百姓可将昏钞至官库易换料钞（新钞）。至元二年规定：民人以昏倒换新，每两除工墨二钱三分，至元三年减为二分，至元二十二年又增至三分[2]，但据《元典章》，至元十九年《整治钞法》条画，即已将工墨提高到三分[3]。

昏钞倒换，禁止库官、库子刁难民人，"多要工本"，并严禁库官、吏人于街市暗行添答工墨、转行倒换，犯者依其私倒数量分别杖罚。[4]至元二十四年更禁止势要之家与库官人等自行结揽，多除工墨倒换，违者痛行断罪。[5]

鉴于钞库开闭不定，以及每日倒换数目有限，影响流通，至元十九年，元廷曾要求大都各库"每日於卯时开库，申后收计，不得停滞"昏钞倒换，并再次申明各库官、典吏不得"妄生刁蹬、添答工墨"。[6]至元二十年又以随路平准行用库"苟延月日开库，不行倒换"，要求各路"须要常川开库，倒换金银、昏钞"，"不致停闭"。[7]

关于昏钞标准，成宗大德二年，户部确定二十五样钞币可作昏钞倒换。大抵缺少下截、上截及缺少紧要字样等，均可倒换新钞。[8]

---

① 《元典章》卷20，《户部》6，《钞法·行用至元钞法》。

② 《元史》卷93，《食货志》1。

③ 《元典章》卷20，《户部》6，《钞法·整治钞法》。

④ 《元典章》卷20，《户部》6，《钞法·整治钞法》。

⑤ 《元典章》卷20，《户部》6，《钞法·行用至元钞法》。

⑥ 《元典章》卷20，《户部》6，《钞法·体察钞库停闲》。

⑦ 《元典章》卷20，《户部》6，《钞法·常川开平准库》。

⑧ 《元典章》卷20，《户部》6，《钞法·昏钞·倒换昏钞体例》。

钞币通行与否，不以统治者的意愿为转移，也不单纯系于法律强制。元代之钞，一变为准折（打折扣）使用，二变为帖牌代钞，再变为物货贸易。

至元二十七年，江西浙西路民间行使中统宝纱，边栏“贯伯”完备者，每1贯作1贯200文；边栏字样极昏者，每贯只作800文使用。民间“私相准折”，不赴官库倒换的情形，使元廷极为不安。为此下令禁止“私相转使”，违者“枷项号令，决杖一百七下，所使钞两没官”。[①]

这种情形，与官库刁蹬不换有关。库官、库子多私下倒易昏钞，以图利息。百姓到库却不能及时回换。结果，钞币难以流传，“遂分作等级，其买使物货等，除去昏烂成数搭价，然后肯接”。[②]

至元三十一年，因至元钞“小钞极少”，多是大面值大钞。权豪势要之家及库官、库子等结揽私倒，致使民间“私立茶帖、面帖、竹牌、酒牌，转相行使”。元廷为此一方面下令多造零钞，另一方面严禁私茶帖面帖等[③]。但这些措旋难以生效。延祐元年，大都街下构栏、酒肆、茶房、浴堂之家，自造竹木牌以及帖子的事情仍所在多有。甚至私酒牌竟在“街市流传”，[④]超出了酒店范围。

小钞数量极少，难以流入下民手中，也致使“民间以物易物”情形的发生。[⑤]至元钞即已如此。顺帝至正钞法，最终也竟使“郡县皆以物货相贸易”，[⑥]钞币俱不行用了。

钞法之行用与否，不纯粹系于法律强制。实际是经济规律在起作用。叶子奇论至正钞法的施行：“徒知严刑驱穷民以必行，所以刑愈严而钞愈不

①《元典章》卷20,《户部》6,《钞法·杂例·行用宝钞不得私准折》。

②（元）王恽:《秋涧集》卷90,《便民三十五事·论钞法》。

③《元典章》卷20,《户部》6,《钞法·杂例·禁治茶帖酒牌》。

④《通制条格》卷14,《仓库·酒牌侵钞》。

⑤《元典章》卷20,《户部》6,《钞法·杂例·禁治茶帖酒牌》。

⑥《元史》卷93,《食货志》1。

行。”[1] 钞之行用与否，系于其经济价值。顺帝至正钞法出台前，有人就警告：“今历代钱及至正钱、中统钞及至元钞、交钞分为五等”，民必“藏其实而弃其虚”。[2] 果然，新法行用后，先是“民间或争用中统，或纯用至元，好恶不常”，因为中统钞与至元钞重轻不同。不久，民间又“皆绝不用二钞，而惟钱之是用”，因为人们都以“钞乃虚文，钱乃实器”，重轻又不同。再后至正铜钱停铸，“民间所用者悉异代之旧钱矣”。[3]

结果，“物价腾涌，价逾十倍”。加上为镇压各地起义所需军储，元廷大量印造钞币，至以“舟车装运，轴轳相接”，钞币贬值愈甚，京师料锭10锭竟买不到1斗粟。“郡县皆以物货相贸易”，公私之钞，俱不行用，人视之如废纸。[4]

（三）禁断伪钞、挑钞

1. 伪钞罪例

（1）伪造罪例

蒙元时伪造钞币案与钞法的实施相伴而行。《元典章》保留了至元五年、六年、七年的案例及至元五年禁伪钞圣旨，说明伪钞出现较早。有时也竟出现高峰。如从成宗大德元年至四年三月，杭州等路就发生印造伪钞案88起，关押人犯274人。[5]

仁宗延祐年间，福建闽海道又出现了大规模利用宋朝交子、会子伪造元钞的事件。一时间，收买南宋交会、伪造出卖交会的案件层出不穷。元廷不得不下令限隐藏旧交会之人50日内赴官出首，告发者赏钞20锭。[6]

---

① 《草木子》卷3。

② 《元史》卷93，《食货志》1。

③ （明）王祎：《王忠文公集》卷12，《泉货议》。

④ 《元史》卷93，《食货志》1。

⑤ 《元典章》卷20，《户部》8，《钞法 · 伪钞 · 禁治伪钞》。

⑥ 《元典章》卷20，《户部》8，《钞法 · 伪钞 · 买卖蛮（原作变）会断例》。

而且，伪钞案多系再犯、三犯案犯所为[①]，初犯者较少。

对伪造钞币案犯，始初分首从犯处罚。凡“为首处死，为从雕板、抄纸、安藏、印造、知情受分人等，俱各杖断”[②]。

依至元七年石治民伪钞案断例，元代对为首雕刻印板、制造伪钞人犯，即凡“自行发意雕板、印造伪钞”者处死。但只限于伪造逼真，堪以行用，甚至已实际使用的情形[③]，其中“堪以行用”是决定性情节之一。同年，司都喜伪钞案，因伪造之钞“不曾使用红印”，只用了“墨条印”。当地官府以为“委的不似真钞，难以行使”，都省也认定“系伪造未成”，最后断决：“比其余为首印造伪钞已成、中使的人，减死一等，流入直北鹰房子种田处住坐”[④]，从而确立了不堪行使，首犯远流的断例。

但到至元十五年，中书省建议抛弃以往断例，加重处罚。“但犯伪钞，无问堪与不堪行使，为首处死，余皆杖断。”都省为此议定详细规则：今后伪钞案，凡起意者、雕板者、印钞者、抄纸者、项科号者、家里安藏印造者、收买颜色物料者，“俱是同情伪造，皆合处死”。[⑤]

至元十七年二月，中书省更就某些官吏轻纵犯伪钞者问题奏明皇帝。不少人对于“不似真钞”，就“不教死，教打著（着）”不满意，要求官吏不论伪钞“似与不似”，首从各犯一律处死[⑥]，从而进一步肯定了十五年的罚则。

但上述规定，应理解为伪造刻板、印章已成并已付印者。据仁宗延祐元年戴荣一案断决情况，若已伪造板、章而不曾印造者，为首仅“杖一百

① 《元典章》卷20，《户部》6，《钞法·伪钞·格后行使伪钞》、《买卖蛮会断例》。
② 《元典毒》卷20，《户部》6，《钞法·伪钞·造伪钞不分首从处死》。
③ 《元典章》卷20，《户部》6，《钞法·伪钞·伪钞堪以行使处死》、《造伪钞不分首从处死》。
④ 《元典章》卷20，《户部》6，《钞法·伪钞·伪造不堪行使流远》。
⑤ 《元典章》卷20，《户部》6，《钞法·伪钞·造伪钞不分首从处死》。
⑥ 《元典章》卷20，《户部》6，《钞法·伪钞·造伪钞似不似同断》。

七下，徒役”，前此朱来兴伪钞案创立此例，又当是仁宗年间新例。[①]

（2）知情受分买使罪例

关于分、使伪钞，至元七年以前，蒙古汗国已有“使伪钞的断一百七下”的断例[②]，至元十五年又规定：“知是伪钞分使底（的），及用钱买使伪钞底（的），断一百七下。”[③]

至成宗大德七年，刑部与户部议定：“知情分、买行使之人，初犯决一百七下，再犯除断外，徒役一年；三犯流远。”[④] 再度加重了分、买行使人的处罚。

但地方在执行时却弊端横生。大德十年，燕南道濮阳县印造伪钞人犯攀指许多人“买使伪钞”，竟然是典史、司吏等人指使，以便从中取受钞物。其他各地有司也“往往纵令指攀富实之家知情买使”，[⑤] 无辜受害求免，只得破荡家财，向官吏行贿。

（3）自首、告首赏例及知情不告罪例

关于知情不告，主要是负有一定责任的人。元代一般居民没有告发义务。有告发责任者，都是依法应监督及巡禁者。

至元二十五年户部议定：若有印造伪钞，“主首、社长、邻佑知而不首者，比附买、使伪造犯人减一等”。主首、社长、邻佑在平时有监督责任，故也有告发义务。不过，如他们“行首”，从而抓获犯人，“仍依诸人例给赏”。[⑥]

至成宗大德七年，刑、户二部对前例作了修改，重心是扩大有关责任者的范围，规定了巡禁官兵的责任。除邻佑人等知伪造宝钞而不首告、决

① 《元典章》卷20，《户部》6，《钞法 · 伪钞 · 印造伪钞未完》。

② 《元典章》卷20，《户部》6，《钞法 · 伪钞 · 伪钞不堪行使流远》。

③ 《元典章》卷20，《户部》6，《钞法 · 伪钞 · 造伪钞不分首从处死》。

④ 《元典章》卷20，《户部》6，《钞法 · 伪钞 · 禁治伪钞》。

⑤ 《元典章》卷20，《户部》6，《钞法 · 伪钞 · 纵贼虚指买使伪钞》。

⑥ 《元典章》卷20，《户部》6，《钞法 · 伪钞 · 伪钞邻首罪名》。

杖 77 下外，官吏禁治不严而失觉察者，该处巡捕军兵笞 37 下，捕盗正官及镇守巡捕军官各决 27 下，坊正、里正、主首、社长决 17 下[①]。

关于自首，元代法律鼓励伪造钞人自首和捕首，以分化瓦解造伪钞者。至元五年二月圣旨就规定："同造伪钞人内有悔过自首到官，与免本身罪。"[②] 大德七年除重申："其事未发而自首（原作守）者，原其罪"外，又补充规定"就捕同伴者，仍减半给赏"。[③] 仁宗延祐元年甘元亨为从伪钞案自首，袁州路即援引自首免罪例"原其罪"。[④] 不过，至元初对兄首弟为从安藏雕造伪钞一案，未能免杖，甚至不允许减半科决，对鼓励亲属首告是不利的。[⑤]

法律的赏赐刺激居民告首伪钞。至元初定例：告首捉获伪钞者，"赏银五定"。至元十五年增为"赏银一十定"，其中官支五锭，犯人名下均征五定。为刺激巡禁捕获者效力，又规定：凡应捕人（有巡禁捕获责任吏役等）减半给赏[⑥]。从仁宗皇庆元年陕西省安西路的情况看，各县县尉、弓手捉获伪钞人，皆依"例减半放支至元钞五定"，执行了前述规定。武宗至大时诏书除沿用"赏银五定"外，增加"给犯人家产"与告首、获得人，"应捕人减半"，[⑦] 赏给抄没伪钞人家财一半。至成宗大德七年，元廷要求首告捉事人的赏钱应及时给付。凡板印收缴到官、犯人招证明白，廉访司审录无冤，各路就应"随即当官给付"。若"应给而迁延不给，听廉访司纠察究治"。[⑧]

① 《元典章》卷 20,《户部》6,《钞法・伪钞・禁治伪钞》。
② 《元典章》卷 20,《户部》6,《钞法・伪钞・伪钞自首免罪》。
③ 《元典章》卷 20,《户部》6,《钞法・伪钞・禁治伪钞》。
④ 《元典章》卷 20,《户部》6,《钞法・伪钞・印造伪钞未完》。
⑤ 《元典章》卷 20,《户部》6,《钞法・伪钞・兄首弟安藏造伪科罪》。
⑥ 《元典章》卷 20,《户部》6,《钞法・伪钞・造伪钞不分首从处死》。
⑦ 《元典章》卷 20,《户部》6,《钞法・伪钞・应捕人捉获伪钞理赏》。
⑧ 《元典章》卷 20,《户部》6,《钞法・伪钞・禁治伪钞》。

2. 挑钞罪例

挑钞也称挑补，即“挑剜、接补、裨凑、描改”，指将面值低的钞币挑描后改成面值高的钞币，将价值低的钞币改为价值高的钞币。挑钞与伪钞的区别是以真作伪，而伪钞是以伪作伪。

（1）挑描罪例

在成宗元贞以前，元朝对挑补 1 两作 2 两、5 钱作 1 两挑钞犯，一般是首犯杖 77 下，从犯决 57 下。元贞元年五月，台官、部官以处罚过轻，建议加重，其后再次加重，改为：“正犯人打一百七下，为从的打八十七下”。[①] 其后，成宗又定挑钞人再犯罚则，凡挑钞人再犯，“为首的杖断一百七下，流远；为从的断一百七下”。[②] 武宗至大四年诏书，除对初犯依旧杖 107 下外，增科徒 1 年；再犯罚则沿袭元贞规定[③]。此后，仁宗皇庆元年案例，延祐三年案例均依至大诏书断罪[④]，延祐三年户、刑二部拟议也复依至大旧制[⑤]。故至大罚则当是元朝行用较久的定制。

挑钞案中有窝主罪名，与伪钞案不同。知情安藏伪造钞币系从犯（尽管与首谋起意同断），挑钞案窝主不入从犯，而是与正犯同罪。此断例始于仁宗皇庆元年。挑钞窝主王月兴供给正犯人至元真钞及笔墨，并提供场所，使正犯挑改。地方以其“资给造伪”“断依正犯人一体断遣，”[⑥] 即杖 107 下，徒 1 年，都省批准为通例。故至延祐三年户、刑二部拟定各款，即有“窝主同罪”[⑦] 内容。

关于再犯的首从叠犯及流远地域，大德十年刑部规定，不论前次为首、

① 《元典章》卷 20，《户部》6，《钞法 · 挑钞 · 挑补钞罪例》。
② 《元典章》卷 20，《户部》6，《钞法 · 挑钞 · 挑钞再犯流远屯种》。
③ 《元典章》卷 20，《户部》6，《钞法 · 挑钞 · 挑钞窝主罪名》。
④ 《元典章》卷 20，《户部》6，《钞法 · 挑钞 · 买使挑钞断例》。
⑤ 《元典章》卷 20，《户部》6，《钞法 · 挑钞 · 挑补钞犯人罪名》。
⑥ 《元典章》卷 20，《户部》6，《钞法 · 挑钞 · 挑钞窝主罪名》。
⑦ 《元典章》卷 20，《户部》6，《钞法 · 挑钞 · 挑补钞犯人罪名》。

本次为从，或前次为从、本次为首，“均各流远”。远流地域，凡“汉儿、蛮子发付辽阳，色目、高丽递去湖广行省，收管屯种”。[①]

（2）买使罪例

知情买使挑钞罪例初定于仁宗皇庆元年。江浙行省发生许季二挑钞案，牵连到买使挑钞之人。行省以无断例可循，咨拟依“知情买使伪钞例”减一等，杖断九十七下，获得都省批准。[②]

延祐三年户、刑二部议拟条款，又补充了前项规定。凡“知情买使（挑钞），初犯杖九十七下，再犯一百七下，三犯科断加徒一年”。都省批准的最后意见是：“知情买使决九十七下，再犯加等科断”，估计即户、刑部所拟意见[③]。

（3）首告赏例及知情不告罪例

成宗元贞以前，对拿获挑钞人犯者，“与两定钞赏”，官府奖 1 锭，从挑钞人犯处追罚 1 锭。因台官、部官以赏钱太少，无人有兴趣去抓获，建议增加赏数。凡拿获者赏 10 锭钞，由官府给 5 锭，从犯人钱物中支 5 锭。经奏定，最后确定的法例是：赏钞 10 锭，从“正犯人名下追与”；如不足，从各个从犯中追与；仍不足者，再由官府添足。[④]

这一法例为武宗至大四年诏书所承用。武宗诏书规定：“告捕挑剜裨凑者，赏中统钞一十定，犯人名下追给。”[⑤]

至延祐三年户、刑二部议拟条款，更增定邻佑告发、坊里正等觉察责任例。规定：“挑钞犯之两邻知而不首决 67 下；坊正、里正、主首、社长及捕盗官兵、镇守兼捕军官、军人等，失于觉察者，临事量情究治。”[⑥]

---

① 《元典章》卷 20,《户部》6,《钞法・挑钞・挑钞再犯流远屯种》。

② 《元典章》卷 20,《户部》6,《钞法・挑钞・买使挑钞断例》。

③ 《元典章》卷 20,《户部》6,《钞法・挑钞・挑补钞犯人罪名》。

④ 《元典章》卷 20,《户部》6,《钞法・挑钞・挑补钞罪例》。

⑤ 《元典章》卷 20,《户部》6,《钞法・挑钞・挑钞窝主罪名》。

⑥ 《元典章》卷 20,《户部》6,《钞法・挑钞・挑补钞犯人罪名》。

第四节 造作管理

元代的造作，指制造（可分为织造如缎匹布帛及杂造如军器、毡毯等）、起造（如房屋、堤岸、道路）和修理（如房屋、堤岸等）。制造与起造也称营造工程。

造作管理规范可分两部分内容，一为技术规则，二为管理规范。前者如织造工序期限、机张用料、各类折耗（丝线折耗、续头剪接折耗及打络折耗等），是长期摸索出来的技术规程要求；后者如申复批准程序、检查监督等，是行政管理方面的规定。

元代造作管理制度比较成型。有关造作管理机构设置，大抵分两个系统，即工部系统和将作院系统。尤以工部系统为重要。

工部“掌天下营造百工之政令”。“凡城池之修浚，土木之缮葺，材物之给受，工匠之程式，铨注局院司匠之官，悉以任之。”[①] 其隶属的机构主要有：诸色人匠总管府，“掌百工之技艺”，下设铸瀉等铜局、石局、木局等十一司局；诸司局人匠总管府，“领两都金银器盒及符牌等一十四局事”，包括大都毡局、染局、上都毡局等；大都人匠总管府，设绣局、纹锦总院、涿州罗局等，分掌绣造或织造诸王百官段匹；此外，设于各路的织染提举司和各城的织染局，也有数十处。关于土木工程的机构，有提举都城所，“掌修缮都城、内外仓库等事”；受给库，“掌京城内外营造木石等事”[②]。

将作院“掌成造金玉珠翠犀象宝贝冠佩器皿，织造刺绣段匹纱罗，异样百色造作”。其属主要有：诸路金玉人匠总管府，下设玉局提举司、金银

① 《元史》卷85，《百官志》1。
② 《元史》卷85，《百官志》1。

器盒提举司等；异样局总管府，下设异样纹绣提举司、绫锦织染提举司、纱罗提举司等；大都等路民匠总管府，下设尚衣局、御衣局等。[①]

元代的有关造作法例，主要有《通制条格》卷30《营缮》、《元典章》卷58《工部·造作》。包含在二书中的《至元新格》有关造作内容，是元代造作的比较成型的基本制度。

一、造作管理的通例性规定

世祖至元十四年三月曾作出过造作管理3条通例性规定。到至元二十八年六月奏准颁行的《至元新格》内，有“造作”规定11款（《元典章》作12款，实有11款），它们吸收总结了此前有关造作法例，是元代有关造作的通例性条款，适用于各类造作。后被收入《大元通制》的条格部分。此外，在成宗元贞元年正月，都省、工部对造作立定较细条款，大多也属于通例性内容。总括这些规定，主要有如下数项：

（一）关于造作工程毕工、开工的规定

世祖至元十四年三月圣旨和成宗元贞元年正月圣旨都谕令：“诸局分生活，今年为头关了物料的，衹教当年纳足生活，休教拖欠。生活歹呵，要罪过者”[②]，对各类造作完工时间及质量作了规定。后来，“年终了毕”的法令要求一直被沿用下来。

依据上述圣旨，至元十四年，有司对造作工程的开工和毕工的期限作了更详细的规定。

至元十四年的规定是：各路局院额造军器、缎匹、杂造、鞍辔生活所需物料，自至元十四年二月一日起，一律“自承受符文月日为始，须管限

① 《元史》卷88，《百官志》4。

② 《通制条格》卷30，《营缮·造作》。

染（柒）日交付数足造作”。即在期限内支领物料足数，便开始造作。若不在限内支领开工，“有违限怠慢去处”，负有提调责任的本路总管府官、首领官，一律罚俸半月；主管司吏决笞十七。如果“过期悬远，耽误造作”，还要“验事轻重，别议处决”。

同时规定：“违限工程，依例合于壹拾个月造定。”对过限局分的局官，“以拾分为率，拖工肆分以上决贰拾柒下，肆分已下、贰分已上决壹拾柒下，贰分已下罚俸一月”；提调官以下也约量断遣。[①]

（二）关于造作物料的申请支拨、还官与结算

《至元新格》规定，局院造作所需物料，必须选用通晓造作之人准确计算，“方许申索”，并要求官司也必须选用通晓之人复核。如果有“冒破不实，计其多少为罪，已入已者验数追偿”。目的主要是防止虚费官物和杜绝贪污。所以，自始即要求精确“审校”。

不过，如果原来申请支拨物多，造作工毕之日，“其元给物料虽经覆实而但有所余者”，限十日内呈解还官。限外不还者，依隐盗官钱法科罪。

同样，局院若奉命从事与原申索物料时不同的造作，可以将“现造生活比算元（原）关物料”，物料少时可以“从实关拨”，但若多时仍要“依数还官”。

关于结算，《至元新格》规定，各类造作所支破的钱物，必须在工毕之日，由亲临总司官率领官吏“一一照算完备”，各本司检复勘合无差。其“合除破者，依例开申除破，合还官者，从实解纳还官”，不得隔越年岁。

（三）关于造作监督和检查

《至元新格》规定，诸项营造应“日验月考”，其“监造官仍须置簿常

① 《通制条格》卷30，《营缮 · 造作》。

切拘检”，进行监督；“当该上司时至点校”，进行检查，以免虚延月日，久占夫工。

监督和检查的内容，主要是工程进度。

《至元新格》还要求对各项造作工程是否遵循规程及依限完工进行监督和检查，涉及工程规格及进度。依规定，在京都诸局分，造作局官必须每日躬亲遍历巡视；工部应每月委派官吏点检，如果发现有违“造作如法，工程不亏”的要求，随即究治问罪。在腹里各路局分，本路正官依都城例提点，每个季度向宣慰司申报工程进度，报工部备案。工部每季度呈报都省。各行省所管诸局分，也依上法督察、申报。总的进度要求仍是“比及年终，俱要了毕”[①]。

成宗元贞元年正月都省议定条款，基本沿袭了《至元新格》有关巡视、点检的要求及申报的规定。只是要求“局官每日巡视，提调官按月点检”，并特别规定：如“造作堪好，工程不亏”，对局官、提调官可临时定夺迁赏；若工程“低歹拖兑”，提调官、局官等应“验事责罚”，同时还要在任满日验事黜降。[②]

造作监督的对象，很重要的是监督工匠。工程进度取决于工匠，造作质量也系于工匠。故元贞元年工部议定事项规定：“禁约在局人匠，不得……恐吓皮吏，扇惑人匠推故不肯入局，耽误工程。”违者，“痛行断罪”。同时，又规定了对工匠造作的具体监督办法：“各处管匠官吏、头目、堂长人等，每日绝早入局监临人匠造作，抵暮方散。提调官常切点视，如无故辄离者，随即究治。”[③] 这就是监督的最终落点。

① 《通制条格》卷30，《营缮·造作》；《元典章》卷58，《工部》1，《造作·段疋·至元新格》。

② 《通制条格》卷30，《营缮·造作》。

③ 《通制条格》卷30，《营缮·造作》。

二、缎匹布绢造作

（一）关于织造的一般性规定

有关缎匹织造的一般性规定，是在成宗元贞元年与诸项造作的通例性条款一同作出的。

1. 织造开毕工及物料支领

依规定，各地局院额造缎匹（即常课缎匹），“正月一日收工，年终织造齐足”。“收工”即开工；“年终织造齐足”，与通例规定的造作时间是相同的。与通例稍异者，缎匹织造须每月将造织情况申报到工部。申报的时间下限，都城至晚不过次月初五日，外路不超过次月初十日。开工、毕工及申报违限者，断罚各路首领官吏。

为保证按时开工，法令要求织造“合用丝金物料”，须在“比及新年”时，“责限应付关支了毕”，以便“接续下机，来年正月已里收工造作”，违者断罪。

2. 物料收支管理

依规定，额造金素缎匹纱罗所需丝金颜料，要求“本处正官亲行关支”。即凡支领的物料，须在文簿上“开写备细名项、斤两”，并要半月一次“结转收支、现在数目”，由正官印押；收贮物料的仓库锁钥，也由正官封收。另外，收受支拨钱物，也应置簿标附。凡应收支而不收支，应标附而不标附，从而“耽误（悞）造作者”，“叁日罚俸半月，伍日已上决柒下”。至于“失收滥支”者，另行断罪。[1]

3. 织造工序期限

依元贞元年工部议定事项所云：“络丝、打线、攒经、拍金、织柒（染）工程，俱有定例。”这些定例主要是规定各工序的完成时间的。可惜，我

① 《通制条格》卷30，《营缮 · 造作》。

们已无法看到当时的具体规定了。依规定，工程文簿要“标附人匠关物日期，验工责限收支，并要依限了毕”。这是更具体的操作期限了。法令要求“违限不纳及造作不如法者”，应量情断罪[①]。

（二）缎匹布绢造作计划、规程

有关元代缎匹布绢造作的全面计划已不详。被包含在计划中的各地额造数量，一般称作“常课”。《元典章》有江南地区至元间承担七万匹“常课缎子”[②]，当时的建康、平江、杭州、庆元、泉州等地，是丝织业的主要产区。这个数目当也占供官缎匹的大部分。

元代织造规程的规定颇细，涉及机张用料、丝线折耗等内容。

《综线机张料例》是至元十年规定的。依织机的不同，用料多寡也不一。熟机每张使用泛子十二片，每片用熟线1两7钱5分；花机每张使用熟线15两2钱8分2厘；云肩襕袖机每张用熟线7斤3两2钱。其中花机又分过线与坠线，云肩襕袖机又分花渠、直线、过线，用料又有区别。[③]

机张料例是基本规定。但由于织造过程中有线头接续之事，就应适当增加损耗。至元二十三年九月，江西行省请求确定折耗体例。因为当时织造的纻丝六托缎匹，用正丝40两，只得可用的生净丝36两；八托缎，用正丝53两，只得可用的生净丝47两7钱，此外即“别无余豁续头剪接折耗纴线体例”。经工部议定的折耗是：“八托每段折一两，六托每段折七钱。”[④]

织造之前的打络也需要折耗。依惯例，分发给匠人打络的脚乱丝等，都执行“十分中一分折耗”的规矩。折耗积累款项多用于修理机器等。在

① 《通制条格》卷30，《营缮·造作》。

② 《元典章》卷58，《工部》1，《造作·段疋·讲究织造段疋》。

③ 《元典章》卷58，《工部》1，《造作·段疋·综线机张料例》。

④ 《元典章》卷58，《工部》1，《造作·段疋·段疋折耗准除》。

实际中，如果物料规定不扣除打络的折耗，则无法进行生产和保证质量。如至元时规定“一匹纱，十两丝；一匹罗，一斤丝”，这是标准物料用度。但省官却要求局院八两丝做一匹纱，十三两丝做一匹罗。成宗元贞元年二月工部及管匠官都认为：用八两及十三两丝，“比及打络过，折耗了不够（原作勾）有”[1]，所以要求依过去规定物料进行。

（三）造作规格、标准和质量的规定

1. 官属局院织造方面

江南诸局院在至元时所织 7 万匹“常课缎子”皆是六托长。后因尚书省要求织 1 万匹六托长者，余 6 万匹做五托半长者。至成宗元贞元年二月工部，将作院议定请旨，又改作六托[2]。

依大德十一年正月户部呈文指出此前被批准施行的拟议：“系官段疋，例织造幅阔一尺四寸，长五托之上”，这当是局院织造系官缎匹的标准长、宽。同时，户部引旧例：“诸路局院造纳缎匹内，诸五百官长八托缎匹，各幅阔一尺四寸；常课长六托段疋，每幅尺阔一尺四寸。”[3]这可能又是当时遵循的专用缎匹的长宽标准，都应当是官属局院织造应遵循的规定。

其实，官属局院不仅有缎匹的标准长宽规定，对成品的斤重也有要求。斤重往往反映是否有偷工减料情形。大德七年十二月，因各处行省及腹里诸路送交的“诸王百官常课金素段疋”，收接时往往不称斤重，故其“斤重料例不见有无短少纴线”。中书省遂令工部：“今后应收段疋，依例秤盘比料，开具实收斤重，呈省作收。”并要求各地提调官监督人匠织造过程，“无粉糨、匀密”。[4]

① 《元典章》卷 58，《工部》1，《造作 · 段疋 · 讲究织造段疋》。
② 《元典章》卷 58，《工部》1，《造作 · 段疋 · 讲究织造段疋》。
③ 《元典章》卷 58，《工部》1，《造作 · 段疋 · 禁军民段疋服色等第》。
④ 《元典章》卷 58，《工部》1，《造作 · 段疋 · 段疋斤重》。

上述大德年间的法例是较规范、明确的。在此之前，元朝也曾禁约过织造不合规格之事。元贞元年正月圣旨："在先时节，诸王常课段疋柒捌托家更宽好有来，如今更短窄歹了有"，要求予以禁治。宽、短、窄指长度、宽度，好、歹则是物料的优、劣了。都省据此议定规则，从工序、质量标准等方面强令要求："所关丝料，先行选拣打络，须要经纬配搭均匀，如法变染。造到段疋，亦要幅阔相应，斤重迭就，不致颜色浅淡，段疋粗操（糙）。……非奉上位处分，不得擅自损减料例，添插粉糨。"[①]

局院织造缎匹，因系官用，故对各地上交的不合规格、标准的低劣缎匹，中央官署一般是拒收，需要退回令其赔价。大德五年，因浙江行省局院所造的大德四年夏季缎匹内，有"粗糙低歹不堪"计3800余段，工部勒令"发回本省取问数提调官并局官"，并"勒令回易自备工价倍偿"。[②]

2. 民间织造方面

元代有关缎匹布绢织造规格、标准的规定，最早是对民间织造之家定立的。

至元十八年十二月圣旨规定："随路织造段疋布绢之家，今后选拣堪中丝绵，须要清水夹密，并无药绵，方许货卖。如是成造低歹物货及买卖之家，一体断罪。"[③] 对丝绵规格（等级）作了要求，以保证缎匹、布绢的质量。

但这一圣旨并未得到切实执行。至元二十三年，圣旨更指出："随路……私家贪图厚利、减尅丝料、添加粉饰，恣意织造纰薄、窄短金素段疋、生熟里绢，并做造药绵，织造稀疏狭布，不堪用度"，说明缎匹布绢织造低劣的情况不但没有好转，相反越来越严重。不惟丝绵原料依旧达不到规格等级，而且织造过程中偷工减料，致使缎匹布绢厚度、密度、长度、宽度均不合要求。为此，圣旨除重申原料规格等级必须"选拣堪中丝绵，

① 《通制条格》卷30，《营缮·造作》。

② 《元典章》卷58，《工部》1，《造作·段疋·选买细丝事理》。

③ 《元典章》卷58，《工部》1，《造作·段疋·禁军民段疋服色等第》。

须要清水夹密”外，还规定“缎匹各长五托半之上，依官尺阔一尺六寸”，对缎匹长、宽作了硬性要求；布匹则要求是“无药丝绵中副布匹”，方许货卖。圣旨勒令：今后若“依前成造低歹物货及买卖之家，一体断罪，其物没官”。[①]

同年三月，都省为解决现有不合规格缎匹布绢问题，下令各路店铺之家必须于30日内将“不依式样纰薄、窄短匹缎、盐丝、药绵等物”，经各处税务印烙条印，方许发卖；限外不印烙者，拘收其物。同时，为根本解决织造低劣问题，都省下令“机户之家将见使窄狭苎口，亦依限内尽要倒换，依式迭副阔新苎口”，更换新的标准机具。并要求各处管民官用心提调，对限外违犯者决杖57下；亲民司县提调官禁治不严，初犯罚俸一月，再犯各决27下，三犯别议；路、府、州官不用心提调，罚俸20日，再犯别议定罪[②]。

成宗大德十一年正月，京城大都街上仍有“小民……恣意货（卖）纰薄窄短金素段疋、盐丝、药绵、稀疏纱罗、粉饰绢帛，不堪狭布”。户部与工部议定：“见有不依式样纰薄窄短段疋、盐丝、药棉等物”，令其“条印”，“立限一百日须要发卖禁绝”，仍令大都路“督责应有机户之家，将见使窄狭苧口，增添幅阔织造清水夹密依式样疋帛”。户部还规定：“织造段疋布绢之家”，“每匹各长二丈四尺四寸（即五托之上）”[③]。

（四）关于禁织物色、花样的规定

禁织物色，主要是金丝使用的限制。在世祖中统二年三月圣旨即规定：“今后应织造毛缎子，休织金的，止织素的或绣的者”，[④]限定毛缎不得织金。成宗元贞二年七月圣旨又规定：“段疋绫锦上交织金，纻丝上休

---

① 《元典章》卷58，《工部》1，《造作·段疋·禁治纰薄段帛》。
② 《元典章》卷58，《工部》1，《造作·段疋·禁治纰薄段帛》。
③ 《元典章》卷58，《工部》1，《造作·段疋·禁军民段疋服色等第》。
④ 《元典章》卷58，《工部》1，《造作·段疋·毛缎上休织金》。

交织金者”，[①] 也属于金丝使用的限定。在当时常连称“金素段疋”。未织金者即称素。

禁织花样，主要是禁织（并穿用）僭越身份等级，尤其僭用皇帝御用花色的织品。世祖至元七年，尚书省最先确定：民间“街市诸色人等，不得织造日月、龙凤段疋”，只有“随路局院系官段疋”才可以织造这类图案。鉴于从前未有明令禁止，故对已经织成和正在发卖者，允许其到该地官府使用印记，然后发卖。[②]

成宗元贞二年二月圣旨禁止织造与皇帝御穿御用同样的缎匹，[③] 大德元年三月圣旨禁民间织缠身龙花样穿用，[④] 大德九年八月圣旨禁织佛像、西天字样缎子，[⑤] 大德十一年正月省札禁造柳芳绿等六种颜色及五爪双角缠身龙等四种式样的缎匹，[⑥] 延祐六年九月懿旨又禁织五爪双龙凤答子等花样。[⑦]

禁织的动机是为禁穿，以保证下不僭上，故法令有时称“织的匠人每、穿的人每”，“要罪过者”，[⑧] 不过，这类禁令不全是对民间的，相当一部分是对系官局院的。说明违禁织造有相当一部分是出自官府手工业系统的。

三、桥梁、渡船、道路、堤岸的修造

（一）关于修造时间及方法的规定

至元五年，是蒙古汗国统一规划各路造作支用官钱制度的年份。这年

① 《元典章》卷58，《工部》1，《造作·段疋·织造金段疋例》。
② 《元典章》卷58，《工部》1，《造作·段疋·禁织龙凤段疋》。
③ 《元典章》卷58，《工部》1，《造作·段疋·御用段疋休织》。
④ 《元典章》卷58，《工部》1，《造作·段疋·禁织大龙缎子》。
⑤ 《元典章》卷58，《工部》1，《造作·段疋·禁织佛像缎子》。
⑥ 《元典章》卷58，《工部》1，《造作·段疋·禁军民段疋服色等第》。
⑦ 《元典章》卷58，《工部》1，《造作·段疋·禁治花样段疋》。
⑧ 《元典章》卷58，《工部》1，《造作·段疋·禁治花样段疋》。

八月，不仅确定了馆驿廨宇修理添造的程序（详后），更详细规定了桥梁、渡船修造时间及方法。

依规定，“盖造桥梁”，由各路“驿路桥梁”所在县主持。在五月一日应当拆卸之时，令县尉或簿尉组织拆卸。拆卸后的“木植等物”，应“于高阜处苫盖停顿，无致糟烂、漂流、遗失”；至八月一日，方开始搭盖。搭盖桥梁的要求，“须要如法坚固，不致垫塌损坏”。[①]

至元七年九月（《元典章》作“至元八年八月”）圣旨更规定了都水监所辖道路、堤岸等的修理时间：“都水监所管河渠、堤岸、道路、桥梁，每岁修理。”不过，在此之前就有“定例”，要求“於九月一日平治道路，令佐贰官监督附近居民修理，十月一日使毕”。只是对“要道陷坏停水及度行旅者，不拘时月，量差本地分人夫修理”。[②]

对交通要差的修理，元朝法律总的要求是要趁便和及时。至元二十年七月，中书省议定：“各处驿路河道，若有山水泛滥冲断桥梁去处，仰所在官司……伺候水落，将所损桥梁依例搭盖。”[③] 至元二十一年七月圣旨规定：“津梁渠道路，仰当该官司常切修完，不致陷坏停水，阻碍宣使车马客旅经行”[④]，仍是及时修理之意。

（二）关于修造申复批准程序的规定

元朝申复批准支拨程序，沿用了唐宋以来中央集权主义的规定。中央集权需要统一、硬性的框框来划一地方的举措。元朝这一规定即如此。

比如，与“盖造桥梁”不同的修理旧桥，因原来木植大部分已不能再用，所以工物都要由上级支拨，程序就复杂了。至元五年八月的规定是：

① 《元典章》卷59，《工部》2，《造作 · 桥道 · 修造桥梁渡船》。

② 《元典章》卷59，《工部》2，《造作 · 桥道 · 修理道路堤岸》《通制条格》卷30，《营缮 · 堤渠桥道》。

③ 《通制条格》卷30，《营缮 · 驿路船渡》。

④ 《通制条格》卷30，《营缮 · 堤渠桥道》。

凡“年深”且“有损坏”，“合行修理”的桥梁，地方应“预为计料工物，申覆本管上司委官覆料实用工物价值，从本管上司保给”。且要“预为申部，呈省定夺，许准明文，放支修造”。并特别强调：“毋得擅支官钱。”

损坏渡船的修理，也规定“毋得擅支官钱。合用工物，亦仰依上预为计料申修”。[①]

（三）关于修造的组织与监督

对于修造的监督，前述至元七年九月所引“定例”及至元二十一年七月圣旨，都有“委按察司以时检察”或“仰提刑按察司究治”的条文。[②]后来也一再有按察司检察、纠治的要求，这是当时监察内容之一。但由于缺乏硬性的责任承担规定，致使各类修造仍然未能如法进行。为此，勒令地方官府长官亲自提调修造的要求被提了出来。

至元二十年，因堤防失修，“大小河流汗漫，冲没旧堰田野”。御史中丞崔少中建议：今后各路总管以至（原作致）州县长官，应“各各督察管内堤堰等事”。凡临河旧堤堰，均应在农隙之时差拨附近人夫修筑废缺。“如有功绩不遍，致令今后漂流居人，任满於解由内开具，到部之日，约量大小责罚。”工部及都省皆采纳这一提议。都省规定：“诸处堤堰令各路总管并州县长官提调，常切验视。……如有不为用心，致令缺坏渰没民田，令各道提刑按察司纠察是实，取招申上。事轻，约量责罚；事重，别行议罪。”[③]

成宗大德元年九月，因各地沿江州县农隙之时不修堤防，只在农忙“水发为害，才行申报”，“相料修理”，虽能救一时之患，但终不坚固。工部要求“各处厘勒正官提调”，[④]再次提出由长官监领问题。

---

① 《元典章》卷59，《工部》2，《造作·桥道·修造桥梁渡船》。

② 《通制条格》卷30，《营缮·堤渠桥道》。

③ 《元典章》卷59，《工部》2，《造作·桥道·体察修筑堤堰》。

④ 《元典章》卷59，《工部》2，《造作·桥道·修筑堤岸防水》。

关于修造堤岸等的时间、申复程序及组织问题，到至元二十八年六月制定《至元新格》时，终于产生了总括性的规定。《至元新格》一款规定："诸随路每年该值水害，凡可疏通闭塞修完去处，当该上司须於农隙之时，委官预为踏视，相其地宜，料其工物。若役人数少，不动官钱，听差近民随即修理。必支钱、动众者，速申合属上司，比至来年春作之前，并工须要了毕。其余修作应动民力者，亦准此。其事须急差，不拘此例。"[①] 这一规定，既是对前此圣旨、奏议批复的总结，又是对此的修正和补充。如役人、支钱就是对前此工、物的具体化；春作前工毕，是讲究农时的考虑。可以说，元代关于桥道堤岸造作法例，至此就基本定型了。

四、公廨、官舍的起造、修理及管理

元代公廨的间架标准是元初确定的，依尚书右三部拟定各署廨宇间座数目：总管府廨宇，正厅一座5间，7檩6椽；外加东西各5间司房及门楼1座。州廨宇，正厅一座，5檩4椽；正厅左右则有两耳房各1间；外加东西各3间司房。县廨宇与州同，仅无两耳房。依规定："已有廨宇，不须起盖。有损坏处，计料修补。"[②] 因各处公廨多沿用金、宋遗留，故元代公廨起盖较少，修理较多。

（一）廨宇馆驿的修造及其申复批准程序

世祖至元五年八月，中书右三部就各路修造馆驿、廨宇之事作如下规定："今后若有须合修补、添造，计料备细合该相应实直价钱，保结申奉到合干上司，许支明文，然后支遣。若有紧急，须合动支，不过五两，就便

---

① 《通制条格》卷30，《营缮·造作》、《元典章》卷58，《工部》1，《造作·段疋》。
② 《元典章》卷59，《工部》2，《造作·公廨·随处廨宇》。

支遣，随时申覆。”①

准此，各路仅有费用五两以下的修理、添造廨宇的急用决定财权，高于这个数目且不是急需者，必须经由上级主管部门明文批拨关支款项，才得支遣施行。

成宗大德七年十二月御史台咨文表明：公廨修理必须申报上司批准、支拨款项后进行，乃是必经程序。即是说，修造款项必须是公款，不得聚敛民户；在程序上，也必得上司批准。江南各路州县在修理原南宋年深损坏公廨，“不行申（原作‘中’）准上司，公然勾集人户，敷派盖造。一切费用，皆取於民”。御史台因此规定：“今后各处廨舍年深损坏，依例修理，非奉上司明文，无得似前科取於民，创行添盖起造。”②

（二）官舍管理与修理责任

官舍管理，首要的是保护。尽管保护与修理密切相关，但不尽心保护而一味修理，往往被视为管理不善。

成宗大德十一年正月，大都申文指出：大都城内外的诸处仓库、局院、百司公廨、馆驿等官舍，虽然每年添补损坏的砖瓦、木植，但连修连坏，造成“虚费官钱，劳役军匠”的恶性循环。提议责令“看守军官、头目人等”用心看守，不应再纵令人拴系牲畜、践踏损坏砖瓦木植，及严防诸人偷盗。工部拟议：“令看守军官人等常川巡禁，毋致损坏。”并拟定加强对官员的责任：“当该官员得代之日，明白交割，倘有不完去处，验事轻重究治。”③

官舍廨宇的管理，修理也是其主要内容之一。由于种种原因，元初浙西道地域各路接收南宋官舍廨宇及断没房屋等系官房舍，十余年中，“随路官司不曾纠工修葺”，致使“多有崩摧之势”。按察司要求各路，“将应

① 《元典章》卷59，《工部》2，《造作·公廨·修造馆驿廨宇》。

② 《元典章》卷59，《工部》2，《造作·公廨·体察公廨》。

③ 《通制条格》卷30，《营缮·官舍》。

管系官房舍，如有倒去处，从实计料，就便申复合干（原作於）上司”，切实修理。此事不惟浙西道，据说江南州郡皆如此。①

官府在管理上负有组织修理管下官舍的义务，但官舍中有许多是提供给官员居住的。这些房屋，依法例规定，应由现住官员自备物料请工修理。成宗大德七年，河南行省的江陵路曾对此法例提出异议，原因是现住官房之官员，无人自备工物修理官舍。“迤渐倒塌，实为可惜”，建议此类官房“与各衙公廨、仓库、局院等房，一例於系官房地钱内支拨修理”。但户部认为，原例规定合理，仍要求“各官自备工物修理”，且“须要坚完，任满相沿交割”。② 从而，再度明确了现住官员的修理责任。

（三）修造费用来源及造作的住罢

修理官舍的款项，如上所述，是来源于“系官房地钱”。“系官房地钱”是靠出租官房等途径筹集的。这就涉及元代官房的另一项管理活动。

从资料看，元代中书省直辖的腹里地区，除衙门公廨、局院及官吏住用公房外，“其余系官宅院房舍，召人赁住，获到房钱，逐旋解纳。如有损坏去处，估计合用工物，申复合干上司体复完备，於赁房钱内就用修补”。这可以说是以官房养官房的办法。至元二十一年六月，江淮行省也要求对管下公廨局院及官吏住用外的“用不尽房舍地产”，依腹里出赁法处理。最后确定的办法是：除官吏住用公房及公廨、局院外，“其余系官宅院并不应占住之人，验市井紧慢去处，照依市价钱，一体征收房钱”。以用于今后“补修公廨以及局院”。③

不过，通过出租而筹集的“系官房地钱”，毕竟只是修造费用的小部分，修造费用总是很庞大的。所以，仁宗皇庆元年，某省就有因“七项造

① 《元典章》卷 59,《工部》2,《造作 · 公廨 · 修理系官房舍》。
② 《元典章》卷 59,《工部》2,《造作 · 公廨 · 见任官住官舍自合修理》。
③ 《元典章》卷 59,《工部》2,《造作 · 公廨 · 召赁系官房舍》。

作所用物色数多，本省见阙支持，咨请拨降钞定”之事。加之当时财政紧张，无力支付，故仁宗即位后的三年中，元廷曾先后三次发布住罢造作的圣旨、懿旨。至大四年十一月十一日圣旨只允许修理藏有世祖皇帝神主的“大圣万寿安寺”和“香山寺”，而“其余大小造作，都交住罢了”。同月十五日皇太后懿旨也只允许修理“白塔寺”，而“其余的都住罢了”。①皇庆二年四月圣旨，“除内府系官仓库并必合修理的交修理，其余一切不急之役，截日住罢”②。

第五节　市易管理

元朝的市易管理主要包括榷货（政府专卖）、普通市易管理（国内城镇普通市场）、与外蕃互市（对外贸易）三个方面的内容。

市易管理机构，在榷货方面，因榷货主要是榷盐、榷茶、榷酒等，管理机构有：

1. 设于各地的都转运盐使司（包括大都河间等路、山东东路、河东陕西等处、两淮、两浙、福建六使司）、盐课提举司（包括广东、广海二提举司）及茶盐转运司（四川），掌“盐课”“场灶恢办盐货”或“煎办盐课”。每司各管盐场数十所，场有场官；有批验所掌批验盐引，检校所检验盐袋。③顺帝至正时，合检校、批验为一所，“专掌批验盐商引目，均平袋法称盘等事”，分设于杭州、嘉兴、绍兴、温台四处。④

2. 设于产茶地带的监榷茶场使司（西蜀四川）、榷茶都转运司（江州），

① 《元典章》卷59，《工部》2，《造作·公廨·住罢造作》。
② 《元典章》卷59，《工部》2，《造作·公廨·住罢不急工役》。
③ 《元史》卷85，《百官志》1。《元史》卷91，《百官志》7。
④ 《元史》卷92，《百官志》8。

自世祖至文宗天历二年前皆为专门榷茶机构。天历二年罢榷司，将其职归诸州县。惠宗元统时，复置湖广江西榷茶都转运司。[①]

3. 酒醋课或归盐运司、茶运司监领，或由各州府司县的酒醋务坊场官管理。较大者有大都酒课提举司，掌“酒醋榷酤之事”，隶属于户部。[②]

普通市易管理也即“街市”的管理，由各路府州司县负责，并受中央机构如户部等的统辖。一切有关市易的条法、禁令的执行及日常管理之责，都由其承担。在大都，有大都税课（或称宣课）提举司，掌“诸色课程，并领京城各市”，其中京城四市包括马市、猪羊市，牛驴市、果木市，鱼蟹市，煤木所。[③]

与外番博易互市事宜，由市舶提举司负责。市舶司设于沿海通船口岸，如泉州、庆元、温州等处，属于专门管理海外贸易的机构。

元代有关市易管理的法律、法令，保存至今的，主要有：《元典章》卷22，户部8课程类的盐课、茶课、酒课等及市舶，卷26，户部13物价，《通制条格》卷18关市、卷28杂令。《元史·食货志》的盐法、茶法、酒醋课、市舶，《百官志》《刑法志》也能为我们提供有益的线索。我们的分析将以这些主要资料进行。

一、诸榷法

榷即专卖。官府对某些物品专卖以增加收入，这些物品就叫作榷货，所得利益便是榷利，也称专利。宋曾三省《因话录》云：“榷货，非扬榷之义。榷，独木舟也，乃专利而不许他往之义。”[④]但在古代，榷除专卖的基

① 《元史》卷94，《食货志》2，《元史》卷92，《百官志》8。
② 《元史》卷94，《食货志》2，《元史》卷85，《百官志》1。
③ 《元史》卷85，《百官志》1。
④ 《说郛》19。

本含义外，也泛指与榷货密切相连的税课。如榷盐、榷茶除指官府食盐专卖、茶叶专卖外，也指征收盐税或泛指征茶税及管制茶叶取得专利的措施。

榷酤（榷酒）、榷盐、榷茶是自汉、唐以来的传统政策。《元史·食货二·盐法》称："元初，以酒醋、盐税、河泊、金银、铁冶六色，取课于民"，实际上官办商业（及工矿业）远不止这六项。单以榷法而言，尚有茶及药材专卖。回族人阿合马在理财期间，制定了盐、茶、酒、药材等专卖制度；汉人卢世荣当政时恢复榷酤（但仅推行三个月就被弹劾入狱，榷酤不久也作罢）。诸榷物尤其是盐课收入，在元朝岁入中占有很大比例。

（一）榷盐——盐法

蒙元榷盐法始于1230年，即太宗窝阔台庚寅年，其后相沿不改。世祖灭南宋，江南榷盐成为元朝课入支柱。[①]

元代榷盐，由官府卖引给客商，再由客商发卖到各地。世祖以后，官府也设局发卖，食盐销售呈商卖和官卖并行局面。

1. 盐引法

（1）盐引与盐税

盐引是政府发给盐商的食盐运销凭证。盐商交纳引课（引税）后，然后凭引支盐，并须凭引运销。

元代盐引法，每引400斤。但实际上盐运司克扣盐商的情形很多。武宗至大时就有人指出，运司削减斤重支发，每引盐大者大致370至380斤，小者才330斤。[②]每引盐课先后并不同。世祖中统及至元初，每引14两，至元二十二年增至每引20两。成宗元贞二年，每引中统钞65两，而这时的盐价是，每中统钞1两，就可买盐4斤左右。武宗至大二年每引又改为

① 《元史》卷94,《食货志》2。

② 《元典章》卷22,《户部》8,《课程·盐课·盐袋每引四百斤》。

至大银钞 4 两。相当于至元钞 20 两，折合中统钞 100 两。每引盐课也称“正课”。如上述成宗时引课为“正课六十五两”，但盐商须另支付“带取钞二两五钱”，实际每引交纳 67 两 5 钱[①]。盐商以盐课增加“亦欲增价，把持行市，不肯轻易货卖”，造成盐价上升，“民间盐价一向腾涌”，以致至元宝钞 2 钱买不到 1 斤盐。[②]

盐引上填写客商名字，引背上墨印“盐运使司发引，赴某处盐仓支盐”字样。[③]

依《至元新格》：“诸盐法，并须见（现）钱卖引，必价钱入库，盐袋出场，方始结课。”[④]

（2）凭引运销与盐引退纳

盐商必须凭引运销食盐。依成宗大德五年刑部引圣旨“诸人贩盐，引不随行，依私盐法”，[⑤] 这条圣旨不知为哪年规定，但当时对这类案件却均如此断罚。

盐商卖盐完毕，应缴引到官。至元二十九年办课圣旨条画规定：“诸人卖过盐引，钦奉圣旨，限五日赴所在官司缴纳”，[⑥]“如违限匿而不批纳者，同私盐法”[⑦]；各路管民官每季汇缴行省。当即缴收的目的，在于防止用旧引“夹带私盐，影射使用”。不过，这一规定往往得不到奉行。成宗大德四年，各地“卖过盐引铺户、牙人”不及时交纳，仍是“私相隐匿，影射私盐，侵衬官库（课）”[⑧]。元廷发令要求各路提点正官用心拘收。

---

① 《元典章》卷 22，《户部》8，《课程 · 盐课 · 新降盐法事理》。
② 《元典章》卷 22，《户部》8，《课程 · 盐课 · 盐袋每引四百斤》。
③ 《元典章》卷 22，《户部》8，《课程 · 盐课 · 新降盐法事理》。
④ 《元典章》卷 22，《户部》8，《课程 · 至元新格十一款》。
⑤ 《元典章》卷 22，《户部》8，《课程 · 盐课 · 引盐不相离》。
⑥ 《元典章》卷 22，《户部》8，《课程 · 盐课 · 立都提举司办盐课》。
⑦ 《元典章》卷 22，《户部》8，《课程 · 盐课 · 改造盐引》。
⑧ 《元典章》卷 22，《户部》8，《课程 · 盐课 · 新降盐法事理》。

除客商外，大规模买食的食盐用户所用的盐引，也应及时交官。仁宗延祐五年，钱塘县灵隐寺僧违限不纳盐引竟达45道，被比照私盐法杖断。[1]

2. 私盐罚则与告捕、巡禁

私盐即无引私卖盐的行为。此外尚有“同私盐法科断”与“减私盐罪一等”科断的比照罪例。

（1）私盐罚则

依世祖中统重申罚则：“诸犯私盐者，科徒，决杖七十，财产没官。决讫，发下盐司带镣居役，满日疏放。”[2] 据后来陆续引例，科徒指徒二年，没官指“财产一半没官”。[3]

仁宗延祐间曾修改私酒曲罚则，但始终未减轻对私盐的惩罚。理由是：“盐徒动辄百十结连，群党持把器仗，专一私贩，每遇巡捕，拒伤官兵”[4]，情节往往较重，故不予轻纵。故延祐六年刑部与户部对私盐犯人的处罚，是元代榷课中最重者。

至元二十九年，除重申旧制外，鉴于私盐犯人多结伙护送并拒捕，故下令：“卖私盐的人……相迎著（着）厮杀的根底，敲了”；对两次与私盐犯结伴护送，“为从断閧的，断没家缘流远”；对与私盐犯结伴护送者，“家缘断没，镣著（着），三年（原作千，误）灶户里使用”[5]。

（2）告捕私盐

元法以重赏激劝民人告捕私盐。中统二年，《恢办课程条画》规定：“若有告捕（私盐），得获，於没官物（犯人没官财产一半）内一半充赏。”[6] 这一规定，后来发展为依拿获私盐数目予赏。到至元三十一年七月，因告捕

① 《元典章》卷22，《户部》8，《课程·盐课·违限不纳盐退引》。
② 《元典章》卷22，《户部》8，《课程·恢办课程条画》。
③ 《元典章》卷22，《户部》8，《课程·江南诸色课程》。
④ 《元典章》卷22，《户部》8，《课程·酒课·私造酒曲依匿税科断》。
⑤ 《元典章》卷22，《户部》8，《课程·盐课·立都提举司办盐课》。
⑥ 《元典章》卷22，《户部》8，《课程·恢办课程条画》。

私盐，“每一引赏与十两钞”，赏赐不厚，人们不肯去积极捉拿。有人建议：凡“应捕军人等拿住呵，与十五两；不干碍人每拿住呵，与二十五两”[①]，经批准，以圣旨名义发下。

至仁宗延祐六年之前，圣旨对一半充赏作了补充规定，这因为“告首亲获”虽可得犯人没官家产一半，但若犯人贫穷“无产可籍”时，酬赏依私盐数量计算，“每私盐一引，官给中统钞五十贯……不及引者，同一引例”。由运司从官钱内支付。刑部解释为：没官家财，不限一家，所有各家被没官家财，分出一半给“告首亲获人”，“不及引者”，虽二三斤也同一引计算，[②]这无疑是冀望最大限度调动告首人积极性。

（3）巡禁私盐

巡禁私盐的分工，依至元二十九年办课圣旨条画，凡附场百里之内，由运司选官巡捉；其余府州司县行盐地面，由盐司官与管民官一同巡捉。[③]运司一般设巡盐大使、副使，与地方管民官共同巡行所管地面。[④]

除此之外，从至元二十九年始，元朝还令镇守军人巡禁私盐。凡有私盐发生，“经过处所当该军头目人”，比照犯人一体论罪，捉获私盐者给赏。[⑤]

巡盐官吏责任，刑事方面的责任，依延祐六年圣旨，“官民提点正官、关津渡口守把军官军人、巡尉弓兵人等，致有私盐、犯界盐货走透私盐，初犯笞四十，再犯杖八十，三犯杖一百，仍除名”。若“通同纵放者，与犯人同罪”。[⑥]

在行政方面，官吏任内失过私盐，任满时要在解由内详细开列。有失过者，一般要降官。但如有捉获私盐起数，可以与失过私盐“功过相除”。

① 《元典章》卷22，《户部》8，《课程·盐课·拿住私盐给赏》。
② 《元典章》卷22，《户部》8，《课程·盐课·盐法通例》。
③ 《元典章》卷22，《户部》8，《课程·盐课·立都提举司办盐课》。
④ 《元典章》卷22，《户部》8，《课程·盐课·巡禁私盐格例》。
⑤ 《元典章》卷22，《户部》8，《课程·盐课·镇守军人兼巡私盐》。
⑥ 《元典章》卷22，《户部》8，《课程·盐课·盐法通例》。

相抵不尽者，仍要降官。[①]

3. 盐法整顿

（1）常平盐局的设立

至元二十一年年底，盐市场被“官员豪富有气力的人”所把持。官员豪富等人设法买出盐来，“把柄著（着）行市，掯勒百姓”，造成盐价飞涨。据当时统计，潭州一引盐卖 180 两，江西卖 170 两，连大都也达 120 两。元廷遂决定设立常平盐局。

依规定，各县均设常平盐局卖盐，各路、州、郡户口多者可增设。盐局的工作，遇盐价贵则“官司贱卖”。若遇盐商少，“盐价增添时分”，官府发卖，价值虽高，“每行不倾一钱”。并且要做 1、2、3 斤的小袋发卖，以便民用。当时每年额办盐 2 百万引，发卖给盐商 1 百万引，其余均由常平盐局发卖。[②]

常平盐局曾起过一定作用。成宗大德时曾罢出附场百里内部分盐局，原因是“夹带私盐，扰害百姓，有名无实”。[③]武宗至大时，卖盐局官竟然“插和灰土，短少斤重”[④]，坑骗百姓。

而且常平盐局并不能从根本上杜绝盐市场被监临主守官吏为首的权豪势要把持的现状。至元二十九年办课圣旨条画指出：“近年……省降盐引多为势力之家赊买”，[⑤]使《至元新格》“并须现（见）钱卖引”[⑥]的规定成为虚文。有势者不仅“遮当客旅，把握行市”，甚至到盐场不按顺序，提前支盐，并多要斤两。[⑦]为此，元廷不得不下令禁止。

---

① 《元典章》卷 22，《户部》8，《课程·盐课·任内失过私盐》。
② 《元典章》卷 22，《户部》8，《课程·盐课·设立常平盐局》。
③ 《元典章》卷 22，《户部》8，《课程·盐课·新降盐法事理》。
④ 《元典章》卷 22，《户部》8，《课程·盐课·巡盐不便》。
⑤ 《元典章》卷 22.《户部》8，《课程·盐课·立都提举司办盐课》。
⑥ 《元典章》卷 22，《户部》8，《课程·至元新格（十一款）》。
⑦ 《元典章》卷 22，《户部》8，《课程·盐课·立都提举司办盐课》。

成宗大德五年整治盐法时，又特别规定："诸王、公主、驸马位下的行运斡脱人等，及官豪势要之家，今后纳课买引、赴仓支盐，不得欺凌仓官"，"到发卖去处，亦不得恃势搀夺行市"，违者断罪。①

（2）批验所整顿

淮东、真州批验所，本是"专责批验盐引，发运办课"的机构，但却成了"作弊要钱之司"。他们通同牙人"取要分例"，放纵攒典等人"纷扰盐商取要钱物"。故至成宗大德四年整治盐法时被整顿，重新设"盐总部辖"代替旧有牙人，并严格规定了行为规范。②

（二）榷茶——茶法

元朝榷茶，始于世祖五年，是年榷成都茶，在京兆、巩昌两地，官置局发卖，禁私采、卖。六年，设西蜀四川监榷茶场使司掌领。至元十三年平定南宋，又榷江西茶。十七年，在江州设榷茶都转运使司，总领江淮、荆湘、福广茶税。二十五年，改立江西等处都转运司。运司之下，又于各地产茶之处，设榷茶提举司。至元末最多设管茶提举司十六所，顺帝至正时犹有七所。③不过，转运司只亲办江州、兴国二路课程，其余课程都由各处提举司代办。④从《元典章》所载看，至元三十年有"存减茶由局"之事⑤，《元史·食货志》有"延祐元年改设批验茶由局官"事⑥，当是专门发卖茶由官署。

1. 引由法与公据

茶引是政府发给茶商的茶叶运销凭证，茶由是发给经营茶叶零售商人

① 《元典章》卷22，《户部》8，《课程·盐课·新降盐法事理》。
② 《元典章》卷22，《户部》8，《课程·盐课·新降盐法事理》。
③ 《元史》卷94，《食货志》2，《元史》卷97，《食货志》5。
④ 《典章新集·户部·课程茶课·延祐五年整治茶课》。
⑤ 《元典章》卷22，《户部》8，《课程·茶课·茶法》。
⑥ 《元史》卷94，《食货志》2。

（包括茶户零售）的凭证，公据则是准许茶商进山装发茶货的凭据。依顺帝后至元二年江西茶运司统计，每年办公据 10 万道，茶引 1 百万，平均每 10 引用 1 道公据。①

（1）茶引

①茶引钞价及印造数量

元朝至元十三年榷江西茶，仿宋制"定长引短引之法"。长引每引计茶 120 斤，收钞 5 钱 4 分 2 厘 8 毫；短引计茶 90 斤，收钞 4 钱 2 分 8 毫，史称为"三分取一"。次年又"三分取半"，逐年增加。至元十七年废除长引，专用短引。每引收钞 2 两 4 钱 5 分，草茶每引收钞 2 两 2 钱 2 分。②

茶引收取钞课，呈逐渐增加趋势。至元二十一年，草茶每引收钞 3 两 3 钱 3 分，末茶每引收钞 3 两 5 钱。二十三年增为 5 贯，二十六年桑哥增引税为 10 贯。延祐五年，每引增税为 12 两 5 钱③，此后一直作为定制。茶引税课累增，是茶叶滞销的重要原因之一。到顺帝后至元时，额印茶引许多卖不出去。

②茶引发卖及回收

依至元十八年都省"引据条画"规定的茶引领受制度，凡"客旅贩茶货，纳讫正课宝钞，出给公据，前往所指山场装发茶货，出山赍据赴茶司缴纳，倒给省部茶引"。只有在领引之后，"方许赍引随茶诸处验引发卖"。茶引回收制度，凡茶商"发卖毕，限三日已里，将引於所在官司缴纳"，由官司"即时批抹"。茶商不及时缴纳，官司不即时批抹，杖 60。各地官司每月将收缴引目上报上司一次。④

元朝政府每年额印茶引数量，仅至元二十一年，江州榷茶都运司每年

① 《元史》卷 97，《食货志》5。
② 《元史》卷 94，《食货志》2。
③ 《元史》卷 94，《食货志》2。
④ 《元典章》卷 22，《户部》8，《课程・茶课・贩茶倒据批引例》。

“纳卖三十五万引”，[①] 按每引 90 斤计，共合 3150 万斤。可见当时茶叶产销数量之大。江西茶运司顺帝后至元二年每年额印 100 万张茶引，后因增加茶由，减少二万三千余张，[②] 尚有 97 万余张，计茶 8730 余万斤。

发卖茶引是元朝茶课收入的主要渠道。因卖茶引而得茶课，至元十三年为 1200 余锭，次年增至 2300 余锭，其后逐年累增，至元二十年达 4 万锭。至大元年，增额至十七万一千余锭，皇庆二年至十九万二千余锭，延祐七年达二十八万九千余锭[③]。

因茶叶产地在南方诸行省，故茶商携引从江南来江北，兼因至元十九年江南茶课“官办置局，令客买引，通行货卖”[④]。

而茶商却“将废引循环行使，中间影盖私茶，侵衬官课”，有人建议暂时禁止南茶北运，待腹里诸路无引茶货卖绝之后，再允许沿江官司放行。[⑤]

（2）茶由

茶由在开始时，“每由茶九斤，收钞一两”，价额为平均每斤收课钞 1 钱 1 分余。至元末，“自三斤至三十斤，分为十等，随处批引局同，每引收钞一钱”[⑥]。

茶由主要用于“小民买食及江南产茶去处零斤采买”，甚至有“山场小民全凭茶由为照”的说法。这是因为，“茶由数少课轻，便于民用”，而“茶引课重数多，止於商旅兴贩”。所以到顺帝至元二年，茶由的印发数量，“每年印造一千三百八万五千二百八十九斤，该钞二万九千八百余锭”。但开春发卖茶由，至夏秋时便已用完，民间仍有茶叶积压。而每年印造茶引

① 《元典章》卷 22，《户部》8，《课程·茶课·恢办茶课》。
② 《元史》卷 97，《食货志》5。
③ 《元史》卷 94，《食货志》2。
④ 《元史》卷 94，《食货志》2。
⑤ 《元典章》卷 22，《户部》8，《课程·茶课·私茶同私盐法科断》。
⑥ 《元史》卷 94，《食货志》2。

却都有剩余，发卖不尽，茶商承买不完。所以，为发挥茶由对茶引的补充作用，减少民户茶叶积压，茶运司同知万家间建议添印茶由，每年照原数增加 1/5；每斤收钞也照原来每斤 1 钱 1 分 1 厘 1 毫 2 丝增加为 1 钱 3 分 8 厘 8 毫 8 丝。所增课钞 7200 余锭，可用于减少每年茶引的印造数二万九千余张。这个建议被采用了。[①]

与茶引法一样，茶户在卖给茶商茶货时，也要验其茶由，不得夹带多卖，[②] 否则依私茶断罪。

2. 贩茶税与门摊课程

（1）贩茶税

贩茶税也称贩茶课。它是在茶商买纳茶引后的重复征税项目。据至元二十一年江州运司称，运司卖出 35 万茶引的贩茶课达四千锭。[③] 贩茶课须茶商“赴商税务投税”。从大德四年案例看，130 斤茶须纳税中统钞 5 两，且不验茶引[④]，当系特例。

贩茶税的科征，依至元三十年《茶引条画》规定：“客旅兴贩茶货，随处发卖，依例投税”，[⑤] 然仅限于南茶北运之后，在江南发卖者，并不征税。成宗元贞元年有人建议：“旧法，江南茶商至江北者又税之，其在江南卖者，亦宜更税，如江北之制”[⑥]，遂增贩茶税三千锭。

商税务在各路府州县均有设置，与榷茶提举司分属两个系统。早在至元三十年各地提举司就指出：各路、府、州、县商税务在征收茶货之税时，“当拦客旅，搅扰澁滞，茶法不能通行，课程亏兑”。增加一道环节，等于多了一个关卡。至此，因“要税盘当”，江南“茶的买卖勾当澁滞”，朝议

---

① 《元史》卷 97,《食货志》5。

② 《元典章》卷 22,《户部》8,《课程・茶课・私茶》。

③ 《元典章》卷 22,《户部》8,《课程・茶课・恢办茶课》。

④ 《元典章》卷 22,《户部》8,《课程・茶课・茶法》。

⑤ 《元典章》卷 22,《户部》8,《课程・茶课・茶法》。

⑥ 《元史》卷 94,《食货志》2。

不得不罢去商税。经改定后的《茶引条画》规定："客旅兴贩茶货，江淮、迤南依旧免税，江淮、迤北发卖依例收税。"并据此惩治了永州路商税务。但三千锭贩茶税已入税课，故又在卖引课额八万锭内增加三千锭，实际仍保留了重复征税额。[①]

（2）门摊课程

门摊课程对茶户或民户征收，是元代的又一茶课收入。

元代门摊课程名目有二，先是有至元十七年的"门摊食茶课程"，不论是否产茶地面，一律向百姓科要，至元二十一年始罢。[②]

门摊课程的另一重要项目是"地租门摊"。这种门摊茶课与"门摊酒课"类似，凡有茶树之家即征。至元三十年圣旨："令产茶地面有茶树之家，验多寡物力，贫富均办。有司随地租门摊，一年两次催敛起解"，这当是至元三十年以前的制度。因为此年门摊课程已由人"包（原作抱）纳"[③]。

门摊课程所入虽不及引、由，但至顺帝时仍保留，《元史 · 食货志》称"门摊批验钞"。[④]

3. 私茶罚则与监督

（1）私茶罚则

至元五年榷成都茶，茶由官局发卖。民间有"私自采卖者，其罪与私盐法同"[⑤]。后建立茶引制度后，私茶也即贩卖无引、无由茶货，主要是针对茶商的。依至元二十四年条画规定："犯私茶者，杖七十，所犯私茶一半没官，一半付告人充赏，应捕人亦同。"但"如茶园磨户（即加工户）犯者"，以及"运茶车、舡主，知情夹带装载无引私茶"，也"一体科断"。[⑥] 惩罚

① 《元典章》卷22，《户部》8，《课程 · 茶课 · 茶法》。
② 《元典章》卷22，《户部》8，《课程 · 茶课 · 恢办茶课》。
③ 《元典章》卷22，《户部》8，《课程 · 茶课 · 茶法》。
④ 《元史》卷97，《食货志》5。
⑤ 《元史》卷94，《食货志》2。
⑥ 《元典章》卷22，《户部》8，《课程 · 茶课 · 私茶罪例》。

及于货主及运输者。

惩治私茶主要针对商人，而且所谓“私”是与茶引联系十分密切的概念。至元十八年条画规定：茶商不及时缴回茶引，“因而转用，或改抹字号”，以及装载时不依引内重量“增添夹带斤重”，“引不随茶”者，“亦同私茶断”罪。[1] 但茶商“增添夹带斤重”，没有茶户协助又做不到，所以，禁私茶又转向茶户。至元二十四年，福建八路民户“采造茶货，私与客旅成交，侵衬官课”，建宁榷茶提举司要求严令禁止。[2] 至元三十年圣旨令民“不得……将无文引茶货偷贩出境货卖”，若一旦告发到官，“便同私茶断没”[3]。

按大德七年条法，贩卖私茶茶商称“正犯人”，即应被决杖、断没者；茶园人户自然是牵连人犯。茶户负有“依验客赍公据、由引，别无诈冒，方许成交”的责任。若所卖“茶货与（茶商所执）公据，轻重不同”，应负责任。所以，茶园磨户“如有不验由引，夹带多买（卖），买卖之人即同私茶科断”[4]。

（2）私茶监督

依至元二十四年条画，产茶地面官司负有监督私茶的责任。若“官司禁治不严，致有私茶生发去处，仰将本处当该官吏勾断”[5]。

产茶地官司监督，按行省规定，各路府州司县达鲁花赤长官，应在不妨本职前提下，“专一提点”，“务要不致私茶生发”。除在业务上每月一次上报当地私茶起数外，官吏在任满时，必须统计辖区内私茶“生发起数”，才“倒给解由，方许求仕”[6]，否则就无迁转可能。

---

① 《元典章》卷22，《户部》8，《课程·茶课·贩茶例据批引例》。
② 《元典章》卷22，《户部》8，《课程·茶课·私茶罪例》。
③ 《元典章》卷22，《户部》8，《课程·茶课》。
④ 《元典章》卷22，《户部》8，《课程·茶课·私茶》。
⑤ 《元典章》卷22，《户部》8，《课程·茶课·私茶罪例》。
⑥ 《元典章》卷22，《户部》8，《课程·茶课·私茶罪例》。

成宗大德七年，户部与刑部对榷茶提举司监督私茶不力的处罚例作了明确确定：凡“提举司禁治不严，正官取招议罪，首领官吏的决，标注过名，任满解由（原作申，误）内开写”[①]。

4. 茶课弊病及整顿

元代茶课，主要是卖茶引、茶由及门摊税课。整顿茶课，一直是以“不亏旧额”为原则的，而不问原课是否合理。这首先是造成了茶引课钞数的直线上升。

例如，至元十七年运司卢坦荣创“门摊食茶课程”1360余锭，此后每年添增入正式课额。到至元十九年竟达8600锭。这种食茶课程，“不问有无产茶去处，一概椿配百姓”。对食茶课税，宋朝也无此例，理宜废罢。到至元二十一年，江州榷茶都转运使廉正议提出革除食茶课税建议，但却以“不亏旧课”为原则。即依至元二十年整年茶课2.8万锭为准，增加草茶、末茶每引税课。草茶由每引2两2钱4分增至3两3钱3分，末茶由每引2两4钱9分增至3两5钱。茶引增加后所得税课2.4万锭，加上“兴贩茶课”4000锭，以足2.8万锭旧额。都省批准这一建议，就是因它“不失旧额”[②]。

“不失旧额”此后一直是办课原则。至元二十五年“榷茶运司条画”一款：“所办课程照依元认课额，须管比额增羡，尽实到官，无致欺隐。如有亏兑，勒令依数陪偿，更行治罪。”[③]至元三十年圣旨也要求各茶由局将“合办课程照依二十九年实办课数，须要不失元额”。[④]

对这种现象，大德七年中书省奏文说得十分清楚：“恢办课程，额外办出的增余，又作正额。次后交代的人验看那数，那人又办出增余，又作正

① 《元典章》卷22,《户部》8,《课程 · 茶课 · 私茶》。

② 《元典章》卷22,《户部》8,《课程 · 茶课 · 恢办茶课》《元史》卷94,《食货志》2。

③ 《元典章》卷22,《户部》8,《课程 · 茶课 · 榷茶运司条画》。

④ 《元典章》卷22,《户部》8,《课程 · 茶课》。

额，因此积渐的添了重了，交百姓生受。”[①] 但元朝始终没解决此事，从而造成恶性循环。

茶课之弊，管理不善致使弊端丛生，在元代中后期时问题相当严重。首先是茶商勒掯民户。个别茶商借运司之名欺凌民户，是元代茶课的一个严重问题。延祐元年，茶商黎良伯行销末茶，指倚江西茶运司公文在手，“添答价钱，每茶一袋，要钞一两，遍扰村乡，俵散人户”。勒索不足，即将茶袋“撇散人家”，指为“无引私茶，展赖取要钱物”。并恶人先告状，赶赴武昌提举司告发人欠少茶钱。茶司不作调查，便行文追征。江西廉访司接到民户告发，不得不重申告发私茶事理。[②]

元代官僚有势者沮坏茶课，是茶法执行中的大问题，故政府始终以整治沮坏为整顿茶课的重要内容。至元二十五年《榷茶运司条画》规定：“诸路应管公事官吏军民人匠打捕诸色头目人等”，不得纵令歹人“搅扰沮坏见办课程”，违者断罪。[③] 至元三十年圣旨、成宗大德元年圣旨、仁宗皇庆元年圣旨，都一再勒令各地大小官吏军民诸色人及诸衙门“休沮坏”茶课[④]。

茶课之弊，运司之下局所官吏、攒典“公然纳贿”，如“批验每引官钱一钱外”，有“取人情中统钞一贯至一贯五百者”；“茶由每斤官钱一分一厘一毫二丝外，人情中统钞五百至一贯者。”本来“官钱至微”，但“取要至重”。[⑤]

运司分司官吏下乡“恣意勾扰，取受钱物，害及良民”，也造成严重问题。延祐六年茶司吏熊汝明以欠茶钱为由，向茶户“索要赍发”，将吕

---

① 《典章新集·户部·课程·茶课·延祐五年整治茶课》。

② 《典章新集·户部·课程·茶课·巡茶及茶商不便》。

③ 《元典章》卷22，《户部》8，《课程·茶课·榷茶运司条画》。

④ 《元典章》卷22，《户部》8，《不得坏茶课》《优恤茶户》《茶课从长恢办》。

⑤ 《典章新集·户部·课程·茶课·延祐五年整治茶课》。

通八等打伤至死，行中书省才不得不作出以后由有司追理的规定[①]。到顺帝至正初，问题更为严重。

至正二年，李宏上言陈说江州茶司之弊云：运司每年十二月初向各地提举司发放次年茶引、茶据。但旬月之间，司官不能全部到齐，吏贻索贿满足后，才给各司发放据引，此时春月已过。司官回到本司后，正欲给散据引，恰逢运司分司官吏到各处“验户散据卖引”。十张茶引，除纳官课125两外，又勒要“搭头事例钱”25两。提举司再作拖延后，茶户得据回家，已是五六月了。茶户回家加工，“碾磨方兴，吏卒踵门，催并初限”，茶未发卖就要交钱。充裕之家尚可应付；力薄者“例被拘监”，只得典卖家私充抵。茶户求利不成，反受其害。造成这种现象的原因，一是运司发引太迟，二是分司苛取太过。为此，李宏要求恢复旧制，运司正月要将据引给付提举司，不得停留在库，致使吏贴多收分例，耽误造茶时月，一旦违期，定罪惩处；禁止运司以分司官吏自行散卖据引，而由各提举司散卖。[②]

但对这样一个建议，省部意见竟是“委官与茶运司讲究，如果便益，如所言行之”，实际是以不了了之。

（三）酒课、醋课

酒醋之课始于蒙古汗国太宗窝阔台时，1231年（史称辛卯年）始设立酒醋务坊场官，榷沽办课。依民户多寡确定课额数量。1234年（甲午年）颁布《酒麯醋货条禁》，私造者依条治罪[③]。

元代醋课收入远较酒课少。全国每年课额，腹里与七行省醋课总计2.25万余锭[④]。有关元代醋课资料留存较少，《元典章》仅有《乡村百姓许盦醋》

① 《元典章》卷22,《户部》8,《课程·茶课·告茶钱合从有司追理》。
② 《元史》卷97,《食货志》5。
③ 《元史》卷94,《食货志》2。
④ 《元史》卷94,《食货志》2。

一条，为至元二十二年二月圣旨，内容是允许“各处农民造醋食用，官司并免收课”，即不与城市一体收课[①]。故我们主要讲述酒课。

1. 榷沽及其时间和地域的变化

自窝阔台行榷沽，蒙古汗国及元代初期均沿袭不改。从惩治私酒罚则看，世祖中统及至元是榷沽高峰，制裁也较重。留存至今的禁私酒资料，成宗大德七年惩罚变缓。最晚的有关禁制私酒资料，是仁宗皇庆元年。至延祐四年和六年，地方即以榷沽之法废而建议减轻处罚。估计自仁宗延祐初，元朝即废榷沽而改征税。

元代“酒醋课程，元系官务榷办”，即设立酒课提举司，不像茶、盐设立运司官。办法是，“官设酒库，出备米曲、工本，造酒发卖”，私家不得私自酿造。这种方法，就如同“盐场支用官本，灶户煎盐发卖办课”一样[②]。例如，在大德八年，大都酒课提举司设槽房100所，规模较大。至九年，合并为30所。每所每日所酿，不超过25石以上。武宗时又增加至54所。[③]

榷沽是元朝政府的一大财政收入。《元史·食货志》云：酒课“皆著定额，为国赋之一焉，利之所入亦厚矣”。当时将应办课额分配于各行省，额数多寡并不均。比如，至元二十九年，杭州省酒课每年即办27万余锭。而湖广、龙兴两省酒课每年仅9万锭。为此，丞相完泽等要求略作均平，才减小杭州2分酒课，令湖广、龙兴、南京几省分办[④]。至于全国酒课总入，腹里与八行省共计44.9万余锭，尚不计云南行省的20万索则[⑤]。

但即使榷沽时期，元朝并未在全国城乡一体禁榷。至元间，江南府州县乡村镇店，是一体榷酤。但腹里除州城外，乡村镇店都不榷酤。至元二十二年二月圣旨规定：“除大都、河西务、杨村所管州城，依例官司榷酤外，

① 《元典章》卷22，《户部》8，《课程·酒课》。

② 《元典章》卷22，《户部》8，《课程·酒课·私造酒曲依匿税例科断》。

③ 《元史》卷94，《食货志》2。

④ 《元典章》卷22，《户部》8，《课程·酒课·添办酒课》；《元史》卷94，《食货志》2。

⑤ 《元史》卷94，《食货志》2。

有腹里大都、上都、江南、福建两广乡村地面里交百姓自行造酒办课。"[①]这个规定，一方面对农村放宽禁限，另一方面保留的禁榷地域，又照顾了部分官员的"私酒生发，侵衬省城里课程"的担心。

延祐中，榷沽之法废，"酒醋课程散入民间恢办。诸人皆得造酒"。凡"造酒发卖者，止验米数赴务投税"。各地办法虽不同，如杭州路由"上户自包（原作色）认"，其他路分则"门摊散办"，大抵以门摊散办居多。门摊散办，即"有地之家纳门摊酒课者，许令造酒食用，造酒发卖"，[②]但这时的酒课仅是一种税了。

2. 抽分比例

元代酒课，是以抽分方式实现的实物税。酒课向卖酒人征收。其征收的比例仅见世祖初年的规定。

世祖至元十年四月，御史台发现大都酒使司未按"葡萄酒货体例，三十分取要一分"的规定来抽分，却是"十分中取要一分"。而且"不要本色（原作邑）酒货，几要钞两"。说明三十取一的实物税，是法定的税课标准与方式。

为此，御史台向卖酒人、酒使司等作了大量调查，得知：自 1258 年（即宪宗戊午年）至至元五年的十年时间里，"每葡萄酒一十斤数勾抽分一斤"，都是十分抽一。至元六年和七年，税课被答失蛮以每年 60 两银扑买。大都酒使司的意见，酒课"系榷货，难同商税"，应当"依酒户一体纳课"。

这次调查反映了米酒的课额。当时正糯、夹糯米每石卖钞 4 两，酒户需"纳官课钞一两"，是 1/4 的纳课率。葡萄酒货每 4 两纳官课 2 钱 4 分 4 厘，实际纳课不到 1/10。但省部以为，葡萄酒浆不用米曲，"难同醖造丕酒一体办课"。加上制府有令，至元六年、七年所定课额，葡萄酒浆均三十分

① 《元典章》卷 22，《户部》8，《课程 · 酒课 · 乡村百姓许造酒》。

② 《元典章》卷 22，《户部》8，《课程 · 酒课 · 私造酒曲依匿税例科断》。

取一，要求仍按规定执行。[①]

3. 私造酒、曲罚则

对私造酒者的处罚，始于世祖中统二年全面禁榷圣旨，依规定：“诸犯私盐酒曲货者，徒二年，决杖七十，财产一半没官，於没官物内一半付告人充赏。”[②]但至元十五年前后圣旨与惯例均与此不同。至元十五年二月圣旨要求：“做私酒来的为头的人杀者，家筵桫上了呵。”而省部习惯上又断令：“大都造酒底人（杖）七十七下，饮酒底人一十七下，抄到钱财衣物没官。”同年七月经奏上皇帝，又下旨：“造酒底除本人、夫妻二人只身外，应有老小、财产尽行断没。”[③]

至元二十五年三月圣旨，对私造酒曲罚则的规定，实际是恢复了中统旧制：“犯私酒曲者，科徒二年，决杖七十，财产一半没官，於没官内一半付告人充赏。”这个规定一直被循为基本法例，尽管成宗大德七年“禁酒圣旨”有“酿造私酒速鲁麻并葡萄酒犯人，七十七下，追中统钞一百贯付告人充赏”的修正条款，但直至仁宗延祐六年官办酒务早已废除的情形下，至元罚则仍被沿用，大德罚则则被搁置一边。为此，杭州路官以现今榷沽之法已废，如再依至元二十五年“官办时分禁断私犯酒曲例”科断，与犯私盐无异，要求减降其罚[④]。

而早在延祐四年，常德路副达鲁花赤哈琳太中就对当时对造酒曲者“决杖七十，籍没一半财产”的处罚提出异议。理由是当今已“废榷沽之法”，容许诸人造酒。造酒者只是“验米数赴务投税”。所谓“私酒曲”，不过是匿税之罪。建议依中统时“犯匿税者笞五十，所犯物货一半没官”之例科断。刑部与户部依此二状议处，决定对造酒不税者依匿税科断[⑤]。

① 《元典章》卷22，《户部》8，《课程·酒课·葡萄酒三十分取一》。

② 《元典章》卷22，《户部》8，《课程·酒课·私造酒曲依匿税例科断》。

③ 《元典章》卷22，《户部》8，《课程·酒课·禁治私造酒》。

④ 《元典章》卷22，《户部》8，《课程·酒课·私造酒曲依匿税例科断》。

⑤ 《元典章》卷22，《户部》8，《课程·酒课·私造酒曲依匿税例科断》。

由于禁制私酒甚严，故对告发私酒者也予赏赐。仁宗皇庆元年正月，江浙行省就告获私酒确实而经释免、告发人应否予赏的问题，请示定夺，都省议定：虽经释免，也应赏赐告人①。这条仅存资料虽未反映赏赐额的大小，但说明当时禁榷酤的情形。

4. 犯界酒罚则

榷酤要求不得越界卖酒。各地酒肆均已抽分，若他界运来私卖，官府无法抽取酒课。

对犯界酒处罚，各地并不统一。至元年间因各地处罚不一，都省已作过统一规定："今后犯界酒一十瓶以下，追罚钞一十两，决二十七下；一十瓶以上，追罚钞四十两，决四十七下；酒虽多，止杖六十，追钞五十两。"但成宗大德四年，建康路对李再兴等犯界酒 5000 余瓶的处罚，是依例断决，各罚中统钞 1 锭；其酒归本人。常州路对军人何定犯界酒 15 瓶的处理，依例断遣，罚中统钞 20 两，酒货（3 瓶）没官。这样不仅断没与否不同，追罚钞数也不一。省府要求依都省原议执行，犯界酒仍给付元主，但必须"仍勒出境，毋致侵衬课程"②。

二、普通市易管理

普通市易管理是与政府专卖（诸榷法）及与番邦互市相对而言的。它属于非官营商业，而且限于国内贸易范围。

普通市易管理的主要内容，一是关于市易主体的规定，二是对市易过程中起作用的牙人、保人、行人等的管理规定，三是有关物价的规定，四是度量衡制度。下分述之。

① 《通制条格》卷 20,《赏令 · 私酒》。

② 《元典章》卷 22,《户部》8,《课程 · 酒课 · 犯界酒课不便》。

（一）关于市易主体的规定

元代城市贸易及统一后的南北贸易较前朝有新发展，行商、行贾数量众多。从《通制条格》的一条规定看，有本钱，愿做买卖者，只要取得官府文引，即可成为行商四处兴贩。

至元二十三年十二月，元廷发现：腹里州城，诸投下官府多轻信民户到“江南等处作买卖”的请求而“滥放文引”，致使许多军人也以此为由逃离军队。经都省议定，要求：“今后诸人若因事或为商贾前去他所勾当，经由有司衙门陈告，取问邻佑是实，令人保管，别无违碍，方许出给差引”，其余衙门及各投下不得“出给文引”①。

这条命令为防止军人逃军而限制诸王投下及其余衙门“出给差引”的权力，但对录事司、县、府、州专门发放差引的权力又作了肯定。尽管在程序上，邻佑要作保，官府要查证，但毕竟表明：人户行商作贾是不受限制的。

元朝承袭了前朝法律的规定精神，禁止官吏行商作易，禁止他们成为市易主体。不仅禁止官吏本人作易，也禁止官吏遣家属、遣奴婢兴易。

今存《至元杂令》一款云：“诸权豪势要及职官、司吏、坊里正、弓手，於部内皆不得结揽递牛，及诸般违者，价钱并没官。其监临亦不得还家属人力奴婢等，在部内兴贩及沽卖，违者利亦没官。”② 这是禁止官吏及其家人经商的基本规定，甚至连结揽带纳税粮、结揽和买都不允许。

但这类禁令难以收到切实的效果。至元二十八年三月诏书说：“数年以来，所在商贾，多为有势之家占据行市，豪夺民利，以致商贾不敢往来，物价因而涌贵。”所谓民营商业已不是行商、行贾的天下，反倒成了“有势之家”的地盘。诏令要求在京的监察御史，在外的按察司“常切用心纠

---

① 《通制条格》卷 18，《关市·滥给文引》。

② 《重刊群书类要事林广记》壬集卷 1。转引自《元代法律资料辑存》，第 39 页。

察按治”[①]，但所谓“有势之家”，不过是贵族、官僚等。

元代法令尤其注重禁止官员作一切形式的经商活动。至元十八年五月，元廷发现“行省、宣慰司、按察司、总管府、各州县官，於他处买到物货，俵散与人民铺户添价货卖”[②]，发令“禁约”这类行为。武宗至大四年三月诏书又明令“郡县在任官员不得於富民借贷钱物，转行营运”[③]。

但实际上，元代官吏经商问题在整个元朝都普遍存在。他们不仅涉足一般商业，更将触角伸向国家专卖的盐业。成宗大德十年，“禁御史台、宣慰司、廉访司官毋买盐引”[④]，仁宗延祐元年，“禁诸王、驸马、权势之人增价鬻盐”[⑤]，表明贵族、官僚违法经营盐业情况非常严重。

（二）牙、保、行人管理

1. 对牙人的管理

牙人，也称牙郎、牙侩，古时集市贸易中以介绍买卖为业者，类似今之经纪人。宋刘攽《贡父诗话》：“刘道原（即刘恕）云：‘今有人谓驵侩为牙，本谓之互郎，主互市事也，唐人书互为㸦，以㸦似牙，因转为牙。”[⑥]是唐时先用于互市，后渐扩展至各处。《太平广记》卷86“赵燕奴”条引《录异记》：“市肆交易，必为牙保”，可见其存在之广。

元代牙人活跃于市场交易的所有方面。现存元代契式中，典买田地房屋山林、买马牛、雇船皆有牙人在契后署押。[⑦]大抵“买卖人口、头匹（牲

---

① 《通制条格》卷18，《关市·牙保欺蔽》。

② 《通制条格》卷28，《杂令·监临营利》。

③ 《通制条格》卷28，《杂令·监临营利》。

④ 《续资治通鉴·元纪》卷195。

⑤ 《续资治通鉴·元纪》卷198。

⑥ 《类说》56。转引自《辞源》（修订本），商务印书馆1991年版，第1070页。

⑦ 见《新编事文类要启札青钱》外集卷11，《公私必用》。

畜）、房屋一切物货交易”，均有“官、私牙人”[①]在活动。

牙人的组织是牙行，这是聚拢牙人为买卖双方议价说合、抽取佣金的商行。元初牙行名目甚多，有所谓“诸色牙行”之说，都是按所营内容分行经营。如大都有“羊牙”，各路有“买卖人口头匹庄宅牙行”[②]，濒河地区又有“船牙”。官牙自然是官府设立的。比如，世祖时，卢世荣建议：“随朝官吏增俸，州郡未及。可于各都立市易司，领诸牙侩人，计商人货物四十分取一。以十为率，四给牙侩，六为官吏俸。”[③]官牙不过是将分散的私牙组织起来而成的。

元代为维护正常交易秩序，曾一再发令整顿牙人、牙行。主要有：

（1）禁绝牙人欺蔽

牙人本以介绍买卖为业，起居中穿针引线作用。但世祖至元十年八月，元廷发现：大都等路“诸买卖人口、头匹、房屋一切物货交易，其官私牙人侥幸图利，不令买主、卖主相见”，目的显然是两相哄骗、中饱私囊。据说，这些牙人的伎俩是，“先於物主处扑定价直，却於买主处高抬物价，多有克落”。为此，都省要求：今后凡买卖人口、头匹、房屋一切物货，“须要牙、保人等与卖主、买主明白书写籍贯住坐去处，仍召知识卖主人或正牙保人等保管，画完押字，许令成交”[④]。很明显，这道命令希望通过全面履行买卖程序，杜绝牙人欺蔽的可能性，堵塞牙人作弊的漏洞。

（2）整顿牙行

世祖至元二十三年六月，元政府作出撤销大部分牙行及罢去部分牙人的决定。这次整顿的理由是：“客旅买卖，依例纳税，若更设立诸色牙行，抽分牙钱，刮削市利，侵渔不便。”因此，除了大都羊牙行及各路的买卖

① 《通制条格》卷18，《关市·牙保欺蔽》。
② 《通制条格》卷18，《关市·牙行》。
③ 《元史》卷205，《卢世荣传》。
④ 《通制条格》卷18，《关市·牙保欺蔽》。

人口、头匹、庄宅牙行“依前存设”，“其余各色牙人，并行革去”[①]。

这次整顿，保留了主要牙行是必要的，但把牙行的存在看作“抽分牙钱，刮削市利”的“侵渔”，却是不适当的，仍然是混淆了牙行或牙人违法取利与正当抽分的界限。

（3）整顿牙钱

牙人靠介绍买卖、居中说合价钱而取得佣金或息钱，称作牙钱。牙钱出自卖主或物主，前述牙人“先於物主处扑定价直，却於买主处高抬物价”，克扣了其间差价，但按规矩，他仍能从卖主所卖货款中得到牙钱。牙钱之“抽分”，是指“验价取要牙钱”，即交易标得价格按比例抽取。至元二十三年六月元政府整顿牙行时，对牙钱作了统一要求：牙人“验价取要牙钱，每拾两不过贰钱”[②]。但这一规定在实践中往往得不到执行。仁宗皇庆元年，大都羊市的“羊牙人等，多取牙钱，惊扰羊客”[③]的现象仍很严重。

2. 对保人的管理

元代多“牙保”并称，因牙人、保人都活动于作易买卖中，虽然二者的地位和作用不尽相同，但对活跃及稳定交易秩序具有同样重要的意义。

保人在元代契式上的反映，凡佃田、借贷钱谷、雇用伙计及私家出榜赏捉贼人等，都有保人署押。[④]对保人的其他要求，请参见本书民法史部分。这里只述有关管理的内容。

世祖至元十年八月整治牙保欺蔽时，要求在买卖人口头匹房屋一切物货时，“须要牙保人等与卖主、买主明白书写籍贯住坐去处”，并且要求召集“知识（认识）卖主人或正牙保人等保管”[⑤]。这里的“正牙保人”，或即官牙之人作保。

① 《通制条格》卷18，《关市 · 牙行》。
② 《通制条格》卷18，《关市 · 牙行》。
③ 《通制条格》卷18，《关市 · 牙行》。
④ 见《新编事文类要启札青钱》外集卷11，《公私必用》。
⑤ 《通制条格》卷18，《关市 · 牙保欺蔽》。

3. 对行人的管理

行人，也可称行老。他们是兼具牙人、保人双重性质的参与交易的人。按《至元新格》:“诸街市货物，皆令行人每月一平其直”[①]，此“行人”当不是指行商、行贩、行贾之往来行贩商货之人，而应指市场之行肆头领。

行人在某些特别交易中称行老，宋时已有。孟元老《东京梦华录》卷3《雇觅人力》云:“凡雇觅人力、干当人、酒食作匠之类，各有行老供雇。”行老的作用，吴自牧《梦粱录》卷十九《雇觅人力》称:“凡雇觅人力及干当人……俱各有行老引领。如有逃闪、将带东西，有元地脚保识人，前去跟寻。”元代契式中有《雇脚夫契式》，必得写明经“某乡某里行老姓某保委”某脚夫字样，契后也得写清“行老姓某，号”字样。[②] 表明元沿宋制，在劳务介绍及保证诸项，也由行老担当。

船行也有行头。元代契式中的《雇船只契式》虽只有船牙签署，不见行头，但契中写明“某乡某里船牙姓某保委揽载”[③]，其作用正与行头相同。仁宗皇庆元年三月，御史台鉴于“各处所设船行步头刁蹬客旅，把柄船户，以致舟船涩滞，货物不通”，建议整顿。当时议定的措施是：濒河地区所设船行部头，只允许“于本土有抵业之人，量设二三名”，以改变过去“滥设之弊”[④]。可见船行头都是经官府设置的，至少是经官府允许执业的。本拟便商、通商，却成了依势“把柄船户”“刁蹬客旅”，致使“货物不通”“诸物价腾”的作俑者。

（三）物价管理

元朝的物价是由户部主掌的。《元典章》卷23《户部》13有“物价”门。

---

① 《元典章》卷26,《户部》12,《科役·物价》。

② 见《新编事文类要启札青钱》外集卷11,《公私必用》。

③ 见《新编事文类要启札青钱》外集卷11,《公私必用》。

④ 《通制条格》卷18,《关市·牙行》。

从世祖中统五年八月，诏书就要求“诸物价以钞为则，每月一次申部”。[①] 这一诏书的精神，在其后的至元二十八年制定的《至元新格》中，被完全贯彻并具体化了。

《至元新格》规定：“诸街市货物，皆令行人每月一平其直。其比前申有甚增减者，各须称说增减缘由。自司、县申府、州，由本路申户部，并要体度是实，保结申报。”[②] 可见，月申物价是从地方录事司、县等基层政权开始，逐级至府、州，再至中央的户部；司、县物价则是由街市（市场）的行人提供，要求其必须提出物价升降的原因和道理；行人及各级官府申报物价，还必须“保结”是实。

月申诸物价值，当是包含了所有在市场售卖的一切物货的。政府靠月申制度，了解各地、各类交易物货的行情，以做到胸中有数。前述《至元新格》最后一款云：“凡年例必於本处和买之物，如遇物多价少，可以趁贱收买者，即具其直，另状飞申。”虽然只是出于国家为减少支出的考虑，而不是调整物价、平衡供求关系的政策措施，但这正是政府掌握物价的目的之一。

（四）度量衡制度

测量物货长短（度）、容量（量）、轻重（衡）的度量衡器物及与之相关的计量制度，历来是市易管理的重要内容。元代的度量衡器物，一般称作“斛槛升斗、尺、秤”。

1. 元代整顿度量衡制的立法及其内容

据载，在世祖至元二十年时，刑部尚书崔彧建议：“宋文思院小口斛，出入官粮，无所容隐，所宜颁行”，世祖“从之”[③]。因而下令田赋“输米者，

---

① 《元典章》卷 26，《户部》12，《物价 · 月申诸物价直》。

② 《元典章》卷 26，《户部》12，《物价 · 至元新格》。

③ 《元史》卷 173，《崔彧传》。

止用宋斗斛”[①]。这次定制，似乎只是对斛斗（量器）而言。但据《元典章》，至迟在至元二十三年之前，朝廷曾对包括斛斗尺秤在内的全部度量衡器进行过整顿。

当时，由于各地“行铺之家行用度尺、升斗、秤等俱不如法”，元廷曾行文各地，要求按照“系官现行用法物同样制造”，令有关官吏“较勘均平”，下发各路，勒令“遍历行使”。当时还定立了期限，要求各地“拘收旧使斛槛、升斗、尺、秤”。凡不遵守命令，有犯者“严行禁治”，御史台负责纠察监督。[②]

这条命令虽通行全国，但显然没有得到切实执行。至元二十三年，中书省发现：“各路官司虽承官降式样，终不曾制造完备”，新的度量衡制在地方政府那里遇到障碍，以致“物价低昂”，尤其是“行户人等恣意私造使用，或出入斛斗秤度不同”。为此，都省勒令：六十日内，各路总管府要勘验所辖各司县街市、民间所用斛斗秤度，“照依省部元降样制成造”，由本路达鲁花赤长官勘校相同，“印烙讫，发下各处公私一体行用”。同时，对于“不依法式斛斗秤度随即拘收，入官毁坏”。这道严令的处罚例规定也十分严厉：凡是“限外违犯之人，捉拿到官，断决五十七下（正坐现发之家）”，这是指违例使用者；亲民司、县正官禁治不严，“初犯罚俸一月，再犯各决二十七下，三犯别议（亲民州部（郡）与司县同）”，仍要标注过名，任满日在解由内详细记录；路、州的达鲁花赤长官不用心推行而致部内有违犯者，“初犯罚俸二十日，再犯取招别议定罪”。[③]

这个禁令的罚则部分被收入《元史·刑法四·禁令》中，唯个别文字略有不同。表明在元朝修撰《经世大典》这一大政书时，这条禁令仍是当时通行有效的法令。

---

① 《元史》卷12，《世祖纪》。

② 《元典章》卷57，《刑部》19，《杂禁·禁私斛斗秤尺》。

③ 《元典章》卷57，《刑部》19，《杂禁·禁私斛斗秤尺》。

但这一禁令仍没有得到一体遵行。仁宗皇庆元年七月，吉州路报告：本路“河岸市井行铺之家，多有私造斛斗秤尺，俱不依法。又有违禁使用亡宋但有蛮桶，大小不同”。该路再次制造了法定斛斗秤度发下“给散”，江西行省也下令申警，规定：今后“如有似前违犯之人，许诸（人）捉拿赴官，加（枷）项号令，严行断罪”；并要“於犯人名下征至元钞一定，给付告人充赏”，“仍将私造斛斗秤尺尽数官为拘收”。[①]

官制度量衡器式样不能得以通行，经济原因可能是较主要的。至元二十三年前定令，要求对官造器物“定立本价，发下随路”；至元二十三年命令也要求制造器物的“合该工物（成本费，包括材料费及工费）”，先“官为借用”，发下后“却令拨还”[②]。这等于让行铺之家无偿交上旧器物，再凭空花费一笔买新器物的资费。

2. 元代度量衡制度

度量衡规格，对于规范市场是必不可少的。元代度量衡制，据吴承洛先生《中国度量衡史》说：“元代度量衡，籍无纪载，其所用之器，必一仍宋代之旧。而元代度量衡制度，即谓为宋制，自无不可。”[③]这个论断基本是正确的。

（1）元朝的度制

元朝的度尺，主要有官尺和营造尺两种。官尺即政府规定尺度，营造尺沿袭宋制。

据元人王与《无冤录》卷上载：“国朝权衡度尺，已有定制。……省部所降官尺，比古尺计一尺六寸六分有畸。天下通行，公私一体。”[④]这是说，元朝曾打算规范公私尺制，颁布过法定官尺，只不过比古尺大，比古尺长

---

① 《元典章》卷 57，《刑部》19，《杂禁 · 斛斗秤尺牙人》。

② 《元典章》卷 57，《刑部》19，《杂禁 · 禁私斛斗秤尺》。

③ 吴承洛：《中国度量衡史》，上海书店 1984 年版，第 242 页。

④ 《无冤录》卷上《检验用营造尺》，枕碧楼丛书本。

出6寸6分。然而不知什么原因，官尺并不通行。《无冤录》说："曩见丽水、开化仵作验尸，并用营造尺"，"何州县间舍官尺而用营造尺乎？"并提到朝廷"明有禁例"[①]，似乎元廷确实希望推行官尺，但收效似乎不大。连州县官府验尸都习惯用营造尺。

营造尺可能即南宋营造尺。或许因其普遍、适用，每能抵制官尺，在官府和民间很流行。《永乐大典》收载《元国朝典章》中《墓地禁步之图》和丧葬《仪制式》云："庶人之田，四面去心各九步，即是四围相去十八步。按式度地，五尺为步，则是官尺，每一面合得四丈五尺。以今俗营造尺论之，即五丈四小尺是也。"[②]用民俗营造尺来衡量官尺，正表明营造尺流行的普遍。

比较起来，元代官尺比官定斛斗推行得更好一些。仁宗皇庆元年，官府谈到"诸行铺户……私造大小斛斗"，以便大斗进、小斗出、欺瞒客旅时说："所有秤尺，亦皆效此"[③]，似乎不遵循官尺的情形存在，却并不严重。

（2）元代的量制

如前所述，元世祖最早的度量衡定制是斛斗之制。《元史·崔彧传》将崔彧建议专门用南宋文思院小口斛称粮之事，系在世祖至元二十年，《世祖本纪》也谓至元二十年五月"用御史中丞崔彧言……颁行宋文思院小口斛"。又谓"世祖取江南，命输米者，止用宋斗斛，以宋一石当今元七斗"，则元制斗斛计量比南宋为大。至元二十三年之家对"行铺之家"所用升斗的整顿令，也应是以这次确定的样式、计量标准为依据的。至元二十三年禁令也是如此。

这些命令的推行似都不理想。其一，在斛斗样式上，至元二十年发令用南宋文思院小口斛，从后来看，小口大腹式样并未推广，大口斛仍普遍

① 《无冤录》卷上《检验用营造尺》，枕碧楼丛书本。

② 《永乐大典》卷7385，《十八阳·丧》。

③ 《元典章》卷57，《刑部》19，《杂禁·斛斗秤尺牙人》。

存在；其二，从范围看，不仅民间市肆未用法定斛斗，官府所用斛斗也各循其便。所以到了至元二十四年，又有新命令发布。

至元二十四年四月，一直监督新斛制推行的御史台官御史中丞指出：官府所用斛斗"底狭面阔"，仍是大口斛斗，致使"吏卒收受概量之际，轻重其手"。再次建议采用"腹大口狭，难于作弊"的宋朝文思院斛，请求比照宋斛造新斛，并特别强调"此不可但施于官，至于民间市肆，亦合准官斛制造，庶使奸伪不行，实为公私两利"。经忽必烈亲自验看斛样首肯后，由工部制造了 10 个标准圆斛式样，下发各行省、宣慰司"依样成造，较勘印烙，发下各属行用"[①]。到至元二十九年，御史台又检出该例，要求各道察院严加监督施行。

正如前述那样，到了仁宗皇庆元年，仍有违禁使用"大小不同"的"亡宋蛮桶"的情形存在。一边是拘收没官毁坏，一边是私造使用，矛盾总无法解决。另外，据皇庆元年江西行省札，在这之前还接到了都省发下的"铁升斗小口方斛样制"[②]，这可能是对前此的"小口圆斛"式样的改进。皇庆以后的法定斛制，可能已由圆形斛发展到方形斛了。

至于元朝的量制的大小，《元史 · 世祖纪》所云"以宋一石当今元七斗"，《元典章》卷 24《户部》10《租税 · 纳税》又云江浙一带收粮斛"比亡宋文思院收粮的斛，抵一个半大有"，而《典章新集 · 户部 · 禄廪 · 职田》又谓"以乡原斛斗较量，每米一石，准官斛四斗"，或"乡原六斗，准收官斛二斗四升"，表明元代斛斗计量，既较南宋大，又复不一，比较混乱。

（3）元代的衡制

元朝衡制，沿袭宋金之制。秤法多以秤计数，每秤 16 斤。但元代秤法更趋复杂化。"盐牙行大秤"在"行盐地面路府州县"使用[③]，而一秤 15 斤、

① 《元典章》卷 21，《户部》7，《仓库 · 行用圆斛》。
② 《元典章》卷 57，《刑部》19，《杂禁 · 斛斗秤尺牙人》。
③ 《元典章》卷 82，《户部》8，《课程 · 盐课》。

14斤的秤法也存在。学者研究近年来出土的元代秤权，自刻秤重有15斤、25斤、35斤、26斤、45斤、55斤秤等，尤其以25斤秤和35斤秤居多[①]。研究者以为，元代秤制虽时而沿袭古制15斤之法，但与五代金代的论秤之风已不可同日而语[②]。

三、博易互市法

（一）市舶提举司与市舶立法

1. 市舶司

市舶司是元朝管理海外贸易的机构，设于沿海诸地。

市舶司沿自宋朝于浙、广等地设司旧制。世祖至元十四年（1277年），于泉州、庆元（今浙江宁波）、上海、澉浦（今属浙江海盐）首先设立。掌"邻海诸郡与蕃国往还互易舶货"事[③]，后又增设福建、温州、杭州、广东市舶司。至元二十二年，福建市舶司并入盐运司，改称都转运司，领福建漳、泉盐货市舶，是为专门物货市舶机构；至元三十年，温州市舶司并入庆元，杭州市舶司并入税务。成宗大德二年，并澉浦、上海市舶司入庆元。武宗至大元年，"整治市舶司事"，四年罢废之，禁船只下番。仁宗延祐元年，复立广东、泉州、庆元三市舶司和杭州市舶库。七年复罢之。英宗至治二年，又恢复泉州、庆元、广东三处提举司。[④]

市舶司设提举（从五品）、同提举（从六品）、副提举（从七品）各2员，

① 见刘幼铮：《元代衡器衡制略考》，载《元史论丛》第3辑。

② 见郭正忠：《三至十四世纪中国的权衡度量》，中国社会科学出版社1993年版，第133页。

③ 《元史》卷94，《食货志》2。

④ 《元史》卷94，《食货志》2。《元史》卷91，《百官志》7。参见《通制条格》卷18，《关市·市舶》。

知事1员[①]。市舶司除受行省管辖外，行泉府司也有兼管职责。大德二年因已罢撤行泉府司，故规定，市舶司直隶行省；至大元年复立泉府院，专门整治市舶司事，二年因罢撤，又规定以市舶司隶行省。元后期市舶司与其上级官署的罢废不常，取决于元朝政府“禁商下海”与“听海商贸易”的政策变化。而政策变化多因下番船只“将丝银细货易于外国”[②]，因噎废食。

元朝市舶司主要管理招集的民间下番舶商。至元二十一年，曾在杭州、泉州设市舶都转运司，由官府自备船只，拨给本钱，选择人入番，贸易诸货，属于官营性质。所获利息，官取7分，所易人得3分[③]。但此事未能久行。

2. 市舶立法

从《元史·食货二·市舶》看，元代市舶立法自始即基本是沿袭宋制。诸如细货（珍贵物品）十分取一、粗货（一般物品）十五分取一，以及发舶“必著其所至之地，验其所易之物，给以公文，为之期日”等，“大抵皆因宋旧制而为之法焉”。这些规定，也都是后来市舶立法的重要内容。

元代大规模的市舶立法，一是至元三十年都省议定《市舶法则二十二条》，这是“整治”市舶勾当过程中的整顿之法；二是延祐元年恢复市舶司时，修正、补充至元三十年法则的新《市舶法则二十二条》。这两个法则，对市舶司的职责范围、工作方式、课税比例、公据发放检查、漏舶罚则等，都作了十分明确具体的规定，是元代市舶立法的主体部分。

（二）舶法

1. 发舶与凭验公据

元代舶商下番，每年冬汛北风发舶，次年夏汛南风回帆。发舶时都要向所在市舶司请领总司衙门原发的公验、公凭。公验为舶商大船所用，装

① 《元史》卷91，《百官志》7。
② 《元史》卷94，《食货志》2。
③ 《元史》卷94，《食货志》2。

载货物；公凭系柴水小船所用，载装海上日用之物。公验、公凭必须随船携带。每大船一只，只许带柴水船 1 只、八橹船 1 只。如有公验而无公凭，及数外将带船只，依私贩决 107 下，船物没官。

公验、公凭的填写，依至元三十年、延祐元年法则规定，必须“明填所往是何国土经纪，不得诡写管下洲岛别名”。填写明去往番邦名称，对舶船有约束力，舶商“不许越过他国”。如不依原定番邦经纪而转往他国博易，虽借口风水不便，也不凭准。对违反规定路线者，其回舶船物全部没官，舶商、船主、纲首、事头，火长各杖 107 下；告发者予一半货物之赏。

依规定，海商每船应召募纲首、直库、杂事、部领、梢工、碇手，每 5 人结为 1 保，故公验内应开具本船财主某人、直库某人、梢工某人、杂事等某人、部领等某人、碇（碇）手某人、作伴某人，姓氏、人数须载记分明。此外，大船力胜若干、樯高若干、船面阔若干、船身长若干，也应详细记明。其柴水、八橹小船公凭内，也应开写力胜、樯高、船面阔及船身长各若干。

公验后附有空白纸八张，开写贩往番国“货物各各名件、斤重若干”，由纲首亲自填写和收执。

舶商请给验凭公据，必须召募“保舶牙人”，由其“保明某人招集人伴几名，下舶船收买物货，往某处经纪”。所以上述 3 项均系作保范围。如夹带违禁物下海，“元委保人”也“一体坐罪”。

海商必须依验凭下番，若不请验凭，擅自发船，法令允许告捕。其舶商、船主、纲首、事头、火长等各杖 107 下，船物没官。[①]

2. 禁贩物及检查制度

元朝下番海舶贩回商品主要是“珠翠、香货等物”，有时又称“金珠

① 均出《通制条格》卷 18，《关市・市舶》，《元典章》卷 22，《户部》8，《课程・市舶・市舶则法二十三条》。

货物”。香货有香木[1]，是主要博易物货。此外，还有药材。仁宗延祐元年重开市舶的重要原因，就是因禁止下番后，国内“香货、药物销用渐少，价值陡增，民用缺乏”[2]。

国内运抵海外博易物品，有纺织品、陶瓷器、日常生活用品等。但纺织品后来有许多类又禁止下番博易。

禁贩物货是逐渐增多的。至元二十年十月，因“舶商皆以金银易香木”，致金银外流，遂下令禁止，“唯铁不禁”。至元二十三年，又“禁海外博易者，毋用铜钱”。二十五年，禁广州官民不得运米至占城诸蕃出粜。[3]

元代曾有禁贩某些特定物货的单行禁令。如至元二十五年，根据海北广东道提刑按察司建议，都省曾禁治下番粜米。因当时广州官民在乡村买米百硕至万硕，都搬运到“海外占城诸番出粜”[4]。这条规定有的在后来法则中有反映，有些并未反映到至元三十年市舶法则中。至元三十年市舶则法规定，“金、银、铜钱、铁货，男子、妇女、人口，并不许下海私贩诸番”。[5]“延祐元年法则又增加丝绵、缎匹、销金、绫罗、米粮、军器。”[6]前法规定“若有一切违犯，止坐商舶主”[7]，后法扩展了范围，违者，舶商、船主、纲首、事头、火长等各决杖，物俱没官。且强调：“事重者，从重论。”[8]

延祐元年法则要求检查违禁物。开船之日，市舶司差正官1员，“亲行检视各各大小船内有无违禁之物”。检查若无，检视官要出具“重甘罢职结罪文状”。若将来有人告发载有违禁物，或确实载禁品而犯案者，检

---

① 《元史》卷94，《食货志》2。
② 《通制条格》卷18，《关市 · 市舶》。
③ 《元史》卷94，《食货志》2。
④ 《通制条格》卷18，《关市 · 下番》。
⑤ 《元典章》卷22，《户部》8，《课程 · 市舶 · 市舶则法二十三条》。
⑥ 《通制条格》卷18，《关市 · 市舶》。
⑦ 《元典章》卷22，《户部》8，《课程 · 市舶 · 市舶则法二十三条》。
⑧ 《通制条格》卷18，《关市 · 市舶》。

视官决杖 87 下，解现任，降贰等。同时要求在“发船之际，仰本道廉访司严加体察”①。

至于军器方面，由于当时允许海船自带防卫兵器及铜锣作具，故依法携带规定兵器者，不在禁限，但要求回帆后寄存于官府，起舶时请领。②

3. 回舶与抽分、发卖

（1）依规定，下番海舶回帆时，必须“赴元（原）请给验凭发船舶司抽分，不许越投他处舶司”。并且要求各处市舶司，对于非从本司发出船只，不得抽分。违者，决笞 57 下，且解现任官职。若接受贿赂抽分者，以枉法论罪。

船舶回帆，原发市舶司要差官监督船人搬运货物入库，检查船只是否已空舱，对在船人员搜身，检查是否怀袖藏掖，才允许上岸。③

舶船回帆，公验空白纸内应有在番国博易物货情况备细记录。名件、斤数，由纲首逐日填写，并由纲首、杂事、部领、梢工书押，“回日以物籍公验纳市舶司”。市舶司也据其物货“名件色数，点秤抽分”。

（2）对回舶检查的另一项内容是，未能如期回帆船只或在海上遭遇事故情况的处理。若确实遇到风向不顺而不能回帆者，取问同船或同伴船只人员，情节属实，可依正常回舶处理。若是妄称风向不便，转折买卖者，允许诸人首告。一旦发现者，舶商、船主、纲首、事头、火长各决杖 107 下，同船梢水人决杖 77 下，船物全部没官。④

如在海上遭遇海风或被海盗劫持，致使船物损失者，应经所在官司陈告。属实者，允许销除原发验凭。但如妄称遭风、被劫，私搬物货，欺骗

① 《通制条格》卷 18，《关市・市舶》。

② 《元典章》卷 22，《户部》8，《课程・市舶・市舶则法二十三条》。

③ 《元典章》卷 22，《户部》8，《课程・市舶・市舶则法二十三条》，《通制条格》卷 18，《关市・市舶》。

④ 《元曲章》卷 22，《户部》8，《课程・市舶・市舶则法二十三条》，《通制条格》卷 18，《关市・市舶》。

官府，舶商、船主、纲首、事头、火长依上决罪，货物也行没官[①]。

回舶时，禁止舶船躲避抽分而随处停留。因当时船商多在海南州县“走泄细货”，故要求海南、海北、广东道沿海州县镇市地面军民官司用心关防。若遇回舶船只到岸，应“严切催赶起离，前赴市舶司抽分”。官吏知情容纵者，决笞 57 下；受贿容纵者，计赃以枉法论。同时规定，舶船不径赴市舶司而停泊他处，“将贩至物货转变渗泄作弊”者，即从漏舶法决杖 107 下，财物没官[②]。

（3）为严密关防，法则特别要求注意两种情况：一是商舶沿途停泊汲水取柴时，防止船工乘机偷藏贵细物货上岸博易；二是商舶之家用小船接济食米时，乘便搬运贵细物货、躲避抽解。则法规定，上述两种情况允许告捕，物货全部断没，犯人杖 107。并要求沿海州县出榜晓谕屿奥之处镇守军官巡尉等人常切巡捉，催赶船只起离，不许久停[③]。

经市舶司依例抽分后的货物，即允许舶商向搬贩客旅发卖。但依例应向所在市舶司请给公遣，以示已经抽分。同时，搬贩小商在各州县货买，也应投税。[④]

4. 关于抽分规则

（1）抽分比例

抽分对象包括所有物货。至元三十年和延祐元年则法均规定：海商“已赴市舶司抽分而在船巧为藏匿者，即系漏舶，并行没官”，犯人决杖，告

① 《元曲章》卷 22,《户部》8,《课程 · 市舶 · 市舶则法二十三条》,《通制条格》卷 18,《关市 · 市舶》。

② 《元曲章》卷 22,《户部》8,《课程 · 市舶 · 市舶则法二十三条》,《通制条格》卷 18,《关市 · 市舶》。

③ 《元曲章》卷 22,《户部》8,《课程 · 市舶 · 市舶则法二十三条》,《通制条格》卷 18,《关市 · 市舶》。

④ 《元曲章》卷 22,《户部》8,《课程 · 市舶 · 市舶则法二十三条》,《通制条格》卷 18,《关市 · 市舶》。

人予赏[①]。

关于抽分的规定，《元史·食货二·市舶》载："至元二十年，遂定抽分之法"，内容不详，当仍是沿袭初年规定。二十九年，"中书省定抽分之数"，具体内容是：商旅贩卖泉州、福州等处已抽分货物，凡于本省有市舶司之地出卖者，细货二十五分取一，粗货三十分取一，可免其输税。若商旅从市舶司买货物，仅在出卖之处收税，而不再抽分。[②]

至元三十年四月都省所拟《市舶则法二十三条》确定，以当时定例的"粗货十五分中要一分，细货十分中要一分"为抽取限度，即十五取一及十取一。这个抽分比例，据说考虑了舶商的承受能力，比南宋市舶抽分之数为低。由于当时泉州市舶司在抽分之外，于舶商回帆时，更将已抽分物货"以三十分为率，抽要舶税钱一分"，遂据以定例，其余市舶司也据此执行。[③]这样，舶货前后实际被抽取者，粗货被抽1/10，细货达2/15。

仁宗延祐元年恢复市舶时，确定的新的市舶则法二十二条，抽分比例有所提高；"粗货拾伍分中抽贰分，细货拾分中抽贰分。"仍在舶商回帆时，再对已抽解物货课征1/30的舶税。[④]

（2）抽分禁制对象

但抽分只对市井小民起约束作用。元初江南诸市舶司名存实亡原因在于"有根脚"的人千方百计沮坏、抵制官司的抽分管理，故至元三十年《则法》前五条中的四条是禁制约束官吏豪强的。

其一，"兴贩舶船"者，有行省、行泉府司、市舶司权豪势要之家，亦官亦商，官庇其商。他们往往"不依例抽分，持（恃）势隐瞒作弊"。

① 《元曲章》卷22，《户部》8，《课程·市舶·市舶则法二十三条》，《通制条格》卷18，《关市·市舶》。

② 《元史》卷94，《食货志》2。

③ 《元典章》卷22，《户部》8，《课程·市舶·市舶则法二十三条》。

④ 《通制条格》卷18，《关市·市舶》。

为此,《则法》规定:“不拣甚么官人每,权豪富户每,自己的船只里做买卖去呵,依着百姓每的体例与抽分者”;凡私下隐藏不使抽分的,经首告属实,“钱物都断没”,做官的“重要了罪过”“勾当里教去”(即罢免)。

其二,行省、行泉府司、市舶司官员“勒令舶商户计稍(捎)带钱本下番”,他们不仅将回舶贵细货物贱估准折,更“不依例抽解官课”。则法对此规定:不论是谁,捎带贸易而不抽分者,没收其钱物,处以重罪,罢除其职,告人给与1/3赏赐。

其三,下番使臣及大小官吏军民人,因公往海外诸番,回归时私下买卖“应有市舶物货”,过去并不抽分。有些人则打着进奉皇帝之名,谎说抽分。则法要求对此类物货,“并仰於市舶司照例抽分纳官”。确实进奉者,上报。若“以进呈物货为名,隐瞒抽分,如违,并以漏舶治罪,物货没官”。

其四,和尚、先生(道士)、也里可温(基督教士)、答失蛮(伊斯兰教士)常“夹带俗人过番买卖,影射避免抽分”。为此,则法规定:上述人过番兴贩,“如无执把圣旨许免抽分明文,仰市舶司依例抽分。如违,以漏舶论罪,断没”。[①]

至仁宗延祐元年则法,将上述规定总为一条,凡诸王、驸马、权豪、势要、僧、遭、也里可温、答失蛮诸色人等,下番博易到物货,“并仰依例提解”。若隐匿不使抽解,经人告发属实,钱物没官,犯人决杖107下,有官者仍罢职,其物一半赏告人[②]。同时,又专条禁止行省、宣慰司、市舶司官“梢(捎)代钱物,下番买卖”,违者决杖、罢职,钱物没官;船主、事头不举首者同罪。[③]较至元则法更严厉。

(3)抽分方法、组织与舶库物处理

至元三十年则法与延祐元年则法,均要求行省、市舶司官(至元三十

---

① 均见《元典章》卷22,《户部》8,《课程·市舶·市舶则法二十三条》。
② 《通制条格》卷18,《关市·市舶》。
③ 《通制条格》卷18,《关市·市舶》。

年还有“行泉府司”）在每年船舶回帆之时，选派官员先期到达抽解处所，等待船舶到来，“不得违期前去”，致使舶商等待。延祐元年则法更明确限定必须在“四月已里”到达。

先期到达的目的，是封堵船只，不使“走泄物货”。至于抽解方法，是“挨次先后抽分”[1]，即依照舶船到达先后进行。

市舶司经抽分及再税而得到的收入，一般是以实物形式积聚起来的舶货。这些舶货，一部分经过变卖作钞，而成为货币型的海外贸易收入。依规定，各地市舶司每年靠抽分及再税而得的舶货，贵细之物直接解送元廷，其余物色则估计实值价钱变卖作钞解纳，在每年四月底发卖完毕。原则是既不亏官，也不损民。凡民间必用并且不是急用物货，按比例搭配出卖。但不得卖与现任官府权豪势要之人，以防其操纵市场，从中牟利。违者，物没官，犯人决杖。[2]

第六节　仓库管理

元代仓库仍用古义。“仓”用贮藏谷物之所的狭义，“库”用储藏财物之所的广义，故而仓指粮仓，库指钱钞布帛库。

元代仓库在中央由户工二部掌管。

户部职责之一是掌“府藏委积之实”。下设的钱帛诸库主要有万亿四库及富宁库。分别是：都提举万亿宝源库，掌宝钞、玉器；都提举万亿广源库，掌香药、纸札诸物；都提举万亿绮源库，掌诸色缎匹；都提举万亿

① 《通制条格》卷18《关市·市舶》、《元典章》卷22《户部·课程·市舶·市舶则法二十三条》。

② 《通制条格》卷18《关市·市舶》、《元典章》卷22《户部·课程·市舶·市舶则法二十三条》。

赋源库，掌丝绵、布帛诸物。提举富宁库，分掌万亿宝源出纳金银之事。[1] 按《通制条格》卷14《仓库 · 司库》，万亿宝源库“专收行省腹里一切合纳钞定”，万亿四库及富宁库“掌管收支一切钱帛，各处合纳诸名项金银等物”。此外，京城尚有行用六库[2]，外路也设有行用库。据《通制条格》卷14《仓库 · 关拨钞本》，行用库的主要职责之一是掌昏钞兑换。

户部所属粮食诸仓，分属两运司。京畿都漕运使司，掌在京诸仓出纳粮斛，及新运粮提举司站车攒运。京师先后共设22仓。都漕运使司，总司设在河西务，掌御河上下至直沽、河西务、李二寺、通州等处粮斛运输。下辖河西务14仓，通州13仓，河仓17仓，直沽广通仓。[3]

工部掌营造，负有“材物之给受”之责。故诸色人匠总管府下有“诸物库……掌出纳诸物之事”，诸司局人匠总管府有“收支库……掌出纳之物”，诸路诸色民匠都总管府、诸路杂遣总管府、茶迭儿局总管府均有“收支诸物库”。提举右八作司、提举左八作司职掌本身，就有出纳内府漆器或毡货等职责。[4]

元代有关仓库管理的法律令，都是比较专门化的专篇规定，有一定系统性。最早的《至元新格》就有仓库专篇。现存有关条法，主要有《通制条格》卷14《仓库》、《元典章》卷21《仓库》。此外，《元史 · 百官一》户部工部之属，能帮助我们了解元朝仓库的设置情况。

一、元代仓库制度概略

元代额设仓库是法定的储物之所，仓库之外另辟地点藏贮是不允许的。

① 《元史》卷85，《百官志》1。
② 《元史》卷85，《百官志》1。
③ 《元史》卷85，《百官志》1。
④ 《元史》卷85，《百官志》1。

世祖中统五年八月圣旨最早明确了这一点："各路诸差发、税粮、宣课应系财物，并赴见设仓库送纳，不得另行收贮。"[①] 仓库支出官家钱粮，还得以朝省公文为凭，同年圣旨云："诸官府非奉朝省明文，不得动支系官钱谷"，即使遇诸王或宰马经过，需要供应，也应在支出后立即报告行中书省，不得用官物贸易、私自借贷。[②] 同时，各路凡"应支钱谷，必须圆佥文字"[③]，即诸官花押，方为有效。

中统五年圣旨三条是最早的仓库管理规定，元代仓库制度就是以此为基础发展起来的。作为基本制度的这些圣旨，也规定了仓库官吏设置选拔的标准和员额。关于选用标准，圣旨要求："仓库院务合设人员，各处官司公选保明有抵业、廉慎行止信实人充，并不得用官吏私己之人。"否则，"如有失陷，库官陪偿，其保官标写过名，以凭通行考校"。关于员额，圣旨要求："库司大者不过叁员（其余小处量设壹贰员）。"[④]

世祖至元二十四年六月，户部拟定的万亿库收支钱物详细规定经都省批准而得推行。这个规定在细节方面丰富了中统五年圣旨。

1. 与支出钱谷须"圆佥文字"相关联，至元规定要求"应系收支钱物文帖凭验文历，今后须令正官、首领官在官收掌"，不得再让库子收执，甚至纵令其放置在库子家里；与动支钱谷须"奉朝省明文"及禁止"贸易借贷"官物相关联的，至元规定严禁库子"用白帖子出入侵借官钱"；与"朝省明文"相应的，至元规定要求有关人在"用印信文凭关拨出库"借使物品后，事过即须逐官，而且要"追毁元行印信文凭"。

2. 至元规定还补充了中统圣旨未及事项，如禁止官员、库子、攒典带领弟男、亲戚、驱口等进入仓库，至仓库领物人也不得领引不相干人入库；

① 《通制条格》卷 14，《仓库·关防》。
② 《通制条格》卷 14，《仓库·关防》。
③ 《通制条格》卷 14，《仓库·关防》。
④ 《通制条格》卷 14，《仓库·关防》。

各衙门不得任意差占库子，致影响其本职工作，等等。[①]

在基本制度规定上，整治仓官、库子始终是一项重要内容。至元二十七年，都漕运司指出：强豪势要等与“监纳仓官与攒典、斗脚通同计搆……结揽籴买滥物入仓”，致使国家仓库得不到“干圆绝谷白米新粟”[②]；成宗元贞二年，中书省也发现“随路部粮官吏与仓官人等通同作弊，收受糠粃米粟”[③]，要求降旨禁约。尽管好的、坚持原则的仓官并不是不存在，但受官场风气、时局的影响，胡作非为的仓官、库子非常普遍。元朝正是通过整顿仓库官等的人与事，来全面实现仓库管理制度的推行的。

元代仓库管理的另一项制度是仓粮的鼠耗规定。鼠耗是贮藏过程中法定损耗部分，按年度计算。至元二十二年户部提到腹里路分折耗例是：“以五年为则，准除四升，初年一升二合，次年二升，三年二升七合，四年三升四合，五年共报四升。”仓库在管理过程中，如果“不及所破折耗”，自然是管理有方，应“从实准算”；如果超过法定损耗率的，须“追征还官”[④]。

这些规定在至元二十二年时推广到江南。到至元二十九年，通州河西务的仓官申说鼠耗规定不合理：“仓里收来的粮内，前省官人每定的鼠耗分例少的上头，卖了媳妇孩儿家缘陪（赔）纳不起。”丞相完泽以为应作调整，实际即添加粮耗。为此，元廷对各粮仓的南粮、北粮分别根据“原定破耗”确定了按年听耗数字，规定大体较前宽松，尤其是各仓之间的鼠耗比例得到了统一，避免了“鼠耗分例”在各仓之间的“不均”状况。[⑤]

① 《通制条格》卷 14，《仓库 · 关防》。

② 《通制条格》卷 14，《仓库 · 部粮》。

③ 《通制条格》卷 14，《仓库 · 沮坏漕运》。

④ 《通制条格》卷 14，《仓库 · 粮耗》。

⑤ 《通制条格》卷 14，《仓库 · 粮耗》。

二、关于物资出纳的规定

仓库的主要职责是物资（即钱物）的支出与收纳，因为仓库的功能即在于存储备用，在利用之前收存待用。元代建立了细密的仓库出纳制度。

（一）出纳原则

元代有物资出给的原则性规定。《至元新格》就规定："诸官物出给，先侭（尽）远年"，是从近年之物还可续存，从而相对增加库物存贮时间考虑的，应是出给原则中最重要的规定。同时，从储量与用度关系考虑，如果"现（原作见）在数多，用处数少，不堪久贮者，速申当该上司作急支发，毋致损败"。甚者还要"违者究治"。也是从不致久贮损败着眼的。从储存与用度关系再作考虑，《至元新格》还规定："诸库藏及八作司所收物内，其有名数而无用者"，可以申报有关上司决定"检估出卖"。甚至"无人买者"，可以"量宜支遣"，以免"损败"。

物资受纳也有原则性规定。《至元新格》一款："诸仓收受米粮，并要干圆洁净。"[①] 其中，"干"与"洁净"，是从不易腐败、易于贮存着眼的。

（二）出纳制度

1.出纳当值

建立当值班簿，要求有关官吏每日当值，是出纳制度的基本要求。依至元二十四年六月户部议定万亿库出入钱物事理："库子、攒典并封门官员人等，拟合每日书画卯酉文历，从朝抵暮，专一在库守候收支，无得辄离。"若库子、攒典不到值，由库官处置；若库官、封门官员不到，由达鲁花赤赴省报告；达鲁花赤不到，由封门官员赴省报告。上官监督下吏，下官监

① 以上均见《通制条格》卷14，《仓库·关防》，《元典章》卷21，《户部》7，《仓库·至元新格》。

督上官，从而建立了上下监督的制度。任何人推称患病不到值而耽误收支者，一律问罪。[①]

2. 出纳赤历簿

依《至元新格》，诸仓库出纳收支，皆有“赤历单状”，上“开附”收支情况[②]。“赤历”当是仓库的流水账簿，按月申请上司勘照。它的填写，是由经手出纳的人员共同进行的。

按至元二十四年户部议定万亿库出入钱物事理，“收支钱物，须要本库色目、汉儿库子、攒典眼同开库，比对勘合，明白销附，书押收支”。其中，“销附、书押”就是书写赤历。由于收支是库子、攒典共同进行的，所以要求“今后须管一同圆押，如违痛行断罪”。不过，为防止其作弊，要求“当该库官一员轮番提调”，在“一项项仔细牵照”过各项收支记录而无差错者，才可以保结申部。[③]

出纳也重“勘合”。勘合是支纳钱物官署所发的支纳通知。上述“比对勘合”即验其真伪、数目。《至元新格》规定：“诸支纳钱粮一切官物，勘合已到仓库，应纳者经拾日不纳，应支者经壹月不支，并须申报原（元）发勘合官司，随即理会。其物已到仓库，未得勘合者，亦如之。”[④]这是出纳的例外情形。但可以将这些时间视为勘合的有效限期。

（三）出纳监督

1. 库官监督

监督出纳情况，首先是库官的责任。《至元新格》规定：“诸出纳之法，须仓库官面视称量检数”，这就是万亿库官和达鲁花赤必须封库当值的原

---

① 《通制条格》卷14，《仓库 · 关防》。

② 均见《通制条格》卷14，《仓库 · 关防》。

③ 均见《通制条格》卷14，《仓库 · 关防》。

④ 均见《通制条格》卷14，《仓库 · 关防》。

因。受监督者，当然是库子、攒典一类小吏。《至元新格》还规定："诸行用库，凡遇诸人以昏钞易换料钞，皆须库官监视司库对倒。"[①]

2. 上司监督

监督出纳，也是仓库上司的责任。依《至元新格》："诸路收受差发，自开库日为始，本路正官壹员轮番检察。"监督内容包括：是否做到两平收受，并及时出给纳物人朱钞，库吏等是否有刁蹬留难情形。行用诸库，"当该上司委官时至检校"，昏换易换料钞，还要看是否依法兑换[②]。

上司监督中，最重要的是米粮的取样比验制度，这是一种实物检验制度。按《至元新格》，诸仓收受米粮，须"当该上司各取其样"。所取样品，一付仓库收掌，一由当司留存。除正官"时至检校"外，主要是监督"收支但与元样不同，随即究治"。[③]

查照赤历制度，也是上司监督的重要方式，不过它局限于文籍账面。依《圣元新格》："诸仓库赤历单状，当该上司月一查照。但开附不明，收支有差，随事究问。"[④]

3. 相互监督

法令要求官吏之间相互监督，《至元新格》规定：凡涉出纳之事，"自提举、监支纳以下，攒典、合干人以上，皆得互相觉察"。为督促互相监督，法令规定了赏劝罚禁的办法。凡能觉察他人"有盗诈违法者，陈首到官，量事理赏"；反之，如"有侵盗钱粮并滥伪之物，若犯人逃亡，及虽在无财可追者，并勒同界官、典、司库、司仓人等一体均赔（原作陪）"[⑤]，负有条件的连带责任。

均赔法是迫使官吏互相觉举的主要方法。所以至成宗元贞元年七月圣

① 《通制条格》卷14，《仓库·关防》。
② 《通制条格》卷14，《仓库·关防》。
③ 《通制条格》卷14，《仓库·关防》。
④ 《通制条格》卷14，《仓库·关防》。
⑤ 《通制条格》卷14，《仓库·关防》。

旨，再度肯定了《至元新格》的规定，要求“仓库大小官吏人等皆得互相觉察”，如其中有侵盗钱粮者，除将其财产“拘检见数，准折追理”外，若犯人逃亡及无可追者，仍“勒同界官典人等立限均陪”[①]。

互相监督包括下吏对上官的监督。《至元新格》：“诸仓库钱物，监临官吏取借侵使者以盗论”，这是针对库官及其上级机构的；同时又规定：“与者其罪同”，[②]这是对库子、攒典、司仓一类人规定的。法令逼令他们抵制监临官利用职权取借侵使，以保证官物不被侵蚀。

三、关于保管

仓库的功能还在于保管。管好钱物尤其是物，是仓库另一重要职责。

（一）防雨湿

仁宗延祐二年都省拟议部官计点仓库的内容之一，就是“仓库有无疏漏”。[③]而更早的《至元新格》规定：“诸仓库局院疏漏，速申修理，霖雨不止，常须检视，随宜备御，不致官物损坏。”反之，如果收贮不如法，防备不尽心，曝晒不以时，致有所损败，要验其事轻重论罪。而且，“所坏之物，仍勒赔偿”[④]，处罚与赔偿并行。

至元二十九年正月户部呈拟事件，仍坚持库官保管不善赔偿的原则，它规定：各路起纳至都城的钱物匹帛、烧毁昏钞，在“封记装发了毕，责付库官、库子明白收管”之后，如果到都交点时，“於内但有水湿浥变损坏短少数目，着落库官人等追陪（赔）”。[⑤]

① 《通制条格》卷14，《仓库 · 觉察侵盗》。
② 《通制条格》卷14，《仓库 · 关防》。
③ 《通制条格》卷14，《仓库 · 计点》。
④ 《通制条格》卷14，《仓库 · 关防》。
⑤ 《通制条格》卷14，《仓库 · 关防》。

（二）防失陷

保管在广义上指数量不减少。在措施上，防盗设置等的完好是必要的。仁宗延祐二年都省议拟部官计点内容，即有仓库“垣墙有无损坏”①。在实践中，仓粮减少失陷，往往追征官吏。

成宗元贞元年二月，江南嘉兴、松江等处仓库“短少小麦”，户部拟议：“着落追征还官。”②

从大德七年案例来看，所谓追征未必是均征，而是只征主管官吏。当时，永州北仓的司仓李全、司庭实在任满交卸时，库里短少糙粳米 3100 余硕，被责令“比照当年得代交割失陷月日时估追征”③。受追赔者只限于两个司仓。

提调官即上司，也有因提调不力而承担罪责的情形。同在大德七年，太原路大备仓在点视大德三年和大德四年两年的仓粮时，发现大德三年仓官郭世忠原呈报“见在米数”短少 4851 石，大德四年仓官郭楫原呈报当时即短少米 715 石余。但路官未曾计点过，始终不知仓粮曾有缺少。刑部以路官达鲁花赤塔海、总管木撒、同知 6 斤，都属提调正官，对“本府仓库不行依例每季计点，以致短少官粮五千余石”，断令“依例决三十七下，标注过名”④。

此事虽与后述的计点制度有关，但说明仓库失陷官物，提调官仍应负责。河东廉访司甚至要求“催督追征”，可能包含了追征提调在内。向提调官追征失陷钱粮，自世祖至元以来至成宗初年即通例。依至元三十年九月奏准事件，遇“钱粮歉少”，若提调官人“追不足”失陷部分，任满时不给解由，在“别个勾当里休教迁转”。“钱粮几时追足”，才给与解由并

---

① 《通制条格》卷 14，《仓库·计点》。

② 《通制条格》卷 14，《仓库·附余短少》。

③ 《通制条格》卷 14，《仓库·附余短少》。

④ 《元典章》卷 21，《户部》7，《仓库·短少粮斛提调官罪名》。

给予迁转。成宗元贞元年五月圣旨又重申了这一点。[①]

那么，追赔基于什么理由？依圣旨："管仓的官人每，在先偷了粮的，失陷了的，那年分偷来，依着那年分价钞教陪者。"[②] 则盗是一个原因，不明原因的失陷是另一原因。上述二例当是不明原因的失陷。

不过，在制度上，如果同类粮食此敖短少，很敖增余，可以"通行准算"或称"对折准算"。但若异类粮食却不能准折。盈余者不赏，短少者却必追赔。[③]

四、关于计点检查的规定

计点是上级官署对仓库管理的全面检查。在范围上，它是上司监督仓库的扩大和延长。

（一）计点制度的起始和确立

从现有资料看，计点源于世祖末期。

至元二十九年七月，御史台指出各路仓库管理不善，仓库官钱借与人，路官自己借，造成了仓库无钱。遂奏请："教省官人每委付着人，这里有的仓库局院常川教点者"，"如仓库局院里短少的有呵，省官人每根底逐旋说了，疾忙教追陪（赔）者；损坏了的有呵，省官人每整理者"。并建议各行省、宣慰司、廉访司、各路"依这体例教点觑整理者"[④]。这一提议经皇帝批准施行。

可见，计点的主要内容是有无短少和有无损坏。奏议提起的初始原因

① 均见《元典章》卷21，《户部》7，《仓库·关防钱粮事理》。
② 见《通制条格》卷14，《仓库·附余短少》。
③ 见《通制条格》卷14，《仓库·附余短少》。
④ 《通制条格》卷14，《仓库·计点》。

是官钱，短少主要当是官钱支出。但损坏者当是指官物。所以，初次计点是钱物都包含在内的。

至成宗元贞元年，计点开始成为制度。本年七月圣旨规定："所在仓库亲临上司提调正官，每季分轮计点，但有短少，随即究问追理。违期不点或计点不实者，量事轻重断罪。"[①] 按季度分番到库计点且不得违期，说明计点已经制度化；惩治违期不点和计点不实，也表明了督促计点在制度化。但计点内容侧重于"短少"，表明范围还不够宽。

（二）计点内容及计点效力

至元间制度，户部差司计、工部差司程每月至仓库检校，一切"关防照勘催举事理"，都由其办。后来其制渐废。到仁宗延祐二年，都省再度申明旧制，要求户、工部选差司计、司程官，分临仓库检校；部官每月照刷其检校案簿，对司计、司程是否"有失关防催举"进行监督。

1. 依都省议拟，司计、司程应检校的内容有：

（1）勘合已到仓库，而应纳者不纳，应支者不支；物到库，勘合不到，而仓库已收已支钱物，不即申报。这是《至元新格》专条规定的内容，检查仓库是否依法处理。

（2）合押赤历单状违期。这也是《至元新格》的专条规定。检查仓库是否"应限"填写，尤其是否与实际收支不符，从中作弊。

（3）收顿不如法。检查其保管情况，是否符合防雨湿等要求。

（4）仓库给受有违。指其他违例事项。

2. 部官计点内容。依都省议拟，除司计、司程外，部官应每月择差一员，亲诣仓库计点，内容有：

（1）收支勘合、赤历单状，有无失收、滥支、差错、不完；

（2）顿放官物是否如法；

① 《通制条格》卷14，《仓库・计点》。

（3）仓库是否疏漏，垣墙有无损坏；

（4）看守仓库军人有无缺役；

（5）点看现在钱物、粮斛，其中如有陈旧、损浥者，随即议拟先支或别行发落。[①]

则计点范围，仍包括收支出纳、保管及备御情况。最后点看现存库物的处理意见，是对《至元新格》以来原有处理远年库物规定的延伸和补充。

部官计点，只能“开具收支已未完备细各各名件，及照刷出差违等事”，呈报都省[②]。有不如法者，只能由都省议定处分。但地方官对仓库计点的权力就较大了。

依成宗元贞二年御史台呈拟，各地仓库提调官“赴库牵照一切勘合文凭，比对赤历单状，计点实有现在”，一旦发现“有侵欺短少，即将当该库官、库子人等监锁、追赔”[③]。锁拿追赔，权力极大，这是由于当时提调官皆是达鲁花赤及正官，故赋权较大的缘故。

① 见《通制条格》卷14，《仓库 · 计点》。

② 见《通制条格》卷14，《仓库 · 计点》。

③ 《元典章》卷21，《户部》7，《仓库 · 关防钱粮事理》。

第五章　元朝的民事法律规范

中国古代不存在单独的民事法律或法规，元朝亦然。但包含在法律、法令中的属于民事法律性质的规范却有很多。这些规范，涉及物权、债权债务、婚姻、家庭、继承等各个大类，包含了契约、时效、侵权行为等基本的民事法律范畴的问题。许多沿袭至今的术语，仍是理解现今法律的有益的文化积累。

元朝民事法律规范，在基本方面沿袭了唐宋金诸朝的中原汉法传统（尤其是宋金法律），但在一些方面仍反映出蒙古习惯法影响的痕迹。特别是在婚姻、继承、借贷方面，表现最为明显。元朝民事法律规范在某些民事法律制度的建立中，有超出前朝的地方，也有开启明清制度的先例作用。

下面依物权、债、婚姻、家庭、继承顺序分节叙述其主要内容。

第一节　物　权

一、物与物权

（一）物的种类范围

1. 不动产

元代不动产主要包括土地、房屋。其中土地可分为田地、山场、坟地，其上的农、林植物属于主人不动产的构成部分。不动产即依其性质不能移动，一旦移动就会损失其经济价值的物。

不动产是人们生产和生活不可缺少的物质资料，尤以其中的土地是封建社会小农经济组织生产的最基本生产资料，其转让与否及转让的频率，往往是了解土地兼并及小农破产情况的晴雨表。

元代无不动产的概念，法律上或契式中一般直称田宅或分称田地、房屋。契式中称不动产所有人为“业人”或“业主”，转让时称原所有人为“出业人”[①]。逃亡归乡后要求恢复其原有土地，称“复业”，原主称“地主”[②]。在法律上，不动产可以买卖、出典或承典，租赁（租佃或租赁），但不能典当。

2. 动产

动产包括驱口（即奴婢）与牲畜（也分称人口、头匹）、衣服、珠宝等。即按其性质可以移动其位置，或者不经毁损就能完好地移动其位置的财产。

《大元通制》说：“诸人驱口”，“与钱物同”[③]，可见其法律地位仅是主人财产，与唐律以来的“奴婢比之资财”“律比畜产”[④]，是一个意思。

动产的性质，使其权能必须在占有情况下才得实现，故重视占有是必然的。其中尤以驱口、牲畜为最。由于驱口常逃亡（逃驱），牲畜常亡佚，当时称作“阑遗”“栏遗”。凡逃驱、佚畜脱离主人，规定期限内无主认领，称作“孛兰奚”，或“不兰奚”“索栏奚”。元代建立了较细密的私人动产亡佚收管、保护以及认领的制度。

元代也无动产的专门概念。法律及契式中，或直称“牛马驼骡驴”、

① 《新编事文类要启札青钱》外集卷11《公私必用》。转引自《元代法律资料辑存》，第239、241、242页。

② 《事林广记》辛集卷10《词状新式》。转引自《元代法律资料辑存》，第218、219页。

③ 《通制条格》卷2，《户令·户例》。

④ 《唐律疏议》卷18，《贼盗律》造畜蛊毒条问答，卷6，《名例律》官户部曲官私奴婢有犯条疏议。

衣服、金银、粮食等，对所有权人称为“本主”[1]。

在法律上，动产也可以买卖、借贷、出当和承当，但不能出典和承典，即只能作质押借贷的质押对象。

（二）物权

古代物权包括所有权、地上权、永佃权、地役权、典权、质权等。租佃关系的发达，使永佃权较为突出；小农经济的脆弱，也使典权、质权关系发展较为充分。不过，在元朝，永佃权发展并不充分，典、质却是较突出的。

物权是权利主体依法对物进行直接管理和支配并排除他人干涉的民事权利。依现代民法原理，我们也可以将元代物权分为自物权（所有权）、他物权。自物权即完全物权，是物权中最完整、最充分的权利；他物权即在他人的物上所设定的权利，也称限制物权。他物权又可分为用益物权和担保物权。用益物权是以取得物的使用价值为主要目的而设定的权利，如典权、佃权（耕作权）；担保物权是以交换价值为内容而取得的权利，如质权，质主要是“典当”。

二、所有权

（一）所有权的内容与特征

在民事权利意义上，元代的财产所有权也指所有人对其财产的占有、使用、收益和处分四项权能。其中，所有人对其财产的占有权（实际控制权）、使用权（直接利用权）、收益权（经济利益的获得权）一般不受限制。但其处分权（财产命运的决定权），无论是事实上的处分（消耗）或法律

① 《词状新式》,《元代法律资料辑存》，第 220 页。

上的处分（通过法律行为而处置财产），却受到若干限制。

1. 对牲畜的不完全处分权

（1）禁私宰马牛

元代对私家买卖马牛不予限制，但出于对耕、运牲畜在农事、战事中举足轻重地位的认识，法律对宰杀马牛却限制颇多。世祖中统二年五月圣旨即说："凡耕佃备战，负重致远，军民所需，牛马为本。"① 盖因买卖交易，在总量上并不减少，宰杀却使数量减损。禁私宰马牛，致使所有权人只享有不完全处分权。

世祖中统二年五月圣旨规定："今后官府上下公私饮食、宴会，并屠肆之家，并不得宰杀牛马。如有违犯者，决杖一百；两邻知而不首者减一等；官司失觉察者又减一等。若有因病倒死及老病毁折、不堪用者，申报所在官司，若离城窎远，于当处里正、主首告报过，方许开剥。"② 据此，除摔死及老、病牛马外，齿岁较小的马牛是不许宰杀的。③ 至元八年正月圣旨增加了对私宰马牛者征钞 25 两给付告人充赏的规定。两邻知而不首告，及坊正、里正、主首、巷长等人有失觉察，仍要分别决笞 27 下和 57 下。这个规定后来收入《大元通制》。④

由于这个原因，当时民户家牛马死亡，均要申官验明死亡原因，以免涉嫌违禁。元代状式有《申死牛马》状，内开列：

"某村住人某人……伏为予今月某日，有自己甚毛色牛或马，忽在某处因病倒死了当，目今未曾开剥。今具状上告某官，伏乞判凭照验，开

① 《元典章》卷 57，《刑部》19，《禁宰杀 · 倒死牛马里正主首告报过开剥》。

② 《元典章》卷 57，《刑部》19，《禁宰杀 · 倒死牛马里正主首告报过开剥》。

③ 《元典章》卷 57，《刑部》19，《禁宰杀 · 禁宰年少马匹》。

④ 《元典章》卷 57，《刑部》19，《禁宰杀 · 赏捕私宰牛马》。并见陈元靓：《事林广记》别集卷 3《刑法类》所载《大元通制（节文）》，《元代法律资料辑存》，第 69 页。

剥施行。……”[①]

由于禁令森严，元初曾出现过老马牛、有瘤有病不堪使用的马牛，民间一律都不敢宰杀的现象，致使许多都病瘦而死。为此，元廷又下令，在官府验实前提下，前项马牛可以杀[②]。由于禁令要求呈官验勘，当时又产生了因病倒死牛只远程扛抬至官府的弊病。大德七年四月，江浙行省下令不必皆送官府，离城远的牛主，只须告报当处里正、主首就可以开剥[③]。

（2）禁杀孕畜、幼畜、母畜

同理，出于对六畜总量的保持，元代也禁止宰杀孕畜、幼畜和母畜。《至元杂令》有《禁宰孕畜》条，规定：“诸杂畜有孕皆不得杀（猪羊亦同）。”[④] 至元九年九月有《禁杀羊羔儿例》，禁止大都等地宰杀羊羔之风。[⑤] 至元二十八年四月圣旨更重申禁杀羊羔之法，规定对私杀者“打一十七下”并没收其羊羔。[⑥] 至元三十年十二月圣旨又禁止杀母羊，以其多“孳生”子息。[⑦]

2. 对驱口的权利

驱口虽与钱物同，但毕竟是人。元代法律规定主人可以放免驱口为良人。

法律禁止杀死奴婢。如规定：“诸故杀无罪奴婢，杖八十七；因醉杀之者，减一等”；“殴死拟放良奴婢，杖七十七”，只是在“奴殴詈其主，主殴

① 《事林广记》辛集卷10《词状新式》，《元代法律资料辑存》，第224页。

② 《元典章》卷57，《刑部》19，《禁宰杀·宰老病死牛马》。

③ 《元典章》卷57，《刑部》19，《禁宰杀·倒死牛马里正主首告报过开剥》。

④ 《事林广记》壬集卷1《至元杂令》。转引自《元代法律资料辑存》，浙江古籍出版社1988年版，第38页。下引该篇只具篇名、今书名及页数。

⑤ 《元典章》卷57，《刑部》19，《禁宰杀·禁杀羊羔儿例》。

⑥ 《元典章》卷57，《刑部》19，《禁宰杀·杀羊羔儿断例》。

⑦ 《元典章》卷57，《刑部》19，《禁宰杀·禁休杀母羊》。

伤奴致死者”，才“免罪”[①]。

元法也禁止主人对驱口施加私刑。至元年七月，中书省、御史台呈文拟定：“富势之家奴隶有犯，私置铁枷钉项禁锢，又有擅自刺面者，诚非所宜，拟合遍行禁止”，都省准拟[②]。

（二）所有权的取得

元代关于所有权取得的方式，可以分为传来取得和原始取得两种。

1. 传来取得

通过原所有人出让或转让等法律事实发生而取得财物所有权，即是传来取得。在元朝，牲畜、奴婢、田房的买进，比如买卖田地、房屋契式均写明“本主一任前去给佃管业，永为己物”[③]，即标明所有权归属买主。余如通过借贷、继承、赠与等，也均可取得所有权。赠与中的投献，系贫民献给官绅或民户献给寺院房地产。另有拨赐，是国家将所有物转分给个人。

此外，出当人过期不回赎当物，当主即获得该物所有权。

2. 原始取得

所有权的原始取得方式有很多种，在元朝主要是发掘宿藏物。

宿藏物即长期埋藏于地下之物。唐宋律令对“于他人地内得宿藏物”者，发现人“与地主中分”；如发掘出古器物如钟鼎之类“形制异”者，要求“送官酬直”。凡不与地主平分及不送官者，皆治罪。[④]

元代法律沿袭了唐宋律令关于宿藏物发现人与地主平分的原则。至元十一年四月，西京路王拜驴等四人在为贺二筑墙挖土时，在贺二地内掘出金钗、金镯、银镯、银锭等埋葬物，争讼至官。至十三年闰三月，户部

---

① 《元史》卷 105，《刑法志》4。

② 《通制条格》卷 28，《杂令 · 刺驱面》。

③ 《公私必用》，《元代法律资料辑存》，第 239、241 页。

④ 见《唐律疏议》卷 27，《杂律》“得宿藏物隐而不送”条，《宋刑统》卷 27，《杂律》“地内得宿藏物”门本条。

断令上项掘得埋藏之物，“拟令得物之人与地主停分”。并由此拟定了详细规则。

新例为：“今后若有于官地内掘得埋藏之物，于所得物内一半没官，一半付得物之人；于他人地内得者，依上与地主停分。若租佃官私田宅者，例同业主。如得古器珍宝奇异之物，随即申官进献，约量给价。如有诈伪隐匿其物，全追没官，更行断罪”，都省准拟[①]。

这条法例的前半部分，官地内掘得，一半没官、一半付得物之人的规定，将官府视为地之主人，是移用了唐宋律令规定的精神，为唐宋所无。私人地内宿藏分配法，全与唐宋相同。至于“租佃官私田、宅者，例同业主”，与唐宋律“问答”部分相近，但与唐宋规定有异。唐宋律对官田、宅，以现住、现佃之人为主（即不以官为主），耕作之人发掘宿藏，与现住、现佃之人均分，此点元代法例可以包容。但对私田、宅，唐宋律以“各有本主”，借田、借宅之人既非本主、又不施功力，如果耕作之人得到宿藏物，只由耕作之人与地主平分[②]，此点元代法例就不同了。因为元代法律无论租佃官私田、宅，此时均视为业主，原主则无权分享宿藏物。

自至元十三年确定法例后，元代即依此为据处理宿藏物发现问题。至元二十九年三月，莱芜县潘丑驴等打板墙掘出银子10余斤。山东宣慰司却断令“一半没官”，另一半给发现人。刑部拟判：既“系本人自己地内宿藏之物，拟合回付元主”，都省准拟。[③] 遂将已没官解纳的5斤7两银回付本人。唐宋元法律，均未见正面规定于己地内发掘宿藏物如何处理的规定，但若从“一半付得物之人，一半与地主停分”的规则来推算，得物人与地主合一时，就应得到全部宿藏物的所有权了。

① 《通制条格》卷28，《杂令·地内宿藏》；《元典章》卷56，《刑部》18，《阑遗·宿藏·得宿藏物地主停分》。

② 《唐律疏议》卷27《杂律·得宿藏物隐而不送》，《宋刑统》卷27《杂律·地内得宿藏物》。

③ 《通制条格》卷28，《杂令·地内宿藏》。

从实例上看，元代对宿藏物所有权取得的法例的执行，是较严格的。并且不论发现人成年与否，均予一半所有权。

成宗元贞元年闰四月，大都路小儿杨马儿与杨黑厮在梁大地内刨土玩耍，杨马儿刨出一个青磁罐，由杨黑厮看守，杨马儿回家唤母验看。刑部断拟：杨马儿刨出罐内 4 锭银和一个银盏，“拟合依例与地主梁大中分”。由于杨黑厮曾经看守，从中分与他 30 两银，其余数由“杨马儿与地主两停分张”[①]，获都省批准。

（三）所有权的保护

1. 返还原主

唐宋令已有官私阑遗马驼骡牛驴羊等，送官牧召人识认还主的规定。各州镇期限，凡阑遗畜“经二季无主识认者”即出卖，但后有主识认，应“还其价”[②]。

蒙古汗国以游牧业为主，牲畜是主要生产和生活资料。加之蒙古汗国，在建元之前处于奴隶制末期与战争掠夺的影响，奴隶（驱口）众多。所以自蒙古汗国后期就开始建立孛兰奚收管与认领制度，对这项重要的私人所有权予以保护。建元后，在此基础上又有所发展。

（1）官府收管与认领期限、程序

世祖中统五年八月圣旨条画规定：“诸处应有不兰奚人口、头疋等，从各路府司收拾。……限十日以里，许令本主识认；如十日以外，作孛兰奚收系。”[③] 最早确立了官府收管并组织本主认领的制度。将本主识认期限定为十天。

---

① 《通制条格》卷 28，《杂令 · 地内宿藏》。

② 《宋刑统 · 杂律》“地内得宿藏物”门附《厩牧令》。

③ 《元典章》卷 56，《刑部》18，《阑遗 · 孛兰奚 · 拘收孛兰奚人口》；《通制条格》卷 28，《杂令 · 阑遗》。

收管孛兰奚的机构，到至元十六年十一月，元廷又成立诸路孛兰奚总管府，由吏部尚书兼领，并颁布了诸项具体制度。

各路收拾到孛兰奚，每月在二十五日聚集，“令人识认三日，于内若有认见，委无诈冒，召招给主”[①]，期限较前缩短。

成宗时，改诸路孛兰奚总管府为阑遗监，由宣徽院统领。此后，阑遗监一直是常设专门机构。

从仁宗至大四年十月成都路所收孛兰奚马匹驴畜“年深无主识认”[②]的情况来看，至元十六年各路“每月聚集”“认识三日”是经常举办的活动，失主在长时期内均可参与认领，而不是局限于认领一次，时间也不限于某一次的几天。据皇庆元年五月，阑遗监说：“本监每岁十月於庞村聚集，行移各爱马海认头匹”，与诸路集中认领类似。同年，阑遗监确定认领的有效期限：“凡到监人口，一年之后无主识认，从本监分拨匹配成户，发付有司收系当差。”经刑部议拟、都省批准，最后确定的期限是：“半年之后无主认识者，合准本监所言。”[③]

本主识认孛兰奚人口、头匹，应当立“本主识认”文状，这不仅是所有权归属收管的证明，也是官府发还的证明。元代《词状新式》有《本主识认》状，其文曰：

“某村住人某人……伏为于今月某日，本家自不小心，走失了甚毛色牛几头，有无印记，某即时随处根觅不见。今来某却知得，某村某人收住上件牛畜，本人申复到官，见蒙出榜召人识认。所具上件牛畜，委是某本家走失。今具状上告某官，伏乞详状给付某收管施行……”[④]

① 《元典章》卷56，《刑部》18，《阑遗·孛兰奚·拘收孛兰奚人口》。

② 《通制条格》卷28，《杂令·阑遗》。

③ 《通制条格》卷28，《杂令·阑遗》。

④ 《事林广记》辛集卷10《词状新式》，《元代法律资料辑存》，第220—221页。

元朝设官收管并组织本主识认孛兰奚的制度，在基本方面上是以尊重并保护私人所有权为特征的。尽管当时有的机构未认真执行，出现拘收不予、随意使用或送人，而且这一制度对保护蒙古军人战争中掳夺的所谓驱口起了恶劣作用，甚至不能排除元廷在收管孛兰奚时有获利目的（如有的用于国家屯田、货卖等），但创立这一制度在中国历史上是前无古人的，它标志着对私人所有权的重视。因而，中央官署如都省一再要求地方在孛兰奚将送屯田或货卖之前"更为召主识认"[①]。

（2）本主认领权利

元廷曾一再下令要求保证本主认领孛兰奚的权利。成宗元贞元年六月，因伯帖木儿管下对"主人认着不阑奚人每呵，也不与有"，皇帝下旨："委实认着呵，分付与他主人者。"[②]

仁宗皇庆元年五月，刑部议拟："不阑奚人口如未到监，各处有主识认者，随令有司发落。如已到监……行移召主识认。"[③]

对主人限外认领者，官署也予给付。成宗大德二年，河南行省汝宁府收到的孛兰奚人口内，逃驱阎兴安被其主人沛县赵县尹识认。行省就此类"限外识认孛兰奚人口头匹"是否给付问题，咨请都省意见。刑部拟定：若"元主识认，委无诈冒，合行给主"[④]。

但由于限内主人不认领，官府即作某种处理，若在某种处理后本主识认的话，依规定应斟酌给价，反映了对本主所有权的尊重和维护。至元十八年二月，中书省奏议："先前收拾下的不阑奚人每配成户的，今后若主人认着呵，官司斟酌与钱债。"[⑤] 得到世祖批准。这是因无法拆散家庭，但又

① 《元典章》卷56，《刑部》18，《阑遗 · 孛兰奚 · 孛兰奚牛发付屯田种养》及《孛兰奚头匹》。

② 《通制条格》卷28，《杂令 · 阑遗》。

③ 《通制条格》卷28，《杂令 · 阑遗》。

④ 《通制条格》卷4，《户令 · 阑遗人畜》。

⑤ 《通制条格》卷28，《杂令 · 阑遗》。

应当尊重本主所有权之间的变通办法。

不过，由于官府收管圈养孛兰奚头匹，耗费了草料，从补偿角度，元廷又要求本主认领时补纳草料钱。皇庆元年五月，阑遗监拟定："今后合给主头匹，拟合本主照依时估回纳喂过草料价钱，然后并给付"，只是对放牧饲养者除外[1]。就情理而言，这也是合理的。

（3）他人收留送官义务

私人收留孛兰奚人口、头匹必须送官。依至元十六年十一月圣旨："若有新旧收着底不兰奚人口、头疋诸物，管限三日内申送所在官司。如有隐藏或违限不解赴官"，"将犯人痛行断罪，告人约量给赏"[2]，最早确定了他人收留送官的义务。在一定程度上，可以说是对所有权人所担负的义务。

成宗元贞元年圣旨也要求：民间"若有人收着，不行赴官申告，许两邻并诸人首告的实，将犯人断罪，告人给赏"[3]。

至成宗大德六年八月，因宋因用隐藏孛兰奚牛只，伪造文契，打算货卖而被首告事，中书省议定首告隐藏孛兰奚赏钞定例，规定："今后应告隐藏孛兰奚者……估验所隐之物实直价钱，於犯人名下减半追征，给付告人充赏。其犯人亦验分数，比附定罪。"[4]从正反两方面督促、强令他人履行送官义务。

现存元代案例有至大元年七月龙兴路新建县邓仁二收留无主母水牛申送官府之事[5]，是居民收留孛兰奚呈官的实例；元代状式有《申孛拦奚口头状》，更可反映当时收留申官的详细情形。状称：

---

① 《通制条格》卷28，《杂令·阑遗》。
② 《元典章》卷56，《刑部》18，《阑遗·孛兰奚·拘收孛兰奚人口（又）》。
③ 《元典章》卷56，《刑部》18，《阑遗·孛兰奚·孛兰奚正官拘解》。
④ 《元典章》卷56，《刑部》18，《阑遗·孛兰奚·告首隐藏孛兰奚赏钞》。
⑤ 《元典章》卷56，《刑部》18，《阑遗·孛兰奚·孛兰奚头疋》。

“某村住人某人……于今月某日某时……见甚毛色牛几头，有无印记，于某地内作践田苗，无人放牧。为此，某将上件牛畜收至本家。今来多日，无人识认。所据某不合不即时申告官司，召人识认。……伏乞某官详状召人识认施行……”①

2. 损害赔偿

（1）私物之损害赔偿

损害他人之物，即负有赔偿义务。在法律上官府保证所有权人获得赔偿的权利。

官吏非理使用民畜致死，勒令赔偿。至元十六年，潭州省差来总把，路途遇回马，强夺骑坐，奔走倒毙。通政院拟令“陪（赔）偿”，省府批准②。

元仁宗延祐三年三月，河南省归德府杨忙黑等挟仇刺死五十六的牛只，诸犯依“合该价钱”“一体均征”，“给价本主”③。这是损害他人牲畜之赔偿。

所有权人受损害，也有向侵害人（包括侵害人本人侵害或其所有物如牛畜之侵害）要求赔偿或告官索赔的权利。

元代状式中有《应被牛畜食践禾苗告状式》，可见当时损害赔偿范围之宽。原文为：

“告状人姓某……伏为状告某年月日，忽见某所耕东村田内，有黄牛三只，在被将禾苗食践，随即投告当管张社长。一处田所验视，得被前项牛只食践讫田禾，约有二亩余。其牛系是本村梁巳家所养牛只，令本人陪

① 《事林广记》辛集卷10《词状新式》，《元代法律资料辑存》，第220页。

② 《成宪纲要》，转引自《元代法律资料辑存》，第78页。

③ 沈仲纬：《刑统赋疏》，转引自《元代法律资料辑存》，第193—194页。

（赔），不肯归还。今来若不状告，乞行追征，委是使某有失岁望，无得子粒，应付当差用度。谨状上告某县官，伏乞详状施行……”[①]

此状式反映，受损害所有权人已向牛畜主人索赔，因牛畜主人置之不理，故才告官。则当时牛畜主人依价赔偿，自无告官之事。可见，受损害者向损害人索赔当是当时损害赔偿的主要形式。

土地是主人财产之一种，归主人所有；附着于土地上的农作物也属主人所有，甚至农作物就是土地所有权价值的实现形式，故也予以严密保护。

值得注意的是，元代曾一再下令禁权豪势要、经过军马、营寨喂养马驼人等纵放头匹“食践损坏桑果田禾，违者断罪赔偿”。至元三十一年四月诏、至大改元诏、至大四年三月仁宗登宝位诏。[②]大德七年五月整治政化诏、大德十一年五月武宗登宝位诏[③]，都曾明文勒令“赔偿”。这一方面反映了此类事之屡禁不绝，同时也反映了元代统治者的一贯立场。

元代还有《占墓山榜式》，是对家祖所有的祖坟林木予以保护的例证。与保护土地上之农作物属同一道理。内开列：

“本宅有祖墓山一片……即目林木茂盛，近被一等不惧公法之人，带领三五为群，擅入山公然盗斫，深为狼藉，风水不便。……其犯人自经所属官司陈告，惩治施行。”[④]

刑事犯除拟罪处罚外，也勒令赔价。依《大元通制》：“烧常人房舍……

---

① 《事林广记》别集卷4《公理类·告状新式》，转引自《元代法律资料辑存》，第236页。

② 《元典章》卷2，《圣政》1，《劝农桑》。

③ 《元典章》卷2，《圣政》1，《安黎庶》。

④ 《新编事文类要启札青钱》外集卷11《公私必用》；《元代法律资料辑存》，第243页。

损坏财物及田场积聚之物……仍各追所烧物价。”[1]

（2）官物之损害赔偿

官物之损害赔偿，在元朝主要是官吏管理护持不善的法律后果。关于这方面的内容，请参见本章第二节中“因行政失职而发生的债”，及第四章第六节的有关内容。

三、用益物权

用益物权是从所有权的权能分离出来的相对独立的他物权，用益物权人通过契约等法律事实，而取得对他人所有物的占有、使用、收益的权利。在元朝，用益物权主要是典权，缺乏有关地上权（地基权）、地役权的记载，我们这里仅述典权。

（一）典的含义与范围

现代意义的典权是指典权人支付典价，占有出典人的不动产，而取得使用和收益的权利。元代的典，在范围上包括不动产（田地、房屋）之典，也包括人身之典（典雇身役），甚至以动产（珠宝、金银器、衣服）为担保的，也称为典。但动产担保不存在用益物权，它只是质押借贷，属于债的担保形式。所以，元朝典的范围应是不动产之典和人身之典。

元代的典，也称作“典质”或“质典”，但只适用于“田产”“地产”之典的情况，如“典质田产”“典质地产”“质典交易”等[2]；人身之典只称典雇。这是当时典与质、典与雇尚未确切分清的反映。这里仅述不动产典权，典雇身役作为特殊问题附在债的担保之后。

① 《新编纂图增类群书类要事林广记》别集卷3《刑法类》,《元代法律资料辑存》，第68页。
② 《通制条格》卷16,《田令·典卖田产事例》。

（二）典权的设定

1. 典权设定的程序要求

依法律要求，典权的设定，应定立典契。民间从日后有凭着眼，也皆定立典契，但一般似系典权人收执。元成宗大德十年五月，鉴于“近年告争典质田产”纷纷，典主往往“买嘱牙、见人等，通同将元典文据改作买契，昏赖亲邻”。礼部认为，单方“收执文约，或年深迷失，改作卖契，或昏昧条段（指土地）、间座（指房屋）”，容易发生争讼，遂在程序上专门定例，要求；“今后质典交易……须要写立合同文契贰纸，各各画字……典主收执正契，业主收执合同。虽年深，凭契收赎，庶革侥幸争讼之弊。”①

这种要求，主要是为防止争讼，并为一旦发生争讼时有凭据可验证。为便于管理、监督，并加强证据力，上述礼部定例还要求当事人“赴务投税”②，也就是税契。

从元代契式看，田产、房屋典契中还有出典人交付“上手宋契”给典权人，“赴官印押”；田产典契还应当“过割”，写明“前件户钱，仰就某人（典权人）户下改割供输，应当差发”③。前者是为防止重张典挂，所以须交付老契；后者是便于官府收税、差科，防止日后繁扰。

2. 典权设定的实质要件

（1）出典人将典物（主要是不动产，也包括人身）交给典权人，由典权人占有。元代《典……田地契式》写明：“某有梯已承分晚田……一段……今为不济，差役重难，情愿……将上项四至内田段立契尽底……典

① 《通制条格》卷16，《田令·典卖田产事例》。

② 《通制条格》卷16，《田令·典卖田产事例》。

③ 《新编事文类要启札青钱》外集卷11《公私必用·典买田地契式》及《典买房屋契式》，转引自《元代法律资料辑存》，第239、241页。

与某里某人。……从立契后，仰本主（即典权人）一任前去给佃管业。”[①]《典……房屋契式》则写明：“某有梯己承分房屋一所，总计几间几架……今……情愿……将上项四至内房屋寸土寸木不留，尽底……典与某里某人。……从立契后，仰本主一任前去管佃”[②]。

（2）典权人支付典价给出典人。《典……田地契式》《典……房屋契式》均写明：“宅（或边）当三面言议断得时直价中统钞若干贯文……其钞当已随契交领足讫。”[③]

但典价只是出典人向典权人所借的钱，比典物的实际价格要低。所以，前述典主将典契改为卖契，就等于获得了其间差价。

（三）典的效力

1. 典权人的权利义务

（1）典权人占有典物，享有使用、收益权

出典人将典物交付典权人占有，就标示着典权人拥有使用、收益的权利。元代《典……田地契式》《典……房屋契式》均载明：“仰本主一任前去给佃管业（管佃）”[④]，不仅包括占有，也包括使用、收益。不过，在人身典雇的场合，使用的是劳役，收益可理解为劳役者的成果。

（2）典权人可以对典权设定担保和转让等

契式虽未反映典权人使用、收益的方式，实际上，典权人可以自己使用、收益，也可以出租、出押（设定担保）、转典（转让）。不过，出租时，占有权、使用权又转与租佃（借）人，收益权仍在典权人手中；转典时，占有、使用、收益权归新典主；出押时，三权仍由典权人享有。这已经是更细的权能分化了。

① 《公私必用》，《元代法律资料辑存》，第 238—239 页。
② 《公私必用》，《元代法律资料辑存》，第 240—241 页。
③ 《公私必用》，《元代法律资料辑存》，第 239、241 页。
④ 《公私必用》，《元代法律资料辑存》，第 239、241 页。

（3）典权人的义务是不得抵抗出典人的回赎权。只可在典期届满后，出典人不来回赎时，才可继续占有、使用、收益。在典限内，典权人还有保管典物的义务。

2. 出典人的权利义务

（1）出典人有回赎权。即用原典价将原物赎回，从而使典权终止。元代《典……田地契式》载明："约限三冬，备元钞取赎；如未有钞取赎，依元管佃"①；《典……房屋契式》载明："约限几年，备元钞取赎；如未有钞取赎，依元管佃。"②

可以看出回赎权须受约定回赎期限的约束，一般在此期间内是不应回赎的；若已到回赎期而无力回赎的，可以暂不回赎。但出典人在此期限之后，仍享有回赎权，即享有永久回赎权。

需要说明的是，元代契式均写明"永为已物，去后子孙更无执占、收赎之理"③，执占自然不可，不可收赎却与典之性质相左。我们认为，元代典契是与买契（或卖契）一并介绍的，所云不得执占收赎或指出卖（绝卖）。从后世契据来看，典契不注明回赎字样者有之，但注明不回赎字样之典契却不存在（若如此便是卖契）。此事较有力的证据是元代法例。成宗大德十年五月礼部拟议："典质地产，即系活业"，活业即所有权并未丧失，故"虽年深"，仍可"凭契收赎"④。可知，元代契式中不回赎字样是指卖契。

还应指出，出典人有回赎权，但无回赎义务。这一点可以从契式中看得出来。

出典人的其他权利，如后世之加找典价、设定抵押、找绝或别售权，在元代资料中尚无充分证据。

① 《公私必用》,《元代法律资料辑存》，第239页。

② 《公私必用》,《元代法律资料辑存》，第241页。

③ 《公私必用》,《元代法律资料辑存》，第239、241页。

④ 《通制条格》卷16,《田令·典卖田产事例》。

（2）出典人的义务主要是不抵抗典权人对典物的占有、使用、收益权，即不得重典、出租等。重典即契式中所谓“重张典挂”。

（四）典的性质与特征

典的主要性质是它的用益物权性质。所谓主要，是因为有的学者以为，典权在本质上是担保物权，而不是用益物权。但从典权设定的目的看，主要是为使用和收益，担保只是次要的。这个主要性质所反映的典的特征是：

1. 出业人（出典人）理论上仍享有出典物的所有权，回赎权是其主要表现，典权人所享有的只是部分权能。

2. 典权人的使用收益，是典价的利息实现方式。出典人以出让典物的占有、使用、收益，作为支付利息的手段。故对典价不另付利息。

四、担保物权

担保物权是为担保债务的履行，在债务人或第三人特定之物或权利上所设定的物权，包括抵押权、质权和留置权。在元朝，担保物权主要是质权，称作当、典、典当、解典，因系不动产担保，故又称“以财物典质”。至于抵押权和留置权反映不充分，这里仅述当。

（一）当的含义与范围

元代之当是当主支付当价，占有出当人的动产，并可就当物卖得价金优先接受清偿的动产质权。动产包括金银、珍珠、衣服、匹帛及经过加工的珍宝（如玳瑁统子等），一般称作财物。

当主有豪绅兼营者，也有专营者。因一般称当为“解典”，民间专营典当的当铺称“解库”。官府典库也存在。《元史 · 文宗纪》载“赐燕帖木儿质库一”，似官府也在一定时期经营典库。但从资料看，民营典库是主流。

典库或当铺的经营，沿自前朝。世祖至元十六年六月，南宋故地民人解库因担心官司科扰，以致“有势之家方敢开解库，无势之家不敢开库”，世祖下旨“官司听从开解”，并禁令录事司不得妄行生事，“敷敛民户”[①]。南方解库的正常营业，自此而始。

（二）当（解典）的设定及其性质与特征

1. 当的设定

按法律要求，当关系的设定，须写立当契，或称解帖。《至元杂令》规定：“诸以财物典质者，并给帖子。”[②] 当帖由出当人收存，作为日后收赎的凭据。从案例来看，当主不出具解帖，系违例之事。

当关系的设定，最主要的是当主支付当价，出当人交付当物的占有给当主。

2. 当的性质与特征

当的性质是担保物权。解库是专营担保借贷，因借有当主钱债，故须将动产占有交付钱主为担保，当物承担抵当责任。当主只能占有当物，而不能使用、收益，这是与不动产典权的使用、收益权所不同的。但因当主无使用、收益权，故当主有对其当价的取息权利。

（三）当的效力

1. 解库权利与义务

（1）解库权利

解库有取息权利。依《至元杂令》规定：“诸以财物典质者，并给帖子，每月取利不得过三分。”[③] 月利 3 分的规定，与一般有息借贷相同。据《元

① 《通制条格》卷 27，《杂令·解典》。
② 《至元杂令》，《元代法律资料辑存》，第 39 页。
③ 《至元杂令》，《元代法律资料辑存》，第 39 页。

典章》载，大德年间京城解库月利有“每两二分”者。礼部推算，月利 2 分，50 个月才“本息相对”[①]。法令以 3 分为最高限，估计 2 分利息是最常见的。

解库在回赎期限届满后，有“下架”权，从而取得当物所有权。其表现是可以享有最充分的处分权——出卖。上引《至元杂令》规定：“经三周年不赎，（解库）要出卖，许。”[②]

（2）解库义务

解库在回赎期限内有占有典当物的权利，但同时也有回赎时交付当物给出当人的义务。在回赎期间内，当主还有对当物的保护义务，其中最主要的是保证不使亡失。凡亡失原物者负赔偿责任，而且须加倍偿还。上引《至元杂令》规定：“或亡失（解典物）者，收赎日于元典物钱上别偿两倍，虽有利息，不在准折之限。”[③]

解库在道理上应问明典当物来历。为不影响解库营业，“致阻民家生理”，世祖至元十六年六月圣旨即规定：“纵有误典贼赃，只宜取索，却不可以此为由，收拾致罪。”[④] 但刑事上虽不处罚，典价自然由解库自认赔折。

解库的权利是以其履行法令规定的义务为前提的。如不履行上述义务，其权利也是不受保护的。

成宗大德六年十月，河南淮安路孔胜解库衣服被盗，出典人朱忠瑞取赎，孔胜不肯放赎。因孔胜不依法令出给典主解帖，在程序上不合法；又“违例加一取息”。礼部会同刑部拟议，也以为“孔胜不依通例明发解帖，暗行出典，加一取息，俱系违法”，加上失窃是因孔胜“御备不周”，非法律所定“力所不及”情形，断令孔胜赔偿朱忠瑞原典衣服价值[⑤]。《元史 · 刑法志四 · 禁令》云：“诸典质不设正库，不立信帖，违例取息者禁之”，当

① 《元典章》卷 27，《户部》13，《钱债 · 解典》。
② 《至元杂令》，《元代法律资料辑存》，第 39 页。
③ 《至元杂令》，《元代法律资料辑存》，第 39 页。
④ 《通制条格》卷 27，《杂令 · 解典》。
⑤ 《通制条格》卷 27，《杂令 · 解典》。

是由此而形成的禁例。

2. 出当人权利与义务

（1）出当人权利

出当人有回赎当物的权利，这从过期不赎，当主即可出卖的反面推得。与不动产典权相异的是，当之回赎须在约定期限内随时进行，逾期即不得回赎；而典之回赎须在约定期限之后进行，一般不得在典限内随时回赎。而且，典限一般由当事人约定，而当限一般是法律规定。

依《至元杂令》规定："诸以财物典质者……经三周年不赎，要出卖，许。"[①]这是元代法令中所见回赎期限最长的规定。民间争讼较多的，就是回赎年限问题。

依惯例，法定回赎期限届满，解库即有权将典当物下架处理，这是为保障解库权益起见。但各解库往往并不遵守法令规定。成宗元贞三年二月，江浙行省的姚起将珠翠、银器、衣服典当于费朝奉解库，一周年后，解库不肯放赎，显已提前下架。为此，都省规定："今后诸人解典金银，贰周岁不赎，许令下架。"[②]现存《大元通制（节文）》也有"应解典金银诸物，二周岁下架"[③]的规定。这些都是见于《大元通制》的条格部分的规定，应是通例。

这个关于典当金银诸物二周年下架的通例规定，后来确实被执行了。不过，民间仍多循周年下架的习俗。成宗大德年间，江西龙兴路的熊瑞，于大德六年八月初三日将珍珠、玳瑁梳子解手当地诚德库。到大德七年八月十六日及九月二十七日两次携带本息钞两到库回赎，该库却不肯放赎。原因是"已过周年下架"。路官以为该库违反了元贞年间关于回赎期限的

---

① 《至元杂令》，《元代法律资料辑存》，第39页。

② 《通制条格》卷27，《杂令·解典》。《元典章》卷27，《户部》13，《钱债·解典·解典金银诸物并二周年下架》略同。

③ 《事林广记》别集卷3《刑法类》，《元代法律资料辑存》，第71页。

规定，并调查了另外一个解库——丰义库的做法（丰义库“除金银、珍珠二周岁下架，其余匹帛衣服诸物，一十八个月下架”，也即一年半），请示对熊瑞案是否可依丰义库惯例处理。礼部调查了京城典库的情况，以为“应典诸物，周年下架，即系一十二个月日，便有过倍之利，如此取息，委是亏民”，遂议定：“据应典诸物，拟合照依金银一体二年下架”[①]。即不仅金银诸物，典当二周年下架，余如匹帛衣服等也以二周年为期。

（2）出当人义务

回赎时须出备原当价及利息，一并交付当主，以回赎当物。原当价及利息，即系前述大德年间熊瑞案所云“本息钞两”。但出当人没有必须回赎的义务。当主也不得强制出当人回赎，即使当主出卖当物不敷“本息”，也不得向出当人请求其不敷部分。

此外，出当人不回赎时，不能无端索要当物，即不得妨碍当主的占有权。此亦是另一义务。

第二节　债

一、债的发生

（一）因契约关系而发生的债

1. 契约的种类

元朝契约主要是书面契约。依法令规定，口头契约也是存在的。从成宗元贞元年要求“在任官吏凡取借部下诸人钱债，各立保、见出息文约”[②]

① 《元典章》卷27，《户部》13，《钱债·解典·解典金银诸物并二周年下架》。

② 《刑统赋疏通例编年》，《元代法律资料辑存》，第180页。

来看，可见过去官吏取借部下官吏或部民钱债，多是口头契约。将来是否偿还，都是问题。民间则以“恐后无凭”“立此为用”为由，多采取书面契约形式。

书面契约称“契式”“约式”“批式”“榜式”四种。其中“契式”用于买卖、典质（担保借贷）、雇佣，“约式”用于租赁，“批式”用于借贷（无息借贷与一般有息借贷），“榜式”既用于个别特殊的买卖，也用于张榜悬赏。①

这四种契约形式，都是直接引起债的发生的书面契约，在元朝契约中占重要地位。此外元朝还有一些“告状式”，它们虽不能直接引起债的关系的发生，但却是债的发生的准备文件。

属于这种“告状式”的，有“请佃逃户地土状式”“应逃户复业状式”“应地主归复业取元地土耕佃状式”“应请佃他人退业状式”，它们若获得官署批准，则可以与官署立定正式新的租佃契约，从而产生新的租佃之债的关系。

2. 契约的性质

契约的性质主要指其法律性质。元代各类契式、约式、批式、榜式，典卖田地、房屋等，由卖主（出业人）书立典卖契式；田地、房屋租佃，由佃人（或承租人）书立约式；借贷钞两、谷粟，由承借人书立批式，等等。但无论如何，它们对双方当事人都有约束力，同时也被官府所采信，具有法律上的效力。遇有诉讼争议，都必须以这些契约来举证。

（二）因非法侵犯而发生的债

非法侵犯的范围，包括财物毁损与官吏侵欺、盗用、借贷、冒支系官钱粮等。

---

① 参见《公私必用》，前引黄时鉴辑点书，第 238—251 页。

1. 财物损毁

财物损毁不分主动地毁损与被动毁损，也不分人毁与畜毁。尚未发现元代关于私人一般财物损毁而引起债的例证，但元朝有《应被牛畜食践禾苗告状式》，可以看作财物损毁之例。

依法理，牲畜损毁食用他人财物，主人应负赔偿责任。《唐律 · 厩库》就有“诸放官私畜产，损食官私物者……各偿所损”的规定，可见是历来的法例。上述《告状式》是因告状人向牛主“本村梁巳”要求“赔偿”，牛主却“不肯归还”，因而“状告乞行追征”的。不过，这类损毁情形，要投告当地社长验视，确定受损面积[①]。

2. 官吏侵欺、盗用、借贷、冒支系官钱粮

世祖至元二十八年《至元新格》规定：官吏“有侵盗钱粮并滥伪之物，若犯人逃亡，及虽在无财可追者，并勒同界官、典、司库、司仓人等一体均陪（赔）”[②]。这是对侵盗适用的连坐均赔责任法。

早在世祖中统五年八月就规定：“仓库院务合设人员……并不得用官吏私己之人。如有失陷，库官陪（赔）偿。”[③] 至元二十四年六月规定：“库子人等今后毋得递相用白帖子出入侵借官钱，如违痛行追断。”[④]

成宗元贞元年七月圣旨条画规定：“仓库大小官吏人等皆得互相觉察。其有侵盗钱粮，即将犯人财产拘检见数，准折追理。”[⑤]

（三）因行政失职而发生的债

因行政失职而发生的债，主要有两方面：

---

① 《告状新式》，《元代法律资料辑存》，第 236 页。

② 《通制条格》卷 14，《仓库 · 关防》。

③ 《通制条格》卷 14，《仓库 · 关防》。

④ 《通制条格》卷 14，《仓库 · 关防》。

⑤ 《通制条格》卷 14，《仓库 · 觉察侵盗》。

1. 管理不善

元代法律要求仓库官尽心负责，以免官物受毁损。《至元新格》规定："诸仓库局院疏漏……若收贮不如法，防备不尽心，曝晒不以时，致有损败者……所坏之物，仍勒陪（赔）偿。"[①] 这是说管理不善即得赔偿。

至元二十九年正月规定："各省随路凡有起纳系官钱物、疋帛、烧毁昏钞……如到来交点得於内但有水湿浥变损坏短少数目，着落库官人等追陪（赔）。"[②]

2. 失察侵盗

对全体官吏实行侵盗的连坐均赔责任法，对于大多数官吏来说，就是失察责任。前述世祖中统五年"库官赔偿"、至元二十八年《至元新格》的"同界官、典、司库、司仓人等一体均陪（赔）"，均是如此。成宗元贞元年七月圣旨，更明确了"仓库大小官吏人等"的互相觉察责任。除侵盗者本人必得赔添所侵盗的钱粮外，"若犯人逃亡及无可追者，并勒同界官、典人等立限均陪（赔）"[③]。其实，早在至元二十年十一月，据平滦路报告：韩孝叔失陷仓粮，"官司准折讫祖业房院"[④]，可见在惯例上也是如此处理的。

（四）因行政命令而发生的债

元代政府在民间和买、和雇、和籴，在规模上超过了以往任何一个朝代。

依元人徐元瑞《吏学指南》解释，"和买，两平以钱取物也"。"和雇，两顺曰和，庸赁曰雇。""和籴，谓两平买物也。"可见，在本来意义上，

① 《通制条格》卷14，《仓库·关防》。
② 《通制条格》卷14，《仓库·关防》。
③ 《通制条格》卷14，《仓库·觉察侵盗》。
④ 《通制条格》卷14，《仓库·准折事产》。

和买（包括和籴）、和雇是国家以双方平等的地位、公平的价格购买民人的物品、粮食及雇用百姓车船的契约行为。

虽然和买、和雇、和籴是国家作为民事行为主体参与其间的，但政权的强制力的存在，最终使和买、和雇、和籴的契约性质和特征所存无几，而变成准赋役却又带有因行政命令而发生的债的特征。

比如和买，元法令规定："应有和实，只于出产去处，明立榜文，随时收取。"[①] 这是对和买物品的地域限制，非出产处便不应和买。但实际执行中，"行省每遇和买，不问出产在何地面，件件都是遍行合属；其各道宣慰司承行省文字如此，亦遍行合属总管府；总管府又遍行合属司县，遂使江南百姓，因'遍行'二字，处处受害"。对无物地域的"和买"，实际变成了摊派，百姓不得不"直一钱物"，用"一两买纳"[②]。

和买时"两平以钱取物"，也得不到执行。依元法令规定："见买物色各该价钱，物既到官，钞即给主。"[③] 实际上，"或有名和买，不支价钱；虽支价钱，却行克减"[④]。和买变成了无偿拘收。

和雇的情况也是一样。依《至元新格》："诸和雇脚力，皆尽行车之家"[⑤]，但实际中却是"凡遇和雇、和买、夫役，不问多寡，即行遍科"[⑥]。至于和雇脚价，执行情况虽较和买好些，但"官支价钱，十不及二三，其不敷数，百姓尽行出备。名为和雇，其实分着"[⑦]。

---

① 《元典章》卷26，《户部》12，《科役 · 和买 · 出产和买诸物》。
② （元）程钜夫：《吏治五事》，《雪楼集》卷10。
③ 《元典章》卷26，《户部》12，《科役 · 和买 · 至元新格》。
④ （元）王恽：《中堂事记止》；《秋涧文集》卷80。
⑤ 《元典章》卷26，《户部》12，《科役 · 脚价 · 至元新格》。
⑥ （元）胡祇遹：《民间疾苦状》，《紫山大全集》卷23。
⑦ （元）王恽：《便民三十五事 · 恤民》，《秋涧文集》卷90。

二、债的种类——买卖

（一）买卖的范围

买卖范围主要指标的物范围。至于参与者范围，请见各小节，这里不详述。

买卖标的物范围即指许买卖物，此外元代法律中尚有禁买卖物。

1. 许买卖物包括土地、房屋、宅基地、驱口、牛马等

从现存的元朝《典卖田地契式》《典卖房屋契式》《卖牛契式》《卖马契式》等契约具有固定的书写内容与格式中，就可以看到当时这些买卖的兴盛情形。据仁宗延祐五年三月刑部议定事项，各地均有“货卖牛马驼驴只”市场[①]。但若遇开禁时，金银也可作为买卖标的。如元世祖至元八年三月，刑部与户部商议强窃盗估赃定罪事，因“金银开禁，官无平准定价，听从民价买卖”，不得不对盗赃“所估价值”，“照依贼人犯处当时市价定罪”[②]。可见在此之前，金银已作为特殊商品流入民间买卖市场。至仁宗至大四年（1311 年）四月，刚即位的仁宗不得不对前此为“权衡钞法”而“权禁金银”的条令再次作出改变。因为越是禁止买卖金银，“其价益增”，遂又宣布“自今权宜开禁，听从买卖”，只是对“商贾收买下番者，依例科断”[③]。

而参与上述标的物买卖的，尤其是关于土地买卖的，不仅有贫乏的民户，还有“消乏”的站户、军户。虽然后二者是特殊户计，但贫乏面前也无法自持，仍被卷入封建时代土地兼并的浪潮中去。脆弱的一家一户的个体自然经济的必然命运，就是如此。大量的买卖市场是集中于土地方面的。

此外，参与土地买卖的尚有僧道。由于元朝僧侣拥有特权，地位较高，

① 《刑统赋疏通例编年》，《元代法律资料辑存》，第 197 页。
② 《刑统赋疏通例编年》，《元代法律资料辑存》，第 171 页。
③ 《通制条格》卷 27，《杂令·金银》。

僧道拥有资产也很多。见于记载的就有元成宗大德八年抚州路瑞山寺僧周净师用钞买本寺僧永仁田土之事[①]。

2. 禁买卖物主要有坟茔树株等

元仁宗皇庆二年三月，爱育黎拔力八达下旨禁止买卖坟茔树株："百姓每的子孙每将祖上的坟茔并树木卖与人的也有，更掘了骨殖将坟茔卖与人的也有。今后卖的、买的并牙人每根底要罪过，行文书禁断者。"[②]这条禁令的颁发，自然是受汉人孝道思想的影响，以维持风化的。

有时佃客也被买卖，这在驱口（奴婢）被视为财产可以任意买卖的社会中，并不算怪事。元朝有大量所谓"随田佃客"，在原南宋辖区中尤多。世祖至元十九年十二月，鉴于峡州路管下"民户辄将佃客计其口数立契典卖"，且"不立年限，与驱口无异"。这类事情，往往是业主"将些小荒远田地夹带佃户典卖"，称为"随田佃客"，并"公行立契"。御史台遂要求严行禁约"主户将佃客看同奴隶役使典卖"情事[③]。

（二）不动产买卖的程序与实质

1. 卖主出立定约与亲邻典主承买的优先权

出立定约是卖主立据正式询问房亲、邻人及典主是否愿意承买的、探明意向的活动。这是土地、房屋买卖必须履行的法定程序，买卖活动即自此始。

元成宗大德七年五月，经中书省批准的户部呈文规定："诸私相贸易田宅，即与货卖无异，拟合给据令房亲、邻人画字估价，立契成交。"[④]类似的规定在现存的《大元通制（节文）》中还可以看到。如"诸典卖田宅，

① 《通制条格》卷16，《田令·典卖田产事例》。

② 《通制条格》卷16，《田令·坟茔树株》。

③ 《通制条格》卷4，《户令·典卖佃户》。

④ 《通制条格》卷16，《田令·典卖田产事例》。

取问房亲、邻人”[①]，等等。甚至这个原则也推广到了站户、军户，凡“站户典卖田土，依例许亲、邻、典主成交”[②]，“正军、贴户破卖田土，许相由问”[③]。后者的正军与贴户也被看作亲邻关系了，在《通制条格·田令》妄献田土条还可以看到对这类案件的处理情况。

卖主出立定约的目的，是保障亲、邻、典主承买的优先权。房亲与邻居之所以被赋予这种优先权，前者是考虑地产、房产不致流入外族之手，后者则是考虑劳作经营的方便。当然，前者也含有经营方便的考虑。比如，“若亲、邻、典主在它所者，百里之外，不在由问之限”[④]，是不必询问的。至于典主优先权，是考虑典主当下与将来的利益；眼前利益中包含了正在履行中的契约关系在内。当房亲、邻人、典主表示不愿承买，卖主自然就可以寻找其他买主。

房亲、邻人、典主的优先权，首先表现在买卖过程开始时的受询问权，或被告知权。其次，房亲、邻人、典主的优先权，还表现在收赎权。依《大元通制》遗文规定，在卖主卖与他人之后，“听亲邻典主百日内收赎”，甚至“虽过百日，并听依价收赎”[⑤]。

按《大元通制（节文）》，对亲邻典主优先权的保障，是要求卖主必须保证这种优先权的真正实现。卖主若“欺昧亲邻典主，故不成交”，则给予处罚，“决四十七下”[⑥]。

但亲邻典主不得利用优先权阻碍正常买卖活动的进行，违者也予以处罚。若亲邻“典主违限不批退，决一十七下；违限不酬价，决二十七下”[⑦]；

---

① 《大元通制（节文）》，《元代法律资料辑存》，第 70 页。
② 《大元通制（节文）》，《元代法律资料辑存》，第 71 页。
③ 《大元通制（节文）》，《元代法律资料辑存》，第 71 页。
④ 《大元通制（节文）》，《元代法律资料辑存》，第 71 页。
⑤ 《大元通制（节文）》，《元代法律资料辑存》，第 71 页。
⑥ 《大元通制（节文）》，《元代法律资料辑存》，第 71 页。
⑦ 《大元通制（节文）》，《元代法律资料辑存》，第 70 页。

若"亲邻典主故行刁蹬，取要画字钱物，取问是实，决二十七下"[①]。

至于"画字估价"或"批退"及其期限问题，元代法律资料有具体规定，过去发现的元代文契资料更是实证。

依《元典章》卷十九户部五典卖"典卖田宅须问亲邻"条所载世祖至元六年省府意见："旧例，诸典卖田宅及已典就卖，先须立限取问有服房亲（先亲后疏），次及邻人（亲疏等及诸邻处分典卖者听），次见典主。若不愿者限三日批退，愿者限五日批价。"按至元六年，正是元世祖忽必烈禁行金《泰和律》的前两年，当时金代法律尚在中原地区沿用，"旧例"当指金朝制度。依这个"旧例"，亲邻人中房亲优先，邻人稍后，再后为典主，而且房亲中又有亲疏之别。画字"批退"及画字"批价"等期限，以 3 日、5 日为限。

至仁宗延祐二年，元廷对此作了新规定，距世祖至元六年已有 46 年。《元典章》卷 19《户部》5《典卖 · 典卖批问程限》条收载了这个规定："今后军户诸色人户，凡典卖田宅，皆从尊长画字，给据立帐，取问有服房亲，次及邻人、典主。不愿者限一十日批退，如违限不行批退者决一十七下；愿者限一十五日批价，依例立契成交，若违限不行酬价者，决二十七下。"批退和批价期限都比原来加长，分别增加到原定期限的 3 倍或多一些，并增加了违限不批退和不批价的处罚例。前引《大元通制（节文）》的处罚例，可能就本于延祐二年这个规定。

世祖至元六年，成宗大德七年至仁宗延祐二年的三条有关规定，反映了蒙元时代从沿用金律到自行立法的整个过程。这些规定被执行的细节，在有关文契中也有反映。

1954 年厦门大学历史系庄为玑先生等在福建泉州发现的晋江丁姓家谱，附有丁姓先祖在元代买卖山园、屋基、坟地等的契约。其中有两件是卖主出立定约的。

① 《大元通制（节文）》，《元代法律资料辑存》，第 71 页。

第一件是元顺帝妥懽帖睦尔至元二年七月，麻合抹出卖祖上花园、山、亭、房屋及房基地的出立定约。要价是“今欲出卖□钱中统钞一百五十锭”，并有征询亲邻意见：“如有愿买者，就上批价前来商议；不愿买者，就上批退。”契约后“不愿买人”签名的有：姑忽鲁舍、姑比比、姑阿弥答、叔忽撒马丁。只是不见异姓邻人[①]。

第二件是元顺帝至正二十六年八月，蒲阿友出卖祖上山地。因为蒲阿友没有房亲，文契内特别写明“为无房亲，立帐尽卖山邻”，其下仍照例有征询意见：“愿者酬价，不愿者批退。”契后签名“不愿买山邻”有曾大、潘大[②]。

上述两件卖主出立定约文契，皆遍问房亲、邻里是否愿买，并有房亲或邻里“不愿买”字据，前者还有征求房邻买主议价内容。至于批退年限，文契上尚无反映。前一件买卖事，后由亲邻之外的阿老丁购买，七月征询亲邻，十月成交，拖的时间较长；后一件买卖事，八月征询邻里，当月卖与亲邻之外的潘五官。但都可能执行亲邻 10 天内批退的规定，后者尤其明显。

2. 赴官勘合给据与产权确认

大约在卖主出立定约的同时或稍后，卖主须赴官呈报，由官署勘合给据。元代法律有关于给据的规定。《元典章》卷 19《户部》5《典卖・买卖田宅告官推收》条载：成宗元贞元年（1295 年）规定：“若委因贫困，必合典卖田宅，依上经官给据出卖……”《通制条格・田令》“典卖田产事例”载成宗大德七年户部呈：“诸私相贸易田宅，即与货卖无异，拟合给据。”今存《大元通制（节文）》也有“典卖田宅，具情由告给出据”[③]的规定。

---

① 施一揆：《元代地契》，载《历史研究》1957 年第 9 期。

② 施一揆：《元代地契》，载《历史研究》1957 年第 9 期。

③《大元通制（节文）》，《元代法律资料辑存》，第 71 页。

勘合给据的实质，是确认卖主是否确有产权，这当然是买卖能否进行的前提，因而也是必经程序。前述晋江麻合抹出卖花园、房屋，及蒲阿友出卖山地，均有赴官勘合给据文契。通观两件文契，有如下几个问题值得注意：

第一，实际主持勘合者是里正、主首。前一宗买卖，由 37 都里正、主首刘观志等，“呼集耆邻陈九等从公勘当”，结论是：“得上项花园山地，委系麻合抹承父沙律忽丁□卖□□物业，中间别无违碍，□到各人执结文状，缴连保结”。第二宗买卖，由 37 都里正、主首蔡大卿，“呼集亲邻人曾大等从公勘当”，结论也是：“得蒲阿友所告前项山地的□□□□物案（业），中间并无违碍，就出到□人执□文状缴连”。

第二，给据皆县衙出给，由本人收执，作为产权确认证明，以作交易之用。文契皆写明“付 ×××（即卖主）收执”。此外，此类给据文契，都是“半印勘合公据”，官署当是保留给据的另一半，存档备查。

第三，给据文契有“成交毕日，赍契付（赴）务投税，毋得欺昧税课违错”字样，又是对下一程序“赴官验价缴税过割”的催促或提醒。

第四，给据文契均有“亲邻愿与不愿执买”，或“问亲邻愿与不愿”字样，前后刚好均有阙脱字，无法得知其确切含义。但前一件给据有“付本人收执，前去立帐”字样，而“立帐”又是出立给亲邻的文契所用的专门名称，意思应该是：无论亲邻愿买或不愿买，此公据皆有效。因为出给公据日期，需视里正、主首勘当的迟速及申报官署时间早晚而定。前一件买卖，卖主麻合抹于九月十一日得到公据，而出立定约时间是七月，按法律规定的时间要求，当然此时已得悉亲邻“不愿买”的签名；后一件出给公据时间不明，但推定也在八月，与出立定约时间同在一月。在道理上，无论是否得到亲邻的意向，公据皆有效。倘若亲邻愿买，自然是有优先权的。[①]

① 以上引用资料，均见前引施一揆文章。

3. 书立文契成交与买卖契约的特征

书立文契成交是买卖活动进入实质性阶段。上引成宗大德七年（1303年）五月户部呈："诸私相贸易田宅，即与货卖无异……立契成交。都省准呈。"① 立契不仅是法律要求的程序，当事人尤其是买方也必然依习惯要求这一程序。因为买卖契约实际是由卖主出具给买主、用来充当产权证明的。

说明买卖契约的特征，莫过于当时的契式。元人刊刻的《新编事文类要启劄青钱》外集卷 11 有《公私必用》，内含《典买田地契式》和《典买房屋契式》，现将这两个标准契式的诸要点分述如下：

第一，写明出卖价格。牙人、卖主、买主"三面言议，断得时直（值）价中统钞若干贯文"。如果是亲邻典主的话，价格应是批价商议的结果。

第二，声明交易不是以物业事产抵债。因为法律禁止债主勒逼债务人用物业事产抵债。故契中必须如实写清"系是一色现钞，即非抑勒准折债负，其钞当已随契交领足讫，更无别领"。

第三，卖方必须作出一系列保证。首先是保证事产确是卖主自己所有并且是正当处理的。应写明所卖之"田（或屋）的系梯已承分物业，即非瞒昧长幼、私下成交，于诸条制并无违碍等事"。在此前提下，要保证"如有此色，且某自用知当，合备别业填还，不涉买主之事"，即保证继续履行。其次，要保证将来子孙不"执占收赎"。写明"去后，子孙更无执占收赎之理"。

第四，写清事产转移诸项。契中写出卖与何人，"从立契后仰本主（买方）一任前去给佃管业，永为己物"，表明产权转移；"所有上手朱契，一并缴连，赴官印押"，表明契据转移。如系土地，还应载明"产钱若干贯文"，"每冬交米若干石"，并要特别注明"前件产钱，仰就某户下改割供输，应当差发"，表明供官义务的转移。

① 《通制条格》卷 16，《田令·典卖田产事例》。

第五，立定契约参与人。包括“出业人”（即卖主）、“知契”（写契人）、“牙人”“时见人”（见证人）。此类买卖契约，主要是卖方作出各种保证，并不需要其他人作何保证。知契、牙人、时见人只是作这些买卖的见证者，以防卖主昏赖[①]。

从现存的晋江文契看，上述这些要求在实际中都被遵守了。现辑录麻合抹出卖花园文契有关字句：“……经官牙议定时价中统宝钞六十锭，其钞随立交契日一完领讫。□□批目，其花园并基地□□上手一应租契，听从买主收执，前去自行经理管业，并无克留寸土在内。所卖花园屋基的系麻合抹梯己物业，即不是盗卖房亲兄弟叔伯及他人之业，并无诸般违碍，亦无重张典挂外人财物。如有此色，卖主抵当，不涉买主之事。所有合该产钱，麻合抹户苗米二斗八升，自至元二年为始，系买主抵纳。”

蒲阿友出卖山地文契基本与之相同，只是其卖价由卖主、买主、中人“三面议定直（值）时价花银”若干两，与前述契式相同，而不是经“官牙”议价，估计经官牙议定不是常例。与契式略有区别的是，晋江文契皆强调“问亲邻俱各不愿承支”或“尽问山邻，不愿承买”，一方面是在叙述事实，另一方面也是在强调此项买卖在程序上的合法性。同时，又都有“亦无重张典挂外人财物”的保证。此外，契式中的出卖人、知契、牙人、时见人、被分别写成“卖 ×× 人”、代书人、引进人（作中人）、知见人等，不过是雅俗之别，实际是相同的。[②]

4. 赴官纳税过割

赴官纳税即赴官验价收税，包括田产、房产，官府收税多少依价格高低收取；过割指过户、割粮，仅适用于田产。因田产有收获，定有产钱，每年须按产钱多寡交纳苗米。凡田产、房产经官验价收税及过割者，均称

① 《公私必用》,《元代法律资料辑存》，第 238—241 页。

② 以上引用资料，均见前引施一揆文章。

红契或朱契，否则为白契，含有一定的公证意义，但对于田产买卖来说，主要是为收取产钱苗米的税粮。依《元典章》卷19《户部》5《典卖·买卖田宅告官推收》条载成宗元贞元年（1295年）规定："……典卖田宅……买主卖主一月（同）随即具状赴将合该税石推收，与见买地主依上送纳。"这里所谓的赴官纳税过割期限的"一月"，在《大元通制（节文）》规定中是"典卖田宅……许令成卖主买主一同赍契赴官销照，□取承□，推收税石"，可能是《元典章》"一月"系"一同"之误。此外，同书还载有"站户消乏卖讫田土，先行随地收税"的规定[①]，也是本于这种精神。前述元代晋江蒲阿友文契，从出卖到赴官过割仅相隔3日，自然执行了"随即赴官"的规定。至于推收税石一事，上引麻合抹出卖文契，即载有"所有合该产钱，麻合抹户苗米二斗八升，自至元二年为始，系买主抵纳"；蒲阿友出卖山地文契两件，也分别载有："其山园该载产钱苗米一斗，自卖过后，从买主津贴"，"其园该载产钱苗米五升，自卖过后，从买主津贴"，都是田产税粮转移的条款。由买卖双方共同赴官办理交接。前一宗买卖，经卖主麻合抹与买主阿老丁持文契赴官，晋江县署出给公据，注明"已验价收税"，自然，田产税粮也从此转移到新买主身上。[②]

一般来说，上述四道程序缺一不可，否则即被视为违法。成宗大德八年（1304年）五月，江西行省就寺僧周净师买同寺僧人永仁田土一事报到朝廷，因周净师没有事先赴官勘合给据，便与永仁定立文契、赴务投税，因而"并无官给据"。户部议定："今后僧道自相买卖，并买民田纳税地土，依例于有司给据关防。如违，依例追断。"结果，"都省准拟"[③]。依这个规定，上述缺乏赴官勘合，因而未经"有司给据关防"的买卖田土，当然要被"依例追断"了。

① 《大元通制（节文）》，《元代法律资料辑存》，第71页。

② 以上引文资料，见前引施一揆文章。

③ 《通制条格》卷16，《田令·典卖田产事例》。

但在实践中，每一道程序的履行都出问题，以尊长画字询问亲邻言，至元六年要求问亲邻，但直至至元二十一年“房亲人等不曾画字”的现象仍很普遍。因地价涨10倍以上，许多尊长卑幼、亲邻人等，乃以不曾画字为辞争竞告赎[①]。成宗大德间至武宗至大间仍有。不告给公据，不过割税粮者，也时有发生。

5.不动产买卖的其他禁例

上述适用于民户的程序，一般也适用于其他户计。但由于管辖的原因，其他户计既有移用上述程序的情形，也有另立条制的场合。

《大元通制（节文）》规定：“军人消乏卖地土，军官奥鲁官根底与文字货卖。”[②]这是与民户报告县衙勘合给据相对应的，“与文字”也即勘合出给公据之意。

武宗至大元年（1308年）十月，因冠州正军户周元将桑枣地53亩暗地卖给另籍军户、房亲周二，未经贴军户张著同意，被张著告发。枢密院以为：“正军、贴户，验各家气力津助一同当军，破卖田产许相由问”，怕的是“恐损同户气力”，遂议定：“今后诸军户典卖田宅，先须于官给据，明立问帐，具写用钱缘故，先尽同户有服房亲并正军贴户。如不愿者，依限批退。然后方问邻人典主成交，似不靠损军力。”中书都省“准呈”，即同意了这个拟议[③]。这个规定也移用了民户买卖田产的诸项程序。只不过更强调勘合给据，要求注意“用钱缘故”的调查。而且，有服房亲必须是同户，另户则就不能优先了。

成宗元贞元年十一月，又发生了僧俗相邻是否存在优先权的问题。在陕西行省的安西路，普净寺僧人优吉祥告发西邻王文用，说王“将门面并后院地基偷卖与宫伯成为主”。王、宫都是民户，即俗人。陕西行省的意

① 《元典章》卷19,《户部》5,《田宅·典卖·革拨二十一年已前已卖田土》。

② 《大元通制（节文）》,《元代法律资料辑存》，第71页。

③ 《通制条格》卷16,《田令·典卖田产事例》。

见是："不见各处军民典卖田宅，若与僧道寺观相邻，合无由问"，倾向于不依邻人优先权处理。但事关一个方面事务的处理，遂报到中央。礼部的意见是："僧道寺观常住田地，既系钦依圣旨不纳税粮，又僧俗不相干，百姓军民户计，虽与寺观相邻住坐，凡遇典卖，难议为邻。参详合准王文用已卖西邻宫伯威为主。"都省同意了这个处理意见[①]。

（三）动产买卖的程序及契约特征

动产不存在亲邻的问题，对房亲也无甚意义，故与不动产转移相比，动产买卖也就无所谓亲邻优先权，自然用不着向亲邻预先出具定约。这是区别于不动产买卖程序的第一点。

其次，动产买卖也不必履行赴官勘当给据程序。也即无庸确认产权归属。还有，动产买卖也无庸赴官验价缴税，更无庸过割。但动产买卖也须立契，文契要求与不动产买卖大抵相同。

收载于《新编事文类要启劄青钱》外集卷 11 的《公私必用》，有"买马契式"与"买牛契式"，从中可以看到动产买卖的特征和要求。

第一，除介绍动产特征外，首先应说明卖主、买主、牙人"三面议断价钞若干贯文"，写清出卖价格。

第二，写清交接过程。"其钞当已附契交领足讫，更无别领所卖。"但不必声明是否债主逼勒，因为动产交易一般是在市场交易的。

第三，卖主必须对动产产权作出保证。"买马契式"中，卖主声明来历：所卖之"马系是某年用梯己钞两买到某人底，来历分晓，即非盗卖纲运及军中物色"；"买牛契式"中卖主声明：所卖之"牛系是栏下所养牛只，即非盗卖人家头口"。在此基础上，卖主要保证，"如有此色，且某自用知当，不涉买主之事"，保证独担责任。但不必保证卖主本人与家属长幼是否均

① 《通制条格》卷 16，《田令·典卖田产事例》。

同意，有无欺瞒情节。[①]

第四，立定文契参与人也仅有卖主与牙人姓名，没有知见人及知契。

动产买卖契约比不动产买卖契约要简单得多。主要原因是它们只是小宗买卖，而且在交易频率方面远较田产、房屋高得多。这也就是它形成专门市场的原因。不过，由于交易程序简单，所以容易出现盗卖问题。

仁宗延祐五年（1318 年）三月，刑部议定："诸人赴市货卖牛马驼骡驴只，须问来历明白。"这"问来历"虽远不如赴官勘合保险，但在防止盗卖方面，毕竟是弥补产权确认程序的不得不尔的办法。同时，为使牙人真正担负起鉴别卖主真伪的责任，要求对牙人经手的牛马等买卖，"若有赃主（原主），认得实当"，确认被盗卖属实，则由"官给付（原主）原价"，并"著落经手牙人追还，杖断三十七下"。同时，"提控牙人减等断罪，并诈（许）革去"。这尚属于辨别不审。如果牙人"知情故犯者"，即明知是盗赃而介绍了买卖，则"准盗论"[②]。

元代文契中还有一则叫"判山木榜式"，也属于动产买卖契约，山主未出卖山地产权，只将其中竹木"除杉木几根外，杂木尽底判卖"。"榜式"的格式，除与上述"买牛契式""买马契式"相同外，由于山木与山地原来同属一体，是不动产，现在地与木分离，所以榜文中也带有不动产卖契的某些特征。

如卖主须保证"本山杂木，其田的系梯己承分物业，即非瞒昧长幼、私下判卖祖宗坟所芘荫林木，于诸条制并无违碍"。再者，山木与山地分离要一个过程，故契内写明"从其月为始，仰本人（即买主）一任前去交点斫伐，限在某月终"。同时，明确买主义务："不用所有克留杉木，却不许乘时影带斫伐。如或有违，定准盗论。"[③]这些都是比较特殊的。

① 《公私必用》，《元代法律资料辑存》，第 249—250 页。
② 《刑统赋疏通例编年》，《元代法律资料辑存》，第 197 页。
③ 《公私必用》，《元代法律资料辑存》，第 242 页。

三、债的种类——借贷

（一）借贷的分类

1. 借（使用借贷）与贷（消费借贷）

元人徐元瑞《吏学指南·钱粮造作》曾对借贷作过详细注释："以物假人曰借，从人求物曰贷。借字从人、从昔，假各人道，所以不能无也。凡以官物假人，虽辄服用观玩，而昔物犹存，故称曰借。贷字从代、从贝，凡资财货贿之类，皆从贝者，以其所利也。假此官物利己利人，虽有还官之意，不过以他物代之，而本色已费，故称曰贷。又从代者，谓以物替代也。"

徐元瑞的解释，自然沿用借贷二字的古意。如《说文》贝部："贷，从人求物也。"至于假借二字有通用之例，自可互相注释。在法制史上，借贷二字也确有分别。沈家本先生曾对《唐律》中借贷二字用法做过考察，说："凡货财之类，贷之以济缓急，或有息，或无息，而不必以原物还主者，谓之贷"；而"凡物之偶然借用，而仍以原物还主者，谓之借"[1]。

可见，直至元代，借与贷分别作为使用借贷与消费借贷的专用名词，在法律上与学术上都是被严格地区分开了的。借即一方（出借人）将特定物无偿地交给他方（借用人）临时使用，借用人使用后把原物返还给出借人；贷即一方（出借人）移转金钱或种类物所有权于他方（借用人），他方在约定期限以种类、品质、数量相同的物返还给出借人。"借"的特征是"昔物犹存"，并"仍以原物还主"；"贷"的特征是"本色已费"，"以他物代之"。其道理不仅是"不必以原物还主"，而且也无法"以原物还主"，这就是"以物替代"。

① 《寄簃文存》卷4释贷借，（清）沈家本:《历代刑法考》第4册，第2152页。

2. 无息借贷与有息借贷

（1）无息借贷

现存元代资料中有无息借贷的文契。无息借贷可以是使用借贷，也可以是消费借贷。

《新编事文类要启劄青钱》外集卷 11《公私必用》载有“生谷批式”，全文如下：

某乡某里姓某……情愿立批就某里某人宅，借得无息苗谷几石，前去耕田、食用，约限到冬十月已里，备一色净谷赴仓交纳，不至少欠……不词。谨约。

年　月　日　姓某　号　批

保人姓某　号[①]

从这个批式看，无息借贷除注明无息字样外，同其他借贷一样，契文中也要载明还期的大致时间以及质量、数量保证。无疑，在无息借贷批式被作为“公私必用”标准范文使用的元代，实际经济生活中肯定存在无息借贷这一点，是不成问题的。

（2）有息借贷

有息借贷多属于消费借贷，可以分为一般有息借贷与担保借贷。一般有息借贷即普通出息借贷，担保借贷即典质。由于这两种有息借贷较重要且普遍，下面重点论述之。

（二）一般有息借贷

1. 斡脱钱债

有息借贷在蒙古初期，是以掠夺性盘剥的高利贷出现的。这种高利贷

① 《公私必用》,《元代法律资料辑存》，第 244—245 页。

以年息计算，称“羊羔儿息”，也称斡脱钱。入元后，斡脱作为经营高利贷商业的官商仍很活跃。

徐元瑞《吏学指南·钱粮造作》释斡脱曰：“谓转运官钱，散本求利之名也。”而实际上，所谓官钱者，并非官款，仅是贵族私钱。《新元史》卷73《食货志》6：“斡脱官钱者，诸王、妃主以钱借人，如期并其子母征之，元初谓之羊羔儿息。”“羊羔儿息”当指因其母而得子（羊羔），并且可以年生一胎、层出不穷之意。羊羔儿息的年息率为100%，次年息转为本，本利相加，又复生息。据宋人彭大雅《黑鞑事略》记当时事曰：“其贾贩，则自鞑主以至伪诸王、伪太子、伪公主等，皆付回回以银，或货之民而衍其息。一锭之本，展转十年后，其息一千二十四锭。”可见其盘剥之重。

由上可知，蒙元时期经营斡脱者包括大汗、诸王、太子、公主等人，他们委托回族人具体营运。借使斡脱钱债者，既有官吏，也有人民。直至世祖中统二年，“诸王驸马投下奏告随路官员少欠钱债，乞降圣旨取索”[①]，表明官吏也是斡脱债户。

由于利权关系，故蒙古汗廷对斡脱保护备至，规定：斡脱被偷盗或抢劫，若一年内不能破案者，由当地居民代偿；如不及时赔偿，就作为债务，迫使纳“羊羔儿息”。

不过，由于斡脱利息过高，常造成民户与地方官吏倾家荡产不足以偿，故在窝阔台时，耶律楚材建议斡脱钱债“子母相侔，更不生息”；史天泽也奏请斡脱羊羔息最高以一本一息为止。遂确定利息不超过原本，年月虽多，不再加息。同时，由于勒令居民代偿斡脱失盗损失的规定过苛，窝阔台又下令取消这一法条。然而，窝阔台却承认斡脱钱债的合法性与合理性，在作出上述规定的同时，下诏以官钱物代还民户及官吏所欠的斡脱钱债。

① 《元典章》卷27，《户部》13，《钱债·私债·钱债止还一本一利》。

此后的蒙古汗国和元朝，始终处于矛盾境地。一方面，斡脱是蒙古政府、诸王贵族的财源；另一方面，经营斡脱的回族商人（所谓斡脱户）依仗权势胡作非为，给社会秩序造成了不安定。蒙元时期派专官掌领斡脱或设斡脱官署，就具有帮助贵族经营和管理双重性质。例如，在宪宗蒙哥汗时，“以孛兰合剌孙掌斡脱”[①]。世祖至元四年，“立诸位斡脱总官府”[②]；九年“立斡脱所”[③]，至元二十年又设“斡脱总官府”。而在法律上，保护斡脱钱债与限制斡脱扰害的规定，也就以互相矛盾的方式交替出现。

世祖中统二年，诸王驸马投下奏告各路官员欠负斡脱钱债，要求降旨取索。忽必烈以曾有诏书倚阁为由（限于因差发支使而欠斡脱钱债），下旨不准。并谕各路宣抚司，对诸王各投下差人向民户取索斡脱钱债者，“依已降圣旨”按倚阁之数，另作定夺。对因其他原因而取借斡脱钱之欠债者，必须在宣抚司官衙由诸王投下取索钱债人员与欠债人当面对证，若确系“已身私借钱债”，也只能“依一本一利归还”，禁止其强行拖拽人口、头匹、准折事产，违者断罪[④]。这一圣旨，坚持了窝阔台以来限令斡脱钱债止还一本一利的原则。同时，为避免斡脱骚扰，也坚持了窝阔台时规定的因差发支使而欠斡脱钱债倚阁的制度，即暂时搁置，不许取索。

世祖时也曾一度废罢斡脱，至元二十年二月又行恢复[⑤]，反映元廷在诸王、公主贵族压力下的摇摆态度。至元二十九年，世祖也曾下圣旨规定斡脱钱债应否索要的原则，大抵凡“明有显迹斡脱每，若有呵，与者”（即有“备细文凭”可据者）；凡“别个失散了的，无保人的每，休要者”；此外，“富的本钱，休要交纳利者；穷的若有呵，他的本钱交纳者”[⑥]。这应算适当

① 《元史》卷 3，《定宗纪》。
② 《元史》卷 6，《世祖纪》6。
③ 《元史》卷 7，《世祖纪》6。
④ 《元典章》卷 27，《户部》13，《钱债·私债·钱债止还一本一利》。
⑤ 《元典章》卷 27，《户部》13，《钱债·斡脱钱·行运斡脱钱事》。
⑥ 《元典章》卷 27，《户部》13，《钱债·斡脱钱·为追斡脱钱事》。

决定了。

同样，制度上既允许诸王、妃主的斡脱营运，而斡脱商人往往夹带私人资金牟利，故大德五年圣旨又禁止斡脱商人夹带私人资金，规定“夹带的斡脱每有罪过者”①。

在元代，从程序上进一步限制斡脱商人追征钱债的法令也是存在的。元代斡脱追征钱债须持圣旨，已如前述。大德六年，扎忽儿真妃子、念木烈大王位下派使臣晏只哥歹在杭州路追征斡脱钱债。晏只哥歹虽持有“钦赍圣旨”，但“不曾经由中书省”，而且也没有“元借斡脱钱人户花名、钱数”，止有实借人不鲁罕丁、法合鲁丁、孟林三人，就凭借他们“转指诸人借欠钱数”，竟然攀指追征了140余户，无辜民户受到严重骚扰。为此，中书省发令：今后凡有投下追征斡脱官钱，须“开坐欠少户计、村庄、姓名、数目”，并要“具呈都省转咨行省行下拘该官同征理”，不得“勾扰违错”②。可见，在成宗时，斡脱追征钱债还须经由中书省。

成宗元贞二年，“诏贷斡脱钱而逃隐者罪之，仍以其钱赏首告者”③，表明元廷保护斡脱钱债的立场。而大德二年八月，吉只大王在江西的“斡脱本钱利钱”，小民纳不起，大王遂令使臣将欠债者的“女孩儿、小厮、用着的物”通过铺马递运，要求行省配合。行省以过去曾奉圣旨：“诸王投下取索钱债人员，须管于宣抚司与欠债人当面照得委是已身钱债，另无异词，依一本一利归还，毋得径直于州县将欠债官民人一面强行拖拽人口、头匹、准折事产”，并依据禁止买卖人口圣旨，驳回了转运上述欠债人户“孩儿媳妇”的请求④。此处圣旨、行省处断又表明元代限制斡脱的一面。

① 《元典章》卷27，《户部》13，《钱债·斡脱钱·斡脱每休约当》。
② 《元典章》卷27，《户部》13，《钱债·斡脱钱·追斡脱钱扰民》。
③ 《元史》卷18，《成宗纪》1。
④ 《元典章》卷27，《户部》13，《钱债·斡脱钱·斡脱钱为民者倚阁》。

关于斡脱息钱，耶律楚材、史天泽的奏议，依据的是唐宋令的“不得回利为本”的规定。至世祖忽必烈至元以后，元廷对一般有息借贷一再发令规定月息率、最高利息额，并对本利界限进行控制。斡脱钱当也包括在内。但总的来说，是法律规定与调整落后于实际经济生活。

2. 一般有息借贷的通例

世祖即位初的中统二年下旨：“民间私借钱债，验元借底契，止还一本一利。其间虽有续倒文契，当官毁抹，并不准使。若先有已定还数目，前后通同照算，止还一本一利。”① 至元三年二月圣旨：“债负止还一本一利；虽有倒换文契，并不准使。”② 前者规定最高利息额不超过本钱，即只能有一利；后者进一步强调不得回利为本。“倒换文契”就是将本利相加、通同算作本钱重新立契并重新计息。到了至元六年，又敕“民间贷钱取息，虽踰限，只偿一本息”③。

至元十九年四月，鉴于各地“权豪势要之家举放钱债”，利息率过高，“每两至于伍分或壹倍之上”；并且，“若无钱归还”，则“除已纳利钱外，再行倒换文契，累算利钱”，即回利为本。世祖遂下旨：“今后若取借钱债，每两出利不过叁分。”对最高利息率作出了规定。中书省又议定：“若有似此违犯之人，许诸人陈告，取问是实，即将多取利息，追还借钱之人，本利没官，更将犯人严行断罪。”④ 对违律取息者追还、没收、治罪，措施严厉，态度坚决，是比较突出的，因为此时世祖已建立元朝。

至元二十九年（1292 年）十月，由于贫民乏食之家“于豪富举借糇粮”，利率颇高，“自春至秋，每石利息重至壹石，轻至伍斗”。同时也出现了回利为本的情形，“有当年不能归还，将息通行作本，续倒文契。次年无还，

---

① 《元典章》卷 27，《户部》13，《钱债 · 私债 · 钱债止还一本一利》。

② 《通制条格》卷 28，《杂令 · 违例取息》。

③ 《元史》卷 12，《世祖纪》9。

④ 《通制条格》卷 28，《杂令 · 违例取息》；《元典章》卷 27，《户部》13，《钱债 · 私债 · 放债取利三分》略同。《元史》卷 12，《世祖纪》9。“定民间贷钱取息之法，以三分为率。”

亦如之。有壹石还数倍不得已者。”由户部拟议，都省批准的对策是：“举借斛粟，合依乡原列（例）听从民便，年月虽多，不过一本一利。如有续倒文契，钦依已降条画追断。”[1]这个规定同样确定了最高利息额不过本钱，及不得回利为本。但对利息额未作限定，表示各依“乡原例”进行。不过，限定了最高利息额，利息率高低影响并不大。

上述三件圣旨、拟议，后来都被收入《大元通制》的条格部分，因而是元代有关一般有息借贷的基本法条。今存《大元通制（节文）》有“举借谷粟，依乡原例，年月虽多，不过一本一息”，当是约取至元二十九年户部规定；另一条是：“诸借取钱债，每钞一两，月息三分，年月虽多，不过一本一利。若有已还之数，准算。如已还讫一本一息者，虽经倒换文契，并不准使，当官追毁。”[2]可能是综合至元三年与至元十九年两圣旨而成，也可能是另作的规定。

此外，《重刊群书类要事林广记》壬集卷1有《至元杂令》，内容是：“诸以财物出举者，每月取利不得过三分，积日虽多，不得过一倍，亦不得回利为利本，及立倍契。若欠户全逃，保人自用代偿。”[3]与收入《通制条格·杂令》篇的前述诸令不尽相同。此《至元杂令》全部使用唐宋法律用语，如借取钱债称“出举”，一本一利表述为“不得过一倍”，倒换文契称“回利为利本”及“立倍契”。可能是经过学者润饰的元代法令。

元代文契中有“生钞批式”，是颇能反映一般有息借贷的具体情况的，现照录如下：

某乡某里任某……情愿立批，就某里某人位，揭借得中统钞若干锭，

① 《通制条格》卷28，《杂令·违例取息》。《元典章》卷27，《户部》13，《钱债·私债·放粟依乡原例》略同。

② 《大元通制（节文）》，《元代法律资料辑存》，第71页。

③ 《至元杂令·典质财物》，《元代法律资料辑存》，第39页。

前去经营用度。每月依例纳息三分，约限几月，备本息一并归还，不敢拖欠。……谨约。

年　月　日　姓某　号　批

保人姓某　号[①]

这个批式的“纳息三分”，确实是依至元十九年以后法律行事的。

3. 一般有息借贷的特例

特例是对特殊人规定的。有准用通例之处，有另行规定特例者。

①关于军官、军人。元代军官多是放债者。据成宗大德二年三月大都枢密院咨文，军官们采用故意迟发盘缠即津贴的办法，逼迫使军人“揭借”钱债，以“取利息”。“每月一两钞，一钱、二钱利息要有”，然后在盘缠中扣除。但依体例，“一两钞一月三分家利钱已上休要者”，故枢密院、中书省只是要求“今后多要呵，本利没官”[②]，无疑承认军官放债的合理性。

大德三年正月圣旨精神与此略同。鉴于“借钱取息，已有定例”，仍强调“今后军前放债……多余取利者，追征没官，约量治罪”，只是要求对“虚钱实契，不许归还”[③]。大德十年五月十八日命相诏云：“管军官吏放债，照依通例取息，岁月虽多，不过一本一利。如有取利无度，番息作本，以致军户损乏者，追息回主，仍与治罪[④]。”仍然要求照依通例执行。今存《大元通制（节文）》之“军官私债照依通例取息”[⑤]，当即指上条规定。

不过，上述资料反映，军官放债对象除军人本人外，也包括军人之家即军户，《大元通制（节文）》也保存了这样的规定：“军官多取军人息钱，

① 《公私必用》，《元代法律资料辑存》，第 244 页。
② 《元典章》卷 27，《户部》13，《钱债 · 私债 · 多要利钱本利没官》。
③ 《元典章》卷 27，《户部》13，《钱债 · 私债 · 军官不得放债》。
④ 《元典章》卷 27，《户部》13，《钱债 · 私债 · 军官不得放债（又）》。
⑤ 《大元通制（节文）》，《元代法律资料辑存》，第 71 页。

越例取息，当留人口，各决三十七下。"[1]此外，军官也向驻地邻近百姓放债，《大元通制（节文）》规定："军官将百姓枷征私债，决二十七下。"[2]法律承认军官合法的债权，即在月息三分，不超一本一利情况下，予以保护。只是对其违法取息及私下强制履行行为，予以取缔并给予处罚。

武宗《至大改元诏》曾有蠲免军人取借军官债务的规定："应管军官举放本管军人钱物，诏书到日，尽行倚免；典卖亲属，悉听完聚，价不追还"[3]，但这只是一时赦令，元代军官放债仍是合法的。

此外，元代还有禁止军人取借债负的规定。元成宗大德二年（1298年）三月，枢密院鉴于有些债主竟到军户家取索债务，下令："军人并诸人不得私下取借，财主亦不得出放债负。如有违犯，取放钱人一体究治。"甚至"本管头目有失觉察者，亦行取招断罪"。并要求："若有债主人等径直私下取索钱债，毋得归还。"对于前来军队索要债务者，"非奉枢府明文"，也"无得归还"[4]。原因是债主监收拘押军人、准折军户财产，骚扰了军队和军户。

②关于官吏。蒙古时期，官吏向诸王、驸马取借钱债者很多，前已述及。出于防止官吏掯勒部民，元代仿唐宋旧制，对官吏取借部民债负禁制较严。成宗元贞元年六月，刑部因常德路武陵县李县丞取借部民钞锭不还事，规定："在任官吏凡取借部下诸人钱债，各立保见出息文约，依数归还。违者各从一多者为重，准不枉法例减二等断罪。"[5]依《至大改元诏》引述这一法例，"部下诸人"指与在任官吏无亲故关系者。凡"亲戚故旧之家"，是可以取借的。[6]很显然，这是为防止官吏利用威势变相勒要部民钱债而作的规定，要求依一般有息借贷的通例行事，违者科罪。

---

① 《大元通制（节文）》，《元代法律资料辑存》，第71页。

② 《大元通制（节文）》，《元代法律资料辑存》，第71页。

③ 《元典章》卷27，《户部》13，《钱债·私债·军官不得放债（又）》。

④ 《通制条格》卷28，《杂令·违例取息》。

⑤ 《刑统赋疏通例编年》，《元代法律资料辑存》，第180页。

⑥ 《元典章》卷27，《户部》13，《钱债·私债·放债取利三分（又）》。

武宗至大二年七月，因淮西廉访副使马忠汉所请，刑部再作补充规定："凡借部下诸人钱债，合依已拟遵依都省元行，明呈保见出息文凭，依理归还。如有指借为名，不立保见，又不依数归还，从一多者为重，依不枉法例减二等断罪。其恃势强借，就托上户、领钱营运以求利者，准上科罪"[①]，都省批准这一补充规定，仍强调"亲戚故旧之家"除外。

至于官吏取借官府仓库钱物，无论是否出立文契，因涉及侵贪可能，故一律禁止。《至元新格》规定："诸仓库钱物，监临官吏取借侵使者，以盗论。""诸（转）运司并提点官吏，凡于管下院务取借钱物（者），以盗论；与者，（其）罪同。"当时对这类案件的处理，确实是依此规定执行的。至元二十八年（1291 年）十二月，临江路总管姚文龙"于官库内借出钞本一千四百四十五锭，丝三（百）斤"，尽管"写立文帖"，还是被"断七十七下，不叙"[②]。

此外，元朝在一般有息借贷之外，尚有担保借贷。因事涉担保，故列入"债的担保"目下。

四、债的种类——租赁

（一）土地租赁（租佃）

1. 官田租佃

（1）一般官田的租佃

①招徕农民种佃官田的政策法令

由于战乱等原因，系官田土中荒田居多。这也是它未曾划为屯田、职田的原因。在世祖后期和大德初期，元廷在立法上予以优惠，以图招徕农民佃种。

---

① 《元典章》卷 27，《户部》13，《钱债 · 私债 · 部下不得借债（又）》。

② 《刑统赋疏通例编年》，《元代法律资料辑存》，第 176—177 页。

至元二十三年十一月，中书省提出："江南系官公围、沙荡、营屯诸色田粮，诸路俱有荒芜田土，并合招募农民开垦耕种"，但考虑荒田耕垦费力，故在政策上予以优惠，遂建议"将荒芜田土蠲免一切杂泛差役"。都省予以批准，只要求开垦之家至"年限满日，依乡原例送纳官米"[①]。至于"年限满日"，从同年四月都省对民间荒地开耕"三年外依例收税"[②]的情况来看，系官荒田当也是3年之后才纳租税的。

到至元二十八年制定《至元新格》，又就系官荒田佃种作了新规定："诸应系官荒地，贫民欲愿开种者，许赴所在官司入状请射。每丁给田百亩。官豪势要人等不请官司，无得冒占。年终照勘已给数目，开申合属上司，类册申部。"[③]这项关于系官荒田佃种程序、数目及禁强豪影占的规定，遂作为元代基本法律规定存续下来。

成宗大德四年十月圣旨，又对先此的优惠法令再作让步，规定："江北系官荒田许给人耕种者，原拟第三年收税，或恐贫民力有不及，并展限一年，永为定例。"[④]目的无非是鼓励人们开垦种佃。

不过，认佃官田者并非皆贫民，佃种了官田的贫民经常遭受剥夺。世祖至元二十六年时，"亡宋各项系官田土"，即"多被权豪势要之家影占以为己业佃种"[⑤]。成宗大德五年，"江南各处见任官吏，於任所佃种官田"，却"不纳官租"，官田成了他们侵蚀的对象；此外，这些"现任官吏"还"夺占百姓已佃田土"[⑥]，致使招贫民种佃政策遭受破坏。

在招徕农民分散射佃的同时，元代也存在总佃或包佃的租佃形式。即由一个总佃或包佃者承佃全部官田，再由其分佃于农户。文宗时，相国燕

---

① 《元典章》卷19，《户部》5，《田宅·荒田·荒田开耕限满纳米》。
② 《元典章》卷19，《户部》5，《田宅·荒田·荒田开耕三年收税》。
③ 《元典章》卷19，《户部》5，《田宅·荒田·荒田许赴官请射》。
④ 《元典章》卷19，《户部》5，《田宅·荒田·开荒展限收税》。
⑤ 《元典章》卷19，《户部》5，《田宅·官田，影占系官田土》。
⑥ 《通制条格》卷16，《田令·佃种官田》。

铁木儿奏："平江、松江、淀山湖圩田方五百顷有奇，当入官粮七千七百石，其总佃者死，颇为人占耕"，遂请求"臣愿增粮为万石入官，令人佃种，以所得余米赡臣弟撒登"，获得皇帝特许[①]。可见，早在文宗前就有总佃或包佃现象，而且包佃土地数量相当大。包佃者是居中的剥削者。依燕铁木儿所言，包佃者在交纳官租后尚有"余米"，则他要求农民实际交纳的租粮，当定会超过上交国家的租额。

②官田租佃的契约性质

官田都是招徕农民佃种的，因之，他们就成了国家的佃户。

官田租佃虽不是纯粹的契约关系，比如，在官田来源上，以职田而言，其中不少是"冒占荒闲地"被标拨出来的，而这些"冒占"者，实际就是荒田的开垦者。但国家利用主权标拨，开垦田者反而成了佃客。其次，官田佃户虽在形式上是自愿认佃的，但经济强制却是贫民射佃的本质。不过，租佃关系总是会在某些方面表现出它的契约的特征。而认佃本身既是一种契约关系，因而在理论上就可以退佃。租佃关系的自由，只在这形式方面才能体现出来。现存元代法律资料，确有兑佃之事，可资证明。

兑佃是退佃与新的认佃的结合，也可称转佃。由于现实中多有这类事情发生，比如，江西有些农民"将见种官田地私下受钱，书私约吐退转佃"，而"佃地之家又不赴官告据，改立户"头，故成宗大德五年七月，中书省议定法例为："佃种官田人户，欲转行兑佃与人，须要具兑佃情由，赴本处官司陈告，勘当别无违碍，开写是何名色官田顷亩，合纳官租，明白附簿，许立私约兑佃，随即过割。承佃人依数纳租，违者断罪。"[②]

不过，私下兑佃需要承佃人交纳一定的名目钱。这可能与土地紧张有关，也可能与过去开垦种佃的功费有关。以江西知德地方为例，"农民将

① 《元史》卷36，《文宗纪》5。

② 《通制条格》卷16，《田令·佃种官田》，《元典章》卷19，《户部》5，《田宅·官田·转佃官田》略同。

见种官田地私下受钱，书私约吐退转佃”。官署只重视“佃地之家，又不赴官告据改立户名”[1]，担心干没租课收入。至于法令中所言“违碍”情节，是否包括禁止“私下受钱”，就不得而知了。

③频繁的承佃、退佃

由于战乱灾荒等原因，迫使大量农民背井离乡，四处逃亡，从而造成频繁的承佃、退佃。逃亡者中既有佃种官田的农户，也有自有土地农户。不过，对于政府而言，逃户地土与官田无异。至元十年七月户部呈准文规定：“在逃人户抛下地土事产，拟合召诸色户计种佃，依乡原例出纳租课。”[2]现存元代契式，有许多是有关承佃逃户田业与逃户复归后退佃的文书。

保存在《重刊群书类要事林广记》辛集卷10的“词状新式”有“请逃户业”文；《事林广记》别集卷4（整理者名之曰“告状新式”）有“请佃逃户地土状式”文。前者云：某人全家逃亡，“抛下本户下东西畛地一段，计几亩。其地自本人逃去，荒闲到今，无人承佃。今具状告，伏乞某官勘会诣实，出给公据，立租税请佃”[3]。后者云：某人全家在逃，“抛下本家事产田几亩、园地几段，即目荒闲，无人佃种，见行拖欠官司租粮，虚悬差发。今来某欲行前去承佃前项田园耕种，依前供纳税粮，应当差发”[4]。

上述《词状新式》与《告状新式》均有逃户复归请求原地的状式。《地主归收地土》状式云：逃后“抛下本户桑土若干顷亩，今来某复业，却见某处某人将某抛下地土为主佃种，其本人言称：自某年上经官立租税，请到上件地土，私下不肯吐退”，请求官府“勒请佃地人吐退上件地土，付某依旧立户供纳承佃”[5]。《应地主归复业取元地土耕佃状式》云：逃后“抛下本户田土园地若干顷亩，元立某户头输纳税粮，应当站户差发。今来某

---

① 《元典章》卷19，《户部》5，《田宅·官田·转佃官田》。

② 《通制条格》卷16，《田令·逃移财产》。

③ 《词状新式》，《元代法律资料辑存》，第217页。

④ 《告状新式》，前引书，第230、232页。

⑤ 《告状新式》，前引书，第230、232页。

已行将带家小依旧回还元籍复业，却见有某处住人甲，将某元抛下田园为主种佃。据称自某年内经官陈告请佃前项田地，立租当差”，请求“责令佃人将田地退佃，仍旧还某耕佃”①。

相应地又有请求归还原主的退佃状式。《请地人退供》写明：“昨于某年上经官请到逃户某人地若干顷亩，某立租税承佃。今却有地主某人前来复业，今来某情愿将所请地土吐退与本人，依旧立户种佃。乞勒地分合干人除豁元立租税。”②《应请佃他人退业状式》写明：“昨于某年月内蒙官司出榜召人承佃逃户田地耕种，立租当差，某于某年月日具状经所属某县司陈告，请到逃户乙抛下某处田地若干顷亩，已经行立租当差了当。今有元业主逃户乙回还复业，要行收回元地，今来情愿将上项田顷退还本人管业。”请求官府“令元业主乙立租当差，将某名户除豁”，以免“重复科征”③。

（2）官田地租的性质及租率

租佃官田所纳尽管有时被称作“税”，也有时称作“租”，实际上具有二重性。元史学界的同志以为，对于官田而言，“元政府既是主权者，又是这部分土地的所有者。因此它从这部分土地上所获得的收入，包含着地租和地税的两种性质”④，是确当之论。

官田地租额，从至元十年对佃种逃户田要求“依乡原例出纳租课”来看⑤，可能各地官田也是依“乡原例”收缴地租的。至于其具体数目，从袁介《踏灾行》记佃户李福五“只种官田三十亩……相随邻里去告灾，十石官粮望全放”⑥来看，每亩租额为3斗3升余，这是较多者；至元十四年后

① 《词状新式》，黄时鉴前引书，第218—219页。
② 《词状新式》，黄时鉴前引书，第219页。
③ 《告状新式》，黄时鉴前引书，第233页。
④ 韩儒林主编：《元朝史》上册，人民出版社1986年版，第353页。
⑤ 《通制条格》卷16，《田令·逃移财产》。
⑥ 陶宗仪：《辍耕录》卷23。

江西袁州路官田租额为官斛2斗2升[①]，居中；文宗时，平江、松江、淀山湖圩田500余顷，交官粮总额7700石[②]，每亩租额为1斗5升多，是较低者。异地而租额不同，表明确是依乡原例收租的。不过，无论上述地租收取的是谷还是米，都较职田、私田租额为轻。江南官田（可能也包括屯田）所获的地租，竟可以支撑地方行省及京城各类人的庞大供应[③]。

由于官田租额较轻，故成宗时江南现任官吏皆"夺占百姓已佃田土"[④]，大约是充当总佃角色，从实际耕佃者身上获差额地租；而江淮的富民，也承佃官田以图赢利[⑤]；前述文宗朝相国燕铁木儿包佃官田养赡其弟，也说明官租较轻。从民间佃客私下吐退所佃官田、而竟有人出钱承佃来看，更反映官田租率较低，在当时是求之不得的。

然而，官田佃客的境况并不佳。租率虽轻，但依法应享受的免放租粮等恩泽，未必尽能享受。袁介诗所云佃户李福五，所佃官田地势较高，遇旱灾颗粒无收。县官不去勘检，却将其"田批作熟"，即未曾受灾，应全纳租课。逼使李福五"嫁卖"子女"陪（赔）官粮"[⑥]。

（3）职田租佃

①职田租佃的抑勒

租佃关系本来是封建社会经济强制的一种，即无田贫民为生存而租佃官私土地。经济强制在本质上虽是被迫的，但就租佃关系本身而言，毕竟是自愿的。而在租佃职田的场合，都经常发生超经济强制的情形。

职田租佃依例应召募佃客，形成自愿的租佃关系。世祖至元四年中书省札，职田均要"召募培牛院客种佃"[⑦]。但至元二十一年五月，御史台发现：

① 《典章新集·户部·禄廪·职田》。

② 《元史》卷36，《文宗纪》5。

③ 参见第四章第一节。

④ 《通制条格》卷16，《田令·佃种官田》。

⑤ 《元史》卷184，《王克敬传》。

⑥ （元）陶宗仪：《辍耕录》卷23；（元）袁介：《踏灾行》。

⑦ 《元典章》卷15，《户部》1，《禄廪·职田·官员标拨职田》。

“各路府州司县以至提刑按察司官元拨职田，不依例召客佃种分收”，却“督勒附近百姓认种”。遂下令禁止“椿配人户”，要求一律“召募佃客种莳”[①]。同时，在某些“不曾标拨”职田的地方，官府“验合该顷亩扣算粟草数目，俵散所管州县，敷敛百姓送纳”[②]，不是租佃，而是摊派了。出现这种状况的原因，正如仁宗皇庆二年时监察御史指出的那样，是“官挟其势，民畏其威”，从而出现“无田虚包”[③]。

②职田租率的猛增

世祖至元四年二月中书省札规定：职田“召募培牛院客种佃，依乡原例分收”[④]，最早确定了收获物由官员、佃户分成取得的原则，而且所依据的又是“乡原例”即民间惯例。

这一原则在后来曾多次被重申。至元二十一年五月“御史台照行例”针对现实问题要求“各道提刑按察司、随路府州司县官合得标拨（职田）……召募佃客种莳……依例分收，无得椿配人户，科征过错”。至元二十八年五月定例：“各路官员公田，拟合照依旧例……依乡原例分收子粒，毋得椿配百姓。”[⑤]大德六年二月都省例也指出：“各处官员职田子粒，合依乡原例分收、无得椿配。”[⑥]屡屡重申旧制，说明当时不依例课租而随意椿配科要的情形时有发生，才致元廷一再下令强调。

关于乡原例，各地应有不同。因为“地土肥瘠有无不同”，致使“主佃分收多寡不等”[⑦]。从江南看，依仁宗延祐二年七月江南湖广道的报告：“在先按察司时分佃种职田”，“每壹拾亩纳叁石谷”，即每亩3斗谷；“在后

① 《通制条格》卷13，《禄令 · 俸禄职田》。

② 《通制条格》卷13，《禄令 · 俸禄职田》。

③ 《元典章》卷15，《户部》1，《禄廪 · 职田 · 职田佃户子粒》。

④ 《元典章》卷15，《户部》1，《禄廪 · 职田 · 官员标拨职田》。《典章新集 · 户部 · 禄廪 · 职田 · 官员职田依乡原例分收》同。

⑤ 《典章新集 · 户部 · 禄廪 · 职田 · 官员职田依乡原例分收》。

⑥ 《元典章》卷15，《户部》1，《禄廪 · 职田 · 犯罪罢职公田不给（又）》。

⑦ 《元典章》卷15，《户部》1，《禄廪 · 职田 · 职田佃户子粒》。

改立廉访司时分，每壹拾亩添作陆石来”，即每亩科要6斗谷，租额增多不啻2倍。“如今本道按摊不花监司添做拾分取要有”，则增加更多，根本不遵循“依乡原例分收”租课的定例，而是一味增额。仁宗遂下令禁止①。

这类问题之所以难以解决，一则因为官吏将职田租课视为固定俸禄收入，故遇荒歉也不肯减租。再则，职田分拨给官员个人，其在任期内即同己业，势必利用权势抑勒民户。官田佃户又不比民田佃户，惧怕官势，告发无门，只得任其摆布。

仁宗延祐二年三月，江西道袁州路佃户告发当地职田“椿配多勒钞定”，可以清楚看到佃农受勒索的情形。

至元十四年起征公田（一般官田）租粮时，根据乡间惯例和官私斗斛不同进行了折算。当时，乡原斛斗每米1石，准官斛4斗；每官田1亩，依乡原6斗计，准收官斛2斗4升。与民田每亩3升科租相比，仍然过重。当时确定优租，官田“每亩征纳糙米二斗二升”。到至元二十三年，被标拨为职田后，佃户“赴各官私衙送纳子粒”，竟“每亩勒要白米六斗，比之官收子粒，多要讫三斗八升”。同时，“每斗又加斗面米三升五合，鼠耗米三升五合，仍复堆垛斗面高粮一亩纳一石之上”。到至元三十一年，奉上司命令，职田依官租每亩2升，外加耗米，送纳官仓，不入私衙，尚比较轻。而至元贞元年，“各官视（职田）为己业”，申复上司，恢复“职田赴各官衙内交纳”之制，“每亩依前勒要纳米六斗，连斗面鼠耗米共折钞三十六两”②。

有鉴于此，御史台、户部、都省屡次拟议，要求按照至元二十八年五月的规定课租。

职田勒要的高额地租，给佃农带来深重灾难。上述江西袁州路佃农罗安定等人，“节次赴省台呈告”，而此前“佃职田民户杨天祐等，已经累告

① 《通制条格》卷13，《禄令·俸禄职田》。

② 《典章新集·户部·禄廪·职田》。

行省”，最后虽说终于当作问题处理了，但这中间不得已而变卖家产的佃户又不知有多少。被逼无奈的“佃职田民户”，只有以“抛下土田”，“多有逃亡”来应付了[①]。据苏天爵称，泰定、文宗之际，“闽宪职田，每亩岁输米三石，民率破产偿之”[②]。元朝最后一个皇帝——元顺帝在至元六年（1340年）和至正七年（1347年）诏书中，不得不一再承认“职田扰民”，“病民为甚”[③]。

③职田地租不受优恤免除与滥折征收

至元二十一年御史台照行例曾要求，职田租额“依例分收”时，还须“验年岁丰歉”，即考虑歉年少征或免征。大德六年二月都省例也强调“职田子粒”“若遇灾伤，依例除免”[④]。而这两个法例的发布，恰恰是因为各地职田“无问年岁丰歉，征收本色粟草”，或“职官公田不问被灾，并要人户送纳子粒”[⑤]。前者是全国普遍性的问题，后者是前荆门知州揭出的问题。

歉年免征，即“依税粮例除免”[⑥]，这在大德六年二月都省例中是规定很明确的。当时官税皆实行遇灾减免例，朝廷一再为此发令；并且也要求私租依官税例除免。而直至仁宗皇庆二年，监察御史呈文指出：“官税、私租俱有减免之则例，独职田子粒，不论丰歉，多是全征”，表明问题仍未解决。宪台虽要求：今后“非法取要者，理合禁止、究问”[⑦]，但收效当不会大。主要原因在于，官吏将职田“视为已业”。朝廷对免征地租又无补救措施，职田地租之难除免，也是情理中事。

滥征折收则是职田地租的又一弊。至元二十一年，官吏在职田征收的

① 《典章新集·户部·禄廪·职田》。
② （元）苏天爵：《齐履谦神道碑》，《滋溪文稿》卷9。
③ 《宪台通纪续集》，《作新风宪制》《公田折价》，均见《永乐大典》卷2609。
④ 《元典章》卷15，《户部》1，《禄廪·职田·犯罪罢职公田不给（又）》。
⑤ 《通制条格》卷13，《禄令·俸禄公田》。
⑥ 《通制条格》卷13，《禄令·俸禄公田》。
⑦ 《元典章》卷15，《户部》1，《禄廪·职田·职田佃户子粒》。

“本色粟草”，若遇自己“销用不尽者”，则“折收价钞”[1]。仁宗皇庆二年更揭出职田官员“掊敛加要轻赍者有之”[2]，这就是多要贡献了。前述江西袁州路职田折钞36两，也是滥折征收。户部虽认定“折收钞两，事属不应”，要求“严行禁止”[3]，其效果是不言自明的。

更有甚者，官吏将职田佃户视为私属。武宗至大二年，江西官吏竟要佃户“供给一家所用之费，谓（诸）如倩借人畜、寄养猪羊、马草柴薪，不胜烦扰”[4]。佃户在租粮之外，又凭空增添了数不尽的负担。

2. 私田租佃

（1）租佃关系的形成

①租佃关系形成的形式

元代私田租佃关系的形成，大略有四种形式。一是通过签订租佃契约而形成租佃关系；二是国家通过封赐土地、划拨领户，受封赐者与领户形成租佃关系；三是通过夺占民田抑勒农民为佃，从而形成租佃关系；四是人户为避役而投充贵势，形成租佃关系。

这四种形式，前两种是合法的，或者说是法律要求的形式；后两种是违法的。但在元朝，任何一类私田租佃关系的形成，都不同程度地采取了两三种不同形式（无论合法与否），只不过主次不同而已。比如贵族投下的封户情况，前章已述及。诸王、皇后、公主、驸马、勋臣等所得封户，即为佃户。此外，民人为躲避科役、携土地投献诸投下而为佃户的情况，在元代也屡见不鲜。如沿河居民所垦“退滩”地，因诉讼“连岁不决，或以其地投献诸侯王，求为佃民自蔽”[5]。

官僚地主土地，或由受封户，或由接受投充影避而形成租佃关系。前

① 《通制条格》卷13，《禄令·俸禄职田》。

② 《元典章》卷15，《户部》1，《禄廪·职田·职田佃户子粒》。

③ 《典章新集·户部·禄廪·职田·官员职田依乡原例分收》。

④ 《元典章》卷25，《户部》11，《差发·影避·禁职田佃户规避差役》。

⑤ 《牧庵集》卷14，《平章蒙古公神道碑》。

者如游显，元廷赐“封襄阳新民二百家，世为佃户”[①]；后者如朱清、张瑄，曾是在世祖、成宗时为元代经理海运的官僚，在地方显赫一时。溧阳之民为避役，多以己田献于朱、张门下，隶为佃籍[②]。官僚也通过强夺民田、逼民为佃而形成租佃关系。大德三年，江南福建“那里的官人每……将百姓每田地占着，教百姓每佃户”[③]。

寺观田租佃关系，主要由拨赐土地的同时划拨领户和投充施舍而成。如元廷曾赐圣寿万安寺“耕夫指千、牛百，什器备”[④]，文宗时“以晋邸部民刘元良等二万四千余户隶寿安山大昭孝寺为永业户”[⑤]，属于前者；此外，为避差发，“施舍”土地给寺观者，施舍之人实际成了寺观佃户，如杨万四郎舍田入东岳行宫，却仍以本户就佃[⑥]，属于后者。

通过各种方式被寺观领有的领户、佃户，数量也极大。如大护国仁王寺有人户37059[⑦]，而据《通制条格》卷3《户令・寺院佃户》载大德三年情况说：“杭州省里管着寺家的佃户约五十万户有余。”[⑧]

租佃富民田，一般是通过签订租佃契约而形成租佃关系的。

江南诸行省土地集中现象最为严重，租佃关系也最发达。

成宗即位初，杭州省奏言：“蛮子百姓每，不似汉儿百姓每，富户每有田地，其余他百姓每无田地，种著富户每的田地，养和喉嗦系，更纳租税有。”[⑨]南方租佃制的普遍，原因在于元朝灭宋，并未消灭地主制，故经世祖一朝的恢复，大土地所有制反而更显出发展的势头。大德八年十月，江

① 《牧庵集》卷22，《江淮行省平章游公神道碑》。
② 《至正直记》卷3。
③ 《通制条格》卷2，《户令・官豪影占》。
④ （元）程钜夫：《雪楼集》卷7，《凉国敏慧公神送碑》。
⑤ 《元史》卷35，《成宗纪》4。
⑥ 《两浙金石志》卷15，《长兴州修建东岳行宫碑》碑阴。
⑦ （元）程钜夫：《雪楼集》卷9，《大护国仁王寺恒产之碑》。
⑧ 《元史》卷20，《成宗纪》3。也谓“江南诸寺佃户五十余万”。
⑨ 《元典章》卷3，《圣政二・减私租》。

浙行省说："江南佃民多无己产，皆於富家佃种田土，分收子粒，以充岁计。"[①] 土地兼并造成的土地集中，形成大土地所有者拥有数目极庞大的佃户队伍，江南大地主有"占着三二千户佃户"[②]，数量已不小，乐实更说："富室有蔽占王民奴使之者，动辄百千家，有多至万家者"[③]，则数量更巨。

富民地主也通过夺占百姓土地而形成租佃关系。大德三年，福建"富户有势力的人每，将百姓每田地占着，教百姓每佃户"[④]。

②租佃契约的内容及其适用

关于私田租佃的法律关系，元代"当何田地约式"清晰地反映了田主与佃客的地位。现节略原文如下：

> 某人……田若干段，总计几亩零几步，坐落某都土名某处，东至、西至、南至、北至，前去耕作，候到冬，收成了毕，备一色干净圆米若干石，送至某处仓所交纳，即不敢冒称水旱，以熟作荒，故行坐欠。……谨约。
>
> 年　月　日　佃人姓某　号约[⑤]

依此约式，田主依其租出土地享有收租权自不必说，佃客在承租时就必须保证承担缴纳议定租额的义务，保证在丰收年景下不坐欠。依契约的规定进行逻辑推演，佃户在歉收年景应能获得减租或者免租机会。但这一类并未规定明确，倘若田主认定为"熟"而非荒，则佃户就必须依约定缴纳，就如同官田一样。

需要说明的是，通过租佃契约而形成的租佃关系，与其他三种形成租佃关系的形式，可能是重合的，原因在于，租佃契约是收取地租的唯一证

① 《元典章》卷19，《户部》5，《田宅·种佃·佃户不给田主借贷》。

② 《典章新集·户部·赋役·差发》。

③ 《元史》卷23，《武宗纪》2。

④ 《通制条格》卷2，《户令·官豪影占》。

⑤ 《公私必用》，《元代法律资料辑存》，第239—240页。

明。在冒占闲地的场合，我们可以看到这种契约关系。如前述黄河两岸退滩闲地，被“塔察大王位下头目人等冒占作投下稻田”，投下便“令侧近农民写立种佃官文字，每岁出纳租课。自余不得开耕”[①]。由此推测，分拨投下的领户佃田多寡不一，当也有同样“种佃官文字”（即租佃契约）。余如官僚、寺观等土地租佃，也当存在此类契约。

但元代私田，多由豪夺占有，故私田租佃也多是由豪夺形成的。

成宗大德三年六月，福建呈报：“那里的官人每、富户有势的人每、将百姓每田地占着，教百姓每佃户。”这种租佃关系，全凭掠占自耕农土地而逼勒形成。由于这些有势的官人、富户“遮护”佃户，“不教当杂泛差役”，影响了国家科差，故元廷下令：“做佃户教种养的种养也者，依众百姓每体例里不拣甚么差发教当者，有势力人每休遮护者。”[②]国家只看重损失的差役，未曾就强占民田、逼民为佃之事进行清理、惩治。大德七年三月圣旨，也禁止“各处官吏”“影占人户、供给私用”[③]；仁宗至大四年七月，中书省、御史台还曾就江南三省“豪富兼并之家”，子孙弟侄勾结官吏“恃势影占”提出禁治建议[④]，但注重的也都是“影避差役”，即官豪势要人与国家之间劳动力争夺，并不影响原来的租佃关系。

（2）私田租额及私租征收方式

①关于贵族、寺观田

私田的租额，由官田拨赐给贵族、寺观、勋臣的私田，当是依原来官田租额收取的。仁宗皇庆二年四月，因江南平江等处“拨赐与了诸王、驸马并寺观、官员每的地土，他每自委付着管庄的人每，比官司恣意多取要粮斛分例搔扰”。鉴于租额因此凭空加多，及出现额外索要，成宗遂下旨改变自行征收地租的方式，要求：上述分拨之田中，除赐给官员之田勒其

① 《秋涧文集》卷91，《定夺黄河退滩地》。
② 《通制条格》卷2，《户令·官豪影占》。
③ 《通制条格》卷2，《户令·官豪影占》。
④ 《通制条格》卷2，《户令·官豪影占》。

还官外，其余赐与诸王、公主、驸马、寺观的土地，“与他每佃户合纳的租粮，官仓里收了”，然后由他们分别从仓库关支其“纳来的数目”①。同年十月，又发了同样的圣旨，重申了前述规定。只是对“拨与”或“关支”“合纳的租米”，作了更明确的说明，“拨与”或“关支”不是动支粮斛，而是按“时估”，“拨与价钱”②。这道圣旨还驳回了崇祥院建议对普庆寺破例单独直接收纳租粮的请求，命令普庆寺与其他寺观一道遵守成例。

②关于富民田

“私租太重”是贯穿元代始终的普遍的严重社会问题。

富民地主收租多采用“中分”制。宋濂称“窭人无田。艺富民之田，而中分其粟”，“东阳多宋贵臣族，民艺其田者……入粟半”③，可见租率已极高。苏天爵称：河北真定关家，“于乡有田千亩，岁收万钟”④，则每亩合收 10 钟，可能是依佃田额而征收定租。可见，无论南方、北方租率均偏高。

富民地主也须向国家交纳税赋。但地主通过“所取（佃客）租课，重于官税数倍”⑤，或“他每佃户身上要的租子重，纳的官粮轻”⑥，即通过多收租少交税，赚取其间差额，剥削率也很高。

有鉴于此，元代一方面通过向富民地主增收税赋，以减少富民地主的地租剥削率。如延祐七年，对江南部分地区“验着纳粮民田见科粮数，一斗上添答二升”⑦，即增加 20%的税额，反映了朝廷与地主争夺剥削率的斗争的一面。另一方面，元代利用国家权力降低富民租额，以减轻佃户负担，

---

① 《通制条格》卷 16，《田令·拨赐田土》。

② 《通制条格》卷 16，《田令·拨赐田土》。

③ 《宋文宪公全集》卷 31，《王府君墓志铭》卷 34，《处士蒋府君墓铭》。

④ （元）苏天爵：《滋溪文稿》卷 20，《关德聚墓碑铭》。

⑤ 《元典章》卷 3，《圣政》2，《减私租》。

⑥ 《元典章》卷 24，《户部》10，《租税·纳税·科添二分税粮》。

⑦ 《元典章》卷 24，《户部》10，《租税·纳税·科添二分税粮》。

安定社会。从世祖至元二十年至顺帝至正十四年，曾五次下令减少私租。

至元二十年（1283 年）十月诏书："至元二十年合该租税，十分中减免二分。所减米粮，仰地主却于佃户处依数除豁，无得收取。"

至元二十二年（1285 年）二月诏书："江南有地土之家召募佃客，所取租课重于公税数倍，以致贫民缺食者甚众。今拟将田主所取佃客租课，以十分为率，减免二分。"

至元三十一年（1294 年）十月，由于成宗即位诏书"汉儿蛮子百姓……今年纳的税粮十分中免三分"的条款未被杭州地方执行，"有地主却向佃户全要"，为此成宗下诏："佃户每的三分也不交要"，要求依前诏"休交要者"。

大德八年正月诏书："江南佃户承种诸人田土，私租太重，以致小民穷困。自大德八年，以十分为率，普减二分，永为定例。……违者治罪。"[①]

顺帝至正十四年十二月，"诏谕民间私租太重，以十分为率，普减二分，永为定例"[②]。

世祖、成宗、顺帝对私租率的干预，前三次适用于当年即一个年度，至后两次竟"永为定例"，反映了元廷解决私租太重问题的决心。之所以如此，是由于历来"佃户外逃，土田荒废"，造成了严重的社会问题，元廷不得不采取断然措施。

但是，这两方面措施的效果是十分有限的。国家加重富民田税额，富民便加增佃户租额，这是显而易见的。以减私租而论，国家普减租税，富民地主向国家交纳税额少了，但他们却不减佃户租额。世祖至元二十年普减租税 20%，诏书要求："所减米粮，仰地主却于佃户处依数除豁，无得收取"[③]，其推行情况已不得而知。成宗即位初全国普减税粮 30%，在杭州省却是"免了地主每的有，地主却向佃户全要呵，於穷百姓每无益有"，

① 《元典章》卷 3，《圣政》2，《减私租》。参见《通制条格》卷 16，《田令 · 江南私租》。
② 《元史》卷 43，《顺帝纪》6。
③ 《元典章》卷 3，《圣政》2，《减私租》。

故不得不严令禁止[1]。

（二）房屋租赁（租赁）

房屋租赁，既有官房租赁，又有民房租赁。二者颇有不同。

1. 官房租赁

官房租赁的范围不是很广，只是用于迁转官员“住坐”后的剩余部分，才予出赁的。

世祖至元二十一年六月，江南行御史台因江淮等地官房用不尽，请示除供应迁转官员外，“其余用不尽房舍地产，依上出赁，似为允当”。江淮行省也建议“腹里应有房舍，诸人出钱赁住，所据诸人见住房舍，拟合一体送纳房钱，却行修补损坏去处”。户部拟议：“腹里……其余系官宅院房舍召人赁住，获到房钱，逐旋解纳”；如有官房损坏者，“于赁房钱内，就用修补”。

此事本因筹措官房修理费用而起，但进一步地议论，却超出了这一事情本身。首先，鉴于“各处系官宅房院舍”，“自来不曾起纳租赁钱物”。分配给迁转官员官房，虽不收租赁钱物（文虽称“各赁房舍间座”，似不收租赁钱物），但任满交割，“若有倒塌损坏，著落赔偿”。其次，对不应住用官房之人进行清查，“其余系官宅院，并不应占住之人，验市井紧慢去处，照依市价一体征收房钱”[2]。

官房租赁价，按月缴纳，这从上文“月纳房钱”可以看到。同时，依上文“旧来出赁门面房舍”来看，出租的主要是可用作店铺的门面房，也证明在此前就有官房租赁的事情。至成宗大德年间，官房租赁虽有发展，但问题也是很严重的。七年四月，江浙行省呈报：“各路、府、州、司、县所管官房地基，多系官豪势要人等租赁住坐。”这些人或改拆原屋间架，

① 《元典章》卷3，《圣政》2，《减私租》。

② 《元典章》卷59，《工部》2，《公廨·召赁系官房舍》。

欲占为己业；或买通路府司县官吏、主首、坊正、里正等人，通同捏合，推说年深倒塌，不堪修理，低估价钱变卖；“或称事故，以租就买，朦胧除豁官租，私相典兑，并不申明官司”。要求明令“今后系官房舍基地，毋得似前变卖、典兑及以租就买”[1]。户部及都省都批准了这一请求。

因此，官房中有一部分被官豪势要之家影占。早在至元十五年七月，中书省、御史台就要求纠禁官豪势要之家冒立文契、影占系官房舍、取要房钱之事[2]。

2. 民房租赁

元代契式有“当何房屋约式”，从中可以清楚看到房屋租赁中房主与房客的权利义务关系。今节略原文如下：

> “某人……房屋一所，计几间几架，门窗户扇并已齐全，坐落某都土名某处，东至、西至、南至、北至，前去住坐。每年议断赁钞若干贯文，不至拖欠。自住坐后，只得添修，不敢毁折及开置赌坊、停着歹人、塌卖私货、妄生事端，连累邻佑。……恐后无凭，立此为用。谨约。
>
> 年　月　日　佃人姓　某号约”[3]

房主有权收取赁钞，房客除按期交纳赁钞外，尚得作下列保证：不毁拆、不开赌场，不收留坏人，不铺卖违禁私货。不过这些义务保证，与其说是对房主，不如说是对保人。因为依约定，如违反上述保证，保人负责，与房主无涉。自然，房客出赁价后，获得了房屋占有权与使用权。

租赁民房在城市穷民百姓中是常见的，这是他们的生存方式之一。至元十年省台报呈的大都节妇魏阿张，夫亡后，既养老姑、又养幼子，家无

① 《通制条格》卷 16，《田令 · 拨赐田土还官》。

② 《通制条格》卷 16，《田令 · 影占民田》。

③ 《公私必用》，《元代法律资料辑存》，第 241—242 页。

产业，“赁房居住”[①]。

五、债的种类——雇佣

（一）民间雇佣

1. 雇佣的范围与雇工地位

雇佣也称“佣计”。前述大都咸宁坊节妇魏阿张，夫亡后，赡养 90 余岁婆婆，抚养 7 岁幼子，其生活来源即靠“佣计孝养”[②]。

元代雇佣多系脚力、伙计等，这属于一般雇佣。此外尚有雇觅出军、雇工匠代役等特殊雇佣。关于雇觅出军，限于军户。依至元十年九月枢密院奏，当时“见役军人多有雇到人丁当军”，可见事情很普遍。但由于这些受雇之人，“未及半年或十个月，却行逃窜”，遂议定条法，凡“军户内如有丁多堪役人丁之家，正身应役”，不得雇觅；对“软弱残疾不堪当役等户，许令雇觅惯熟好人出军”[③]。至于雇工匠代役，也只限于特殊户计，都属于特殊问题。较普遍的是一般雇佣，而且只有一般雇佣才更具民事法律意义。

受雇佣工与佃户、赁房居住等人在税法方面地位是相同的。依延祐七年四月令：“与人作佃、庸作、赁房居住，日趁生理”等人一样，不科包银[④]。另外，从刑事法的角度看，元朝对雇工与主人是否属于“有罪相为隐”范畴曾定立条法。结论是：“受雇佣工之人，既与主家同居，又且衣食俱各仰给，酌古准今，即与昔日部曲无异，理合相容隐。”又“诸庸工受

① 《通制条格》卷 17，《赋役·孝子义夫节妇》。

② 《通制条格》卷 17，《赋役·孝子义夫节妇》。

③ 《通制条格》卷 7，《军防·单丁雇觅》。

④ 《典章新集·户部·赋役·差发·江南无田地人户包银》。

雇之人，虽与奴婢不同，衣食皆仰于主”[1]。但庸工地位更重要的是他的民事法律地位。

2. 雇佣的性质与形式

能够说明元代雇佣性质的，莫过于某些契式。从这些契式分析，可将民间雇佣分为两类。

（1）人身雇佣

《雇小断契式》《雇女子书式》均是雇佣男女童仆的契约形式。

前者须写明：“某有亲生男子名某，年几岁……情愿……将本男雇与某里某人宅，充为小厮三年，当三面言议断：每年得工雇钞若干贯文，其钞当已预先借讫几贯。所有余钞。候在年月满日结算请领，自男某计工之后，须用小心伏事，听候使令，不敢违慢伉对无礼，及与外人通同搬盗本宅财货什物、将身闪走等事。……或男某在宅，向后恐有一切不虞，并是天之命也，且某即无他说”[2]。

后者须写清：“某有亲生女，名几姐，今已年高，未曾嫁事……情愿……将本女不立年限雇与某里某人为妾，即日交到礼物于后：金钗一对，采段一合。已上共折中统钞若干贯文，交领足讫，更无别领。所雇本女几姐，的系闺女，未曾许事他人。……于条无碍。……或女子几姐在宅，向后恐有一切不虞，并是天之命也，且某更无他说。”[3]

从这两个契式来看，雇佣契约除写清雇佣期限、价钞及支付方式外，受雇方父（及母）应保证对将来可能出现的“不虞”，如死或伤，自行负责。雇主只管役使，不负监护或保护责任。同时，男仆还要保证今后听候役使、

① 《刑统赋疏通例编年》,《元代法律资料辑存》，第 209 页。
② 《公私必用》,《元代法律资料辑存》，第 247—248 页。
③ 《公私必用》,《元代法律资料辑存》，第 247—248 页。

不通同作盗，女仆在此前就要保证未曾出嫁、未曾许配他人，当是顾虑在“不立年限”情形下，婆家争告一类事情发生。

雇佣男女童仆即史家所说的“质男鬻女”。往往是贫民养赡无力，希求些许雇钱，并图个活命之所，即所谓“衣食皆仰于主”。地位之低，自可想见。童仆健康、生命不受保障，被明确写在契式中，自是情理事。

雇佣无论有固定期限还是不立年限，均与典身雇役不同。典身雇役是担保借贷的一种，身役是作为借贷利息的一部分而存在着，故有回赎问题。而雇佣之劳役本身是被作为“商品”卖出去的，故一般也称“卖佣”。不存在借贷（尽管契式中把支付佣价的一部分称作“借”），所以也不存在还本赎身问题。

（2）脚力雇佣

脚力雇佣的范围不广。元朝有《雇脚夫契式》与《雇船夫契式》，都是属于为官吏水陆运脚的雇佣契约形式。

《雇脚夫契式》须开载：脚夫某“投得……某官行李几担，送至某处交卸。当三面议断工雇火食钞若干贯文，当先借讫上期钞几贯，余钞逐时在路批借，候到日结算请领。且某等自交过担仗之后，在路须用小心，照管上下，不敢失落。至於中途，亦不敢妄生邀阻，需索酒食等事”①。

《雇船夫契式》须开载：船户某“揽载得某处某官行李几担，前到某处交卸。当三面言议断得工雇水脚钞若干贯文，当已借讫几贯为定，余钞候载到彼岸交卸了当，尽数请领。自装载后，须用小心看管，不敢上漏下湿”②。

可见，雇佣契约须开列运到目的地（交卸地点）、工雇火食钞或水脚

① 《公私必用》，《元代法律资料辑存》，第 248、249 页。

② 《公私必用》，《元代法律资料辑存》，第 248、249 页。

钞价及支付方式、受雇者责任及保证。

脚力雇佣契约不必载明时间，到达交卸地点即可清结，契约关系即告结束。这是不同于人身劳役雇佣之处。

此外，依元代法令，其他领域也存在雇佣情事。《至元新格》规定："诸税石……若近下户计去仓地远，愿出脚价就令近民带纳者，听。"[①] 又至元二十四年闰二月兵部呈："船主既支脚钱，自行雇夫。"[②] 二者都属于脚力雇佣。

（二）官署和雇

1. 和雇的性质及其范围

元人徐元瑞《吏学指南》释"和雇"为："两顺曰和，庸赁曰雇。"[③]《唐律》"庸赁之价"，凡"人、畜、车计庸，船以下（指船、碾硙、邸店）准赁"[④]，元代略用其意，庸指雇车，赁指雇船。和雇即国家与百姓两相情愿、公平支价，由国家雇佣百姓车、船的契约行为。

依《至元新格》："诸和雇脚力，皆尽行车之家，少则听于其余近上有车户内和雇。仍须置簿轮转有法，无致司吏、里正、公使人等那攒作弊。"[⑤] 至元二十八年的这条成法，虽然仅对雇车而言，但却反映了元代和雇在范围上的特征：即和雇的主要对象是以行车为谋生手段、至少是以行车雇值为补给家用主要收入的行车户。对这部分人而言，雇与受雇的民事契约性质是明显的：自愿、有偿，依市价进行。至少在这三个要件方面是这样的。但受各种因素的影响，尤其是受市场规律的支配：如行车户太多或雇值太

① 《通制条格》卷17，《赋役·科差》；《元典章》卷24，《户部》10，《租税·纳税》。
② 《通制条格》卷17，《押运使臣》。
③ 《吏学指南·征敛差发》。
④ 《唐律疏议》卷11，《职制律》监临之官私役使所监临条。
⑤ 《通制条格》卷17，《赋役·科差》；《元典章》卷26，《户部》12，《科役·脚价·至元新格》。

低等，致使行车之家歇业；或待运官物数量甚巨，期限急迫，使得现有营运车户不足时，则和雇的范围就延伸到“有车户”，无论这些有车户是否愿意承雇。在“有车户”不愿承雇而被指派受雇时，和雇就失去了它的双方自愿的契约性质，而变成了国家要求农民承当的封建义务，尽管它是有偿的。这是和雇契约的另一重性质。

正因如此，《至元新格》为防止经办官吏在指派“有车户”时放富差贫、勒索贿赂，要求“置簿轮转”，以免劳逸不均，如同对待所有科差义务一样。

2. 和雇契约及其特征

和雇契约的形式是“脚契”。它是由办理和雇事务的官府与受雇车、船户定立的契约。成宗大德七年三月，经都省批准的由大都往上都运米面召雇车户的规定是这样的：

（1）官署“斟酌合用车辆，令大都路巡院正官召募有抵业信实车户，明立脚契，编立牌甲，递相保管，然后许令揽运”。其中，“有抵业”指有财产保证，立脚契是为明确义务，编牌甲是谋求建立集体承担责任的形式。

（2）脚契内容，应“各于契上开写所载箱包布袋，各各斤重，眼同交盘，责付车户收管，及令重护封头，长押官通行管押”。数量、载重在契上写明，并要当面交付车户，由车户重做封记，目的是使车户负起保护责任。

（3）运到目的地交收时，如果“封记打角俱无损坏，布袋箱包亦不松慢，秤盘斤重又与元揽相同，中间却有短少不堪”，责任不在车户，而是“押运人员装发之际失于照略”，应由押运者“追赔相应”，承担赔偿责任；如果“苫盖不如法，装卸不用心，致有损失”，以及“虽封记俱全，比元封打角松慢，或去封头、箱包布袋破漏，交出短少不堪者”，前者是保护方面不合要求，后者是承运技术不合规范，或系“车户不为照略，或因而侵盗”，均属车户的责任。处分办法是“照依脚契，先验元雇车户均征”，“编牌甲”的目的即在这里；如果这样仍“追补不足”，则“着落当该雇车官司补纳”，责其管押不严，并同时追究其刑事责任①。

可以看出，和雇脚契与民间雇佣脚契既有共同点又有不同点：二者均有脚夫保护运物条款，但内容与性质不同，前者重在赔偿，后者是一般的要求；民间雇佣脚契必写明脚价及支付方式，而和雇则未必。在上述规定之前，尚有另一条文：“凡雇车运物，不分粗细，例验斤重里路，官给脚价”②，因为根据“斤重里路”而规定的和雇脚价，都是国家以法令形式统一规定的，不是临时议定的，自然就不必在脚契中写明了。总而言之，和雇脚契的重心是防侵盗、防损失。

3. 和雇脚价调整与市场规律

元朝和雇是随着步站的撤销而逐渐扩大范围的。《元典章》云：“随路罢讫步站、止见官为和雇脚力”③，就表明此前载运官物，多由步站专设的搬运夫递运，和雇的情形是不多的。另据至元二十二年十月河南路申报：“迤南无站车路分，必须和雇差发”，而“迤北有站车路分”，则多由驿站站车运送。④表明和雇范围也存在着地域差别。

与此相应，和雇脚价是随着步站的罢废而逐渐确定下来并归于划一的。《元典章》载平章政事制国用使司的意见：“随路罢讫步站……除旱路已有定体，外据水路自来不一”，遂要求都水监提举漕运司确定水路和雇脚价。与后来不同的是，这次确定的脚价是以“每物一百斤”计重量单位，再据“自起程至下卸处所合该地里”而计算脚价的，与后来的千斤百里计价法不同。依据这个指令，定立了分别从方里码头、旧县码头、秦家渡口节次运到通州的各区段脚价，以百斤重量及实有里数计算⑤。

此后，各地水陆和雇脚价多依千斤百里计算。尽管有些地方也有特例，

① 《通制条格》卷18，《关市·和雇和买》。
② 《通制条格》卷18，《关市·和雇和买》。
③ 《元典章》卷26，《户部》12，《科役·脚价·水路和雇脚价》。
④ 《元典章》卷26，《户部》12，《科役·脚价·递运官物开写斤重》。
⑤ 《元典章》卷26，《户部》12，《科役·脚价·水路和雇脚价》。

如至元三十一年真州运米粮，仍依旧例每石百里计脚价，与通例不同，但只是个别地区的事情。

从至元十五年后，各地频频奏上和雇脚价偏低问题，反映了脚价受市场规律支配的现实。

至元十五年（1278年），洺滋路永年县车户以“草料涌贵”，而按旧例“每千斤百里脚价钞一两三钱”，入不敷出，告到县衙要求依真定地方和雇例添加脚钱。兵部议定：“照依真定例，平地千斤百里一两三钱，加五添答一两九钱五分；山路亦依上分数添支。”[①]

至元二十三年，湖南道宣慰司先后执行行省关于“递运军人出征什物等，每千斤百里支脚价钞三钱七分”及“和雇船只脚价，每千斤百里上水一两，下水减半”的规定，但管下各处报告：这样的脚价，“船户委是不敷盘缠”，以至“多有弃船在逃，有悮（误）军情大事”。遂要求按“接运思明州粮斛定到脚价，千斤百里放支钞四两一钱一分，验程支给”，以使“船户乐便”。行省据此规定：“见运军器脚价，比照运粮价例，拟除耗米价钞外，每百斤千里（当为千斤百里）支钞二两一钱，外据照依市价，余一两五厘等候按察司体覆相应，至日定夺施行。”[②] 虽说没能尽依宣慰司意见，但毕竟是增加了。

至元三十一年正月，某行省以起运至真州米粮旧例和雇脚价，“每石下水百里支钞三分，船户揭用不敷”。行省遂据此建议“每米一石量添三分，通作六分”。经中书省批准实行。为此，又对至元二十九年淮东米粮5万石、三十年起运真州粮20万石，也依增价后的脚价放支[③]。

至成宗大德五年十二月，因各地对和雇脚价颇低反映强烈，元廷不得不再作调整增添。

① 《元典章》卷26，《户部》12，《科役·脚价·添答脚力价钱》。
② 《元典章》卷26，《户部》12，《科役·脚价·雇船脚力钞数》。
③ 《元典章》卷26，《户部》12，《科役·脚价·运粮脚价钱数》。

先是东平路和雇起运官物，“元定千斤百里，中统钞一十两”，因“草料涌贵，官支脚价不敷”。与市场价即“街下雇脚”的“千斤百里中统钞一十七两”相比，差价太大，遂要求“依街下脚价中统钞一十七两雇觅”，以免“扰民”。接着曹州又申报：“今后千斤百里脚价，例量添一倍。”汀州路请求：“如蒙照依街市，两平和雇相应。”河南府报告：“和雇脚力，元定千斤百里，山路一十二两，平川一十两。近年诸物涌贵，其得脚价不敷”，请示是否可“依目今各路车杖实该价钱，预为支发，两平和雇”，以免“扰民”。

为此，兵部拟定的办法是：“除大都至上都并五台脚价外，其余路分，比附各处所拟千斤百里中统钞为则，量添旱脚山路作一十五两，平川一十二两；江南腹里河道水脚，上水作八钱，下水七钱；淮江、黄河，上水一两，下水七钱”。都省只要求将“下水脚价拟依旧例六钱”支付，其余均获批准[①]。

和雇脚价的一再调高，与车船户告官求添及“弃船而逃”的反抗是密切联系着的，但就实质而言，是市场价值规律在起作用。和雇既在形式上带有“两平相雇”的契约性质，就不得不容许被雇一方讲究脚价在扣除草料、伙食费外略有盈余。至少也应使收支相抵（即使考虑和雇在另一方面具有科派性质）。加上在和雇市场外，还存在着一个民间雇佣市场脚价的强烈对比，所以地方官干脆提出“依街下脚价雇觅”的建议，将和雇脚价与民间雇佣市场拉平。值得注意的还有至元十九年诏书，诏书云：“和雇和买并依市价。”[②]无论它的实现程度如何，统治者确曾想把这一特殊契约行为纳入市场。反映了传统农业社会的商品经济发展对国家生活及统治观念的影响。元朝的和雇之所以不能被纳入民间和雇市场，就因它是官署参与、另有科派性质的一面。

① 《元典章》卷26，《户部》12，《科役 · 脚价 · 添支水旱脚价》。
② 《通制条格》卷18，《关市 · 和雇和买》。

六、债的担保

担保制度是为保障债权人的债权得以实现而设立的，也即担保债务的履行。提供担保的主要是债务人。元代资料显示，当时存在着一般担保。《典买田地契式》载有："所卖（或云典）其田得系梯已承分物业，即非瞒昧长幼、私下成交，於诸条制并无违碍等事；如有此色，且某自用知当，合备别业填还。"[①] 应理解为典卖人以其所有财产担保债务的履行。但我们主要介绍元代债的特殊担保，即由当事人约定以债务人的特定财产或由其他人以其财产担保债务的履行。

（一）债的担保范围

1. 担保与债的种类的关系

债的担保存在于买卖、借贷、租赁、雇佣等各类具体债的形式中。在一定程度上，可以将保人活动的范围看作债的担保范围。

（1）买卖担保

据《通制条格》卷18《关市·牙保欺蔽》规定："今后凡买卖人口、头疋、房屋一切物货，须要牙、保人等与卖主、买主明白书写籍贯住坐去处，仍召知识卖主人或正牙保人等保管，画完押字，许令成交。"可见，保人活动的范围，可以包含人口、牲畜（头匹）及房屋（动产）等一切标的物。

（2）借贷担保

在生钞（货币）借贷的场合，其借贷必须有担保。生谷（谷物）借贷也应有担保条款[②]。

据成宗元贞元年六月御史台呈准条法："在任官吏凡取借部下诸人钱

---

① 《公私必用》，《元代法律资料辑存》，第239页。

② 参见《公私必用·生谷批式》，并详见下文。

债，各立保、见出息文约，依数归还。违者……断罪。”①

借贷担保，据《至元杂令》规定：“诸以财物出举者……若欠户全逃，保人自用代偿。”②这是以担保被保证人（主债务人）不逃跑为目的的留住保证制与由保证人代偿的支付保证制的结合。

（3）租赁担保

包括土地租佃在内的租赁，都要有保人担保。③

（4）雇佣担保

《通制条格》卷18《关市·雇船文约》载至元三十一年二月中书省议定事项，大体意思是，今后江河往来雇船者，要与船主及“管船饭头人等三面说合，明白写立文约”。“保结揽载已后，傥有疏失，元保饭头人等，亦行断罪”。很明显，“管船饭头人”即船帮头。法令要求他兼充保人角色，承担保人责任。一旦发生疏漏、错失，不仅船主应受处分，管船饭头人也应处罪。

2. 担保的限制

在原则上，法律禁止为卑幼等人私债进行担保。《通制条格》卷27《杂令·卑幼私债》规定：凡“尊长在日，卑幼不得私借钱债及典卖田宅人口，财主亦不得与富家通同故行借与钱债。如违，其借钱人并借与钱人、牙保人等，一例断罪”。可见，保人为卑幼私债担保是受禁止的。《至元杂令》“卑幼交易”一款还规定：“若卑幼背尊长、奴婢背主及宫（官）户监，不得作债。（财主）知而与者，债并不追。财主不知，保人代偿。无保者亦不追。”④可见，保人若明知非法而故意图利担保者，须负代偿责任。但这种代偿不是原契约的约定，而是法律责令代偿，目的无非是禁绝这类担保。

① 《刑统赋疏通例编年》，《元代法律资料辑存》，第180页。

② 《元代法律资料辑存》，第39页。

③ 参见《公私必用》当何田地约式、当何房屋约式，并详见下文。

④ 《至元杂令》，《元代法律资料辑存》，第40页。

（二）债的担保种类

元代债的担保主要有人的担保和物的担保。此外，典雇身役较特殊，大体可以划入物的担保一类。人的担保与物的担保，一般并不存在于同一债务。买卖、一般借贷（不包括质押借贷）等多用保人担保，典当等多用物的担保。

1. 人的担保

元代民事法律关系的重要参与人——牙人（中人）、保人，始终处于极重要的地位。

人的担保主要是保人担保。如前所述，保人担保存在于买卖、借贷、租赁、雇佣等债的关系中。不过，现在可以看到的元代契式中，买马、买牛、典买田地、典买房屋等买卖典当契式，均无保人签字画押名目，似乎无所谓人的担保问题。在雇船契式中，也无保人名目，只是由船牙兼充保人，契式写明“今投托得某乡某里船牙姓某保委揽载得”等字样，但船牙并不负“上漏下湿”等损害赔偿责任，而是由船户自己承担[①]。这里只讲保人署字及承担责任的契式中的担保问题。

（1）保人的地位

保人是许多债的关系的必要参与人。元代契式中，凡必须有保人参与者，保人不仅要在契尾或约尾签字画押，契首也一律写明“今得某人保委”佃耕，“今投托得某人保委”赁房，“今与某人互相保委”揭借或承雇，“今投得某乡某里行老姓某保委”担送行李[②]等字样，表明保人是债的关系实际参与人。

在元代契式中，看不到牙人、保人共同参与某个债的关系的例证。牙人也称中人，是介绍债关系成立的搭桥人。在保人独自活动的情形下，他

① 《公私必用》，《元代法律资料辑存》，第249页。

② 《公私必用》，《元代法律资料辑存》，第240、241、244、247、248页。

虽未必兼充牙人，但至少在议定过程中或议定过程结束之后，就已实际参与了债的关系。兼充牙人的保人，则是自始至终参与了这一债关系的。

保人参与债的关系，是债关系得以成立的支柱。对债权人下决心参与债关系有促进作用，因为保人须对这一债的关系（实际是对债权人）提供履行保证。

（2）保人的责任

保人应对特定的债的关系提出履行保证。但保人的履行保证，不在于如何敦促债务人如何履行债务，而在于一旦发生债务人不履行情形时，保人如何保证履行。这是债的内容的履行担保问题。保人担保也包括债务人的品行担保，以及因品行而产生的新的债关系的担保。而且前一种担保，往往包括后一种担保。下面分述之。

①代还与赔纳

元代契式凡佃田交租、生钞借贷都称“代还”。《当何田地约式》确定：佃田收成后，交纳“干净圆米若干石”，这是对佃户而言。但若佃户“冒称水旱，以熟作荒，故行坐欠”，“如有此色，且保人自用知当，甘伏代还”[①]。则确定的租石数量、质量要求也是对将来保人履行代还责任的约束。《生钞批式》确定：“约限几月，备本息一并归还，不敢拖欠。”这是对承借人而定，但“如有东西（指债务人逃亡等），且保人甘伏代还”[②]。则又是对保人而定的。

元代用“倍”字，有时指“倍赃”，即“盗一而取二也”[③]。“赔”字指“赔偿”，“谓填还所欠也”[④]，也指“赔纳”，“谓主守官物而有丢失，着落赔

① 《公私必用》，《元代法律资料辑存》，第 240 页。

② 《公私必用》，《元代法律资料辑存》，第 244 页。

③ 《吏学指南 · 赃私》。

④ 《吏学指南 · 钱粮造作》。

纳者”。又有“代纳”，“谓甲有所欠而事故，却令乙与代纳者”[①]。一般情况下使用“倍纳”应指“赔偿”，“赔纳”或“代纳”之意，与“倍赃”无关。比如《生谷批式》及《雇小厮契式》就有“倍纳”“倍还”，当是“赔”之俗字。《雇脚夫契式》称“填还”，也即“赔还”之意。

《生谷批式》确定：借谷“约限到冬十月已里……赴仓交纳，不至少欠”。但“如或过期，且保人甘当倍（赔）纳”[②]。《雇小厮契式》确定：被雇小厮将来若“与外人通同搬盗本宅财货什物，将身闪走等事”，但“如有此色，且保人并自知当，甘伏倍（赔）还”[③]。《雇脚夫契式》确定，若脚夫“如有闪走，且行老甘自填还上件物色，仍别雇脚夫，承替送至彼处交管”[④]。

租佃及借贷之代还、赔纳（或赔还）是较简单的担保，因为它们只涉及债务内容本身。雇佣之“闪走”涉及债务内容之外的新债问题，稍复杂一些。尤其雇脚夫闪走，行老不仅要赔填，还要保证赔填后运至目的地，则又是这种债的关系的特征，是应有之义。

②品行担保

《当何房屋约式》即属此类担保。按约定，承租房屋人有如下责任：“自住坐后，只得添修，不敢毁折，及开置赌坊、停着歹人，埸卖私货，妄生事端，连累邻佑。”这些广泛的责任，也是保人的保证事项：“如有此色，且保人并自知当，不涉本主（出租人）之事。”[⑤]其中关于毁拆的担保，保人可以赔偿，因为它属于经济问题。其余犯禁之事，保人是否被论罪，姑且不论，要求他保证不发生这类事，实际上已超出了债的关系的范围。

① 《吏学指南·诸纳》。
② 《公私必用》，《元代法律资料辑存》，第 244 页。
③ 《公私必用》，《元代法律资料辑存》，第 248 页。
④ 《公私必用》，《元代法律资料辑存》，第 248 页。
⑤ 《公私必用》，《元代法律资料辑存》，第 241—242 页。

2. 物的担保

元代物的担保主要有典和当。典是不动产担保，当是动产担保。

（1）典——不动产担保

典主要是用益物权的设定。但因典价是出典人向典权人借贷钞银，负有债务，故以田宅等不动产为担保。典物的担保，也是担保债务的履行。即一旦出典人无力回赎典物，典物将继续作为担保物，仍由典权人占有。

典价既系出典人向承典人所借贷钞银，是一种债务，理论上就应当清偿。因而，回赎就表现为清偿债务即消灭债权，从而消灭典权[①]。

（2）当——动产担保

当是完全意义的债的担保。因它不存在用益物权。当价在性质上也是解库出借给出当人的钞银，也是负有债务，故出备衣服、金银等动产，以担保债务的履行。

与典不同的是，当物作为担保物，一旦出当人在当期内无力回赎，担保物即归解库所有。出当人不具有永久回赎权。出当人回赎当物，在性质上也是清偿债务，消灭债权，从而也消灭了质权[②]。

3. 以身役为担保（典雇身役）

《至元杂令》有《典雇身役》条，规定："诸良人典雇身不得过五年。若限内重立文约、增加年月者，价钱不追，仍听出离。或依元立年限、准克已役月日转典雇者，听。其典身限满无可赎者，折庸出离。或典数口内有身死者，除其死者一分之价。即典奴婢，不在折庸之例，内有身死者，收赎日并出元价。其官户及奴婢并不得典雇良人，亦不得典雇监户、官户，违者元价不追。"[③]

---

① 参见第一节三，用益物权。

② 参见第一节四，担保物权。

③《至元杂令》，《元代法律资料辑存》，第40—41页。

这条规定的意图是为防止典雇时间过长，从而使被典雇者成为事实上的奴婢，故确定以五年为最高期限。即使在此期间通过续立文约而增加典雇时间，官府断离，典权人所出典价也一律不追还。同时，转典者也只能以原定年限为期，也不得超过五年。其他禁例，如官户、奴婢等官私贱民不得典雇良人及其他官贱，是从身份上作限制的；被典雇者身死，原典价自行销除，承典人不能追要，这又是典雇身役的特殊处，财产担保无此情形。

典雇身役是以议定年限内的劳役为利息的实现方式。劳役之作为担保，是在典雇期满后，若“无可赎者，折庸出离”，即出典人可以将自己限满后的劳役抵折所得典价，以日计庸，庸价与典价相符，即可结束。出典人的担保仅在此。这是指对良人而言，如果是奴婢被典雇，则不允许折庸出离，收赎日须用原价赎回。法令虽未规定出典人若无钱回赎典雇奴婢时应如何处理，但按法令精神，被典雇的奴婢仍应在承典人处服役，其劳役不作“折庸出离”看待。如果原主将来有力回赎，就等于增加了承典人的利息；如果无力回赎，就只能继续在承典人家服役，可能因此就更换了主人。

但“典身期满无可赎者，折庸出离”的规定，往往得不到执行。王恽《为典雇身良人限满折庸事状》，反映了大都“贫难小民”在“有力之家典身为隶”的情形。比如长春一宫典身30余人，“元约已满，无可偿主。致有父子夫妇出限数年，身执贱役，不能出离”，显然是典雇主不允许其折庸出离。为此，王恽建议朝廷今后对“典雇身人，如元限已满，无财可赎者”，“依旧例令限外为始，以日折庸，准算元钱，使之出离”。对于特殊者如不愿出离而愿在典雇主门下“求衣食者，听”[1]。

上述《至元杂令》关于典雇身役的规定，不见于《元典章》与《通制条格》，规定于何年也不详。从《元典章》与《通制条格》看，元朝对典

[1] 《秋涧先生大全文集》卷84，《乌台笔补·为典雇身良人限满折庸事状》。

雇身役的限制远比《至元杂令》严格。

第一，是对典雇妻室的禁制。世祖至元十五年十一月，江西行省袁州路彭六十将发妻“立契雇与彭大三使唤三年”，议定“雇身钱五贯”，地方以为彭六十“不合典雇良人”，但考虑到彭六十确实“供赡不力”，未议彭氏之罪，请示是否可以“官为支钞五贯”收赎[①]。此事的结果虽不详，但批准的可能性是较大的。

至元二十九年六月，浙东海右道又呈报江淮“愚民公然受价，将妻子典与他人数年”。“其妻既入典雇之家，公然得为夫妇，或为婢妾。”而典主贪恋姿色，或“添财再典”；妇人恋慕丰足，也不愿意回归本夫。从夫妇大伦出发，地方建议对“有夫之妇，拟合禁治，不许典雇”，只对“夫妇一同雇身，不相离者，听”。都省批准了这一建议。[②]

成宗元贞元年二月及大德六年十一月均有禁止典雇妻室之事，同时形成了违例典雇妻室，“其妻断与完聚”，赃钞（典价）没官的法例。[③]

第二，是对典雇期限的限制。世祖至元二十二年九月，荆湖行省广东道建议：对江南典雇男女，“如年限已满，即便放还；如年限未满，元雇价钱，不须回付”，要求禁止今后典雇亲生男女。但考虑到“贫窘之家急用钱物，无处折挫”，又变通规定：若遇此类情况，可“依腹里例，止许立定周岁”，“年限满日，即便放还”，都省批准了这一请求[④]。这样就使典雇年限由原定最高限五年，降为不过一年。

就地域看，当时典雇较盛的是江淮、吴越地区。地方文书均称“江淮之民，典雇男女，习以成俗”，或“吴越之风，典妻雇子，成俗久矣”。所以不少地方官态度是“权令彼中贫民从本俗法”，“止就南方自相典

① 《元典章》卷57，《刑部》19，《禁典雇 · 典妻官为收赎》。
② 《元典章》卷57，《刑部》19，《禁典雇 · 禁典雇有夫妇人》。
③ 《元典章》卷57，《刑部》19，《禁典雇 · 典雇有夫妇人赃钞》。
④ 《元典章》卷57，《刑部》19，《禁典雇 · 典雇立周岁文字》。

雇”[1]，只要不发展到其他地区就可以了。当然这只是大体而言，实际上，从上述王恽所论事状看，元朝京城也盛行典雇，只不过期限稍短而已。但无论期限长短，问题是相同的，典雇身人往往有沦为实际上的奴婢的命运。王恽希望使“雇身者免转良为贱”[2]，正是当时良人多被通过雇身变为私贱的现实反映，表明这类情事具有普遍性，而绝非一时一地的问题。

七、债的履行

（一）债的履行方式

1. 一般履行

债的一般履行指能够按契约的约定而进行的债的履行。大量的债都属于一般履行。这是维持正常债的关系的保证。

但是债的一般履行并非不存在强迫取要情形。在所谓依约履行背后，也夹杂着有势力者的活动。据世祖至元七年正月圣旨条画：“和尚每根底不干事的人，钱债文字他每要了，那壁人每根底教生受，吊者要有。钦奉圣旨：那般的根底也拿者。”[3] 这段圣旨被标作“替人索债”，显然，和尚是凭借其特殊社会地位参与债务催索的，他们充当替人索债的讨债者，一般人是不敢耽搁的。不过，这与官府的强制履行是两回事。

2. 强制履行

借助官府力量强迫债务人履行债务，是债的强制履行。

元代《告状新式》有一则《应索债告状式》，反映了强制履行的原因及一般程序。现录其内容如下：

① 《元典章》卷57，《刑部》19，《禁典雇·典雇男女》。

② 《秋涧先生大全文集》卷84，《乌台笔补·为典雇身良人限满折庸事状》。

③ 《通制条格》卷29，《僧道·替人索债》。

告状人姓某

右某年几岁……系某里某处籍民。伏为状告：某年某月不记日，有某处某人前来，引至某处某人作保，写立文帖，就某家揭借去行息至元折中统钞若干定，每月依例纳息三分，约某年某月纳本息钞定一顿归还。至今过期，累次前去取索，推调不肯归还。若不告理，於私委无奈何。有此事，因谨状上告某县，伏乞详状施行。执结是实，伏取裁旨。

年　月　日　告状人　姓　某　状[1]

从这个状式可以看出：第一，强制履行的前提（出现的原因），是由于债务人原因而不能进行一般履行。文中称“累次取索，不肯归还”，“若不告理，於私委无奈何”，正反映此点。第二，强制履行须由债权人提出正式请求。请求中应写明情况，并保证属实，以备查核。对请求的一般结局，是引起强制履行。

3. 特殊履行

元朝盛行“质债折庸”的特殊履行方式。

质债折庸是因无力一般履行而出现的以劳役抵折的债务履行方式。依《至元杂令》规定，质债折庸是法令要求，很难说是自愿行为：“诸负债贫无以备，同家眷折庸”。无法备偿债务是前提，本人、家属均可计“庸”（即劳役每日功庸）抵折是范围。在良人（自由民、非奴婢）质债折庸过程中，如果质债折庸者死亡，“其债并免征理”；如果一家数口质债有死亡者，可“除一分之数”，即免除其相应的某分之一[2]。

质债折庸在性质上也是以劳役抵折债务的。但它与典雇身役不同。首先，典雇身役有议定期限，国家法令规定其最高限不超五年；而质债折庸以抵折偿尽为止，无所谓期限。其次，典雇身役是以身役为质的借贷，身

① 《事林广记》别集卷4,《公理类》,元至顺刻本。转引自《元代法律资料辑存》,第229页。

② 《至元杂令·典雇身役》,载《重刊群书类要事林广记》,《元代法律资料辑存》,第40页。

役表现为一种利息，而质债折庸是一种债务履行方式。最后，典雇身役是借贷与典雇同时进行的，而质债折庸是借贷在先，折庸在后。此外，典雇身役时，如果“典身限满无可赎者，折庸出离”[①]。这种情形，实际就相当于质债折庸。可见，质债折庸与典雇身役有密切联系。

再者，依《至元杂令》规定，质债折庸似乎不是民间履行债务的方式，而是官债的特殊履行方式。根据之一，法令规定：“其射粮军於衣粮内克半准还，家眷不在抑折庸之例。”根据之二，法令注云：“输课亦同。”[②] 即输课也适用折庸偿还以及依折庸法免除死亡情形下的相应债务。

（二）债的履行的限制

债的履行的三种方式是由法律规定的合法履行方式。债的履行的限制，主要表现在履行方式和履行时间两个方面。

1. 履行方式的限制——不得扯拽人口头匹，准折事产

世祖至元三年二月圣旨：“债负……并不得将欠债人等强行扯拽头疋，折准财产，如违治罪。”至元十九年四月，因各路权豪势要之家“举放钱债”，“准折人口头匹事产，实是於民不便”，要求禁止。至元二十年十一月，鉴于“哈剌章富强官豪势要人每根底放利钱呵，限满时将媳妇、孩儿、女孩儿拖将去，面皮上刺着印子做奴婢有”，世祖下诏令“教罢了，休教拖者，休教做奴婢者”。至元二十九年十月，因各地贫民於“豪富举借粿粮”，利息太重，“致使无告贫民准折田宅，典雇儿女”，户部要求禁止。这些规定，后被编入《大元通制》条格中[③]。现存《大元通制（节文）》与此类似，也是要求“债主不得将少债人私下监收，拖拽人口、头疋”[④]。

① 《至元杂令·典雇身役》，《元代法律资料辑存》，第 40 页。
② 《至元杂令·质债折庸》，《元代法律资料辑存》，第 40 页。
③ 《通制条格》卷 28，《杂令·违例取息》。
④ 《大元通制（节文）》，《元代法律资料辑存》，第 71 页。

这些规定对保证债务人基本的人身、财产权利是有意义的。规定不准折事产，作为法律要求，在契式文书上也应当体现出来。元代《典买田地契式》与《典买房屋契式》，都须声明“非抑勒准折债负”[①]。法律虽非纯为保护债务人财产权着眼，而主要是维护自由农民不致破产，保证国家控制一定数量的纳税户，但对个体小农仍是有益的。至于不准折人口，也是为保证相当数量的自由农民供国家使役，以免落为权豪的私奴。

不过，法律规定是规定，执行往往成问题。从屡禁不止来看，上述规定是收效甚微的。因为所谓“权豪势要”，很多人是各级官吏。世祖至元十八年五月，地方就报告了行省、宣慰司、按察司、总管府、各州县官抑买民物，“将人口头疋准折”，这尚是和买过程中发生的问题。世祖曾下令“禁约”[②]。至于官吏私债违法质留人口，就更多见了。《大元通制（节文）》有“军官将百姓枷征私债，决二十七下”及“军官……当留人口（指军人家口），各决三十七下”[③]的规定，表明当时民间债务履行的抑勒情形，主要是发生在官民、官兵之间的。

在这方面，元代禁止对军人“准折财产”的态度是最坚决的。成宗大德二年三月，因和林等处军人取借钱债，财主竟至其“家属处取索，准折财产，骚扰军户”，也有监收禁押军人者。枢密院因此下令：“若有似此前来取索钱债之人……非奉枢府明文，无得归还。”[④]

官吏侵盗仓粮，却必须准折事产归还。因而，限制准折财产一项，对官吏“侵欺盗用系官钱粮”之债并不适用。大德十一年五月，武宗登宝位诏：“官吏人等侵欺盗（原作滥）用系官钱粮，可征者，征；无可征者，将奴婢、财产准折入官”，仍不足者，才予释免；“失陷短少”者，不予追

---

① 《公私必用》，《元代法律资料辑存》，第239、240页。

② 《通制条格》卷28，《杂令·监临营利》。

③ 《大元通制（节文）》，《元代法律资料辑存》，第71页。

④ 《通制条格》卷28，《杂令·违例取息》。

理[1]。其后，延祐二年十一月诏、延祐七年十一月之至治改元诏[2]，均有类似规定，在此之前的至元二十年，平滦路韩孝叔失陷仓粮，“官司准折讫祖业房院”赔填[3]，正是准折事产之例证。原因在债主是国家，情节又系侵贪，故在履行方式上不予限制。

2. 履行时间的限制

对于某些特殊之债，元代利用国家强制，要求推迟履行。比如逃户私债，复业时可推迟履行。世祖至元二十二年二月诏书：“随（路）民户……或逼于私债，逃窜失业……如有复业者……私债权从倚阁，三年之后依数归还。”[4]即在3年之内，债主不得要求履行，目的显然是保证流民休养生息。

第三节　婚　姻

一、婚姻概说

（一）婚姻的实质与特征

1. 婚姻的契约性质

元代婚姻的民间契约性质和特征表现较突出。婚姻常与其他契约相提并论。

在形式上，凡“田宅、婚姻、债负、良贱”，都属于“文约契券”之“要约”事务。所以，当时官吏也明令约束部内：“今后民间婚姻、田宅等

① 《元典章》卷3，《圣政》2，《贷逋欠》。
② 《元典章》卷3，《圣政》2，《贷逋欠》。
③ 《通制条格》卷16，《田令·准折事产》。
④ 《元典章》卷3，《圣政》2·《恤流民》。

事及两相贸易，合立文约者，皆须分明开写年月、价值、期限、证佐，以备他日检勘。”[1] 可见，婚约完全具备契约的特征或性质。其中，期限一项，被要求“要约日期，各宜遵守”[2]，属契约履行时间约定。证佐一项，也属契约参与人，对监督和督促婚约履行具有保证作用。但最重要的是“价值”一项表明婚姻的实质——买卖婚姻。不惟当时法律上明确规定聘财数量和品类（详后），民间“计较聘财多寡，责望资装厚薄”[3] 而“兴讼连年”[4] 的事情，也所在多有。

2. 婚姻的买卖性质

婚姻聘财也是政论家们议论的问题。

元初著名政治家、政论家胡祗遹曾论至元八年法例云：“婚姻聘财虽有定例，立格之日民已不从，盖缘后有‘有愿者听之’一言故也。”这是一弊，原因在允许自愿商议聘财多寡，定例等于不定。第二弊是“立格之年，绢一匹直（值）钞一贯，今即绢一匹直八贯，他物类皆长价八九倍、十倍，虽严加罪责勿踰定例，民亦不从”，即物价上涨导致原定聘财数码太低，民间不得不依市价议聘财。因为即使原定上户聘财 100 贯，到现在也买不了几匹缎里绢和金银头面。为此，他建议：“不若再立上、中、下三等嫁财，定立上户嫁聘缎子里绢各几匹、金银头面各钱两，非品官之家不得衣金衣服，中、下户近减一等，永为定例。踰越者各杖七十下。”[5]

胡祗遹的议论切中时弊。至成宗大德八年，元廷又规定了民间聘财等第的新例（均详后），基本是依据胡的思路订定的。

买卖婚姻，不惟造成男家倾家荡产，无法成婚，也造成双方争执不已，致使“男大不婚，女长不聘”，嫁娶失时，损害婚姻当事人利益。同时，

---

① （元）王结：《文忠集》卷 6，《善俗要义》。
② （元）王结：《文忠集》卷 6，《善俗要义》。
③ （元）王结：《文忠集》卷 6，《善俗要义》。
④ （元）王结：《文忠集》卷 6，《善俗要义》。
⑤ 《紫山大全集》卷 22，《杂著 · 革昏田弊榜文》。

由于婚姻一以聘财丰寡为着眼点，也使“婚姻之家贪慕富贵权势，不为男女远图”[①]的完全漠视婚姻当事人意愿的情形经常发生。此外，为贪图钱财，女家常常一女二聘。《元典章》卷18就收有赵速儿案、李丑哥案、黄鹤姊案、杨福一娘案等[②]，又造成争讼不绝。再者，元代案例中尚有“交门换亲”二案[③]，这种不良风习与买卖婚姻有一定关系。

3. 婚姻的包办性质

婚约的“证佐”只是指主婚（即婚主、嫁主）尤其是保亲及媒妁人在婚书上画字，婚姻当事人并不能参与。就此点来看，婚姻的契约性质并不完整。

依元代婚姻礼制，在婚姻的决定阶段，婚姻当事人的男女双方，却不能参与。议婚、纳采、纳币诸程序，都由双方父母及媒人主持。只是到了亲迎时，才由男当事人出面（详后）。“父母之命，媒妁之言”，仍然是决定婚姻当事人命运的习惯支配力量。

无视当事人意愿的包办婚姻，损害了婚姻当事人的利益，自然会招来自主倾向的反抗。《元典章》所录童养媳逃出另嫁、招赘婿弃妻再娶及逃亡案就有四起[④]，可见当时包办之恶果。到至大二年，元廷又确定了“舅姑得嫁男妇”法例[⑤]，遂使包办寡妇再嫁权扩展至公婆。甚至官署对婚姻纠纷案的处理，也经常出现无视婚姻当事人意愿的判决。成宗大德四年，江浙行省杨福一娘先聘与陆千五为妻，后又嫁与陈千十二为妻，理问所判决之一是：“若杨福一娘有未定婚亲妹，令陆千五依理下财求娶”，都省竟也依

---

① （元）王结：《文忠集》卷6，《善俗要义》。

② 《元典章》卷18，《户部》4，《嫁娶·母在子不得主婚》《定婚女再嫁》《领讫财礼改嫁事理》。

③ 《元典章》卷18，《户部》4，《嫁娶·定婚奸逃已婚为定》《丁庆一争婚》。

④ 《元典章》卷18，《户部》4，《嫁娶·娶逃妇为妻》《招到女婿弃妻再娶》《女婿在逃依婚书断罪》《女婿在逃》。

⑤ 《元典章》卷18，《户部》4，《嫁娶·舅姑得嫁男妇》。

判[①]。对于杨福一娘之妹来说，等于是官方包办了。包办婚姻之风竟然蔓延于官府，真可谓上下内外浑然一体了。

（二）婚姻的条件

1. 年龄条件

婚姻当事人的最低婚龄，元朝称作“婚年甲”，法令中有“男女未及婚年甲”的说法。依至元八年二月规定，凡已经定婚，“若女年拾伍以上，无故伍年不成”[②]，允许其离异另嫁。可见，女方最低婚龄是15岁。有“故”，解释之一为：“男女未及婚年甲。”倘男方不及15岁，也可以自定婚日起计的5年内，扣除“未及婚年甲”的时期，满日重新计算。

证以其他资料，可知男方婚龄也当在15岁以上。《元典章》卷18记有郭冬儿“年方一十二岁，未及成婚年甲（甲，原作‘申’）”[③]。

2. 吉礼条件

依至元八年二月规定，“服制未阕”是婚姻当事人可以不成婚的正当理由之一[④]。实际上，国家也禁止在丧服内成婚。依至元八年九月礼部所定《婚姻礼制》，不仅婚姻当事人不应在居丧期间成婚，而且主婚人也不得在居丧期间主婚；丧服的重轻程度，则限定在“无期以上丧乃可成婚”[⑤]。期以上丧是为近亲服丧，可见，期以下丧并不妨碍成婚。不过，实践中以居父母及夫丧为婚犯禁者居多。

至元七年十二月，户部因各地多“有于父母及夫丧制中往往成婚”而引起词讼的案件发生，而蒙古汗国又“无定例”处理，遂从以往“旧例”（可能是金律）中寻检法条：“居父母及夫丧而嫁娶者，徒三年，各离之。知而

① 《元典章》卷18,《户部》4,《嫁娶 · 领讫财礼改嫁事理》。
② 《通制条格》卷4,《户令 · 嫁娶》。
③ 《元典章》卷18,《户部》4,《收继 · 定婚夫亡小叔再下财求娶》。
④ 《通制条格》卷4,《户令 · 嫁娶》。
⑤ 《通制条格》卷3,《户令 · 婚姻礼制》。

共为婚姻者，各减三等。”并规定：“渤海、汉儿人等，拟自至元八年正月一日为始，已前有居父母、夫丧内嫁娶者，准已婚为定。格后成（原作格）者，依法断罪，听离。”

这些规定的产生，在表面上是由于词讼繁多，但引起词讼的原因恰是汉人传统礼教和传统法制观念在起作用。户部说明立法理由时说：“父母之丧，终身忧戚；夫为妇天，尚无再醮”，期望通过立法“渐厚风俗”[①]。这已经是显而易见的礼教观念了。

这一规定的执行，也较认真。这与同姓不婚是不同的。至元十五年正月，潭州路杜阿吴丈夫杜庆病死，阿吴将丈夫尸体焚化，令人将骸骨撒扬江内。不到半月，就由人作媒，改嫁彭千一为妻。被杜庆表弟告发到官。行中书省以为“人伦之始，夫为妇天，尚无再醮”，以阿吴为“乱败风俗”，断令“将阿吴杖断七十七下，听离。与女真娘同居守服，以全妇道。仍将元财解省”。其后夫彭千一、媒人及撒扬骨殖人，均被断杖[②]。

服内成婚案，在后来便有了“罪名通例”。武宗至大元年闰十一月，蔡寿僧夫死八月，私下瞒着婆婆接受李茂才财钱，由李茂才弟李五儿主婚，嫁与李茂才为妻。刑部拟杖蔡寿僧 67 下，李茂才 57 下，离异，财钱没官。李五儿杖 47 下。至仁宗延祐三年五月，建康路句容县佴贵之身死，次年，妻佴阿姜（姜三娘）“孝服未满”，即嫁与唐起莘为妻。路官拟将佴阿姜决杖 77 下，离异；唐起莘减三等，媒证人又减一等。行省以为路官“所拟终非通例”，要求申禀省部“定拟服内成婚罪名通例”。刑部依据至大元年对蔡寿僧案处理旧例，拟定佴阿姜依旧拟杖 67 下，离异，与儿佴官保同居；唐起莘知而为婚，决 57 下；媒人徐实、吕阿严各决 37 下。都省也批准了这一拟议[③]。

---

① 《元典章》卷 18，《户部》4，《服内婚·服内成婚》。

② 《元典章》卷 18，《户部》4，《服内婚·焚夫尸嫁断例》。

③ 《典章新集·户部·婚姻·服内成亲·夫亡服内成亲断离与男同居》。

服内成婚之最重者，当数“停尸成亲”了。《元典章》收有3个停尸成亲的案例。一是至元二十三年正月，方原路临州军户王猪僧身死，停尸在家。其父王仲禄，即将王仲福之子王唐儿过继为子，与王猪僧妻贺真真拜灵收继成亲。法令虽允许收嫂，但停尸未葬却“大伤风化”，遂断令“将各人离异”。二是成宗元贞元年六月，千户王继祖之父王喜死，王继祖将定婚妻马大姐“扶娶过门，拜灵成亲”，礼部以“父丧停尸，忘哀成亲”，“乱常败俗，莫甚于此”，断令“各人离异”，王继祖也因此被“罢职”[①]。三是英宗至治元年六月，平江路常熟州钱璋居母丧期间，为儿子钱安一娶陆寿八娘为妻，“拜尸成亲”。浙江行省以为，钱安一系死者嫡孙，虽“礼有期服”，但若断离，由于“子女各从父母之命”，所以“欲准已婚为定”。刑部依据成宗元贞元年六月王继祖停尸迎娶马大姐案的处理旧例，拟定：“钱安一祖母丧亡，不应拜灵成亲。然虽父命，终是忘哀作乐、释服从吉，拟合比例断令陆寿八娘离异归宗，别行改嫁”[②]，否定了婚姻的合法性。都省批准了这一拟议。

（三）婚姻的原则

1. 同姓不婚原则

这个原则也可叫作礼教原则，是以汉族传统礼教精神原则为准据而定立的。在元朝，这个原则的许多具体内容，被承认并被规定入法律中。这是世祖初年的事。

至元二十五年尚书省奏章，曾提到“羊儿年条画圣旨里”有禁止同姓结婚的内容。规则是：“正月以前的为夫妻的每根底，依旧者；正月以后的为夫妻的每根底，依着圣旨体例里，合听离。”这个“羊儿年”，在至元二十五年前曾有两个，一个是至元二十年，另一个是至元八年，可能是后者。

---

① 《元典章》卷18，《户部》4，《服内婚 · 停尸成亲断离》。

② 《典章新集 · 户部 · 婚姻 · 服内成亲 · 祖母丧亡拜灵成亲离异》。

至元八年前后，正是忽必烈采用汉法的重要时期。至元二十五年，辽阳行省刘义招召刘姓人做养老女婿，鉴于已经住了10年，虽然事在至元八年正月之后，礼部主张依“羊儿年圣旨”办，“不交听离”。奏明皇帝后，世祖下旨：“在先做了夫妻的每根底，休交听离。从今后同姓为夫妻的每，交禁约者。”[①] 实际仍然是既往不咎。

其实，同姓不婚这个古老的礼制原则，在唐宋都已很难真正贯彻，因为姓氏在后世的混乱，已非周朝易于分辨，故没有多大实际意义。元朝统治者却不愿丢弃它。不过在处理案件时，倒能够照顾既成事实，一再强调：已成者不离，今后禁止，反映了比较灵活的态度。

武宗至大二年对漳州路龙溪县蔡福与蔡广娘案的处理，也能反映这样的灵活态度。

蔡广娘（又名蔡福奴）父母双亡，亲兄蔡广仔无力养赡，于至元二十八年将其过房给曹机察为女，改名曹福奴。成宗元贞元年，由曹机察主婚，聘与蔡福为妻。被邻居以“同姓为婚”，有干例禁告发。县署以既经过房、改姓，又是曹姓主婚，且已生有二男二女，断令完聚。上司以“事干通例”，请示省部定夺。

礼部以为：蔡福经媒人通说、写立婚书，只是娶曹机察之女为妻，成婚已经13年。虽然其中情节瞒昧可疑，但已生儿育女。“比之明知同姓为婚者不同，准已婚为定。”[②] 都省批准了这一拟议。

此事的处理，不追究实在姓氏，应该说是适当的。

2. 族类原则

族类原则表现为各民族适用法律的不同。既有适用于汉人、南人的汉法，也有适用于各民族内部的本俗法。

① 《通制条格》卷3，《户令·婚姻礼制》；《元典章》卷18，《户部》4，《嫁娶·同姓不得为婚》。

② 《典章新集·户部·婚姻·嫁娶·年幼过房难比同姓为婚》。

（1）适用于汉人、南人的汉法

至元七年八月禁汉人接续法例："汉儿、渤海不在接续有服兄弟之限"[①]，是专对汉人、渤海人规定的。至元七年十二月禁服内成婚的格条，也是对"渤海、汉儿人"规定的[②]，不适用于其他民族之人。至元八年二月中书省奏定民间婚姻聘财事，包括定婚效力、有妻更娶、同姓不婚等，是专用于汉人的法律。依规定："蒙古人不在此限"，即蒙古人不受定婚效力和有妻更娶等禁例的约束[③]。至元八年九月定立的"婚姻礼制"七条是专为汉人设定的[④]，是以汉法治汉人政策的产物。大德八年的聘财等第也是为汉人确定的，规定："蒙古、色目人各依本俗。"[⑤]

（2）适用于各民族内部的本俗法

至元八年二月圣旨条画规定："诸色人同类自相婚姻者，各从本俗法；递相婚姻者，以男为主。蒙古人不在此限。"[⑥] 所谓"本俗法"，主要是民族原有习惯法。"蒙古人不在此限"，即蒙古人不受"以男为主"规则的约束，以防蒙古女性嫁与其他民族时适用其他族法，并不是说蒙古人不从本俗法。这是蒙古人地位优越的反映。胡祗遹论南法（汉族传统法）与北法（蒙古习惯法）时说："假若婚姻，男重而女轻，男主而女宾，有事则各从其夫家之法论。北人尚续亲，南人尚归宗之类是也。"[⑦] 可以作本条之佐证。蒙古人之"续亲"即收嫂，汉人之归宗即不收续而归娘家。但后来汉人也可收嫂，是北法推及于南法。这样，关于本条的北南本俗法的差别就不存在了。

---

① 《元典章》卷18，《户部》4，《不收继 · 汉儿人不得接续》。

② 《元典章》卷18，《户部》4，《服内婚 · 服内成婚》。

③ 《通制条格》卷4，《户令 · 嫁娶》；《元典章》卷18，《户部》4，《婚礼 · 嫁娶聘财体例》。

④ 《通制条格》卷3，《户令 · 婚姻礼制》。

⑤ 《通制条格》卷3，《户令 · 婚姻礼制》。

⑥ 《通制条格》卷3，《户令 · 婚姻礼制》；《元典章》卷18，《户部》4，《婚礼 · 嫁娶聘财体例》。

⑦ 《紫山大全集》卷21，《论治法》。

大德八年正月，元廷定立新的聘财法例，仍强调“蒙古、色目人各依本俗”[①]，则有关聘财种类、数量，处于居民上层的蒙古、色目人仍依习惯法行事。聘财新例只适用于汉人和南人。

至于各民族本俗法被革除者，除上例吸收者外，尚有婚礼方面的“女真风俗”的“拜门”，至元八年九月被革除[②]。

3. 一夫一妻制原则

古代奉行一夫一妻多妾制的婚姻原则，即在贵族、官僚、富户之家，一个男子可以占有多个女子，但其中只有一个是正妻，其余都是妾，这是名分或家庭秩序的需要。穷民百姓，无力纳妾，当然只能是一夫一妻制。元代也不例外。

至元八年二月中书省奏定民间嫁娶婚姻聘财等事一款：“有妻更娶妻者，虽会赦，犹离之”[③]，最早宣布一夫一妻制度。当然，这是沿袭前朝规定。

至元十年，户部定拟：“有妻更娶妻者，除至元八年正月二十五日以前，准已婚为定，据已后更娶妻者，若委自原（愿），听改为妾。今后依已降条画，有妻再不得求娶正妻。”但有妻又“求娶妾者，许”。只是要求其“明立婚书求娶”。[④]经都省批准，这一法例生效施行。从而严格执行一夫一妻制度。

至元十三年，因孟烇有妻却又娶王秀儿为次妻，官署追其聘财。事报呈中书省，省议以为：既“为次妻，不系正妻，合依已婚为定”[⑤]。实际是肯定了至元十年所确定的原则。“次妻”尽管也可称妻，论实也就是妾。

① 《通制条格》卷3，《户令·婚姻礼制》。
② 《通制条格》卷3，《户令·婚姻礼制》。
③ 《通制条格》卷4，《户令·嫁娶》；《元典章》卷18，《户部》4，《婚礼·嫁娶聘财体例》。
④ 《元典章》卷18，《户部》4，《次妻·有妻许娶妾例》。
⑤ 《元典章》卷18，《户部》4，《次妻·有妻许娶次妻》。

二、婚姻的缔结

（一）婚姻礼制

世祖至元八年九月，经礼部议定、都省批准的婚姻礼制 7 条，从议婚开始、直至婚成回拜，较完整地反映了元代婚姻的缔结过程。

婚姻礼制 7 条是依据朱熹的《朱子家礼·婚礼》定立的，是撮合变通古六礼而成的，兼有规范约束与礼节仪式双重性质。从形式上看，礼制 7 条是程序。

一曰议婚。先由媒人往来沟通两家意向，待女家允许，然后进到下一程序——纳采。

二曰纳采。元朝称“下定”，即定婚。男家主人先写好议婚状子，清晨告于祠堂，以示不忘祖宗。然后派遣子弟为使者到女家。女家主人出见使者，也用意向状子告于祠堂，写好答复文书交使者带回。使者回复，男家再告祠堂。如果主人亲自前往纳采，也是可以的。

三曰纳币。元朝称“下财”。以男家名义在女家设宴，请女家诸亲为客，男家带币物到门，媒氏通报，女家主人出门迎接。相揖，入座，请纳币。

四曰亲迎。前一天布置好洞房。亲迎日，婿盛服，主人告于祠堂，命子迎娶。婿乘马至女家。女家也告于祠堂，婿来，入奠。伴娘陪妇出门登车，婿乘马先行。至男家，婿引导妇入门。婿妇交拜。

五曰妇见舅姑。第二日清晨，妇见公婆。次见诸尊长。

六曰庙见。三日，男家主人以妇见于祠堂。

七曰婿见妇之父母。明日，婿回见岳父母，次见妇党诸亲属。

礼制 7 条的仪式部分主要是指导性的。如规定：“登车乘马设次之礼，贫家不能办者，从其所欲。”再如，鉴于当时“作赘召婿之家往往甚多”，“虽非古礼，亦难革拨”，法令也只是说“权依时俗而行”[1]，都表现了较大的融

① 均见《通制条格》卷 3，《户令·婚姻礼制》。

通。但它对一定婚俗的形成具有积极意义。大德元年五月，由于陕西有“吃干羊”婚俗。“婚姻之家召媒求聘，未尝许肯，先吃干羊”，而吃干羊仪式却不意味着定婚已成。往往是前家未走，后家又来。为此，御史台要求“遵用礼部定到汉人议婚、纳采等例”（即“礼制7条”）①。这7条的规范约束部分，以及包含在某些仪式如纳采、纳币背后的定婚、聘财等，是婚姻缔结的更具本质性的东西。

（二）定婚

1. 婚书内容与规格

法令要求婚书是定婚的凭据，婚姻关系成立的契约。定婚时须要写立婚书。至元六年四月，户部议定：“男女婚姻或以指腹并割衫襟为亲，既无定物婚书，难成亲礼，今后并行禁止。”②定立婚书，在总体上是为了实用的目的，即减少纷争、禁绝诉讼，并为将来的争讼提供判决依据。不过，在开始时要求写立婚书主要是针对男家的。

至元六年三月十一日，户部鉴于民间各地定婚，“有立婚书文约者，亦有不立元议婚书，止凭媒妁为婚。已定之后，少有相违，男家为无婚书，故违元议，妄行增减财钱。……其间循情及媒妁人等偏向，止凭在口词因，以致词讼不绝，深为未便”。为此，户部议定：“今后但为婚姻，议定写立婚书文约，明白该写元议聘财钱物；……其主婚、保亲、媒妁人等画字。依理成亲，庶免争讼。”③至元八年婚姻礼制的纳采（下定）就是规定立婚书仪式的。

对婚书进行类似要求，在元朝还有更严密的规定。据《元典章》卷18

① 均见《通制条格》卷3，《户令·婚姻礼制》。

② 《通制条格》卷4，《户令·嫁娶》。

③ 《元典章》卷18，《户部》4，《婚礼·嫁娶写立婚书》；《通制条格》卷3，《户令·婚姻礼制》。

《户部》4《婚姻》载："凡婚书，不得用彝语虚文。须要明写聘财礼物，婚主并媒人各各画字。女家回书亦写受到聘礼数目，嫁主并媒人亦合画字。仍将两下礼书背面大书'合同'字样，分付各家收执。如有词语朦胧，别无各各画字并'合同'字样，争告到官，即同假伪。"① 则对婚书的内容、语言、形式，都有详尽要求。官府是把它看作一种特殊契约的。

2. 定婚的效力

婚书主要是约束男家不得减少财礼数，兼及养老、出舍女婿的男女双方不致因年限朦胧而争讼。但定婚对女家的约束更大。定婚的效力在于女家不得悔亲别嫁。

（1）婚约的解除条件

女家不悔亲别嫁，也并非无条件的。早在世祖至元八年圣旨就规定："为婚已定，若女年拾伍以上，无故伍年不成（故谓男女未及婚年甲或服制未阕之类，其间有故，以前后年月并计之）及夫逃亡伍年不还，并听离，不还聘财。"② 上述两种因男家原因而引起拖延不娶，女家无过失，故不负任何责任。"听离"指婚约作废，可以别行改嫁，并可以不还聘财。

"听离""别嫁"反映定婚即夫妻（离异），实际是定婚效力，与已嫁娶的离异尚有区别。准此，定婚对女家的约束力，在正常情况下应是5年。由于风俗的原因，元朝法律更看重悔亲别嫁的严重性。

定婚女不得另嫁他人，在元代判定案例中成案较多。至元十年四月，大都路郭伯成告发：李仲和于至元六年八月凭媒说合将李丑哥嫁与其子郭驴儿为妇，受财钱35两及红花等物。定婚未娶过门，又于至元七年受石驴儿财钱15两，召石驴儿"入舍为婿"。地方以为："石驴儿不知郭伯成定问李丑哥情由，理合离异。将李丑哥断付郭伯成男驴儿为妇。""李仲和元

① 《元典章》卷18，《户部》4，《婚礼·嫁娶写立婚书》。本段文字，从陈垣先生校改誊录。
② 《通制条格》卷4，《户令·嫁娶》；《元典章》卷18，《户部》4，《婚礼·嫁娶聘财体例》。

受石驴儿财物一十五两，回付本人。”[1]户部同意这个判决。

仁宗皇庆二年五月，晋宁路总管石加议，对管下10多起女家定婚后悔亲别嫁案件的处理提出异议。石加议以为：“今百姓之家，始于结亲，家道丰足，两相敦睦。”“在后不幸男家生业凌替，原议财钱不能办足，女家不放婚娶，遂生侥幸。违负原约，转行别嫁。亦有因取唤归家等事，遂聘他人者。”而官署在处理上，“至有所出遵已婚为定而断”者。结果，“启侥幸之路，成贪鄙之风，不惟紊烦官府，实为有伤风化”。从“妇无再醮之理，一与夫合终身不改”的名教出发，石加议要求定例“比照《唐律》减二等量罪归断，女追归前夫”。

经礼部与刑部议定：“今后许嫁女已报婚书，及有私约，或受财而辄悔者，笞三十七下。若更许它人者，笞四十七下。已成者，五十七下。后娶者知情减一等。女归前夫。男家悔者，不坐，只不追聘财。”[2]

这个规定基本沿用《唐律》，只是处刑上有所减轻。“已报婚书”即女家已“回书”；“私约”，依《唐律》指女家知悉男方“身老、幼、疾、残、养、庶之类”而默许者；“受财”，《唐律》指“受聘财”，元代习惯上“吃讫肯酒”就算定婚，与《唐律》设酒食宴不以定婚看待者相异。“女归前夫”，也沿自《唐律》“女追归前夫”的规定。《唐律》尚有“前夫不娶，追还聘财，后夫婚如法”，元代摒弃不用。当时主要目的在禁止悔亲别嫁，故一律不承认悔亲别嫁的事实。

不过，为了防止另一种倾向，如男家无故不娶、女家无限期地等待，同时重申了另一原则：男家“五年无故不娶者，照依旧例听许经官，出给执照，别行改嫁”。

---

① 《元典章》卷18，《户部》4，《嫁娶·定婚女再嫁》。

② 《元典章》卷18，《户部》4，《嫁娶·定婚不许悔亲》；《典章新集·户部·婚姻·嫁娶·定婚不许悔亲别嫁》。

（2）经官给据改嫁

元朝有许多已定婚而求离异的案例，表明告官给据、别行改嫁确实是法定程序。求离的原因很多，有因另娶者，有因犯罪者，也有原因不明却长期拖延者。

至元二十三年七月，东平路马元亨告发刘友直原定娶其妹马三姐，作6年舍居女婿。未曾过门，刘友直去了福州，却娶赵安奴为妻。礼部断令马元亨将妹别行改嫁[①]。这是因男家毁约另娶而断令改嫁。

大德七年十一月，吉文烈告发孙邦练定问其女班朵为妻，尚未成亲，孙邦练犯罪远流，吉文烈欲改嫁其女。礼部以为："孙邦练未曾下财成亲。犯罪流远，班朵拟合别行改嫁。"[②] 这是因婚姻尚未达到实质性阶段，且因对方犯远流的障碍，而被判离。

在此之前，也曾有数例是因男方犯罪而断离的。

至元十一年六月，南京总管府辖下的樊德告发：王招抚曾定问过其女樊菊花与其男儿王道道为妻，已下财钱。因王道道现犯图财害命，下牢收禁，难与成亲。刑部议定："凡女定婚未嫁，其夫作盗，拟合听离，归还聘财。"[③] 这已经是为一类事情定规矩了。

至元七年四月，刘泉告发元凯凭媒人说合定问其女刘伴姨为元凯之子为妻。但"占固一十一年，见（现）今女伴姨二十四岁，已过嫁期，并不来娶"。显然是要求判令改嫁。据户部查阅档案，此前也曾处理过类似的案子。当时判令男家在"部符到日，限三十日下财来娶，如违限不娶，别行改嫁"。刘泉之案也照此处理了[④]。定婚11年不娶，将女方拖至24岁，无论出于何种具体原因，时间确实太长了。无疑地，至元七年以前这些案

① 《通制条格》卷4，《户令 · 嫁娶》。
② 《通制条格》卷4，《户令 · 嫁娶》。
③ 《通制条格》卷4，《户令 · 嫁娶》。
④ 《元典章》卷18，《户部》4，《嫁娶 · 定妻不娶改嫁》。

例，促使至元八年“无故五年不娶听离”规定的产生。

（三）聘财议定与交付及其等级

聘财的议定与交付是婚姻的实质性内容。婚书的主要内容，是根据议定结果记录聘财数目；婚姻礼制的“纳采”（或下财）就是聘财的交付。

世祖至元八年二月，中书省奏定“民间嫁娶婚姻聘财”等第之事。内容是：第一，“婚姻聘财表里头面诸物在内，并不以元宝钞为则。以财畜折充者，听。若和同，不拘此例”。这是聘财计量物及其折算方法的规定。“不以元宝钞为则”，或即“以至元宝钞为则”之误。第二，聘财等第分品官与庶人两类。品官以品级为差，一品、二品五百贯，三品四百贯，四品、五品三百贯，六品、七品二百贯，八品、九品一百二十贯。庶人的户等区分，上户100贯，中户50贯，下户20贯。聘财分等次，基本是以其家庭财力为依据的。第三，婚礼筵会的等第以“男家为主”。品官家不过4味，庶人上户、中户不过3味，下户不过2味[①]。

聘财议定从来不是男女两家及媒人自行商定的、不受限制的契约行为。至成宗大德八年，鉴于“近年聘财无法，奢靡日增，至有倾资破产，不能成礼，甚则争讼不已，以致嫁娶失时”，皇帝命令中书省以男家经济实力为据，为“民间聘财”从宜“定立等第”。中书省奉命确定的聘财标准是：上户，金1两，银5两，彩缎6表里，杂用绢40匹；中户，金5钱，银4两，彩缎4表里，杂用绢30匹；下户，银3两，彩缎2表里，杂用绢15匹。[②]

这个规定，依据民户财力厚薄确定硬性的标准，反映了国家控制持高不下的聘财继续增长的意图。法令同时还规定：“愿减者，听”，实是鼓励少要聘财的。

① 《元典章》卷18，《户部》4，《婚礼·嫁娶聘财体例》。
② 《通制条格》卷3，《户令·婚姻礼制》。

三、婚姻禁制范围及其处理原则

（一）官民婚

1. 官吏本人与部民的婚姻

对官民婚加以禁制，目的首先是在禁绝官吏以势逼勒民妇、强行娶索情形的发生，尤其是逼娶“有事人”妻妾女媳。对这类案件的处理，除断离外，官吏也予以行政处罚。至元六年十月，北京路张裕因欠官粮被监收。知事乔得坚令随从及媒人，到监所逼取张裕儿媳李兴哥为妾。山北东西道按察司判决：婚姻无效，“合行离异，聘财不征”，并予以罚俸。御史台、中书省批准这一判决[①]。

这类问题，因是历朝均加禁制的“监临官娶部民”，属于“部内为婚”，元朝也循旧例加以禁止。成宗大德八年三月，山东廉访司揭出了当时值得注意的现象：“流官到任，欺凌部民，咨问室女妇人，虚写婚书，捏合财钱，娶作妻妾，实为伤败风化”，要求定立“今后无令任所求娶”的禁例。刑部、礼部以为：“若绝禁止不许任所求娶”，对迁转无常的“无正妻或乏子嗣”的外任宦员，也不方便，遂在程序、条件方面定立限制：“今后流官如委亡妻或无子嗣，欲娶妻妾者，许令官媒往来通说，明立婚书，听娶无违碍妇女。如违，治罪，离异，追没元下财钱。”[②]经过都省批准施行的这一禁例，既考虑了实际可行性，又贯彻了禁止逼娶部民的原则。

不过，元朝在处理这类问题时，往往从官吏利益出发，予以袒护。早在至元十九年，杭州路於潜县尹刘蛟“娶守服部民赵元一娘为次妻”，虽然尚未过门成亲，地方以“不合求向服制未满女子”，或断“听离”，或并处刘蛟停职。都省却判令：“听依理求娶，仍令到还职。”[③]这样的处理，对

① 《元典章》卷18，《户部》4，《婚姻 · 官民婚 · 品官取被监人男妇为妾》。

② 《通制条格》卷4，《户令 · 嫁娶》；《元典章》卷18，《户部》4，《官民婚 · 流官求娶妻妾》。

③ 《元典章》卷18，《户部》4，《婚姻 · 官民婚 · 牧民官娶部民》。

后来牧民官强娶部民之风盛行，是起了纵容作用的。

2. 官吏子女与民人的婚姻

禁制官民婚，目的也在防止官吏与地方豪强结合危害乡里。至元七年闰十一月，因“随路迁转到任官员，多与部内权豪富强之家交结婚姻，继拜亲戚，通家来往，因此挟势欺压贫弱”，尚书省责成户部定立禁约规制。但户部拟议却并未规定具体禁制办法，只说“若因时循情，委有实迹，自有罪名”。相反却对外任迁转官员无法在本乡为儿女作婚的难处，一一开列[①]。虽经都省批准施行，实际并未产生具体规则。

3. 官员妻妾的再婚

元朝有关禁例，一是对特殊地域官员妻妾改嫁，二是对命妇改嫁的禁止性规定，它们是官民婚禁例的延长。处理的基本原则是断罪并离异。

成宗大德三年十一月，惠州路钞库大使李荣病故，妻阿何“服内改嫁本路提控案牍郭克仁为妻”。李荣弟李通告发到官，地方遂下决心解决这个问题。

广东素称烟瘴之地，官员皆内地派来。因不服水土，许多人“染病身死”。但“抛下妻妾不能守志，改适他人，将前夫应有资财、人口席卷而去”。这对官员家族来说，是不愿接受的。朝廷过去对亡没官员家属出广，有准许用站船递运的优待。礼部议定：“两广迁去官员，若有身故，合准廉访司所拟，将抛下老小家私，本处官司依例起发还家，妻妾不得改嫁。违者依上断罪，听离。”这个规定，除照顾死亡官员族人情绪的一面外，就是强调妇人名节了。所谓“绝词讼之源”，与“正人伦、厚风俗”[②]。

武宗至大四年八月，上都留守王忠议建议立定法例禁止命妇改嫁，经都省批准，这个建议生效了。内容是：“妇人……受朝命之后，若夫子不幸亡殁，不许本妇再醮，立为定式。如不遵式，即将所受宣敕追夺断罪，

① 《元典章》卷18，《户部》4，《官民婚·官员部内结婚》。

② 《元典章》卷18，《户部》4，《官民婚·广官妻妾嫁例》；《通制条格》卷4，《户令·嫁娶》。

离异。”[①]

（二）军民婚

元代有关军民婚的禁制，目的在保护军人不受干扰和保证军户的稳定。

1. 禁止出征军人之妻改嫁

至元二十六年四月，广南宣慰司报告：“出征交趾军人，多有隔绝溃散。各家为见久不回还，父母将各军妻小改嫁，以致分居。”要求立定条章。礼部议定：“出征军人未知存亡，抛下妻小，其父母不合一面改嫁，合咨本省改正。仍将主婚人等断罪”[②]，获都省批准。

在行政禁令方面，元朝还下令：江南军人死亡后所遗妻子，只能嫁与军人为妻。只是对原以驱掳妇女为妻者，夫死即指配；原下财求娶者，待守期年丧之后，再于本翼军内下礼聘娶[③]。

2. 禁止军户妻女擅嫁

元贞二年，江西行省为保证军户稳定，从“军人户下女儿系已籍定军属”的认识出发，就军户女嫁与民户男的问题，请求上司批准定例：“军人正身亡殁，户下弟儿男理合承替军役。所据抛下妻室，若有必合收继者，依例收继；如无（原作有）应收之人，拟合照依腹里婚嫁，军人妻女从其所愿。”[④]礼部并都省都批准了这一拟议。

此外，为保证军户稳定，元朝还曾对军户子弟作养老出舍女婿的问题作过专门规定。至元十年六月枢密院就曾下令：“正军贴户承继元户军民（名）户头者，不与人家作养老、出舍女婿”[⑤]，前提是必须承继原军户户头。

① 《元典章》卷18，《户部》4，《婚姻 · 官民婚 · 命妇夫死不许改嫁》。
② 《元典章》卷18，《户部》4，《军民婚 · 出征军妻不得改嫁》。
③ 《元典章》卷18，《户部》4，《军民婚 · 配合新附军妇》。
④ 《元典章》卷18，《户部》4，《婚姻 · 军民婚 · 军殁妻女嫁例》；《通制条格》卷4，《户令 · 嫁娶》。
⑤ 《元典章》卷18，《户部》4，《军民婚 · 军民户头得为婿》。

（三）良贱为婚

良贱为婚也称驱良婚。元代处理驱良婚的基本原则，是“奴婢不得嫁娶、招召良人”，但良人自愿者不限。

至元六年二月，恩州李申告发翟总管驱口杨牛儿冒称良人，求娶其女李买奴为妻，成婚已七年。但媒证人都供称：李申本来就知悉杨牛儿是驱口，系知情受财许聘的。为此，户部议定条例：“奴婢嫁娶良人，除已前年分婚聘并经官断者，止依已断，不在此限，依旧住（原作往）坐。拟自至元六年正月初一日已后，诸奴婢不得嫁娶、招召良人。如委有自愿者，各立婚书，许听为婚”①，都省批准了这一条例。

据这一条例，男奴女婢不得娶良人作妇或嫁良人为妻，也不得招召良人为养老、出舍女婿，这是历来良贱之分所讲求的。但元代不绝对禁止良贱为婚，若良人自愿者，也可以成婚，较前朝法例为宽。

元代某些案件的处理确实遵循了这一法例。至元二十八年十月，良人沈升与总管李爱亦伯的驱妇孙七姑通奸，李责令沈升“写立文字作婿”。沈升“自备罗绢三十匹，下与李爱亦伯”，作了未定年限的“出舍”女婿。经 13 年，生有 2 男。都省断令：“依准元立和约……孙七姑并所生二男，分付沈升圆聚为良。”②沈升自愿，又立了婚书，完全符合规定。

不过，至元六年的这一规定产生了两个问题，一是良人非自愿而受欺骗，驱口诈冒良人而成婚的良贱婚处理问题；二是良贱为婚情形下，良人及其所生子女的身份是否应该改变的问题。

关于驱口诈冒良人的良贱婚，元代是引用金朝“旧例”处理的。

至元年间，逃驱耿冀“妄冒”良人，与翟阿张女翟留奴成婚，作养老女婿，被翟阿张告发。官府据“旧例”：“妄以奴婢为良人，而与良人为夫

① 《元典章》卷 18，《户部》4，《驱良婚·奴婢不嫁良人》。

② 《通制条格》卷 3，《户令·良贱为婚》。

妇，徒二年；奴婢自娶者，亦同。各还正之”，遂断令耿冀与翟留奴“听离”。因系男家妄冒，女家无责任，又断定“翟阿张元下聘财，追征还主（即还翟阿张）”。至元五年又发生逃驱王纳单术冒称良人，娶良人杨粉儿为妻案，户部也以“男家妄冒，依例合行听离”，女“归宗，不还聘财（因聘财由男方所下）”[①]。

关于良贱为婚时的良人及子女身份问题，依至元十四年十一月中书省奏准：“今后禁治良人家女孩儿每，并不得嫁与人家驱口为妇。若是嫁与的，便做奴婢。”这个规定，是因主人往往与驱妇“争差”，驱妇以自己是良人，“生的孩儿每，俺每合做良人”，而驱口主人“却道是合做俺每的奴婢”[②]，因此便产生了上述规定。到至元二十五年十月，尚书省奏请良人“女孩儿”与驱口为婚者，良人及所生子女不宜为良人。世祖下旨：“驱道的明理会得，女孩儿每根底休与者。但是驱每根底与呵，只合做驱的体例有”[③]。仍坚持了“良人嫁奴婢，便做奴婢”的原则规定。

不过，元代有关这方面的禁令只限于良人女嫁与驱口，对良人娶驱口为妻，则限制较少，前述沈升案可作证明。

（四）亲属为婚

元代对于亲属为婚并不像以往各朝一律禁止，缘在蒙古族有子收庶母、兄弟互收妻子的习惯法。受收继法的影响，立法上呈现很复杂的情形。亲属为婚的范围是较窄的。关于弟收兄嫂，初期法律是禁止的。《元史 · 刑法志》所记：“诸汉人、南人……兄没弟收其嫂者，禁之”，就是指此。但后来却逐渐开禁，因此形成了繁多的法例，我们将在以后叙述。这里只讲

① 《元典章》卷18，《户部》4，《驱良婚 · 逃驱妄冒良人为婚》。

② 《通制条格》卷3，《户令 · 良贱为婚》。

③ 《通制条格》卷3，《户令 · 良贱为婚》；《元典章》卷18，《户部》4，《驱良婚 · 良人不得嫁娶驱妇》。

元朝接受汉族传统礼法，禁止一定范围亲属为婚的问题。

1. 禁子收庶母

《元史·刑法志》记曰："诸汉人、南人，父没子收其庶母……禁之。"另条还记曰："诸居父母丧，奸收庶母者，各杖一百七，离之，有官者除名。"表明处分还较严。

前述收继条法基本是至元十年以前的规定。与此同时，尤其是在至元十年以后，元代对收继颇多限制规定。有一些与前述法例的处理不同。

2. 侄儿不得收婶母

至元七年七月，河南路傅三死，妻孙哇哥守制。侄傅天寿图奸孙哇哥不成，其父傅大扬言，"目今体例，侄儿合收婶母"。户部根据此前对河间路"王黑儿下财续亲婶母"案的处理，以为"侄儿娶讫婶母，即是期（原作欺）亲尊长为婚，同奸法，各离"，判令"无令接续"。并规定："若本妇人服阕，自愿守志或欲归宗改嫁者，听许。留难，虽已成亲，亦合离之。"

"侄儿合收婶母"是蒙古习惯法，期亲互为婚姻，即同期亲相奸，是汉族历朝规矩。王黑儿及傅天寿，俱"系汉儿人氏"，所以按照"旧例"："同类自相犯者，各从本俗法"出发，再据"汉儿人等不合指例"的规定[①]，即汉人不得引例攀比。后来的判例，表明这一限制在元代是始终一贯的。

成宗大德八年五月，蒙古军驱王火你赤病故，其妻张秀儿守服6年。主人菊米娘子却硬要将张秀儿配给王火你赤亲侄王保儿为妻。礼部以为："虽系蒙古军驱，终是有姓汉人，侄收婶母，浊乱大伦，拟合禁止"[②]，仍坚持了汉人中"侄儿不得收婶母"的原则。

3. 兄不得收弟妻

《元史·刑法志》载："诸兄收弟妇者，杖一百七，妇九十七，离之。虽出首，仍坐。主婚笞五十七，行媒三十七。"这已经是成法。元朝对这

① 《元典章》卷18,《户部》4,《不收继·侄儿不得收婶母》。
② 《通制条格》卷3,《户令·收继婶母》。

类案件的处理规则，在至元十四年才确定下来。

至元十二年四月，前南京路总管田大成收继弟妻阿赵，被劾治罪。田大成罢现职，断杖 87 下，阿赵杖 57 下，仍断离异[1]。这是元朝最早处理的兄收弟妻案。

至元十四年八月，平阳路军户张义收继弟妻阿段，兵部以为："张义奸收弟妻，废绝人伦，实伤风化。"省部断杖张义 107 下，阿段杖 97 下，仍离异。主婚人张义母亲阿王，被断杖 57 下，说合人李克孝也被杖 37 下[2]。

这个断例，后来成了处理类似案件的依据。武宗大德十一年七月，大都路刘君祥收继弟妻刘阿王案，就是引用此例断决的。只因犯在赦前，罪经释免，故只离异而未治罪。英宗至治元年三月发案的阴州缪富二"违例服内收继弟妇阿雇为妻"案，也是依照这个断例所确定的刑罚幅度判决的；至其所依据的理由，也仍是"兄纳弟妻，大伤风化"[3]。

元朝自至元八年确立弟收嫂法例，至此又严禁兄收弟妻。从发展来看，前者是对至元七年申明的"汉儿、渤海不在接续之限"的金朝旧例的部分否定，后者是对这一旧例的部分肯定。否定的一面并不是从汉族传统法中引申出来的，肯定的一面是对传统法的延续，反映了元代法律对旧制有沿有革。不过，这一准一禁，也颇能反映汉族礼教的细微差别：弟对兄嫂与兄对弟妻，确实存在礼数的不同，前者宽而后者严。与"叔嫂授受不亲"相比，"伯伯"（即夫兄）与弟媳更应是授受不亲的，这是元代立法的一个基础。

4. 姑舅小叔不收继

《元史 · 刑法志》载："诸姑表兄弟嫂叔不相收，收者以奸论。"这一规定，尚难找到原判例，但《元典章》中确实有"姑舅小叔不收嫂"的案例。

---

① 《元典章》卷 18，《户部》4，《不收继 · 兄收弟妻断离》。

② 《元典章》卷 18，《户部》4，《不收继 · 兄收弟妻断离》。

③ 《典章新集 · 户部 · 婚姻 · 不收继 · 兄收弟妻断离》。

至元二十六年六月，平滦路军户谢阿宋之夫谢黑儿身故，舅姑小叔傅兴将阿宋收继。礼部认为，谢黑儿、傅兴虽是同户，自来另居。以从来“不见姑舅小叔收嫂体例”，故虽然是两和收继，“终是不应，拟合断离”[①]。都省批准了这一拟议。

四、特殊婚姻及其处理原则

元代的几种特殊婚姻，都曾经是当时流行的婚俗。

（一）收嫂

收嫂是指弟收亡兄之妻，是元代唯一承认的亲属婚，也是唯一从蒙古习惯法转化而来并适用于汉族的法例。

依汉族传统礼法，收嫂是逆伦犯奸行为。元朝收继法例的确立，经历了一个曲折过程。

1. 收继条例的确立

至元六年，刘从周告官：弟刘瘦汉病死，现有另外两个弟弟合收继弟妻许迎仙，但许迎仙父亲许德不肯。据许德称：至元三年召刘瘦汉做 17 年出舍女婿，因年限不满，故未令其女到刘家。省府判令：刘瘦汉弟刘健健“于许德家内收继伊嫂许迎仙，出舍另居”[②]。刘从周告官求收继，似是当时有惯例；官署准许收继，表明这是当时普遍现象。

到至元七年八月，南京路一个叫作“女儿”的人病死，其妻丁定奴为夫守服 4 年，但公公时小六却“不令归宗”，打算让次子“两儿”或侄姚驴“收纳为妻”。在此之前，河间路崔犍儿身丧，其妻赵青儿守阕。伯伯崔大“令弟驴驹收纳，不令归宗”。法司检详“旧例”：“汉儿、渤海不在接

① 《元典章》卷 18，《户部》4，《不收继·姑舅小叔不收嫂》。

② 《元典章》卷 18，《户部》4，《婚姻·收继·弟收嫂出舍另居》。

续有服兄弟之限。”中书省也检“旧例”:“同类自相犯者，各从本俗法。其汉儿人不合指例。比及通行定夺以来，无令接续。”最后立定的原则是:“若本妇人服阕，自愿守志或欲归宗改嫁者，听。”[①] 这个处理，显然又否定了收继。

至元八年十二月，世祖下旨:“小娘根底、阿嫂根底收者”[②]，再度确定允许收嫂，引来了收继法例的形成。

至元九年十月，郑窝窝兄郑奴奴身死，郑窝窝与嫂王银银通奸怀孕在逃被抓获。兵刑部拟定罪，省部引世祖八年谕，以为应当“钦依圣旨事意，即将郑窝窝疏放，将王银银吩咐郑窝窝收续为妻”，从而确立了“小叔收阿嫂例”[③]。

2. 收继条例的影响

收继条例带来了许多后果，一是助长了强行收继之风，二是在实际上造成了与其他婚姻原则的抵触，三是收继范围扩大到定婚嫂。

（1）助长了强行收继之风

至元十年，傅望伯兄傅二死，傅望伯已有妻子，又欲收继嫂子阿牛，阿牛以守志为词，不允，傅遂强奸阿牛。省部却断定：傅望伯既“已将本妇强要奸污，况兼傅望伯系牛望儿亡夫亲弟”，“合准已婚，令小叔（将）牛望儿收继为妻”[④]。

后至仁宗延祐五年，辽阳省利州又发生了田长宜强行收嫂案。田阿段于夫死后已守志六年。公婆原欲让小叔田长宜收继，阿段不依。后又欲让另一小叔收继，阿段仍不依。后来，田长宜借机唤令两个弟弟帮忙，拷打其嫂阿段，并当众强行将其奸污。刑部虽以田长宜“乱常败俗，甚伤风化”，

---

① 《元典章》卷18，《户部》4，《婚姻 · 不收继 · 汉儿人不得接续》。

② 《元典章》卷18，《户部》4，《婚姻 · 收继 · 收小娘阿嫂》。

③ 《元典章》卷18，《户部》4，《婚姻 · 收继 · 小叔收阿嫂例》。

④ 《元典章》卷18，《户部》4，《婚姻 · 收继 · 叔收兄嫂》。

"依强奸无夫妇人例杖断一百七下"，但仍判决：田阿段听从归宗守志，"如别行招嫁，依例断罪，令应继罪人收继（原作赎）"[①]。

（2）造成了法条抵触

至元十年，刘温收继兄嫂阿郭为正妻。但在至元七年，刘温就已与胡茶哥定婚。户部犯了难：若判令收继违法而判令离异，已有"叔叔合收嫂嫂"的条格；若允许刘温再求娶胡茶哥，又与"有妻更娶妻者，虽会赦犹之离异"的圣旨相抵触。省部判决是：据圣旨"小叔合行接续收继"，所以，刘温行为"难同有妻更娶妻体例"，"合准以婚（此）为定"，承认收继的合法性。同时，又判："仍将原定妻胡茶哥，依理下财求娶为妻。"[②]

（3）收继范围的扩大

弟收兄嫂的范围，不仅包括成婚后夫死的收继，甚至扩及定婚之嫂。至元十年三月，滑州赵用告官称：原定长子赵脸儿娶张铸换女张月儿为妻。赵脸儿病死，赵用欲使次子赵自当收继，但张铸换不肯。省部判定："终是已定妻室，亦合钦依圣旨'小叔收阿嫂'事理，接续施行。"[③]由此产生了"定婚收继"的法例。

过了两个月，大都路又发生了类似情况。郭乞驴与李蛾儿定婚，后郭乞驴死，其母郭阿秦欲使次子郭冬儿接续。但李蛾儿父亲李大，又将李蛾儿许配驱口之子为妻。省部判定："李蛾儿虽是定婚，夫主未娶过门，终是郭阿秦男妇，合钦依已降圣旨，令郭阿秦贴下原议财物，依理求娶李蛾儿与伊男冬儿接续。"[④]尽管李蛾儿17岁，郭冬儿仅12岁，尚"未及成婚年甲"。

（4）收嫂的限制

至元十年以后对收继案的处理，有许多否定了此前的法例，其中不少

---

① 《元典章》卷18，《户部》4，《婚姻·收继·田长宜强收嫂》。

② 《元典章》卷18，《户部》4，《婚姻·收继·叔收嫂又婚原定例》。

③ 《元典章》卷18，《户部》4，《婚姻·收继·定婚收继》。

④ 《元典章》卷18，《户部》4，《收继·定婚夫亡小叔再下财求娶》。

是对问题给以新的解释，有些是对新出现问题的规定。总的精神是对收继限制多了。

关于定婚不收继。至元十年三月至五月，省部依“定婚即是妻室”的理解，相继判决两个案件允许弟收继定婚嫂。至元十六年十二月，平阳路路重兴身死，其父路显欲令次子路四儿收继定婚之嫂崔胜儿。但崔家却将崔胜儿许与李孙儿为妻。礼部拟定：“路重兴与崔胜儿未婚身故，难议收继。”① 都省批准了这一判决。显然改变了过去的处理。至成宗大德四年十月，河南行省李五儿身死，刘乖乖曾与李五儿经“下讫钞绢钗镮”，是定婚妻。小叔李四十是李五儿亲弟，已有妻室，但其兄李百家奴仍主张由李四十收继。礼部议定：“刘乖乖虽是定婚，未曾过门……俱难收继。令刘乖乖别行改嫁相应。”② 都省也批准了这一拟议。应当说，禁止收继定婚嫂是合理的。

关于有妻不收继。刘乖乖案还有另一情节，即李四十已有妻室，这是礼部判定不应收继的另一理由。实际是承认“有妻更娶”的违法性，肯定收继也是娶妻行为。但至元十年刘温案，省部既判令收嫂合法，又准许续娶定婚妻，以为这样做并非“有妻更娶体例”。这个变化是明显的。其实，早在至元十六年六月，礼部在处理张羊儿案时，就已与至元十年时的认识相反了。张羊儿经媒人说合，“下讫银绢”，做杨阿田之女杨春儿的“抱财女婿（赘婿）”，未曾成婚。羊儿兄张大死，羊儿已将嫂阿梁收继。礼部以为：“张羊儿既将伊嫂收继，若又与杨春儿作婿，即是有妻再娶。”所以，判令“将元下银绢回付，令杨春儿别行改嫁”③。这与至元十年对刘温和胡茶哥的处理显然不同。

关于守志妇不收继。前述至元七年八月中书省立定立继条法云：“若本

① 《通制条格》卷 3，《户令 · 收嫂》。
② 《通制条格》卷 3，《户令 · 收嫂》。
③ 《通制条格》卷 3，《户令 · 收嫂》。

妇人服阕，自愿守志或欲归宗改嫁者，听。”[①] 到至元十三年三月，淄莱路满台县韩大死，弟韩进欲收继嫂阿庄。偏偏阿庄“自愿守志，不嫁他人”，而且也“不与小叔续亲”，并保证“如有非理之事，愿当一百七下”。户部依据前此他们对曹州阿散欲收继兄嫂法都马一案的处理，以为“既愿守志不嫁，拟合听从”，并拟定条法：“今后似此守志妇人，应继人不得骚扰，听从守志。如却行召嫁，将各人断罪，更令应继人收继。”[②] 都省批准了这一条拟。

关于叔嫂年甲争悬不收继。前述至元十年五月，省部曾判令12岁的郭冬儿收继17岁嫂李蛾儿。这尚不属年甲争悬。元代所谓年甲争悬，是指年龄成倍数者。这从当时的几个案例中可以看得很明显。至元十八年前，平阳路路重兴身死，其父路显欲令次男路四儿收继定婚嫂崔胜儿。但崔胜儿之父崔惠却将胜儿聘与李孙儿为妻。省部以为：崔胜儿18岁，路四儿才9岁，“年甲争悬，难以收继”，故只判令追回原下财钱，待路四儿长大别娶妻室。至元十八年四月曲周县步春儿定婚夫死，男家欲使小叔许广驴收继。但步春儿28岁，许广驴仅12岁，省部也认为“年甲争悬”，加之步春儿已嫁他人为妻，要求依崔胜儿事例处理[③]。这样的处理，在4年前就曾有过。至元十四年对完颜驺虞收继其嫂徐丑丑案的处理，就将二人“年甲争悬一倍”[④] 作为不应收继理由之一。

关于抱乳小叔不收继。上述至元十四年正月顺天路完颜驺虞收继其嫂徐丑丑案，除“年甲争悬一倍”的原因外，省部以为：徐丑丑“曾将小叔驺虞从小乳抱”，在情理上不应收继为妻。这是比较符合汉族传统的伦理观的。当然，徐丑丑父亲徐旺“年老孤独，别无儿女”，是不应收继的另

① 《元典章》卷18，《户部》4，《婚姻·不收继·汉儿人不得接续》。
② 《元典章》卷18，《户部》4，《婚姻·不收继·守志妇不收继》。
③ 《元典章》卷18，《户部》4，《婚姻·不收继·叔嫂年甲争悬不收继》。
④ 《元典章》卷18，《户部》4，《婚姻·不收继·抱乳小叔不收继》。

一理由[①]。

此外，元代还有“远房小叔不收继”[②]、已作赘婿不收继[③]、两户不收继[④]、僧人不得还俗收继[⑤]、养老招婿不收继[⑥]等，并形成了相应的法例。值得注意的是，官府在判定不收继时，往往综合考虑了许多因素。如关于两户不收继，除考虑户役科差外，同时又考虑到了女方的愿望（自愿守志）、子女年龄（有子成年）等问题。同时，在处理收继问题时，官府对收继能否实际进行也是作了考虑的。如已作赘婿之弟，自然不能收继招婿之嫂。

（二）赘婿

赘婿，《元典章》称“招女婿”。赘，仍取其“犹人身体之有疣赘”[⑦]之意。

1. 赘婿的种类

徐元瑞《吏学指南·亲姻》曰：“赘壻（婿）……今有四等焉：一曰养老，谓终於妻家聚活者；二曰年限，谓约以年限，与妇归宗者；三曰出舍，谓与妻家析居者；四曰归宗，谓年限已满或妻亡，并离异归宗者。”

徐元瑞所谓四等，其归宗、出舍是指一种结果或状态，归宗只是说过去曾是赘婿，或是年限女婿，因期满归宗；或是养老、年限女婿，因妻死或离异而归宗，不是一个独立的种类。出舍是指年限已满，离开妻家另居者（也有年限未满而出舍另居者，是特例），或养老女婿因妻亡而出舍另居[⑧]，这两个概念，在徭役、科差法上才有意义。作为婚姻形式的赘婿，实

① 《元典章》卷18，《户部》4，《婚姻·不收继·抱乳小叔不收继》。
② 《通制条格》卷3，《户令·收嫂》。
③ 《通制条格》卷3，《户令·收嫂》。
④ 《元典章》卷18，《户部》4，《不收继·姑舅小叔不收嫂》《两户不得收继》。
⑤ 《通制条格》卷3，《户令·收嫂》。
⑥ 《通制条格》卷3，《户令·收嫂》。
⑦ 《吏学指南·亲姻》。
⑧ 《元典章》卷17，《户部》3，《户计·籍册·户口条画》招女婿，及《军户·年限女婿不入军籍》。

际只有养老、年限。但由于年限女婿与出舍联系密切，年限满即可出舍另居，故有时又将年限女婿称做出舍女婿或出舍年限女婿[①]。

养老女婿，诚如徐元瑞所说，须“於妻家聚活者”。一般是女家无男儿，须女婿终身养济丈人、丈母。丈人、丈母死后，由养老女婿承继户头。

出舍年限女婿，只在议定年限内承担养济责任。赘婿须在此期间内承当丈人家应当担当的国家义务，如各类赋役、科差等。这一点从至元七年三月涿州范阳县李帖驴案处理情况看是十分明显的。李帖驴在军户马十家作10年年限女婿，为马青儿之婿。当时议定：年限满后，“丈人户下但有军役，并不干帖驴之事”，在“合同婚（原作婿）书”上也写得很明确。从宪宗二年始，至世祖至元四年，就已满10年。到至元七年，丈人马十派人到李帖驴家“取要帖军钱物”。中书右三部以为：“李帖驴已是出舍”，即年限已满，出舍另居，不应承担马十家帖军钱物[②]。

年限女婿的年限，法律上未见规定。除前述10年者外，元代还有17年出舍女婿[③]。可见在当时民间自行议定事项，只要双方都能接受，国家并不限定。

2. 招赘婚的成立及其实质

招赘婚是子壮家贫、无力娶媳，适应女家需要而形成男到女家的婚姻，是下层贫民社会普遍的婚姻形式，是买卖婚姻的后果之一。

招赘婚的成立，也要遵循一般婚姻的基本程序。至元六年三月户部关于“嫁娶写立婚书”的法例，特别提到“女婿养老、出舍，争差年限，诉讼到官”的问题，要求今后写立“婚书文约”中，凡“招召女倩（婿），指定养老或出舍年限”[④]。

---

① 《通制条格》卷4，《户令·嫁娶》；《元典章》卷18，《户部》4，《婚礼·女婿财钱体例》。

② 《元典章》卷17，《户部》3，《户计·军户·年限女婿不入军籍》。

③ 《元典章》卷18，《户部》4，《婚姻·收继·弟收嫂出舍另居》。

④ 《元典章》卷18，《户部》4，《婚姻·婚礼·嫁娶写立婚书》。

至元十年闰六月，枢密院也因各处军户“召到养老、出舍女婿，争讼到官，多无婚书”，议定：“今后若有军民招召女婿，经管令同户主婚亲人写立婚书，於上该写养老、出舍年限语句，主婚媒证人等书画押字。”①

招赘婚也存在财钱问题。因招赘婚财钱无定例规定，民间“往往多余索要，体（耽）误引讼”，故至元八年七月户部议定：招召养老、出舍女婿的财钱，“招召养老女婿，照依已定嫁娶聘财等第减半”，“招召出舍年限女婿，各从所议……或男或女，出备财钱，约量年限，照依已定嫁娶聘财等第，三分中不过二分”②。这里的“减半”与“三分取二”，是依至元八年以前聘财等第进行的。

可见，招赘婚的实质仍是买卖婚。只是因双方家境情况不同，出资者可能是男家，也可能是女家。从男家无力正常婚娶出发，法令规定可减1/2，或不过2/3。从女家出资而言，又不可比正常婚嫁，也令依此数降。在元代招赘婚中，女家出资占较大比重。《元典章》卷17《户部》3《籍册·户口条画》提到“原议养老女婿，有丈人要讫财钱”即指男家出资。而至元十年六月欠州张荣案，系女家“下红定召到……为婿”③。

3. 赘婿的地位与社会问题

招赘婚或者因女家无子嗣而无人养济，或者因女家的男儿幼小而一时无成丁，故一般都属“女家下财，召到养老女婿，图籍（应为藉）气力”，或者是“男家为无钱财，作舍居年限女婿”。由于男家不出或少出资甚至由女家出资，故赘婿的地位从秦汉以来就一直很低，法律令有许多贱视赘婿的规定。元代条法虽未见此类规定，但贱视赘婿的传统社会心理不会消失。同时，赘婿寄人篱下的心理负担极重。正像户部所指出的那样：“原其

① 《通制条格》卷4,《户令·嫁娶》。

② 《通制条格》卷4,《户令·嫁娶》；并见《元典章》卷18,《户部》4,《婚姻·婚礼·女婿财钱定例》。

③ 《元典章》卷18,《户部》4,《婚姻·嫁娶·招到女婿弃妻再娶》。

作婿之人，就妻成婚之后，有父母者，思归本家；无尊亲，亦谋另居。”

出于这些原因，赘婿多“於妻家不肯作活，非理饮酒，游手好闲，偷钱在逃”，作出消极或积极的反抗。仅《元典章》所载，从至元五年到至元十年十二月，就有 5 起赘婿逃亡案件，使婚姻名存实亡；甚者偷钱出逃，或对丈母大打出手。官府对此的处理，多是杖罚赘婿，结果更难撮合[①]。

由于这种现象很普遍，民间在婚书上一般都有防御性约定，从而形成这种特殊婚姻的必具条款。如规定：若“游手好闲，不肯作活，不绍家业”，“在逃六十日，不来还家”，“便当休离，更罚钞五十两”，“便同休书”，女“改嫁他人，并不争告。如却行争告者，情愿罚通行钞一百贯，没官使用”。或若“不服丈母教令”，“便同休离”。但规定是规定，履行仍是问题。元廷曾在至元十年下令“照依两各自愿立到私约、婚书，断听两离”[②]，到至元十二年，因东平路汶上县县尹杜闰以“婚书该写年限不满，在逃百日或六十日，便同休弃，听从改嫁”，是“未婚之先，期不永之计”，应当禁绝。都堂因此下令禁止婚书写立上述条款，只是要求对赘婿“游手好闲，非理在逃”者严加惩治[③]。

赘婿家庭地位低下，也促使他们另寻出路，这便是弃妻另娶。《元典章》有“养老女婿……因事已将元妻休弃”[④]，说明赘婿在家庭地位虽低，但仍享有夫权，这与整个社会的夫权统治是一致的。另外，元代还有“招到女婿弃妻再娶”的案例。原定出舍女婿张荣仅住一年，就出外另娶他人。经 14 年，既不归原家，又不供给原妻衣食。至元十年案发，户部以不便“令依旧作婿”“又难离异”为由，判令张荣“出备中户财钱五十两，求娶刘寺奴出舍”[⑤]。

---

① 均见《元典章》卷 18,《户部》4,《婚姻 · 嫁娶 · 女婿在逃依婚书断罪》。

② 均见《元典章》卷 18,《户部》4,《婚姻 · 嫁娶 · 女婿在逃依婚书断罪》。

③ 《元典章》卷 18,《户部》4,《婚姻 · 嫁娶 · 女婿在逃》。

④ 《元典章》卷 17,《户部》3,《户计 · 籍册 · 户口条画》。

⑤ 《元典章》卷 18,《户部》4,《婚姻 · 嫁娶 · 招到女婿弃妻再娶》。

（三）寡妇再嫁与守志

寡妇守志，是与守服相联系的一个概念。守服是指为丈夫服够 3 年之丧。至元五年二月（元典章作“十月”），因平阳府（元典章作“路”）新寡妇赵奴不在夫家为其亡夫守服，户部判令其应在夫家为夫守服[①]。守志则是在守服之后（即服阕），立志不嫁，自愿在夫家奉养公婆和抚育儿女。守服是义务，守志则非。

元代法律鼓励寡妇守志。至元八年二月圣旨规定：“妇人夫亡，服阕守志并欲归宗者，听。其舅姑不得一面改嫁。”[②]从允许并鼓励守志一面来看，成宗大德八年正月诏书也重申“妇人服阕守志者，从其所愿”，并要求“若志节卓异，无可养赡”，官府应“给粮存恤”[③]。至元十年寡妇肖玉哥自愿守志、不欲小叔王二收继[④]，至元十三年二月，蒲台县阿臧愿守志、不欲小叔收继[⑤]，中书户部均判令允许守志。可见守志优先于收继。但后案强调“如却行召嫁，即各断罪，仍令收继”。

从禁止公婆改嫁寡妇来看，元代初期执行颇严格。至元（原作“大”，误）八年十一月，因婆婆徐阿杜欲令子妇阿刘招募义男为夫之事，户部议定：应在服阕日，“从阿刘所欲，别无舅姑召嫁男妇体例”[⑥]，即如果阿刘不愿意，可以不从婆婆召嫁意见。

---

① 《元典章》卷 18，《户部》4，《婚姻 · 夫亡 · 夫亡夫家守服》；《通制条格》卷 3，《户令 · 夫亡守志》。

② 《通制条格》卷 3，《户令 · 夫亡守志》；《元典章》卷 18，《户部》4，《婚姻 · 夫亡 · 夫亡夫家守服》。

③ 《通制条格》卷 3，《户令 · 夫亡守志》；《元典章》卷 18，《户部》4，《婚姻 · 夫亡 · 夫亡听妇守志》。

④ 《通制条格》卷 3，《户令 · 夫亡守志》；《元典章》卷 18，《户部》4，《婚姻 · 夫亡 · 夫亡听妇守志》。

⑤ 《通制条格》卷 3，《户令 · 夫亡守志》；《元典章》卷 18，《户部》4，《婚姻 · 夫亡 · 夫亡听妇守志》。

⑥ 《元典章》卷 18，《户部》4，《婚姻 · 嫁娶 · 舅姑不得嫁男妇》。

元朝也曾处理过公婆受财移嫁男妇的案件。至元三十年九月，温州路同知顾文魁受财将男妇李元四娘移嫁他人。刑部判决虽否决了御史台笞47的拟制，但仍要求标附私罪过名[①]。表明还是执行了“舅姑不得嫁男妇”的法例。

至武宗至大二年九月，尚书省鉴于寡妇归宗后，服丧期内却由父母做主，接受他人羊酒、财钱，另嫁他人。致使父母两次收受财钱。原来翁婆却白白损失了钱物。拟定：“今后妇人夫亡，自愿守志，交（教）於夫家守志。没小叔儿续亲，别要改嫁呵，从他翁婆受财改嫁去呵。”[②]经皇帝批准，下发执行了。这个新规定，无疑是对至元八年以来禁止舅姑改嫁男妇法例的重大改变。

除自愿守志外，寡妇可以再嫁，上案可证。从《大元通制（节文）》“如果家贫不能终制，不在此限（指守志）”[③]，元廷似乎在法律上并不硬行强制寡妇守志。元代状式有《妇人夫亡无子告据改嫁状式》，除“已行持服营丧安葬了当”及“不曾养育子息”外，“即目户下别无事产可以养赡”是“具告给据改嫁”的重要理由，[④]此点与法律规定吻合。不过，早在成宗大德七年，元廷就有过寡妇再嫁时原随嫁妆的归属权问题的处理意见，表明寡妇再嫁而不愿守志是普遍现象，而且在南方地区尤为盛行。所以，徽州路总管朵儿赤上言，建议：“随嫁奁田等物，今后应嫁妇人，不问生前离异、夫死寡居，但欲再适他人，其随嫁妆奁原财产等物，一听前夫之家为主，并不许似前搬取随身。”礼部只是限定：“无故出妻，不拘此例”[⑤]，对其余各项都予以批准。这样，寡妇再嫁不得带走原随嫁妆，再嫁权是不受拘束的。当然，依武宗时规定，寡妇再嫁财钱应由公婆收受，仍是保证前夫家不受

① 《元典章》卷18，《户部》4，《嫁娶·受财移嫁男妇》。
② 《元典章》卷18，《户部》4，《嫁娶·舅姑得嫁男妇》。
③ 《事林广记》别集卷3刑法类，转引自《元代法律资料辑存》，第72页。
④ 《事林广记》别集卷4《公理类·告状新式》，引自同上，第236—237页。
⑤ 《元典章》卷18，《户部》4，《夫亡·奁田听夫家为主》。

损失，是夫家利益主义的产物。

至于寡妇再嫁的方式，自“舅姑得嫁男妇”法例成立，当然只能嫁到后夫家中。《大元通制（节文）》禁止寡妇已有子女，而且事产足以养赡情况下，“辄就夫家再行招婿”。要求对此类行为予以惩处，并要追征“破费前夫家业给主”[①]，采取的仍然是夫家利益主义的立场。

五、离异

婚姻的离异是个复杂的概念。尽管元朝将男家对已定婚的男女双方共同约定的毁约也称为“休弃”“休书”[②]，但与已嫁娶成婚的离异毕竟有别。这里只讲已婚后的离异。

离异分四种形式，都可以造成夫妻分异的结果。关于违禁婚姻，由官署判令离异，是常见的、大量的离异形式。这里只讲其他三种离异形式。在法源上，元朝有关离异的法条，都源于金代法律，即所谓“旧例”。相应规范被确认，始于世祖至元初年。

（一）两愿离弃（和离）

两愿离弃或和离，是离婚方式之一。至元八年四月（《元典章》作“五月”），法司寻检“旧例”：“若夫妻不睦而和离者，不坐”[③]。可见元代至此也承认“和离”名目。此条后被收入《大元通制》的条格。今存《大元通制（节文）》记作“若夫妻不安谐，两愿离弃者，不坐”[④]，证明“和离”也作“两愿离弃”。

① 《事林广记》别集卷3刑法类，转引自《元代法律资料辑存》，第72页。

② 《元典章》卷18，《户部》4，《婚礼·丁庆一争婚》。

③ 《通制条格》卷4，《户令·嫁娶》；《元典章》卷18，《户部》4，《休弃·离异买休妻例》。

④ 《元代法律资料辑存》，第70页。

和离是双方同意的离婚方式，不是单方面的行为；而且双方在此前都无过失，所以一般不会造成纷争。

（二）休弃

休弃是在女方有过失情形下，由男方单方面作出决定：逐女方于家庭之外、使令归宗而造成的婚姻离异。

1. 休弃条件及其限制

休弃的理由，仍是传统的“七出”，即无子、淫佚、不事舅姑、口舌、盗窃、妒忌、恶疾，在理论上它们分别造成或引起了绝世、乱族、逆德、乱亲、反义、乱家、不可供奉粢盛以祭先祖的结果[①]；制约“七出”滥用的，仍是“三不去”；“三不去”限制引用的条件，仍是妻子犯奸。至元八年四月，法司检照“旧例”：“弃妻须有七出之状：一无子，二淫佚，三不事舅姑，四口舌，五盗窃，六妒忌，七恶疾。虽有弃状而有三不出之理：一经持舅姑之丧，二娶而贱后贵，三有所受无所归，即不得弃。其犯奸者，不用此律。”[②]

在元代文献中，妻犯七出而被休弃的例子确实存在。成宗大德九年，江宁县高三即因其妻阿程“无子，休弃”，并转嫁与他人[③]。

休弃须严格遵行“七出”条件，“其犯奸者”，不得引“三不去”为据，实际是强调“淫佚”不适用“三不去”。在“七出”中，唯有“淫佚”是无条件的休弃理由。元朝后来的法例，在处理妻子犯奸问题上，基本上是依照这个精神行事的。

至元九年，辉州军户周秃当告发其父周璘，因秃当母邓嫌儿背夫在逃、

① 见《吏学指南·户婚》“七出”解释。又《吏学指南》附《为政九要·正婚第四》云：“女有七去者，一不顺父母，二无子嗣，三犯淫乱，四妒忌，五言语无定，六窃盗家财，七有恶疾体臭者。”可参考。

② 《通制条格》卷4，《户令·嫁娶》。

③ 《元典章》卷18，《户部》4，《婚姻·官民婚·外甥转娶舅母为妻》。

与人通奸，曾被官断笞47。但父周璘却立契将母邓嫌儿卖与他人做驱口（奴婢），得到“价钞银一千一百两”。主人又将邓嫌儿配与驱口为妻。地方处断不一。刑部以为：邓嫌儿虽曾背夫在逃，与人通奸，“已将本妇罪犯断讫，周璘不欲收拾为妻，休弃归宗，不合立契将本妇卖与周二总管为驱”。断令“将邓嫌儿吩咐伊男周秃当，归宗侍养”。都省不同意刑部意见，断令：“邓嫌儿与所生男为良，给据随夫（后夫即驱口）住坐”，承认邓嫌儿与后夫结合10多年的现实，只要求将邓与其所生子的驱口身份改为良。但同时也肯定周璘立契卖妻为驱口为非法[①]。

此案的最后处理结果，虽然迁就了现实，但刑部关于对犯奸妇“不欲收拾为妻，（可）休弃归宗”的意见，是依据前述休弃条件作出的。实际上，元朝对赘婿之妻犯奸的处理也是依照这个原则行事的。依至元十二年对两起赘婿之妻犯奸、被官府断作“因奸断妻出舍”的案件来看[②]，妻犯奸被逐出家庭而造成离异的适用范围是很宽泛的。

2. 休弃程序

弃妻须以“休书”为凭。至元八年御史台规定：“夫出妻妾者，分明（原作朗）写立休书。”[③]可见是必要程序。

据《元典章》记载，大德五年八月，桂阳路发生的谭八十一转嫁其妻阿孟案，就曾“写立休书”[④]。大德七年四月发生的东昌路王钦休弃其妾孙玉儿、后又反悔案件，也可证明休妾也应有休书。王钦因家内不和，“画到手模，将妾孙玉儿休弃归宗”。孙玉儿父母主婚，将其嫁给殷林为正妻。王钦后悔告官。礼部以为：“王钦虽画手模将妾休弃，别无明白休书，於理未应。”但鉴于孙玉儿已嫁人为妻，遂承认事实，“已婚为定”。并要求：“今

---

① 《元典章》卷18，《户部》4，《婚姻·休弃·犯奸妻转卖为驱》。
② 《元典章》卷18，《户部》4，《婚姻·休弃·妻犯奸出舍》。
③ 《元典章》卷18，《户部》4，《婚姻·休弃·离异买休妻例》。
④ 《元典章》卷18，《户部》4，《婚姻·休弃·离异买休妻例》。

后凡出妻妾，须用明立休书，即听归宗。似此手模，拟合禁治。”[①]

“休书”也须经官府认可。至元八年御史台拟定：“夫出妻妾者，分明写立休书，赴官告押执照，即听归宗，依理改嫁。”[②]

3. 休弃的禁制

（1）禁止卖休买休

休弃旧例被确认，是因元朝陕西道京兆府地区常发生丈夫“卖休买休”妻子的事件，风俗大坏，陕西道按察司要求“禁断”。为此，御史台寻检金朝旧例，被获准引用。

卖休在丈夫有图利目的，与“七出”之谋求广绍家道、和睦宗族的精神不符。买休，在后夫也非正婚娶，也是以利诱人卖妻。所以，法律禁止卖休买休，均不予以保护。

大德五年八月，桂阳路谭八十一因生计所迫，经人说合，将妻阿孟“转嫁与谭四十三为妻”，生1男1女。谭八十一得了财钱。礼部以为，谭八十一虽“写立休书”，但既得财钱，即“卖休买休”，谭八十一与谭四十三“俱各违法”。断令“谭四十三与阿孟离异”，谭八十一“原受财钱，依数追没”。因谭八十一与阿孟存在“卖休”情节，已经“义绝”，故不令归前夫，而是断令“归宗”[③]。

（2）禁止赘婿逃休

赘婿逃离不归女家，曾经形成严重社会问题。这一现象的出现，在根本上是买卖婚姻造成的。贫家无力娶妻，不得不充当受贱视的赘婿。但逃离女家，又使夫妻关系形同死亡。而女家受法律约束，又不敢改嫁。所以，“民间招召女婿，往往婚书上该写：年限不满，在逃百日或陆拾日，便同休弃，听从别嫁”。

---

① 《通制条格》卷4，《户令·嫁娶》。

② 《元典章》卷18，《户部》4，《婚姻·休弃·离异买休妻例》。

③ 《元典章》卷18，《户部》4，《婚姻·休弃·离异买休妻例》。

至元十二年三月，户部从“人伦之道，夫妇义重，生则同室，死则同穴，期於永久”出发，拟定禁条：“今后招召女婿，毋得似前於婚书上该写女婿在逃便同休弃听离语句。”只是要求“有司严切教谕为婿之人，依理守慎，各务本业”，严行断遣“游手好闲、非理在逃人”[①]。

休弃是丈夫单方面的权利。妻子休弃夫却受制于伦理的束缚，而不可能实现，尽管丈夫是有过失的。

至元十六年五月，清平县樊裕告养老女婿刘驴儿作贼，请求离异。礼部却以为：“夫妇之道，人伦至重。若男弃妇，犹有‘三不出’之义。女子从人，岂得反弃其夫？”遂断定：刘驴儿“虽曾作贼经断，似难离异”。都省批准了这一判决[②]。

（三）义绝

义绝是夫妻之间恩义已绝，属于必须离异情形。依至元八年御史台检照旧例：“犯义绝者，离之”，且“违者断罪”[③]。

按唐宋以来的义绝，是指“殴妻之祖父母、父母，及杀妻外祖父母、伯叔父母、兄弟姊妹，若夫妻祖父母、父母、外祖父母、伯叔父母兄弟姑姊妹自相杀，及妻殴詈夫之祖父母、父母，杀伤夫外祖父母、伯叔父母、兄弟姑姊妹，及与夫之缌麻以上亲若妻母奸，及欲害夫”[④]等行为。元代义绝，据徐元瑞《吏学指南 · 户婚》：“伉俪之道，义期同穴，一与之齐，终身不改，苟违正道，是名义绝”，解释较空泛，当也取唐宋之义。在唐宋，凡犯义绝，“虽会赦犹离之”，即官府强令断离。元朝显然也沿用这个原则。

不过，现有元朝资料尚未发现因义绝而断离的案例。但因夫妻义绝而

① 《通制条格》卷 4，《户令 · 嫁娶》。

② 《通制条格》卷 4，《户令 · 嫁娶》。

③ 《通制条格》卷 4，《户令 · 嫁娶》。

④ 《唐律 · 户婚》“妻无七出”条疏议；仁井田陞：《唐令拾遗》，第 164—165 页，栗劲等编译本。

不令重新结合的情形较多。如前述谭八十一将妻阿孟卖休，礼部以为："谭八十一与本妇已是义绝。"[①]周璘立契出卖犯奸妻邓嫌儿，河北河南道按察司以为"已犯义绝"[②]。又，大德元年七月，袁州路段万十四将妻阿潘假作弟妇，嫁卖给谭小十为妻，得财钱四锭。江西行省以为"即系义绝"，"理合听离，令本妇归宗，别行改嫁"[③]。

此外，有些案件的处理虽未明言"义绝"，但也是依义绝处理的。如至元八年八月，大都路张世荣嫁卖其妻和连氏与许顺成。尚书省以为："张世荣已将和连氏休弃，令许顺成依理求娶，合准已婚为定"[④]，就是明证。

第四节　家　庭

"家庭是社会的细胞。"封建社会对家庭的重视程度，较其他社会形态更甚。因为家庭不仅是组织生产与消费、供输赋役的基本单位，也是社会秩序得以维持的基本单位。

元代家庭也是与宗族联系密切的概念。徐元瑞《吏学指南·亲姻》云："宗族（同姓曰宗，同枝曰族）。"同姓与同枝，依其《户婚》解释，又可分称"本家"与"本房"。"本家"指"一家之内，不分本房、别房，但同居者皆是，异姓者非"，这是区分是否同宗；"本房"指"一家之内，伯、叔、兄、弟数房同居，除己身父母、妻、子孙及妇为本房外，其伯叔之类皆非也"，这又是区分是否同族。宗族"同财共居"，即同居，组成大家庭；"各

① 《元典章》卷18，《户部》4，《休弃·离异买休妻例》。
② 《元典章》卷18，《户部》4，《休弃·犯奸妻转卖为驱》。
③ 《元典章》卷18，《户部》4，《嫁娶·嫁妻听离改嫁》。
④ 《元典章》卷18，《户部》4，《嫁娶·夫自嫁妻》。

别而居”即异居，是小家庭，但若同籍时，也仍是大家庭。无论同居、异居，都有许多概念表示亲属关系的亲疏远近。如“近亲尊长”指“本家亲堂伯叔、兄也”，“本家尊长”指“同宗异居诸族之长也”，亲疏便有不同。在丧服制上，为“本族之服”称为“正服”；“非本族，因义共处者”，称“义服”①，也表示亲疏关系不同。

大家庭要治，小家庭也要治，国家把实现尊卑长幼所代表的等级秩序，作为治理的标准。元代张养浩所著影响颇大的《牧民忠告·宣化》“明纲常”条，倡导对“子叛其父，妻离其夫，妇姑勃蹊，昆弟侮阋”等行为，要不待告发而纠治之；对其尤甚者，还应“谕众而严决之”②。这代表了当时官方对治家的重视。

一、家庭基本成员

家庭成员中，最基本的是夫妻、父母与子女、兄弟姊妹、丈人与赘婿，扩大些尚有祖父母与孙子女等。丈人与赘婿在婚姻一节已述，这里不赘述。祖父母与孙子女，这里也略。我们这里仅述夫妻妾、父母与子女的种类与地位。

（一）夫妻妾

夫妻地位问题，在古代既受“夫为妻天”的三纲观念的支配，又存在夫妻“敌体齐眉”的平等观念的影响。这两种观念，在古代本来就是矛盾的。元代也如此。《吏学指南·亲姻》释“夫妇”曰：“以道扶接曰夫，以礼屈服曰妇”，这是说“夫为妻天”。又释“妻妾”曰：“《曲礼》：‘妻者，齐也，齐其夫之体者。’”这是说妻与夫敌体齐眉。至于妾，含有“接”之意，

① （元）徐元瑞：《吏学指南·服制》。

② （元）张养浩：《为政忠告》之《牧民忠告》卷上《宣化》第5。

“谓虽接阴阳之道，终不继祖先祭享也”，原本就不含有敌体之意。再比如，约束妇女（妻子）的传统观念如“三从四德”仍存在，“三从”沿用《仪礼·丧服》之制，“在家幼时从父兄，出嫁则从夫，夫死则从子”。但《吏学指南·亲姻》所列“四德”，与《周礼·天官·九嫔》所言“妇德、妇言、妇容、妇功”不同，而是指“一曰远和邻里，二曰近睦六亲，三曰上孝舅姑，四曰下敬子孙”，侧重于从处理人际关系上对妻子作要求。但夫权观念在现实中毕竟根基雄厚，故夫权总是支配妻妾的。

从前节婚姻可以看出，元代法律上也以定婚作为夫妻关系的成立的标志。自婚姻关系成立，也就是夫妻关系成立之时起，夫妻之间就处于不平等地位，女家不得悔婚别嫁，男家却可以悔婚别娶。同样，从定婚后，妻犯奸，夫家可弃可娶，也反映出夫之地位高于妻，因为没有相反的约束丈夫贞操的规定。

因婚姻而产生的夫妻关系是基本的、普遍的。所谓婚姻的标志，即无论娶妻或娶妾，按要求均须“明立婚书”[①]。但典雇妻室这种以夫妻关系生活但却属于非正式婚姻的现象，在元代的南方地区却很普遍。

至元二十七年五月，户部呈文指出：“吴越之风，典雇妻子成俗已久……拟合禁治。”[②]至元二十九年六月，浙东道廉访司副使王朝清又言：“江淮薄俗，公然受价将妻典与他人，如同夫妇。今后拟合禁治，不许典雇。”[③]

典雇妻子的目的，在典雇方是因嫡妻不生子而图养子以传宗接代。元代案例中有典雇妻生子的记载。典雇妻子的目的，在受典雇方，是因家境迫促以求糊口。但具体原因虽在，仍反映了妻子地位低下。

妻的地位低下，除前述外，妻子往往被丈夫嫁卖，这是较典雇更甚的。

① 《大元通制（节文）》，《元代法律资料辑存》，第70页。

② 《通制条格》卷4，《户令·过房男女》。

③ 《通制条格》卷4，《户令·典雇妻室》。

至元三十一年十二月，山东廉访司呈报本地区民户“指称头休，明受其价，将妻嫁卖”，礼部议定：嫁卖妻妾“俱系违法，拟合禁约”[①]，都省批准了。山东廉访司辖区的这类案件尽管事出有因，是因去岁遭了饥荒，但在此之前的嫁卖妻妾之事，在元朝案例中，却是屡见不鲜的。比如，至元八年八月，职官张世荣向已嫁他人之原妻索要买休钱，实际是嫁卖妻子[②]，因而受到处分；成宗元贞二年十二月，袁州路段万十四将已婚18年妻阿潘假作弟妇，嫁卖与谭小十为妻[③]；武宗至大三年，湖广宣慰司管下郭子明将妻郭二娘假作妹嫁卖与王万四[④]；等等。

（二）父母

据徐元瑞《吏学指南》，父母包括“五父”“十母”。“五父”指“亲（谓生我身之父也）、养（谓继立我之父，遗抱者同）、继（谓父亡母再醮者）、义（谓受恩宠结拜之类）、师（谓受业之师也）”。“十母”指“亲（谓亲生我身者）、出（谓生我之身，为父离异者）、嫁（谓亲母因父亡改适者）、庶（谓母非正室而生我者）、嫡（谓我以妾所生，故以父正室曰嫡）、继（亲母已亡，父再娶者）、慈（谓妾无子，及妾子之无母，而父命为母者）、养（谓出继他人为子者）、乳（谓曾乳哺我身者）、诸（谓伯叔母之类通称）”[⑤]。

其中，“五父”之师父，只是事之如父；义子与义父也未必共居一处，与亲父、养父、继父之共居者不同。“十母”中，子与出母、嫁母、乳母，也难以共居，其余共居可能性较大。从家庭角度看，亲父、养父、继父三父，亲母、庶母、嫡母、继母、慈母、养母及诸母等七母，因共居而联系经常，亲情关系保持密切而且容易发生冲突。

① 《通制条格》卷4，《户令·嫁卖妻妾》。

② 《元典章》卷18，《户部》4，《婚姻·嫁娶·夫自嫁妻》。

③ 《元典章》卷18，《户部》4，《婚姻·嫁娶·嫁妻听离改嫁》。

④ 《元典章》卷18，《户部》4，《婚姻·嫁娶·受财将妻转嫁》。

⑤ 见《吏学指南·五父》《十母》。

父母的种类区分，原本就是明伦理，分等次的，地位自不相同。一般来说，亲父母与养父母对于子女的权利是相同或相近的，继父母就稍逊一些。比如，继父对继子女没有主婚权，应由其母主嫁[①]。嫡庶母自更不同。

以亲父母而言，夫妻地位不对等，但在作为父母对子女方面，地位基本相同。元代的《觅子书式》，夫妻均须签名，以表示对养子承担义务的共同性；《弃子书式》中，父母均也签名，以表示他们对子女的共同权利——决定将子女过继给他人；《雇女子书式》中，父母也均签名，表示父母双方共同决定将女儿雇与他人作妾[②]。无论对外承担义务，还是对内行使权利，父母或者夫妻均是作为整体出现的。

（三）子女

父母既有“五父”“十母”，子女也应有相应种类。这里只述其中主要几种。

1. 亲子

亲子之父母称“本生”，即“本枝父母”[③]。

亲子与父母有血缘关系，父母对他们行使权利，一般不会有阻碍。在实际生活中，父母可决定子女的养育与否，甚至婴幼儿的生死。至元七年十二月，济南路民人王瘦厮因贫无力应付官署差发，卖其二子[④]；至元十三年七月，朝廷又下令禁父母溺女婴[⑤]。尽管此二事在当时是违法的，但未尝不可看作父母权。

亲子之中，讲究嫡、庶之别。嫡妻（正室）所生为嫡子，妾（包括次妻）所生为庶子。在法律上，凡“以嫡为庶，以庶为嫡”，属于必须“改正”

① 《元典章》卷18，《户部》4，《嫁娶·携女适人从母主嫁》。

② 《公私必用》，《元代法律资料辑存》，第245—247页。

③ 《吏学指南·户婚》。

④ 《通制条格》卷3，《户令·卖子圆聚》。

⑤ 《通制条格》卷4，《户令·女多渰死》。

之例[①]，不仅包括以嫡妻为妾、以妾为妻，而且主要是指以嫡子为庶子、以庶子为嫡子。

2. 养子

《吏学指南》释“养父”云：“谓继立我之父。遗抱者同。”释“养母”云：“谓出继他人为子者。”继立与出继是一个意思。“遗抱者”不是拾弃儿养为子者，也指双方主动商议的抱养。民间至今还有称收养为抱养者。一遗一抱，正反映了双方的关系。

（1）收养的范围与条件

收养的范围，元朝仍依唐宋乃至金朝“旧例”：“诸人无子，听养同宗昭穆相当者为子；如无，听养同姓。……养异姓子者有罪”[②]，即以同宗及同姓为限。

这一法例，在元初并未切实施用，故在至元二十九年十二月，福建廉访司鉴于南方士民“不睦宗亲，舍抛族人，而取他姓为嗣”的现象，致使民间“氏族失真，宗盟乱叙，争夺衅作，迭兴词讼”，要求依“旧例”行事。除以前已立者外，今后一律禁止乞养异姓子[③]。

元代状式中有两则同宗收养文书，反映了当时同宗过继是主要的和普遍的现象。《词状新式》有《告养同宗男状》，是弟过继兄之子为养子[④]；《告状新式》有《应立嗣承继状式》，是房兄过继房弟子为养子[⑤]，后者且有告状人姓名，估计是原状被用为标准格式的，而且确实都昭穆相当。

不过，元代另一书式《觅子书式》保证将来不再“别立内外亲房兄弟儿孙”[⑥]为嗣，实际是在同族同姓有可收养之人时乞养异姓为子。可见，元

① 《吏学指南·首过》。
② 《元典章》卷17，《户部》3，《承继·禁乞养异姓子》。
③ 《元典章》卷17，《户部》3，《承继·禁乞养异姓子》。
④ 《词状新式》，《元代法律资料辑存》，第226页。
⑤ 《词状新式》，《元代法律资料辑存》，第237页。
⑥ 《公私必用》，《元代法律资料辑存》，第245页。

朝禁止乞养异姓子，在民间却未必能一体遵行。元代确实存在有同宗亲侄却过继妻侄的案例，而行省和都省却均以妻侄已改姓入籍16年，并为养父、养祖母服丧持孝，且系丈夫生前立继，遂断令立继有效[①]。这个案件是成宗大德三年发生的。

法律中收养的条件是针对现实收养关系的弊端而作的规定。至元三十一年十二月福建闽海道肃政廉访司以民间收养竟“有年未及冠或娶妻未已而抱子者”，规定：“今后年及四十无子之人，方听养子”，“不得年小豫先抱子”[②]。

收养原则上只能在同等社会地位的人之间进行。古代良贱之分甚严，元代对驱口收养良人为养子坚决禁止。大德元年九月，因吉州路驱口马儿过房良人王寄仔为义男并展转为驱之事，中书省、御史台决定：“驱口过房良民，拟合禁治。”[③]

（2）收养程序

依前朝“旧例”，收养子嗣“皆经本属官司告发，给公据，於各户籍内一附一除”[④]。这一规定，从元代书式来看，元朝实际上沿用了。上引元代《词状新式》之《告养同宗男状》，就是告官文书，要求官府“详状除附，出给公据”[⑤]。《告状新式》之《应立嗣承继状式》，也要求县司“出给公据”“详状施行”。[⑥]

从时间上看，由于原宋朝管辖地域统一较晚，故这一规定在南方的实际施行也较晚。直到至元三十一年十二月，福建闽海道肃政廉访司因民间收养不报官司，官府无法出给凭据，致使生前不曾抱子、死后族人捏合立

---

① 《元典章》卷17，《户部》3，《承继·妻侄承继以籍为定》。

② 《元典章》卷17，《户部》3，《承继·养子须立除附》。

③ 《通制条格》卷4，《户令·过房男女》。

④ 《元典章》卷17，《户部》3，《承继·禁乞养异姓子》。

⑤ 《词状新式》，《元代法律资料辑存》，第226页。

⑥ 《告状新式》，《元代法律资料辑存》，第237页。

继文字，或因生嫡子，将收养子转行过房他人，或本是收养子，后却作婿，颇为混乱。要求：“养子皆须明立文字，两家并说合（人）俱各画字，仍须经官告给公据。”①

收养的法律程序，主要起着确定被收养人的继承权地位的作用。所以，双方的保证对于收养关系的成立与稳定是至关重要的。

元代书式中有《觅子书式》《弃子书式》，分别属于收养方和被收养方的家长保证书。虽然在告官给据情形下，未必所有收养均立此类书式，但它们作为民间书式（钞钱入官也可能有官署参与），其地位不可忽视。

《觅子书式》保证项内写清：“自归家之后，且某如同嫡子看承，不敢嫌弃。幼训以《诗》《书》，长教其手艺，所有梯己置到物业，并与男某管佃，向后即无异心，别立内外亲房兄弟儿孙，及有遣还之理。如违此约，甘罚中统钞若干贯文，入官公用。”②

《弃子书式》保证项内写清：“至于纳吉之时，甘陪某物若干，以助聘定之用”，尤其保证：“且某即无退悔之心。向后长成，亦无鼓诱归宗之意。如违此约，甘罚钞若干贯文，入官公用。”③

保证项内罚钞数量不明，估计数目会很大，被收养方很难付得起；收养方悔约，当也是很大一笔损失。此外，书式签名除收养方、被收养人的父母双亲和媒人（即介绍人）外，尚有房长签名，无疑是要加强保证项的权威性。在悔约时，房长作为宗族首脑，无疑地应当干预，以维护宗族信誉。

（3）养子地位

同姓尤其是同宗养子的境况是较好的。在继承方面，养子无论是同宗或异姓，其地位皆容易受到来自庶子或养父之侄的冲击。嫡侄在被收养为

① 《元典章》卷17，《户部》3，《承继·养子须立除附》。

② 《公私必用》，《元代法律资料辑存》，第245—246页。

③ 《公私必用》，《元代法律资料辑存》，第245—246页。

子时的继承地位，我们将在下文的第五节中叙明。异姓为养子时，常受养父嫡侄的论告。

成宗大德四年八月，鄂州路万洪生前养子姜仲一继承万氏家财、赋役事，被万洪亲侄万永年告发到湖广行省。姜仲一已改名万善达，且附万氏户籍已达 10 年。但行省以“异姓之子”承业，“有失人伦之道”，断令依 10 分计论，2 分给与养子万善达，以充其养育归宗之资，余 8 分听万永年承继。但都省以为：江南此类“乞养过房为子者多”，断令“万佛儿（即万善达）承继万洪家业，立户当差”[①]。

此案说明异姓养子的嗣继权不很稳固，原因在传统观念和旧法例均禁止养异姓为子。尽管此案以承认异姓养子的嗣继权告终，但类似湖广行省的拟判意见，在元朝却是很普遍的。

养子也可以被勒令归宗。尤其是养异姓子，一旦养父母不满意，或生有亲子时，这种断绝收养关系的情况就可能发生。《吏学指南·户婚》释“本宗”曰：“谓抚立异姓子女，后弃还其本生者”，即是指此。

养子地位不高，从异姓养子常被转卖为奴，可以得到充分说明。而这却是元朝很严重的一个社会问题。

至元二十七年五月，户部呈都省文：“吴越之风……乞养过房继嗣子女……转卖为驱，拟合禁治”[②]，都省批准了。将养子转卖为驱，不是一时一地之事。成宗大德元年九月，吉州路驱口马儿过房良人王寄仔为义男，展转为驱[③]。至仁宗延祐二年十一月，皇帝又下诏：“诸人乞养过房到男女，如值贫乏，赴所在官司具由陈告，勘当是实，出给公据，方许转行乞养过房。图利兴贩及转于远方者，有司严行禁治。”[④]

① 《元典章》卷 17，《户部》3，《承继·异姓承继立户》。

② 《通制条格》卷 4，《户令·过房男女》。

③ 《通制条格》卷 4，《户令·过房男女》。

④ 《通制条格》卷 4，《户令·过房男女》。

异姓养子地位低的原因，在于被收养方多因家贫子多、无力养赡而忍痛与人，汉以来常将过房与人称为“鬻子”，即是指此。同时，被收养人一般均是幼年人，无力自主抗争。

3. 奸生子女

奸生子女因父母身份不一而有不同的种类。包括父母皆良人相奸、良人与驱妇相奸、驱口与良妇相奸所生子女共 3 种。因父母身份不同，引起子女归属的不同。

元朝最早确立的是良人相奸所生子女的归属确定法。至元四年，军户封斌勾引良人张兴妻阿丁在逃相奸生子，部拟：“奸生男女随父。”[①] 由于这个法例是在判令奸妇归其原夫的前提下作出的，考虑了原夫妻共居的便利。但以后不久就作了变更。

至元十年十二月，兵刑部就烟骸傹与李望儿通奸在逃生有 4 个子女之事作了拟判：“奸生男分付伊父烟骸傹，奸生女分付奸妇李望儿”，都省批准了这一拟决。遂又产生了“男随父，女随母”的法例[②]。

良人与驱妇相奸生子归属问题，是至元六年十月确定的。曹州路（《通制条格》作“益都路”）李买驴拐带陈牌子驱妇张七姑在逃通奸生 2 子事，路判：“奸生二子，随母还主”[③]，省部予以批准。在道理上，驱妇是主人婢女，属主人财产，故等于确认主人的孳息所得。

关于驱口与良妇奸生子女的归属确定法，据至元十一年四月中书户部对南阳府逃驱马僧安勾引良妇薛回奴在逃通奸生子的判决：“奸生儿男随母为良”[④]，但要求另立户籍当差。这一判决也是在断令奸妇归原夫的前提下作出的，因为良贱分野关涉较大，断令随母为良与至元四年之例不同。

① 《元典章》卷 45，《刑部》7，《凡奸·赦前犯奸告发在后》。
② 《元典章》卷 45，《刑部》7，《奸生子·奸生男女》；《通制条格》卷 4，《户令·奸生男女》。
③ 《元典章》卷 45，《刑部》7，《奸生子·奸婢生子随母》。
④ 《通制条格》卷 4，《户令·奸生男女》。

二、家庭主要关系

家庭成员的地位的不平等，前已涉及，表现为尊长享有单方面的权利，而卑幼只有义务。尊长之中，尊属的权利又较长属为高。尊属之中，男性权利又较女性为高，从而形成了错综复杂的家庭关系。

尊长权中，最主要的是家长权，包括父母权与兄长权。伯叔在一定情形下，也享有部分或特定的家长权。家长权的主要特征是支配、强制和压迫卑幼，同时含有监护、养济的责任成分。权利的另一面是义务。

（一）教令权与告官惩诫权

家长尤其是父母，享有对卑幼（或子女）的教令权。教令是以暴力为后盾的不可抗拒的训教、命令，从法律保护尊长的殴杀权就可看出来。

依元代法律规定："诸尊长误殴卑幼致死者"，只是"杖七十七"①。"殴卑幼"，显然是在行使教令权。相反，卑幼如若对尊长有类似行为，"诸子孙弑其祖父母、父母者"，则"凌迟处死"，而"殴伤祖父母、父母者"，也"处死"②。同样，"诸父有故殴其子女，邂逅致死者，免罪"③。"有故"而殴，也是在施使教令权。此外，元代还有父母杀死"有过"的已嫁女、只予笞刑，兄杀有罪之弟、有罪之妹"不以凡人斗杀论"的规定。④

除保护尊长对卑幼的教令权外，元代法律还规定尊长对卑幼有告官惩诫权。元代《词状新式》有"告男不绍家业""告女婿不绍家业"两则文书，反映了父母告官惩诫权的细节。

① 《元史》卷105，《刑法志》4。

② 《元史》卷104，《刑法志》3。

③ 《元史》卷105，《刑法志》4。

④ 《元史》卷105，《刑法志》4。

前则云："某……本家有男某人，年几岁，不务营生。每日嗜酒，破坏本家财物。今来某若不申官教戒，缘男某人习性无良，后难以处制。今具状上告某官，伏乞详状，约量施行，伏取处分。"

后则云："某……本家有女某人……召到某处某人为婿。……自过门之后，并不肯勤谨作活，养赡家小。某使令本人欲作买卖勾当，其本人抵触不伏驱使。念某年老，私下难以钤束，今具状上告某官，伏乞详状，勾追婿某人，理落施行，伏取裁旨。"①

在道理上，告官惩诫权是父母教令权的延长。它是借助"官刑"而实现父母的训教、命令权。在当时，官府都会允从父母请求予以杖罚的。

（二）主婚权

关于主婚权问题，元代法令事先无规定。在处理纠纷案的同时，确定了一些原则，产生了一些法例。其中有一些还是依据礼的精神酌定的。

1. 父母的主婚权

从世祖至元六年十一月的一个案例，可以看到元代主婚权的诸多细节。

至元六年，高忽赛因控告田总管悔婚。案情是这样的：高忽赛因在田总管夫人（田阿贾）处"下财定"，商定田家女素英嫁与高忽赛因男儿沙班为妻。田总管"知"而"悔"婚，另"将素英许与李外郎男为妇"。

案件报上后，国家尚无处理此类案件的成法。于是，"左三部送法司拟：嫁女皆由祖父母、父母，父亡随母婚嫁。又，嫁女、弃妻皆由所由，若不由所由，皆不成婚，亦不成弃。若所由后知，满三月不理者，不在告论之限"。

这个临时确定的条法及接下来对条法的解释与适用，创立了元朝有关主婚权的诸原则：

① 《重刑群书类要事林广记》辛集卷10，转引自《元代法律资料辑存》，第224—225页。

第一，主婚权原则上属于祖父母、父母。

第二，母亲独立主婚权的场合，只是在“父亡”之后才得享有。这是父亲主婚权高于母亲的一种情形。

第三，母亲在父亲不在场时独立主婚，必须得到父亲后来的认可；若父亲后来不认可（期限为知道后3个月内，否则视为默认），母亲主婚无效。这是父亲主婚权高于母亲的另一种情形。

据此，法司以为：“田阿贾不曾由问夫田总管，将女素英定与高忽赛因男为妻。田总管自西京还家，将定物回付了当”，应视为不认可，判定：“田总管女素英与高忽赛因男不合成婚。”[①]

2. 伯叔的主婚参议权

至元五年十月，地方报上一个过去未曾断决过的案件。案情是：民人刘亭告发：侄女刘婆安由其母受财主婚，嫁与张把总男儿丑驴为妻。后张丑驴死，未及周年，张家就接受张小乙钞40贯，打算招其男儿张二为养老女婿。刘婆安的母亲阿李，本来是刘亭之嫂。刘亭兄亡后，嫁与张把总为妻。实际是前夫女嫁与后夫子，阿李既是母亲，又是婆婆。后来拟定招婿之事，尚未成婚。地方因无法例可循，不知是应断令刘婆安归宗，还是允准其母阿李主婚。

户部以为：“阿李既系婆安嫡母，更系亲婆，不合申问（刘亭）”。但最后还是断定：等待刘婆安守服期满，“从阿李主婚，与叔刘亨一同商量，召嫁施行”[②]。实际是一方面肯定了母亲的主婚权，另一方面又肯定了伯叔的主婚参议权。

3. 禁止尊属在由兄长主婚

至元五年十月，户部处理了赵速儿案。赵速儿的次兄赵定，曾在外为妹“主婚，吃讫肯酒”，议定嫁与田盈之弟。但赵速儿也曾由其母赵阿王

① 《通制条格》卷3，《户令·嫁娶所由》。

② 《元典章》卷18，《户部》4，《嫁娶·携女适人从母主嫁》。

做主，收受王秀才聘定，许配其子王二为妻。两家均以都有“定问”，相争不休。后来，赵速儿与人通奸，又嫁给了孟二。地方官觉得难以断定：若断与田盈弟为妇，却因赵定作为兄长“系不合主婚之人”；若断与王秀才之子王二为妻，却因王秀才已为其子娶了妻室；若断给孟二，却又无法例可循。

户部以为：“赵速儿既有母在，其兄在外吃肯酒。为子之道，礼无自专。难议从兄许亲为定”，同意地方意见，否定了赵定的主婚权。由于赵速儿曾由其母主婚嫁与王二，遂决定：“在后王秀才若不愿娶赵速儿，即将元下与阿王定婚礼物，依数追还”[①]，这等于仍承认母亲的主婚是有效的。只因赵速儿通奸情节的存在，男家有权决定娶与不娶。

（三）财产权

在家庭中，卑幼没有处分财产的权利。财产处分权只属尊长。

中统四年六月，燕京路总管府同知郭汝梅奏报：“本路官员、百姓富家子弟，不问尊长，暗与财主作弊，取借债负及冒卖田宅”，“意望尊长亡殁归还”，致使破坏家业，要求遍行禁止。忽必烈下旨：“仰尊长在日，卑幼不得私借钱债及典卖田宅人口”，“如违，其借钱人……等一例断罪”[②]。这是蒙古汗国时，法律最早禁止卑幼处分财产的法例。

到至元八年，山东按察司又就“权豪势要之家，往往苟图利息，借与卑幼钱物”，致使他人“破败家产”之事，要求“遍行禁约”，都省批准了[③]。

元朝一再下令禁止卑幼私借钱债，并在法律上予以严惩。此外，通过

① 《元典章》卷 18，《户部》4，《嫁娶 · 母在子不得主婚》。

② 《通制条格》卷 27，《杂令 · 卑幼私债》。另见《元典章》卷 27，《户部》13，《钱债 · 私债 · 卑幼不得私借债》。

③ 《通制条格》卷 27，《杂令 · 卑幼私债》。

没收原借钱物并罪及借与人、牙保人等[1]，以图减少此类事件的发生。仁宗延祐三年，御史台奏：大都及外路歹人“般（搬）弄著人家卑幼子弟私借钱债”，借1定、10定钞，文书写作百定、千定，专等尊长死后“图谋产业归还”，致使不少人家道破废。不足者，致有砍伐父母坟茔树木、货卖砖石。台官建议严行禁治。为此奏拟：“将那借了的钱、卖了物的钱，都交没官；将正犯上并般弄着取钱的、借与钱的人，和保见、写文书的人，及卖物的人每根底都重要罪过。”[2]该奏章经皇帝批准下发。

现存《至元杂令》有“卑幼交易”条，规定更详细，也更为规范：“诸有尊长，而卑幼不得典卖田宅人口。若尊长出外，若遇阙乏，须合典卖（疾病、官事之类），於所属陈告，验实给据，即听交易。……若卑幼背尊长……不得作债。”[3]这与唐宋令的规定是很近似的。

家长财产权，还包括祖父母、父母指令子孙分异财产的权利。

按照“旧例”规定：“祖父母、父母不得令子孙别籍，其支析财产者听。”《吏学指南·户婚》释“别籍异财”为：“祖父母、父母在堂，而子孙另居营业者。”至元八年六月，元廷曾鉴于风俗弊坏，严禁无父祖之命而分异者，但承认了父祖有指令分异的财产权[4]。到至元十一年正月，禁止父母在堂时兄弟异居[5]，实际即禁止分异财产，等于限制了父母的这一权利。当然，出发点还是为父母能得到妥善养济。

---

① 《通制条格》卷27，《杂令·卑幼私债》。另见《元典章》卷27，《户部》13，《钱债·私债·卑幼不得私借债》。

② 《元典章》卷27，《户部》13，《钱债·私债·禁借卑幼钱爷死后取》。

③ 《重刊群书类要事林广记》壬集，转引自《元代法律资料辑存》，第40页。

④ 《通制条格》卷3，《户令·亲在分居》。

⑤ 《通制条格》卷3，《户令·亲在分居》。

（四）监护权

在正常情况下，未成年人监护权属父母。若父死母在，无子而有女，母亲应享有监护女儿的权利。至元八年四月，杨世明死，遗留妻杨阿马和女儿兰杨。世明弟杨世基以杨阿马无子，不仅占据杨阿马家财房屋，而且将兰杨带走。户部断决："令兰杨与伊母同居"①，显然肯定了父母监护权的绝对性，不应当因特殊原因而丧失。

如果父母双亡，监护权在道理上应属于亲属，尤其是近亲。

至元十二年三月，齐世荣侄女粉梅因父母双亡，寄居另姓张伯松家。被张伯松暗地主婚聘与尚衣局官户童男张得安为妻。后张得安身死，齐世荣自愿出与聘财相等钞价收赎侄女归宗。户部议定：张得安死，其妻粉梅既别无收继之人，准予其叔收赎②。此案尽管存在缺乏收继的前提条件，但最终还是肯定了其亲叔伯的收赎归宗权。归宗权实质是伯叔的监护权，在这里是以宗族权的形式表现出来的。

不过，尊与长在某些权利方面，只能由尊者享有。教令权与告官惩诫权如此，过继权也如此。

成宗大德三年四月，李六以五锭钞将亲弟李川川过房给阿里火者为义男。虽然父母双亡，兄长对弟幼拥有一定权利，但御史台以为："兄弟同气比肩"，属于"共有财产之人"，地位是基本平等的。父母有权决定过继子女，但兄长"与父母尊卑不侔"。在法律上也"无兄得过房弟妹明文"，遂断令"归宗"③。

三、家庭职能

在社会发展和经济意义上，家庭担负着人口再生产和承担赋役职能。

① 《通制条格》卷4，《户令·亲属分财》。
② 《通制条格》卷3，《户令·良嫁官户》。
③ 《通制条格》卷4，《户令·过房男女》。

在法律意义上，古代家庭始终被看作伦理关系和伦理价值的实体，在元代也是如此。

（一）孝道与赡养

孝道是历朝所提倡的。元统治者也标榜“以孝治天下”，在法律上表彰“孝行”。所谓孝行即“负母挽车，养竭其力，号父攀柏，表尽其诚”[①]。但元朝不崇尚虚名。还在建元之前的蒙古汗国时期，就对前朝所提倡的某些特殊行孝方式提出了异议，并采取了务实而灵活的处理方法。

至元三年十月，杭州梁重兴“为母病割肝行孝”。依“旧例”：“诸为祖父母、父母、伯叔父母、姑、兄姊、舅割股者，并委所属体究保申尚书省，官给绢五疋，酒二瓶，羊二口，以劝孝悌。”但中书左三部以为应当禁止类似行为。经都堂批准，行下各路禁约[②]。

至元七年十月，新城县杜天儿因其嫡母患病，割股煎汤行孝。依“旧例”，此类孝行“合行旌赏”。但御史台以为：割股虽是行孝之一端，但与圣人所谓“不敢毁伤父母遗体”的教训不同。且毁伤肢体，可能有生命危险，又使父母担忧。与“侍养常道”又相背离。礼部议定：“今后遇有割股之人，虽不在禁限，亦不须旌赏。”[③]

至元八年三月，东平府汶上县田改住因母病于冬月去衣卧冰行孝。礼部以为：“为孝奉侍，自有常礼。赤身卧冰，于亲无益。合行禁断”，省府批准所拟[④]。

这几案都强调“侍养常道”“奉侍常礼”，即不认可异乎寻常的无益行为，强调实在的侍奉孝养。因而，元代将孝行与赡养结合得更紧密。这可

① 《通制条格》卷17，《赋役·孝子义夫节妇》。

② 《元典章》卷33，《礼部》6，《行孝·禁割肝剜眼》。

③ 《元典章》卷33，《礼部》6，《行孝·行孝割股不赏》。

④ 《元典章》卷33，《礼部》6，《行孝·禁卧冰行孝》。

以从禁治父子异居的法例中看得更明显。

至元二十五年正月，王良辅针对江南地区多有“儿男娶妻之后，与父母另居”现象，以为是“循习亡宋污俗”，致使为子者的“温清定省之礼”无法履行。要求对“今后若有似此违犯之人，痛行治罪”。部拟移文各省晓谕①。

其实，早在至元八年六月，监察御史就针对“随处诸色人等，往往父母在堂，子孙分另别籍异财”②，要求禁治。当时因为格于“旧例”，只是对未奉祖父母、父母之命而分异财产者治罪，而对承奉祖父母、父母之命而分异财产者予以承认。

至元十一年正月，中书省、御史台呈文更披露了分居后父母得不到妥善赡养的严重情形，法例也因之加严。呈文指出：“随路居民有父母在堂，兄弟往往异居者。分居之际，置父母另居一室，其兄弟诸人分供日用。”以至于年高的父母，“自行拾薪，取水执爨为食”。一旦某日“所供不至，使之诣门求索”。其分定日数“令父母巡门就食”者，日数刚满，父母自出，儿及媳“亦不恳留”。这样恶劣风俗，“甚非国家所以孝治之意”。遂拟定禁约：“父母在堂之家，其兄弟诸人不许异居，著为定式。如此庶使人子竭养亲之心，父母享终身之乐。”③

到至元二十一年正月，中书省、御史台更对父子分居后不赡养父母的行为规定了重惩处罚例。呈文指出：“近年以来，汉人官吏士庶与父母异居之后，或自己产业增盛而父母日就窘乏者，子孙视犹他家，不勤奉侍。以为既已分另，不比同居。”要求“今后若有别籍异财、丰衣美食，坐忍父母窘乏，不供子职……许诸人首告，重行断罪”④。都省也批准了这一呈拟。

① 《元典章》卷17，《户部》3，《户计·分析·禁治父子异居》。
② 《通制条格》卷3，《户令·亲在分居》。
③ 《通制条格》卷3，《户令·亲在分居》。
④ 《通制条格》卷3，《户令·收养同宗孤贫》。

孝道最根本的或最基本的是赡养，因而遗弃父母、不事赡养的行为就是不孝，法律予以处罚。

王恽做监察御史里行时，曾弹劾大都蓟宁坊人匠赵春奴。赵将亲母阿焦"弃绝在外"20余年，"生不奉养"。其母客居在外奄奄一息，也不前去侍疾。阿焦死后，赵迟迟不奔丧，至尸所又不举哀、不穿丧服，且口出怨言，甚至禁止其妻哀哭，言笑自若。最后，竟然不顾匠官及民间舆论的压力，草草火葬了其母。王恽纠劾："赵春奴既为人子，其子母氏存殁之际，枭獍其心，绝灭人理，较量恶逆，孰大于斯。"要求"御史台照详痛加惩戒施行"[①]。

（二）亲睦与扶助

敦睦九族也是历朝所倡导的政教风化之一节。元代曾表彰"义夫"。据大德八年八月礼部议定，义夫即"共被泣荆、谊感宗族"之类的人物，就像汉代薛包之昆弟让财、魏代杨播之缌服同爨[②]。正因如此，自世祖中统元年至成宗大德十年，蒙古汗国及元朝就曾10数次下令要求官署设立养济院赡养"鳏寡孤独老弱残疾不能自存之人"，举凡口粮支给、医药救疗、冬夏衣布、丧葬棺木等供应问题，都要求官府支拨[③]。但从宗族敦睦出发，元廷要求有力家庭收养同宗孤贫。

至元二十一年正月，中书省、御史台呈文指出：汉人官吏士庶之家，至"有同祖同父叔伯兄弟姊妹子侄等亲，鳏寡孤独老弱残疾不能自存者，亦不收养，以致托身养济院苟度朝夕，有伤风化"，因而要求："今后若有……同宗有服之亲寄食养济院，不行收养者，许诸人首告，重行断罪"，

① 《秋涧先生大全文集》卷88，《乌台笔补·弹赵春奴不孝事》。

② 《通制条格》卷17，《赋役·孝子义夫节妇》。

③ 《通制条格》卷4，《户令·鳏寡孤独》。

都省批准了这一拟议[①]。

这个法例把收养扶助亲族范围确定为“同宗有服之亲”，应当说是小家庭职能的扩大。只是在“亲族亦贫不能给养者”，才许入养济院，也才不治不收养扶助者之罪。

宗族亲睦、互相扶助的目标，是维护宗族尽可能大范围的累世同居。

至元三十年五月，河南行省呈上管城县民户赵毓三世同居事迹，要求旌表。中书省以为，现在三世同居者比比皆是，旌表一家达不到劝惩目的，要求“今后五世同居安和者，旌表其门”，都省予以批准[②]。

扶助也表现为对外的一体性，这同样是家庭或家族伦理价值的反映，故法律也予承认。至元二十年，平滦路韩孝叔失陷仓粮，“官司准折讫祖业房院”，但韩氏之侄韩麟“告要取赎”。事涉宗族祖业，户部允许其以原价收赎。[③]

（三）节烈与赡养及妇道

节妇有一半也是与物质养赡公姑相联系的一个概念，就如同孝道与亲睦一样。元朝于至元九年和十年曾分别旌表了守志孝养公婆的两个民妇。

在蒙古汗国定宗时即因夫死的鹿邑县民妇商阿范为人做佣，守志不嫁，到至元九年八月，孝养公公商六、婆婆阿韦达 27 年，官府免其杂役[④]。

至元十年二月，大都路民妇魏阿张在丈夫先是逃亡、后是死亡情况下，赁房居住、为他人做佣，奉养年迈的婆婆和幼子 20 余年。官署以孝奉老姑、

① 《通制条格》卷 3，《户令 · 收养同宗孤贫》。

② 《元典章》卷 33，《礼部》6，《孝节 · 五世同居旌表其门》；《通制条格》卷 17，《赋役 · 孝子义夫节妇》。

③ 《通制条格》卷 16，《田令 · 准折事产》。

④ 《通制条格》卷 17，《赋役 · 孝子义夫节妇》；《元典章》卷 33，《礼部》6，《孝节 · 魏阿张养姑免役》。

守姑不嫁，旌表门闾，除免差役，官为养济[①]。

旌表节妇，对维护某些特殊家庭的稳定及解决无依恃的公婆养赡问题，是有益的，未尝不可看作当时希望的家庭的积极职能之一。但元代对节妇的旌表，更多时候是以牺牲妇女权利的苛刻政策来树立样板的。

成宗大德八年八月，礼部就节妇的标准提出意见，规定："今后举节妇者，若叁拾已前夫亡守制，至伍拾以后晚节不易，贞正著明者"[②]，才允许上报复核，予以旌表。

至仁宗皇庆二年十月，大宁路高州20岁的民妇赵哇儿因夫死自缢共葬。中书省以其贞烈，奏议除免杂泛。皇帝下旨并免其家差役。[③]

这些法例，无疑欲将妇女引导到绝对消灭自己价值的地步。较之对养赡公婆的节妇的旌表，逊色很多。

第五节　继　承

一、继承标的、继承人及继承方式

（一）继承标的

元代继承标的包括田宅、浮财、人口（驱口，即奴婢）、头匹（牲畜），有时统称作"家财""事产""财产""产业"，与以往的朝代没有区别。但元代重视户的赋税差役，在继承人的划定尤其是继承内容方面，注重原户

① 《通制条格》卷17，《赋役·孝子义夫节妇》；《元典章》卷33，《礼部》6，《孝节·魏阿张养姑免役》。

② 《元典章》卷33，《礼部》6，《孝节·旌表孝义等事》；《通制条格》卷17，《赋役·孝子义夫节妇》。

③ 《通制条格》卷17，《赋役·孝子义夫节妇》。

的赋税差役不至减损。所以，各类继承案例一般都要强调“承继 ×× 户名当差”，即继承人不仅继承了财产，也继承了原财产所有者的赋税差役。这种情形，在侄嗣继承和户绝女继承时，表现尤为明显。

（二）继承人

1. 主要继承人范围

依户绝定义，凡“别无应继之人（谓子、侄、弟、兄之类）”，即“身丧户绝”[①]，这是元代民事法中继承人的主要范围。这个范围，以直系、旁系的男性卑属或旁系男性长幼的是否存在为标准。无疑是奉行男性继承权主义，是重男轻女、男尊女卑的传统观念的反映。

在这个范围内的继承顺位，子居最先，无疑是居于第一继承顺位的。若有子，侄与弟兄自然就无继承权（嗣侄是例外，应看作子的一种）。在无子情况下，侄与弟兄的继承权，习惯上多以侄嗣继，弟或兄并不直接继承。

诸子之中，子的长幼，既不影响其继承权的享有，又不影响其继承份额，地位是平等的。但子的种类，虽不影响其继承权的享有，但其继承份额有等差之分。其中嫡庶子不同，奸良人生子与幸婢所生子又与嫡庶子不同。重嫡轻庶，重婚生轻非婚生，是基本的原则。

对孤幼子女的继承，元朝采取官府参与监督方式，保护孤幼子女的继承权，以防财产被人侵夺。

2. 扩大的继承人范围

主要指女子继承权，包括女儿继承和寡妇的继承，是特殊情形下的继承权。

在户绝时即无子侄兄弟的场合，女儿有继承权，已成家者可继承一部

① 《通制条格》卷 3，《户令 · 户绝财产》；《元典章》卷 19，《户部》5，《家财 · 户绝卑幼财产》。

分，孤幼未成年者将来可得全部（以招婿继户当差为条件）。

寡妇继承权常受来自亡夫弟侄的冲击。在无子无女的场合，为防止寡妇挥霍宗族财产，常用侄嗣顶立门户办法限制其财产处分权，使寡妇继承权形同乌有。法律也予认可。在无子有女的场合，法律又限制弟侄对财产的剥夺，承认寡妇的继承权，实际其中包含了对女儿财产继承权的承认。在这两种情况下，寡妇的财产处分权均受到限制。

（三）继承方式

1. 继承时间

继承必须是在父母死后，尤其是在父亲死后才可能发生的行为。

元朝有父死母在而兄弟均分继承的案例（当然母亲也分得一份“养老事产”）[①]，可见母亲在世并不妨碍继承事实的发生。但父母之死是个笼统概念，出于对汉族传统的孝道的维护，法例要求继承必须在父母已葬甚至服制已终之后。

仁宗延祐六年十月，山东东西道肃政廉访使安正奉鉴于民间“庸愚……父母亡殁之后，犹未安葬，先已分财异居。各为不均，互相毁讦”，“往往赴官陈告”，要求杜绝浇薄风俗。建议定法例：“今后凡民间弟兄遇父母亡殁，未曾大葬者，不许析居。须候葬毕，方许分另。如愿永远同居者，听。”刑部约会礼部拟议：“丧葬之礼，除蒙古、色目例从本俗，别无定夺，其余人凡居父母之丧值、葬事未毕，弟兄不得分财异居；虽已葬讫，服制未终而分异者，并行禁止。”都省准拟[②]。

---

① 《元典章》卷 19，《户部》5，《田宅·家财·诸子均分财产》；《通制条格》卷 4，《户令·亲属分财》，并详后节。

② 《元典章》卷 19，《户部》5，《田宅·家财·父母未葬不得分财析居》；《典章新集·户部·家财》作“虽已葬讫，服制未终而分异者，并不禁止”，似误。

2. 继承方法

主要有均分法、分数法及嗣继法，依据子数多寡、嫡庶及有无子嗣确定。均分法包括诸子（亲子）均分、侄嗣与亲子均分、未嗣侄与养老婿均分。分数法主要适用于嫡子、庶子及奸良人所生子、幸婢所生子等存在嫡庶之分的场合；若户绝时，女儿可依分数获得部分财产，其余充公，属于分数继承法的特殊情形。嗣继法主要有侄嗣全数继承伯叔父业；户绝情况下，女儿招婿继父业，也属于嗣继的特殊情形。此外，寡妇继承夫业，虽也能全数继承，但性质特殊，而且有附带条件，不作为继承方法介绍。

二、诸子继承

蒙古国时期，习俗上由幼子继承父业，年长的诸子则分析外出，自营生计，这就是通常所说的幼子守产习惯。比如，拖雷是成吉思汗正妻孛儿台的第四子，成吉思汗生前分封诸子，拖雷则留在父母身边，继承了父亲所有在斡难和怯绿连的斡耳朵、牧地及军队。这虽说是统治集团高层的事情，但正反映了当时的规矩。

入元以后，这种习俗即被汉法所取代。所以元代基本继承方式仍是均分制。

（一）诸子均分制

元代承袭了前朝传统的诸子均分制，承认亲兄弟对父祖产业的均分权。诸子均分原则的确立，当是较早的事情，我们能够看到的最早材料是至元十一年。

至元十一年六月，彰德路褚克衡告发：至元六年曾与兄褚克衍“将家财分另”，但当时留给生母褚阿刘及“老娘娘（褚）阿田”的“养老事产”，因阿田、阿刘愿与褚克衍同居，故原分“店舍田产”一直由褚克衍收管。阿田、阿刘死后，褚克衍“拘占不肯分割”。地方拟定：阿田抛下房舍地产等物，断付褚克衍承继为主。户部却以为："阿刘、阿田俱系不应分财产之人，止是际出养生"，断令："据原得褚克衡、褚克衍户下财产，理合令诸子均分。"[①]

至元十八年四月，彰德路汤阴县军户王兴祖告发，兄王福提出要将兴祖作舍居女婿时置办的庄地宅院人口，当"作父祖家财均分"，要求公断。兵部依"旧例"："应分家财，若因官及随军或妻家所得财物，不在均分之限"，断令："王兴祖随军梯已置到庄宅人口等物，令王兴祖依旧为主"，若有"父祖置到产业家财，与伊兄王福依理均分"[②]。

兵部所云"旧例"，不知定于何年，或是金朝之例。但对父祖产业要求诸子均分，上述二案例执行的是同一原则。而对于各人因特殊情形置办的已业或从妻家所得之物，则划归各人所有，不得均分，无疑又是合理的。

均分制的特征是不分长幼，一律有获得平均份额的财产。

（二）嫡庶子依分数划分法

依前所述，嫡庶子分为妻之子、妾之子、奸良人所生子、幸婢所生子 4 类。元朝有关分数继承法的最早案例，见于至元十一年。

至元十一年二月，大名路孙伴哥与兄孙成争要故父孙平抛下房院。但孙伴哥之母孙阿於，是孙平买到婢使，后来才做了妻。地方觉得嫡庶不同，不欲断令"孙成与弟伴哥均分两停"，请示上司定夺。户部以为："孙伴哥系婢生之子，据所抛房屋事理，以十分为率，内八分付孙成为主，二分付孙伴哥为主。"[③]

"八二"分法当是依法例判令的分数，不是最初确定的法例。这可以从下述案例所引"旧例"得知。

---

① 《元典章》卷 19，《户部》5，《田宅·家财·诸子均分财产》；《通制条格》卷 4，《户令·亲属分财》。

② 《元典章》卷 19，《户部》5，《田宅·家财·弟兄分争家产事》，并见《通制条格》卷 4，《户令·亲属分财》。

③ 《元典章》卷 19，《户部》5，《田宅·家财·嫡庶分家财例》。

至元三十一年十月，大都路卢提举妾阿张告争家财。礼部检会“旧例”：“诸应争田产及财物者，妻之子各肆分，妾之子各叁分，奸良人及幸婢子各壹分。”遂断定：卢提举所抛事产，“依例妻之子卢山驴肆分，妾之子卢顽驴、卢吉祥各叁分”[①]。

此处所谓“旧例”，是至元十一年以前就已行用的法例。此案只涉及一个妻之子与两个妾生子，故依四、三、三分割。上述至元十一年案，只涉及一个妻之子和一个婢生子，依四、一分割，各加倍而成八、二分数。

至于奸生子分数，今所见案例也确实是依法例处断的。武宗至大二年，龙兴路吴震告发妾蒋梅英趁吴震外出之机，与公公吴彦礼私通生子寿孙、同生二人，如今寿孙、同生却与吴震“争要家财”。礼部依“旧例”的四、三、一、一分数法，断令“比依奸良人之子例，拟合一分”，分别给予二人[②]。

嫡庶分数继承法的精神是严格区分嫡庶身份。但考虑到嫡庶皆子，故在原则上仍有继承权，唯分数多寡不同。

三、侄嗣继承

侄嗣继承的一部分可以划入诸子继承类，另一部分则是出于担心家族财产被寡妇挥霍，是以限制寡妇的财产处分权为特征的。另外，嫡侄在未被立为嗣子情况下的继承权，则是出于分割祖业的目的。兹分述之。

（一）过继侄均分权

过继侄即嫡侄被收养为子者，也称过房子。若此后无所生，其完整继承权自不成问题。但很多情况下，侄嗣过继之后伯叔往往又生子，亲情因素往往使侄嗣的继承地位发生动摇。

① 《通制条格》卷 4，《户令 · 亲属分财》。

② 《元典章》卷 19，《户部》5，《田宅 · 家财 · 吴震告争家财》。

仁宗皇庆元年六月，吉安路安福州周自思告分家财事。周系周桂发嫡侄，桂发无嗣，自幼将周自思过继为子。后因周桂发亲生二子周再一、周再三，桂发以自思不遵教训、抵触父母，勒令自思另屋居住。桂发身死，妻阿曾又告发自思抵触本人，实际是欲迫令归宗，剥夺其继承权。江西行省以周自思“原系嫡侄立为长子，入籍三十余年，再一、再三即系庶出”，断令“将周桂发应有家财作四分，内除留阿曾养老一分外，余有田产财物，令周自思、再一、再三三分”。若将来阿曾死后，“抛下养老田产，至日三子再行平分”。都省也以“周自思终无归宗之意”，批准上述判决[①]。

这个判决显然是依据“诸子均分”原则作出的。因为嗣子亦子，若不分嫡庶的话，自应与庶子均分。

同年十月婺州路兰溪州唐柱案也是如此。唐证因无子，与妻王氏过房亲侄唐柱为子。12 年后，典雇葛氏生子唐桢。王氏死后，葛氏管家，一再告官，声称唐柱“抵抗、不欲为子，自愿归宗”。唐证生前曾与亲族唐刚大等商议，“令二子均分家产”，并立有“分书”。婺州路虽断令唐柱“破籍归宗”，浙东宣慰司以为断案不符合通例，要求改正。都省批准：“将唐证应有财产，令唐柱、唐祯均分。”[②]

侄嗣均分权是依据过去的判例形成的。上述材料提及都省断过的“万拱、肖千八例”，在元朝是被反复引用的。

（二）侄另籍嗣继

元代还有另籍之侄嗣继伯父家产事。至元十五年闰十一月，大都路王德用告发：兄王德坚身死无子嗣，嫂阿霍将“抛下田土尽数一日租与他人，更将新桑枣果树木卖讫”。王德用与王德坚系另籍亲兄弟，德用次子王斌告官：“自愿顶替王德坚户门，不绝祭奠之礼。”大都路判令允许，户部批

① 《元典章》卷 19，《户部》5，《田宅・家财・过房子与庶子分家财》。

② 《元典章》卷 19，《户部》5，《田宅・家财・同宗过继男与庶生子均分家财》。

准了[1]。

王氏宗族不允许寡妇挥霍，官府也以宗族为嗣，故允许嗣继。

（三）未嗣侄的均分权

成宗元贞元年十月，卫辉路获嘉县人贾拾得告发：已故伯父贾会首，过去与贾拾得等全家均在祖庄居住生理。后因天旱，流离他处，赴熟回还。但伯父所招养老女婿张威，却“将房舍地土昏赖，不令拾得为主”，要求恢复其权利。辉路查阅户籍，发现贾拾得不曾附籍。但礼部以为：“张威虽於贾会首户下附籍，合将应有事产令侄贾拾得两停分张，同户当差。”[2]都省准拟。

允许未曾继嗣之侄的继承权，是因曾经存在同居情节。在法理上，侄不是在分割伯父财产，而是在分割祖业。故虽不曾附籍，也令均分承继。

四、寡妇继承

至元八年四月，因杨阿马案，元廷肯定了寡妇继承权。

杨阿马告官：小叔杨世基以阿马无子，将故夫杨世明抛下家财房屋占据，并将女儿兰杨带去，又将妾属陈柱儿收继为妾。户部议定：“寡妇无子，合承夫分”，引用先朝旧法，遂断令“杨世基要讫杨世明壹分财产并陈柱儿，拟合追付阿马收管”，仍令将兰杨放归，与其母同居。从而肯定了寡妇继承权。

但寡妇继承的本质，只是财产看守人。户部同时规定：“据现有财产，杨阿马并女兰杨却不得非理破费销用。如阿马身死之后，至日定夺。”[3]

① 《元典章》卷19，《户部》5，《田宅 · 家财 · 兄弟另籍承继》。

② 《通制条格》卷4，《户令 · 亲属分财》。

③ 《通制条格》卷4，《户令 · 亲属分财》；《元典章》卷19，《户部》5，《家财 · 寡妇无子承夫分》。

五、户绝继承

（一）户绝的本义及户绝继承的场合

户绝是与继承人密切联系的一个概念。户绝的本义，依世祖建元之前的中统五年八月圣旨，“身丧户绝”是指“别无应继之人（谓子侄弟兄之类）”[①]，即以直系、旁系的男性卑属或旁系男性长幼的是否存在为标准的。这样，无子侄弟兄而仅有女儿时，应当是较典型的户绝。由于元朝在一定情形下承认女子继承权，故而有“户绝有女承继”的法例。再者，户绝无子承继，在质上指不存在子孙，无论年龄小大。但由于家长亡殁，抛留下未成年子，虽不能算户绝，但因其年龄幼小，官府也依户绝例参与财产继承的监督。在元代的个别文献中，也有将“有同宗弟侄”的场合称为“户绝”者[②]，可见，习惯上又将无子视为户绝。所谓户绝继承，主要指女子（女儿）继承。未成年子继承与弟侄继承，实际属于诸子继承与侄嗣继承系列，但为叙述方便，仍在这里一并述及。

（二）几种户绝继承

1. 未户绝而子未成年情况下的财产继承监督

对典型的户绝，中统五年八月圣旨条画规定：“随处若有身丧户绝，别无应继之人（谓子侄弟兄之类），其田宅、浮财、人口、头匹，尽数拘收入官，召人立租承佃，所获子粒等物，通行明置文簿报本管上司转申中书省。”无疑充作公田、收归国家所有了。

如果未户绝，但子女幼小，虽有法定继承权而不具有管理财产能力者，法例分别情况予以不同处理。

---

① 《通制条格》卷3，《户令·户绝财产》；《元典章》卷19，《户部》5，《田宅·家财·绝户卑幼财产》。

② 《大元通制（节文）》，《元代法律资料辑存》，第71页。

第一，双亲均亡，“抛下男女十岁以下者”，仿照户绝财产拘收办法，由官府控制。未成年孤幼“付亲属可托者抚养”，从拘管财产中支付其生活费用，“度其所需季给”。

第二，父死母在，若“母招后夫或携而适人者，其财产亦官知数”。即官府虽不拘收财产，但应了解财产数量，目的在监督非理破费情形。规定：“其母不得非理典卖田宅人口，放贱为良。”如果必须典卖者，须“经所属陈告，勘当是实，方许交易”。官府通过其所了解的财产数额进行控制。

上述两种情况，“如已娶或年十五以上，尽数给还”[①]。可见，男子年 15 或已娶妻室被视为成年，具有管理财产能力，因而可以继承管理。

2. 户绝女儿继承

至元八年六月，南京路刘涉川、刘阿王夫妻俱死，无子，仅有二女。一女张阿刘称：先已招张士安做养老女婿，继承家业。驱口（奴婢）告官，争要家财。此案几经反复，左三部断令：银器具 4 付，断付张阿刘；房屋、事产全部断与驱口为主。御史台以为“体例枉曲”，此案“与身死户绝、别无应继之人”不同。要求“户下田宅以三分为率，除一分与女均分，余二分……止合令阿刘女婿张士安为主”。户部与省府以张士安已在其父户下附籍，又非养老女婿，不允许张士安承继刘涉川家产。遂断令：“将刘涉川抛下应有财产、驱婢，依例以三分为率，内一分与刘涉川二女，作三分；内二分与张士安妻阿刘，二分与次女赵忠信妻刘二娘”，“外二分官为拘收，通行开坐，申部呈省”[②]。

这个案例提到的“依例三分”，应是对户绝情况下官拘收 2 分、女儿只能承继 1 分的通例性规定。女子的继承权，只是在户绝情况下，才得享

① 均见《通制条格》卷 3，《户令·户绝财产》；《元典章》卷 19，《户部》5，《田宅·家财·绝户卑幼产业》同。

② 《元典章》卷 19，《户部》5，《田宅·家财·户绝家产断例》。

有。本案两女，共分其父的1/3财产。

到至元十年七月，耶律左丞投下当差户金定家人节次身死，只有一个13岁的女儿旺儿尚存。依元代法律，属典型绝户。户部拟定：金定“抛下地三顷四十五亩，官为知在。每年依理租赁课子钱物，养赡金定女旺儿，候长立成人，招召女婿，继户当差”①。都堂批准了这一拟议。

这个案件的处理与至元八年案的通例不同，却参照了中统五年法例。主要原因是抛下子女年幼，与已成婚者不同。此案可证明：中统五年圣旨所云“抛下男女十岁以下者”，不仅包括男子，也包括女儿。后者更符合户绝的本义。

3. 未户绝弟侄继承

元代有两例侄继伯叔业的法例，实际相当于前述的“另籍侄嗣继”。只不过一例在死后，一例在死前。

至元五年七月，平阳路军户郑大年老无嗣，弟民户郑堪告官要求其子郑挨哥侍养郑大，承继祖业，充当贴户，津济正军。都省批准了，并定下规矩：“已后民户内有无子之家，军户内却有承继同宗弟侄，亦仰依上一体施行。”②

至元六年十一月，南京路钧州范显、范山儿父子相继身故，怀州范显之弟范总帅之子范赞，全家搬至范显家，接管事产。户部以为：范赞既是范显亲侄，有权“承继伊伯户名当差，将抛下人口、事产等物尽行分付本人为主”③，都省也批准了。

---

① 《元典章》卷19，《户部》5，《田宅·家财·户绝有女承继》。

② 《通制条格》卷3，《户令·户绝财产》。

③ 《通制条格》卷3，《户令·户绝财产》。

第六章　元朝的司法制度

元朝的司法制度既延续了中国历代封建王朝的司法制度、又创制了突出蒙古贵族意志和利益的崭新的司法制度。正如日本学者有高岩所说："元代自法院之组织、诉讼手续等，以至'称冤''检尸''判决'等，其方法与唐、宋金各代都颇不相同，其中颇有破惯例而开创新例的事实。"① 不过元朝的司法制度较之唐宋的司法制度尚有很大差距，正所谓："其去整齐画一之规远矣。"②

第一节　元朝司法制度的创建与发展

一、蒙古汗国的司法制度

（一）断事官的司法审判职责

自成吉思汗于1206年建立蒙古汗国始到元朝灭亡为止，蒙元社会的司法审判官均称为断事官、大断事官或最高断事官。其蒙古语译音为札鲁忽赤（亦作札儿忽赤、札鲁火赤）。

① ［日］有高岩：《元代诉讼裁判制度研究》，内蒙古大学1981年编《蒙古史研究参考资料》，第23页。

② 《历代刑法志》下册，第447页。

由于蒙古汗国所采取的国家管理模式是行政与司法合一的管理体制，因此断事官的执掌涉及军事和行政管理等广泛领域，不过其最主要的职责是“掌刑政之属”理狱断刑。具体来讲：在蒙古汗国时期（1206—1260年）断事官的职责主要是：“于举国百姓中，惩彼贼盗，勘彼诈伪，死其当死者，惩其当惩者。”[①] 元初除沿袭蒙古汗国的旧制外，至元元年（1264年）规定：“断事官会掌庶务。凡诸王驸马投下蒙古、色目人等，应犯一切公事，及汉人奸盗诈伪、蛊毒厌魅、诱拐逃驱、轻重罪囚〔诸事悉掌之〕。”[②] 此后，元廷虽曾对断事官的职责进行过一些调整，如至元九年（1272年）令其“止理蒙古公事”[③]，但总体来看，自元世祖至元元年（1264年）至泰定帝泰定五年（1328年）的六十余年间，断事官的职责基本上沿用至元年间旧制。只是到了致和元年（1328年）又重新明确规定：宗正府的断事官应负责处断“上都、大都所属蒙古人并怯薛军站色目与汉人相犯者”[④] 的狱讼之事。而刑部的断事官则主要负责处断“路府州县汉人、蒙古、色目词讼”[⑤]。与此同时，还设置了专门负责审理某一方面词讼之事的断事官，如设置“内史府断事官，理王府词讼之事”；设置枢密院与行枢密院断事官，其职责是“掌处决军府之狱讼”[⑥]。此外，掌管佛教事宜和藏族地区军政事务的宣政院也设置断事官专掌一方词讼；边陲之地的“都护府，至元十一年（1274年）初置畏吾儿断事官”理断一方词讼之事[⑦]。

大断事官（蒙文译音为：也可·札鲁忽赤）、最高断事官（蒙文译音为：古儿·迭额列因·札儿忽，其汉语直译为“普，上的，断事”）和正官

---

① 道润梯步：《新译简注〈蒙古秘史〉》卷8，内蒙古人民出版社1979年版，第225页。

② 《元史》卷87，《百官志》3。

③ （清）沈家本：《历代刑法考》，《历代刑官考》。

④ （清）沈家本：《历代刑法考》，《历代刑官考》。

⑤ （清）沈家本：《历代刑法考》，《历代刑官考》。

⑥ （清）沈家本：《历代刑法考》，《历代刑官考》。

⑦ （清）沈家本：《历代刑法考》，《历代刑官考》。

札鲁忽赤，以及高级衙门的断事官，其秩品都很高。正如《元史 · 刑法志》所载：断事官，秩在正三品或从三品的范围内“委付”。该职“国初尝以相臣任之，其名甚重……其人则皆御位下及中宫、东宫、诸王各投下怯薛丹等人为之”[①]。上述这类高秩品的断事官，由主管行政事务的“相臣”和主管皇家宿卫军的“怯薛丹”兼任的情况，终元之世相沿不改，只是逐渐趋于“各司其职”，即“相臣”侧重于司理国家行政事务，“怯薛丹”（亦作怯薛歹）侧重于司理皇家宿卫和警备事务，而断事官则侧重于理断词讼、审结刑狱。

依蒙元社会的断事官制度，在大断事官之下除设置处理庶务的各类属僚外，还设置若干断事官负责办理具体司法业务，“其员数增损不常”，少则一二人，多则十余人，再多者达数十人[②]。

蒙元社会的断事官制度，除适用于军事、行政、司法、宗教等各官衙外，还适用于蒙古各类封地内，凡是获得封地的蒙古诸王、贵戚、功臣、名将，也设置断事官一职负责管理本部百姓、调解民间争讼和理狱断刑。

（二）奥鲁官决断军户狱讼

“奥鲁”是蒙元时期，军队中一种特殊的制度。初指随军家属，后来演变为一种管理军人家属和替军队筹办军需和一切作战物资的机构。

“奥鲁”一词的蒙文译音是“阿兀鲁黑”，其汉语之义为“家小”“老小”“营盘”“老小营”“留后辎重”“行营军”等。总之，可以把它视为蒙古军队行军作战的大本营、大后方、根据地和军需供应处，因此要随军进行，当军队出征时，所携带的“军人族属”、军需粮草等屯驻在距前线不甚远处的“营盘”，设置奥鲁官掌管其事，重点把守。

奥鲁官普遍设于蒙古军、探马赤军、汉军（金朝所降服的军士和蒙元

① 参见（清）沈家本：《历代刑法考》，《历代刑官考》。

② 参见（清）沈家本：《历代刑法考》，《历代刑官考》。

政权在华北签发的军队）等各类军事组织之中。由于这些军事组织出征作战或屯驻守防的情况很复杂，故奥鲁所掌管的职权范围也比较广泛。其主要职责是：一征发兵员，补充阵亡军士的缺员；二征集当役军士的鞍马、器杖和武器装备等；三负责军士的管理，发现逃军要及时缉拿，因渎职而致未捕获者，要追究其法律责任。总之，上述各类军事组织中的军户兵士，都是通过奥鲁官进行管理的。

奥鲁官所司之职除上述军事事务外，还有一项很重要职责是负责决断军户的狱讼之事。据《元典章》记载："蒙古军人自行相犯婚姻，良贱、债负、斗殴、词讼、和奸、杂犯、不系官兵捕捉者，合从本奥鲁就便归断。"[①]这说明，奥鲁官有权审断属于轻罪的民刑案件。另据《通制条格》记载：蒙古奥鲁官司有权为蒙古军人"出给差劄"等文引给予证明，但如果各军并非为"勾捕逃亡军人"、也并非为"军中勾当"，而是为"私己勾当、诸处买卖等事（可）于本管奥鲁官司具状陈告"[②]。这说明，奥鲁官除审断轻微的民刑案件外，还有权受理蒙古军人、各军涉及关市文引、诸处买卖等经济方面诉讼和陈告。

二、蒙古贵族统治华北地区期间的司法制度

从窝阔台执政时期（1229—1241 年）起到忽必烈建立元朝时（1260 年）为止的这个阶段，是蒙古国军事重心和统治中心不断向中原汉地转移，及其统治方式发生重大演变的时期。在司法制度的行用方面的大致情形是：在蒙古国漠北本土和蒙古军事组织内部，继续实行断事官和奥鲁官制度；在蒙古贵族控制下的汉地，除由断事官处断狱讼外，并行用金、汉地区由地方州县行政长官兼理狱讼的司法制度；而在汉族世侯势力范围地区，则

① 《元典章》卷 39，《刑部》1，《刑名·蒙古人自相犯重刑有司约会》。
② 《通制条格》卷 18，《关市·滥给文引》。

较多地行用金朝旧制、亦较多地行用唐宋封建王朝的司法制度。这一时期设于中原汉地的大断事官的执掌发生了较大的变化，主要职责是在与当地的行尚书共同治理汉地的同时，并主管户籍、赋役和兼理刑狱。

（一）军事占领时的治狱

成吉思汗时代及其后继诸大汗，出于军事征战和军事占领的需要，断理狱讼之权与统领军旅之权，以及总管民户之权，大都集中于大汗、诸王、大断事官之手。这样便形成了“讼事简”的局面，其治狱方式往往是高级首领“就地断案”。如军旅出征在外必须遵从汗廷所颁“不得妄杀”“不得扰民”“不得践踏庄稼”的命令，若有犯者当即被制止或“量情笞决”①。再如，成吉思汗曾授权豁儿赤说：“你做万户，凡那里百姓事务，皆禀于你，违了的就处治者。”②

军事占领时期的“民户”“族属”的管理形式较特殊，其治狱也有别于唐宋之制。这种情形在成吉思汗晚年“面谕诸子”的“谕旨”中规定得很明确：诸子所分得的封地及其百姓都纳入了军事编制的体制，诉讼的调解、刑狱的理断均归其长王节制。正如《蒙古秘史》所载：“此种军队连同其家属世隶各系之长王，同系诸王并受此长王节制。”长王的“节制”和“治狱”之权，仅适用于其所部军队及其家属（族属）。若遇有汗国的宿将功臣的狱讼，则须由大汗“圣裁”或诸王“共商”合议裁定。正如成吉思汗面嘱诸子曰：“若诸将有过，切勿独断罚之。盖汝曹年幼，而诸将皆功臣也。欲罪之必先询我意，我若不在时，应共商之，然后执行法令。”执法断狱时必须依罪证处罚得当，即“必须其罪状显明，犯者自承，并不能不承认处罚之当，而使其罚不出于愤怒或其他感情也”③。此时所采用的“共

---

① 参见《元史》卷124,《塔塔统阿传》；详见《元典章》卷36,《兵部》3相关诸案例。

② 《元朝秘史》卷8,《四部丛刊三编史部》，上海涵芬楼影印元钞本。

③ 道润梯步:《新译简注〈蒙古秘史〉》续集卷2，第362页。

商”治狱方式，到元朝时发展成为颇具“合议”定案特色的“圆坐（座）署事制”。

（二）非军事统治时期的治狱

蒙古汗国自从 1234 年灭亡金国后，窝阔台为首的蒙古汗国统治集团，在巩固漠北“老营”根据地的同时，开始把治理漠南汉地的策略提到议事日程上来。正如《陵川集·东师议》所载：“苟于诸国既平之后，息师抚民致治成化。创法立制敷布纲条，上下井井不挠不紊。”[1] 这表明蒙古汗廷要改用举国“上下井井”有条地、“不挠不紊”地非军事化统治。随着蒙古最高统治者治国理民重心的南移，固有的蒙古国法律“旧例”已不能适应幅员辽阔的华北、中原汉地的需要了。于是采取“蒙汉分治”的狱讼制度就势在必然了。

蒙汉分理狱讼，从广义来讲在漠北蒙古贵族势力盘根错节之地，仍沿用大蒙古国时期的“祖述”之法（祖训、圣旨等），仍沿用大蒙古国时期创制的条画“体例”和条格“旧例”。而在广阔的漠南汉地，则采取比较灵活变通的办法，即在推行汗廷大政方针的前提下，因地制宜的暂时循用金律和汉法。

蒙汉分理狱讼，从狭义上来讲就是蒙古人的诉讼案件，由特定的官府衙门和指定的蒙古断事官（有特殊情况时达鲁花赤和奥鲁官也可参与断案）受理；而汉人和南人的诉讼案件，则由另外的官府衙门的断事官受理，或由路、府、州、县衙门的行政长官予以兼理审断。这种蒙汉“分理狱讼”的制度，是蒙古汗国特有的司法制度，它一直影响到忽必烈建元以后的司法制度。

蒙古汗国在非军事占领时期所推行的蒙汉分理狱讼制度不是绝对的。由于当时漠北蒙古贵族守旧势力，特别是西北诸藩王执意恪守成吉思汗

① 《陵川集》卷 32,《东师议》，钦定四库全书。

所创“本朝旧俗”和蒙古“旧例条画”，故当时执政的宪宗蒙哥汗便迎合漠北特殊形势，决定在那里继续遵用“祖宗之法”。当然此时的“祖宗之法”“本朝旧俗”，在很大程度上已开始受到金律和汉法的影响，因而也曾引起守旧势力的极力抵制。不过，总体来讲当时在漠北依旧沿用成吉思汗以来极其简略的治狱之法：即选择蒙古正官处断的“重罪处死，杂犯笞决”之法①。而在漠南汉地开始接受汉法的影响。当时在理狱断刑方面仍残留着战乱时期武断专擅的流弊，“州县长吏，生杀任情，甚至没人妻女”。不过，汗廷采纳了耶律楚材的建议后便宣谕诏旨：“囚当大辟必待报，违者论死”；“监主自盗官物者死”；“诸公事非当言而言者……四犯，论死”。明确规定，凡属上述各类“应犯死罪者具由申奏待报，然后行刑”②。断案开始注意法律程序。

漠南广袤的汉地是蒙古汗廷民用军需物资的源泉，为达到“平赋以足用，屯农以足食”③的目的，必须招募那些为躲避战乱而外逃的民户。为此蒙古汗廷在窝阔台和蒙哥汗执政的30年间，曾三番五次地发布有关“招诱逃户”和“括户”等方面的法条和命令。如窝阔台汗就曾于1235年下令，指派官员赴各路府州县“括户”，并严正申明，任何人不得隐瞒民人户口。若有人“敢隐实者”，便处以死刑诛杀不赦，并予以“籍其家”的严惩④。结果在河南等地出现了“流亡复归，不期日，户增十倍”的“大治”局面⑤。

窝阔台汗与蒙哥汗执政时期（1229—1260年），在华北、中原地区的行政机构，普遍设置发挥监督作用的蒙古正官达鲁花赤。并采纳耶律楚材的建议，推行“县吏专理民事、万户府总军政、课税所掌钱，各不相

① 参见《元史》卷1，《太祖纪》。
② 《历代刑法志》下册，第447页。
③ 《陵川集》卷32，《东师议》。
④ 《元史》卷156，《董文炳传》。
⑤ 《元史》卷4，《世祖纪》1。

统摄"[1]的接近传统封建王朝的管理体制。按此制度，最基层的行政官县令，有权受理普通的民事诉讼案件。此外，这个时期还开始仿效汉制设立中书省，曾任命耶律楚材为第一任中书令，不过从其职权来看，却不能与汉族官制的"中书令"相比。因其位在蒙古大断事官之下，且没有司法审判权。这个时期掌握各级各类诉讼审判权依然是相沿已久的大断事官。

三、元朝司法制度的形成及其主要内容

（一）狱讼的临事处置与司法制度的逐步确立

1251 年蒙哥汗继位后，便派遣忽必烈主管"漠南汉地军国庶事"[2]，当时漠南汉地的治狱方式，一是蒙汉分治，二是临事制刑。这种方式一直延续到 1260 年忽必烈建元称帝之初。

1. 当众宣读临事处置条款

窝阔台汗曾在元朝建立之前，在漠北的达兰达巴之地召集诸王百官大会，宣布："凡当会不赴而私宴者"斩；"诸公事非当言而言者"屡犯至四犯者论死；盗马一、二匹者即论死[3]。此外，还宣布了数条酌情"罪之"的罪行。一是诸入宫禁时从者男女以十人为限，越限者"罪之"；二是军中十人置一甲长，听其指挥，凡有专擅者"罪之"；三是军中甲长以事来宫中，即置权摄一人，甲外一人，二人不得擅自往来，违者"罪之"；四是诸公事非当言而言者，初犯拳其耳，再犯者笞刑，三犯者杖刑；五是行进勿得越制，如"诸千户越万户前行者，以木镞射之，百户甲长诸军有犯者，其罪同，

---

① 《元史》卷 146，《耶律楚材传》。

② 《元史》卷 4，《世祖纪》1。

③ 《元史》卷 2，《太宗纪》。

不遵此法者，斥罢之”[①]。上述这些理狱断刑的法条，都是通过临事立制、“一事立一制”的方式产生的。它们一经大汗或汗廷公布，便成为具有最高法律效力的大法（大札撒），举国上下都要遵依执行。这些临事而立的极其灵活的法条，一直被蒙古统治集团行用到元朝建立之初。

2. 言出法条随

元朝建立前夕，忽必烈遵照蒙哥汗（宪宗）的旨意，“在潜邸，驻跸桓、抚二州”时，既掌握着治理一方的军政大权，又筹备着继承汗位治理国家。因此其所言也具有法律效力，成为临事处置刑狱的法条。其时，忽必烈听说燕京有一断事官肆意刑杀，便责令曰：第一，凡处死刑时，必须履行“详谳”的程序，即“凡死罪当详谳而后行刑”。第二，不能滥杀，更不能为试刀刃而滥杀人。第三，不能对犯盗罪者同时适用两种刑罚，即“其一人盗马者，已杖而释之……已杖而复斩之，此何刑也”[②]？此外，蒙古社会的一些习惯法也成为制约时人的法条。如不准把马匹绊在不应绊的地面吃草；不准互相妒嫉，等等。凡有人违犯这些禁忌，也要随时随地“论（其）罪”[③]。

（二）蒙汉分治与多重管辖的司法体制

据《元史》和《元典章》记载，成吉思汗所建大蒙古国的法律（大札撒）制度，常被其后继者称为“在先体例”“旧俗”“旧例”等，正如蒙古贵族常说的“本朝旧俗与汉法异”[④]。正因为此，蒙元社会在适用法条方面实行“蒙汉分治”，所适用的刑罚也“蒙汉各异”。这种现象早在蒙古贵族统治漠南时就开始了。

---

① 《元史》卷 2，《太宗纪》。

② 《历代刑法志》下册，第 448 页。

③ 《历代刑法志》下册，第 448 页。

④ 《元史》卷 125，《高智耀传》。

1. 蒙汉分治

忽必烈建立元朝初期的十余年间，断理狱讼之事蒙汉分治的情况是：（1）对漠北和散居在华夏大地的蒙古贵族的诉讼争端，仍沿用“本朝旧俗”予以理断；（2）对元廷版图之内的汉人和南人（有时也涉及色目下层人）的狱讼之争，则“循依金律”（金之《泰和律》），予以审断；（3）在适用法条方面表现出明显的蒙汉分治和蒙汉异制的状况。首先规定了许多限制汉人的禁令。诸如汉人与蒙古人斗殴时蒙古人殴汉人，蒙古人不受法律诉究。正如《元典章》所载：“怯薛歹（宿卫、警备部队）蒙古人员……各处百姓，依前不肯应付吃的粥饭、安下房舍，致有相争中间引惹事端。”为此“省谕：府州司县村坊道店人民，今后（应）依理应付粥饭、宿顿安下房舍，毋致相争，如（人民不依理办）蒙古人员殴打汉儿人，不得还报，指立证见于所在官司赴诉，如有违犯之人，严行断罪”①。其次规定蒙汉同罪异罚。如蒙古人因争及乘醉殴死汉人，只断罚出征（或笞 57 下）并全征烧埋银，结案，而“汉人殴死蒙古人”则要处死，并“断付正犯人家产，余人并征烧埋银”②。最后规定优待蒙古犯官和民人。即如《元史》所载：“蒙古人居官犯法，论罪既定，必择蒙古官断之，行杖亦如之。诸四怯薛及诸王、驸马、蒙古、色目之人，犯奸盗、诈伪、从大宗正府治之。”③汉人犯法则归另外府衙科断。总之有元一代蒙汉分理诉讼、分用法条的史实贯穿始终。正如沈家本先生所说：“是世祖之初亦用金律，此但禁《泰和律》耳。《泰和律》本于唐，其宗旨平允，世祖禁之，蒙、汉之畛域甚深也。”④

2. 多重管辖

据《元史》《元典章》等文献所载，元朝的司法制度较之唐宋各代复杂得多，仅就其管辖而言，在司法机关、断事官吏、当事人所在地等方面

① 详见《元典章》卷 44，《刑部》6 相关诸案例。

② 《元史》卷 105，《刑法志》4。

③ 《元史》卷 102，《刑法志》1。

④ （清）沈家本：《历代刑法考》，《律令八》。

均表现出“多头”参与和多重管辖。(1)拥有司法权的机关的管辖:元朝从中央到地方各级政权均设有不同级别的断事官,这就注定元朝任何一级政权机关均有权插手“理狱断刑”之事。此外,各级行政机关、怯薛军、管蒙古军都万户府、都元帅府、万户府、千户所、百户所、各路总管府等众多衙门均拥有不同程度的司法管辖权。(2)多方的“头目”参与司法审判。元代创制的“约会鞫问”制度,充分表明多方面的长官参与司法审判的事实。正如《元典章》所载:凡诸色户计涉讼,就要视所涉及的人员“约会”其有关长官共同审判“诸色”案件。被分别“约会”的“头目”有管军官、管民官、投下并探马赤官,儒、道、僧官、医官,以及各民族的头人(若各该民族民户涉讼时)。值得注意的是,元朝重视宗教,故宗教界头目参与“约会”是不得缺席的[①]。正如《通制条格》所载:“诸僧道儒有争,有司勿问,止令三家所掌会问”;“诸僧人但犯奸盗诈伪致伤人命及诸重罪,有司归问,其自相争告,从各寺院住持本管头目归问,若僧俗相争田土,此有司约会,不至,有司就便归向”。凡涉及回族教的词讼,则令“哈的大师每只教他每掌教念经者。回回人应有的刑名、户婚、钱粮、词讼、大小公事,哈的们休问者,教有司官依体例问者”。[②]元廷鉴于各种宗教干预司法审判的弊病,仁宗曾下诏禁止僧侣参与词讼,但英宗时又诏谕由有司与主僧“约会”同问词讼,直至顺帝至正三年(1343年)才开始下诏:僧道犯奸盗重罪者,听有司鞫问,不必再“约会”主僧会同审断[③]。(3)变通的法治引发的多重管辖:元朝在司法管辖方面有时适用变通的“不是守常的法度”,这就使得多重管辖更为复杂。如仁宗延祐五年(1318年)只是因为“词讼多了”便一改原定的“僧俗相争田土”有司约会主持,不至时有权“就便归断”的惯例。改定为:僧俗相争田土和“不拣什么告的勾当”

① 参见《元典章》卷53,《刑部》15,《约会》。

② 参见《通制条格》卷29,《僧道·词讼》。

③ 以上参见黄时鉴点校:《通制条格》卷29,《僧道·词讼》。

（即各类词讼），“宣政院各处差官与管民官一同断者（着）”[1]。再如，元廷竟然准许某些非司法系统的其他专业人员参与司法审判，《元典章》载：医人的头目、乐人的头目、盐户的头目均有权分别与管民官（有时达鲁花赤亦参加）“约会”，对与自己专业人员相关的词讼，进行审结“断遣”[2]。

第二节　机构与管辖

大蒙古国据有华北和中原大地之后，对广阔的汉地的统治，基本上仍保持着草原游牧国家对所征服的定居农耕区实行间接统治的格局。直到世祖忽必烈建立元朝，这种局面才得以根本改变。忽必烈开始倚重汉族地主阶级及其知识界的谋士们，积极推行“汉法”、进行“祖述变通”的统治模式。不过，“变通”不是全变，更不是将成吉思汗所创制的以“祖训”“圣旨”形式颁布的法制搁置不用，而是在坚持保留能够充分保障蒙古贵族特权地位的蒙古“本朝旧俗”的前提下，重新创建适应蒙汉封建地主阶级联合专政的、并适应有元一代中央集权统治的，各种相应的司法制度和典章规范。元代从中央到地方各级各类司法审判机关及其管辖制度，便是上述元廷总体建制中的一个组成部分。

一、中央的司法机构及其管辖

（一）宗正府

元朝的宗正府亦称大宗正府，以亲王为府长，秩从一品，主要负责掌理蒙古人，尤其是蒙古上层人士的诉讼案件。据《元史·百官志》载，其

① 《元典章》卷53，《刑部》15，《问事·僧俗相争》。
② 详见《元典章》卷53，《刑部》15，《约会》相关诸案例。

职掌情况是：第一，“会决庶务：凡诸王驸马、投下蒙古色目人等，应犯一切公事，及汉人奸盗诈伪，蛊毒厌魅，诱掠逃驱，轻重罪囚及边远出征官吏，每岁从驾，分司上都存留，驻冬诸事悉掌之”。第二，泰定元年（1324年）规定，大宗正府兼理汉人刑名，其职官为札鲁忽赤。但5年后，该机构的职掌改为处断“上都大都所属蒙古人并怯薛军站色目与汉人相犯”的案件。第三，元廷规定，大宗正府有权理断有关人命的重大案件，并且要求“诸大宗正府，理断人命重事，必以汉字立案牍，以公文移宪台，然后监察御史，审覆之”[①]。这一规定主要是鉴于当时掌握汉文字的人多于掌握蒙文字的人的现状而做出的。值得注意的是，元朝大宗正府的权力和执掌公事范围，元初较之元中叶时期要大，因为元中叶以后大宗正府的部分审判权转让给了刑部。

（二）刑部及中书右三部（司）

元朝的中书省是中央政务机构，其下辖的刑部，则是中央审级的审判机构和最高司法行政机构。

刑部设尚书3人，正三品。侍郎2人，正四品。郎中2人，从五品。员外郎2人，从六品。共同执“掌天下刑名法律之政令”。其管辖的事务有：“大辟之按覆”（即死刑复核）；“系囚之详谳”（刑部在押未决犯疑难案件的详审）；“孥收产没之籍”（将抄家并没收重犯家口和财产的数目登记载入簿册）；“捕获功赏之式”（制定和实施捉捕盗贼、逃犯立功官吏和民人奖励条例）；“冤讼疑罪之辩”（冤案疑案的复核复审）；“狱具之制度”（刑具规格要严格依法定尺寸制造，用刑亦须依法定模式实行）；“法令之拟议”（起草和拟定刑事法规和条例）；等等。诸多事务“悉以任之”[②]。刑部所掌如此繁重，主要因为元代废置大理寺之故，正由于“不设大理寺，故狱设于刑

① 《元史》卷102，《刑法志》1。
② 《元史》卷85，《百官志》1。

部”[1]，于是元代刑部除掌管司法行政外，主要是负责死刑的复审，重大案件的审理以及律令之拟议等事，传统封建王朝所设大理寺的很多重要职权归于刑部执掌。正所谓：“古制之变自元始。”[2]

元朝的刑部机构及其执掌，在元初和元中期以后的情况也不尽相同，中统元年（1260 年），首先在中书省下设左右司办事机构，以兵、刑、工为右三部。置尚书 2 人，侍郎 2 人，郎中和员外郎各 5 人。其时朝廷从上述众多部官中确定郎中和员外郎各 1 人主管刑部事务。至元元年（1264 年），曾在中央分置左、右司等机构，其右司下设兵、刑、工三房。其中之刑房主管法令、弭盗、功赏、禁治、枉勘、斗讼六事。元廷于至元七年（1270 年）始设刑部，但第二年即将兵、刑合为一部，直至至元十三年（1276 年）才复立刑部，至元二十三年（1286 年）在原有职官之上又增设职官和属吏的数额，直至成宗大德四年（1300 年）才形成正规的建制。其主要执掌如本题前述；其职官设尚书 3 人，正三品；侍郎 2 人，正四品；郎中 2 人，从五品；员外郎 2 人，从六品。“其首领官则主事三员，吏属则蒙古必阇赤四人，令史三十人，回回令史二人，怯里马赤（翻译）一人，知印二人，奏差十人，书写三人，典史七人”等[3]。3 年后，即大德七年（1303 年）始于刑部之下设置附属机构司狱司，并设专职官员：司狱 1 人，正八品；狱丞 1 人，正九品；以及典狱、部医各 1 人（掌调视病囚）。司籍所，提领 1 人[4]。

（三）枢密院

枢密院是元朝最高军事机关。由于蒙元推行军政合一、兵民共管的制度。所以，枢密院除了主管军机大事之外还兼管断理狱讼等大事。

---

① （清）沈家本：《历代刑法考》，《狱考》。

② （清）沈家本：《历代刑法考》，《狱考》。

③ 杨鸿烈：《中国法律发达史》第二十四章《元》。

④ （清）沈家本：《历代刑法考》，《历代刑官考》。

枢密院置枢密使1人为长官，由皇太子兼任。知院6人，从一品。同知4人，正二品。副使2人，从二品。同佥2人，正四品。院判2人，正五品，以及其他属官。同其他重要机关一样，枢密院的主要官员均由蒙古贵族担任。应该指出的是，枢密院设置的断事官不论其品级还是执掌都十分显贵、重要。据《元史·百官志》记载："枢密院断事官，秩正三品，掌处决军府之狱讼。"由于所掌狱讼之事涉及全国全军，故所置专职高级断事官多达8人，其秩为正三品。此外，还有经历1人，从七品；令史6人，译史1人，通事、知印、奏差、典吏各1人。由上述这些官吏共同理断军府之狱讼，故可视其为设在最高军事机构中的军法机关（军事法庭），专门负责审理元廷所控制的各种军事机构和广大军将中发生的有关军事犯罪案件。仁宗延祐五年（1318年）诏敕："军官犯罪，行省咨枢密院议拟，毋擅决遣"[①]。除这种"军管军"的"理断"和"决遣"外，枢密院的断事官还要根据需要参与"军民"之间、"军政"之间发生的诉讼案件的"约会"，履行会同审理的职责。《元典章》载："枢密院官人每（们）奏过，与俺文书，蒙古军人自其间里相告的勾当有呵，院官人每问者，其余军民相犯、不拣甚么勾当有呵，约会着问者。"[②]

元廷出于征发的需要，在枢密院之下设置隶属机构行枢密院，行院的设置，有时是专为一方一事而设，不过大多数情况下按地方行政区划而设置，如甘肃行枢密院、西川行枢密院等即是。另外，由于元朝的军政过于灵活，故所设机构也时设时罢，行枢密院的设置多属临时设置的机构，事结则罢。

（四）御史台

元朝设在中央的监察机构是御史台。始建于世祖至元五年（1268年）。据《元史·百官志》载，御史台所设官员为：御史大夫2人为其首长；御

① 《元史》卷26，《仁宗纪》3。

② 《元典章》卷53，《刑部》15，《词讼·军民词讼约会》。

史中丞 2 人；侍御史 2 人；治书侍御史 2 人；典事若干人，检法 2 人；狱丞 1 人。至元七年（1270 年），改典事为都事。十九年（1282 年），罢检法 2 人，狱丞 1 人，至治二年（1322 年）定承发管勾兼狱丞 1 人。上述职官的设置除了狱丞之外基本仿唐宋旧制。狱丞之官始设于元朝，原因在于"是其时御史台有狱，即有治狱之事矣。其后忽罢忽设"[①]。

元代御史台的职责主要是："为天子耳目，凡政事得失，民间疾苦，皆得言；百官奸邪贪秽不职者，即纠劾之。"即御史台有权对朝廷、皇帝、决策集团在国家大政方针方面的"政治得失"，提出"纠劾"、劝谏，最后征得皇帝决策；同时有权对朝廷百官在执掌政务方面的"奸邪贪秽"、不称职的行为，以及所有"善恶"行为，予以"纠察"并及时"纠劾"[②]。

御史台在元朝居于很重要的地位，在中央机构设置中与中书省、枢密院并称三大执事衙门。三方主宰国家三个方面大权，即所谓："总政务者曰中书省，秉兵柄者曰枢密院，司黜陟者曰御史台。"[③]忽必烈说："中书朕左手，枢密朕右手，御史台是朕医两手的。此其立台之旨，历世遵其道不变。"[④]可见，最高统治者对监察机关的重视，以及御史台在元朝中央机构中的重要作用。

御史台下设 3 个直属办事机构：一是殿中司，主掌朝廷礼仪制度，"凡大朝会，百官班序，其失仪失列，则纠罚之；在京百官到任假告事故，出三日不报者，则纠举之；大臣入奏事，则随以入，凡不可与闻之人，则纠避之"[⑤]。二是察院，主要是充当皇帝的耳目，即所谓："做贼说谎，见的眼，听的耳朵，么道有来。"[⑥]凡是见到或听到"做贼"和诈骗等不轨行为，都

① （清）沈家本：《历代刑法考》，《历代刑官考》。

② 参见《元史》卷 163，《张雄飞传》；《元史》卷 86，《百官志》2。

③ 《元史》卷 85，《百官志》1。

④ （明）叶子奇：《草木子》卷之 3 下，《杂制篇》。

⑤ 《元史》卷 86，《百官志》2。

⑥ 《元典章》卷 53，《刑部》15，《称冤·称冤赴台陈告（又）》。

要及时向皇帝或中央有关部门报告。三是内八道和肃政廉访司。肃政廉访司即元初称之为提刑按察司者，主要职责是督察地方上的非违行为。其巡视监督的范围较广，远涉跨路乃至跨行省的诸道。与之相配合履行督察任务的是内八道，主要职责是督察腹里地区，辽东及两淮之地。诸道肃政廉访司巡视基层的任务必须依据条格所定按时完成。《元典章》载：为了全面深入巡视“百姓疾苦，官吏情弊”，至元二十三年（1286年）规定，“今后各道除（留）使二员守司，余拟每年八月为始，分行各道按治勾当，至次年四月还司，类其凡合奏言事理，正官一员赴御史台会议闻奏”[①]。同时，肃政廉访司还要“照刷案牍文卷”，如果发现“事系利害或职官有犯，报台呈省”[②]。此外，肃政廉访司有责任复按各路已结案件中存在的问题。若属“所在重刑，每上下半年亲行参照文案察之，以情当面审视，若无异词，行移本路总管府结案，申部待报”。假如“审视”发现“有冤滞，随即改正”。肃政廉访司还有受理基层官民不服判决，而依理陈告的案件，以及处断基层官吏的一般性违纪违法行为。此间若“察到职官污滥罪犯，每上下半年类申御史台”[③]。

元朝的御史台建置虽沿袭唐宋旧制，但也表现出某些创新和差异。如御史台称之为内台或中台，以别于在外设置的行台。此外，忽必烈为使御史大夫互相制约，更好地发挥监察职能，故设置二人。这种有别于古制之举曾遭到大臣们的非议，认为是“纲纪无统”，但忽必烈坚持认为，设二位大夫便于他控制和利用，故终元之世无大改动。同时，忽必烈提高了御史台的地位，其品秩由唐代的正三品提高到从一品，其所设官员的品级也相应地予以提高。如御史中丞的品秩唐时为正五品，元时提高到正二品。就连唐时仅居正八品的监察御史，元时也提高到正七品。

① 《元典章》卷6，《台纲》2，《按治·察司巡按事理》。
② 《元典章》卷6，《台纲》2，《按治·监察巡按照刷》。
③ 详见《元典章》卷6，《台纲》2相关诸案例。

元朝由于重视监察的作用，所以，监察机构的设置也有别于唐宋之制。如将全国划分为22道监察区，为加强监察的力度又将临近“腹里”地区的八个监察区直隶于御史台，即所谓的内八道，其所辖之地有：山东东西道、河东山西道、燕南河北道、江北河南道、山南江北道、淮西江北道、江北淮东道、山北辽东道等。

与此同时，元廷还在御史台下设置派出机构称为行御史台（简称行台），其职官设置与中央御史台相同。其职掌主要是“统制各道宪司，而总诸内台”，也即在中央御史台的直接领导下，完成所派驻地区的监察任务，实际上是中央御史台设在各地的具体办事衙门[①]。《元典章》所载的行御史台官员的职权范围还涉及督察纠偏和“就断”小案等领域。如“立行御史台官”的条格中规定：“行御史台大夫委付了”，他要率领其属吏“用心谨慎”的去“体察”（调查与督察）该地区军民反映强烈的应兴应废和当行当止的各种“事体”。并有权将大问题（事体、勾当）向有关上级部门“奏将来”，“小勾当有呵，他每（们）依著（着）体例就断者”，此外，“合行（应兴、当行）的勾当有呵，依著在先行来的圣旨体例里体察（调查、检查、督察）者”[②]。为了使行台能快速及时地反映所体察督察到的事件，元廷将全国划分南北两大部分监察区，其监临江南诸道的称之为江南行御史台（简称南台）其监临西北诸道的称之为陕西行御史台（简称西台）。南台管辖的十道有：江东建康道、江西湖南道、江南浙西道、浙东海右道、江南湖北道、岭北湖南道、岭南广西道、海北广东道、海北海南道、福建闽海道等。西台管辖的四道有：陕西河中道、陕西陇北道、西蜀四川道、云南诸路道等[③]。从中央到地方形成了覆盖面很广的监察机构网络，为元廷整饬吏治、纠劾非违，提供了组织保证。

① （清）沈家本：《历代刑法考》，《历代刑官考》。
② 《元典章》卷5，《台纲》1，《整治台纲》；另可参见《中国大百科全书·中国历史·元史》。
③ 《元典章》卷5，《台纲》1，《行台·立行御史台官》。

（五）宣政院

宣政院创建之初是主管佛教事务和吐蕃地方政务的机构，但由于元朝统治者借助宗教权威，推行民族压迫政策，公然允许僧侣参与司法审判活动，所以宣政院实际上变成了最高宗教审判机关。其主管由帝师兼领（八思巴等人），有权直接参与和操纵僧侣的狱讼，以及僧俗刑民案件的“归问”与裁断。大德六年（1302 年）成宗铁木耳颁诏：“自今僧官僧人犯罪，御史台与内外宣政院同鞫（问），宣政院徇情不公者，听御史台治之”[①]，或根据具体案情，由“宣政院遣官杂治”之。再如“西僧岁作佛事，或恣意纵囚”也是僧侣插手司法审判活动的突出例证。据《历代刑法志》记载：元贞元年（1295 年）用帝师奏释大辟三人，第二年释罪囚 20 人，数年后又释重囚 38 人。这种滥释罪囚之举引起了朝臣的不满。当时的中书右丞答剌罕就曾指问帝师：“僧人修佛事毕，必释重囚，有杀人及妻妾杀夫者，皆指名释之。生者苟免，死者含冤，于福何有？”[②] 后来英宗也曾斥责作佛事滥释囚犯之事，但终元之世凡遇有举国作佛事的活动，必有帝师或高僧奏释罪囚之举。恣意释放罪囚、重囚、死囚的结果，造成元廷狱政的严重混乱和社会动荡不安，因为“恶人屡赦，反害善人”[③]。

宣政院还掌管“刑赏”之司，即权辖刑罚、刑杀与功赏等重要事务。宣政院根据形势需要可设置临时机构行宣政院。如顺帝至元三年（1337 年）吐蕃“贼起”，杀镇西武靖王子党兀班，鉴于发生如此重大事件，朝廷便临事设置了行宣政院统兵予以镇压[④]。此外，还在杭州设置常设机构行宣政院，用以主掌和管理江南等地的佛教事务。

① 《历代刑法志》下册，《元刑法志》，第 467 页。

② 《历代刑法志》下册，第 467 页。

③ 《历代刑法志》下册，第 467 页。

④ 《元史》卷 87，《百官志》3；《元史》卷 39，《顺帝纪》2。

宣政院下属的地方机构是宣慰司都元帅府（简称宣慰司）其下又设置元帅府、招讨司等附属机构，共同负责各级宗教和诉讼等多项事务。其长官均由宣政院或帝师荐举后再由皇帝给予任命。这里需要注意的是元廷为了边陲政事的需要在吐蕃和西北边疆之地的某些地区，于行省之下也曾设置过宣慰司或宣慰使司都元帅府，发挥行省派出机构的作用。此类宣慰司（宣慰使司）的职能，仍涉及军事、行政、宗教和司法等广泛领域[①]。

二、地方的司法机构及其管辖

（一）提刑按察司与肃政廉访司

元朝初期始设置提刑按察司负责“巡察”“体察”（督察）等事务，后于至元二十八年（1291 年）改按察司曰肃政廉访司。其职官设置为：肃政廉访司廉访使设 2 人，正三品；副使 2 人，正四品；佥事 4 人，正五品；经历 1 人，从七品；知事 1 人，正八品；照磨兼管勾 1 人，正九品。此外设有书吏、译史、通事、奏差、典吏若干人。其职掌据《历代刑法考》云：“元置廉访司，专治刑狱，颇得刑政分离之意。其属官无狱丞，是其时未置狱，尚为行政之官。”[②] 可见其时肃政廉访司的职责除上文述及的监察监督职能外，还兼及司法和行政职权。关于其兼理行政之职前已论及，不再赘述。关于其兼理司法的职责，据《元典章》载，有如下几项：一是提刑按察司（肃政廉访司）要严格恪尽职守，“非奉朝命不得擅离职”；二是肃政廉访司官员在巡按期间有权“接受词状”参与司法审判等活动；三是有权受理“随路京府州军司狱”案件；四是肃政廉访使“所至之处……若有

① 参见《中国史稿》第 5 册，第 440 页。

② （清）沈家本：《历代刑法考》，《历代刑官考》。

不孝不悌，乱常败俗，豪猾凶党，及公吏人等紊繁官司侵凌细民者，皆纠而绳之（以法）”；五是“按察司官体察得实（事理）躬亲究问”，即该官亲自参与鞫问当事人的审讯活动；六是有权“详审”向肃政廉访使称冤的诉讼案件；七是肃政廉访使有权惩治那些勒索百姓向民众要“肚皮”（指钱财物品）的官员，即捉拿这类招伏罪状的官员后，可就地“杖子里（用杖刑）决断的罪过有呵，他们（廉访使）就便罪过者”[①]。

（二）路、府、州、县的司法职官及吏员

元朝的地方司法审判体制，亦沿袭行政与司法混一的传统模式。特别是在广大的汉族聚居区，除某些行政长官的名称有所不同外，与宋金之制无大区别。

元朝的路、府、州、县，以及边远地区的诸军、蛮夷之地的土官、土司等，各级各类长官虽为负责地方的行政职务而设，但他们均拥有兼理司法审判之权。

1. 路

路设置达鲁花赤、总管、同知、正官等官员。其职掌以大都路为例：“大都路管领诸色人匠，提举司，秩从五品，掌大都诸色匠户理断婚田词讼等事”；路之兵马都指挥使司“掌京城盗贼奸伪鞫捕之事”[②]。

诸路所设置的达鲁花赤本为监临官，但其执掌却十分广泛，终元之世达鲁花赤一职始终操纵路级司法审判权，《元典章》载：“达鲁花赤长官，常切禁约（诸事），若有违犯之人，断罪”之[③]。此外，达鲁花赤，总管、同知等路官，按元廷规定必须参与审判州县官的“罪过”（犯罪行为）[④]。各

① 《元典章》卷6，《台纲》2，《体察·改立廉访司》等。
② 《元史》卷91，《百官志》7。
③ 详见《元典章》卷6，《台纲》2相关诸案例。
④ 详见《元典章》卷1，《圣政》2相关诸案例。

路官吏不仅参与审判活动，还要按规定限期对重刑案件予以“结案”[①]，并有权断决判处杖刑107以下的罪囚。

诸路总管府所设的推官是专掌推鞫刑狱、平反冤滞、董理（监督、管理）州县刑名的专职官员，与其下属的司狱司的司狱及狱丞共同负责处断本路有关狱讼之事[②]。

2. 府

府也设达鲁花赤为监临官，他与知府共同兼理本府的司法审判工作。各府所设推官和司狱官等是专职司法官，他们不仅负责审讯罪囚，还要及时把狱讼中存在的问题及时向有关上级反映申报。即所谓：“各常切录问罪囚，若有淹延枉禁，随即申报所属。”[③]各散府有权断决判处杖刑87以下的罪囚，不过“如县隶总府者，五十七以上罪，各解府归断”[④]。

3. 州

州也设达鲁花赤总辖州务，并与州长官知州，共同兼理司法审判事项。各州专职司法官是州同知和州判官等，司法吏员有司吏和典史等。如遇有检验尸伤、写尸帐等繁杂的工作，则本州上述各官员与吏员全部投入，通力合作完成任务[⑤]。州级机关有权断决判处杖刑87以下的罪囚。

4. 县

县的最高长官为达鲁花赤，他与县尹（或县令）共同兼理本县的司法审判工作，其专职司法官吏是县丞、典史、承史等。由于县级审判机构为最基层、最简易的机构，且其所管辖案件均属普通的民刑小案，所以，只有达鲁花赤与县尹才真正掌握一定的裁断权，县丞等属吏都是县级长官断

① 详见《元典章》卷6,《台纲》2相关诸案例。

② 参见《元史》卷103,《刑法志》2；沈家本:《历代刑法考》,《历代刑官考》。

③《元代法律资料辑存》,《至元杂令》。

④《元代法律资料辑存》,《至元杂令》。

⑤《元代法律资料辑存》,《大元检尸记》。

案的辅助办事人员。“司县”还有权“断决”判处五十七以下的罪囚[①]。此外，“诸郡县佐贰及幕官，每月分番提牢，三日一亲临点视，其有枉禁及淹延者，即举问，月终则具囚数牒次官”[②]。

（三）基层治安、教化组织及其责任人员

元朝统治者在社会治安方面一贯采取严密防范多方限制的手段。为维持蒙古贵族的统治地位，元廷及其当朝皇帝随时发布有关社会治安的禁令和诏旨。

1. 禁止百姓的“聚众”活动。禁止开放百姓较集中的集市场所。延祐六年（1319 年）依据仁宗圣旨明确规定：要“严切整治”和禁止“集众唱词的祈神赛社”活动；禁止“立集场做买卖”；禁止群餐群饮，因为众多百姓集聚一处“食用茶饭，夜聚晓散”极易引发扰乱社会秩序的事端。

元廷鉴于以往的教训严厉禁止百姓的各种集聚活动，其目的是防止集众者发表反朝廷的言论，即所谓：“这般聚众着，妄说大言语（反元言论），做歹勾当（扰乱社会治安）的有。”[③] 为加强控制，朝廷对防范不严的州县官予以惩罚，其“正官各决笞一十七下，当该社长、主首邻佑人等笞决二十七下，故纵者，各加一等”[④]。

禁止僧俗民众较集中的庙会和“作会”活动。至大四年（1311 年）元廷鉴于安西路僧人作会一事发布禁令：“禁约诸人，毋得作闹，沮坏”政事。该禁令指明“万僧水陆大会”引发的混乱现象严重地破坏了社会治安状况：“安西路僧人文行等聚集山东、河南、冀宁、河中、凤翔、迤南等路僧俗万人，以作水陆资戒大会七昼夜中间，僧俗错杂、男女混淆，惑众罔民，

① 详见《元典章》卷 4，《台纲》1 相关诸案例。

② 《历代刑法考》，《狱考》。

③ 《元典章》卷 57，《刑部》19，《禁聚众 · 禁聚众赛社集场》。

④ 详见《元典章》卷 57，《刑部》19，《禁聚众》相关诸案例。

其于风化甚非所宜，若不禁止，伏虑因而别生事端。”[①]

2. 实行宵禁是元朝治安管理中的一项重要措施。早在世祖中统五年（1264 年）就发布“禁夜”的圣旨条画，规定：“随州府驿路设置巡马及马步弓手（巡夜、巡警）”和各本处长官负责夜禁事项。其具体规定是：“一更三点钟声绝，禁人行，五更三点钟声动，听人行（有公事急速及丧病产育之类不在此限），违者笞二十七下，有官者笞七下。”对犯夜禁的百姓，当地管军官与管民官“约会一同依条断罪”[②]。

3. 禁止蛮夷之地的“蚩蚩愚民”恶习。元廷对南蛮之地的各少数民族控制得很严，一方面利用当地的“土官”、长老贯彻朝廷法令，另一方面朝廷指派官吏到南方“蛮夷之地”镇戍和镇压。元时荆湖之地“地连溪洞，俗习蛮淫，土人每遇闰岁，纠合凶愚，伏草莽采取生人非理屠戮”，“用尖刀破开（生人）肚皮，取心肝脾肺，挖出左右眼睛，砍下两手十指，两脚十指，用纸钱酒物祭赛云霄五岳等神”。元律规定：凡“采生祭神者”，“采生折割祭鬼者”，“采生蛊毒者”，一律严行禁治，并“排门粉壁（书写禁令）晓谕人民”勿得违犯。若有犯者，其“两邻、主首、社长人等知而不行捕告”或该管官吏故纵、放脱者，根据其情节予以议罪。违反上述“采生”禁令者“凌迟处死”[③]。

4. 禁止诸色人“无业游荡”。元廷曾多次发布管理游手好闲人的条格，要求青少年或入“学校”求学，或务农桑之业，不得游闲扰乱社会；诸色人必须各司其业，参加农桑、水利、种田、植树等公益活动，不许游闲聚众闹事。凡是发现“不务本业，游手好闲，不遵父母、兄长教令，凶徒恶党之人，先从社长叮宁教训，如是不改籍记姓名，候提点官到日，对社长审问是实，于门首大字粉壁书写不务正业，游惰凶恶等”不法行为，待其

---

① 详见《元典章》卷 57,《刑部》19,《禁聚众》相关诸案例。
② 详见《元典章》卷 57,《刑部》19,《禁夜》相关诸案例。
③ 详见《元典章》卷 41,《刑部》3,《不道》相关诸案例。

改正时，始毁去粉壁之字，如不改正，则强令其服差役[①]。

（四）佛、道首领的司法审判权

有元一代一贯崇奉佛教，故“圣旨条画”给予“和尚头目”参与司法审判活动之权。具体规定是：（1）僧、道、儒三方相争讼时，“诸僧道儒人有争，有司勿问，止令三家所掌会问”，即所谓“儒道僧官约会”。至元三十年（1293 年）规定：“和尚每（佛教方面），先生每（道教方面），秀才每（儒教方面）有争差的言语有呵，和尚每的头儿，先生每的头儿，秀才每的头儿”一同问断[②]。（2）“诸僧人但犯奸盗诈伪，致伤人命及诸重罪，有司归问；其自相争告，从各寺院住持本管头目归问；若僧俗相争田土，此有司约会，约会不至，有司就便归问”。（3）“回回地面里”的争讼，一般由那里的头目与“城子里官人每，一处交对证著，问了断者”，即其“哈的大师，止令掌教念经，回回人应有刑名婚钱粮词讼，并从有司问之”[③]。（4）僧俗间相争讼的案件，要双方“一同问断”，如《通制条格》所定：“僧俗相争田土的勾当有呵，管民官与各寺院住持的和尚头目一同问了断者。”[④]

（五）军事系统决断狱讼的管军官与奥鲁官

元朝军事系统比较庞大，其职官名称和职掌也较繁杂。但管军官与奥鲁官理断狱讼之事终元之世不改。如规定：有司事关蒙古军者，与管军官约会问讯理断。如属“蒙古军人自其间里相告的勾当”则由枢密院官人归

① 详见《元典章》卷 23，《户部》9，《农桑》相关诸案例。

② 杨鸿烈：《中国法律发达史》第 24 章，第 691 页；又详见《元典章》卷 53，《刑部》15，《约会》相关诸案例。

③ 杨鸿烈：《中国法律发达史》第 24 章，第 691 页；《元典章》卷 53，《刑部》15，《约会》。

④ 《通制条格》卷 29，《僧道 · 词讼》。

问理断，如属普通的“军民相犯”案件，均由各管军官约会归问理断[①]。管军官还有权会同管民官等人鞫问和审断“军士杀人、奸盗者”的重大案件[②]。并受理各级“军人诉讼”。“晓谕军人条画”规定，军人诉讼“须经所属官司自下而上陈告”，如该管军官“理断不当”，准许当事人赴肃政廉访司陈告[③]。

奥鲁官的职权范围较广泛，在参与司法审判方面，主要是负责蒙古军和探马赤军中所属军户涉及婚姻、负债、斗殴、私奸、杂犯等较轻微的民事诉讼。其他“干碍人命重刑、利害公事、强窃盗贼、印造伪钞”等重大案件，则须通过管军官、管民官和行政官共同“约会”，进行审断[④]。

第三节　告诉制度

一、告诉的书状

（一）指陈事实和不得称疑

世祖至元五年（1268年）的圣旨条画规定：诸告人罪者，书状必须“指陈事实，不得称疑”，若属于本管官司有过错，以及有冤屈或“屡告不理，以及决断不公者，亦许赴上司陈告”[⑤]。为使告诉的书状规范化，元廷规定：书状必须把应告不应告之词状写清楚，要把讼事之争端及有无明白证验的情节写清楚，绝不准在书状中出现“以直作曲；以后为先”等含糊朦胧言词。

① 参见杨鸿烈：《中国法律发达史》第24章，第690页；《元典章》卷53，《刑部》15，《约会·军民词讼约会》。

② 《历代刑法志·元史刑法三》，第460页。

③ 《元典章》卷34，《兵部》1，《正军·晓谕军人条画》。

④ 《元典章》卷39，《刑部》1，《刑名·蒙古人自相犯重刑有司约会》。

⑤ 《元典章》卷53，《刑部》15，《告事·告罪不得称疑》。

同时还规定："词状不许口传言语"，以杜绝某些"诉讼侥幸之徒"干扰常规的诉讼程序。不过"紧急事务必合禀覆者，须经左右司参议府一同禀说"[①]。

（二）一状不得告两事和写明年月日

元廷对告诉规定了一些限制的条款：（1）一状不得两事。"状外不生余事"条格规定：诉讼人皆不得于本争事外别求余事，摭拾见对人及本勘官吏，若实有干己，候本宗事结绝，别行陈告。即使是"元告人若有急告公事，候见（现）告公事结绝了毕，受理官司再令具状陈告"[②]。（2）"禁写无头圆状"。凡写无头圆状者"将本人敲了（重于杖一百七下，仅次于死刑的一种刑罚），将他的媳妇、孩儿断与拿住的人（即举报者）"。同时还规定所写书状都必须写明事发年月日，即"告人明记月日，指称端的去处"，及真实名姓，凡"诸投写匿名书（状）"依据圣旨条画处断之[③]。（3）不能自写者由书状人代写书状。元廷曾设置"状铺"，代人"书写有理词状"，目的是使告状人"知应告不应告之例"，革除"泛滥陈词"之弊，使官府"词讼静简"。但大德十一年（1307年）却发现各地状铺的书状人"取受钱物"，以曲为直、以直为曲，"起灭词讼"，朝廷为此下令，要求书状人不得"妄行刁蹬""故作停难"。凡书写词状人违反上述规定者，允许告人陈告官署[④]。

二、告诉的基本规则

（一）成年男性的告诉权

元时成年男子有行使告诉权的完全权利。一方面，未成年男性不识世

① 《元典章》卷53，《刑部》15，《听讼 · 词状不许口传言语》。

② 《元典章》卷53，《刑部》15，《诉讼 · 告事 · 状外不生余事》，《诉讼 · 书状》。

③ 《元典章》卷53，《刑部》15，《诉讼 · 禁例 · 禁撇无头文字（又）》，《诉讼 · 书状》。

④ 《元典章》卷53，《刑部》15，《诉讼 · 书状 · 籍记吏书状》，《诉讼 · 书状》。

事，不被赋予完全诉权。另一方面，妇女的诉权，自皇庆二年（1313年）以后，元廷即明令禁止，因为妇人“代夫出讼，有违理法”。

皇庆二年，彰德路申报：当地积年未决的“告争田土、房舍、财产、婚姻、债负”等案，往往是一些所谓“自嗜斗争，妄生词讼，装饰捏合”的“不畏公法，素无惭耻”的妇人，“代替儿夫、子侄、叔伯兄弟，赴官争理”。其中有一些妇人，甚至于“对证明白，自知无理依赖”，却“又行执拒起生，侥幸不肯供说实词”。为此提议：“今后不许妇人告事。若或全家果无男子，事有私下不能杜绝，必须赴官陈告，许令宗族亲人代诉。”刑部遂曰：“妇人之道（义），惟主中馈，代夫出讼，有违礼法。”决定：“妇人代替男子经官告，辨词讼……通行禁止。若果寡居无依，及虽有子男，别因他故妨碍，事须论诉者，不拘此例。”[①]这样，妇女只剩下了特殊情形下的诉权，基本的诉权却被剥夺了。

告诉权受到身份的限制。这种限制既来自民族的偏见，也源于封建等级特权和伦理道德观念。终元之世一贯片面维护蒙古和色目人的告诉权，片面保护上层统治者和尊长者的告诉权。一贯无视和剥夺汉人和南人以及卑幼者的告诉之权。

（二）代诉

代诉可分为老疾代诉、闲居官吏代诉等。前者，实质上是一种不完全告诉权，或不完全自诉权；后者，是一种优惠待遇。

1. 关于老废笃疾之代诉。限制老废笃疾自诉或告诉的理由，源自当时的诬告反坐和告诉不实以及拷告人的制度。至元九年（1272年），地方提出老疾人陈告户婚、田宅、债负、驱良、差役等案，多属倚赖年老笃疾“诬妄陈诉”。“若便反坐抵罪，怎（争）奈逐人不任刑责。”为此，省部议定：“年老笃疾残疾人等，如告谋反叛逆，子孙不孝及同居之内为人侵犯者，听。

① 《元典章》卷53，《刑部》15，《代诉·不许妇人诉》。

其余公事……合令同居亲属人代诉。若有诬告，合行抵罪反坐元告之人。”同居亲属最后落实为“同居亲属通知所告事理的实之人”[①]。

2. 关于闲居官吏之代诉。至元二十五年（1288 年）元廷曾有除取受侵欺私罪外，官署不得欺遏骚扰闲居得代官员的规定。大德七年（1303 年），更明确为：致仕得代官员，遇“争讼田土、婚姻、钱债等事，合令子孙弟侄或家人代诉”[②]。目的是不使其“侵扰不安”，给予充分的礼遇。此外，还规定：“诸致仕，得代官，不得已与齐民讼，许其亲属家人代诉。所司毋侵挠之。”[③]

不过，元代上述两类代诉主要限于民事争讼。代诉可以是作为原告提起告诉，也可以是作为被告应诉。后者可以从大德七年（1303 年）地方提请确定闲居官究竟应与百姓“赴官面对”还是应由“子孙代诉”的方案中看得出来。

元朝比较严格地限制代诉条件，除不许妇女代男子诉讼外，（禁止妇女自诉的另一方面可理解为禁其代诉），大德三年（1299 年）鉴于江西“形（刑）豪富户令佃客干人代诉词讼”，地方请求禁止富户“主使（佃客等）兴讼，论诉公事”之情形，决定：“代为主户冒名陈告之人，取问是实痛行惩治。”[④]

（三）对亲属的告发

元朝对刑民诉讼案件的告诉、告发（举告、揭发）等方面的特定人之间的关系制定了许多法令和条格。

1.“人子事亲，有隐无犯”。元之法律在告诉、告发方面严格维护封建

---

① 《元典章》卷 53，《刑部》15，《代诉 · 老疾合令代诉》。

② 《元典章》卷 53，《刑部》15，《代诉 · 闲居官与百姓争论子侄代诉》。

③ 《历代刑法志》下册，第 541 页。

④ 《元典章》卷 53，《刑部》15，《代诉 · 禁治富户令干人代诉》。

的“纲常之理”。《元史·刑法志》载：“诸子证其父，奴讦其主，及妻妾弟侄不相容隐，凡干名犯义为风化之玷者，并禁止之。”具体适用的法条是：“诸妻讦夫恶，比同自首，原免。凡夫有罪，非恶逆重事、妻得相容隐。而辄告讦其夫者，笞四十七。”《元典章》也记载了刑部与礼部共同协商的条画：“人伦之大，莫大于君臣、父子、夫妇、兄弟之叙。至如刑法之设，正为裨补教化，当以人伦为本。”[①] 因此，英宗在至治元年（1321 年），对“斡鲁思讦其父母，又驸马许纳子速怯讦其父谋叛，其母私从人”一案，责之曰：“人子事亲，有隐无犯。今有过不谏，复讦于官，岂人子所忍为。”下令对二人处以斩刑[②]。

2.“容隐”仅限于“非恶逆重事”，若属重大犯罪事件则不准许“容隐”。《元史·刑法志》载：“诸谋反、已有反状，为首及同情者，凌迟处死。为从者处死，知情不首者，减为从一等流远并没入其家”；“诸匿反叛，不首者，处死”。依据上述律条，有元一代出现许多亲属代为自首的案例和成规。如《元典章》有一则案例是：“父首子盗羊免刺。”至大四年（1311 年）有男子沈阿德曾四次偷盗事主山羊（一次与另居亲兄合伙作案），“分受羊头、肝肺、杂物，同父沈曾七吃用，犯罪”。刑部议得：“沈阿德所犯，既因乃父首告发露到官，罪过原免。”[③] 还有一则案例：烧毁他人房舍本属处绞刑之重罪，但“缘伊父杨青将男杨买儿（犯烧他人房舍罪者）执缚到官，合从原减，今拟杖断三十七下，所烧房价令其验数征还”[④]。

3. 奴婢必须“容隐”其主。《元史·刑法志》载：“诸奴婢告其主者，处死。本主求免者，听减一等。”

---

① 《元典章》卷 53，《刑部》15，《折证·词讼不指亲属干证》。

② 《历代刑法考》下册，第 463 页。

③ 《元典章》卷 49，《刑部》11，《免刺·父首子盗羊免刺》。

④ 《元典章》卷 50，《刑部》12，《放火·父首子烧人房屋》。

（四）告诉与告发

告诉和告发的形式主要有以下几种：

1. 自首（自告、自白）与视同自首的告诉

元法允许自首或自告，犯人自身悔悟赴有司自白自身的罪行，可减免刑罚。《元史 · 刑法志》载："诸民间杂犯，赴有司陈首者，听。"自首虽说是以减免刑罚相诱的，但它不是义务，也应属于告诉权范畴。《刑法志》又云："诸亲属相告，并同自首"；"诸妻讦夫恶，比同自首原免"；"诸以奴告主私事，主同自首，奴杖七十七"。这三种视同自首的告诉，源于同居相容隐制度，即不仅亲属之间要相容隐，奴婢也得为主人隐匿。若不履行容隐义务者，告者有罪，被告言者依自首减免刑罚。《元典章》卷 53 记载延祐元年（1314 年）驱口吴自当告发主人索郎古歹自煎私盐的断例，部断省准。索郎古歹"合同自首原免，吴自当所犯量情拟决七十七下"[①]，当是《刑法志》所本。《元典章》另载"婿告丈人造私酒"的断例，一个养老不出舍女婿王头口告发丈人刘通造私酒，结果，犯人（丈人）"比同自首免罪"，王头口"弃灭人伦，却行告讦"，被"约量惩戒"[②]。此当属"亲属相告"一类。

元廷虽从机构设置和法律制度方面加强惩治赃官的力度，但终元之世官吏勒索百姓索取"肚皮"[③]和财物的贪赃违法行为屡禁不止，为扭转这一局面，元法也提倡和鼓励赃官自首。《刑法志 · 职制上》载："诸内外百司官吏受赃，悔过自首，无不尽不实者，免罪。有不尽不实，止坐不尽之赃。若知人欲告而首，及以赃还主，并减罪二等；闻知他处事发而首者，计其日程，虽不知亦以知人欲告而首论。诡名代首者，勿听。犯人实有病故，

---

① 《元典章》卷 53，《刑部》15，《首告 · 驱口首本使私盐》《婿告丈人造私酒》。

② 《元典章》卷 53，《刑部》15，《首告 · 驱口首本使私盐》《婿告丈人造私酒》。

③ "肚皮"是元之俗语。其时之人常将牛羊"肚子"鼓吹加工成又大又薄的囊袋，用以装食品、物品。《元典章》中多次提到"官要肚皮"，泛指索取财物、受贿。

许亲属代首。”不过这种自首减免的法条只适用于普通官吏，“台宪官吏受赃，不在准首之限。有司受人首告者，罪之”。

2. 告诉

元朝法律文献中经常出现的“告呵”“告之”“控告”等词语，即“告诉”。元时的告诉多指刑民案件中的被害人向官府控告罪犯的一种形式，这样的告诉人，称为“原告”，其被控告者，称为“被告”。《元典章》卷53中设有“原告”“被告”各项。在具体条格中，常出现“原告就被论问”“被告人在逃”等词语。该原告正式起诉时，要有诉状，并须向有关官府提出，诉状要依据法定的“词状新式”——写状法式书写。自己不能写者可请“书状人”（代书人）代写。

3. 告发（举告、揭发）

据《元史·刑法志》“诉讼”门载，元时鼓励司法官吏或民众以第三人的身份，向各类官府告诉犯罪，案件多为揭发官吏的犯罪行为。“诉讼”门载：“诸军民风宪官有罪，各从其所属上司诉之。”①元廷曾发布大量“悬赏揭发”的条格：“诸伪造盐引者，斩。家产付告人充赏”；“诸匿税者，物货一半没官，于没官物内，一半付告人充赏”。按元法要求，凡知情人不履行举告揭发的责任者，不论是官还是民均要“罪之”“惩治之”②。

三、对违反告诉制度的惩罚

（一）限制某些官吏接受词状

《元典章》“听讼”项规定：“军官不许接受民词。”力避军官参与民讼引起弊端。还规定：“词讼不许里正备申”；“今后除地面啸众强窃盗贼杀人、

① 参见《元典章》卷53，《刑部》15，《书状·籍记吏书状》。

② 《元史》卷104，《刑法志》3。

伪造宝钞、私宰牛马，许令飞申，其余一切公事，听令百姓赴有司从实陈告”。还规定：“巡检不得接受民词”，“出使人不得接受词讼”，“站官不得接受词状”。上述对告诉、告发的限制，说明其时普遍存在无司法审判权的官吏插手诉讼活动的现象。

（二）禁止越诉

世祖中统四年（1263 年）圣旨，内云：“诸告人罪者……不得越诉。若有本处官司理断偏向及应合回避者，许令赴部或断事官处陈告。”① 至元元年（1264 年）诏谕新立条格规定：“词讼不得隔越陈诉。”至元八年（1271 年）又敕曰：“有司毋留狱滞讼，以致越诉，违者官民皆罪之。”②《元史·刑法志》载：“诸告人罪者，自下而上，不得越诉”，“越诉者笞五十七”。该法条即源于上述诏敕。至元二十四年（1287 年），江西行省对各路争告户婚、田产、家财、债负、强窃盗贼等事规定：“若各路偏徇（狥），理断不公，许（详）令直赴上司陈告”，但对确实“越诉告状之人，即便转发合属断罪归结”③。基本上是重申了世祖所颁诏敕的内容。

官府断理不公是允许越诉的主要前提，也是当时出现众多越诉现象的主因。《元史·刑法志》记载：“诸陈诉有理，路府州县不行，诉之省部台院；省部台院不行，经乘舆诉之。”基本精神是节级陈诉。故而，“未诉省部台院，辄经乘舆诉者，罪之”。但大德十一年（1307 年）圣旨云：“当诉的每根底自下而上告者……越诉的人每，依体例要罪过者。”④ 措词颇严，似乎不愿考虑具体情形。

不以越诉论的情形，仅见于告发官吏赃罪。至元二十六年（1289 年）

① 《元典章》卷 53,《刑部》15,《越诉·告罪不得越诉》。
② （清）沈家本:《历代刑法考》,《律令八》。
③ 《元典章》卷 53,《刑部》15,《诉讼·越诉·越诉转发元告人》。
④ 《元典章》卷 53,《刑部》15,《越诉·越诉的人要罪过》。

都省规定："今后告论官吏取受不公，若依越诉一例不受，则是知而不举"，故允许按察司官对越诉"告论官吏受赃不公"之事，也应"依例追问"[①]。《刑法志》所说"诸诉官吏受贿不法，径赴宪司者，不以越诉论"，即指此。

总之，元朝法律文献对越级告诉所构成的犯罪行为记载较多，且反复强调诉讼程序。有元一代除"临事议制"的个别案例外，普遍遵守的诉讼程序是："诸杖罪以下，府州追勘明白，即听断决。徒罪总管府决配，仍申合于上司照验。流罪以上，须牒廉访司官，审覆无冤，方得结案，依例待报。"具体程序大体是：轻罪由府州县审断；中罪由各路审断；重罪由廉访司或刑部审断，死罪均奏闻皇帝"圣裁"。如在法定的诉讼程序推进过程中，遇有各级官府故意作难诸"告人"时，其"据理"坚持控告的诸"告人"可依次向中书省（行省）、刑部、御史台（行台）、察院等陈诉；这些官衙仍不受理时，其告人可采取非常规的诉讼手段，直接向"乘舆陈诉"，求得皇帝最后裁断。世祖曾仿效前朝设置"登闻鼓申冤"之制，于至元十二年（1275 年）"谕中书省议立登闻鼓，如为人杀其父母兄弟夫妇，冤无所诉，听其来击。其或以细事唐突者，论如法"[②]。此外，若属诸告人将"诸事赴台省诉之，理决不平者，许诣登闻鼓院，击鼓以闻"[③]。

（三）禁案犯告现问官吏

为防止案犯以告发现问官吏为名阻挠审案，保证审理的顺利进行，大德元年（1297 年）元廷针对案犯多"摭拾著（着）见（现）问的官吏告的人每有"，要求"先干净了他底勾当之后，告者"。因此产生了"自被问的其间，告见问的，休告者。候干净了自己的勾当呵，然后告者"的规定[④]。

---

① 《元典章》卷 53,《刑部》15,《越诉·告论官吏不论越诉》。

② （清）沈家本:《历代刑法考》,《律令八》。

③ 《元史》卷 8,《世祖纪》5。

④ 《元典章》卷 53,《刑部》15,《被告·被问干净却告》。

（四）惩治诬告

告诉与告发的内容，与事实相反或完全基于虚构谗诬者，即属“诬告”世祖早在即位之初中统四年（1263 年）正月的圣旨中指出：“诬告者抵罪反坐。”其实，在程序上要求告诉必须“指陈事实，不得称疑”，也是从杜绝诬告着眼的。

处理诬告的最基本原则是反坐。如“诸妻妾背夫而逃，被断复诬告其夫以重罪者，抵罪，反坐，从其夫嫁卖”[①]；“诸职官诬告人枉法赃者，以其罪罪之，除名不叙”[②]。若“教令人告事虚，应反坐……皆以告者为首，教令为从”[③]。表明诬告也分首从。同时，告发有实有虚者，若“告言重事实，轻事虚，免坐；轻事实，重事虚，反坐”[④]。

各类犯罪都存在诬告问题，这里着重从程序角度谈谈元朝惩治诬告的规定。

诬告可以是告官的，如至元三年（1266 年）丰州人王平等 8 人诬告安知州“多科差发入己”[⑤]；也可以是民人互相诬告。惩治诬告，首先和主要的是保证公平，即不罚无罪之人。同时，惩治诬告也是为“不敢紊烦上司”[⑥]，即减少官府听断之累。“不敢紊烦上司”，使惩治诬告成为一个重要的诉讼原则。此外，由于元朝官员犯赃罪被罢职后，往往称冤诬执原审官员，“仿效着称冤的人多有”[⑦]，故至大元年（1308 年）、至大四年（1311 年）朝廷一再申明：官吏犯赃称冤“若虚呵，告的人每根底加等断罪”[⑧]。或“诬

① 《元史》卷 105，《刑法志》4。
② 《元史》卷 105，《刑法志》4。
③ 《元史》卷 105，《刑法志》4。
④ 《元史》卷 105，《刑法志》4。
⑤ 《元典章》卷 53，《刑部》15，《诬告·诬告本属多科》。
⑥ 《元典章》卷 53，《刑部》15，《诬告·诬告官吏断罪》。
⑦ 《元典章》卷 53，《刑部》15，《称冤·称冤赴台陈告》。
⑧ 《元典章》卷 53，《刑部》15，《诬告·诬告官吏断罪》。

告者依例加等断决”[①]。

尽管元廷制定了上述法条，对“讼而自匿及诬告人罪者，以其罪罪之”[②]，但是在具体执法过程中也有一些灵活的做法。如《元典章》卷53“诬告”项载：“奴婢应告主事而诬告，皆斩。本主求免者，听减一等。”或减一等惩治，或杖107下，并予以罚钞。此外，凡诬告官吏者，“告的人每根底（方面）加等断罪者”[③]。其被告官吏不得为该诬告人者“求免”。

第四节　审判及审判监督

一、受理与审判

元廷关于民人所递诉状，受理与否有以下规定：（1）书状是否符合法定的“词状新式”和“写状法式”的格式要求，证验是否齐全。假如书状、证验均不合要求，则不予受理；属于越诉告和无告诉权利的告诉，也不予受理。（2）应予科刑的非法告诉行为，受理审实，对告诉人科处相应的刑罚。（3）凡是诉状、证验均合乎要求的告诉，必须受理，当受理而不受理者，对主管官吏予以不同的惩罚。

元朝的审判制度，一方面沿袭唐宋王朝的旧制，另一方面仍保留着蒙古汗国时期“临事当庭处断”的简易、武断的断案办法。

（一）行使审判权的职官“须得受理”

在元朝，中央审级的审判权由依法设置的各类衙门的主管官员分别行

① 《元典章》卷53，《刑部》15，《称冤·称冤赴台陈告》。

② （清）沈家本：《历代刑法考》，《律令八》。

③ 《元典章》卷53，《刑部》15，《诬告·奴诬告主断例》。

使（见前文所述及的部分）。其地方各审级的情况比较复杂。一则因为疆域广阔、民族众多、法制普及不一；再则因为司法官和参与司法审判活动者众多，往往恃权弄法、任意理断，致使元之正常的审判活动备受干扰。为扭转这一局面，朝廷做出以下硬性规定：

1. “词证正官推问”

这是为了禁止委派非受中书省任命的地方正职官以外的官员推鞫狱讼。至元六年（1269 年），东平路曾委派“不系省部迁转无职人员置院推问”，民人告发官吏不公狱事。这些被委任者“不系正官”，“擅自将人打拷”。为此，省台下令，今后若有告官吏不公之事，先委“附近去处本管官司亲为理问”；若地理遥远，可由“本处摘官一员”前往归问，至少应在“附近县官内选差廉干正官”前去理问[①]。正职官系指路、府、州、县、司中的主掌各类权力者。以路为例，其达鲁花赤、总管、同知、治中、推官、断事官等均属握有实权的正官。府衙门的达鲁花赤、知府（府尹）、同知、判官、推官、断事官等为正官，握有司法审判权。州的正官为达鲁花赤、州尹、同知、判官、断事官等。县设县尹、县丞及其他吏员，但县级仅有审断轻微案件之权。

与“正官推问”相应的，是禁止人吏单独推问词讼，所谓“人吏不得问事”。大德六年（1302 年）之前，元廷已有禁止委派廉访司书吏、奏差追问刑名词讼事理的规定。大德六年，省台下令：“各衙门辄差令史、宣使人等”追问刑名词讼事理，应“一体禁止”[②]。

2. 禁止非正职官受理词讼

为了贯彻上述规则，元廷做出了各类不掌司法审判权的官员、吏员不得干扰狱讼的规定。这些规定包括：

（1）“军官不许接受民词。”此规定见于至元二十一年（1284 年）的一

① 《元典章》卷 53，《刑部》15，《问事 · 词讼正官推问》。

② 《元典章》卷 53，《刑部》15，《问事 · 人吏不得问事》。

则条格：因福建行省各路镇守司及省都镇抚司“接受民间一切词讼”，有违其“专一提调军马、镇遏地面”的职掌，行省要求“一切民间词讼，从本路总管府处依理施行”科断[①]。

（2）“词讼不许里正备申。”此规定见于至元三十一年（1294年）的一则条画：袁州路因为当地“乡都里正、社长、巡尉、弓手人等”，“事不干己，辄为体访，申作事头”，官府也“依凭勾摄”。江西道廉访司因而规定：“今后除地面”发生重大恶性案件，由当地地方官及时快速地“飞申”上报外，其余普通的刑民词讼“听令百姓赴有司从实陈告”，勿须经由乡、都、里、社的长官插手和干预[②]。

（3）“巡检不得接受民词。”此规定见于大德三年（1299年）的一则条格：江西行省“各处捕盗司、巡检司”滥设属员，而这些编外滥设的“无名弓手、提控人”，往往身带“空头文引”，与里正主首等人一起“捏合事端，私受白状”，“勾扰平民，监锁吊打，抢夺财物”，严重违反了“巡尉司职专捕盗例禁，不许接受民讼”的分工体例。为此，行省命令“将滥设弓手截日尽行革去”，并“严切禁治捕盗官司受理白状”[③]。

（4）“出使人不得接受词讼。”此规定见于大德六年（1302年）一则条例：杭州路一妇女被人“抑令为娼”，地方断令返良。但出使地方的某使节却接受他人告发“文状”，提审被告。因这类“理问词讼”之事是地方事务，故都省规定：“今后诸衙门出使人员，除本宗事外，毋得接理词讼。”[④]

（5）“站官不得接受词讼。”此规定见于至大元年（1308年）一则条例：因“随处水、马站赤，遇有争告婚姻、田宅、家财、户役、一切词讼”，“辄便受理，备申本路”，有违其“祗待使人，管干马匹、船只，铺陈什物”的本职。为此，行台以为：“站户词讼，自是有司之责，不应站官私受词状”，

① 《元典章》卷53，《刑部》15，《听讼·军官不许接受民词》。
② 《元典章》卷53，《刑部》15，《听讼·词讼不许里正备申》。
③ 《元典章》卷53，《刑部》15，《听讼·巡检不得接受民词》。
④ 《元典章》卷53，《刑部》15，《听讼·出使人不得接词讼》。

要求“禁治”[①]。

（6）特定诉讼主体的词讼必须由法定的职官论问。禁止无关官吏参与特定诉讼主体的词讼包括：回族人、儒人、投下并诸色户计的刑名词讼，以及儒、道、僧、医、户、乐人、军、民、灶户（煮盐户）的相争词讼。此类诉讼，或由管民官论问，或由管民官分头约会各主管头目同问[②]。

3.“不消（许）相参（参与）”的回避制度

审判权应由被赋予审判权的职官行使，但为了避嫌，也为保证审判的客观公正，审判官如遇以下两种情况，则必须回避：其一，事关亲嫌；其二，官吏被告。前者指“诸职官听讼者，事关有服之亲并婚姻之家，及曾受业之师与所仇嫌之人，应回避而不回避者，各以其所犯坐之。有辄以法官临决尊长者，虽会赦，仍解职降叙”。还指“诸曾诉官吏之人有罪，其被诉官吏勿推”。元廷于大德三年（1299年）又重申：“今后凡言告官吏不公之人，所犯被告官吏并合回避。”[③]上述这些规定显然是源自唐宋法令的有关规定。后者则指职官被人控告，便不得参与本案，或事涉对方原告的其他案件的审理。如至元三十一年（1294年），民人车秀告邳州官吏不公，后该州官吏却“告车秀毁骂州官”，“枷项号，令加重杖断五十七下，身死”。此案显系“罗织（罪名）因而致伤人命”。为此，都省规定：“凡言告官吏不公之人，所犯被告官吏，理宜回避。”[④]

（二）审讯（刑讯）与审理时限

元廷要求执行审讯与审判职责的各级各类官员，必须履行以下规则：

1. 审讯（刑讯）方面的要求

（1）“职官同问。”元朝典籍中常把前朝通用的“鞫囚”“问讯”“审讯”

---

① 《元典章》卷53，《刑部》15，《听讼 · 站官不得接受词状》。

② 详见《元典章》卷10，《吏部》4，《职制》诸案例。

③ 以上参见徐朝阳：《中国诉讼法溯源》，《元典章》卷53，《刑部》15，《被告 · 被告官吏回避》。

④ 《元典章》卷53，《刑部》15，《被告 · 被告官吏回避》。

等，习惯地称为“鞫囚公（共）同磨问”“鞫囚职官同问”“问著（着）”“问的”等。“职官同（磨）问”（坐堂问案）的审讯制度，是元朝创制的“词讼正官推问”和“禁止人吏推问狱讼”制度的进一步发展。具有督勒“正官亲躬狱讼”和防止“人吏专推词讼”的作用。更主要的是建立了集体推问制度。早在中统四年（1263 年）七月，条画就规定：“鞫勘罪囚，仰达鲁花赤、管民官一同磨问，不得转委通事，必阇赤人等推勘。如违，仰宣慰司究治”①。至元五年（1268 年）七月圣旨重申：“鞫勘罪囚，皆连职官同问，不得专委本厅及典吏推问。如违，委监察纠察。”② 这种“职官同问”的形式，又称“公厅圆坐”署事之制。《至元新格》规定，“诸所在重刑，皆当该官司公厅圆坐，取讫服辨”，即地方官府正官会同有关职官审讯。③

（2）“以理推寻。”这一规则要求“诸鞫问罪囚，必先参照元发事头，详审本人词理；研穷合用证佐，追究可信显迹。若或事情疑似，赃仗已明，而隐讳不招，须与连职官员，立案同署，依法拷问。其告指不明，无证验可据者，先须以理推寻，不得辄加拷掠”④。或谓“诸鞫狱不能正其心，和其气，感之以诚，动之以情，推之以理，辄施以大披挂及王侍郎绳索，并法外惨酷之刑者，悉禁止之”⑤。元朝强调在审讯中要遵循“以理推寻”的规则。为此，要求执法者必须先履行“问呵”“讯呵”的程序，如果不得“罪囚”的“言语回者”，方可启用“拷掠”“拷讯”之刑。上述做法，无疑是对此前历代王朝“五听问案”制度的承袭和沿用。如大德八年（1304 年）五月，以刑部呈文的形式反复强调在审讯中必须贯彻这一规则。其文曰：“拯治刑名鞫囚之官，先须穷究证验，后参以五听，察词观色，喻之以礼，俾自吐实情，罪至死者，推勘得实，结案详谳。”⑥ 明确要求司法官吏必须注重证据的提取，

① 《元典章》卷 40，《刑部》2，《鞫狱 · 鞫囚公同磨问》。
② 《元典章》卷 40，《刑部》2，《鞫狱 · 鞫囚职官同问》。
③ 《元典章》卷 40，《刑部》2，《察狱 · 犯人番异移推》。
④ 《元典章》卷 40，《刑部》2，《察狱 · 鞫囚以理推寻》。
⑤ 《元史》卷 103，《刑法志》2。
⑥ 《元代法律资料辑存》，第 186 页。

注重适用“问呵”“讯呵”等讯问的方式，促使“罪囚”如实供述案情。否则“辄加拷掠”“惨酷”刑讯，即属违法刑讯的行为了，必受禁惩。

（3）依法刑讯。元代的审讯与裁判制度也与历代封建王朝一样，在一定的条件下实行“刑讯”“拷掠”。如遇有“罪囚”所犯证据确凿，但不招供时，则须“拷讯”；遇有案犯“奸猾（滑）刁钻”，连职官共同议定须刑讯时，则予以“拷讯”，但参与其事的各职官必须在决定上共同签字，共负其责依法刑讯时，必须使用法定规格的讯杖，不得使用法外“枉行”的酷刑，更不得使用酷吏所创制的“大披挂”“跪于磁芒碎瓦之上”“杀杀（棍）问事”等，“法外惨刻”之手段[①]。

（4）除朝廷和省部交办的大案要案外，不得“暮夜问事”。因为“暮夜之间人（罪囚）必昏困”，加之酷吏“拷掠”，罪囚无耐只得招供虚假供词[②]。

（5）禁止在禁刑日内问罪囚和断决人罪。元朝最高统治集团为鼓吹“皇恩”，宣布所谓“禁刑日”。据《元典章》载：“五月初四日”和“八月二十三日”为一年中的两次“禁刑日”，在该两日内不得“问囚罪”和“断人罪”，违者量情“杖决”之[③]。

2. 有关审理时限方面的规定

元朝对民事纠纷和轻微刑事诉讼，多称“词讼”，这方面的规定主要有：

（1）必须在法定期限内进行。即“诸论田宅、婚姻、良贱、家财、债负，起自十月一日官司受理，至二月尽断毕，三月一日住接词状。其事关人众不能结绝者，听附簿入务（归档），候务开日举行”。这一时限的规定，主要是从农业生产季节方面考虑的，农忙时节，“住接词状”停务，相对而言，农闲时节则集中办理词状，力求结案。在限期内未结案者，只有等到再度开务（开办）时继续进行。不过法律另有特殊规定：“若有文案及相侵夺并

① 《元典章》卷 40，《刑部》2，《狱具 · 禁止惨刻酷刑》。
② 《元典章》卷 40，《刑部》2，《狱具 · 禁止惨刻酷刑》。
③ 《元典章》卷 54，《刑部》16，《违例 · 禁刑日问囚罪例》。

于田农人户者，随时受理决断”，即未结案件侵权一方又扩大事态者，则应及时受理并予结案[1]。

（2）蒙古军、探马赤军、新附军及军户、站户、军匠户等民事案件，由管军官、奥鲁官审理。

（3）军民、僧俗相讼民案及轻微刑案由地方官府“约会”各该主管头目共同审理。各主管头目经屡约不至者，或由当地官府断决，或由“约会”的主导方面，在被邀方缺席的情况下断决。

（4）原告与被告不在一地时，由被告人所在地官府审理。即“诸州县邻境军民相关词讼，元（原）告就被论官司归断，不在约会之例。断不当者，许赴上司陈诉，罪及元断官吏”[2]。

（三）审判规则

1. 审级

官厅受理的案件，一般经过初审、再审、三审的三级终审制。但由于元朝的各级司法机关的职责所牵涉的范围较复杂，故往往出现司法权限交错重叠的现象，特别是由于元代的军事、宗教、民政、民族诸方面的社会势力集团插手或兼理司法审判活动，致使具体案件的审级或三级或四级不尽统一，也没有形成定制。《元史·刑法志》和《元典章》对当时的审级及其判决权限大体做了如下划分：司县断决笞刑罪 57 以下；散府、州、军断决杖罪 87 以下；路总管府、各宣慰司断决杖罪 170 以下；但配流、死罪，须依例勘审完备，申刑部待报，或申札鲁忽赤，最后奏请“圣裁”。换言之：司县掌笞刑科断权；府、州、军掌杖罪 87 以下的判决权；杖罪 97 以上，及徒罪的判决权限归总管府和设宣慰司地区的宣慰司；而流刑、死刑的判决权则控制在中书省和刑部，或大宗正府、中书、枢密院的蒙古断事官（扎

① 《元代法律资料辑存》第 39 页；《元典章》卷 53，《刑部》15，《停务·年例停务月日》。
② 《元史》卷 102，《刑法志》1。

鲁忽赤）等机构或执法职官手中[①]。

2. 判决与执行

终元之世，各级官府的主管职官或称之为正官，有权“亲理”“推问”“科断”狱讼。如县所置达鲁花赤、县尹、县丞；州所置达鲁花赤、州尹、同知、同判；府所置达鲁花赤、知府（或府尹）、同知、判官、推官；路所置达鲁花赤，总管官、判官、推官。上述各级官府的“主官”“正官”，在元朝法典中常常统称为“各该当官司”“受理（词讼）官司”等。元法允许各级“当该官司”的正官，对事实清楚，证据确凿，罪行较轻的普通案件，有权在不履行法定审判程序的情况下，“就便断遣”、即刻拍案“断了者”。

元法规定，依据法定审判程序（包括各类“约会”）审结刑民案件后，必须写成判决书公之于众。该判决书若系用蒙文和亦思替非文（波斯文）书写者，其路辖府州以上的审级须用汉字标译之[②]。

宣告判决书时，须将原被告及证佐相干人等传唤到庭。但也可根据具体情况“委付”有关官吏直接向原被告宣布判决结果。被告如不服可向中书省、刑部、大宗正府“称冤陈告”或采用非常之手续，拦皇帝的车驾乘舆“诉之”，或赴“登闻鼓院，击鼓以闻”。

元朝对各种判决的执行，在仿效前代办法的同时也有所“变通”。如流刑的执行不计时数里程，仅就辽阳、湖广、迤北之地列三等。即《元典部 · 刑部》所载：“诬告谋反者流”，无故（故意）将他人双目刺瞎，使其终身残废者迁陟辽阳之地。同时规定，执行该刑罚时，要将南边的“罪囚”迁于辽阳迤北之地；将北边的“罪囚”迁于南方湖广之地。再如执行死刑，“有斩无绞”，并对恶逆至极者处以凌迟刑。斩刑一般称为“明正典刑”或“处死”；其凌迟处死之刑只适用于“不念同类，略无人心”的恶性杀人罪，如“采生祭赛神”者，凌迟处死，然后还要向其家属征收“烧埋银”给苦

① 《元典章》卷 40,《刑部》2,《察狱 · 审察不致冤滞》。
② 许凡:《元代吏制研究》, 第 9 页。

主（被害者），即所谓“杀人偿命，仍征烧埋银”[①]。《元典章·刑部》还特别强调，对已判死刑的囚犯不急于行刑，须待覆奏（复核）后执行。世祖谓宰臣曰：“朕或怒有罪者，使汝杀，汝勿杀，必迟回一二日乃复奏。”[②]此口谕，在《元史·刑法志》中亦有记载：“诸奏决天下囚，值上怒，勿辄奏上。欲有所诛，必迟回一、二日，乃复奏。”即使“审录无冤者，亦必待报，然后加（行）刑”[③]。

二、对司法官吏失职、渎职行为的惩处

元朝的律令条画，对司法官吏的执法活动要求很严，若有失职渎职行为发生，“比别个（其他违法行为）人重有罪过者”[④]。

（一）故入人罪

据《元史·刑法志》记载：凡“有司故入人罪，若未决者及囚自死者，以所入罪减一等论；入人全罪，以全罪论。若未决放，仍以减等论”。其失入人罪者“减三等”论。不过具体案例在适用该法条时较为灵活。如至元二十九年（1292年）“枉禁平民身死”例记载：婺州路兰溪县县尉在捉获正贼取到真赃之前，已将“涉疑捉拿包舍等二十一名枉禁身死”，故该县尉被断笞57下，罢职除名不叙；其“推官蔡锡，既系鞫勘之官”对枉禁平民致死案，有不可推卸的责任，“深不称职，拟合除名不叙”；其达鲁花赤、知事等“不行详情追究罪犯，量情难恕。拟将达鲁花赤，解现任，期年之后降先职一等叙用。……知事（也）罢职除名不叙用，再外征烧埋银两。

---

① 《元典章》卷43,《刑部》5,《烧埋·杀人偿命仍征烧埋银》。
② 《历代刑法志》下册，第457—469页。
③ 《历代刑法志》下册，第457—469页。
④ 《元典章》卷11,《吏部》5,《职制·职守·官吏不得擅离职》。

（并）令县令朱政与本路判署官吏均征烧埋银两给付苦主”。最后由都省在上述刑部议拟刑罚的基础上，又断县尉 107 下，推官 87 下、知事 57 下、达鲁花赤 37 下[①]。

（二）故出人罪

《元史 · 刑法志》载：“诸故出人之罪，应全科而未决放者，从减等论，仍记过。”又云：“诸有司失出人死罪者，笞五十七，解职，期年后，降先品一等叙，记过。正犯人追禁结案。”

（三）各种渎职违法行为

1. 收禁无罪人。《元史 · 刑法志》“职制下”载：“诸有司，辄收禁无罪之人，正官并笞一十七、记过。无招枉禁，致自缢而死者，笞三十七。期年后叙。”

2. 受财故纵。《元史 · 刑法志》载：“诸有司受财，故纵正贼，诬执非罪，非法拷讯”，“身已就死，正官杖一百七，除名；佐官八十七，降二等杂职叙，仍均征烧埋银”。适用这一法条的案例有大德元年（1297 年）的“职官受财放贼”例：“许州临隶县达鲁花赤……所招放贼分使赃钞一百定折至元钞一千贯，依枉法例……拟合除名不叙。”[②]

3. 枉断致死。《元史 · 刑法志》载：“诸监临，挟仇违法，枉断所监临职官者，抵罪，不叙”；“诸职官，辄以微故乘怒，不取招词，断决人，邂逅致死，又诱苦主焚瘗其尸者，笞五十七。解职，别叙，记过”。此外，《元典章》中一则“重杖打人致死”条画云：大德三年（1299 年）宜春县司吏吩付祗候人对案犯“打头杖用大头竟将龚仲一（案犯）断讫一十七下，又于本人腰眼上近下（附近）打讫二下，以致受杖血攻腰肾致命身死”。后

① 《元典章》卷 54，《刑部》16，《违枉 · 枉禁平民身死》。
② 《元典章》卷 55，《刑部》17，《放贼 · 职官受财放贼》；《元史》卷 103，《刑法志》2。

遇诏赦免罪，但该县的首领官与祗候人“均征（其）烧埋银两给付苦主”[①]。

除上述法条和案例外，元廷还规定了“因公”，依法“决罚致死的条款”。即“诸有司因公依理决罚邂逅身死者，不坐”[②]。

三、审判监督

元廷注重对“百官善恶”的督察和纠举，同时，也注重对司法审判活动的监督。

（一）路、府推官董理州、县刑名

《元史·刑法志》载：“诸各路推官，专掌推鞫刑狱，平反冤滞，董理（监督、管理）州县刑名之事，其余庶务，毋有所与。”违者“亦坐罪”。该法条的具体实施情况，在《元典章》中有许多反映。如皇庆二年（1313年）广州路对番禺县所处断的一起抢劫杀人案的“董理”情节。此案主犯“贼人韩天祐等一十一名，同伙者及并黑回回四人……纠合上盗”杀死蔡稍等九人，“劫夺财物钞定”。该抢劫团伙曾被捕获，但是番禺县达鲁花赤“不即取问”致使众歹人“饰词托病”脱逃，后经邻境官司的配合，终于再度捕捉该团伙诸犯，并予以惩治。但主管该案的达鲁花赤，却因“职居牧民（官）又兼捕盗”官，对“已获贼人”既“不即取问”，又“不行牒发官司”，违反了审断法条，故受到上级司法机关的查处[③]。再如元贞三年（1297年）城县李县尹“捉获偷驴正贼张厨招说明白，不即牒发……不立案验，辄便加刑”，致使正贼“导引扳指”的平民朱三“被枉勘虚招，讯疮举发”，为此该李县尹被上级机关“董理”，受到笞决“四十七下，解见任别行求仕”

① 《元典章》卷54，《刑部》16，《违枉·重杖打人致死》。

② 《元史》卷103，《刑法志》2。

③ 《元典章》卷55，《刑部》17，《放贼·番禺县官保放劫贼》。

的查处[1]。

（二）上申省、部详谳、待报

世祖一贯主张“凡死罪当详谳而后行刑”，因为“死者不可复生，断者不可复续，案牍繁冗，须臾决断万一差误，人命至重悔将何及”。为此，他于中统元年（1260年）下诏：“今后凡有死刑，仰所在官司推问得实，具事情始末及断定招款，申宣抚司再行审复无疑，呈省闻奏待报处决。”[2]《元典章》载：“配流死罪，依例勘审完备，申刑部待报，申札鲁花赤者亦同。”[3] 成宗大德五年（1301年）又明确规定：“凡狱囚禁系屡年疑不能决者，令廉访司具其疑状，申呈省台详谳，仍为定制。”[4] 并明确指出，即使是像大宗正府这类的权威机关，所理断的“人命重事”，也必须以汉字立案牍，以公文移宪台，然后监察御史审复之。假如不依法向上级官府申报，便要受到法律的诉究。如《元典章》记载的一则“不即飞申上司”而受到查处的案例：大德十一年（1307年），广平路成安县人户田云童误伤其弟致死案，经县达鲁花赤与县刘主簿初检尸伤后，“俱不写入尸状”，后邀请“肥乡县复检官吏，捏合尸状”定验作因风气病身死。该案中的主管官吏取受“捏合尸状”的违法行为，由该县上司机关的张知州“申广平路”，但广平路却“不得申复上司”，延误了上司机关“差官前来审录，归结”的时日，经都省议定：广平路“首领官不合不即飞申上司，及不勾追（罪囚）赴本路归问”，其罪别行另议；该案所涉成安县达鲁花赤，因“取受”枉法，被“决讫八十七下，除名不叙”；肥乡县达鲁花赤“量决四十七下，罢职不叙”；举报该起违法案件的张知州，因“奉公直申省部，辨明恶逆重事，纠正枉

① 《元典章》卷54，《刑部》16，《违枉·枉禁贼攀上盗》。

② 《元典章》卷3，《圣政》2，《理冤滞》。

③ 《元典章》卷40，《刑部二·罪名府县断隶》。

④ 徐朝阳：《中国诉讼法溯源》。

法官吏”，受到“优加升用”的奖励[①]。

（三）审录禁囚的制度

元廷规定：“诸见（现）禁罪囚，各处正官每月分轮检视；凡禁系不究，淹滞不决，患病不治，并囚粮依时不给者，须随时讯问，肃政廉访司依上审察；其京师狱囚，中书省、刑部、御史台、札鲁花赤各须委问官一员审理，冤者辨明，迟者督催，释者断遣。”[②]大德八年（1304年）又下诏书曰：“诸处罪囚，仰肃政廉访司分明审录，轻者决之，滞者纠之，有禁系累年，疑而不能决者，另具始末及具疑状，申御史台、呈省详谳，在江南者，经由行御史台，仍自今后所至审录，永为定例。”[③]依据该法条，大德十一年（1307年）中书省委官前去江西行省，与所委瑞州路同知“一同审录见禁罪囚”。该案是吉州路录事司一起牢子监禁“干犯人钟三”60余日，致使钟三“在禁轻生自缢身死”。该案中负主要责任的吉州路录事司达鲁花赤、录事、录判、典史等“各官罪经诏恩革拨，比例俱解见（现）任，别行求仕”，其司吏等“各罢见（现）役”[④]。

除中书省、刑部、御史台、肃政廉访司有权审录禁囚外，成宗皇帝还诏谕各路正官审录罪囚。如大德十年（1306年）诏曰：“诸处罪囚虑有冤滞累经差官审理，比闻久系不决者尚多，仰各路正官参照审录，廉访司详加复审。”[⑤]武宗于至大四年（1311年）又颁诏重申：“今后内外重囚，从监察御史、廉访司审复无冤结案待报，省部再三详谳方许奏准。”[⑥]

① 《元典章》卷54，《刑部》16，《打死验作病死》。
② 《历代刑法志》下册，第450页。
③ 《元典章》卷3，《圣政》2，《理冤滞》。
④ 《元典章》卷54，《刑部》16，《违枉·枉禁轻生自缢》。
⑤ 《元典章》卷3，《圣政》2，《理冤滞》。
⑥ 《元典章》卷54，《刑部》16，《违枉·拷无招人致死》。

（四）台宪部门对刑狱的按治

1. 御史台按治路官吏枉治刑狱。至元二十四年（1287 年）御史台按治广州路总管、治中、司吏等人，将“无招人”（不招供）潘兴未经“依理鞫问”，未待证人到庭，即行“当厅缚倒……法外拷讯，就牢身死”案，依法对总管、治中、司吏、牢子等人“各量决三十七下，解见任，别行求仕，标附公罪过名”[①]。

2. 行御史台按治路官“枉勘枷禁”冤狱。至元二十九年（1292 年），监察御史审录龙兴路一起称冤案时，察出了无辜民人邓阿雇，被龙兴路“上下官司……打拷屈招”并“枉勘枷禁五年，实为冤枉。切恐其余路分，亦有似此冤枉之囚，拟合行下各道廉访司审察施行”[②]。

第五节　证据原则及检验规则

元朝的“证据”和“检验”制度，在继承前代“良规”的基础上又有所发展和创新。

一、证据原则

元朝统治者为防止“挟情之吏，舞弄文法，出入比附，用谲行私”等不法行为造成刑狱冤滥，故反复通过“圣旨条画”“新格”“体例”等形式，申明诸职官在“理狱断刑”时必须提取真凭实据[③]。

① 《元典章》卷 54，《刑部》16，《违枉 · 拷无招人致死》。
② 《元典章》卷 54，《刑部》16，《违枉 · 拷打屈招杀夫》。
③ 参见《历代刑法志》下册，第 469 页。

（一）民案的书证与证言要求

1. 民事诉讼案件必须有可靠“证验”方可受理。这些“证验”还必须符合法定要求。不许用大名字折证。至元九年（1272 年）一则圣旨省谕文字云：不论是什么人为证什么事，均不许笼统地泛指“上位的大名字（指有一定名气的人）”折证，即所谓：“大名字折证的休提。”若有一意“胡提着的人，口里填土者（向其口里填土，以示惩戒）”[①]。

2. 承服者不许别勾证佐。至元二十八年（1291 年）一则条例规定：“今后诸人告状，受理官司披详审问，所告之事有理而实，先将被告人勾唤到官，取问对证。若已承服，不须别勾证佐；若被告人不伏，必须证佐指说。然后将紧关干连人，指名勾摄，无得信从司吏，一概呼唤（勿须呼唤过多的并且无干连之人），违者痛断（其罪）。”[②]

3. 不许指亲属干证。大德十年（1306 年）一则条例云：“亲属许相容隐者，旧例也。”然而近年发现“问事官不以纲常为重”，为求“迫对”取证，使“有罪者子证其父、弟证其兄、妇证其夫、奴证其主。听讼者又施法外之刑，若迫以成其狱”。以至于“女子不堪苦楚，未免乱说妄指，衔冤莫伸”。为纠正这种弊端，责令严加禁治，若“今后犯者以违例（法例）坐罪”。此后又于至大元年（1308 年），由御史台重申：严禁主掌听讼的“官吏每取受要肚皮（财物、贿赂之物）”，违反上述条例允许亲属“干证”[③]。

（二）刑案的证据要求

元廷要求司法官对刑案的勘验必须准确、明白；必须有人证、物证。

1. 死因须准确。大德六年（1302 年），新建县吏王汝春因“检尸不明”

---

① 《元典章》卷 53，《刑部》15，《折证 · 大名字折证的休提》。

② 《元典章》卷 53，《刑部》15，《折证 · 不须便勾证佐》。

③ 《元典章》卷 53，《刑部》15，《折证 · 词讼不指亲属干证》。

被“革去（职务）不叙”。该案是比附王伴儿“踠伤身死”伪证“踢死”案审结的。其对被害人王伴儿“委因上树掉下踠伤身死”，但因主管官吏未亲临检尸，只凭据仵作行人（旧时官府检验死伤人员）所言：王伴儿是因“右腮连耳根亦交当（裆）内不便处踢伤身死”下判。终致受到被革职不叙的惩处。

2. 必须有旁证。元时要求审断刑案，尤其是“身死”命案，必须有旁证，即所谓：“众（人）证明白”“一干人等指证相同”，方可下判[①]。

3. 不许“出脱真情”。皇庆二年（1313 年），番禺县被害人蔡敬祖原系与梁伶奴吃酒被梁用木棍“于右肋打著身死”。但主管官吏却因取受梁某的“赃贿”而“变乱事情，纵令吏贴私下取问，出脱真情（出脱伶奴杀人情由）”，当发现死者的致命伤痕后，又不“当场究问端的何人行凶”，也不履行“追究器杖，比对伤痕”的手续，做出了错误的判决。受到“解现役，别行求仕”的惩处[②]。

二、检验规则

元朝在宋朝的有关“检验”和“平冤”制度的影响下，将元朝的“检尸”和“勘验”制度向前推进了一大步。元成宗大德年间在司法实践中广为使用的“检尸法式”，较之西方同类科学手段的应用提前了约三百年[③]。

（一）刑案检验的主要规则

1. 主管官吏必须亲临检验

有元一代的司法检验制度一贯要求受理刑案的有关官员必须亲临发案

---

① 《元典章》卷 54，《刑部》16，《违错 · 官吏检尸违错》。

② 《元典章》卷 54，《刑部》16，《违错 · 官典刑名违错》。

③ 参见［日］有高岩：《元代诉讼裁判制度研究》。

现场勘验。

（1）参加初检的官吏大体上有：县尹、县主簿、典史、司吏、其复检官一般指派“诸有司官检复尸伤”。不过指派初检和复检官吏的制度比较灵活。如《大元尸检记》记载：“诸司县官初、复检尸，容隐不实、符同申报者，虽会赦，正官各解职，期年后降先品一等叙；首领官及承吏罢役不叙。”可见参与初、复检者有正官、首领官、承吏等。假如刑案发生在州，则由知州、州判、同知、司吏等根据具体需要分别参与初复检活动[①]。上述初、复检官吏必须“亲临”检验，如实勘察“开写”入簿。

（2）惩治检验违制。至大四年（1311 年），石首县发生一起殴死人的命案，“初检官本县主簿杨进、复检官监利县尹佟友直并不亲临监视，以致司吏”、贴书、仵作行人等“共受（凶手）买嘱钱至元钞二定一十两，将两背胛、左后肋、腰眼等处致命重伤并不开写，只作生前因病死定验”。事发后，刑部议定：“各人所犯即系人命重事，难准首原，罪既遇赦，初、复检官拟解见任，降先职一等叙；吏枉法受赃，罢不叙；贴书及仵作人等并行革去，通记过名。”[②] 并重申，今后凡发现主管官“不曾亲临检尸（伤）”，指派代检者，一律予以严惩。

2. 诸有司必须将重大刑案飞申本管上司

大德八年（1304 年），元廷为“设法关防”刑案检验中的弊端，重申检验规则和要求：

（1）“如遇检尸，随即定立时刻，行移附近不干碍官司，急速差人投下公文，仍差委正官，将引首领官吏、惯熟仵作行人，就即元降尸帐三幅，速诣停尸去处，呼集应合听验并行凶人等，躬亲监视，对众眼同，自上至下，一一分明仔细检验，指说沿尸应有伤损，即于元画尸身上比对被伤去处，标写长阔深浅各各分数，定执端的要害致命根因，检尸官吏于上署押，

① 《元代法律资料辑存》，《大元检尸记》。

② 《元代法律资料辑存》，《大元检尸记》。

一幅给苦主，一幅粘连入卷，一幅申连本管上司。”

（2）完成上述各项手续后，“仍取苦主并听检一干人等，连名甘结，依式备细开写，当日保结回报，明白承说各处相离里路，承发检验日时，飞申本管上司”。

（3）复检手续基本与上述相同，故“其复检官吏依上复检了毕，亦将尸帐一幅给苦主，一幅入卷，一幅申报上司”。

（4）对违反上述程序和要求者要予以惩处。“如有违慢，或牒到而不受，致令尸变者，正官决三十七下，首领官吏各决四十七下。”如发现“不亲临监视，转委公吏检验，并增减不实，移易轻重，定执致命因依不明，或初、复官吏相见符同尸状者，正官取招量事轻重断罪黜降，首领官吏各决五十七下罢役，仵作行人决七十七下，受财者同枉法论，任满于解由内开写”[①]。

（二）元时人命案件的检验法式

元代的“检验法式”是比较先进和科学的。《元典章》刑部“检验”条，既记载着检尸法式，又标示着尸身仰合图画。其“检尸法式”如下：

“某路某州某县某处，某年月日某时，检验到其人尸形，用某字几号勘合书填定执生前致命根因，标注于后：

1. 仰面

顶心　偏左偏右　囟门　额颅　额角　两太阳穴　两眉　眉丛　两眼胞　两眼双睛　两腮颊两耳　两轮　耳垂　耳窍　鼻梁　鼻准　两窍人中　上下唇吻　上下牙齿　舌　颔颏　咽喉　食气颡　两血盆骨　两肩甲　两腋职　两胎膅　两脚脉　两手腕　两手心　十指　十指肚　十指甲缝　胸膛　两乳　心坎　肚腹　两肋　两胁　脐肚　两胯（男子茎物肾囊

① 《元代法律资料辑存》，《大元检尸记》。

妇人阴户）　两腿　两膝　两膁肋　两脚腕　两脚面　十趾　十趾甲

2. 合面

脑后　发际　耳根　项颈　两臂腈　两肐肘　两手腕　两手背　十指　十指甲　脊背　脊膂　两后肋　两后胁　腰眼　两臀穀道　两腿　两腘瞅　两腿肚　两肚踝　两脚跟　两脚心　十趾　十指肚　十趾甲缝

3. 对众定验得某人委因　致命

4. 检尸人等

正犯人某　干犯人某

干证人某　地邻人某

主首某　尸亲某

仵作行人某

右（上）件前项致命根因，中间但有脱漏不实，符同捏合增减尸伤，检尸官吏人等情愿甘伏罪责无词，保结是实。

某年某月某日　司吏某押

首领官某押

检尸官某押”[①]。

（三）元时人命案件的检验文书

1. “初复检验关文式”

元时检验文式的内容包括：

（1）到停尸地点与时间。即“具衔某年月日时，准某处公文云云，准此，即时依上与首领官某人，将引司吏某人，仵作某人等，起程前去，至某日时，到某都某里地名某所诣停尸处”。若远则云相离本县计有几里路程。

（2）参与检验与证验者。即检验官吏抵达某停尸地后，“据某都主首里正某人，呼集到（复检云准初检官关发到）邻佑某人，尸亲某人，尸医

① 《元典章》卷43，《刑部》5，《检验・检尸法式》。

工某人，或行凶人某人，及应合证验人数”，假如无尸亲，则云为不见尸亲到来及有无，应合检验人数责得各人状结，尸亲见在某处住座，或已令人取唤未到，除外即无其余未到证验人数，若候尸亲到来证验，恐致尸首发变。所以已验讫。

（3）标写尸帐。主管官吏必须亲临现场。即“当职同首领官吏躬亲监视仵作某人，对众眼同，依例用法物，自上至下翻转，一一仔细分明，而又检得某人尸首，定验得（此处云生前端的致命身死根因）就于发到尸帐上，逐一比对标写”。延祐元年（1314 年）规定得很明确：“今后凡检尸伤，若致命伤痕无差，行凶人等审问无疑者，于正犯人下画字。事情未定，首从未分，止行凶或被告人画字。行凶人在逃，尸亲未到者，听将元检尸帐权且入卷关防，后获正贼，召到尸亲，至日画字给付，庶不差池。”[①]

（4）尸帐写成后，须“取讫仵作某人并无增减不实移易轻重甘结罪文状，并责讫尸亲某人、邻佑某人、里正某人、主首某人，或行凶人某人，或医工某人、应合证验人等，各证验执结文状，所据定验得某人尸首……保结是实”。至此符合程序要求的尸帐写成。将一本交给尸亲，若无尸亲，写明“无凭给付”。

（5）保管尸首，等候复检。复检后也要依法标写复检结果[②]。

2. 对违反“检验文式”的惩罚

（1）“诸有司在监囚人因病而死，虚立检案文案及关复检官者，正官笞三十七，解职别叙。”

（2）凡是“移易尸状”者，均受惩处。皇庆二年（1313 年）对“取受钱钞”后“移易尸伏”的县尹、典史、贴书等，给予“解见职，别行求仕，通记过名”的处罚。

① 《元代法律资料辑存》,《大元检尸记》。

② 《元代法律资料辑存》,《初复检验关文式》。

（3）凡有检验刑案的书写标记，必须依“检尸文状体式”开写，并“依式申报，如违治罪”[1]。

第六节　民间的治安、教化和调解活动

一、民间的治安教化活动

（一）治安教化活动的多头管辖

元朝对其统治下的诸色百姓控制得非常严格，特别是为防止反叛元廷统治者的言论和行为的传播和发生，通过各种机构、制定各种条画和法例，宣示了许多有关治安和教化方面的规定与要求。

1. 各行政区划单位均有责任维护治安，促进教化

有元一代推行行政与司法合一的制度，故司法活动、社会治安管理等也多由行政组织系统管理，这点在地方各级单位表现得尤为突出。如作为地方行政机构的路、府、州、县、乡、村、里、社等各级单位，除有权兼理司法审判、参与司法活动外，还要兼管社会治安和“诸色”民众的教化等事宜。

（1）维护社会治安。社内各位有威望的责任人，除劝课农桑外还要负责“叮咛”教训那些“游手好闲、不遵父母兄长教令、凶徒恶党之人”，凡是教而不改者要“籍记姓名，候提点官到日，对社众（之面）审问是实，于门首大字粉壁，书写不务正业，游惰凶恶等名称。如本人知耻改过”则毁去粉壁，如不改则令其去服役[2]。通过这种手段惩戒凶恶之徒，以保一方民众的治安。

① 《元代法律资料辑存》，《初复检验关文式》。

② 《元典章》卷23，《户部》9，《农桑·立社·劝农立社事理》。

（2）风俗教化。至元八年（1271年）一则由各级基层社会单位贯彻执行的条画云："人伦之道婚姻为大，即今聘财筵会已有定例……国朝蒙古婚聘并自来典故内俱无如此体例，此系女真风俗，其汉人往往效学，习以成风，徒费男家钱物，致起争讼，甚非理（礼）制……令革去。"① 至大元年（1308年）公布的一则关于"禁约厚葬"的条画云："仲尼孝子，延陵慈父，其葬骨肉皆微薄矣"，今江南流俗厚葬之物竟有珍宝器物和宝钞金银玉玩等，这样做"非惟甚失古制于法"，且"每见厚葬之家不发掘于不肖之子孙，则开凿于强切盗贼，令死者暴骸露尸，良可痛哉"。于是禁止厚葬，"违者以不孝坐罪"②。

（3）提倡传统的"纲常礼教"。元廷始终坚持用封建的纲常礼教、伦理道德准则教化民众。因此赞扬孝悌节义精神。如至元三十年（1293年）规定："五世同居旌表其门"。其时类似河南行省管城县民户赵毓"自翁及孙三世同居者比比皆是……今后五世同居安和者，旌表其门"，用以体现"治国必先齐家"的准则③。

（4）提倡"烈女节妇"精神，反对伤风败俗行为。如至大四年（1311年）公布一则禁例：有民人钱某为接受"钞两""贪图钱物"，竟"将妻（狄某）沿身刁刺青绣……于背上两腿刁刺龙鬼……（将妻）在街露体呈绣迎社……大伤风化……合（将钱某）杖断八十七下，本妇离异归宗"④。

2. 军、民、警、寺分管"各该地面"的治安

元朝统治者鉴于国土幅员辽阔，一贯采用各个行政区划单位和各个主管部门分别负责管理"各该地面"的治安状况和民众教化的策略。

（1）"诸管军官职当镇守，其要盗贼不生……若管军官镇守不严，以致盗贼滋盛，即须审其所由，依理究治"；"见有草贼起数相其事宜严论诸

---

① 《元典章》卷30，《礼部》3，《婚礼 · 革去诸人拜门》。
② 《元典章》卷30，《礼部》3，《丧葬 · 禁约厚葬》。
③ 《元典章》卷33，《礼部》6，《孝节 · 五世同居旌表其门》。
④ 《元典章》卷41，《刑部》3，《诸恶 · 不义 · 将妻沿身雕青》。

处军官各使镇守有法招捕得宜期于盗息”。

（2）其管民官“职当抚治其要安静不扰……管民官抚治不到，以致百姓逃亡……即须审其所由，依理究治”[①]。

（3）巡警必须履行巡检巡捕职责。元廷除由“怯薛歹”负责守卫皇宫、行帐的治安保卫事项外，各万户、千户、百户、十户等也必须维护“自己地面”的治安。同时还于“各县所辖地面”设置巡警和尉县巡检等，负责各该县内“自行巡捕”、维持治安等项事宜，为确保该地区的安全，严格要求诸“捕盗官员专一巡捕盗贼，不得别行差占”[②]。

（4）各宗教团体负责“自己地面”的治安。“如今四海之大，先生每（道教徒们）犯的勾当多有……也里可温（基督教徒）……不干净的歹和尚（佛教徒）每要做僧官有”，犯勾当者也有。这些涉及各种宗教教徒的违反治安管理法例的事件，只凭宣政院与行宣政院来治理，是远远不能解决问题的。“便有一百个官人，也管不得，这事断难行。”所以，元廷依法例要求：先生们的头目、和尚们的头目、也里可温的头目们，各负其责，管理“自己地面”的治安，严肃惩治违反教规和国法的僧众，分别考核各类教徒所犯“勾当”的轻重情节，应令其还俗者，便严肃责令其还俗，若其所犯“勾当”应法办者，便分别“约会”各有关方面官吏，予以“断遣”。[③]

（二）提倡宗教活动，禁止迷信、邪教

元廷对各种宗教一贯采取“兼容并包”的政策，特别是对佛教、道教、基督教（也里可温）、伊斯兰教（回族教）等宗教团体及其信徒，均依法予以保护。但是元法一律禁止迷信和歪门邪道。

---

① 《元典章》卷51，《刑部》13，《诸盗·防盗·至元防盗新格》。

② 《元典章》卷51，《刑部》13，《捕盗·县尉巡检巡捕》。

③ 《元典章》卷51，《刑部》13，《捕盗·县尉巡检巡捕》。

1. 严禁妖言、迷信、邪道。如延祐五年（1318 年）有民人“抄写天降经文，该写今岁山崩地陷，人死玖分。……刑部议得：印造无根经文，盖因切名僧道之徒，不修戒行，往往撰造妖言，舍施符水，苟图钱物，惑世诬民，关系非轻，理合遍行禁治。若有似此违犯，罪及寺观主首，其有不居寺观，四方游荡，恣为邪说之流，亦令所在官司常加警察”①。可见，元廷虽崇奉宗教，包容各教派的教义，但却非常严格区分宗教与邪教的界限、宗教与迷信的界限。并严格禁止“采生祭鬼”等“邪道”行为。至元二十九年（1292 年）禁令云：“禁治画工人等毋得彩画一切邪神，百姓之家亦不得非理祭祷，仍禁止师巫人等不得似前崇奉妖怪鬼神，如有违犯之人，捉拿到官依条治罪，或有使唤猖鬼之家，两邻知而不首，即与犯人同罪。”②

2. 严格禁止扭曲了的“孝道”。中国传统封建王朝所提倡的“孝道”，有某些“行孝”行为是扭曲的。对此，元廷一律予以禁止。如至元三年（1266 年）下令禁止“为母病割股行孝”。前此历代旧俗有为“祖父母、伯叔父母，姑、姨、舅”之病而“割股行孝”者，并获得官府“绢五疋，酒二瓶，羊二口，以劝孝悌”③的奖励，元廷“并行禁断”，至元七年（1270 年）下令禁止“为母病割股煎汤行孝”的行为。因为这样行孝的结果“终是毁伤肢体，或致性命，又贻父母之尤”，故须禁止。即使屡禁不止，也不能“旌赏”。至元八年（1271 年）又下令禁止“卧冰行孝”。其时有山东人田改住“为母病冬月去衣卧冰行孝……赤身卧冰，于亲无益，合行禁断”④。

二、民间的调解活动

元廷的司法制度中民间调解活动的成效是值得称道的。元朝调解制度

① 《通制条格》卷 28，《杂令 · 妖言妖书》。

② 《元典章》卷 41，《刑部》3，《不道 · 禁采生祭鬼》。

③ 《元典章》卷 33，《礼部》6，《行孝 · 行孝割股不赏》。

④ 《元典章》卷 33，《礼部》6，《行孝 · 禁卧冰行孝》。

中成功的经验，对后世的司法制度产生了积极的影响。

1. 社长以理谕解

元朝时将每五十家组织为一社，每社立一社长，社长之职责除了劝课农桑、教育百姓孝悌节义之外，还有一项十分重要的职责就是调解民间词讼。

（1）为息讼培养懂法人员。据《元史·刑法志》记载，当时主要培养三种办事人员。一是培养调解民间婚田纠纷的媒人。“诸狱讼之繁，婚田为甚”，为解决繁纭复杂的婚田狱讼，元廷要求“各处官司，宜使媒人通晓不应成婚之例”，只有使那些不应成婚的人不成婚才可平息有关婚田诉讼纠纷。二是培养解决买卖关系中产生违法行为的“牙人”，这就需要“使牙人知买卖田宅违法之例”。三是培养写词状之人，因当时一般民户、百姓不甚明了当告不当告的界限，这就需要“写状人”规劝不当告之人，勿告，以便减少词讼，即“写状词人知应告不应告之例，仍取管不违，甘结文状，以塞起讼之源”①。

（2）为息讼社长出面调解。元朝最基层的社会组织的负责人社长，为元朝的调解息讼活动做了许多具体工作，正如《通制条格》所载：“诸诉婚姻、家财、田宅、债负，若不系违法重事，并听社长以理谕解，免使荒废农务，烦扰官司。”可见每位社长都有责任调解那些“不系违法重事”的纯属民事纠纷的诉讼争端，力求调解成功，达到不“荒废农务”、不“烦扰官司”进而息讼的目的。

2. 各奥鲁官和僧侣头目都有责任调解所管民人的诉讼纠纷，以达息讼的目的

（1）奥鲁官除负责军事管理事务外，还对军事系统内蒙古人“不系军官捕捉者”之类非重大诉讼争端予以调解平息。《元史·刑法志》云：“蒙古人相犯者婚姻、债负、斗殴、私奸、杂犯不系官军捕捉者”由奥鲁官调解，

① 《通制条格校注》卷16，《田令·理民》。

调解不成则予以归断。

（2）凡是较简单的诉讼纠纷都要由各宗教头目调解解决。鉴于当时和尚（佛教徒）们，先生（道教徒）们，以及也里可温（伊斯兰教徒）们的“取受不公、不法勾当多有”，如果只靠“宣政院官人（们）问呵，这事行不得”，因为上述宗教界僧侣“犯的勾当多有”，必须将较小的诉讼争端通过调解活动予以平息。

第七节　监狱管理与奖励平反

一、监狱管理

（一）对监狱官、吏、卒的职业道德要求

元廷通过各种条格、断例要求诸位狱官、狱卒各尽职守。对“见禁罪囚”中患病者、缺少囚粮者，以及“得病便至十分难治而死者”等，要一一予以清查记录，以便即时解决。狱官将“诸狱囚必轻重异处，男女异室，毋或参杂”。狱官、狱吏、狱卒必须做到“司狱致其熜，狱卒去其虐，提牢官尽其诚”。同时还要负责囚徒的衣、食、医、居等方面的管理工作，一是提供囚粮：“诸在禁囚徒无亲属供给，或有亲属而贫不能给者，日给仓米一升。三升之中给粟一升，以食有疾者。”另外，“诸路府州县，但停囚去处，于鼠耗粮内放支囚粮”。二是提供医药：“诸狱医，囚之司命，必试而后用之。若有弗称，坐掌医及提调官之罪。”另外，“诸狱囚病至二分，申报，渐增至九分，为死证。若以重为轻，以急为缓，误伤人命者，究之”。还须视囚徒的病情轻重分别予以恤刑，即“诸狱囚有病，主司验实，给医药。病重者去枷杻杻，听家人入侍。职事散官五品以上，叫二人入侍。犯恶逆以上及强盗至死、奴婢杀主者，给医药而已”。三是提供御寒之物，

即“凡油炭席荐之属，各以时具”。另外，“诸各处司狱司看守囚徒，夜支清油一斤”。还须对“诸禁无家属囚徒，岁十二月至于正月，给羊皮为披盖袴袜及薪草为煖匣熏炕之用”。凡是“见禁罪囚”由于狱官们的失职，致使“其饥寒而衣粮不继，疾患而医疗不时，致非理死损者，坐有司罪”[①]。总之，诸狱官、狱吏、狱卒，都要按“狱官条”的要求履行职责，各以其“所守，当奉行惟谨可也”[②]。

（二）狱官必须谨慎守法

狱官违反“狱官条例”的规定，要受到惩处。《元史·刑法志》和《元典章》所载的法条主要有五：一是“诸禁囚因械梏不严，致反狱者，直日押狱，杖九十七；狱卒各七十七；司狱及提牢官皆坐罪百日内。全获者不坐”。二是“诸罪在大恶，官吏受赃，纵令私和者，罢之”。三是“诸司狱，受财纵犯奸囚人，在禁疏枷饮酒者，以枉法科罪，除名”。四是牢子私纵配囚“抢劫良民钱物，却行还禁，知情分赃……（由）本道就便究治”[③]。五是“禁子受囚钞纵囚在逃”。“本官……笞决四十七下，解见任别行求仕”[④]。延祐四年（1317 年）规定：“今后主守不觉失囚者，减囚罪二等，若囚反狱在逃，又减二等，皆听给限一百日追捕，如限内能自捕得或他人捕得，若囚已死及自首皆合免罪，即限外捕得及囚已死，或自首者各又减一等，提牢官各减主首罪三等，故纵者不给捕限，即以其罪罪之，其未断决能自得及它人捕得，若囚已死及自首各减一等”，“故纵者与囚同罪，若受赃多者，从重论，至死者一百七，徒三年”[⑤]。

---

① （清）沈家本:《历代刑法考》,《狱考》。
② 《元代法律资料辑存》。
③ 《元典章》卷 55,《刑部》17,《杂犯·脱囚》及《纵囚》。
④ 《元典章》卷 55,《刑部》17,《杂犯·脱囚》及《纵囚》。
⑤ 《元典章》卷 55,《刑部》17,《纵囚·禁子受钱纵囚在逃》。

二、奖励平反

（一）升迁

1. 提拔重用。皇庆元年（1312年）"泉州路备市舶司提举杨天瑞……平反冤狱五人，追回人口一百一十九名给宗完聚，理宜优升，于本官应得品级上量升一等"。至大元年（1308年）六月"衢州路司吏陈昌平反冤狱……于本道宣慰司令史内不次补用相应"①。

2. 凡是"职官能平反重刑一起以上"，升一等迁用。同时还相应地规定："诸职官能平反冤狱一起之上，与减一资。"这对该职官今后的仕途很有益处。

3. 吏职受重用，即"诸路府曹吏能平反冤狱者，于各道宣慰司部令史补用"。

（二）赏给财物

《刑法志》载："诸官吏平反冤狱应赏者，从有司保勘"，但是必须具备真实可信的业绩。凡是发现保勘材料"其有冒滥不实者，罪及保勘体复官吏"②。

（三）奖励平反官吏须有真实事迹

为奖励在平反冤狱中做出突出贡献的官吏和防止冒滥不实，元廷指令：（1）廉访司对各级衙门议拟奖励的官员要进行"实迹"参核。至大四年（1311年）规定："平反冤滥之狱"，"平反冤狱、官吏当为之事，今后须要细考实迹，廉访司体勘别无虚缪捏合，量拟升等减资。如有不实，罪及体

① 《通制条格》卷20，《赏令·平反冤狱》。
② 《元史》卷105，《刑法志》4。《历代刑法志》下册，第566页。

勘官司，庶革滥源”。（2）刑部有权全面考核拟奖励的官吏的“实迹”。如规定：“今后若有平反罪囚，细考实迹明白，本道廉访司体复是实，总管上司保勘相同，然后许动公文，以凭定拟。其或冒滥不实，罪保勘体复官司，以革侥幸之弊。”①

① 《通制条格》卷20，《赏令·平反冤狱》。